ENGLISH SWEDISH DICTIONARY

ENGELSK-SVENSK ORDBOK

Utarbetad av

Ruben Nöjd

Published and Copyrighted 1965 by
SAPHROGRAPH CO.
194 Elizabeth Street
New York 12, N. Y.
Printed in U. S. A.

FÖRORD

Föreliggande ordbok utgör ett sammandrag av Engelsk-svensk ordbok av Karl Kärre m. fl. Det har gällt att inom den begränsade ramen av en fickordbok få plats för det väsentligaste av innehållet i den större ordboken, varvid givetvis i första rummet alla föråldrade och sällsynta ord och uttryck uteslutits, fraseologin inskränkts till det allra nödvändigaste och ljudskriften fått en betydligt reducerad plats. Ett flertal ord med samma form och betydelse i engelskan och svenskan ha ej ansetts böra upptagas. Olägenheterna med ljudskriftens inskränkning torde i väsentlig grad motvägas av den använda accentbeteckningen, varjämte hänvisas till de i inledningen givna anvisningarna för uttalet. Det fåtal avvikelser som gjorts från ordvalet i den större ordboken ha i allmänhet berott på en strävan till en mera kortfattad formulering. En del typografiska förändringar ha likaledes sin grund i utrymmesbesparing. — I enstaka fall ha vissa rättelser och tillägg som framkommit i recensioner av Engelsk-svensk ordbok blivit utnyttjade.

Ruben Nöjd

ANVISNINGAR FÖR BEGAGNANDET.

Sammansatta och avledda ord.

Sammansättningar som ej erbjuda någon svårighet efter kännedom om de enkla ordens betydelse ha i regel ej medtagits. Likaledes saknas flertalet av sådana avledda ord, vilkas betydelse lätt kan framkonstrueras med ledning av följande överblick över de vanligaste suffixens funktion. (Prefixens betydelser anges på deras alfabetiska plats.)

-*able* -*ible* = -bar, -lig, 'som kan' + passiv inf. (*eatable, valuable*)
-*ation*, -*ion*, -*ition* = -ande, -[n]ing, -else, -an (*completion, persecution, competition*)
-*ee* = person som är föremål för en handling (*employee* anställd)
-*er* = -are, -ande (*reader, traveller*)
-*ess* = -erska, -essa, -inna (*actress, baroness, hostess*)
-*fy* = göra, -fiera (*intensify, electrify*)
-*hood* = -het, -skap, -dom (*likelihood, priesthood, godhood*)
-*ing* = -ande, -[n]ing, -else, -eri, -an (*building, dreaming, striving*)
-*ish* = -isk, -aktig, -[l]ig (*British, boyish, foppish, childish*)
-*ity*, -*ty* = -itet, -het (*humanity, novelty*)
-*ive* = -ande, -ende (*affirmative, coercive*)
-*ize* = -isera (*socialize*)
-*less* = -lös, o- + -lig (*joyless, ceaseless* oupphörlig)
-*let* = liten (*streamlet*)
-*ly* = 1 (adj.) -lig (*daily*) 2 (adv.) -t, -en, -vis (*happily*)
-*ment* = -[n]ing, -ande, -else, -an (*arrangement, encouragement*)
-*ness* = -het (*greatness, kindness*)
-*or* = -are (*narrator*)
-*ship* = -skap (*friendship*)
-*y* = -[l]ig (*bony, happy*)

Adjektiv på -*ic* och -*ical* motsvaras av adverb på -*ically* (*historically*).

Uttalet.

Uttalet anges dels genom ljudskrift efter vederbörande ord — och sådan användes regelbundet i alla svårare eller tveksamma fall — dels genom accentens placering, en bekväm metod att markera den betonade stavelsens vokalvärde (se nedan sid. VI). I många fall har det varit tillräckligt att blott uppta en del av ordet i ljudskrift, och i vissa fall har en förening av båda metoderna varit lämplig. För en mängd enstaviga ord, vilkas uttal lätt låter sig identifieras med hjälp av vissa enkla regler (se nedan sid. V, VI), har ingen som helst beteckning utsatts. Uttalet i likljudande ord, t. ex. **1 ball** .. **2 ball**, betecknas blott efter det första ordet.

Uttalsbeteckning.

1. Vokaler. Lång vokal betecknas med : efter vokalen (ɑ:, i: etc.)

ɑ: långt slutet *a*, ex. *park* [pɑ:k] (=sv. *a* i 'hat')
æ öppet *ä*, ex. *hat* [hæt] (öppnare än sv. *ä* i 'härja')
e kort *e*, ex. *bed* [bed] (=sv. *e* i 'penna')
ə 'mummelljud', ex. *sister* [si′stə] (ung.=sv. *e* i 'större')
ə: i t. ex. *bird* [bə:d] (ung.=sv. öppet *ö* i 'höra', men utan läpprundning)
i kort *i*, ex. *it* [it] (ung.=sv. *i* i 'ditt')
i: långt *i*, ex. *be* [bi:] (ung.=sv. *i* i 'bit')
o kort slutet *å*, ex. *yourself* [jose′lf] (=sv. *å* i 'gå', men kort)
ɔ kort öppet *å*, ex. *on* [ɔn] (öppnare än sv. *å* i 'fått')
ɔ: långt *å*, ex. *nor* [nɔ:] (öppnare än sv. *å* i 'gård')
u kort (sv.) *o*, ex. *full* [ful] (ung.=sv. *o* i 'bott')
u: långt (sv.) *o*, ex. *do* [du:] (ung.=sv. *o* i 'bov')
ʌ kort ljud mellan *a* och *ö*, ex. *cut* [kʌt]
ai öppet *a*+*i*, ex. *time* [taim] (=sv. *a* i 'hatt' + *i*)
au öppet *a*+(sv.) *o*, ex. *house* [haus]
ei *e*+*i*, ex. *day* [dei]
ɛə *ä*+*ə*, ex. *hair* [hɛə] (ung.=sv. *ä* i 'här'+ ə)
ou *å*+(sv.) *o*, ex. *boat* [bout]
ɔi ɔ+*i*, ex. *boy* [bɔi]

2. Konsonanter.

þ det tonlösa tandljudet i *think* [þiŋk] (ung. sv. läspat *s*)
ð det tonande tandljudet i *that* [ðæt]
ŋ *äng*-ljudet i *sing* [siŋ] (=sv. *ng* i 'ung'), även i ord som *finger* [fi′ŋgə] (=sv. *ngg* i 'kringgå')
s tonlöst (sv.) *s*, ex. *see* [si:] (=sv. *s* i 'se')
z tonande *s*, ex. *is* [iz]
ʃ tonlöst *sje*-ljud, ex. *she* [ʃi:], *nation* [neiʃn] (ung.=tunt sv. *sj* i 'sju')
tʃ *t*+*sje*-ljud, ex. *church* [tʃə:tʃ]
ʒ tonande *sje*-ljud, ex. *pleasure* [ple′ʒə]
dʒ *d*+tonande *sje*-ljud, ex. *joy* [dʒɔi]
w *o*-liknande konsonant, ex. *wish* [wiʃ] (ung.=sv. *o* i 'oas')
  c uttalas [s] framför len vokal, annars [k]
  ch framför konsonant uttaɪas [k], annars i regel [tʃ]
  j uttalas [dʒ]
  ph » [f]
  qu » [kw]

Ett *r* framför konsonant och i ordslut är stumt. Se även sid. VI 3) o. 4).
Där ej annorlunda anges är *s* tonlöst=[s]. Ändelsen *s* uttalas [z] efter tonande ljud, ex. *plays* [pleiz], *runs* [rʌnz].
sh uttalas [ʃ]
Där ej annorlunda anges uttalas *th* [þ]. Om *y* se sid. VI.

Enstaviga ords uttal.

Till uttalet enstaviga ord — märk särskilt, att hit höra även tvåstaviga ord slutande på stumt *e* — tillhörande någon av följande fem typer ha i regel ej försetts med ljudskrift.

1) Vokal före enkel konsonant+*e* uttalas med resp. vokals alfabetiska uttal. Ex. *name* [neim], *theme* [þi:m], *time* [taim], *home* [houm]. *tune* [tju:n]. Jfr 3).

2) **Vokal före slutkonsonant el. konsonantgrupp uttalas:** *a* som [æ],
e [e], *i* [i], *o* [ɔ], *u* [ʌ]. Ex. *hat* [hæt], *fence* [fens], *thing* [þiŋ], *hot* [hɔt],
luck [lʌk]. Jfr 4).

3) **Vokal före *r+e* uttalas som i** *care* [kɛə], *here* [hiə], *fire* [faiə], *more*
[mɔ:(ə)], *pure* [pjuə].

4) **Vokal före *r+*slutkonsonant el. konsonantgrupp uttalas som i** *card*
[kɑ:d], *hers* [hə:z], *fir* [fə:], *nor* [nɔ:], *fur* [fə:].

5) *ai, ay, ey* =[ei]; *ea, ee* =[i:]; *oo* =[u:]; *oi, oy* =[ɔi]; *ou* =[au]; *air* =
[ɛə]; *eer* =[iə]; *oor* =[uə]; *our* =[auə].

Märk. Vokaliskt *y* behandlas som *i*. Konsonantiskt *y* =[j].

Accenten (′) som ljudbeteckning.

Accenten utmärker dels tonviktens läge, dels den betonade vokalens uttal.
Genom accentens placering omedelbart efter tonvokalen (rela′te) betecknas
vokalens alfabetiska uttal (rilei′t]. (Se ovan sid. V.) Accentens placering
efter en konsonant[grupp] anger, att vokalen har motsvarande korta uttal
(**relax′** =[rilæ′ks]). (Se ovan.) Vi få alltså följande typer:

a′n =[ei′n[an′ =[æ′n]
e′n =[i:′n]   en′ =[e′n]
i′n =[ai′n]   in′ =[i′n]
o′n =[ou′n]   on′ =[ɔ′n]
u′n =[ju:′n]   un′ =[ʌ′n]

I överensstämmelse med 5) betecknar **ai′** [ei′], **ea′** [i:′], **ee′r** [i′ə] etc.
Förbindelsen **a′r** uttalas [ɛ′ə], **e′r** [i′ə], **i′r** [ai′ə], **o′r** [ɔ:(ə)], **u′r** [ju′ə] (jfr 3)).
Förbindelsen vokal+*r*+konsonant uttalas enligt 4). Alltså är **ar′n** =
[ɑ:′n], **er′n** = [ə:′n], **ir′n** =[ə:′n], **or′n** =[ɔ:′n], **ur′n** =[ə:′n].
Fullt regelbundet betecknar **arr′** [æ′r], **err′** [e′r], **irr′** [i′r],
orr′ [ɔ′r], **urr′** [ʌ′r]. Till många av hithörande ord har för tydlighets skull
ljudskrift utsatts.

Märk. Ord slutande på *-tion* ha i regel ingen accentbeteckning. Tonvikten ligger där på stavelsen närmast före *-tion*. Alltså uttalas *-ation* [ei′ʃn],
-ition [i′ʃn], *-otion* [ou′ʃn], *-ution* [ju:′ʃn] och t. ex. *abstraction* [æbstræ′kʃn].
Alla ord sammanförda under ett och samma uppslagsord ha, om ej annat
anges, samma accent som detta. Alltså refi′ne . . -ment (=refi′nement).
I ljudskriften placeras accenten alltid efter den betonade vokalen.
Ovan angivna regler gälla även för de fall, där tecknet ˋ (biaccent) användes.

Obetonade vokaler.

De obetonade vokalernas uttal ha endast i särskilda fall angivits. Några
mönsterexempel må här anföras: *particular* [pəti′kjulə], *monastery* [mɔ′-
nəstəri], *perambulate* [pəræ′mbjuleit], *respectability* [rispektəbi′liti],
civilize [si′vilaiz], *fertile* [fə:′tail], *rigorous* [ri′gərəs], *saturnine* [sæ′tənain].

I stavelser med biaccent såsom *revolution* [revəl(j)u:′ʃn], *compensation*
[kɔmpensei′ʃn] har vokalen vanligen samma uttal som i betonad ställning.
I dylika fall har i regel ljudskrift införts. — Här anges uttalet för de vanligaste
obetonade prefixen och suffixen. (Avvikelser upptagas i ordboken.)

Prefix (obetonade).

a- [ə], *ab*- [əb], *ad*- [əd]
be- [bi]
com- [kəm], *con*- [kən]
de- [di]

ex- [iks]
for- [fə]
per- [pə(r)]
pre- [pri]

pro- [prə, pro(u)]
re- [ri]
sub- [səb]
un- [ʌn]

— VII —

Suffix

-able [əbl]
-acle [əkl]
-acy [əsi]
-age [idʒ]
-al [(ə)l]
-an|ce, -t [əns, ənt]
-ary [əri]
-ate [vb eit, adj. it]
-dom [dəm]
-ed [efter ton. ljud d, efter tonlöst ljud t, efter d o. t id]
-en|ce, -t, -cy [ən|s, -t, -si]
-er [ə], -ery [əri]
-ess [is]
-et [it]
-ey [i]

-ful [f(ə)l]
-fy [fai] o. -fier [faiə]
-hood [hud]
-ible [ibl]
-ide [aid]
-ier [iə]
-ile [ail]
-ine [ain]
-ism [izm]
-ite [ait]
-ity [iti]
-ive [iv]
-ize [aiz]
-less [lis]
-let [lit]
-ly [li]
-ment [mənt]

-most [moust]
-ness [nis]
-on [(ə)n]
-or [ə], -ory [əri]
-ot [ət]
-our [ə]
-ous [əs]
-re [ə]
-some [səm]
-tion [ʃn] (-ation etc., se sid. VI Märk.)
-tude [tju:d]
ual [juəl]
-us [əs]
-ward [wəd]
-y [i]

Tecknens betydelse.

~ betecknar hela uppslagsordet. I sammansättningar används ~ endast framför - (dvs. där ordet i engelskan skrives med -). Alltså short . . ~-sighted (=short-sighted). Annars ersättes uppslagsordet blott med -. t. ex. short . . -en (=shorten).

‖ och | skilja avskurna delar av uppslagsord: sea‖-plane . . --power (=sea--power).

[ ] betecknar alternativt tillägg, t. ex. *by return* [*of post*] i stället för *by return of post* el. *by return*. [ ] användes ibland även för att ange olika ordklasser, t. ex. **fife** *s tr itr* [blåsa på] flöjt.

{ } sättes omkring en konstruktion, ett exempel eller en upplysning.

( ) betecknar likvärdigt ord, t. ex. under **odds**: *lay (give)* ~ (=*lay odds* eller *give odds*).

´ =huvudton (jfr sid. VI).
` =biton.
✕ =militärterm
⚓ =sjöterm

F =familjärt
P =vulgärt, lägre språk
S =slang
✱ =sällsynt

Förkortningar.

a adjektiv
abstr. abstrakt
adj adjektiv[isk]
adv adverb
Am. Amerika[nsk]
a p. =*a person* någon
art. artikel
a th. =*a thing* något
attr. attribut[ivt]
best. bestämd
bet. betydelse
bildl. bildligt[t]
biol. biologi
boktr. boktryckarkonst
bot. botanik
byggn. byggnadskonst
demonstr. demonstrativ
determ. determinativ

d. o. detta ord
el. eller
etc., &c m. m., o. d.
farm. farmakologi
ex. exempel
fem. femininum
flygv. flygväsen
fotb. fotboll
fr. fransk
f. ö. för övrigt
föreg. föregående
fören. förenad
gen. genitiv
geol. geologi
gram. grammatik
hand. handel
her. heraldisk term
hist. historia

imp. imperfekt
imper. imperativ
indef. indefinit
inf. infinitiv
interj interjektion
interr. interrogativ
isht i synnerhet
itj interjektion
itr intransitiv[t verb]
jakt. jaktterm
jfr jämför
jur. juridik
kok[k]. kokkonst
koll. kollektiv
komp. komparativ
konj konjunktion
konkr. konkret
kort. kortspel

— VIII —

litt. litterär stil
läk. läkarterm
mask. maskulinum
mek. mekanisk term
min. mineralogi
mod. modern
mus. musik
nek. nekande
neutr. neutrum
ngn[s] någon[s]
ngt något
npr nomen proprium, egennamn
o. och
obest. obestämd
o. d. och dylikt
opers. opersonligt verb

o. s. = oneself
o.'s = one's
p (p.) particip
pass. passiv form
p[ers]. person
pl. plural
poss. possessiv
pp. perfekt particip
prep preposition
pres. presens
pron pronomen
rfl reflexiv
reg. regelbunden
rel. relativ
räkn räkneord
s substantiv
s[in]g. singular[is]

självst. självständig
spel. spelterm
sport. sportterm
subst. substantiv
superl. superlativ
sv. svenska
teat. teater
tekn. teknisk term
t. ex. till exempel
tr transitiv[t] verb
ung. ungefär
univ. universitet
utt. uttal
vb verb
zool. zoologi
åld. ålderdomligt
äv. även

A

A, a [ei] *s* a
A 1 [eiwʌ'n] *a* 1orstklassig, utmärkt
a (an) [ei, æn, vanl. ə; æn, vanl. ən] **I** *obest art pron* en, ett; *of a size av samma storlek* **II** *prep* på, i, till
a- [ə] *pref* på, i, till
aback' *adv* bakåt; back; ⚓ *be taken* ~ baxna
abaft [bɑ:'] *adv prep* ⚓ akter|ut, -om
aban'don *tr* 1 överlämna 2 uppge; överge, svika **-ed** *a* otyglad, utsvävande **-ment** *s* 1 över-, upp|givande 2 övergivenhet 3 hängivelse 4 otvungenhet; frigjordhet
abase [əbei's] *tr* sänka, förödmjuka **-ment** *s* för|nedring, -ödmjukelse
abash' *tr* förvirra, genera **-ment** *s* blygsel, förlägenhet
aba'te I *tr* 1 minska, dämpa, lindra; försvaga 2 slå av 3 avskaffa 4 upphäva **II** *itr* avtaga, minskas **-ment** *s* minskning; avdrag, rabatt
abb'|acy *s* abbots|värdighet, -döme **-ess** *s* abbedissa **-ey** [i] *s* kloster|kyrka]
abb'ot *s* abbot **-cy -ship** *s* abbots|-döme, -stift, -värdighet
abbre'viate *tr* förkorta
ABC [ei'bi:'si:'] *s* 1 abc, alfabet 2 [slags-] kafé och matservering, byffé
ab'dicat||e *itr* avsäga sig; abdikera **-ion** *s* avsägelse, abdikation
abdo'men *s* abdomen, buk, bakkropp
abduct' *tr* bortföra, enlevera **-ion** *s* bortförande -or *s* kvinnorövare
abeam [əbi:'m] *adv* ⚓ *of* tvärs för
abecedarian [eibisidɛ'ər] *s* nybörjare
abed' *adv* 1 till sängs 2 sängliggande
aberr'a||nt *a* 1 villfarande 2 abnorm **-tion** *s* 1 villfarelse; avvikelse 2 abnormitet; *mental* ~ sinnesrubbning
abet' *tr* uppvigla; uppmuntra
abey'ance *s, be in* ~ vila, ligga nere
abhor' *tr* avsky, hata **-r'ence** *s* avsky, fasa **-r'ent** *a* 1 motbjudande, förhatlig 2 oförenlig, stridande
abi'd||e I *itr* 1 stanna 2 förbli, fortfara, 3 ~ *by* stå fast vid 4 vistas **II** *tr* 1 vänta 2 möta; tåla **-ing** *a* bestående
abil'ity *s* förmåga, duglighet
ab'ject *a* 1 avsigkommen, usel 2 feg, föraktlig **-ion** *s* förnedring, elände
abjur||ation *s* avsvärjelse **-e** [æbdʒu'ə] *tr* avsvärja, förneka
abla'ze *adv a* i brand; i eld och lågor
able [ei'] *a* 1 duglig, skicklig; kompetent; *be* ~ *to* kunna 2 vederhäftig ~**-bodied** *a* stark, arbetsför

ablution [æblu:'ʃn] *s* tvättning
ab'nega||te *tr* avsäga sig, förneka; avstå **-tion** *s* avsägelse; försakelse
abnor'm||al *a* oregelbunden **-ity** *s* oregelbundenhet, miss|bildning, -foster
aboard [əbɔ:'d] *adv prep* 1 ombord [på] 2 längs efter, nära
abo'de *s* boning, bostad, hem; vistelse
abol'ish *tr* avskaffa, utplåna
abolition *s* avskaffande **-ist** *s* förkämpe för negerslaveriets upphävande
abom'in||able *a* avskyvärd **-ate** *tr* avsky **-ation** *s* avsky; styggelse
aborig'in||al [dʒ] *a* ursprunglig **-es** [i'dʒini:z] *spl* urinvånare
abor't *itr* 1 få missfall 2 förkrympa **-ion** *s* 1 missfall; fosterfördrivning 2 förkrympning, felslående **-ive** *a* 1 förkrympt; steril 2 misslyckad
abou'nd *itr* 1 finnas i överflöd 2 ~ *in* ha i överflöd; ~ *with* vimla av
abou't I *prep* 1 [runt] omkring; omkring i el. på; i närheten av; på, hos, med, över; *all* ~ överallt i el. på; *a man* ~ *town* en som lever med; *look* ~ *you!* se er för! se upp! 2 om, angående, i, i fråga om, för .. skull 3 *be* ~ *to* stå i begrepp att **II** *adv* 1 [runt] omkring; här och där, hit och dit; *all* ~ runt omkring; *right* ~ [*turn*]! höger om! *go* ~ gå över stag 2 ute, i rörelse; *be* ~ finnas 3 ungefär
above' [ʌ'v] **I** *prep* över; ovan[för]; ~ *all* framför allt; *it is* ~ *me* det övergår mitt förstånd (min förmåga) **II** *adv* ovan[för]; där (här) ovan; *over and* ~ därtill, på köpet **III** *a s* ovanstående ~**-mentioned** *a* ovannämnd
abra'||de *tr* avskava **-sion** [ʒn] *s* avskavning; skavsår
abreast [e'] *adv* i bredd, sida vid sida
abridg||e [əbri'dʒ] *tr* förkorta; sammandraga; inskränka **-[e]ment** *s* 1 förkortning 2 sammandrag
abroad [ɔ:'] *adv* 1 vitt omkring 2 i omlopp, å färde 3 ut, ute, utomhus, bortrest 4 utrikes, utomlands; bort[a]
ab'rogate *tr* avskaffa, upphäva
abrupt' *a* 1 tvär, hastig, plötslig 2 ryckig 3 brant **-ion** *s* lösryckande **-ness** *s* 1 plötslighet 2 kärvhet 3 branthet
abscess [æ'bsis] *s* bulnad, abscess
abscon'd *itr* avvika, försvinna, hålla sig undan
ab'sence *s* frånvaro; brist; *leave of* ~ permission; ~ *of mind* tankspriddhet.

absent I [æ'] *a* 1 frånvarande; ~ *with leave* permitterad 2 obefintlig 3 tankspridd II [-'-'] *rfl* avlägsna sig, hålla sig borta -**ee**' *s a* frånvarande ~- **minded** *a* tankspridd, förströdd
ab'sol||**ute** *a* 1 absolut; full|komlig, -ständig 2 ren, oblandad 3 oinskränkt -**uteness** *s* 1 oinskränkt makt 2 ovillkorlighet -**u'tion** *s* 1 befriande 2 [synda]förlåtelse -**utism** *s* envälde -**utist** *s* anhängare av envälde
absol've *tr* frikänna; lösa, fritaga
absor'b *tr* absorbera, upptaga; införliva -**ed** *a* fördjupad -**ing** *a* fängslande
absor'ption *s* 1 absorbering; insugning 2 försjunkenhet, upptagenhet
abstai'n *itr* avstå, avhålla sig -**er** *s* absolutist; *total* ~ helnykterist
abste'mious *a* återhållsam, måttlig
absten'tion *s* avhållelse [från röstning]
abster'||**gent** [dʒ] I *a* ren[gör]ande II *s* reningsmedel -**sion** *s* ren[gör]ing
ab'stinen||**ce** *s* avhållelse, återhållsamhet, nykterhet; fastande -**t** *a* av-, åter|hållsam, måttlig, nykter
ab'stract I *a* 1 abstrakt, teoretisk 2 djupsinnig II *s* sammandrag III [-'-'] *tr* 1 abstrahera; skilja; stjäla 2 sammandraga -**ed** [-'-'] *a* tankspridd -**ion** *s* 1 avsöndring; undansnillande 2 tomt begrepp 3 tankspriddhet
abstruse [u:'s] *a* svårfattlig, dunkel
absurd [ə:'] *a* orimlig, befängd; dum, löjlig -**ity** -**ness** *s* orimlighet
abun'dan||**ce** *s* överflöd; mängd; rikedom -**t** *a* ymnig, riklig; rik
abu's||**e** I [s] *s* 1 missbruk; oegentlighet 2 ovett, skymford II [z] *tr* 1 missbruka 2 okväda, skymfa -**ive** [s] *a* 1 oegentlig 2 ovettig, smädlig
abut' *itr* 1 gränsa, stöta 2 stödja sig -**ment** *s* 1 sidostöd 2 stödjepunkt
abysmal [i'z] *a* avgrunds-; bottenlös
abyss [əbi's] *s* avgrund; svalg
A. C. [ei'si:'] f. Kr. a/c = *account*
academ'ic I *a* akademisk; teoretisk II *s* akademiker -**al** *a* akademisk -**ian** [i'ʃn] *s* akademimedlem
acad'emy *s* 1 akademi, högre undervisningsanstalt 2 rid-, konst|skola
accede [əksi:'d] *itr*, ~ *to* tillträda; [an]sluta sig till
accel'erat||**e** I *tr* påskynda II *itr* bli snabbare, påskyndas -**ion** *s* 1 påskyndande 2 tilltagande hastighet
accent I [æ'ksnt] *s* 1 tonfall; brytning II [əkse'nt] *tr* betona -**uate** [se'n] *tr* betona -**uation** *s* betoning
accept' *tr* 1 an-, mot|taga 2 godtaga, erkänna -**able** *a* antaglig; välkommen -**ance** *s* 1 antagande 2 godtagande 3 ~ *of persons* anseende till person 4 växelacceptering; accept -**ation** *s* vedertagen betydelse -**or** *s* acceptant
access [æ'kses, --'] *s* 1 tillträde; ingång, väg 2 anfall, utbrott -**ary** *s* 1 [med]hjälpare, deltagare 2 tillbehör -**ible** [-'-'] *a* tillgänglig, åtkomlig -**ion** [e'ʃn] *s* 1 tillträde 2 anslutning 3 tillägg -**ory** I *a* 1 åtföljande, bi- 2 medbrottslig II *s* tillbehör, bisak
accidence [æ'ks] *s* formlära
accident [æ'ks] *s* 1 tillfällighet, slump; 2 olycksfall, olycka 3 oväsentlig egenskap -**al** [e'ntl] I *a* 1 tillfällig, oavsiktlig 2 oväsentlig, bi- II *s* bisak
acclai'm I *tr* tilljubla bifall II *s* bifall
acclamation *s*, ~**s** bifallsrop
accli'matize *tr* acklimatisera
accliv'ity *s* stigning, backe
accom'mod||**ate** *tr* 1 lämpa, anpassa, rätta 2 försona 3 utrusta, förse 4 hysa -**ating** *a* tillmötesgående -**ation** *s* 1 anpassning, avpassande 2 tillmötesgående 3 sammanjämkning 4 bekvämlighet 5 utrymme; husrum 6 lån -**ation-ladder** *s* fallrepstrappa
accompan||**iment** [ʌ'm] *s* 1 tillbehör 2 ackompanjemang -**y** *tr* 1 [be]ledsaga; [åt]följa, följa med 2 ackompanjera -**y**||**ist** *s* ackompanja|tör, -tris
accom'plice [is] *s* medbrottsling
accom'plish *tr* 1 utföra, verkställa; uppfylla 2 fullborda; sluta 3 ut|rusta, -bilda -**ed** *a* fulländad); fint bildad -**ment** *s* 1 utförande; fullbordande 2 prestation 3 fulländning, utbildning; ~**s** talanger; bildning
accor'd I *tr* bevilja II *itr* stämma överens III *s* 1 överensstämmelse 2 förlikning 3 *of o.'s own* ~ självmant -**ance** *s* överensstämmelse -**ing** *adv* 1 ~ *as* i mån som 2 ~ *to* enligt, efter -**ingly** *adv* 1 därefter 2 följaktligen
accor'dion *s* handklaver
accost' I *tr* tilltala II *s* tilltal
accouch||**ement** [əku:'ʃmɑ:] *s* förlossning -**euse** [ʃəː'z] *s* barnmorska
accou'nt I *tr* betrakta, anse II *itr*, ~ *for* 1 redovisa [för]; svara för 2 göra sig reda för, förklara, begripa III *s* 1 beräkning 2 räkning, konto; ~**s** räkenskaper; *on* ~ i avräkning; *on no* ~ på inga villkor; *on* ~ *of* på grund av 3 fördel, vinst; *turn to* ~ dra nytta av 4 redovisning, redo-, upp|görelse 5 uppskattning, vikt 6 berättelse, rapport -**able** *a* 1 ansvarig 2 förklarlig -**ant** *s* bokförare [och revisor]
accoutre [əku:'tə] *tr* utrusta, utstyra -**ment** *s*, ~**s** utrustning, utstyrsel
accred'it *tr* 1 ge tilltro åt 2 tillskriva
accre'tion *s* 1 tillväxt 2 hopväxning
accrue [u:'] *itr* 1 ~ *to* tillfalla 2 uppstå
accu'mulat||**e** I *tr* hopa II *itr* hopa sig, ökas -**ion** *s* 1 hopande 2 hop, samling -**ive** *a* ständigt växande; hopad
accur||**acy** [æ'kju] *s* noggrannhet, omsorg, riktighet -**ate** [it] *a* 1 noggrann, punktlig 2 riktig, exakt

accursed — 3 — **administrator**

accur's‖ed -t *a* förbannad; avskyvärd
accusa‖tion [z] *s* anklagelse -**tory** [əkju:'] *a* anklagande; anklagelse-
accuse [əkju:'z] *tr* anklaga [*of* för]; klandra -**r** *s* anklagare
accus'tom *tr* vänja -**ed** *a* van; vanlig
ace [eis] *s* 1 åss, etta 2 jota, grand
acerbity [sə:'] *s* 1 surhet, bitterhet, syra 2 skärpa, frånhet
acet‖ic [əsi:'tik] *a* ättik[s]- -**ous** [æ'sitəs] *a* ättiksur, ättiks-
1 **ache** [eik] I *itr* värka II *s* värk
2 **ache** [eit ʃ] *s* [bokstaven] h
achiev‖able [ətʃi:'vəbl] *a* utförbar, görlig, uppnåelig -**e** *tr* 1 utföra, uträtta 2 förvärva; nå -**ement** *s* 1 utförande 2 värv; gärning; verk; bragd
ac'id I *a* sur; bitter, syrlig II *s* syra -**ity** [əsi'd] -**ness** *s* syra, surhet
acknowledge [əkno'lidʒ] *tr* erkänna -**ment** *s* erkännande; kvitto
acme [æ'kmi] *s* höjd[punkt]
acock [əkɔ'k] *adv* [om hatt] på sned
acorn [ei'kɔ:n] *s* ekollon
acoustic -**al** [əkau'st] *a* ljud-, hör--**s** *s* läran om ljudet, akustik
acquaint [wei'] *tr* 1 göra bekant med 2 underrätta, meddela -**ance** *s* 1 bekantskap, kännedom 2 umgänges|krets, -vän -**ed** *a* bekant, förtrogen
acquiesce [ækwie's] *itr* finna sig, låta sig nöja -**nce** *s* eftergivenhet, samtycke -**nt** *a* eftergiven, medgörlig
acquir‖e [əkwai'ə] *tr* förvärva, skaffa, få, vinna, uppnå -**ement** *s* 1 förvärvande 2 färdighet, kunskap
acquisit‖ion [zi'ʃn] *s* 1 förvärvande, vinnande 2 förvärv, 'kap' 3 talang -**ive** [wi'z] *a* förvärvslysten
acquit' *tr* 1 betala 2 fri|taga, -känna 3 ~ *o. s.* sköta sig; ~ *o. s. of* fullgöra -**tal** *s* frikännande -**tance** *s* 1 betalning 2 befrielse 3 [slut]kvitto
acre [ei'kə] *s* 1 40.5 ar 2 åker, fält
ac'ri‖d -**mo'nious** *a* bitter, skarp; från
across' I *adv* 1 i kors 2 på tvären; [tvärs]över 3 på andra sidan II *prep* [tvärs] över, på, genom
act I *s* 1 handling, gärning, verk, åtgärd; *the A-s* Apostlagärningarna; ~ *of God* naturhinder 2 parlamentsbeslut, lag; ~ *of grace* amnesti 3 akt, urkund 4 [teat.] akt II *itr* 1 handla; ingripa; bete sig 2 fungera, tjänstgöra 3 [in]verka 4 spela III *tr* 1 utföra, göra 2 uppföra, spela -**ing** I *a* 1 verkställande 2 tjänstgörande, tillförordnad II *s* 1 handl|ande, -ing 2 spel[sätt] -**ion** *s* 1 handling; verksamhet; ingripande 2 verkan 3 handling; åtgärd[er] 4 rörelser; gång 5 rättegång, process 6 strid, aktion -**ive** *a* 1 aktiv, verk|ande, -sam 2 flitig; livlig; rörlig -**iv'ity** *s* 1 verksamhet, kraftutveckling 2 energi, iver

act'‖or -**ress** *s* skådespel|are, -erska
act'u‖al *a* 1 faktisk, verklig, själv[a]; effektiv; aktiv; ~ *sin* verksynd 2 pågående, aktuell -**ate** *tr* [på]driva
acumen [əkju:'] *s* skarpsinn|ighet, -e
acu'te *a* 1 spetsig, skarp, fin 2 akut
A. D. [ei'di:'] anno domini, år
adage [æ'didʒ] *s* ordspråk, tänkespråk
ad'amant *s* diamanthård sten
adapt' *tr* 1 lämpa, avpassa; använda 2 bearbeta -**able** *a* anpassbar; användbar, lämplig -**ation** *s* 1 anpassning 2 jämkning; bearbetning
add I *tr* 1 lägga till; förena 2 addera; ~*ed to* plus II *itr* 1 addera 2 ~ *to* öka
add'er *s* huggorm
addict' *tr*, ~ *o. s. to* ägna sig åt; *be* ~*ed to* vara begiven på
addition *s* 1 tillägg; till|sats, -skott 2 addition -**al** *a* ytterligare; extra
address' I *tr* 1 rikta, ställa 2 adressera 3 tilltala; titulera; ~ [*o. s. to*] vända sig till III *s* 1 skicklighet 2 adress; utanskrift 3 tal, föredrag 4 ~*es* uppvaktning, frieri -**ee'** *s* adressat
addu'ce *tr* anföra, andraga, åberopa
adept' I *a* invigd II *s* mästare
ad'equ‖acy *s* motsvarighet, lämplighet, tillräcklighet -**ate** *a* avpassad, passande, tillräcklig; *be* ~ *to* vara vuxen
adhe'‖re *itr* 1 sitta fast; ~ *to* vidlåda 2 hålla (stå) fast 3 ansluta sig -**rence** *s* 1 vidhängande 2 fasthållande, tillgivenhet 3 anslutning -**rent** I *a* fastsittande, förbunden II *s* anhängare -**sion** [ʒn]=-**rence** -**sive** [s] *a* klibb|ig, -ande; gummerad
adieu [ədju:'] *interj s* farväl, avsked
ad'it *s* tillträde; ingång, stoll[gång]
adja'cen‖cy *s* grannskap -**t** *a* närliggande; grann-
adjoi'n *tr* stöta (gränsa) intill
adjourn [dʒə:'n] I *tr* framflytta, uppskjuta II *itr* åtskiljas; förflytta sig -**ment** *s* a|journering; åtskiljande
adjudge [ədʒʌ'dʒ] *tr* 1 till|döma, -erkänna 2 [av]döma -**ment** *s* 1 tillerkännande 2 avdömande 3 dom
adju'dic‖ate I *tr itr* [av]döma -**ation** *s* 1 tilldömande 2 dom
ad'junct *s* 1 till|sats, -behör, -lägg, bihang 2 medhjälpare
adjur‖ation *s* besvärjelse; enträgen maning -**e** [ədʒu'ə] *tr* besvärja
adjust' *tr* 1 ordna, rätta; reglera 2 avpassa, lämpa 2 bilägga -**able** *a* ställ-, flytt|bar, rörlig -**er** *s* justerare; *average* ~ dispaschör -**ment** *s* 1 ordnande; justering 2 avpassning 3 uppgörelse
admin'ist‖er I *tr* 1 sköta 2 skipa 3 förrätta 4 giva, räcka, utdela 5 ~ *an oath* förestava en ed II *itr*, ~ *to* sörja för -**ration** *s* 1 skötsel, styrelse; [isht Am.] regering 2 skipande 3 till-, ut|delning 4 förestavande [av ed] -**rator**

admirable — 4 — **afoot**

s 1 direktör, föreståndare 2 förrättare; utdelare 3 utredningsman
ad'mirable *a* beundransvärd, utmärkt
ad'miral *s* amiral -ty *s* 1 amiralskap 2 sjöförsvarsdepartement, amiralitet; *First Lord of the A*~ sjöminister
admir‖ation *s* beundran -e [ai'ə] *tr* beundra; prisa -er [ai'] *s* beundrare
admiss'‖ible *a* tillåt|lig, -en, antaglig -ion *s* 1 mot-, upp-, in|tagande, in-, till|träde 2 medgivande, erkännande
admit' I *tr* 1 släppa in, mottaga; an-, upp-, in|taga; släppa på' 2 rymma, ha plats för 3 erkänna II *itr*, ~ *of* tillåta, medgiva -tance *s* in-, till|träde -tedly *adv* obestridligen
admix'ture *s* blandning; tillsats
admon'‖ish *tr* förmana; varna; påminna -ition *s* förmaning; varning
ado [ədu·'] *s* 1 möda 2 väsen, bråk
adolescen‖ce [e's] -cy *s* uppväxttid, ungdom -t I *a* ung[domlig] II *s* yngling
adopt' *tr* 1 adoptera 2 an-, upp|taga -ion *s* 1 adoptering 2 upp-, an|tagande, val -ive *a* adoptiv-, valador‖able [ɔ:'] *a* tillbedjansvärd; förtjusande -ation *s* tillbedjan[de], dyrkan -e *tr* tillbedja, dyrka; avguda
ador'n *tr* pryda, smycka -ment *s* 1 försköning 2 dekoration
adrift' *adv a* i drift, vind för våg; bort
adroi't *a* skicklig; fintlig, behändig
ad'ul‖ate [ju] *tr* smickra -ation *s* smicker
adult' *a s* fullvuxen [person], manbar
adult'er‖ant *s* förfalskningsmedel -ate I [it] *a* förfalskad II *tr* förfalska; fördärva, besmitta -ation *s* förfalskning -er -ess *s* äktenskapsbryt|are, -erska -y *s* äktenskapsbrott
advance [ɑ:'ns] I *tr* 1 föra fram[åt] 2 befordra; [upp]höja 3 påskynda 4 upp-, fram|ställa, påstå 5 förskottera II *itr* 1 gå framåt, rycka fram; närma sig 2 göra framsteg, tilltaga III *s* 1 framåtgående 2 framsteg, befordran 3 närmande; erbjudande 4 förskott; lån 5 höjning 6 ~[*d*] *guard* förtrupp; *in* ~ före, framför, förut; på förhand; *in* ~ *of* framför, före -d *a* försigkommen; framskriden; extrem -ment *s* 1 befordran 2 [be]främjande 3 framåtskridande
advantage [ɑ:'n] *s* 1 företräde; övertag 2 för|mån, -del, nytta; *take* ~ *of* utnyttja, överlista; *take at* ~ överrumpla -ous [ei'dʒəs] *a* fördelaktig
ad'vent *s* 1 advent 2 an-, till|komst -itious [i'ʃ] *a* tillfällig, oegentlig
adven'tur‖e [tʃə] *s* 1 äventyr; vågstycke 2 upplevelse 3 affärsföretag, risk -er *s* 1 äventyrare 2 spekulant 3 lyckssokare -ous *a* äventyrs|lysten, -lig
ad'vers‖ary *s* motståndare; fiende -e *a* 1 fientlig 2 ogynnsam, olycklig 3 motsatt -ity [ə:'s] *s* motgång, olycka

adver't *itr*, ~ *to* antyda, beröra
ad'vertis‖e [z] I *tr* 1 underrätta 2 tillkännage II *itr* annonsera -ement [və·'tiz] *s* annons; reklam -er *s* 1 annonsör 2 annonsblad -ing *s* annousering
advi'ce *s* 1 råd 2 meddelande, avi
advis‖abil'ity [aiz] *s* rådlighet -**able** [ai'] *a* rådlig; välbetänkt -e [--'] I *tr* 1 [till]råda 2 meddela; avisera II *itr* rådgöra -ed *a* klok, välbetänkt -ory [--'--] *a* rådgivande
ad'voc‖acy *s* 1 advokatsyssla 2 försvar -ate I [it] *s* 1 advokat, sakförare 2 förkämpe II *tr* försvara
aerated [ɛ'əreitid] *a* kolsyrad
aerial [eii'ər, ɛ'ər] I *a* 1 luft-, av luft; gas- 2 luftig, eterisk 3 flyg-; ~ *service* lufttrafik; flyglinje II *s* antenn
aero‖- [ɛ'əro] luft-; flyg- -**drome** *s* flyg-, landnings|plats -**field** [fi:ld] *s* flygfält -**gram** radiogram -**gun** *s* luftvärnspjäs -**lite** *s* meteorsten -**naut** *s* luftseglare -**nau'tics** *s* luftsegling, flygning -**plane** *s* flygmaskin
aesthet'ic[al] [i:sþ] *a* estetisk
afar [əfɑ:'] *adv* fjärran
aff'able *a* tillgänglig, förekommande
affair [əfɛə'] *s* 1 göromål 2 affär, åliggande, angelägenhet, sak 1 **affect'** *tr* 1 [läk.] drabba; angripa 2 göra intryck på, röra 3 påverka 2 **affect'** *tr* 1 ha förkärlek för 2 antaga 3 spela: föregiva 4 låtsa -ation *s* 1 förkärlek 2 briljerande, tillgjordhet -ed *a* 1 stämd, sinnad 2 tillgjord; låtsad
affect'ion *s* 1 påverkan 2 sinnesrörelse, känsla 3 tillgivenhet 4 sjuklighet -ate [it] *a* tillgiven. kärleksfull, öm
affi'anced *a* trolovad
affil'iate *tr* upptaga; ansluta; förena: ~*d company* dotterbolag
affi'n‖ed *a* befryndad, besläktad -**ity** [əfi'n] *s* 1 släkt[skap] 2 släktdrag
affirm [əfə·'m] *tr itr* 1 försäkra, påstå; intyga 2 fastställa 3 [be]jaka -ation *s* försäkran; påståènde -**ative** *a s* bekräftande, [be]jakande; ja
affix I [--'] *tr* 1 fästa 2 vidfoga II [æ'] *s* 1 tillägg 2 förstavelse, ändelse
afflict' *tr* plåga, hemsöka -**ed** *a* 1 bedrövad 2 angripen, pinad -**ion** *s* 1 bedrövelse 2 hemsökelse; olycka
affluen‖ce *s* 1 till|opp, -strömning 2 överflöd 3 rikedom -**t** I *a* 1 över-flödande; riklig 2 rik II *s* biflod
aff'lux *s* tillflöde, tillströmning
affor'd *tr* 1 ha råd [till] 2 skänka
affray' *s* slagsmål, tumult
affront [rʌ'] I *tr* 1 förolämpa, såra 2 möta, trotsa II *s* skymf, förolämpning
a‖field [əfi:'ld] *adv* i fält -**fi're** *adv a* i brand -**fla'me** *adv a* i eld och lågor -**float** [ou'] *adv a* 1 flytande, flott 2 till sjöss 3 översvämmad 4 i [full] gång; i omlopp -**foot** [u'] *adv a* 1

afore — 5 — **alignment**

till fots, på fötter 2 i gång; i görningen
afore [əfɔː'] *adv prep* 1 ⚓ för ut (om) 2 före-, förut- -**said** *a* förutnämnd
afraid [əfreiˈd] *a* rädd [*of* för]
afresh' *adv* ånyo, på nytt
aft [ɑːft] *adv* ⚓ akter ut (över)
after [ɑː'] I *adv* 1 efter, bakom 2 efter[åt] II *prep* 1 efter, bakom, näst 2 enligt; i likhet med; ~ *a fashion* på sätt och vis III *konj* sedan IV *a* 1 senare, efter- 2 ⚓ akter- -**clap** *s* efterräkning -**glow** [ou] *s* aftonglöd -**grass** *s* efterslåtter -**noon** *s* eftermiddag -**thought** *s* efterklokhet -**wards** [ədz] *adv* efteråt, sedan
again [əgeiˈn, əgeˈn] *adv* 1 igen, åter, ånyo; ~ *and* ~, *time and* ~ gång på gång; *now and* ~ då och då 2 vidare; åter[igen]; å andra sidan -**st** *prep* 1 [e]mot 2 inemot, i avvaktan på
a||**ga'pe** *a* gapande -**gaˈze** *adv* stirrande
age [eidʒ] I *s* 1 ålder; *be* (*come*) *of* ~ vara (bli) myndig 2 ålderdom 3 period; *the Middle A*~*s* medeltiden 4 lång tid, evighet II *itr* åldras -**d** *a* i en ålder av; gammal -**long** *a* [livs]lång
a'gency [dʒ] *s* 1 verksamhet 2 medverkan 3 verkan, makt 4 agentur; byrå
agen'da [dʒ] *s* program, notisbok
a'gent [dʒ] *s* 1 verkande medel, kraft; orsak; verktyg 2 ombud; förvaltare
agglom'erate *tr itr* hopa [sig]
agglu'tinate [uː'] *tr* limma ihop, förena
agg'randize *tr* förstora
agg'ravate *tr* 1 för|svåra, -värra 2 F reta, förarga
agg'regat||**e** I [it] *a* förenad, sammanlagd II [it] *s* 1 summa 2 massa, samling, hop III *tr itr* hopa [sig], F samla[s] -**ion** *s* hopning, samling
aggress' *tr* angripa -**ion** *s* anfall, angrepp -**ive** *a* 1 angripande; anfalls- 2 stridslysten -**or** *s* angripare
aggrieve [əgriːˈv] *tr* plåga; kränka
aghast [əgɑːˈst] *a* förskräckt; häpen
agile [æˈdʒail] *a* vig, lättrörlig, kvick
agitat||**e** [æˈdʒ] I *tr* 1 röra, skaka 2 uppröra, oroa; uppvigla 3 avhandla, dryfta II *itr* agitera -**ion** *s* 1 rörelse, skakning 2 oro; jäsning 3 dryftande 4 agitation -**or** *s* agitator
aglow [əglouˈ] *adv* glödande, het
ago' *prep* för .. sedan
agog' *adv a* F i rörelse; ivrig
ag'on||**ize** I *tr* pina II *itr* våndas -**y** *s* själskval; dödskamp; [döds]ångest
agrarian [əgrɛˈəriən] *a* agrar[-], jord-
agree' *itr* 1 samtycka, gå in [*to* på] 2 komma överens 3 vara ense 4 ~ *with* överensstämma med; passa för; bekomma väl -**able** *a* angenäm, trevlig; älskvärd -**d** *a* avgjord, beslutad; ense -**ment** *s* 1 överenskommelse, avtal; förlikning 2 överensstämmelse

agricult'ur||**al** [tʃə] *a* jordbrukande; jordbruks- -**e** [æˈg] *s* jordbruk
agrou'nd *adv a* på grund
ague [eiˈgjuː] *s* 1 malaria, frossa F frosskakning; rysning[ar]
ah [ɑː] *itj* ah! o! ack! ~ *me!* ve mig!
ahead [əheˈd] *adv* före; förut; framåt; rakt på; ~ *of* framför, för om
ahem [hm] *interj* hm!
aid I *tr.* hjälpa, bistå; underlätta II *s* 1 hjälp, bistånd; hjälpmedel 2 medhjälpare -**e-de-camp** [eiˈddəkɑːˈŋ] *s* adjutant -**er** *s* medhjälpare
ail *tr* plåga, besvära -**ment** *s* sjukdom; oro, bekymmer
aim I *tr itr* måtta, sikta II *s* 1 sikte 2 mål, avsikt -**less** *s* utan mål, planlös
ain't [eint] = F *are not*, *is not*; P *am not; have not; has not*
1 air [ɛə] I *s* 1 luft; atmosfär; *A*~ *Force* luftvapen 2 fläkt; *drag* 3 offentlighet II *tr* 1 vädra, lufta 2 torka 2 air *s* 1 utseende 3 min; åtbörd
3 air *s* melodi; sopranstämma
air||-**base** *s* luft|bas, -station -**craft** [ɑː'] *s* luftfartyg -**ing** *s* promenad, tur -**man** *s* flygare -**plane** se *aeroplane* -**pocket** *s* luftgrop -**raid** *s* luftanfall -**tight** *a* lufttät -**y** *a* 1 luft- 2 luftig; hög 3 livlig; lätt; sorglös
aisle [ail] *s* 1 sidoskepp 2 gång
1 ajar [ədʒɑː'] *adv* på glänt
2 ajar *adv* i strid, ur lag
akim'bo *adv* med händerna i sidan
akin' *adv a* släkt, besläktad
alac'rity *s* livlighet; beredvillighet
alarm [ɑːˈm] I *s* 1 [a]larm 2 bestörtning, oro, ängslan 3 se *alarum* II *tr* 1 alarmera 2 oroa ~-**bell** *s* stormklocka ~-**clock** *s* väckarklocka
alarum [əlɛˈərəm] *s* alarmapparat
alas [əlɑːˈs, əlæˈs] *interj* ack, tyvärr
albeit [ɔːlbiːˈit] *konj* ehuru; låt vara
albu'm||**en** -**in** *s* äggvita
al'ch||**em**||**ist** [k] *s* alkemist -**y** *s* alkemi
al'coh||**ol** *s* alkohol -**ol'ic** *a* alkohol-
Alcoran [ælkɔrɑːˈn] *s* Koran[en]
alder [ɔːˈldə, äv. ɔːˈl-] *s* al
alderman [ɔːˈl] *s* 1 alderman 2 F lerpipa
ale *s* öl; *pale* ~ ljust öl
aler't I *a* 1 vaken, beredd 2 pigg, livlig, rask II *s*, *on the* ~ på utkik
alfresco' *adv a* i fria luften; friluftsa'**lien** I *a* 1 annans, andras 2 utländsk; främmande, annan; olik II *s* främling; utlänning -**ate** *tr* avlägsna; avyttra -**ation** *s* 1 avhändande 2 kallsinnighet 3 sinnesrubbning -**ism** *s* 1 främlingskap 2 psykiatri
1 alight [aiˈ] *itr* 1 stiga av 2 falla (slå) ner; hamna; landa
2 alight *a* [upp]tänd; i lågor; upplyst
align [aiˈn] *tr* ställa upp i rät linje; ⚔ rätta -**ment** *s* 1 placering i [rak] linje 2 rad 3 ⚔ rättning

ali'ke I *a* lik[a] II *adv* på samma sätt
al'iment *s* näring[smedel], föda; stöd
al'imony *s* under|håll, -stöd
ali've *a* 1 i livet, levande 2 livlig; *be* ~
with myllra av; *lcok* ~*!* F raska på!
3 ~ *to* känslig för, medveten om
all [o:l] I *pron s* 1 all, allt, alla; ~ *but*
nästan; ~ *of us* vi alla; *three* ~ om
tre; *at* ~ alls, ens; *not at* ~ inte alls;
ingen orsak; *for* ~ *that* det oaktat;
in ~ inalles 2 hela II *adv* alldeles,
bara, idel; ~ *about* runtomkring; ~
along utefter hela; hela tiden; allt-
igenom; ~ *at once* plötsligt; ~ *over*
över hela; ~ *right!* gott, klart, kör
för det, gärna för mig; *it is* ~ *right*
det är klart (bra); ~ *the better* så
mycket bättre; ~ *the same* ändå
allay' *tr* 1 stilla, lugna 2 mildra, minska
alleg||ation *s* 1 anklagelse 2 påstående
 -e [əle'dʒ] *tr* 1 andraga, anföra; ur-
säkta sig med 2 påstå
alle'giance [dʒ] *s* tro och lydnad
allegor||ic[al] [ɔ'] *a* allegorisk -y [æ'l]
s allegori, bildlig framställning
alleluia [ælilu:'jə] *interj s* halleluja
alle'viate *tr* lätta, lindra
alley [æ'li] *s* 1 allé: gång 2 gränd
All Fools' Day [o:'lfu:'lzdei] *s* 1 april
All-Hallows [ɔ:'lhæ'l] *s* 1 allhelgonadag
alli'||ance *s* 1 släktskap 2 förbund
 -ed *a* 1 släkt 2 förbunden, allierad
allo'cate *tr* tilldela, anvisa, anslå
allot' *tr* 1 fördela 2 tilldela; anvisa
 -ment *s* 1 fördelning 2 andel; lott
allow [au'] I *tr* 1 erkänna, medge 2
tillåta, låta 3 bevilja II *itr* 1 ~ *for*
ta hänsyn till; göra avdrag för 2 ~
of erkänna; medge -**able** *a* tillåt|en,
-lig -**ance** *s* 1 underhåll; understöd 2
ranson 3 avdrag, rabatt; ersättning
4 eftergift; *make* ~ *for* ta hänsyn till
alloy' I *s* 1 halt 2 legering 3 tillsats
II *tr* 1 legera 2 försämra
all-round [ɔ:'lrau'nd] *a* mångsidig
allu'de *itr*, ~ *to* hänsyfta på; åsyfta
allu're *tr* 1 locka 2 tjusa -ment *s* 1
lockelse 2 lockbete 3 tjusning
allu's||ion [ʒn] *s* 1 hänsyftning, anspel-
ning -ive [s] *a* syftande [*to* på]
all-wool [ɔ:'lwu'l] *s a* helylle[-]
ally' I *tr* samman-, för|binda, förena,
allicra II *s* bundsförvant
almighty [ai'] *a* allsmäktig; stor
almond [ɑ:'] *s* mandel
almost [ɔ:'l] *adv* nästan, nära [nog]
alms [ɑ:mz] *s* [vanl. sg.] allmos|a, -or
aloft' *adv a* i högt] upp[åt]
alo'ne I *a* ensam; *leave* (*let*) ~ låta
vara [i fred], låta bli II *adv* endast
along' I *prep* längs, utmed; framåt
II *adv* 1 framåt; *come* ~*!* kom nu!
2 ~ *with* jämte -**side** *adv* ✥ långsides
aloo'f *adv a* på avstånd, borta, undan
 -**ness** *s* hög[dragen]het

aloud [əlau'd] *adv* högt, med hög röst
alp *s* 1 alp, [hög]fjäll 2 betesmark
alph'abet *s* alfabet -**ic** [e't] *a* alfabetisk
alp'in||e *a* alp- -**ist** [in] *s* bergbestigare
already [ɔ:lre'di, ɔl-] *adv* redan
Alsatian [ælsei'ʃiən] *a* elsassisk
also [ɔ:'lso(u), ɔl-] *adv* också, även
altar [ɔ:'] *s* altare ~-**piece** *s* altartavla
alter [ɔ:'ltə] I *tr* [för]ändra II *itr*
förändras -**ation** *s* förändring
altercate [ɔ:'ltəkeit] *itr* gräla, träta
alternat||e I [ɔ:'ltə:'nit] *a* omväxlande
II [-'--] *tr itr* [låta om]växla, alter-
nera,tura om -**ion** *s* växling -**ive** [ə:'n]
a s alternativ
although [ɔ:lðou'] *konj* ehuru, även om
alt'itude *s* 1 höjd[punkt] 2 höghet
alt'o *s* [mus.] alt
altogether [ɔ:ltəge'ðə] *adv* helt och
hållet, alldeles, fullt
alt'ru||ism *s* oegennytta -**ist** *s* idealist
al'um *s* alun -**in'ium** *s* aluminium
always [ɔ:'lwəz, -weiz] *adv* alltid
a. m. [ei e'm] f. m.
am [æm, əm, m] (av *be*) [jag] är
amal'gam *s* 1 amalgam 2 blandning
 -**ate** I *tr* blanda; förena II *itr* blandas
amass' *tr* hopa, lägga i (på) hög
amateur [tju'ə] *s* 1 älskare 2 amatör
am'atory *a* kärleks-, erotisk; förälskad
ama'z||e *tr* göra häpen (bestört) -**e-
ment** *s* häpnad, bestörtning -**ing** *a*
förvånande, häpnadsväckande
ambass'ador *s* ambassadör, sändebud
am ber *s* bärnsten[sfärg], ambra
am'bient *a* omgivande
ambigu'||ity *s* tvetydighet; otydlighet
 -**ous** [bi'g] *a* tvetydig, dunkel; oviss
ambit'||ion *s* äre[lystnad, -girighet; iver
 -**ious** *a* 1 ärelysten 2 anspråksfull
am'ble *s* 1 passgång 2 trippande
am'bula||nce *s* 1 fältlasarett 2 am-
bulansvagn -**tory** *a* kringvandrande
amb'||uscade -**ush** [u] *s* bakhåll, försåt
ame'liorate *tr* förbättra[s]
amen [ɑ:'me'n, ei'me'n] *interj* amen
ame'nable *a* 1 ansvarig; underkastad
2 mottaglig; foglig, medgörlig
amend' *tr*. rätta; ändra; förbättra -**e**
[amã:'ŋd] *s* bot; avbön -**ment** *s* 1
rättelse 2 tillägg, ändring[ar] -**s** *s* gott-
görelse, upprättelse
ame'nity *s* behag[lighet], älskvärdhet
American [e'r] *s a* amerikan[sk]
amiab||il'ity [eimjə] *s* vänlighet; älsk-
värdhet -**le** [ei'm] *a* vänlig; älskvärd
am'icable *a* vänlig, vänskaplig
amid' *prep* mitt i (ibland, under) -**ships**
adv mittskepps -**st** = *amid*
amiss' *adv a* på tok, illa; orätt; *not*
 ~ inte illa, inte ur vägen
am'ity *s* vänskap[lighet], samförstånd
am'nesty *s* 1 tillgift 2 amnesti
among'[st] [ʌ'] *prep* [i]bland; ~ *them-
selves* sinsemellan, inbördes

amorous — 7 — antic

am'orous a 1 förälskad, kär 2 kärleks-
amortize [əmɔ:'tiz] tr amortera
amou'nt I itr, ~ to 1 uppgå till 2 inne-
bära II s 1 belopp, [slut]summa;
mängd 2 innebörd
amphib'ious a 1 amfibisk 2 dubbel-
am'pl||e a 1 vid[sträckt], omfattande;
rymlig, stor 2 riklig; frikostig 3 ut-
förlig -ification s 1 utvidgning, för-
storing 2 utläggning -ify tr 1 utdraga,
öka 2 utveckla -itude s 1 vidd, om-
fattning 2 riklighet 3 storhet
am'putate [ju] tr amputera, avskära
amuck' adv, run ~ bli vild (besatt)
amu'se [z] tr underhålla, roa -ment
s nöje, förströelse; munterhet
an [æn; ən, n] se a
anaemia [əni:'miə] s blodbrist
anaesthet'ic [i:s] s bedövningsmedel
analog'||ic[al][dʒ] a analogisk, analogi-
-ous [ənæ'ləgəs] a analog, likartad
-y [æ'l] s analogi; likhet
an'aly||se [aiz] tr analysera -sis [æ'li-
sis] s analys; undersökning -st [ist]
s analytiker -tic[al] [i't] a analytisk
anarch||ic[al] [ɑ:'k] a anarkist[isk] -ist
[æ'n] s anarkist -y [æ'n] s anarki
anath'ema s bannlysning, förbannelse
anatom'||ical a anatomisk -ist [ənæ'-]
s anatom -y [ənæ't] s 1 dissekering
2 anatomi 3 [kropps]byggnad; kropp
an'cest||or s stamfader; ~s förfäder -ral
[se's] a fäderne-, fäderneärvd -ry s
1 börd, ano: 2 förfäder
an'chor [k] I s ankar[e]; at ~ för an-
kar II tr itr [för]ankra -age s 1 ank-
ring 2 ankar|grund, -plats; fäste|
anch'orite [k] s eremit; enstöring
an'chovy s ansjovis; sardell
ancient [ei'nʃənt] I a 1 forn[tida]. 2
[ur]gammal II s; the ~s antikens folk
and [ænd, ən(d)] konj och; ~ so on.
~ so forth och så vidare
an'diron [aiən] s järnbock [i spis]
anemone [əne'məni] s sippa
anew [ənju:'] adv ånyo; om igen
angel [ei'n(d)ʒl] s ängel -ic [æn-
uʒe'lik] a änglalik
anger [æ'ŋgə] s vrede
1 angle [ŋg] s vinkel, hörn; kantighet
2 angle itr meta -r s metare
Ang'li||can [ŋg] a a anglikan[sk], hög-
kyrklig -cize tr förengelska
Ang'lo||- [ŋg] engelsk, anglo- --In'-
dian s anglo-indier -ma'nia s beund-
ran för allt engelskt -pho'bia s eng-
elskfientlighet --Saxon I a 1 anglo-
saxisk; fornengelsk 2 engelsk[talan-
de] II s 1 anglosaxare 2 engelsman,
amerikan. -Swedish a engelsk-svensk
ang'ry [ŋg] a ond, arg, vred[gad]
anguish [æ'ŋgwiʃ] s smärta, kval
ang'ular [ŋgju] a vinkel-; kantig
an'imal I s levande varelse, djur II s
1 animal[isk]. djur-: fysisk ~ spirits

livsandar 2 köttslig, sinnlig -ism s dju-
riskhet, sinnlighet -ity [æ'l] s 1 livs-
kraft 2 djuriskhet
an'imat||e I [it] a 1 levande 2 livlig
II tr 1 besjäla 2 liva, elda 3 påverka
-ion s 1 livande [verkan] 2 liv[lighet]
animos'ity [s] s hätskhet, fientlighet
an'is||e [is] s anis -ette [ze't] s anislikör
ankle [æ'ŋkl] s fot|led, -knöl, ankel
ann'als spl annaler, årsberättelse
annex' I tr 1 tillägga; bifoga 2 för-
knippa, förena 3 införliva II se -e -a-
tion s 1 tillägg 2 införlivning -e [æ'n]
s 1 bilaga 2 tillbyggnad, flygel
anni'hilate tr tillintetgöra, förstöra
anniver'sary s årsdag; årsfest
ann'otat||e tr kommentera -ion s an-
teckning; not; kommentar
annou'nce tr 1 tillkännage, kungöra 2
anmäla 3 ange, antyda -ment s an-
mälan; annons -r s hallåman
annoy [ənɔi'] tr förarga, reta, oroa,
besvära, plåga -ance s 1 oroande 2
förargelse, obehag -ing a förarglig
ann'u||al a 1 årlig, års- 2 ettårig -ity
[ənju'] s årligt underhåll; livränta
annul' tr 1 utplåna 2 upphäva, avskaffa
ann'ul||ar a ringformig -et s liten ring
annul'ment s utplånande; upphävande
annunciation s förkunnande; bebådelse
an'odyne [ai] a s smärtstillande [medel]
anoi'nt tr 1 smörja; inviga 2 gnida
anom'al||ous a oregelbunden; abnorm
-y s avvikelse; missförhållande
anon [ənɒ'n] adv genast; snart; ever
and ~ tid efter annan
anonym||ity [i'm] s anonymitet, namn-
löshet -ous [ənɒ'n] a anonym
another [ənʌ'ðə] pron 1 en annan 2
en till, ännu en 3 one ~ varandra
answer [ɑ:'nsə] I s 1 svar 2 försvar
svaromål II tr 1 [be]svara; bemöta;
~ the bell (door) gå och öppna 2 lösa
3 lyda, följa 4 honorera; inlösa 5 mot-
svara, uppfylla III itr 1 svara 2 ~
to lyda, motsvara 3 räcka till; lyc-
kas, gå -able a ansvarig
ant [ænt, ɑ:nt] s myra
Antarctic [æ'ntɑ'ktik] a sydpols-
ante [æ'nti] pref före
ant-eater [æ'nti:tə] s myrslok
an'te||cedence s företräde; förrang
-ce'dent s a föregående -chamber s
förrum -date tr antedatera -dilu'vian
a hörande till tiden före syndafloden
an'te merid'iem (a. m. [ei'e'm]) f. m.
antenn'|a (pl. -æ [i:]) s spröt, antenn
ante'rior a 1 föregående 2 främre
anth'em s hymn; national ~ folksång
ant-hill s myrstack
anthrop||olo- människo- -ol'ogy [dʒ] s
antropologi, lära[n] om människan
anti- [æ'nti] pref anti-, mot-
anti-aircraft [s'ækrɑ:ft] a luftvärns-
an'tic s ~s krumsprång, upptåg

antic'ip||ate *tr* förekomma; föregripa; påskynda; förutse **-ation** *s* förskott; föregripande; aning, förväntan **-ative -atory** *a* förutseende; föregripande
ʌ'ti||cli'max *s* antiklimax; bakslag **-dote** *s* motgift **-pathy** [i'p] *s* motvilja
an'tipode *s* motsats
antiquar||ian [kwɛ'oriən] **I** *a* antikvarisk, forn- **II** *s* antikvarie, fornforskare **-y** [æ'n] *s* fornforskare
antiquated [æ'ntikweitid] *a* föråldrad
antique [ænti:'k] **I** *a* 1 antik; forntida 2 gammal[dags]; ålderdomlig **II** *s* forn|sak, -lämning, antik[vitet]
antiq'uit||y *s* 1 uråldrighet 2 forntid; antiken 3 *-ies* fornminnen
an'tler *s* [gren på hjort]horn
an'vil *s* städ
anxi'||ety [gz] *s* 1 ängslan, bekymmer, oro; spänning 2 [ivrig] önskan **-ous** [æ'ŋ(k)|əs] *a* 1 ängslig 2 ivrig
any [e'ni] **I** *pron* 1 någon, några [alls] 2 vilken som helst, varje, all; hurudan som helst 3 någon nämnvärd (större, längre) **II** *adv* något **-body** *pron* 1 någon [alls] 2 vem som helst **-how** *adv* 1 på något sätt; hur som helst 2 i varje fall 3 på måfå **-one** = **-body -thing** *pron* 1 något [alls] 2 vad som helst; allt; ~ *but* allt annat än; *for* ~ *I know* inte annat än jag vet **-way** = **-how -where** *adv* var som helst, överallt; någonstädes
apace [əpei's] *adv* fort, hastigt
apar't *adv* 1 åt sidan, avsides; å sido 2 för sig själv; ~ *from* frånsett 3 isär, från varann **-ment** *s* rum; våning
apathet'ic *a* känslolös; likgiltig; slö
ape **I** *s* apa **II** *tr* efterapa, härma
ap'erture [juə] *s* öppning; glugg, lucka
a'pery *s* 1 efterapande 2 apkonster
a'pex *s* spets, topp
a'piary *s* bi|kupa, -hus
apiece [əpi:'s] *adv* per styck; i sänder
apolog||ize [əpɔ'l] *itr* be om ursäkt, ursäkta sig **-y** [ɔ'l] *s* 1 försvar[stal] 2 ursäkt, avbön 3 **F** surrogat
apople||c'tic *a* [läk.] slag- **-xy** [æ'] *s* slag
apostle [əpɔ'sl] *s* apostel
post'roph||e [fi] *s* 1 tilltal 2 apostrof **-ize** *tr* vända sig till; fara ut mot
appalling [ɔ:'l] *a* för|färande, -skräcklig
appara'tus *s* apparat[er]; maskineri
apparel [æ'r] *s* dräkt, kläder
apparent [æ'r] *a* tydlig; synbarlig; skenbar
apparition *s* 1 framträdande 2 syn
appea'l **I** *itr* 1 vädja 2 ~ *to* åberopa, anropa, bönfalla, tilltala **II** *s* 1 appell, vad, besvär 2 vädjan, upprop; *sex* ~ erotisk dragningskraft
appear [əpi'ə] *itr* 1 bli (vara) synlig, visa sig 2 framträda 3 inställa sig 4 komma ut 5 framgå 6 synas **-ance** *s* 1 framträdande, inträde; förekomst;

åsyn 2 uppträdande 3 inställelse 4 tecken; utseende, yttre; *for* ~'[s]*sake* för syns skull; *to all* ~ efter allt att döma 5 företeelse; syn; skepnad
appea'se [z] *tr* stilla, lugna; försona
appell'ant *s* vädjande part, kärande
appen'd *tr*, ~ *to* vidhänga, fasta vid; bifoga, tillägga **-age** *s* bihang; tillbehör **-icitis** [ai'tis] *s* blindtarmsinflammation **-ix** *s* bihang, bilaga
appercep'tion *s* uppfattning
appertai'n *itr*, ~ *to* tillhöra; röra
app'eti||te *s* böjelse, [mat.]lust, aptit **-zer** *s* aptitretande medel **-zing** *a* aptitretande; aptitlig; lockande
applau'||d *tr* 1 applådera 2 prisa, gilla **-se** [ɔ:'z] *s* applåd[er]; bifall
apple *s* äpple; ~ *of the eye* ögonsten
appli'ance *s* användning; anordning
app'lic||able *a* användbar, tillämplig **-ant** *s* sökande **-ation** *s* 1 anbringande 2 användning 3 tillämpning 4 sysslande; flit 5 anmälan, ansökan; hänvändelse; begäran
apply [əplai'] **I** *tr* 1 anbringa, lägga (stryka) [på] 2 ägna; använda 3 tillämpa **II** *itr* 1 ~ *to* vara tillämplig på, gälla; vända sig till, anmäla sig hos 2 ~ *for a place* söka en plats
appoi'nt *tr* 1 bestämma, förordna 2 utnämna, tillsätta 3 ~*ed* utrustad **-ment** *s* 1 avtalat möte 2 anordning, bestämmelse; förordnande 3 utnämning; anställning 4 utrustning
appor'tion *tr* 1 fördela, skifta 2 tilldela
app'os||ite [zit] *a* välanbragt; träffande **-ition** *s* anbringande
apprais||al [əprei'zl] *s* värdering, taxering **-e** *tr* värdera, taxera
appreci'||able [i:'ʃi] *a* 1 uppskattbar 2 märkbar; avsevärd **-ate** *tr* 1 värdera; uppskatta 2 inse **-ation** *s* 1 värdering; omdöme; granskning 2 uppfattning; uppskattning **-ative -atory** *a* 1 uppskattande, erkännsam 2 känslig
apprehen'||d *tr itr* 1 gripa, häkta 2 [upp-] fatta, begripa; märka 3 befara **-sion** *s* 1 häktning 2 fattningsgåva 3 uppfattning 4 farhåga **-sive** *a* orolig, rädd
appren'tice [is] **I** *s* lärling; nybörjare **II** *tr* sätta i lära
appri'se [z] *tr* underrätta
approach [ou'] **I** *itr* 1 nalkas, närma sig 2 komma nära, likna **II** *tr* 1 = *I* 1 2 vända sig till; få träffa tillnärma **III** *s* 1 närmande; första försök 2 tillträde; upp-, in|fart 3 ansats 4 ~*es* löpgravar **-able** *a* tillgänglig
approbation *s* gillande; bifall
appro'priat||e **I** [it] *a* 1 bestämd; egen- [domlig]; egentlig 2 lämplig **II** *tr* 1 tillägna sig 2 anslå, bestämma **-ion** *s* 1 tillägnande 2 anslående; anslag
approv||al [u:'] *s* bifall, gillande; *on* ~ till påseende **-e** *tr itr* 1 ~ [*of*] gilla,

approved — 9 — **artichoke**

godkänna 2 stadfästa -ed *a* 1 beprövad 2 erkänd, aktad
approx'imat||e I [it] = -*ive* II *tr itr* närma [sig], nalkas -**ive** *a* ungefärlig
appur'tenance *s* tillhörighet; tillbehör
a'pricot *s* aprikos
a'pron *s* 1 förkläde; förskinn 2 fotsack
apropos [æ'prəpo(u)] *adv a* 1 passande, lämplig[t] 2 ~ *of* på tal om
apt *a* 1 lämplig; träffande 2 böjd, benägen; ägnad 3 skicklig, begåvad -**itude** *s* 1 lämplighet 2 benägenhet 3 skicklighet; fallenhet -**ness** = -*itude*
aqua||relle [e'l] *s* akvarell -**tic** [kwæ'] I *a* vatten- II *spl.* ~*s* vattensport
aq'ueduct *s* akvedukt; vattenledning
aquiline [æ'kwilain] *a* örnlik; örn-
Arab [æ'r] *s a* arab[isk]; *street*~ gatunge
arabes'que I *a* sällsam II *s* arabesk
Ara'b||ian *a s* arab[isk]; ~ *Nights* Tusen och en natt -**ic** [æ'r] *a* arabisk
ara:le [æ'r] *a* odlingsbar
arbiter [a:'bitə] *s* skilje|man, -domare **ar'bitr||ary** *a* 1 godtycklig; nyckfull 2 egenmäktig -**ation** *s* skiljedom
arborescent [e'snt] *a* träd|lik, -artad
arbour [a:'bə] *s* berså, löv|sal, -valv
arc *s* (cirkel)båge; ~ *lamp* båglampa -**a'de** *s* valvgång; arkad
1 **arch** I *s* valv[båge] II *tr* 1 slå valv över 2 välva III *itr* välva sig
2 **arch** *a* 1 ärke- 2 listig, slug
archae||ologic[al] [a:kiəlɔ'dʒik] *a* arkeologisk -**ol'ogy** *s* arkeologi
archaic [a:kei'ik] *a* föråldrad
archangel [a:'kein(d)ʒl] *s* ärkeängel
archbishop [a:'tʃbi'ʃəp] *s* ärkebiskop
arched [a:tʃt] *a* välvd; valv-
archer [a:'tʃə] *s* bågskytt
archipel'ago [k] *s* skärgård
architect [a:'k] *s* 1 byggmästare, arkitekt 2 skapare, upphovsman -**ural** [---'ʃ(ə)rəl] *a* arkitektonisk -**ure** [ʃə] *s* arkitektur; byggnadsstil
archiv||e [a:'kaiv] *s* arkiv -**ist** [a:'kivist] *s* arkivarie
archness [a:'tʃnis] *s* skälmaktighet
archway [a:'tʃ] *s* valv|port, -gång
arctic [a:'ktik] *a* arktisk; nordlig
ard||ent [a:'dnt] *a* 1 het 2 ivrig, varm -**our** *s* 1 hetta, brand 2 iver, nit
arduous [a:'djuəs] *a* 1 brant 2 svår
1 **are** [a:] *s* ar
2 **are** [a:, ə] är[o]
area [ε'əriə] *s* 1 [tomt]område, öppen plats 2 förgård 3 yta, areal ~-**bell** *s* köksdörrklocka
aren't [a:nt] = *are not*
argentine [a:'dʒ] *a* silver- **A**~ I *a s* argentin|sk, -are II *npr* Argentina
argil [a:'dʒil] *s* [krukmakar]lera
argot [a:'gou] *s* yrkesslang: tjuvspråk
ar'gu||able *a* omtvistlig, diskutabel -**e** I *itr* anföra skäl, tala; resonera; disputera; döma. II *tr* 1 [be]visa; röja

2 påstå 3 diskutera -**ment** *s* 1 [anfört] skäl 2 bevisföring; resonemang -**men'tative** *a* 1 logisk 2 polemisk
arid [æ'r] *a* torr, förbränd; ofruktbar. **-kal -ity** [ri'] -**ness** *s* torrhet, torka
arise [əraiz] (*arose arisen* [əri'zn]) *itr* upp|stå, -komma, framträda
aristo'cra||cy *s* aristokrati -**t** [æ'r] *s* aristokrat -**tic** [æ't] *a* aristokratisk
arith'metic *s* räkning; räknekonst -**al** [me't] *a* aritmetisk
ark *s* ark; låda, kista
1 **arm** *s* 1 arm 2 ärm 3 karm
2 **arm** I *s*, ~*s* vapen[slag]; *to* ~*s!* i gevär! II *tr* [be]väpna, utrusta; ~*ed fleet* krigsflotta III *itr* väpna sig -**ament** *s* rustning; bestyckning; beväpning -**ature** *s* beväpning, rustning, vapen
arm-chair [a:'mtʃɛ'ə] *s* länstol
arm||ful *s* famn, fång -**hole** *s* ärmhål
armistice [a:'mistis] *s* vapenvila
armlet *s* 1 armband 2 liten vik
armory [a:'məri]-*s* heraldik
armour [a:'mə] I *s* 1 rustning; pansar 2 dykardräkt II *tr* pansra -**y** *s* vapenkammare; arsenal; vapensmedja
armpit *s* armhåla
army [a:'mi] *s* här, armé
aroma [ərou'mə] *s* arom, doft, vällukt -**tic** [æ't] *a* aromatisk, välluktande
arose [ərou'z] imp. av *arise*
arou'nd *adv prep* runt omkring
arou'se [z] *tr* [upp]väcka, väcka till liv
arraign [ərei'n] *tr* 1 anklaga 2 klandra
arra'nge [dʒ] *tr* 1 ordna; uppställa; anordna 2 bilägga -**ment** *s* 1 ordnande 2 [an]ordning: uppställning 3 åtgärd 4 uppgörelse
arr'ant *a* ärke-, ur-, genom-
array [ərei'] I *tr* 1 ställa upp, ordna 2 kläda, pryda II *s* 1 stridsordning 2 uppbåd 3 trupp 4 skara 5 dräkt
arrear [əri'ə] *s* 1 *in* ~ *of* bakom, efter 2 ~*s* resterande skulder
arrest' I *tr* 1 hejda, stoppa 2 häkta; fängsla, fånga II *s* 1 hejdande 2 häktning, arrest[ering]
arri'v||al *s* 1 an-, fram|komst 2 ~*s* ankommande fartyg -**e** *itr* 1 anlända, [an]komma [*at, in* till] 2 inträffa
arr'og||ance -**ancy** *s* förmätenhet; övermod -**ant** *a* förmäten; övermodig; inbilsk -**ate** *tr.* tillvälla sig
arrow [æ'rou] *s* pil ~-**head** *s* pilspets
arse [a:s] *s* bakdel, ända
arsenic I [a:'snik] *s* arsenik II [a:se'] *a* arsenik-[haltig] [äv. -**ical**]
arson [a:sn] *s* mordbrand
1 **art** [a:t] [poet.], *thou* ~ du är
2 **art** *s* 1 konst 2 ~*s* [äv.] humaniora; *Master of A*~ *s* fil. lic. 3 hantverk 4 konstfärdighet 5 förslagenhet, knep
arte'r||ial *a* arteriell -**y** [a:'] *s* pulsåder
ar'tful *a* slug, listig
ar'tichoke *s* jordärtskocka

article — 10 — associate

ar'ticle *s* 1 artikel 2 [huvud]punkt,
post; del; detalj 3 ~*s* kontrakt,
villkor 4 uppsats 5 sak, vara.
articul|lar [ɑ:ti'kjulə] *a* led- -ate I
[it] *a* 1 ledad 2 tydlig; artikulerad
II [it] *s* leddjur III [eit] *tr itr* artikulera, [ut]tala [tydligt] -ation *s*
1 led[gång] 2 artikulation; tal
artifice [ɑ:'tifis] *s* 1 påhitt, knep 2
konst[färdighet] -r [ɑ:ti'fisə] *s* hantverkare, mekaniker; uppfinnare
artificial [fi'ʃl] *a* konst-, konstgjord;
konstlad -ity [iæ'l] -ness *s* konstgjordhet; förkonstling
artill'er|ist *s* artillerist -y *s* artilleri
artisan [z] *s* hantverkare, mekaniker
ar'tist *s* konstnär -e [- -']*s* [scenisk] artist, konstnär, sångare, dansös -ic[al]
[ti'] *a* artistisk -ry *s* konstnärskap
ar'tless *a* 1 oskicklig 2 konstlös; klumpig 3 okonstlad 4 naiv
Aryan [ɛ'əriən] I *a* arisk; indoeuropeisk II *s* arier; indoeuropé
as [æz, əz] I *adv* så, lika II *adv konj*
1 [lik]som; i egenskap av 2 såsom,
t. ex. 3 hur .. än [*cold* ~ *it is*] 4
just då, [bäst] som; medan; alltefter-
som 5 då, [efter]som III *pron* som
IV *so* ~ *to* så [..] att, för att; *such*
~ som till exempel; *such* ~ *to* sådan
.. att; ~ *far* ~ så långt som; [ända]
till; ~ *for* vad beträffar; ~ *it is* redan nu, ändå; ~ *it were* så att säga,
liksom; *I thought* ~ *much* jag kunde
väl tro det; ~ *per* enligt; ~ *to* vad
beträffar, angående, om
asbestos [æzbe'stɔs] *s* asbest
ascend' I *tr* bestiga, gå (klättra, stiga)
uppför (upp i el. på) II *itr* stiga
[uppåt]; höja sig; gå uppför -ancy
s över[lägsenhet, -välde; inflytande,
makt -ant I *a* 1 uppstigande 2 överlägsen II *s* 1 överlägsenhet, inflytande; övervälde 2 stamfader -ency
= -ancy -ent = -ant
ascen|sion [əse'nʃn] *s* 1 uppstigande
2 *A*~ Kristi himmelsfärd -t *s* 1
be-, upp|stigning 2 upphöjelse 3
sluttning; uppfart, trappa
ascertain [æsətei'n] *tr* förvissa sig om
-ment *s* fastställande
ascetic [əse't] I *a* asketisk II *s* asket
ascri'be *tr* till|skriva, -lägga [*to*]
ascription *s* till|skrivande, -räknande
1 ash *s* ask[träd]; *mountain* ~ rönn
2 ash *s* [väml.] ~*es* 1 aska 2 stoft
asha'med *a* skamsen, blyg, brydd; *be*
~ *for* blygas å .. vägnar
1 ash'en *a* av ask(trä, ask-
2 ashen *a* ask-, askgrå, blek
ashore [ɔ:'] *adv* i land; *run* ~ stranda
ash'-tray *s* askkopp -y *a* ask-, asklik
Asiatic [eiʃiæ't] I *a* asiatisk II *s* asiat
asi'de I *adv* 1 avsides, åt sidan, åside
2 i enrum II *s* avsides replik

ask [ɑ:sk] *tr itr* 1 fråga; höra efter;
begära; bedja; anmoda; bjuda 2 *they
were* ~*ed in church* det lyste för dem
askance [əskæ'ns] *adv* på (åt) sidan;
sneglande; misstänksamt
askew [əskju:'] *adv* å sned, snett
aslant [əslɑ:'nt] *adv* på sned (tvären)
aslee'p *adv* *a* i sömn, sovande, till
sömns; *be* ~ sova; *fall* ~ [in]somna
asparagus [æ'r] *s* sparris
as'pect *s* 1 läge; utsikt 2 sida; synpunkt 3 syftning 4 min; anblick
as'pen I *a* av asp, asp- II *s* asp[träd]
asperity [e'r] *s* sträv-, sträng|het; skärpa
asperse [əspə:'s] *tr* 1 [be]stänka 2
ned[stänka, -svärta -ion [ə:'ʃn] *s* 1
bestänkning 2 smädelse, förtal
as'phalt *s tr* [belägga med] asfalt
asphyxia [fi'k] *s* kvävning -te *tr* kväva
aspir|ation *s* 1 andning 2 längtan;
strävan -e [ai'ə] *tr* 1 längta, sträva
2 höja sig -ing *a* ärelysten
asquint' *adv* snett, [på] sned
ass [æs] *s* åsna; *make an* ~ *of o. s.* göra
sig löjlig
assai'l *tr* an|gripa, -falla, -sätta
assass'in [s] *s* [lönn]mördare
assault [əsɔ:'lt] I *s* 1 fientligt anfall,
angrepp 2 stormning 3 överväld II
tr an|gripa, -falla; storma
assay' I *s* prövning; prov II *tr* pröva
assem'bl|age *s* 1: sammanträd[and]e
2 [för]samling -e I *tr* [för]samla, sammankalla II *itr* samlas -y *s* 1 sammanträd[and]e; möte 2 församling;
sällskap -y-room *s* festsal
assent' I *itr*, ~ *to* samtycka till; instämma i II *s* samtycke, bifall
assert [əsə:'t] *tr* 1 påstå 2 förfäkta,
kräva; ~ *o. s.* hålla på sin rätt; göra
sig gällande -ion [ə:'ʃn] *s* påstående; förfäktande -ive *a* bestämd
assess' *tr* 1 fastställa, bestämma 2 pålägga; beskatta 3 taxera -ment *s* 1
beskattning 2 skatt 3 värdering -or
s 1 bisittare 2 taxeringsman
ass'et *s* 1 ägodel, sak 2 ~*s* tillgångar
assidu'|ity *s* 1 trägenhet 2 efterhängsenhet -ous [i'd] *a* trägen, ihärdig
assign [əsai'n] *tr* 1 tilldela, anvisa 2
avträda 3 bestämma 4 utpeka; angiva 5 ~ *to* hänföra till -ation [æsignei'ʃn] *s* 1 för-, till|delning, anvisning
2 överlåtelse 3 avtal -ment *s* 1 anvisning 2 överlåtelse 3 uppgift
assim'il|ate *tr itr* 1 assimilera[s], införliva[s] 2 göra (bli) lika -ation *s* 1 assimilering 2 likhet
assist' *tr itr* bistå, biträda, hjälpa [till];
närvara -ance *s* biträde, hjälp -ant I
s be[hjälplig; biträdande, under- II *s*
[med]hjälpare; biträde
ass'ize *s* domstol; ~*s* [lagtima] ting
associ|able [əsou'ʃiəbl] *a* förenlig
-ate I [it] *a* förbunden åtföljande

II [it] *s* 1 kompanjon; ämbetsbroder; kamrat 2 bundsförvant **III** *tr* för|ena, -binda; upptaga **IV** *itr* 1 sammansluta sig 2 sällskapa, umgås **-ation** *s* 1 förening; förbund, sällskap; ~ *football* fotboll 2 förbindelse; umgänge 3 [idé]association
assort [əsɔː't] **I** *tr* 1 ordna, sortera 2 förse med sorterat lager **II** *itr* passa ihop **-ment** *s* sort[ering]; urval
assuage [əswei'dʒ] *tr* mildra; blidka
assu'm|lable *a* antaglig **-e** *tr* 1 antaga 2 lägga sig till med 3 åtaga sig 4 låtsa **-ing** *a* anspråksfull, inbilsk
assum'pt|ion *s* 1 himmelsfärd 2 antagande; bemäktigande 3 förmätenhet **-ive** *a* 1 antagen 2 övermodig
assur|lance [ʃu'ə] *s* 1 försäkr|an, -ing 2 säkerhet; övertygelse 3 förmätenhet **-e** *tr* 1 för|säkra, -vissa 2 trygga **-ed** *a* 1 säker[ställd] 2 trygg; dristig
astern [əstəː'n] *adv* akter [ut]
asthma [æ'smə] *s* astma, andtäppa
aston'ish *tr* förvåna **-ment** *s* förvåning
astou'nd *tr* slå med häpnad (bestörtning) **-ing** *a* häpnadsväckande
as'tral *a* stjärnlik, stjärn-; astral-
astray' *adv* vilse; på avvägar
astri'de *adv prep* grensle [över]
astring||e [i'ndʒ] *tr* binda ihop; hoppressa **-ent** *a* hopdragande; bindande
astrol'ogy [dʒ] *s* astrologi
astu'te *a* slug, skarpsinnig
asun'der *adv* i sär, sönder
asylum [ai'] *s* 1 asyl, fristad 2 *lunatic* ~ *hospital*
at [æt, ət] *prep* 1 vid, på, i; ~ *my house* hemma hos mig; ~ *my aunt's* hos min faster; ~ *that* till på köpet; *be* ~ *it* [ivrigt] hålla på 2 över, åt 3 till
at'avism *s* atavism; återfall; bakslag
ate [et, eit] *imp.* av *eat*
atheism [ei'biizm] *s* ateism
Athenian [əpi:'] *a s* aten|sk, -are
athlet||e [æ'pliːt] *s* atlet; idrottsman **-ic** [le'] *a* 1 idrotts-; atletisk 2 stark **-ics** [e'] *spl* allmän idrott
at-ho'me *s* mottagning [hemma]
athwart [əpwɔː't] **I** *prep* 1 tvärs över 2 mot **II** *adv* 1 tvärs över, på tvären, på sned 2 galet, bakvänt
atlan'tic *a* atlantisk; *the A*~ Atlanten
at'mosphere [fiə] *s* 1 atmosfär; luftkrets 2 stämning
at'om *s* 1 atom 2 smula **-ic[al]** [ɔ'] *a* atomisk, atom-
ato'ne *itr*, ~ *for* försona; gottgöra **-ment** *s* försoning; gottgörelse
atop' *adv* i toppen, överst; ~ *of* ovanpå
atrabil'ious *a* gallsjuk; melankolisk
atroc||ious [ou'ʃəs] *a* grym, skändlig, avskyvärd **-ity** [ɔ's] *s* skändlighet
attach' **I** *tr* 1 fästa 2 ~ *o. s. to* ansluta sig till; åtfölja 3 vinna 4 häkta; lägga beslag på **II** *itr*, ~ *to* vara för-

knippad med, vidlåda **-e** [ətæ'ʃei] *s* attaché **-ed** *a* 1 faststittande; hopbyggd 2 fäst[ad], tillgiven 3 an|ställd, -sluten **-ment** *s* 1 band 2 bihang 3 tillgivenhet, böjelse
attack' **I** *tr* angripa **II** *s* anfall
attai'n *tr itr*, ~ [*to*] [upp]nå, hinna; vinna, förvärva **-able** *a* uppnåelig, åtkomlig **-ment** *s* 1 upp-, er|nående 2 ~s insikter, talanger
attempt' **I** *tr* försöka; ~ *the life of* begå attentat mot **II** *s* 1 försök 2 angrepp; attentat
attend' **I** *tr* 1 vårda, behandla, sköta; betjäna 2 uppvakta 3 [be]ledsaga 4 bevista, besöka **II** *itr* 1 ~ *to* ge akt på; expediera; ägna sig åt; ta vård om 2 ~ *on* passa upp på; uppvakta, åtfölja 3 deltaga **-ance** *s* 1 betjäning, uppassning; uppvaktning; vård 2 närvaro, deltagande 3 antal närvarande **-ant** **I** *a* 1 beledsagande; uppvaktande 2 närvarande **II** *s* 1 tjänare; ~*s* följe 2 deltagare, besökare
atten't||ion *s* 1 uppmärksamhet; omtanke, omsorg 2 givakt 3 artighet **-ive** *a* uppmärksam; omsorgsfull; artig
atten'uat||e *tr* 1 göra smal 2 förtunna 3 [för]minska, försvaga; förmildra
attest' *tr* intyga, bevittna **-ation** *s* 1 bekräftelse; vittnesbörd 2 intyg
att'ic *s* vinds|våning, -rum
Att'ic *a* attisk; atensk
attire [ətai'ə] **I** *tr* kläda **II** *s* klädsel
att'itude *s* hållning; ståndpunkt
attorney [ətəː'ni] *s* 1 ombud 2 *A*~-*General* kronjurist, 'justitiekansler' 3 fullmakt; *by* ~ enligt uppdrag
attract' *tr* 1 draga till sig 2 ådraga sig 3 locka, vinna **-ion** *s* 1 dragning[skraft] 2 lockelse, behag **-ive** *a* tilldragande **-iveness** *s* dragningskraft
att'ribute **I** *s* egenskap, kännetecken; attribut **II** [i'b] *tr* tillägga, tillskriva
attu'ne *tr* stämma, bringa i samklang
auburn [ɔː'bən] *a* röd-, guld|brun
auction [ɔː'kʃn] *s* auktion **-eer** [ni'ə] *s* auktionsförrättare
audac||ious [ɔːdei'ʃəs] *a* 1 djärv, oförvägen 2 fräck **-ity** [dæ's] *s* 1 djärvhet 2 fräckhet
audib||il'ity *s* hörbarhet **-le** [ɔː'] *a* hörbar
audience [ɔː'djəns] *s* 1 hörande 2 audiens 3 auditorium 4 läsekrets
audit [ɔː'd] **I** *s* granskning **II** *tr* granska, revidera **-or** *s* 1 åhörare 2 revisor **-ory** **I** *a* hörsel- **II** *s* auditorium
aught [ɔːt] *pron* [föråld.] något: *for* ~ *I know* såvitt jag vet
augment [ɔːgme'nt] **I** *tr* för|öka, -stora, utvidga **II** *itr* ökas, tilltaga
augur [ɔː'gə] **I** *s* teckentydare **II** *tr itr* 1 spå; förutsäga; ana 2 båda, lova **-y** [ɔː'gjuri] *s* 1 spådom, förutsägelse 2 [jär]tecken; aning; förebud

august [ɔːgʌ'st] *a* hög, majestätisk
August [ɔː'gəst] *s* augusti
aunt [ɑːnt] *s* tant; faster, moster
aural [ɔː'rəl] *a* öron-, hör[sel]-
aureate [ɔː'riit] *a* gyllene
aureola [ɔː'riələ] *s* gloria, strålkrans
auric‖le [ɔː'rikl] *s* ytteröra -**ular** [i'kjulə] *a* öron-, hörsel-
auriferous [ɔːri'fi] *a* guldhaltig
aurochs [ɔː'rɔks] *s* 1 uroxe 2 bison
aurora [ɔːrɔː'rə] *s* 1 morgonrodnad 2 ~ *australis* (*borealis*) syd- (norr-) sken
auscultation [ɔːs] *s* lyssnande
auspic‖le [ɔː'spis] *s* 1 spådom 2 [jär]-tecken 3 ~*s* auspicier, beskydd -**ious** [i'ʃəs] *a* 1 lyckosam 2 gynnsam
auster‖e [ɔːsti'ə] *a* 1 kärv, bitter 2 sträng; allvarlig -**ity** [e'r] *s* 1 stränghet; strävhet 2 självtukt; enkelhet
austral [ɔː'strəl] *a* sydlig
Austra'lian *a s* austral|isk, -ier
Au'strian *a s* österrik|isk, -are
authentic [ɔː'θe'ntik] *a* 1 pålitlig, trovärdig 2 äkta -**ate** *tr* bestyrka -**ity** [ti's] *s* trovärdighet; äkthet
author [ɔː'θə] *s* 1 upphov[sman] 2 författar|e, -inna -**ess** *s* författarinna -**itative** [ɔ'r] *a* 1 auktoritativ; avgörande 2 befallande, myndig -**ity** [ɔ'r] *s* 1 myndighet; *in* ~ maktägande 2 bemyndigande; fullmakt 3 auktoritet, anseende -**ize** *tr* 1 bemyndiga 2 godkänna 3 berättiga [till]
auto‖- [ɔː'to] [i sms.] av sig själv, själv- -**biography** [baiɔ'grəfi] *s* självbiografi -**car** [ɔː'to(u)kɑː] *s* automobil -**cracy** [ɔː'tɔ'krəsi] *s* envälde -**graph** [ɔː'tɔ] *s* namnteckning -**matic**[**al**] [æ't] *a* 1 automatisk; själv|rörlig, -reglerande 2 mekanisk -**n'omy** *s* autonomi, självstyrelse -**psy** *s* 1 självsyn 2 obduktion
autumn [ɔː'təm] *s* höst -**al** [ʌ'mn] *a* höst-, höstlig
auxiliar‖y [ɔː'gzi'ljəri] *I a* hjälpande, hjälp- *II s* 1 hjälpare 2 -*ies* hjälptrupper 3 hjälpverb
avai'l *I tr itr* 1 tjäna till, gagna 2 ~ *o. s.* begagna sig *II s* nytta, gagn -**able** *a* användbar, tillgänglig
av'alanche [ɑːnʃ] *s* lavin, snöskred
avaric‖e [æ'vəris] *s* girighet -**ious** [i'ʃəs] *a* girig
avenge [əve'ndʒ] *tr* hämnas; straffa

avenue [æ'vinjuː] *s* allé; aveny
aver [əvəː'] *tr* förklara, försäkra
av'erage *I s* 1 haveri 2 medeltal *II a* genomsnitts-, medel-, vanlig *III tr* i medeltal uppgå till ~-**adjuster** *s* dispaschör ~-**sized** *a* medelstor
avers‖le [əvəː's] *a* ovillig, avog -**ion** [əvəː'ʃn] *s* motvilja, avsky
avert [əvəː't] *tr* vända bort; avvända
a'viary *s* fågel|hus, -gård
a'viat‖le *itr* flyga -**ion** *s* flygning, aviatik -**or** *s* flygare
av'id *a* begärlig, lysten; glupsk -**ity** [i'd] *s* glupskhet; [vinnings]lystnad
avoi'd *tr* 1 undvika, sky; undgå 2 upphäva -**ance** *s* undvikande
avoirdupois [æ'vədəpɔi'z] *s* handelsvikt (enhet: *1 pound = 16 ounces*)
avouch [əvau'tʃ] *I tr* 1 intyga 2 försäkra 3 erkänna *II itr* garantera
avow [əvau'] *tr* erkänna; kännas vid -**al** *s* bekännelse; erkännande
awai't *tr* invänta, vänta [på], avvakta
awa'ke *I* (*awoke awoke* el. *awaked*) *itr* 1 vakna 2 ~ *to* bli medveten om *II a* vaken; vaksam -*n tr* väcka -**ning** *I a* väckande *II s* vaknande
award [əwɔː'd] *I tr* till|erkänna, -döma; bevilja *II s* dom, utslag
aware [əwɛː'ə] *a* medveten, underkunnig; uppmärksam; *be* ~ [äv.] veta
away' *adv* 1 bort, i väg, undan; *do* ~ [*with*] undanröja, avskaffa, döda; *make* ~ ta till schappen 2 borta, ute 3 på, vidare; *right* ~ genast
awe [ɔː] *I s* bävan; skräck; vördnad *II tr* inge fruktan (respekt); skrämma
awful [ɔː'] *a* fruktansvärd; F ryslig
awhi'le *adv* en tid bortåt, en stund
awkward [ɔː'kwəd] *a* 1 tafatt, klumpig; förlägen 2 otrevlig, förarglig
awl [ɔːl] *s* syl, pryl
awning [ɔː'] *s* soltält; [fönster]markis
awo'ke *imp. o. pp.* av *awake*
awry [ərai'] *adv a* 1 vrid|et, -en, [på] sned, snett 2 på tok, galet
ax[**e**] *s* yxa ~-**head** *s* yxhammare
ax'‖ial *a* axel- -**is** *s* axel
axle *s* [hjul]axel ~-**tree** *s* hjulaxel
ay[**e**] [ai] *adv* 1 *s* ja[röst]; *the* ~*es have it* svaret är ja 2 [äv. ei] [poet.] alltid
azot'ic *a* kvävealtig
azure [æ'ʒə, ei'ʒə] *I s* 1 lasursten 2 azur, himmelsblått *II a* azur-

B

B, b [biː] *b*; [mus.: noten, tonen] h
B. A. [biː'ei'] = *bachelor of arts*
baa [ɑː] *I s* bräkande *II itr* bräka
babb'le *I itr* 1 babbla, jollra; pladdra 2 sorla *II s* 1 joller; pladder 2 sorl

ba'bel *s* 1 *B*~ Babels torn 2 hög byggnad 3 luftslott 4 förbistring
baboo'n *s* babian
ba'by *s* litet barn, barnunge -**hood** *s* barndom -**ish** *a* barnslig

baccalaureate — 13 — **banana**

baccalaureate [ɔ:'riit] s kandidatgrad
bacch||**anal** [bæ'k] I a backanalisk;
rumlande; bullersam II s 1 back|ant,
-usdyrkare 2 backanal -ic a rusig, yr
baccy [bæ'ki] s F tobak
bach'elor s 1 ungkarl 2 kandidat; ~
of arts filosofie kandidat **-hood** s ungkarlsstånd **-ship** se *baccalaureate*
bacill'|us (pl. *-i* [ai]) s bacill
back I s 1 rygg; *put up o.'s* ~ reta
upp sig 2 bak[sida]; ryggstöd, karm;
at the ~ *of* bakom 3 bakgrund 4 ~s
sulläder 5 [sport.] back II a 1 bak-;
av|lägsen, -sides 2 omvänd; gående
bakåt; ~ *numbers* gamla nummer
3 resterande III *adv* 1 bakåt; tillbaka; åter, igen; för .. sedan 2 avsides, bort 3 ~ *of* bakom IV *tr* 1
ligga bakom 2 hålla om ryggen, [under]stödja 3 hålla [vad] på 4 bestiga;
rida [in] 5 endossera, 'skriva på' 6
lägga (draga, skjuta) tillbaka; backa
V *itr* 1 gå (träda) tillbaka; backa 2
~ *down* stiga ned; uppge anspråk
(en ståndpunkt); ~ *out* gå baklänges
ut; dra sig tillbaka **-bite** *tr* baktala
-board s 1 ryggbräde 2 ♃ hackbräda
-bone s ryggrad- ~**-current** s motström **-er** s 1 hjälpare 2 vadhållare
~**-fire** s bakslag -**gamm'on** s brädspel **-ground** s bakgrund **-hand**[**ed**]
a 1 med handryggen 2 bakåtlutad
-ing s 1 stöd[jande] 2 rygg, bak|sida, -stycke; foder **-most** *a* bakerst
-set s bakslag; stopp; motgång, motström ~**-settler** s nybyggare **-stairs**
spl baktrappa; köksuppgång **-stroke** s
slag tillbaka ~**-sweep** s motsjö **-ward**
[wəd] *a* 1 bak[åt]vänd; åter- 2 motsträvig; trög 3 efterbliven **-ward**[**s**]
adv bak|åt, -ut, -länges, tillbaka
-water s 1 bak|vatten, -ström 2 uppdämt flodvatten; dödvatten **-woods**
spl avlägsna skogstrakter ~**-yard** s
bakgård
ba'con s sidfläsk; [bräckt] skinka
bad *a* 1 dålig, usel; F svår; *go* ~ ruttna, bli skämd; *not* [*half*] ~ inte oäven
(illa) 2 oriktig, falsk; ~ *shot* felgissning 3 ond, elak 4 skadlig 5 sjuk
bade [bæd] imp. av *bid*
badge [bædʒ] s [möss]märke, armbindel; utmärkelse-, ordens|tecken
badger [bæ'dʒə] I s grävling II *tr* ansätta, plåga ~**-dog** s tax
badly *adv* 1 dåligt, illa; svårt; *be* ~ *off*
vara fattig 2 högeligen [*want* ~]
baffle *tr* gäcka, omintetgöra; trotsa
bag I s 1 säck, påse; väska 2 ~s S
brallor II *tr* 1 stoppa i säck; stänga
in; lagra 2 S knycka III *itr* pösa, stå
ut, hänga [löst] **-ful** s säck [full]
bag'gage s 1 tross; *bag and* ~ rubb
och stubb 2 resgods **-ging** s säckväv
-**gy** *a* påsig **-man** s provryttare

bagnio [bæ'njou] s fängelse; bordell
bag'pipe[**s**] s säckpipa
1 bail s [kricket] tvärpinne
2 bail I s borgen[sman]; *on* ~ mot
borgen II *tr* 1 frigiva mot borgen 2
deponera
bail||**ey** [bei'li] s 1 ringmur 2 slottsgård **-iff** s 1 befallningsman;
[slotts]fogde 2 exekutionsbetjänt
bait I *tr* 1 hetsa [på] 2 reta, pina 3 agna,
sätta bete på; locka II s agn, bete
baize s boj [tyg]
bake I *tr* baka, grädda; bränna II *itr*
hårdna, baka ihop sig **-house** s bageri
-r s bagare **-ry** s bageri
ba'king-||**plate** s bakplåt **-powder** [au] s
bak-, jäst|pulver
bal'ance I s 1 våg, vågskål 2 motvikt
3 jämvikt[släge] 4 över|makt, -vikt
5 bokslut; saldo, behållning, rest; ~
due brist; *strike a* ~ [äv.] gå en
medelväg 6 oro [i ur] II *tr* 1 [av-]
väga; jämföra; överväga 2 balansera 3 mot-, upp|väga 4 avsluta;
saldera III *itr* 1 balansera; stå och
väga 2 tveka **-d** *a* stadig, [väl] avvägd; sansad ~**-sheet** s balans[räkning]
balcony [æ'] s balkong; [teat.] andra rad
bald [ɔ:] *a* 1 skallig, kal 2 naken **-ness**
s skallighet, kalhet **-pate** s flintskalle
baldric [ɔ:'] s axelgehäng
1 bale s bal, packe
2 bale *tr* ösa [äv. ~ *out*]
ba'leful *a* olycksbringande
balk [bɔ:k] I *tr* 1 dra sig för, undvika,
sky; försmå 2 hejda, hindra; gäcka,
besvika II *itr* skygga, dra sig
1 ball [ɔ:] s bal, danstillställning
2 ball I s 1 boll, klot; ~ *of the eye*
ögonsten; *no* ~ [kricket] kastet gillas inte; *three* ~s pantlånarskylt
2 kula 3 nystan II *tr* nysta ihop
ballad [bæ'] s ballad; visa; *street* ~ slagdänga ~**-singer** s vis-, gat|sångare
ballast [bæ'] s 1 ballast; stadga, jämvikt 2 vägfyllnad ~**-train** s gruståg
ball-bearings [bɔ:'l] *spl* kullager
ball||**erina** [bæləri:'nə] s balettdansös
-et [bæ'l(e)i] s balett
balloon [bəlu:'n] s ballong
ballot [bæ'] I s 1 omröstningskula;
valsedel 2 [röstnings]resultat 3 lottdragning II *itr* 1 omrösta 2 dra lott
bally [æ'] *a* S väldig, förfärlig
ballyrag [bæ'] F *tr itr* skälla [på]; skoja
balm [bɑ:m] s 1 balsam **-y** *a* 1 balsamisk; doftande 2 vederkvickande
Baltic [ɔ:'] *a* baltisk; *the* ~ Östersjön
bamboo' s bamburör
bamboo'zle *tr* F lura; förbrylla
ban I s 1 uppbåd 2 bann[lysning]
3 förbannelse 4 förkastelsedom; *under*
a ~ fågelfri, dömd II *tr* bannlysa
banana [bənɑ:'nə] s banan

band — 14 — **bashful**

band I s 1 band, snöre; bindel 2 [hjul]ring 3 skärp, bälte 4 ~s präst-, advokat|krage 5 sällskap; skara, musik|kår, -kapell **II** tr 1 sätta band på; banda 2 förena [sig] **-age I** s bindel **II** tr förbinda **-box** s hattask; kartong **-master** s musikanförare
bandol||eer -ier [oli'ə] s bantlär
band'||sman s musikant **-stand** s musikestrad
ban'dy I tr 1 kasta fram och tillbaka 2 dryfta 3 byta, växla **II** s bandy- [klubba] ~**-legged** a hjulbent
bane s undergång **-ful** a fördärvlig
bang I tr itr 1 smälla, slå 2 S bräcka **II** s smäll, knall, duns **III** adv pang
ban'ish tr 1 [lands]förvisa 2 visa bort; [bildl.] bannlysa **-ment** s förvisning
ban'ister s ledstångsstolpe; ~s räcke
1 **bank I** s 1 [sand]bank 2 driva 3 strand[sluttning] 4 kant **II** tr [in-] dämma **III** tr itr 1 ~ up hopa [sig], packa tätt ihop [sig] 2 [flygv.] kränga
2 **bank** s roddar-, verk|bänk
3 **bank I** s bank **II** tr 1 sätta in [på bank] 2 förvandla i pengar ~**-bill** s bankanvisning **-er** s bankir, bankdirektör ~**-holiday** s bankhelgdag
1 **bank'ing** s bankfiske
2 **bank'ing I** s bankrörelse **II** a bank- ~**-house** s bankirfirma
bank'-||note s sedel **-rate** s diskonto
bank'rupt I s bankruttör **II** a bankrutt, konkursmässig **-cy** s konkurs
bann'er s baner, fana **-ed** a flaggprydd
banns spl lysning
banquet [bæ'ŋkwit] s bankett
bant itr banta
ban'ter I s skämt **II** tr itr retas [med]
ban'ting s bant|ande, -ning
baobab [be(i)'obæb] s apbrödsträd
bap't||ism s dop, döpelse **-ist** s 1 döpare 2 baptist **-ize** [ai'z] tr döpa
bar [bɑ:] **I** s 1 stång, spak; tacka 2 [färg]band, strimma 3 [mus.] takt- [streck] 4 rigel; [tull]bom; [stads-] port; hinder; skrank; domstol; advokatstånd 5 bar; disk; krog **II** tr 1 bomma till 2 ~ out utestänga 3 spärra; hindra 4 bortse från; ~ one utom en 5 protestera mot; S ogilla
barb s hulling; ~ed wire taggtråd
barbar||ian [bɑ:bɛ'əriən] s a barbar[isk] **-ic** [ɑ:'rik] a barbarisk **-ism** [bɑ:'b] s barbari; barbariskt uttryckssätt **-ity** [æ'ri] s grymhet, omänsklighet; barbari **-ize** [bɑ:'b] tr itr förvilda[s], göra (bli) grym **-ous** [bɑ:'b] a barbarisk; omänsklig
bar'-bell s hantel, vikt
bar'ber s barberare
bar'berry s berberis
bare [bɛə] **I** a 1 bar, naken; kal; ödslig, folktom 2 luggsliten 3 fattig; [ut]blottad 4 blott[a] **II** tr blotta

-back[ed] a adv barbacka **-faced** a oblyg, fräck **-foot** a adv barfota **-ly** adv nätt och jämnt, knappt **-ness** s 1 nakenhet 2 torftighet
bargain [bɑ:'gin] **I** s 1 handel, köp; uppgörelse; into the ~ [till] på köpet 2 [billigt] köp, rampris, kap **II** itr 1 köpslå, pruta 2 göra upp **III** tr, ~ away schackra bort
barge [bɑ:dʒ] **I** s 1 pråm; skuta 2 [prakt]slup; husbåt **II** tr forsla på pråm **III** itr S tokna **-e** [i:'] **-man** s skut-, pråm|skeppare, roddare
bar-iron [bɑ:'raiən] s stångjärn
baritone [æ'] s a baryton[-]
1 **bark I** s 1 bark 2 S skinn **II** tr 1 barka, garva 2 skrapa skinnet av
2 **bark I** itr 1 skälla 2 muttra 3 F hosta **II** s 1 skall 2 gevärssmatter
3 **bark** s 1 se barque 2 julle, båt
bar'keeper s [Am.] krögare, krogvärd
barley [bɑ:'li] s korn, bjugg ~**-broth** s starkt öl **-corn** s korn; John B~ ölet ~**-sugar** s bröstsocker
barm s skum; jäst
bar'||maid -man s uppasserska, kypare
barn s lada, loge
1 **bar'nacle** s prutgås; [bildl.] igel
2 **bar'nacle** s nosklämma; S glasögon
bar'n-yard s log-, stall|gård
barom'et||er s barometer **-ric[al]** [me'] a barometer-, barometrisk
bar'on s baron; friherre **-age** s 1 samtliga baroner 2 adelskalender **-ess** s friherrinna **-ial** [ou'] a friherrlig
barque [bɑ:k] s bark[skepp]
barr'ack s, ~s [hyres]kasern
1 **barrage** [bɑ:'] s fördämning, damm
2 **barrage** [bɑ:'ʒ] s spärreld
barr'el s 1 fat, tunna; cylinder 2 cylindrisk (rörformig) kropp; vals; bösspipa, lopp ~**-organ** s positiv
barr'en a 1 ofrukt|sam, -bar 2 torftig, karg; torr 3 gagnlös
barrica'de s tr barrikad[era]
barrier [bæ'riə] **I** s 1 barriär; skrank 2 [tull]bom 3 gräns, skiljemur; skranka; hinder **II** tr avskranka
barring [ɑ:'] prep F utom
barrister [æ'] s [överrätts]advokat
1 **barr'ow** [ou] s kummel, ättehög
2 **barrow** s bår; skott-, hand|kärra
bar'ter I itr idka byteshandel **II** tr byta; schackra bort **III** s byteshandel
bascule [bæ'skju:l] s klaff
1 **base** [beis] a 1 låg[t stående] 2 simpel, futtig; feg 3 oäkta, falsk
2 **base I** s 1 bas; grundval; sockel, fot 2 start-, mål|linje **II** tr basera, grunda **-ball** [bɔ:l] s baseboll
base-||born a 1 oäkta 2 av låg börd **-court** s yttre slottsgård; bakgård
ba'se||less a grundlös, overklig **-ment** s 1 grundmur, sockel 2 källarvåning
bash'ful a blyg, skygg; generad

ba´sic [s] *a* 1 grund- 2 basisk
basin [beisn] *s* 1 skål, [hand]fat 2 bäcken; rund (oval) dal 3 bassäng
bas|is [bei´s|is] (pl. *-es* [i:z]) *s* bas[is]
bask [ɑ:] *itr* sola (gassa) sig
basket [ɑ:´] *s* korg **-ry** *s* korgarbeten
Basque [bæsk] *a s* bask[isk]
basque [bæsk] *s* skört, skörtblus
1 bass [æ] *s* bast[korg, -matta]
2 bass [ei] I *s* bas[röst, -stämma] II *a* låg, djup, bas-
3 bass [æ] *s* lageröl
bassoon [bəsu:´n] *s* fagott
ba´ss-viol [vaiəl] *s* basfiol; violoncell
bast [æ] *s* 1 bast 2 bast|rep, -matta
bastard [bæ´] *s a* oäkta [barn]
ba´ste *tr* träckla ihop
bastille [bæsti:´l] *s* 1 fästning[storn] 2 *the B*~ Bastiljen
1 bat *s* läderlapp, fladdermus
2 bat I *s* 1 boll-, slag|trä 2 slagman 3 slag 4 S fart II *tr* slå [till], piska III *itr* sköta bollträt, vara inne
batch *s* 1 bak, sats 2 hop; omgång
bate *tr* nedslå; minska, dämpa; dra av
bath [bɑ:þ] *s* 1 bad 2 bad|balja, -kar 3 badrum; ~s badhus; bad|anstalt, -ort ~-**chair** *s* rullstol
bath|e [beið] I *tr itr* 1 bada 2 badda [på] II *s* [friluft]sbad **-er** *s* badande; badgäst **-ing** *s* bad[ning]
bat´on *s* 1 kommandostav 2 battong 3 taktpinne
bat´sman *s* slagman [i kricket]
battal´ion *s* bataljon
1 batt´en *s* batten; ribba
2 batten *itr* 1 frossa, göda sig 2 fetma
1 batt´er *s* smet
2 batter *tr itr* 1 piska, slå, krossa; bearbeta 2 bombardera 3 illa tilltyga; nöta ut **-ing-ram** *s* murbräcka **-y** *s* 1 batteri 2 servis 3 misshandel
battle I *s* strid, drabbning, slag; duell II *itr* kämpa ~**-array** *s* slagordning ~-**cruiser** *s* slag-, linje|kryssare
batt´ledore *s* 1 klappträ 2 [slagträ i] fjäderboll[spel]
batt´le-∥field *s* slagfält **-ground** *s* stridsfält **-piece** *s* krigs|målning, -skildring **-plane** *s* krigsflygplan **-ship** *s* slagskepp
battue [bætu:´] *s* klappjakt
bauble [ɔ:] *s* grannlåt; struntsak
Bavarian [bəvɛ´ər] *a s* baj|ersk, -rare
bawl [ɔ:] *tr itr* vråla, skråla
1 bay *s* lagerträd; ~s lager[krans]
2 bay *s* havsvik, bukt
3 bay *s* 1 nisch 2 burspråk
4 bay *s* [stånd]skall; stånd; nödläge
5 bay I *a* rödbrun, fuxfärgad II *s* fux
bayonet [be(i)´ənit] *s* bajonett
bay-window [bei´] *s* burspråk
B. C. = *before Christ* f. Kr. **B. C. L.** = *Bachelor of Civil Law* jur. kand. **B. D.** = *Bachelor of Divinity* teol. kand.
be (*was been*) *itr* I *huvudv* 1 vara, finnas [till]; äga rum; [*that is*] *to* ~ blivande; ~ *it so, so* ~ *it then* ske alltså! 2 räcka, dröja 3 *here you are!* här har du! var så god! 4 må; *how are you?* hur mår du? hur står det till? 5 betyda 6 kosta 7 ~ *at* ha för sig; *ha i kikarn*; ~ *off* ge sig i väg II *hjälpv* 1 vara, bli[va]; *they are building* de hålla på och bygga; *he is leaving to-morrow* han reser i morgon 2 *am* (*was*) *to skall* (skulle)
beach *s* [havs]strand; badstrand ~-**comber** [koumə] *s* havsvåg
bea´con I *s* 1 vårdkas 2 fyr; sjömärke, båk 3 ledstjärna II *tr* lysa, leda
bead *s* 1 radband[skula]; *tell o.'s* ~s läsa sina böner 2 pärla 3 droppe
beadle *s* pedell, [kyrk]vaktmästare
bea´d|∥roll *s* namnlista, lång rad **-y** *a* 1 pärl|formig, -prydd 2 pärlande
beagle *s* stövare; spion; spårhund
beak *s* 1 näbb 2 kroknäsa 3 tut, pip 4 ud[e] 5 S polisdomare
beam I *s* 1 bjälke, bom 2 däcksbalk; fartygs bredd (sida) 3 stråle II *tr itr* [ut]stråla; skina
bean *s* 1 böna; *broad* ~s bondbönor; *full of* ~s, ~*-fed* F i hög form, livad; *give* ~s S ge på pälsen S karl, gosse ~**-feast** *s* kalas, hippa
1 bear [bɛə] I *s* 1 björn 2 baissespekulant II *itr* spekulera i prisfall
2 bear (*bore borne* o. *born* [i bet. 'född']) I *tr* 1 bära, föra; ~ *a hand* hjälpa till 2 ~ *o. s.* uppträda, [upp]föra sig 3 hysa 4 uthärda; tåla 5 frambringa, föda 6 ~ *down* tynga (trycka) ned; besegra; pressa ned; *it was borne in upon me* det blev klart för mig; ~ *out* försvara; bekräfta; ~ *up* upprätthålla II *itr* 1 bära 2 tynga, trycka; vila 3 *bring to* ~ låta verka; använda; rikta 4 segla, styra; sträcka sig 5 ~ *away* länsa undan; ~ [*up*]*on* ha betydelse för; syfta på, avse; ✕ bestryka; ~ *up* hålla modet uppe; hålla stånd; ⚓ hålla av, lova; ~ *with* fördraga **-able** *a* dräglig
beard [biəd] I *s* 1 skägg 2 agn, borst II *tr* trotsa **-ed** *a* skäggig
bear|er [bɛ´ə] *s* 1 bärare 2 bud 3 innehavare 4 stöd, underlag **-ing** *s* 1 bärande 2 hållning, uppträdande 3 sköldemärke; ~s vapen[sköld] 4 betydelse, räckvidd; samband, syftning 5 ~s lager 6 läge; orientering; ⚓ bäring; *find o.'s* ~s orientera sig
bear´∥ish [ɛ´ə] *a* björnaktig; grov **-skin** *s* björnskinn[s|krage, -mössa]
beast *s* 1 djur 2 rid-, drag|djur 3 kreatur 4 rå karl, odjur **-ly** I *a* djurisk, rå; F avskyvärd II *adv* F gräsligt
beat (*beat beaten* o. *beat*) I *tr* 1 slå, piska; bulta, hamra; slå med 2 stöta; vispa 3 besegra, över|träffa,

beaten — 16 — **belly**

-gå; *it* ~*s me how* F jag be, -**iper** inte hur 4 trampa 5 genomleta o ~ *it* S kila, gno 7 ~ *out* smida, hamra ut; ~ *up* vispa, röra till; stöta; ~ *up* [*for*] driva upp; trumma ihop II *itr* 1 slå, piska 2 klappa 3 ljuda, gå 4 segla mot vind; kryssa 5 ströva III *s* 1 [taktfast] slag (ljud); trumning 2 rond; pass; område -en *a* 1 slagen 2 besegrad; F utmattad 3 utnött -er *s* drevkarl
beati||fic [biəti'fik] *a* saliggörande -**fy** [æ'] *tr* göra lycklig, förklara salig
bea'ting *s* 1 slående; kryss &c 2 stryk
beatitude [biæ'] *s* salighet, sällhet
beau [bou] (pl. ~*x* [z]) *s* 1 sprätt 2 beundrare; älskare
beaut||iful [bju:'t] *a* vacker, skön, storartad, härlig -**ify** *tr* försköna -**y** *s* skönhet; prydnad; pärla -**y-spot** *s* 1 musch 2 F vacker plats
bea'ver *s* 1 bäver(skinn) 2 kastorhatt
becalm [ɑ:'] *tr* stilla, lugna
because [bikɔ'z] I *konj* emedan, därför att II *prep*, ~ *of* för [.. skull]
beck *s* vink, nick ·*on tr itr* göra tecken (åt); vinka till sig
becom||e [bikʌ'm] (*became become*) I *itr* bli[va] II *tr* passa, anstå -**ing** *a* passande, tillbörlig; klädsam
bed I *s* 1 bädd; säng; bolster; strö; *keep o.'s* ~ hålla sig i säng(en); ligga sjuk; *make the* ~ bädda; *put to* ~ lägga 2 äkta bädd; äktenskap 3 rabatt II *tr* 1 bädda 2 strö åt 3 plantera
bedabb'le *tr* nedstänka, smörja ner
bedaub [ɔ:'] *tr* söla (kludda) ner
bed'||clothes *spl* sängkläder -**ding** *s* 1 sängkläder 2 strö 3 underlag
bedeck' *tr* pryda, smycka
bedev'il *tr* 1 tilltyga; pina 2 förhäxa
bed'gown [au] *s* natt|skjorta, -linne
bedim' *tr* för|mörka, -dunkla
bedi'zen *tr* grant utstyra
bed'lam *s* dårhus -**ite** *s* dårhushjon
bedragg'le *tr* smutsa ner
bed'||ridden *a* sängliggande -**room** *s* sovrum -**side** *s* [sjuk]bädd -**sore** *s* liggsår -**spread** *s* sängtäcke -**stead** *s* säng
bee *s* bi; *have a* ~ *in o.'s bonnet* ha flugan (en skruv lös)
beech *s* bok[träd] -**en** *a* av bok, bok-
beef *s* oxkött -**eater** *s* livgardist; vaktare i Towern -**steak** *s* biff[stek] ~- -**tea** *s* buljong -**y** *a* tjock; muskulös
bee'||-hive *s* bikupa - -**line** *s* fågelväg
been pp. av *be*
beer [biə] *s* öl; *small* ~ svagdricka -**y** *a* 1 öl- 2 rörd av öl
beeswax [bi:'z] I *s* bivax II *tr* bona
beet *s* beta; *red* ~ rödbeta
1 **beetle** *s* skalbagge
2 **beetle** *s* stor träklubba; '**jungfru**'
3 **beetle** *itr* skjuta fram; hänga - -**browed** *a* med buskiga ögonbryn

be||fall [ɔ:'] *tr itr* hända, ske, drabba -**fit'** *tr* passa, anstå -**fog'** *tr* 1 insvepa i dimma 2 förvirra -**fool** *tr* narra, lura
before [bifɔ:'] I *prep* framför; [in]för; före; ~ *long* inom kort II *adv* framför, före; förut III *konj* innan, förrän -**hand** *adv* på förhand, i förväg
befoul' *tr* smutsa ned, orena
befriend [fre'nd] *tr* hjälpa, gynna
beg *tr itr* 1 tigga 2 bedja [om]; [*I*] ~ *your pardon* förlåt!
began imp. av *begin*
beget' *tr* avla, föda; frambringa
begg'ar I *s* 1 tiggare; fattig stackare 2 F rackare II *tr* göra till tiggare; utblotta; ~ *description* trotsa all beskrivning -**ly** *a* 1 nödställd, utblottad 2 torftig; lumpen, ömklig -**y** *s* armod
begin (*began begun*) I *itr tr* börja -**ner** *s* nybörjare -**ning** *s* början, ursprung
begird [gə:'d] *tr* omgjorda; omgiva
begone [gɔ'n] *interj* bort! försvinn!
be||grime *tr* inpyra med emuts -**grudge** [ʌ'dʒ] *tr* missunna -**guile** [gai'l] *tr* 1 bedraga, lura 2 locka, tjusa 3 förkorta, fördriva -**gun** pp. av -*gin*
behalf [ɑ:'f] *s*, *on* (*in*) *a p.'s* ~ i ngns ställe, för ngn, [p]å ngns vägnar
beha'v||e I *itr* uppföra (bete) sig; bära sig åt; fungera II *rfl* uppföra sig [väl], skicka sig -**ed** *a* -artad -**iour** [jə] *s* uppförande; hållning; uppträdande; *during good* ~ för livstid
behead [he'd] *tr* halshugga
behi'nd I *prep* bakom, efter; *be* ~ *time* komma för sent II *adv* bakom; bak|på, -till; bakåt, tillbaka; efter [sig], kvar -**hand** *adv* efter[bliven]; efteråt; för sen[t]
beho'ld *tr* skåda, se; ~! si! -**en** *a* tack skyldig [*to*] -**er** *s* åskådare
beho've *tr* hövas, passa
be'ing *s* 1 tillvaro, existens; liv; *in* ~ existerande 2 väsen; varelse
bela'bour *tr* prygla, klå upp; överösa
be||la'ted *a* 1 överraskad av mörkret 2 försenad -**lay'** *tr* belägga, göra fast
belch I *tr* rapa II *tr* utspy [eld &c]; III *s* 1 rapning 2 utspyende, utbrott
beleaguer [li:'gə] *tr* belägra
bel'fry *s* klock|torn, -stapel
Belgian [be'ldʒn] *a s* belg|isk, -ier
belie [lai'] *tr* beljuga; förneka; svika
belie'||f [li:'f] *s* tro; övertygelse; tilltro -**vable** *a* trovärdig -**ve** *tr itr* tro; tänka; ~ *in* tro [på]; *make* ~ låtsas
belit'tle *tr* minska; förringa
bell *s* klocka, bjällra; ♦ **glas**
bell'i||cose *a* krigisk -**gerent** [i'dʒ] *a s* stridande, krigförande [makt]
bellow [be'lou] *itr* böla; ryta; dundra
bellows [be'louz] *spl* [blås|bälg
bell'-pull *s* klocksträng; ringknapp
bell'y I *s* 1 buk, mage 2 [ihåligt] inre 3 rundning II *itr* bukta sig, svälla

belong' *itr*, ~ *to* tillhöra; tillkomma; passa; ~ *under* (*in*) höra hemma i -ings *spl* tillhörigheter; grejor
beloved [ʌ'] I *a* älskad II *s* älskling
below [ou'] *prep adv* nedanför, under; nedan; nere
belt I *s* 1 bälte; skärp; rem; *hit below the* ~ slåss mot reglerna 2 gehäng II *tr* 1 omgjorda 2 prygla
bemi're *tr* ned|söla, -smutsa
bemoan [ou'] *tr* begråta, beklaga
bench *s* 1 bänk, säte 2 rätt, domstol; *King's B*~ överrätt, domare 3 *the Treasury B*~ regeringsbänken
bend (*bent bent*) I *tr* 1 böja, kröka 2 bända, spänna 3 [in]rikta; vända, styra 4 luta [ner] 5 kuva 6 ⚓ sticka på II *itr* 1 böja sig 2 luta sig [ner]; buga sig 3 [ge] vika III *s* 1 böjning; bukt, kurva 2 knut, knop
beneath [i:'þ] *adv prep* nedanför, nedom, under; ~ *him* ovärdigt honom
benedic't||**ine** [beni] I *a* benediktiner- II *s* benediktin[er] -**ion** *s* välsignelse
benefac't||**ion** *s* 1 välgörenhet 2 donation, gåva -**or** *s* 1 välgörare 2 gynnare, donator -**ress** *s* välgörarinna
benefic||**e** i[be'nifis] *s* pastorat -**ent** [bine'f] -**ial** [fi'ʃl] *a* välgörande -**iary** [fi'ʃəri] *s* 1 pastoratsinnehavare 2 understödstagare
ben'efit I *s* 1 fördel, nytta, vinst; understöd; ~ *club*, ~ *society* sjuk-, pensions|kassa; *medical* ~ fri läkarvård 2 recett[föreställning] II *tr* gagna III *itr* draga nytta, vinna
benev'ol||**ence** *s* välvilja, godhet -**ent** *a* välvillig; välgörenhets-
benighted [ai't] *a* 1 överraskad av natten 2 okunnig
benign [ai'n] *a* 1 välvillig, god[hjärtad] 2 gynnsam; välgörande 3 godartad -**ant** [i'g] *a* 1 vänlig, nådig 2 gynnsam -**ity** [i'g] *s* välvilja
bent I *s* böjelse, håg, benägenhet; anlag II *a* 1 böjd, krokig; rynkad 2 *be* ~ *on* vara inriktad på, ha i sinnet
benumb [ʌ'm] *tr* göra stel; förlama
be||**queath** [kwi:'ð] *tr* efterlämna -**quest'** *s* testamente; donation
be||**rea've** (reg. el. *-reft -reft*) *tr* beröva, plundra, bortrycka från; ~*d* ensam, sörjande, fader-, moder|lös -**ment** *s* förlust, sorg, ensamhet; dödsfall
berr'y I *s* bär II *itr* plocka bär
berth [bə:þ] I *s* svajrum; ankarplats; koj, hytt; anställning II *tr* förtöja
be||**see'ch** (*-sought -sought* [ɔ:'t]) *tr* anropa, bedja -**see'm** *tr* passa [sig för], anstå
beset' *tr* 1 besätta, belägra, om-, in|ringa 2 ansätta, anfäkta; åtfölja -**ting** *a* inrotad; ~ *sin* skötesynd
besi'de *prep* 1 bredvid, nära 2 ~ *o. s.* utom sig -**s** [z] I *adv* dessutom II *prep* [för]utom, jämte

besiege [i:'dʒ] *tr* 1 belägra 2 bestorma
be||**slav'er -slobb'er** *tr* dregla ner -**smea'r** *tr* smeta ner -**sot'** *tr* förslöa -**sought** se -*seech* -**spatt'er** *tr* 1 nedstänka; stänka omkring 2 överösa; nedsvärta
bespea'k *tr* 1 beställa 2 visa; förebåda
besprink'le *tr* bestänka; beströ
best I *a adv* bäst; ~ *girl* [Am.] fästmö; ~ *man* brudgums marskalk II *s* bästa, fördel; *at* ~ i bästa fall; *at o.'s* ~ som bäst; *get* (*have*) *the* ~ *of it* avgå med segern; *to the* ~ *of my knowledge* såvitt jag vet III *tr* F överlista
bes'tial *a* djurisk; rå -**ity** [æ'] *s* råhet
bestir [ə:'] *rfl* röra på sig; skynda sig
bestow [ou'] *tr* 1 ägna, använda 2 ~ [*up*]*on* bestå, skänka, bevilja
bestri'de *tr* sätta (ställa) sig (sitta, stå) grensle över; rida på
bet I *s* vad[hållning] II (*bet bet*) *tr itr* hålla (slå) vad [om]; tippa; *you* ~ S [isht Am.] var lugn för det
betake *rfl* bege sig; ta [sin tillflykt]
beti'de *tr itr* hända, vederfaras
beti'mes *adv* tidigt; i [god] tid
beto'ken *tr* 1 bebåda 2 vittna om
betray' *tr* 1 förråda; svika; röja, yppa 2 förleda -**al** *s* 1 svek 2 avslöjande
betro'th [ð] *tr* trolova -**al** *s* trolovning 1 **bett'er** *s* vadhållare; tippare
2 **better** I *a adv* bättre; *for* ~ *or for worse* i nöd och lust; *get the* ~ *of* besegra, överlista; *go one* ~ bjuda över; *you had* ~ *go* det är bäst du går II *s, o.'s* ~*s* bättre folk III *tr itr* 1 förbättra[s] 2 ~ *o. s.* skaffa sig bättre plats (lön) -**ment** *s* förbättring
bett'||**ing** *s* vadhållning -**or** *s* vadhållare
betwee'n *prep* [e]mellan; bland (ibl. *betwixt*); ~ *us* tillsammans II *adv* däremellan -**whiles** *adv* emellanåt
bey'el I *s* sned kant II *tr* snedslipa
bev'erage *s* [läske]dryck
bev'y *s* flock; hop, sällskap
bewai'l *tr itr* klaga, sörja [över]
beware [wɛ'ə] *tr* akta sig, se upp
bewil'der *tr* för|villa, -virra, -brylla -**ment** *s* förvirring; virrvarr
bewit'ch *tr* förhäxa; [för]tjusa, bedåra
bewray' [birei'] *tr* yppa, röja
beyon'd *prep* 1 (äv. *adv*) bortom, på andra sidan [om], längre [än till] 2 [ut]över; mer än, utom; ~ *belief* otrolig; *it is* ~ *me* det övergår mina krafter (min fattningsförmåga); ~ *recovery* räddningslös, obotlig
bias [bai'əs] I *s* 1 avvikning[smån] 2 benägenhet; förkärlek; partiskhet; fördom; [sido]inflytande II *tr* göra ensidig; påverka -[**s**]**ed** *a* 1 excentrisk; lutande 2 påverkad, partisk
bib I *s* hak-, bröst|lapp II'*itr* supa
bi'bl||**e** *s* bibel -**ical** [bi'b] *a* biblisk
bib'lio||**maniac** [ei'niæk] *s* biblioman, bokvurm -**phile** [bi'b] *s* bokälskare

bibulous — 18 — **black**

bibulous [bi'bju] *a* 1 som suger i sig; ~ *paper* läskpapper 2 supig
bicen'tenary [bai] *a* tvåhundraårs-
bick'er *itr* 1 träta, munhuggas 2 smattra, klappra; fladdra
bicyc||**le** [bai'sikl] I *s* cykel II *itr* cykla -**ist** *s* cyklist
bid (*bade bidden* äv. *bid bid*) I *tr* 1 befalla 2 bjuda 3 säga, hälsa 4 bjuda [pris] II *s* bud -**der** *s* spekulant -**ding** *s* 1 befallning 2 inbjudan 3 [an]bud
biennial [baie'njəl] *a* tvåårig
bier [biə] *s* lik|bår, -vagn
bifurcate [bai'fə:keit] *tr itr* dela [sig]
big *a* 1 stor, grov, tjock, väldig 2 dräktig; full 3 morsk, vräkig
bigamy [bi'gəmi] *s* tvegifte, bigami
bigaroo'n [bigə] *s* bigarrå
bight (bait) *s* vik, bukt
big'ness *s* storlek, grovlek
big'ot *s* fanatiker -**ed** *a* fanatisk
big'wig *s* F storgubbe, pamp
bijou [bi:'ʒu:] (pl. -*x* [-]) *s* smycke
bike *s itr* F cyk|el, -la
bilat'eral [bai] *a* tvåsidig
bil'berry *s* blåbär
bile *s* 1 galla 2 gallsjuka; dåligt lynne
bilge [bildʒ] *itr* 1 springa läck 2 svälla
bil'iary *a* hörande till gallan, gall-
bilingual [baili'ŋgwəl] *a* tvåspråkig
bil'ious *a* 1 gall-; gallsjuk 2 argsint
1 **bill** *s* 1 hillebard 2 trädgårdsskära
2 **bill** I *s* näbb II *itr* näbbas; ~ *and coo* kyssas och smekas
3 **bill** I *s* 1 lagförslag; proposition; motion 2 *find a true* ~ besluta om åtal 3 räkning, nota 4 anslag, affisch, program 5 växel; ~ *at sight* avistaväxel; *bank post* ~ postremissväxel 6 förteckning, lista; ~ *of divorce* skiljebrev; ~ *of fare* matsedel; ~ *of lading* konossement, fraktsedel; ~ *of sale* köpebrev II *tr* affischera -**broker** *s* växelmäklare
1 **bill'et** *s* 1 vedträ 2 liten metallstång
2 **billet** I *s* 1 inkvartering; mål 2 F anställning II *tr* inkvartera ~**-doux** [bi'leidu:'] *s* kärleksbrev
bill'-hook *s* trädgårdsskära
bill'iards *spl* biljard[spel]
bill'ingsgate *s* skällsord, rått språk
bill'ion *s* 1 billion 2 [Am.] milliard
bill'ow [ou] *s itr* bölja
bill'-||**poster -sticker** *s* affischör
bill'ycock *s* plommonstop
bill'y-goat *s* getabock
bimet'allism [bai] *s* dubbelmyntfot
bi-monthly [baimʌ'npli] *a adv* varannan månad el. två gånger i månaden
bin *s* lår, binge; fack
bind [ai] (*bound bound*) *tr* 1 binda [fast], fästa; hopbinda 2 [om]vira; förbinda 3 kanta, sko 4 förplikta, ålägga; *I'll be bound* F [det] försäkrar jag; ~ *down* tvinga 5 ~ *up* binda ihop; förena; förbinda -**er** *s* 1 [bok]bindare 2 band; förbindning 3 lös pärm -**ing** *s* 1 bindning 2 förband 3 [bok]band 4 bård -**weed** *s* åkervinda
bine *s* [humle]ranka, reva
binn'acle *s* ⚓ nakterhus
binocular [bainɔ'kjulə] I *a* för (med) båda ögonen II *s*, ~*s* kikare
biograph||**er** [baiɔ'grəfə] *s* levnadstecknare -**ic**[**al**] [æ'] *a* biografisk -**y** *s* biografi, levnadsteckning
biolog||**ic**[**al**] [baiolɔ'dʒik] *a* biologisk -**ist** [ɔ'l] *s* biolog -**y** [ɔ'l] *s* biologi
biped [bai'ped] *s a* tvåfot|ing, -ad
bi-plane *s* biplan, tvådäckare
birch [bə:tʃ] I *s* 1 björk 2 [björk]ris II *tr* risa, piska -**en** *a* björk-
bird [bə:d] *s* fågel; ~ *of passage* flyttfågel ~-**call** *s* lockpipa ~-**cherry** *s* hägg ~-**fancier** *s* fågel|kännare, -vän, -handlare ~'**s-eye view** *s* 1 fågelperspektiv 2 förbliok ~'**s-nest** I *s* fågelbo II *itr* leta fågelbon
birth [bə:þ] *s* 1 föd|else, -sel 2 upphov; ursprung 3 alster 4 börd -**day** *s* födelsedag -**place** *s* födelseort ~-**rate** *s* födelsetal, nativitet -**right** *s* förstfödslorätt; bördsrätt
bis'cuit [kit] *s* käx; oglaserat porslin
bisect' [bai] *tr* dela i två delar
bish'op *s* 1 biskop 2 [schack] löpare -**ric** *s* biskops|ämbete, -stift
bismuth [bi'zməþ] *s* vismut
bi'son *s* bisonoxe
bissex'tile [ail] *s a* skottår[s-]
bistre *a s* ljust smutsbrun [färg]
1 **bit** I *s* 1 borr-, hyvel|järn; nyckelax 2 bett; *draw* ~ hålla in II *tr* betsla
2 **bit** *s* 1 bit, stycke; smula, dugg; *do o.'s* ~ F göra sitt 2 [litet] mynt
bitch *s* hynda, tik; räv-, varg|hona
bi't||**e** I (*bit bitten* äv. *bit*) *tr itr* 1 bita [i]; bita sig i; sticka[s] 2 svida, bränna [i (på)] 3 gripa in i; nappa I *be bit* F bli lurad II *s* 1 bett 2 napp 3 beta, bit mat 4 tag, grepp
bitt'er I *a* 1 bitter, besk; *to the* ~ *end* ända till slut[et] 2 förbittrad 3 skarp, bitande II *s*, ~*s* bitter dryck
bitt'ern *s* [zool.] rördrom
bitt'erness *s* bitterhet; förbittring
bitu'men *s* asfalt, jordbeck
bivalve [bai'] *a s* tvåskalig [mussla]
bivouac [bi'vuæk] *s itr* bivack[era]
bi-wee'kly [bai] *s a adv* halvvecko-[upplaga]; var fjortonde dag
biz *s* S (=*business*) affär, jobb
bizarre [bi'zɑ:'] *a* bisarr
B. L. = *Bachelor of Law* jur. kand.
blab I *tr itr* babbla II *s* pratmakare
black I *a* svart; mörk; dyster; vred; ~ *eye* blått öga; ~ *friar* dominikan; ~ *game* orre och tjäder II *s* 1 svart färg 2 svärta 3 sotprick; sot [i säd] III *tr*

svärta; blanka; ~ *out* utplåna -**amoor** [əmuə] *s* svarting, morian -**ball I** *s* svart kula, nejsedel **II** *tr* 1 rösta ut (emot), utesluta 2 S ogilla -**beetle** *s* kackerlacka -**berry** *s* björnbär -**bird** *s* koltrast -**board** *s* svart tavla -**cock** *s* orrtupp; orre -**en I** *tr* [ned]svärta **II** *itr* svartna -**ing** *s* blanksvärta -**ish** *a* svartaktig -**guard** [blæ'ɡɑ:d] **I** *s* skurk, skojare **II** *tr* skälla ut -**guardly** *a* gemen, skurkaktig -**lead** *s* blyerts -**leg** *s* 1 falskspelare; svindlare 2 strejkbrytare ~-**letter** *s* [gammal] frakturstil -**mail I** *s* penningutpressning **II** *tr* utpressa pengar av ~-**pudding** *s* blodkorv -**smith** *s* [grov]smed; hovslagare -**thorn** *s* slån[buske]
bladd'er *s* blåsa
blade *s* 1 blad, grässtrå 2 blad; klinga 3 skulderblad 4 F karl, kurre
blain *s* böld, blemma
bla'm‖**able** *a* klander-, tadel|värd -**e I** *tr* klandra; förebrå **II** *s* klander, skuld -**ed** *a* S förbaskad -**eful** = -*able* -**eless** *a* oförsiktig
blanch [ɑ:] **I** *tr* 1 göra vit, bleka 2 ~ *over* släta över **II** *itr* blekna
bland *a* blid, mild, smekande; förbindlig; ironisk -**ish** *tr* fint smickra -**ishment** *s* 1 smicker 2 lockelse
blank I *a* 1 ren, blank, tom; *in* ~ in blanko; ~ *bill* blankett 2 slät, blind- 3 händelse-, innehålls-, uttrycks|lös 4 snopen, förbluffad 5 hjälp-, hopp|lös 6 pur, ren 7 orimmad; ~ *verse* blankvers **II** *s* 1 tomrum, lucka; rent blad 2 prick 3 nit 4 tankstreck
blan'ket [it] **I** *s* 1 [säng]filt; hästtäcke 2 *wet* ~ kalldusch **II** *tr* 1 täcka med filt 2 F nedtysta -**ing** *s* filtar
blank'ly *adv* 1 tomt, uttryckslöst: 2 förfäran 2 blankt, rent
blare [blɛə] **I** *itr* tuta **II** *s* smatter
blar'ney [i] *s* F smicker; skrävel
blasé [blɑ:'zei] *a* blaserad
blasphem‖**e** [fi:'m] *itr tr* häda, smäda -**ous** [æ'] *a* hädisk -**y** [æ'] *s* hädelse
blast [ɑ:] **I** *s* 1 vindstöt, pust 2 [trumpet]stöt 3 bläster 4 explosion; sprängskott **II** *tr* 1 spränga 2 förtorka; skövla; fläcka 3 förbanna -**er** *s* stensprängare ~-**furnace** *s* masugn
bla'tant *a* skränig, skrikig
1 **blaze I** *s* 1 stark eld, ljusan låga 2 ~*s* helvete 3 starkt sken; ljushav 4 utbrott **II** *itr* 1 flamma; brinna 2 stråla, lysa 3 ~ *away* F brassa (gå) på
2 **blaze I** *s* bläs **II** *tr* bläcka [träd]
3 **blaze** *tr* förkunna; utbasuna
bla'z‖**er** *s* 1 klubbjacka 2 S grov lögn -**ing** *a* 1 flammande 2 hejdundrande
bla'zon I *s* 1 vapensköld 2 blasonering 3 beskrivning **II** *tr* 1 beskriva, måla 2 smycka 3 beskriva, prisa -**ry** *s* 1 heraldik 2 vapen

bleach I *tr* bleka **II** *itr* blekas, vitna
1 **bleak** *a* 1 kal; öppen och blåsig 2 kylig; kuslig, dyster
2 **bleak** *s* löja
blear [bliə] *a* 1 [om ögon] sur, röd, skum 2 suddig, dimmig ~-**eyed** *a* sur-, skum|ögd -**y** *a* sur[ögd], skum
bleat *itr tr s* bräka[nde], böla[nde]
bleb *s* bubbla, blåsa; blemma
bleed (*bled bled*) **I** *itr* 1 blöda 2 F punga ut **II** *tr* åderlåta; F pungslå
blem'ish I *tr* vanställa **II** *s* fläck, fel
blench I *itr* studsa **II** *tr* blunda för
blend I *tr* blanda; förena **II** *itr* blanda sig, sammansmälta **III** *s* blandning
bless *tr* 1 välsigna; lyckliggöra 2 prisa -**ed** [id] *a* 1 välsignad 2 lycklig; salig 3 helig 4 förbannad -**edness** [id] *s* sällhet; *single* ~ ungkarlsståndet -**ing** *s* 1 välsignelse; *ask a* ~ läsa bordsbön 2 nåd, gudagåva; lycka
blest *a* [*poet.*] = *blessed*; F förbaska mig
blether [ble'ðə] *s* munväder
blew [blu:] imp. av *blow*
blight [blait] **I** *s* 1 mjöldagg, rost, sot 2 fördärv **II** *tr* skada, fördärva; gäcka -**er** *s* S skojare; dumbom
blind [ai] **I** *a* 1 blind 2 dunkel, otydlig; dold, hemlig; ~ *alley* återvändsgränd **II** *s* 1 skygglapp 2 spjäljalusi, rullgardin 3 svepskäl **III** *tr* 1 göra blind, blända 2 förblinda; bedraga; ~ *o.s. to* blunda för 3 dölja 4 förmörka 5 blind[er]a -**fold I** *tr* binda för ögonen på **II** *a adv* med förbundna ögon; besinningslös[t] -**man's**- **buff** *s* blindbock -**ness** *s* blindhet; förblindelse ~-**worm** *s* ormslå
blink I *itr* 1 blinka; plira 2 glimta, skimra **II** *tr* blunda för **III** *s* 1 glimt 2 blink -**ers** *spl* skygglappar
bliss *s* lycksalighet -**ful** *a* lycksalig
blis'ter I *s* 1 blåsa, blemma 2 ✠ ytterpansar 3 dragplåster **II** *tr* tråka ut
blithe [blaið] *a* munter, glättig
blizz'ard [əd] *s* snöstorm
1 **bloat** [ou] *tr itr* blåsa upp, svälla
2 **bloat** *tr* röka sill -**er** *s* böckling
blob *s* 1 droppe 2 färgfläck
block I *s* 1 stock; kloss, kubbe; [klipp]block 2 stupstock 3 kliché; hattform; perukstock 4 [hiss]block 5 [kompakt] massa; stort parti; *in* ~ i klump 6 [byggnads]komplex; kvarter 7 träskalle 8 hinder; stockning **II** *tr* 1 spärra, blockera; innestänga; hindra, mota 2 skissera -**a'de I** *s* blockad **II** *tr* blockera; in[ne]stänga -**head** *s* tjockskalle -**ish** *a* tjockskallig; klumpig ~-**notes** *s* anteckningsbok
bloke *s* F karl
blond[**e**] *a* blond, ljus **II** *s* blondin
blood [blʌd] **I** *s* 1 blod 2 [druv]saft 3 dråp; blodskuld 4 lidelse; *his* ~ *is up* det kokar i honom 5 ras; släkt.

börd 6 snobb II *tr* åderlåta **-feud** *s* blodshämnd ~**-guiltiness** *s* blodskuld ~**-guilty** *a* skyldig till mord ~**-horse** *s* fullblodshäst **-hound** *s* 1 blod-, spår|hund 2 spion, detektiv **-less** *a* 1 blodlös; blek 2 oblodig ~**-letting** *s* åderlåtning ~**-poisoning** *s* blodförgiftning **-shed** *s* blodsutgjutelse **-shot** *a* blodsprängd ~**-stained** *a* blodbefläckad ~**-sucker** *s* 1 blodigel 2 blodsugare ~**-vessel** *s* blodkärl **-y** *a* 1 blodig, blod- 2 grym, mordisk; F förbannad
1 bloom I *s* 1 blomma; blom[mor] 2 blomstring[stid], flor; glöd 3 fjun, doft 4 friskhet, fägring **II** *itr* blomma; blomstra; glöda
2 bloom *s* smältstycke; smälta
bloo'mer *s* 1 S misstag 2 byxkjol
bloo'm||ing *a* 1 blommande 2 S sabla **-y** *a* 1 blombevuxen; blomstrande 2 fjunig, daggig
bloss'om I *s* blomma; blom[mor]; blomning **II** *itr* blomma. ~**-faced** *a* rödbrusig ~**-nosed** *a* sprit-, röd|näst
1 blot I *s* 1 plump, fläck 2 fel, brist **II** *tr* 1 bläcka ner 2 stryka ut, utplåna 3 läska **III** *itr* plumpa
2 blot *s* blotta; *hit a* ~ slå en blotta
blotch *s* 1 blemma, finne 2 fläck 3 S läskpapper **-ed -y** *a* finnig; fläckig
blott'||er *s* 1 kludd 2 läskblock 3 kladd **-ing-paper** *s* läskpapper
blouse [blauz] *s* blus
1 blow [ou] (*blew blown*) **I** *itr* 1 blåsa 2 flåsa; flämta 3 ~ *up* explodera **II** *tr* 1 blåsa; ~ *kisses* kasta slängkyssar; ~ *o.'s nose* snyta sig 2 ~ *the bellows* draga bälgen; trampa orgeln 3 göra andfådd; spränga 4 spränga i luften 5 lägga ägg i, smutsa ner 6 [ut]sprida 7 S förbanna; ge katten i
2 blow (*blew blown*) *itr s* blom|ma, -ning
3 blow *s* slag, stöt; ~*s* slagsmål
blow||er [ou] *s* 1 blåsare 2 blåster 3 [*isht* Am.] skrävlare ~**-fly** *s* spyfluga ~**-out** *s* S skrovmål ~**-up** *s* 1 explosion, utbrott 2 F ovett **-y** *a* blåsig
blowzy [au] *a* 1 rödbrusig 2 rufsig
blub I *itr* F lipa **II** *s* F gråt **-ber I** *s* 1 valspäck, tran 2 manet 3 gråt **II** *a* tjock, utstående **III** *tr itr* 1 snyfta fram 2 tjuta **-bered** *a* förgråten
bluchers [blu:'t∫əz] *s pl* låga kängor
bludgeon [blʌ'dʒn] **I** *s* mankill, kort käpp, påk **II** *tr* slå [ned], klubba till
blue [u:] **I** *a* 1 blå; *the* ~ *ribbon* Strumpebandsordens band; blå bandet 2 blåklädd 3 nedslagen 4 true ~ trogen, äkta 5 konservativ 6 lärd [kvinna] **II** *s* 1 blått; blåelse 2 *dark* ~*s*, *light* ~*s* Oxford-, Cambridge|lag; *win* (*get*) *o.'s* ~ komma in i laget 3 konservativ 4 F sc *-stocking* 5 *the* ~*s* F melankoli ~**-bottle** *s*

1 blåklint 2 spyfluga ~**-jacket** *s* blåjacka **-stocking** *s* blåstrumpa
1 bluff I *tr itr* bluffa; lura **II** *s* bluff
2 bluff I *a* tvär[brant]; plump; burdus **II** *s* brant udde (klippa)
bluish [blu'i∫] *a* blåaktig [äv. *bluey*]
blun'der I *itr* 1 stövla, traska, stappla; ~ *upon* stöta på 2 dumma sig **II** *tr* 1 vansköta 2 ~ *away* slarva bort 3 ~ *out* slunga fram **III** *s* grovt misstag, blunder, bock; dumhet
blun'derbuss *s* muskedunder
blunt I *a* 1 slö 2 trög, okänslig 3 rätt-fram **II** *tr* avtrubba **III** *s* S kova
blur [blə:] **I** *s* 1 fläck, plump 2 suddighet; otydlighet **II** *tr* 1 bläcka (smeta) ner 2 fläcka 3 sudda ut (över) 4 göra skum[ögd] **III** *itr* sudda
blurt [blə:t] *tr* skvallra om, slunga ut
blush I *itr* rodna; blygas; vara röd **II** *s* 1 rodnad 2 skär färg 3 anblick
blus'ter I *itr tr* storma, rasa; skrävla; ~ *out* vräka ur sig **II** *s* skrän, skrävel **-er** *a* skränfock **-ous** ~**-y** *a* stormig, bullersam; skrävlande
boa [bou'ə] *s* 1 boa[orm] 2 [dam]boa
boar [ɔ:] *s* [far]galt; *wild* ~ vildsvin
board [ɔ:] **I** *s* 1 bräd|e, -a 2 [anslags]tavla 3 bord; kost; ~ *and lodging* inackordering 4 råd; styrelse, nämnd; departement; *B*~ *of Customs* tullverk; ~ *of directors* styrelse; *B*~ *of Trade* handelsdepartement 5 [skepps]bord; *go by the* ~ gå över bord; *on* ~ ombord 6 *the* ~*s* tiljan 7 papp, kartong **II** *tr* 1 brädfodra 2 hålla mat åt; in-, ut|ackordera 3 äntra; gå ombord på **III** *itr* vara [hel]inackorderad **-er** *s* 1 inackordering 2 äntergast **-ing** *s* 1 brädvägg 2 inackordering 3 äntring **-ing-house** *s* pensionat **-ing-school** *s* skolhem ~**-school** *s* folkskola ~**-wages** *s* kostpengar
boast I *s* 1 skryt 2 stolthet **II** *itr tr* skryta [med] **-ed** *a* beprisad **-er** *s* storskrytare **-ful** *a* skrytsam
boat [ou] **I** *s* 1 båt; *take* ~ gå ombord 2 [sås]snipa **II** *itr tr* fara (forsla) i båt ~**-hook** *s* båtshake **-ing** *s* båtfärd **-man** *s* roddare ~**-race** *s* kapprodd **-swain** [bousn] *s* båtsman
bob I *s* 1 tyngd, sänklod; flöte 2 hårknut; hänglock; polkahår 3 stubbsvans 4 knyck, ryck; knuff 5 S shilling **II** *itr* 1 hoppa, guppa, dingla; knixa 2 ~ *for* nafsa efter **III** *tr* 1 smälla (stöta) [till] 2 slänga, knycka på; stoppa 3 ~*bed hair* polkahår
bobb'in *s* [knyppel]pinne; spole; bobin
bobb'ish *a* S rask, kry
bobb'y *s* S polis[konstapel]
bob'||sled -sleigh [slei] *s* lång sport-kälke; bob **-tail** *s a* stubbsvans[ad]
bode *itr tr* [före]båda **-ful** *a* före-, olycks|bådande

bodice [bɔ′dis] s klännings-, under|liv
bod′ily I a kroppslig, kropps-; *in* ~
fear riktigt rädd II *adv* kroppsligen
bod′kin s 1 trädnål 2 lång hårnål
bod′y s 1 kropp 2 lik 3 ~ *of Christ*
Kristi lek men 4 bål 5 [klännings]liv
6 huvuddel 7 stomme, skrov; vagnskorg 8 majoritet 9 människa, person
10 samfund, kår 11 skara; samling
12 styrka, must ~-**guard** s livvakt
Boer [bo(u)′ə, bu′ə] s boer
bog s träsk, myr ~-**berry** s tranbär
bogey [bou′gi] se *bogy*
boggle *itr* 1 studsa, haja till 2 tveka
bogg′y a sumpig
bogie [ou′] s boggi ~-**car** s boggivagn
bo′gle s 1 fantom, spöke 2 buse
bo′gus a fingerad, falsk, sken-
bo′gy s 1 den onde 2 spöke; buse
Bohe′mian a s 1 böm|isk, -are 2 *b*~
bohem[-] **b-ism** s bohem[liv]
1 **boil** s spikböld
2 **boil** *tr itr* koka, sjuda; upphetta -**er**
s 1 kokkärl 2 ångpanna 3 reservoar
boi′sterous a 1 stormig 2 larmande
bold [ou] a 1 djärv, dristig, modig
2 framfusig 3 brant ~-**faced** a fräck
bole s trädstam
bolide [bou′laid] s meteor, eldkula
boll′ard [əd] s pållare, dykdalb
Bol′shev|**ik** -**ist** s a bolsjevik[isk]
bo′lster I s 1 dyna, underkudde 2 valk;
underlag II *tr* 1 stödja med dynor 2
understödja, hjälpa 3 stoppa upp
1 **bolt** [ou] I s 1 spik, bult, nagel;
skruv 2 regel 3 trubbig pil 4 åskvigg; blixt 5 *make a* ~ rusa II *itr*
rusa; skena, smita III *tr* 1 F svälja
2 regla IV *adv*, ~ *upright* kapprak
2 **bolt** [ou] *tr* 1 sålla, sikta 2 pröva
bo′lter s 1 skenande häst 2 såll, sikt
bo′lt-rope s lik [på segel]
bo′lus s stort piller
bomb [bɔm] s ✠ bomb, [hand]granat
-**ar′d** *tr* bombardera -**ing-raid** s lufträd -**proof** I a bombsäker II s bombvalv, kasematt ~-**shell** s granat
bonan′za s rik malmåder; guldgruva
bond s 1 [bildl.] band; boja 2 [mur.]
förband 3 förbindelse; överenskommelse 4 revers; obligation 5 *in* ~
på tullnederlag 6 liga, förbund -**age**
s träldom -**ed** a 1 ~ *warehouse* tullnederlag 2 obligations- -[s]**man** s 1
träl; slav 2 borgensman
bone I s 1 ben; knota 2 ~s kastanjetter; tärningar; fjädrar [i korsett]
3 ~ *of contention* tvistefrö; ~ *to pick*
F nöt att knäcka; gås oplockad;
make no ~s inte tveka II *tr* bena;
S knycka -**less** a benfri; ryggradslös
bonfire [bɔ′nfaiə] s lusteld; bål
bonn′et s 1 kapotthatt, huva; mössa
2 [skydds-, tök|huv 3 bulvan; bondfångare ~-**box** s hattask

bonn′y a 1 näpen, söt 2 god, bra
bo′nus s premie; dyrtidstillägg
bo′ny a 1 ben-, benig 2 knotig
boo *interj* fy! pytt! uh!
boo′by s tölp, drummel; jumbo
boodle s 1 pengar; mutfond 2 hop
book [u] I s 1 bok; häfte; *the B*~
bibeln 2 libretto 3 vad[lista]; *make a
good* ~ förtjäna på vad II *tr* 1 notera; bokföra; antockna 2 pollettera
3 tinga, beställa 4 expediera biljett 5
F engagera; inbjuda ~-**case** s bok|hylla, -skåp -**ing-clerk** s biljettförsäljare -**ing-office**s biljett|kontor, -lucka
-**ish** a bok-; litterär; kammarlärd ~-**keeper**, ~-**keeping** s bokför|are, -ing
-**let** s broschyr -**maker** s yrkesvadhållare ~-**plate** s exlibris ~-**post** s korsband[sförsändelse] -**seller** s bokhandlare ~-**stall** s bokstånd ~-**store** s
bokhandel -**worm** s bokmal
1 **boom** s ⚓ bom, spira
2 **boom** I *itr* surra, dåna, dundra II s
dån, dunder, brus; [djup] klang
3 **boom** I s 1 hausse; kraftig prisstegring; högkonjunktur; uppsving 2
våldsam reklam II *tr* göra reklam
för III *itr* häftigt stiga, gå framåt
boon s ynnest; välsignelse, förmån
boor [buə] s 1 bonde 2 tölp
boost *tr* F hjälpa fram, hissa upp
1 **boot** I s fördel, vinst; *to* ~ till på
köpet II *tr* båta, gagna
2 **boot** s 1 känga, stövel 2 vagnslåda
booth [bu:ð] s tält, salustånd, bod
boo′t||**jack** s stövelknekt -**lace** s skorem -**legger** s spritsmugglare -**maker**
s skomakare -**s** s skoputsare ~-**top**
s stövelkrage -**-tree** s skoblock, läst
boo′ty s byte, rov
booze P I *itr* supa, dricka II s sprit
bo-peep [boupi:′p] s titt-ut-
bor′der I s 1 kant; rand 2 gräns[land]
3 bård; list, ram II *tr* kanta, infatta
III *itr*, ~ *on* gränsa till; likna
1 **bore** [bɔ:] imp. av *bear*
2 **bore** I s 1 borrhål; rör, kaliber 2
plåga 3 tråkmåns, plågoande II *tr* 1
borra, urholka; genomtränga 2
[sport.] tränga ur banan 3 tråka ut
boreal [bɔ:′] a nord|lig, -isk
bore||**d** [bɔ:d] a uttråkad, blaserad
-**dom** s tråkighet; leda -**r** s 1 borrare
2 borr
born a född; boren -**e** a 1 buren 2 född
borough [ba′rə] s 1 stad; köping 2
stadsvalkrets
borr′ow [ou] *tr* låna -**er** s låntagare
bos S I s bom; fel II *itr tr* bomma [på]
bosh s F strunt[prat], dumheter
bosk s snår, buskage
bosom [bu′zəm] s bröst, barm; famn;
hjärta, själ; ~ *friend* intim vän
1 **boss** [bɔs] S I s 1 chef; 'bas', förman;
pamp 2 [Am.] ledare II *tr* leda

boss — 22 — **brand-new**

2 **boss** s buckla, knapp, knopp; knöl -ed -y a i drivet el. upphöjt arbete
botan‖ic[al] [æ'] a botanisk; -ical case (tin) portör -ist [ɔ'] s botanist -ize [ɔ'] itr botanisera -y [ɔ'] s botanik
botch I s fuskverk II tr itr [för]fuska, fuska bort; lappa ihop
both [bouþ] I pron båda II konj både
bother [bɔ'ðə] F I tr plåga, besvära, oroa II itr 1 vara besvärlig, bråka 2 göra sig besvär, oroa sig III interj, ~ [it]! för tusan! IV s besvär, bråk
bottle I s butelj, flaska II tr buteljera
bott'om I s 1 [det] nedersta, fot, undre del; F ända; [stol]sits 2 botten; djup 3 dalbotten 4 fartyg[sbotten], skrov, köl 5 at ~ i grund och botten II a 1 lägst, sist 2 grund- III tr 1 sätta botten i 2 nå botten på
bough [bau] s trädgren; lövruska
bought [bɔ:t] imp. o. pp. av buy
boulder [ou'] s 1 kisel-, rull-, buller[- sten 2 flyttblock
bounc‖e [au] I itr 1 studsa; hoppa; störta, rusa 2 F skrodera II tr 1 F läxa upp; skrämma 2 [Am.] avskeda III s 1 duns, stöt, slag 2 studsning, hopp 3 F skryt; lögn IV adv bums, plötsligt -er s F 1 baddare 2 skrävlare 3 fräck lögn -ing a stor, grov
1 **bound** [imp. o. pp. av bind] a bunden, förpliktad; is ~ to måste
2 **bound** a segelklar; destinerad
3 **bound** I itr studsa; skutta; hoppa, ila II s hopp, språng; by leaps and ~s med väldig fart, med stormsteg
4 **bound** I s gräns II tr begränsa -ary s gräns[linje]; skranka
bou'nden a ålagd; ovillkorlig
bou'nder s knöl; gåpåare; rackare
bou'nt‖iful a frikostig; rik[lig] -y s gåva; handpengar; rikedom
bouquet [bu'kei] s 1 bukett 2 bouquet
bourgeois [bu'ɜʒwɑ:] I s [kälk]borgare II a [kälk]borgerlig
bout s 1 varv, slag, tur 2 dryckeslag 3 dust, kamp 4 anfall
bov'‖ine [bou'vain] a 1 oxlik, ox- 2 dum -ril [ɔ'] s köttextrakt, buljong
1 **bow** [au] I tr 1 böja, kröka; kuva 2 nicka [till] 3 ~ in bugande visa in II itr buga (böja) sig III s bugning
2 **bow** [au] s (ofta ~s) ⚓ bog, för
3 **bow** [ou] s 1 båge 2 regnbåge 3 stråke; stråkdrag 4 rosett; ~ tie 'fluga'
bowel [au'] s 1 tarm 2 ~s inälvor; mage; innandöme[n]
bower [au'] s lövsal; lusthus
1 **bowl** [ou] s 1 bål, skål, spilkum 2 piphuvud, skedblad [o. d.]
2 **bowl** I s boll, klot II itr tr 1 slå kåglor 2 kasta, rulla 3 ~ out slå ut
bow-legged [bou'] a krok-, hjul[bent
bowler [ou'] s 1 kastare 2 ~[-hat] styv filthatt, kubb

bowline [bou'lin] s ⚓ bolin
bowling [ou'] s kul-, kägel|spel; bowling ~-alley s kägel|bana, -salong ~- -green s gräsplan för kulspel
1 **bowman** [ou'] s bågskytt
2 **bow‖man** [au'] -oar [-'ɔ:] s etta, bogåra -sprit [ou] s bogspröt
bow-window [bou'] s burspråk
bow-wow [bau'wau'] interj s vov-vov
1 **box** s buxbom
2 **box** s 1 låda, kista, skrin; ask, dosa; bössa; koffert; ~es bagage 2 [sjuk-] kassa 3 kuskbock 4 avbalkning, bås; fack, box; spilta 5 [teater]loge; hytt 6 [vakt]kur; [jägar]koja
3 **box** I s slag med handen; ~ on the ear örfil II tr itr boxa[s]
box'-bed s sängskåp; turistsäng
box'‖er s boxare -ing s boxning
Box'ing-day s annandag jul
box'wood s buxbom
boy s 1 gosse, pojke 2 uppassare
boy'cott s tr bojkott[a]
boy'‖hood s gossår, barndom -ish a 1 pojkaktig 2 barnslig
brac‖e I s 1 spänne; band 2 ~s hängslen 3 klammer[tecken] 4 hång-, fjäder|rem 5 sträva 6 ⚓ brass 7 [hund]koppel; par II tr 1 binda om; dra till, spänna; stärka 2 ⚓ brassa -elet s armband; ⚓ handklove -er s armskena -ing a stärkande
brack'en s bräken; ormbunke
brack'et I s 1 kragsten, konsol 2 konsolhylla 3 gasarm 4 ~s klammer, parentes II tr sätta inom parentes; förena med klammer; jämställa
brack'ish a saltaktig, bräckt
brad'bury [əri] s S enpundssedel
brae [brei] s stup, sluttning
brag I itr skryta, skrävla II s skrävel -gart I s skrävlare II a skrävlande
braid I s 1 [hår]fläta 2 hårband 3 garnerings-, kant|band, snodd; träns II tr 1 fläta, sno 2 binda 3 kanta
brain s hjärna; ~s hjärnmassa; ~[s] förstånd, begåvning -less a tanklös, enfaldig ~-pan s huvudskål -sick a svagsint -y a F skarp[sinnig]
braise [z] tr steka, stuva
1 **brake** s = a) bracken b) break III, 5
2 **brake** I s [lin]bråka II tr bråka
3 **brake** s tr broms[a] -sman s bromsare ~-van s bromsvagn
bramble s björnbärsbuske
bran s kli, sådor
brancard [bræ'ŋkəd] s hästbår
branch [brɑ:nʃ] I s 1 gren, kvist; utgrening 2 filial II itr grena sig; ta av III tr grena -let s liten gren ~-line s bibana -y a grenig
brand I s 1 brand; fackla 2 brännjärn 3 brännmärke; stämpel 4 sort II tr [in]bränna; [bränn]märka -ish tr svänga, svinga ~-new a splitter ny

bran'dy s konjak
brass [ɑ:] s 1 mässing; brons; *sounding* ~ ljudande malm 2 minnes|plåt, -tavla 3 *the* ~[*es*] bleckinstrumenten 4 S pengar 5 F fräckhet
brassard [bræsɑ:'d] s armbindel
brass||founder [ɑ:'] s gälbgjutare -y *a* 1 mässings- 2 F fräck 3 skrällig
brat s [barn]unge
bravado [vɑ:'] s karskhet, skryt
brave I *a* modig, tapper II *tr* trotsa -ry s mod, tapperhet
bravo [ɑ:'] I *interj* bravo! II s bandit
brawl [ɔ:] I *itr* 1 träta, larma 2 sorla II s träta, oväsen -er s grälmakare
brawn [ɔ:] s 1 muskelkött 2 salt fläsk; sylta -y *a* stark, muskulös
1 bray I *itr* 1 skria 2 skrälla, smattra II s 1 skri[ande] 2 skräll
2 bray *tr* stöta, krossa
1 braze *tr* löda ihop
2 braze *tr* mässingsbeslå; bronsera -n *a* 1 av malm (brons, mässing) 2 stark (gul, skrällig) som mässing 3 fräck
1 bra'zier s gälbgjutare, kopparslagare
2 brazier s fyrfat, glödpanna
breach s 1 bryt|ande, -ning, brott 2 brottsjö 3 rämna, bräcka, bräsch
bread [bred] s 1 bröd; ~ *and butter* smörgås[ar] 2 levebröd ~-crumb s 1 inkråm 2 ~s brödsmulor, rivebröd ~-stuff s spannmål, brödsäd; mjöl
breadth [bredþ] s bredd, vidd; rum
bread'-winner s familjeförsörjare
break [ei] (*broke broken*) I *tr* 1 bryta [sönder], slå sönder; bräcka, knäcka; spränga 2 förstöra, tillintetgöra, krossa, undertrycka; ruinera 3 rådbråka 4 tämja, dressera 5 överträda 6 bryta [sig] genom (ut ur) 7 yppa, meddela 8 avbryta, störa; ~ *o. s. of* vänja sig av med 9 ~ *in* vänja [att lyda]; rida in; ~ *up* bryta (hugga, slita) sönder, upplösa II *itr* 1 brista; gå sönder; gå upp 2 förändras; ändra riktning 3 försvagas 4 lösgöra sig 5 ~ *into* bryta sig in i 6 bryta fram, framträda; spricka ut; gry 7 ~ *away* ge sig av, slita sig lös; ~ *down* falla ihop; gå sönder; misslyckas; svika; bli bruten; ~ *forth* bryta ut (fram); utbrista; ~ *in* bryta in, infalla; ~ *off* avbryta [sig]; lösgöra sig; ~ *out* bryta sig ut (fram); utbrista; ~ *up* bryta upp, skiljas [åt]; upphöra III s 1 bryt|ande, -ning 2 bräckning, inbrott 3 riktningsändring 4 spricka; öppning; avbrott; lucka 5 vurst -able *a* brytbar, bräcklig -age s 1 krossande 2 [ersättning för] söndersalaget gods 3 [av]brott ~-down s 1 sammanbrott; misslyckande 2 trafikstörning -ers bränning -fast [bre'kfəst] s *itr* [äta] frukost -neck *a* hals-

brytande ~-up s upplösning, slut -water s vågbrytare, pir, hamnarm
bream s braxen
breast [e] I s bröst, barm II *tr* möta ~-pin s kråsnål -work s bröstvärn
breath [breþ] s 1 andedräkt; anda; andning; *waste* ~ tala förgäves; *out of* ~ andfådd 2 ande|tag, -drag 3 andrum 4 fläkt 5 suck, viskning -e [bri:ð] I *itr* 1 andas 2 andas ut, vila litet 3 fläkta 4 ~ *of* ha en fläkt av II *tr* 1 [ut-, in]andas; sprida [doft] 2 [fram]viska 3 låta andas ut -ing [i:ð] I s andning; fläkt II *a* levande -less *a* 1 and|fådd; -lös 2 utan en fläkt
bred imp. o. pp. av *breed*
breech s ✕ bakstycke -es [bri'tʃiz] s *pl* [knä]byxor ~-loader s bakladdare
breed (*bred bred*) I *tr* 1 [fram]föda 2 alstra, väcka 3 uppföda 4 [upp-] fostra, utbilda II *itr* 1 få (ha) ungar; föröka sig 2 uppstå, sprida sig III s ras, avel; släkte -er s uppfödare -ing s 1 alstring; uppfödande 2 fostran
breez||e s 1 bris, fläkt, kultje 2 F gräl -y *a* 1 blåsig, luftig; sval 2 munter
brethren [bre'ðrin] *spl* bröder
Bret'on *a* s bretagn|isk, -are
brevity [e'] s korthet
brew [bru:] I *tr* 1 brygga 2 blanda, koka ihop II *itr* vara i annalkande (i görningen) III s brygd; bryggande -er s bryggare -ery s bryggeri
briar se *brier*
bribe I s mutor II *tr* muta, besticka -ry s bestickning, mutor
bric'-à-brac s antikviteter
brick I s 1 tegel[sten] 2 bit; bulle, kaka; brikett 3 S hedersprick II *tr*, ~ *up* mura igen ~-field s tegelslageri ~-kiln s tegelugn -layer s murare ~-maker s tegelslagare -work s 1 murverk 2 ~s tegelbruk
bri'dal I s bröllop II *a* bröllops- -bride s brud -cake s bröllopstårta -groom s brudgum -smaid s brudtärna -sman s brudgums marskalk
bridge [i'dʒ] I s 1 bro; brygga 2 näsrygg 3 fiolstall II *tr* slå bro över
bri'dle I s 1 betsel 2 tygel, tvång II *tr* 1 betsla 2 tygla III *itr* sätta näsan i vädret ~-path s ridväg
bridoo'n s bridong, tränsbetsel
brief [bri:f] I s 1 påvebrev 2 [jur.] sammandrag, resumé; talan II *a* kort[fattad, -varig]; *in* ~ kort sagt
1 brier [brai'ə] s törn-, nypon|buske; *sweet* ~ lukttörne
2 brier s 1 ljung[art] 2 briarpipa
brig||a'de s brigad; kår -adier [ədi'ə] s brigadchef -and [ənd] s stråtrövare
brig'antine [i:n] s skonertbrigg
bright [brait] *a* 1 klar, ljus, lysande; blank 2 glad, lycklig 3 kvick, livlig, pigg, vaken -en I *tr* 1 upplysa, 'för-

gylla'; polera 2 uppmuntra, liva, II *itr* klarna, ljusna **-ness** *s* klarhet
Bri'ght's disease *s* [läk.] äggvita
brill *s* slätvar
brill'ian||ce -cy *s* 1 glans, prakt 2 talang -t I *a* glänsande II *s* briljant
brim I *s* 1 brädd, kant, 2 brätte II *tr* brädda III *itr* vara bräddad; ~ *over* flöda över **-mer** *s* bräddad bägare
brimstone [bri'mstən] *s* svavel
brin'dle[d] *a* brokig, strimmig
brine *s* salt|vatten, -lake; *the* ~ havet
bring (*brought brought*) *tr* 1 komma med; ha med sig; hämta, ta in (fram, ner); bringa, föra; ~ *a p. to himself* (*to his senses*) få ngn att ta reson 2 fram|bringa, -kalla; förorsaka; förmå, få; ~ *to pass* åstadkomma 3 framlägga; väcka 4 ~ *about* åstadkomma ✤ vända; ~ *down* skjuta ned, nedlägga; förödmjuka; sänka; ~ *down the house* väcka stormande applåder; ~ *down upon* ådraga; ~ *forth* fram|bringa, -föda; ~ *in* införa; framdraga; inbringa; ~ *on* förorsaka; bringa på tal; ~ *out* få fram; visa; införa i sällskapslivet; uppföra; ge ut; ~ *round* väcka till sans; ~ *through* rädda; ~ *to* hejda; ~ *under* kuva; ~ *up* föra (lyfta, driva) upp; uppfostra, utbilda; uppföra; inkalla; uppkalla; ankra; stanna
brink *s* rand, kant, brant
bri'ny *a* salt
briquet [bri'kit] **-te** [e't] *s* brikett
brisk I *a* 1 livlig, rask 2 frisk; munter II *tr*, ~ [*up*] uppliva; påskynda
bris'ket *s* bringa [av djur]
bristl||e [brisl] I *s* [svin]borst II *itr* 1 resa sig, stå på ända 2 morska upp sig 3 ~ *with* vara full av III *tr* resa [hår] **-y** *a* borstlik, full av borst
Brit||ann'ic -ish [i't] *a* brittisk; engelsk **-isher** [i't] *s* britt **-on** [itn] *s* britt
brittle *a* spröd, skör, bräcklig
broach [ou] I *s* 1 stekspett 2 tornspira II *tr* 1 slå upp 2 framkasta
broad [ɔ:] I *a* 1 bred; vid(sträckt); ~ *way* stor landsväg 2 full, klar; ~ *daylight* ljusa dagen 3 tydlig; huvudsaklig; ~*ly speaking* i stort sett, 4 rak på sak, rå, grovkornig; uppsluppen 5 fri[sinnad], fördragsam II *adv*, ~ *awake* klarvaken **-ax[e]** *s* timmeryxa ~-**bean** *s* bondböna **-cast** I *tr* så för hand; sprida II *tr itr* rundradiera III *s* 1 bredsåning 2 radioutsändning **-casting** *s* radio **-cloth** *s* svart kläde **-en** I *tr* göra bred; utvidga II *itr* bli bred, utvidgas ~-**gauge** I *s* bred spårvidd II *a* bredspårig ~-**minded** *a* fördomsfri **-sheet** *s* stort ark; plakat **-side** *s* 1 [fartygs] sida 2 bredsida 3 ~-*sheet* ~-**sword** *s* slagsvärd **-ways** **-wise** *adv* på bredden

brogue [broug] *s* 1 **grov sko**; sportkänga 2 **landsmål**; irländskt uttal
1 **broil** *s* larm, oväsen, bråk
2 **broil** I *tr* halstra, rosta; steka II *itr* vara glödhet III *s* halstrat kött
broke imp. av *break* **-n** [pp. av *break* a 1 bruten; bräckt, sönder[slagen]; trasig 2 [ned]bruten; förkrossad; ruinerad **-n-hearted** *a* [ned]bruten
bro'k||er *s* 1 mäklare; agent 2 utmätningsman **-erage** *s* 1 mäkleri 2 mäklarearvode **-ing** *s* mäkleri
bromine [brou'min] *s* brom
bronch||ia [brɔ'ŋkiə] *spl* bronker **-ial** *a* luftrörs- **-itic** [i't] *a* luftrörs- **-itis** [ai't] *s* bronkit, luftrörskatarr
bronze [brɔnz] *s* brons(sak, -figur)
brooch [ou] *s* brosch, bröstnål
brood [u:] I *s* 1 kull 2 avföda, yngel 3 hop, flock II *itr* 1 ruva 2 vila, hänga 3 grubbla III *tr* kläcka [ut] ~-**hen** *s* ligghöna **-y** *a* liggsjuk
1 **brook** [u] *tr* tåla, medge
2 **brook** *s* bäck **-let** *s* liten bäck
broom *s* 1 ginst 2 kvast
Bros. [brʌ'ðəz] = *brothers*
broth [brɔþ, pl. brɔ:ðz] *s* [kött]spad, buljong; köttsoppa
brothel [brɔðl] *s* bordell
brother [brʌ'ðə] *s* 1 (pl. ~*s*) broder 2 (pl. **brethren** [bre'ðrin]) med-, trosyrkes|broder; ~ *in arms* vapenbroder **-hood** *s* broderskap, samfund ~-**in-law** *s* svåger **-ly** *a* broderlig
brougham [bru:m] *s* kupé
brought [brɔ:t] imp. o. pp. av *bring*
brow [au] *s* 1 ögonbryn; *bend* (*knit*) *o.'s* ~*s* rynka pannan 2 panna; min, uppsyn 3 utsprång, rand; krön **-beat** *tr* spela översittare mot
brown [au] I *a* brun; ~ *study* funderingar II *s* S kopparslant III *tr* bryna
browse [brauz] I *s* 1 löv, skott; bete 2 betande II *itr tr* [av]beta
Bruin [bru'in] *s* Nalle
bruise [bru:z] I *s* blånad, blåmärke; stöt, fläck II *tr* 1 mörbulta 2 krossa III *itr* boxas **-r** *s* F yrkesboxare
brumm'agem [ədʒəm] *s a* imitation(s-)
brunt *s* värsta tyngd; stöt
brush I *s* 1 borste; kvast; pensel 2 [räv]svans 3 [av]borstning 4 nappatag 5 [elektr.] strålknippe 6 småskog, snår II *tr* 1 borsta [av]; sopa; skrubba; stryka; ~ *up* borsta [upp]; fiffa upp; friska upp 2 snudda vid; stryka förbi III *itr* svepa, fara, rusa **-maker** *s* borstbindare ~-**pencil** *s* pensel ~-**wood** *s* småskog; snår; ris **-y** *a* borstlik, raggig; buskig
brut||al [u:] *a* djurisk; grov; rå, brutal **-al'ity** *s* råhet **-alize** *tr* förråa, förfäa **-e** I *a* 1 oskälig 2 djurisk; rå [äv. **-ish**] II *s* 1 oskäligt djur 2 odjur
B. Sc. = *Bachelor of Science* fil. kand.

bubble I *s* 1 bubbla[nde] 2 humbug, svindel[företag] II *itr* bubbla; sjuda
buccanee´r *s* sjörövare, äventyrare
buck I *s* 1 bock, hanne 2 sprätt II *itr tr* 1 slå bakut; ~ *off* kasta av 2 ~ *up* S raska på; krya upp sig
buck´et *s* 1 hink; *kick the* ~ S kola av 2 skopa; hjulskovel 3 pumpkolv
buck´|horn *s* hjorthorn **-ish** *a* narraktig
buckle I *s* spänne, buckla **-skin** *s* 1 spänna, knäppa 2 ~ *o. s. to* ta itu med III *itr* 1 ~ *to* lägga manken till 2 bagna **-r** *s* sköld
buck´ram *s* 1 styv kanfas 2 stelhet
buck´ shot *s* grova hagel **-skin** *s* 1 buckskin 2 ~*s* buckskinbyxor
buck´wheat *s* bovete
bucol´ic [bju] I *a* idyllisk II *s* herdedikt
bud I *s* knopp; öga [på växt] II *itr* knoppas, slå ut III *tr* okulera
budge [bʌdʒ] *itr* röra sig ur fläcken
bud´get [dʒit] *s* riksstat, budget
buff *s* buffel-, ox|läder; sämskskinn; mattgul färg **-alo** *s* buffel; bisonoxe
buff´er *s* buffert
1 **buff´et** I *s* knuff, stöt, slag II *tr* slå [till], knuffa III *itr* brottas
2 **buffet** *s* byffé: 1 [bu´fei] [serverings]disk 2 [bʌ´fit] [möbel] skänk
buffoo´n *s* gycklare, pajas
bug *s* 1 vägglus 2 liten insekt 3 S [Am.] *big* ~ pamp, högdjur
bug´bear [ɛə] *s* buse, spöke
1 **bu´gle** *s* stråpärla
2 **bugle** *s* jakt-, signal|horn
build [bild] (*built built*) I *tr* bygga, upp|föra, -rätta; skapa II *s* [kropps-] byggnad; konstruktion **-er** *s* byggmästjare **-ing** *s* bygg|ande, -nad, -ning
bulb I *s* 1 lök 2 kula, bulb; *electric* ~ elektrisk [glöd]lampa II *itr* svälla ut, runda sig **-ous** *a* lök-; lökformig
Bulgarian [bʌlge´əriən] *s a* bulgar[isk]
bulge [bʌldʒ] I *s* utbuktning; ansvällning II *itr* bukta (svälla) ut
bulk *s* 1 skeppslast, helt parti; *by the* ~ i klump 2 volym; omfång, massa
bul´khead *s* skott
bul´ky *a* skrymmande, stor
1 **bull** [u] *s* [påve]bulla
2 **bull** *s* 1 tjur 2 hanne 3 haussespekulant ~-*baiting* tjurhetsning **-dog** *s* bulldogg; *the* ~ *breed* engelsmännen
bullet [u´] *s* kula ~-*proof* *a* skottsäker
bull|||fight [bu´lfait] *s* tjurfäktning **-finch** *s* domherre **-frog** *s* bölgroda **- -headed** *a* dum; trilsk
bullion [u´] *s* guld-, silver|tacka
bullock [bu´lək] *s* stut, oxe
bull's-eye [bu´lzai] *s* 1 prick 2 fönsterventil 3 fönsteröppning
1 **bully** [u´] I *s* översittare, kaxe II *tr* tyrannisera, topprida; skrämma
2 **bully** *s* konserverat oxkött
bulrush [bu´lrʌʃ] *s* säv

bulwark [bu´lwək] *s* 1 bålverk 2 vågbrytare 3 ~*s* ✠ brädgång, reling
bum´ble-bee *s* humla
bump I *s* 1 törn, stöt, duns 2 svulst, kula, bula II *tr itr* stöta, törna [på] **-er** *s* 1 bräddad bägare 2 kofångare 3 S baddare **-kin** *s* tölp **-tious** [ʃəs] *a* F viktig, dryg **-y** *a* skakig
bun *s* [korint]bulle; semla
bunch I *s* 1 klase; knippa; tofs 2 hop, samling II *tr* samla ihop **-y** *a* 1 knölig 2 klasliknande
bundle I *s* bunt, knyte, packe II *tr* 1 bunta (samla) ihop; vräka 2 fösa, köra III *itr* packa sig i väg
bung I *s* propp; tapp II *tr* täppa igen
bungalow [bʌ´ŋg] *s* [sommar]stuga
bung´-hole *s* tapphål, sprund
bung|||le [ŋg] I *itr* fuska, fumla; misslyckas II *tr* för|fuska, -därva III *s* fuskverk; röra **-er** *s* klåpare **-ing** *a* klumpig
bun´ion *s* öm knöl
bunk I *s* koj, brits II *itr* S schappa **-er** I *s* 1 kolbox 2 [golf.] hål, hinder II *itr* ta in kol
bun´kum *s* prat, slagord; humbug
bunn´y *s* kanin
1 **bun´ting** *s* sparv
2 **bunting** *s* flaggväv; flaggor
buoy [bɔi] I *s* boj II *tr* 1 ✠ pricka ut 2 ~ *up* hålla flott **-ancy** *s* 1 flytförmåga 2 spänstighet **-ant** *a* 1 flytande 2 bärande 3 spänstig; livlig
bur [bə:] *s* kardborre
Burberry [bə:´bəri] *s* regnrock[styg]
burbot [bə:´bɔt] *s* lake
burden [bə:dn] I *s* 1 börda, last 2 pålaga 3 ✠ dräktighet 4 omkväde, kör 5 huvudtema II *tr* be|lasta, -lamra, -tunga **-some** *a* betungande
burdock [bə:´dɔk] *s* kardborre
bureau [bju(ə)rou´] (pl. ~*x* [z]) *s* 1 skrivpulpet 2 ämbetsverk, byrå **-cracy** [ɔ´krəsi] *s* byråkrati
burg|||ess [bə:´dʒis] **-her** [gə] *s* borgare
burgl|||ar [ə:´] *s* inbrottstjuv **-ary** *s* inbrottsstöld **-e** *itr tr* föröva inbrott [i]
burgundy [bə:´gəndi] *s* bourgogne
burial [be´riəl] *s* begravning
bu´rin *s* gravstickel
burlesque [bə:le´sk] I *a* burlesk, farsartad II *s* burlesk pjäs, karikatyr
burly [bə:´li] *a* stor och tjock, stadig
burn [bə:n] (~*t* ~*t* el. reg.) I *tr* bränna [upp, vid] II *itr* 1 brinna, lysa, glöda 2 vidbrännas 3 brännas III *s* brännsår **-er** *s* brännare
burnish [ə:´] *tr itr* polera; bli blank
1 **burr** [bə:] ṣe **nur**
2 **burr** I *tr itr* skorra II *s* skorrning
burrow [bʌ´ro(u)] I *s* håla, lya II *itr* 1 göra (bo i) en håla 2 gräva sig fram
bursar [bə:´sə] *s* 1 skattmästare 2 stipendiat **-y** *s* 1 kassa 2 stipendium

burst [bə:st] (~ ~) I itr 1 brista, rämna, spricka; slå ut; ~ *up* (F *bust up*) göra konkurs; 'spricka' **2 slita sig lös**; bryta ut (fram); **bryta sig** störta, tränga II *tr* spränga, slita sönder; ~ *open* bryta upp III *s* 1 bristning 2 explosion 3 utbrott; inbrott; ~ *of thunder* åskslag
bury ['be'ri] *tr* 1 begrava 2 nedgräva
bus *s* omnibus, buss; S bil, 'kärra'
bush [u] *s* 1 buske; busksnår; *beat about the* ~ gå som katten kring het gröt 2 vildmark, obygd
bushel ['u'] *s* [ung. 36 1/3 l.] skäppa
bush∥-fighter ['bu'ʃ] *s* snapphane -man *s* 1 buschman 2 nybyggare - -ranger *s* stråtrövare -y *a* buskig; yvig
busily [bi'zili] *adv* ivrigt, flitigt
business [bi'znis] *s* Å [utan pl.] 1 uppgift, göra, syssla; ärende; arbete; *good* ~*!* bra [gjort]! *he means.* ~ F han menar allvar 2 angelägenhet[er], sak; F historia; *it's no* ~ *of yours* det angår er inte; *send a p. about his* ~ avskeda (avfärda) ngn 3 affär[er]; *on* ~ i affärer; *man of* ~ affärsman; agent *B* [pl. ~*es*] affärs∣företag, -hus; butik -like *a* affärsmässig; systematisk, praktisk
bus'kin *s* 1 hög känga 2 koturn
bust *s* 1 byst 2 bröst, barm
bust∥le [bʌsl] I *itr* gno, jäkta, springa II *tr* jaga, jäkta III *s* brådska, spring, fläng, jäkt -ing *a* beställsam, ivrig
busy [bi'zi] I *a* 1 sysselsatt, upptagen; *be* ~ ha brått[om] 2 flitig 3 beskäftig 4 bråd, livlig II *tr* sysselsätta -*body s* beskäftig människa
but I *konj prep pron* 1 men, utan; dock 2 utom; mer än, annat än [att]; utan att; om icke; *all* ~ nästan; ~ *for you* om icke du vore; *last* ~ *one* näst sist; *not* ~ *that* nog för att; *it is impossible* ~ *that* det är omöjligt att inte 3 som icke II *adv* blott
butcher ['u'] I *s* slaktare II *tr* 1 slakta 2 ta livet av; förstöra -ly *a* rå, grym -y *s* 1 slakt∣eri, -ande 2 slaktaryrke
but'ler *s* hovmästare
1 butt *s* tunna; öl-, vin∣fat
2 butt *s* 1 tjockända, handtag, kolv 2 plattfisk 3 sulläder 4 plankända 3 butt *s* skott∣vall, -tavla; mål, syfte 4 butt I *tr itr* stöta till; stånga[s] II *s* puff, stångning
butt'-end' *s* tjockända; kolv

butt'er I *s* smör II *tr* 1 breda smör på, steka i smör 2 smickra -cup *s* smör∣blomma -fly *s* fjäril -ine [i:n] *s* margarin -milk *s* kärnmjölk -y I *a* smör-; smörliknande II *s* handkammare
buttock ['bʌtək] *s*, ~*s* bakdel, säte
butt'on I *s* 1 knapp 2 knopp 3 dörrhandtag II *tr* 1 förse med knappar 2 knäppa; ~ *up* knäppa ihop -hole *s* knapphål[sblomma] -hook *s* [sko-, handsk∣]knäppare -s *s* F betjäntpojke
butt'ress *s* strävpelare, stöd
bux'om *a* frodig, fyllig
buy [bai] (*bought bought*) *tr itr* köpa; ~ *off* friköpa, lösa ut; ~ *out* lösa ut; ~ *over* muta -er *s* köpare
buzz I *s* 1 surr[ande] 2 sorl, mummel; tissel och tassel II *itr* 1 surra 2 sorla, mumla III *tr* 1 viska 2 F slunga
buzzard [bʌ'zəd] *s* [zool.] vråk
by [bai] I *prep* 1 bredvid, hos; på; ~ *o. s.* ensam; *North* ~ *East* nord till ost 2 längs[med], ut∣med, -efter; förbi; över, via; ~ *the way* i förbi∣farten, -gående 3 med, genom, vid, i; ~ *no means* ingalunda 4 av 5 per; *hired* ~ *the hour* hyrd för timme; ~ *the piece* per styck 6 ~ *far the best* den avgjort bäste; *not* ~ *far* inte på långt när 7 gånger (×), och, efter, för; *one* ~ *one* en och en; *day* ~ *day* dag efter dag; *little* ~ *little* så småningom 8 [att döma] av, enligt 9 *a*) gent emot; *b*) till [~ *trade*]; ~ *nature* av naturen; *Brown* ~ *name* vid namn Brown 10 *a*) till, senast kl. (om), strax före; *b*) om, under II *adv* 1 bredvid, till hands 2 förbi 3 ~ *and* ~ snart III =följ.
bye [bai] *a* [äv. *by*] 1 bi-, sido- 2 avsides belägen 3 hemlig, smyg-
1 bye-bye [bai'bai] *s* vyss, lull; sömn
2 bye-bye [baibai'] *interj* F adjö
by-election [bai'ile'kʃn] *s* fyllnadsval
by-end [bai'end] *s* biavsikt
bygone [ba'igon] I *a* [för]gången; föråldrad II *s*, ~*s* det förflutna
by'-lane *s* liten biväg, bakgata
by-law [bai'lɔ:] *s* förordning, stadga
by'-∥name *s* till-, ök∣namn -path *s* biväg -play *s* stumt spel; sidoaktion
by'∥stander *s* åskådare - -street *s* bakgata - -way *s* bi-, bak-, av∣väg; genväg -word *s* 1 ordstäv 2 åtlöje, visa - -work *s* bisyssla
byzantine [baizæ'n] *a s* bysantin[sk]

C

C, c [si:] *s* c C. = *Centigrade* c. = *cent*
cab I *s* drosk∣a, -bil, hyrbil II *itr* F åka droska -by *s* F droskkusk
cabal [kəbæ'l] *s itr* intrig[era]
cabb'age *s* kål

cab'in *s* 1 stuga, koja 2 hytt; kajuta ~-boy *s* ♆ passopp, kajutvakt
cab'inet *s* 1 skåp; hytt 2 kabinett, statsråd, ministär; konselj; C ~ *Minister* statsråd ~-maker *s* möbelsnickare

ca'ble I s 1 kabel[längd] 2 ankar|tåg, -kätting 3 kabeltelegram II tr 1 fästa (förse) med kabel 2 telegrafera, kabla -gram s kabeltelegram
cab'man s droskkusk
caboose [kəbu:'s] s ⚓ kabyss
cab'stand s droskstation
cacao [kəkɑ:'ou] s kakao[träd, -höna]
cackle I itr tr 1 kackla 2 pladdra, prata 3 fnittra II s kack|el, -lande
cad s 1 grabb, gatpojke; springpojke 2 slusk; bracka, knöl
cadav'erous a lik-; likblek, spöklik
cadd'ie s [golf.] 'klubbpojke'
cadd'ish a F ohyfsad, simpel; brackig
cadd'y s te|burk, -skrin
ca'dence s rytm; takt; tonfall; kadens
cadet' s 1 yngre son 2 kadett
cadge [kædʒ] itr gå omkring och sälja (tigga) -r s 1 torgmånglare 2 tiggare
cadre [kɑ:'də] s ✗ kader
cadu'city s förgänglighet, skröplighet
café [kæ'fei] s kafé
cage [dʒ] I s 1 bur 2 huv, foder 3 hiss II tr inspärra -ling s burfågel
Cairene [kai'] I a Kairo- II s kairobo
cairn [kɛən] s stenkummel, rös[e]
cajo'le tr smickra, fjäska för; locka
cak||e I s tårta, kaka; a ~ of soap en tvål II itr baka ihop sig, klabba
cal'abash s kalebass
calam'it||ous a olycklig -y s olycka
calc||areous -arious [ɛ'ər] a kalkartad, kalk- -iferous [si'f] a kalkhaltig
calcul||able [kæ'lkjuləbl] a beräknelig -ate tr itr beräkna, räkna [ut] -ated a beräknad, avsedd; ägnad, så beskaffad -ation s [be-, ut]räkning -ative a räkne-; beräknande -ator s 1 [be]räknare, räknekarl 2 räkne|tabell, -maskin -us s [läk.] sten, grus
caldron [ɔ:'] se cauldron
cal'endar s kalender; förteckning
cal'ender s tr mang|el, -la
1 cal|f [kɑ:f] (pl. -ves) s vad [på ben]
2 cal|f (pl. -ves) s 1 kalv 2 F fårskalle, kräk ~-binding s [hel]franskt band
cal'ib||er -re s 1 kaliber 2 halt, värde
cal'ico s kalika; kattun
Califor'nian [kæl] a s kaliforn|isk, -ier
ca'liph s kalif -ate [it] s kalifat
calk [kɔ:k] tr kalkera
call [kɔ:l] I tr 1 kalla [för], benämna; uppkalla 2 ropa på (till sig), in-, till|kalla; ~ to mind påminna sig; ~ forth framkalla, uppbjuda; ~ in kalla (ropa) in; uppsäga; ~ off dra bort, avleda; ~ out kalla ut; uppbåda; utmana; ut-, upp|ropa; ~ over uppropa; ~ up uppkalla; fram|mana, -kalla 3 uppsäga 4 väcka II itr 1 ropa; ~ for ropa på (efter), påkalla, kräva; ~ out [ut]ropa, skrika till; ~ [up]on åkalla; ta i anspråk; uppmana; be ~ed upon to nödgas att 2 göra visit, hälsa på; ~ at titta in på (till); stanna vid; ~ for komma efter, avhämta; to be left till ~ed for poste restante; ~ in titta i'n; ~ [up]on hälsa på, besöka III s 1 rop 2 läte, lockton 3 signal; påringning 4 upprop 5 maning; [in]kallelse; inropning; within ~ inom hör-, räck|håll 6 krav, fordran 7 F anledning 8 efterfrågan 9 indrivning; on (at) ~ vid anfordran 10 besök; pay ~s göra visiter ~-bird s lockfågel ~-box s telefonkiosk -er s besökande
callig'raphy s 1 skönskrift 2 [hand]stil
call||ing [ɔ:'] s 1 rop 2 [in]kallelse 3 [levnads]kall, yrke 4 skrå, klass - -office s telefonstation
call||osity [kælɔ'siti] s 1 hårdnad, valk 2 känslolöshet -ous [kæ'ləs] a 1 valkig, hård 2 okänslig
call-over [ɔ:'l] s upprop
call'ow [ou] a 1 ofjädrad 2 omogen
calm [kɑ:m] I a 1 lugn, stilla 2 F fräck II s lugn; vindstilla III tr lugna, mildra -ness s stillhet; ro, lugn
calor||ic [ɔ'r] s [fys.] värme -ie [kæ'-ləri] s kalori, värmeenhet
calum'n||iate tr förtala, smäda -iation s förtal -ious a smädlig, ärerörig
Cal'vary s Golgata; kalvarieberg
calve [kɑ:v] itr kalva
came [ei] imp. av come
cam'el s kamel -eer's s kameldrivare
camell'ia s kamelia
camelopard [kæ'miləpɑ:d] s giraff
cameo [kæ'miou] s kamé
cam'era s kamera
cam'omile [ail] s kamomill
cam'ouflage [uflɑ:ʒ] s förklädnad
camp I s 1 läger 2 här [i fält] 3 läger-, krigar-, friluftsliv II itr 1 slå läger; ligga i läger 2 F kampera; slå sig ned 3 ~ out bo i tält, 'kampa'
campaign [pei'n] I s fälttåg II itr deltaga i fälttåg -er s veteran
camp'||-bed s tältsäng - -chair s fällstol
camphor [kæ'mfə] s kamfer
cam'pus s [Am.] skolområde; gård
1 can hjälpv kan, får
2 can I s kanna; burk II tr [Am.] lägga in, konservera
Cana'dian a s kanadens|isk, -are
canal [kənæ'l] s kanal -ize [kæ'nəlaiz] tr kanalisera; göra segelbar
canard [kənɑ:'(d)] s [tidnings]anka
canar|y [kənɛ'əri] s 1 pl. the C-ies Kanarieöarna 2 kanariefågel
canas'ter s knaster, grov tobak
can'cel tr annullera; upphäva
can'cer s [astr. läk. bildl.] kräfta
candelabr||a [lɑ:'] -um s kandelaber
candescent [kænde'snt] a vitglödande
can'did a uppriktig; opartisk
can'didate [it] s kandidat, sökande

candle — 28 — cardinal

candle *s* ljus -**light** *s* eldsljus **C₁mas** [məs] *s* kyndelsmässa ~-**power** *s* normalljus -**stick** *s* ljusstake
can'dour *s* uppriktighet; opartiskhet
can'dy *s* kanderad frukt; kandisocker; [Am. äv.] karameller, konfekt
cane I *s* 1 [socker]rör 2 [promenad]käpp 3 spö, rotting II *tr* 1 klå upp; piska 2 sätta rör (rotting) i ~-**chair** *s* rottingstol ~-**sugar** *s* rörsocker
cani‖c'ular *a*; *the* ~ *days* rötmånaden -**ne** [kæ'nain] I *a* Lund-; ~ *madness* vattuskräck II *s* hörntand
ca'ning *s* prygel, stryk
can'ister *s* kanister; bleck|dosa, -låda
can'ker *s* 1 kräftsår, munkräfta 2 rost 3 kräftskada -**ed** *a* 1 kräftsjuk 2 fördärvad 3 förgränd, elak -**ous** *a* frätande; kräftartad
cann'ibal *s a* kannibal[isk] -**ism** *s* 1 människoätande 2 blodtörst
cann'on *s* kanon; artilleri[pjäser] -**a'de** *s* kanonad ~-**ball** *s* kanonkula -**ee'r** *s* artillerist ~-**proof** *a* bombfast -**ry** *s* 1 kanoner 2 kanonad
cannot [kæ'nɔt] se *1 can*
cann'y *a* 1 försiktig i affärer 2 sparsam 3 lugn; snäll, beskedlig
canoe [kənu:'] *s itr* [ro i] kanot
can'on *s* 1 ka'non, regel, rättesnöre 2 påbud 3 kanik; domkyrkopräst -**ical** [ɔ'n] *a* kanonisk -**ize** *tr* kanonisera
can'opy *s* 1 baldakin 2 tak; himlavalv
1 cant *s* 1 argot, tjuvspråk; rotvälska 2 jargong; fraser; hyckleri; hycklare
2 cant I *s* 1 sned kant (yta); lutning 2 stöt, knyck II *tr* 1 snedda 2 ställa på kant 3 knuffa III *itr* stjälpa; kantra; luta
can't [kɑ:nt] F=*cannot*
Cantabrigian [i'dʒ] *s* cambridgestudent
cantank'erous *a* F gräsjuk, elak, led
cantee'n *s* 1 marketenteri 2 fältflaska
1 can'ter *s* hycklare; frasmakare
2 canter *s itr* [rida i] kort galopp
cantharides [bæ'ridi:z] *s* dragplåster
can'ticle *s* koral; *the C*~*s* Höga Visan
cantle *s* 1 bit, stycke 2 sadelbom
canton [kæntu:'n] *tr* inkvartera, förlägga -**ment** *s* [in]kvarter[ing]
can'vas *s* 1 segel-, tält-, målar|duk; kanfas; linne 2 duk, tavla
can'vass I *tr* 1 dryfta 2 bearbeta; agitera [i, bland] II *s* röstvärvning, agitation -**er** *s* röstvärvare
canyon [kæ'njən] *s* kanjon
cap I *s* 1 mössa; barett; hätta; ~ *and bells* narrmössa; *set o.'s* ~ *at* F lägga sina krokar för 2 huv, hylsa, kappa II *tr* 1 sätta mössa (huv) på 2 betäcka; kröna 3 slå, bräcka
capab‖il'ity [kei] *s* förmåga; duglighet, skicklighet; anlag -**le** [kei'] *a* 1 ~ *of* mottaglig för; i stånd till 2 duglig, skicklig; begåvad

capacious [kəpei'ʃəs] *a* rymlig; vid
capac'it‖late *tr* göra kompetent -**y** *s* kapacitet; kubikinnehåll; fattningsförmåga; duglighet; kompetens; egenskap
cap-a-pie [əpi:'] *adv* från topp till tå
capar'ison [s] I *s* schabrak II *tr* utrusta
1 cape *s* udde, kap; *the C*~ 'Kap'
2 cape *s* cape, [kapp]krage
1 ca'per *s* [bot.] kapris
2 caper *s* glädjeskutt, luftsprång
capercailzie [kæpəkei'lji, lzi] *s* tjäder
capill'ary *a* 1 hår- 2 hårfin; hårrörs-
1 cap'ital *s* kapitäl
2 capital I *a* 1 [jur.] döds-, livs- 2 ödesdiger 3 huvudsaklig; förnämst 4 ypperlig 5 stor [bokstav] II *s* 1 huvudstad 2 stor bokstav 3 kapital -**ism** *s* kapitalism -**ist** *s* kapitalist
capitul‖ar [kəpi'tjulə] *a* domkapitels- -**ate** *itr* kapitulera -**ation** *s* kapitulering
ca'pon *s* kapun
capric‖le [i:'] *s* kapris, nyck[fullhet] -**ious** [i'ʃəs] *a* nyckfull, godtycklig
cap'riole *s itr* [göra] luftsprång
capsi'z‖al *s* kantring -**e** *tr itr* kantra
cap'stan *s* ⚓ gångspel
capsule [kæ'psju:l] *s* kapsel
captain [kæ'ptin] *s* ledare; fältherre; kapten; ryttmästare; kommendör; förman -**cy** -**ship** *s* kaptensbefattning; ledareskap
cap'tious [ʃəs] *a* snärjande, försåtlig
cap't‖ivate *tr* fängsla, tjusa -**ive** I *a* fången, fängslad II *s* fånge -**iv'ity** *s* fångenskap -**or** *s* tillfångatagare, erövrare -**ure** [ʃə] I *s* 1 tillfångatagande; gripande; erövring; uppbringande 2 fånge; fångst, pris II *tr* tillfångataga; gripa, erövra
car *s* 1 vagn 2 kärra 3 bil 4 spårvagn 5 järnvägsvagn 6 [flygv.] gondol
carabinee'r [kær] *s* karabinjär
caramel [kæ'] *s* 1 bränt socker 2 kola
carapace [kæ'] *s* [sköldpaddas] ryggsköld
caravan' *s* 1 karavan 2 resvagn
caraway [kæ'] *s* kummin
car'bon *s* 1 kol; ~ *copy* genomslagskopia 2 kolspets -**aceous** [ei'ʃəs] *a* kol-, kolhaltig -**ic** [ɔ'] *a* kol- ~-**paper** *s* karbon-, kopie|papper
car'c‖ase -**ass** [kəs] *s* 1 lik; as; kropp 2 F liv 3 spillror 4 stomme, skrov
1 card *s tr* karda
2 card *s* 1 kort; ~ *up o.'s sleeve* hemlig plan; *the* ~ F vad som är korrekt 2 program, lista; meddelande
car'damom [əm] *s* kardemumma
car'dboard [ɔ:] *s* papp, kartong
cardiac [kɑ:'diæk] *a s* hjärt-; hjärtstärkande [medel]
car'dinal I *a* 1 huvudsaklig, främst; ~ *number* grundtal; *the* ~ *points* [de fyra] väderstrecken 2 mörkröd II *s* kardinal

car'd-sharper s falskspelare
care [kɛə] I s 1 bekymmer 2 omsorg, omtänksamhet; försiktighet; *take* ~ akta sig, se opp; *take* ~ *to* vara noga med (angelägen) att 3 vård, uppsikt; *take* ~ *of* ta vård om, ta vara på; sköta [om] II *itr* 1 ~ *for* bry sig om, sörja för; tycka om; *for all I* ~ gärna för mig 2 ha lust, vilja
caree'n *tr* ♣ kölhala -age s kölhalning
caree'r s 1 fullt lopp, karriär 2 bana
care||ful [kɛ'ə] *a* 1 omtänksam, aktsam, rädd [*of* om] 2 omsorgsfull, noggrann; försiktig, noga; *be* ~ akta sig -less *a* 1 sorglös, obekymrad 2 vårdslös, oförsiktig
caress' I *tr* smeka II *s* smekning
care-taker [kɛ'ə] s vårdare; vice värd
car'go s [skepps]last
caricatur||e [kæ'rikətjuə] I s karikatyr II *tr* karikera, förlöjliga -ist *s* karikatyrtecknare; parodiförfattare
caries [kɛ'əri:z] s benröta
carillon [kæ'rilən] s klockspel
car'mine s a karmin[röd]
car'n||age s blodbad -al *a* köttslig
1 carna'tion *s a* ljusröd (skär) [färg]
2 carnation *s* nejlika
car'nival s fastlag; karneval
carniv'orous *a* köttätande
carol [kæ'rəl] I s lovsång; julsång II *itr tr* jubla, lovsjunga
carous||al [kərau'zl] *s* dryckesgille -e I *itr* rumla, festa II s rumlande
1 carp s karp
2 carp *itr* gnata; ~ *at* häckla, klandra
car'pent||er I s grov-, byggnads|snickare II *itr tr* timra -ry *s* snickaryrke, [timmermans]arbete
car'pet I s matta; *on the* ~ på tapeten II *tr* mattbelägga -ing *s* mattor
carriage [kæ'ridʒ] s 1 forsling, transport, frakt 2 antaganda 3 hållning, gång; uppträdande 4 personvagn 5 ekipage, droska ~-drive *s* körväg
carrier [kæ'riə] s 1 bärare; bud 2 forman 3 pakethållare 4 brevduva
carr'ion s kadaver, as
carrot [kæ'rət] s morot
carr'y I *tr* 1 bära; föra, frakta, forsla; leda, driva 2 frambära 3 medföra 4 över|föra, -flytta 5 hemföra, vinna; ~ *the day,* ~ *it* avgå med segern 6 er- övra, [in]ta; övertyga; driva igenom; ~ *o.'s point* vinna sitt mål 7 stödja 8 [inne]hålla; ~ *o. s.* [upp]föra sig 9 ~ *away* [äv.] hänföra, rycka med [sig]; ~ *off* [äv.] bortrycka; hemföra, vinna; ~ *it off* [*well*] visa sig modig; vinna seger; ~ *on* föra vidare; fortsätta; bedriva, idka; ~ *out* (*through*) genom-, ut|föra II *itr* 1 frakta 2 kunna transporteras 3 gå, nå; [kunna] höras 4 ~ *on* F fortsätta, gå på'; ~ *on with* flörta med

cart I s kärra II *tr* 1 forsla, köra 2 s klä -age *s* 1 körning 2 forlön
car'tel *s* 1 utmaningsbrev 2 kartell
car't||er *s* forman, åkare - -horse *s* arbets-, drag|häst
car'tilage *s* brosk
cartoo'n *s* kartong, utkast; politisk karikatyr -ist *s* karikatyrtecknare
car'tridge [dʒ] *s* patron
car't||-wheel s 1 kärrhjul 2 hjulning; *turn* ~*s* hjula -wright *s* vagnmakare
carv||e [ka:v] *tr itr* 1 uthugga; [ut]- skära; snida; gravera 2 skära fö'r
car'vel-built *a* ♣ kravellbyggd
car'v||er s 1 träsnidare 2 förskärare
casca'de *s* kaskad; vattenfall
1 case [s] *s* 1 fall, förhållande; händelse; läge; fråga; sak; [fakta i] mål; rättsgrund; prejudikat 2 kasus
2 case I *s* 1 låda, skrin, ask, etui 2 fodral, hylsa; huv, foder; boett: lös pärm 3 [glas]monter 4 fack II *tr* 1 lägga (packa) in [i låda] 2 [be]- kläda, infatta ~-bottle *s* resflaska; korgbutelj ~-knife s slidkniv
ca'semate *s* kasematt
ca'sement *s* fönster [av svensk typ]
ca'se-shot s ⚔ kartesch[er]
cash I *s* kontanter, reda pengar; kassa; *out of* ~ pank; ~ *down* [extra] kontant II *tr* förvandla i kontanter, diskontera ~-account *s* kassakonto ~-box *s* kassa|skrin. -låda
1 cashier [kæʃi'ə] *s* kassör
2 cashier [kəʃi'ə] *tr* avskeda; kassera
ca'sing *s* 1 inpackning, omslag, fodral; hylsa, huv 2 fönster-, dörr|ram
casino [kəsi:'nou] *s* konsert-, dans|sal
cask [a:] *s* 1 fat, tunna 2 [smör]drittel -et *s* skrin, schatull
cassation *s* upphävande
cass'erole *s* eldfast form
cass'ock [ək] *s* prästrock, kaftan
cast [a:] *s* 1 (*cast cast*) *tr* 1 kasta; ~ *a vote* avge röst[sedel] 2 kasta av; krypa u'r; tappa, fälla 3 förkasta; kassera, avskeda 4 räkna [ner, ut], addera 5 tilldela [roll]; utse 6 forma, gjuta, stöpa 7 *be* ~ *down* vara ned|slagen, -stämd; ~ *off* kasta (lägga) av; förkasta, övergiva; [jakt.] släppa lös; ♣ kasta loss; ~ *up* kasta upp; lyfta [på]; räkna [ner, ihop] II *itr* 1 räkna; addera 2 [om trä] slå sig 3 ~ *about* se sig om; fundera III *s* 1 kast[ande] 2 utläggning, utkastande 3 skelögdhet 4 räkning, addering 5 rollfördelning 6 gjutform; av|gjutning, -tryck 7 anstrykning; läggning, prägel, typ
cas'tanet *s* kastanjett
castaway [ka:'stəwei] *s a* 1 bort-, ut|kastad; utstött 2 skeppsbruten
caste [a:] *s* kast[väsende]
cas'tigate *tr* tukta

casting [ɑ:'] *s* gjut|ning, -gods ~-**net** *s* fisknot ~-**vote** *s* utslagsröst
cast-iron [ɑ:'] *s a* gjutjärn[s-]; järnhård
castle [kɑ:sl] **I** *s* 1 slott, borg; ~*s in Spain* luftslott 2 torn **II** *tr itr* rockera
cast-off [ɑ:'] *a* av-, bort|kastad, avlagd
1 **castor** [ɑ:'] *s* 1 hjul, trissa 2 sockerdosa, pepparflaska; ~*s* bordställ
2 **castor** *s* bävergäll ~-**oil** *s* ricinolja
castor-sugar [kɑ:'stə] *s* strösocker
casual [kæ'ʒ(j)uəl] **I** *a* 1 tillfällig 2 oberäknelig, oregelbunden, oviss; lättvindig **II** *s*, ~*s* förolyckade -**ly** *adv* tillfälligt[vis], i förbigående -**ty** *s* 1 olycksfall 2 -*ties* döda och sårade
cat *s* katt[a]
cat'aclysm [izm] *s* 1 översvämning; syndaflod 2 omstörtning, jordskred
cat'alogue [ɔg] *s tr* katalog[isera]
cat'aplasm [zm] *s* [gröt]omslag
cat'aract *s* 1 katarakt 2 grå starr
catarrh [kətɑ:'] *s* katarr; snuva, fluss
catastroph||e [kətæ'strəfi] *s* katastrof -**ic** [ɔ'] *a* katastrofal, ödeläggande
catcall [kæ'tkɔ:l] **I** *s* visselpipa; protestvissling **II** *itr tr* vissla [åt]
catch I (*caught caught*) *tr* 1 fånga, taga 2 hinna fatt; hinna till, komma me'd 3 fatta [tag i], ta, gripa; fatta i 4 överraska; ertappa, komma på' 5 träffa, slå 6 ådraga sig, få; ~ [*a*] *cold* förkyla sig; ~ *it* F få på pälsen 7 upp|fånga, -fatta; begripa 8 fängsla; hejda 9 ~ *up* lyfta upp; hinna fatt; avbryta **II** *itr* 1 fatta tag, haka upp sig, fastna 2 ~ *at* gripa [efter] 3 ~ *on* gripa tag; F slå an **III** *s* 1 gripande, ertappande; [upp]fångande 2 lyra; lyrtagare 3 fångst; notvarp 4 byte; vinst, gott parti; fördel 5 knep, fälla 6 effekt 7 stockning 8 hake, klinka 9 rundsång -**ing** *a* 1 smitt|-ande, -sam 2 anslående -**penny** *a* gottköps- -**up** = *ketchup* -**word** *s* 1 uppslagsord 2 lystringsord 3 slagord -**y** *a* F 1 anslående 2 lättlärd 3 ryckig
cat'echism [izm] *s* katekes
categor||ical [ɔr] *a* kategorisk, bestämd; -**y** [æ'] *s* kategori; klass
ca'ter *itr* 1 [an]skaffa (hålla) mat 2 ~ *for* leverera till, förpläga, tillgodose -**er** *s* mathållare, leverantör [av mat]
cat'erpillar *s* 1 kålmask 2 ✕ tank
caterwaul [kæ'təwɔ:l] **I** *itr* jama; väsnas **II** *s* kattskrik; oljud
catgut [kæ'tgʌt] *s* 1 kattgut, tarmsträng 2 stränginstrument[er]
cathedral [kəθi:'drəl] *s* domkyrka
catherine-wheel [kæ'θərin] *s* 1 hjul-, ros|fönster 2 [fyrv.] sol, hjul
catholic [kæ'θəlik] **I** *a* 1 allmän[nelig] 2 rättrogen; [romersk] katolsk **II** *s* katolik -**ism** [ɔ'lis] *s* katolicism
cat'||kin *s* [bot.] hänge -**-lap** *s* [te]blask, slask -**tish** *a* kattlik, katt-

cattle *spl* nötkreatur, boskap
Caucasian [ei'ʃn] *a s* kaukas|isk, -ier
cau'cus I *s* 1 [Am.] fö:'beredande valmöte 2 [Engl.] politisk valorganisation **II** *itr* hålla val-, boss|möte
cau'dal *a* svans-, stjärt-
caught [kɔ:t] imp. o. pp. av *catch*
ca[u]ldron [ɔ:'l] *s* kittel
cauliflower [kɔ'liflauə] *s* blomkål
caulk [kɔ:k] *tr* ⚓ dikta, driva och becka
cau'sa||l [z] *a* orsaks-; kausal -**tion** *s* förorsakande; orsakssammanhang
cause [kɔ:z] **I** *s* 1 orsak, grund, anledning 2 sak; mål, process **II** *tr* [för-] orsaka, föranleda; förmå, låta -**rie** [kou'zəri] *s* kåseri
causeway [kɔ:'zwei] *s* 1 chaussé, landsväg 2 gångbana
caustic [ɔ:'] **I** *a* 1 brännande, frätande 2 skarp; bitande **II** *s* frätmedel; *common* (*lunar*) ~ lapis
cauterize [ɔ:'t] *tr* bränna
cauti||on [kɔ:ʃn] **I** *s* 1 borgen 2 försiktighet 3 varning **II** *tr* varna, förmana -**ous** *a* försiktig, varsam
caval||ca'de *s* kavalkad -**ier** [i'ə] *s* 1 ryttare 2 riddare; kavaljer -**ry** [kæ'] *s* kavalleri, ryttare
cave I *s* håla, grotta, källare **II** *tr* urholka **III** *itr* F störta in, rasa
cav'ern *s* håla, jordkula -**ous** *a* hålig
caviar[e] [kæviɑ:'] *s* kaviar
cav'il I *itr* anmärka, hacka **II** *s* häcklande, klander -**ler** *s* häcklare
cav'ity *s* hålighet
caw [kɔ:] *itr s* kraxa[nde]
cayenne *s* kajennpeppar
cease [si:s] *itr tr* upphöra [med], sluta upp -**less** *a* oupphörlig
ce'dar *s* ceder[trä]
cede *tr* av|träda, -stå
ceiling [si:'liŋ] *s* [innan]tak
cel'ebr||ate *tr* 1 fira, begå 2 prisa -**ated** *a* berömd -**ation** *s* 1 firande 2 förhärligande; pris -**ity** [e'b] *s* berömdhet
celerity [e'r] *s* snabbhet, hastighet
celes'tial *a* himmelsk, hima-, himmelscel'**ibacy** *s* celibat, ogift stånd
cell'ar *s* källare
cellul||ar [se'ljulə] *a* cell-; cellformig -**e** *s* cell, hålighet -**oid** *s* celluloid
Celt *s* kelt -**ic** *a* keltisk
cement I *s* cement; kitt **II** *tr* cementera; kitta; sammanfoga
cemetery [se'mitri] *s* kyrkogård
cen'otaph [ɑ:f] *s* minnes[grav]vård
cen'ser *s* rökelsekar
cen'sor I *s* censor; granskare **II** *tr* censurera -**ship** *s* censorskap; censur
censur||able [se'nʃə] *a* tadelvärd -**e I** *s* 1 klander, kritik, ogillande 2 censur **II** *tr* kritisera
cen'sus *s* folkräkning
cent. = *centigrade; central; century*
centen||arian [ɛ'ɔ] *a s* hundraåri[n]g

-ary [ti:'] I *a* hundra|års-, -årig II *s* hundraårs|dag, -fest
cen'ti||grade I *a* hundragradig II *s* Celsius[termometer] -gramme *s* centigram -litre *s* centiliter -metre *s* centimeter -pede *s* mångfoting
cen'tral *a* central; mitt-; ~ *heating* värmeledning -ize *tr* centralisera
centre [se'ntə] I *s* centrum, center, mitt, medelpunkt; central; ~ *of gravity* tyngdpunkt II *tr itr* koncentrera[s] ~-piece *s* bordsuppsats.
centrifugal [i'fjugəl] *a* centrifugal
century [se'ntʃəri] *s* 1 århundrade, sekel 2 hundra poäng [i kricket]
ceram'ics *s* keramik; lergods
cereal [si'əriəl] *s*, ~s säd[esslag]
cerebral [e'r] *a* hjärn-, hjärnans
ceremo'n||ial *a ɔ:* ceremoniel[l] -y [se'riməni] *s* ceremoni; högtidlighet
certain [sə:tn] *a* säker, viss; *make* ~ *of* förvissa sig om -ly *adv* 1 säkert, bestämt 2 förvisso; minsann 3 visserligen, nog 4 ja visst, jo gärna -ty *s* säkerhet, visshet
certificate [səti'fikit] *s* intyg; betyg
certi||fy [sə:'tifai] *tr* 1 intyga; konstatera 2 underrätta -tude *s* visshet
cerumen [ru:'] *s* örvax
cessation *s* upphörande, avbrott
cession [seʃn] *s* 1 överlåtande, avträdande 2 cession
cess'pool *s* kloakbrunn; [bildl.] dypöl
cf. [kəmpɛ'ə] jämför, jfr
chafe *tr itr* 1 gnida, skrapa, skrubba [sig] 2 reta [upp sig], upphetsa
cha'fer *s* ollonborre
chaff [ɑ:] *s* 1 agnar 2 hackelse 3 skräp, bosch 4 F drift; skoj
chaff'er *tr itr* schackra [bort]
chaff'inch *s* bofink
chaff'||ing [ɑ:'] *s* nojs, gyckel -y *a* värdelös, strunt-
chagrin [ʃægri:'n] *s tr* förtret[a]
chain I *s* 1 kedja; kätting 2 ~s bojor II *tr* fastkedja, fängsla, fjättra; ~ *up* binda ~-cable *s* ankarkätting -let *s* liten kedja ~-mail *s* ringbrynja
chair [tʃɛə] I *s* 1 stol 2 lärostol 3 ordförande-, talmans|stol; ~! ~! till ordningen! -man *s* ordförande
chaise [ʃeiz] *s* schäs; lätt vagn
chalet [ʃæ'lei] *s* alp-, schweizer|hydda
chalice [tʃæ'lis] *s* [nattvards]kalk
chalk [tʃɔ:k] *s* krita ~-pit *s* kritbrott -y *a* krit|ig, -vit
challenge [tʃæ'lindʒ] I *s* 1 anrop; uppfordran 2 utmaning; jäv II *tr* 1 anropa; utmana; trotsa 2 jäva 3 kräva
cha'mber *s* 1 kammare; [sov]rum 2 ~s lägenhet, dubblett; [jurist]kontor; ämbetsrum -lain [lin] *s* kammarherre -maid *s* jungfru, städerska
chamois [ʃæ'mwɑ:] *s* 1 stenget 2 o. ~-leather [ʃæ'mi] *s* sämskskinn

champ *tr itr* tugga [på]
cham'pion I *s* .1 [för]kämpe 2 mästare II *a* rekord- -ship *s* mästerskap
chance [ɑ:] I *s* 1 tillfällighet, händelse; slump; *by* ~ händelsevis; *ill* ~ olycka 2 tillfälle, chans; möjlighet; risk II *a* tillfällig, oförutsedd III *itr* hända sig, råka IV *tr* F riskera
chancel [tʃɑ:nsl] *s* [hög]kor
chancell||ery [ɑ:'] *s* kanslers|ämbete, -bostad, kansli -or *s* kansler; *Lord* [*High*] *C*~ lordkansler [eng. justitieminister] -orship *s* kanslersämbete
chancery [ɑ:'] *s* 1 lordkanslerns domstol 2 *in* ~ i klämma
chancy [ɑ:'] *a* F osäker, riskabel
chandelier [ʃændili'ə] *s* ljuskrona
chandler [ɑ:'] *s* handlande, hökare
change [tʃeindʒ] I *tr* 1 [för]ändra 2 byta [om]; byta ut 3 växla; ge tillbaka på II *itr* 1 byta; ~ *for H.* byta tåg till H. 2 [för]ändras, ändra sig III *s* 1 [för]ändring; omkastning; [mån]skifte 2 [om-, ut]byte; omväxling; *for a* ~ F för omväxlings skull 3 omgång 4 *C*~, *'C*~ börsen 5 växel; småpengar -abil'ity *s* ombytlighet -able *a* ombytlig, ostadig -less *a* oförånderlig -ling *s* bortbyting
chann'el *s* 1 flodbädd 2 strömfåra; segelränna 3 kanal, sund, gatt; *the C*~ [Engelska] Kanalen 4 fåra, räffla
chant [ɑ:] I *tr itr* [be]sjunga; mässa II *s* sång; mässande -age *s* penningutpressning -er *s* [kor]sångare; kantor
chaos [kei'ɔs] *s* kaos
1 chap I *tr* spräcka II *itr* spricka [sönder]; rämna III *s* spricka
2 chap *s* F karl, gosse, grabb; kurre
3 chap *s* 1 [under]käk 2 ~s käft
chap'el *s* 1 kapell 2 gudstjänst[lokal]
chaperon [ʃæ'pəroun] *s* förkläde
chap'-fallen *a* slokörad
chaplain [tʃæ'plin] *s* [hus]kaplan; legations-, regements-, sjömans|präst
chap'let *s* radband
chapp'ie *s* F gammal vän, gosse
chapp'y *a* söndersprucken
chap'ter *s* [äv. dom-, ordens]kapitel
1 char [tʃɑ:] se *chare*
2 char *tr* [för]kola
character [kæ'riktə] *s* 1 [skriv]tecken, bokstav, siffra; skrift, tryck; handstil 2 karaktär; egenskap 3 rykte 4 vitsord, betyg 5 person[lighet]; F original 6 roll -is'tic I *a* karakteristisk II *s* känne|märke, -tecken -ize *tr* karakterisera
charcoal [tʃɑ:'koul] *s* trä-, ben|kol
chare [tʃɛə] *itr* gå som hjälpgumma
charge [tʃɑ:dʒ] I *tr* 1 [be]lasta 2 fylla [i', på']; ladda; mätta 3 uppdra åt, anförtro 4 anbefalla, förmana 5 anklaga 6 debitera, notera; pålägga 7 ta [betalt] 8 anfalla, rusa

chargeable — 32 — **childhood**

på' 9 ~ *bayonets* fälla bajonett II *itr* storma fram, göra chock III *s* 1 last, börda 2 laddning 3 uppdrag; ämbete 4 vård, uppsikt; *in* ~ tjänstgörande, jourhavande 5 förvar; *take in* ~ arrestera 6 anförtrodd sak; skyddsling 7 befallning; instruktion 8 anklagelse 9 pris; av-, ut|gift, kostnad 10 pålaga 11 anfall, chock **-able** *a* 1 ansvarig; åtalbar 2 belagd med avgift; kostsam **-r** *s* stridshäst
chariot [æ'] *s* strids-, triumf-, gala|vagn
charitable [æ'r] *a* 1 kärleksfull, barmhärtig; välgör|ande, -enhets- 2 mild **charit|y** [æ'r] *s* 1 människokärlek, [kristlig] kärlek, godhet; ~ *begins at home* var och en är sig själv närmast 2 överseende 3 barmhärtighet; välgörenhet; allmosa; *-ies* barmhärtighetsverk 4 välgörenhetsinrättning ~**-school** *s* fattig-, fri|skola
charivari [ʃa:'riva:'ri] *s* larm, oljud
charlatan [ʃa:'l] *s* kvacksalvare
charm I *s* 1 troll|sång, -formel; trolldom, förtrollning 2 amulett 3 berlock 4 tjusning; behag, charm II *tr* 1 [för]trolla 2 tjusa; hänföra **-er** *s* tjus|are, -erska **-ing** *a* förtjusande
char'nel-house *s* benhus
chart I *s* 1 sjökort 2 tabell; väggplansch II *tr* kartlägga
char'ter I *s* 1 kungabrev; frihetsbrev; *the Great C*~ [hist.] Magna Charta 2 [stiftelse]urkund 3 kontrakt 4 privilegium II *tr* 1 privilegiera 2 befrakta **-ed** *a* auktoriserad **-er** *s* befraktare
charwoman [tʃa:'] *s* hjälpgumma
chary [ɛ'ə] *a* varsam, försiktig; rädd
1 **chase** [tʃeis] *tr* ciselera, driva
2 **chase** I *tr* jaga; förfölja II *s* jakt; *give* ~ *to* sätta efter, förfölja
chasm [kæzm] *s* rämna, svalg, klyfta
chassis [ʃæ'si(s)] *s* [bil]chassi
chaste [ei] *a* kysk, ren; sträng; enkel **-n** [eisn] *tr* tukta, straffa; rena
chastise [ai'z] *tr* straffa, tukta, aga **-ment** [tʃæ'stiz] *s* straff, aga
chas'tity *s* kyskhet, renhet
chasuble [tʃæ'zjubl] *s* mässhake
chat I *itr* språka, prata II *s* prat[ande], samspråk
chattel *s*, ~**s** lösören, tillhörigheter
chatt'|er I *itr* snattra; sladdra, prata; skallra, skramla II *s* pladder, prat **-erbox** *s* pratmakare **-y** *a* pratsam
chauffeur [ʃou'fə] *s* chaufför, bilförare
cheap I *a* billig; gottköps- II *adv* billigt [äv. ~*ly*] **-en** *tr* förbilliga
cheat I *tr* bedraga; narra, lura; fördriva [*tid* &c] II *itr* spela falskt; fuska III *s* bedragare, fuskare
check I *s* 1 hejdande; stopp, avbrott; hinder 2 tygel, tvång 3 kontroll[ering]; kontrolltecken, 'kråka' 4

kontramärke 5 = *cheque* 6 schack 7 rutigt mönster (tyg) II *tr* 1 hejda, stoppa 2 tygla, hålla i styr 3 schacka 4 kontrollera; kollationera, pricka för 5 [Am.] pollettera **-ed** *a* rutig **-er** *s* 1 kontrollör 2 = *chequer* **-mate** *s tr* [göra] schack och matt ~-**till** *s* kontrollkassa ~-**up** *s* granskning
cheek I *s* 1 kind 2 F 'panna', fräckhet II *tr* F vara fräck mot **-y** *a* F fräck
cheep *itr tr s* pip[a]
cheer [tʃiə] I *s* 1 sinnesstämning 2 glädje, jubel 3 undfägnad; mat; *make good* ~ kalasa 4 uppmuntran, tröst 5 bifallsrop, hurra[rop] II *tr* 1 uppmuntra, trösta; ~ *up* pigga upp 2 tilljubla bifall, hurra för III *itr* 1 ~ *up* liva (gaska) upp sig 2 ropa bravo, hurra **-ful** *a* 1 glad [av sig], gladlynt 2 [upp]livande; trevlig **-fulness** *s* glättighet **-io** [ou'] *interj* F skål! hej! **-less** *a* dyster **-y** F =-*ful*
1 **cheese** [z] *s* ost; *green* ~ färsk ost
2 **cheese** *s* F *that's the* ~ så ska det vara
chee'sy [z] *a* 1 ostlik 2 S fin, gentil
chef [ʃef] *s* kock, köksmästare
chemical [ke'm] *a* kemisk
chemise [ʃimi:'z] *s* damlinne
chemist [ke'm] *s* 1 kemist 2 apotekare; ~'s *shop* apotek **-ry** *s* kemi
cheque [tʃek] *s* check, bankanvisning
chequer [tʃe'kə] *s* 1 ~**s** schackbräde 2 rutigt mönster 3 [Am.] ~**s** damspel **-ed** *a* 1 rutig 2 brokig, skiftande
cherish [e'r] *tr* vårda; hysa; omhulda
cheroot [ʃəru:'t] *s* [jämntjock] cigarr
cherr'y *s* körsbär[sträd] ~-**brandy** *s* körsbärs|likör, -brännvin
cherub [e'r] *s* kerub **-ic** [u:'] *a* änglalik
chess *s* schack[spel] ~-**board** *s* schackbräde ~-**man** *s* schackpjäs
chest *s* 1 kista, låda; ~ *of drawers* dragkista, byrå 2 bröst[korg]
chestnut [tʃe'snʌt] I *s* 1 kastanje[träd] 2 fux II *a* kastanjebrun
chevalier [ʃevəli'ə] *s* riddare
chew [tʃu:] I *tr itr* tugga; ~ *the cud* idissla 2 grubbla [på] II *s* 1 tuggning 2 buss **-er** *s* tobakstuggare
chic [ʃi(:)k] *s a* schvung, stil[ig]
chicane [ʃikei'n] I *s* chikan II *itr tr* begagna knep; lura **-ry** *s* knep
chick *s* 1 kyckling 2 F unge, barn
chicken *s* 1 kyckling 2 ungdom ~-**pox** *s* vattenkoppor
chic'ory *s* cikoria
chide (*chid chid*) *tr itr* banna, klandra
chief [tʃi:f] 1 *s* hövding, styresman; chef, ledare II *a* förste, över-, huvud-, förnämst; ledande **-ly** *adv* framför allt; huvudsakligen **-tain** [tən] *s* hövding; huvudman
chil'blain *s* kylsåra, frostknöl
child [ai] (pl. ~*ren* [tʃi'l]) *s* barn; *from a* ~ från barndomen **-hood** *s*

barndom -ish *a* barnslig, enfaldig -like *a* barnslig -'s-play *s* barnlek
chill I *s* köld, kyla; frysning, rysning II *a* kall, kylig, isig III *tr* [av]kyla, isa -y *a* 1 kylig, kulen 2 frusen
chime I *s* 1 klock|spel, -ringning; låt, melodi 2 harmoni II *itr* 1 ringa; klinga 2 harmoniera 3 ~ *in* instämma
chimney [tʃimni] *s* 1 rökfång, skorsten 2 lampglas ~-**corner** *s* spiselvrå ~-**cowl** ~-**jack** *s* rökhuv ~-**piece** *s* spiselkrans ~-**pot** *s* 1 skorsten[spipa] 2 F cylinder ~-**stack** *s* skorsten[sgrupp] ~-**sweep[er]** *s* sotare
chimpanzee [pænzi:ʼ] *s* schimpans
chin *s* haka
chi'na *s* porslin **C-man** (pl. *-men* o. *Chinese*) *s* kines -**ware** *s* porslin
chine *s* 1 ryggrad 2 ryggstycke
Chinese [tʃaini:ʼz] *s a* kines[isk]
1 **chink** *s* spricka, remna; springa
2 **chink** I *s* klang, skrammel; S kontanter II *itr tr* klinga, skramla [med]
chintz *s* sits, möbelkattun
chip I *s* 1 flisa, spån; skärva; skiva; ~*s* avfall; -stekt [skivad] potatis 2 F hack 3 spelmark II *tr* 1 spänta, tälja, hugga [sönder] 2 slå av (ur); knäcka III *itr* gå i flisor -**py** *a* S 1 torr, tråkig 2 ruggig, 'bakom'
chiro- [kaiəro] [i sms.] hand-
chi'ro‖mancy *s* konsten att spå i handen -**pody** [ɔʼp] *s* manikur; pedikur
chir‖p [tʃəːp] I *itr tr* kvittra, pipa; knarra II *s* kvitter, pip; knarr -**py** *a* munter; livlig -**rup** [tʃiʼrəp] I *itr* 1 kvittra 2 smacka II *s* kvitter
chisel [tʃizl] I *s* mejsel; stäm-, hugg|järn II *tr* mejsla, uthugga
chit *s* 1 barnunge 2 jäntunge
chit'-chat *s* [små]prat; snack
chitt'erlings *spl* innanmäte
chivalr‖ic [ʃiʼv] -**ous** *a* ridderlig, tapper, ädel -**y** *s* ridder|skap, -lighet
chive *s* gräslök
chlorine [klɔːʼrin] *s* klor[gas]
chloro‖form [klɔʼrəfɔːm] *s tr* kloroform[era] -**sis** [ouʼsis] *s* bleksot
chock I *s* kil, kloss; [båt]klampa II *tr* stötta [med klossar]; ~ *up* kila fast; belamra ~-**full** *a* proppfull
chocolate [tʃɔʼklit] *s* choklad[pralin] ~-**cream** *s* chokladpralin
choice I *s* 1 val; *at* ~ efter behag 2 urval II *a* utsökt, utvald
choir [kwaiʼɔ] *s* 1 kör 2 kor
choke I *tr* 1 strypa; kväva 2 till|täppa, -stoppa; spärra; ~ *down* svälja 3 fullstoppa 4 ~ *off* F avskräcka; fa att tiga II *itr* kvävas; storkna III *s* kvävning[sanfall] ~-**pear** *s* kalldusch
choler‖a [kɔʼlərə] *s* kolera -**ic** *a* kolerisk, hetlevrad
choose [tʃuːz] (*chose chosen*) *tr itr* 1 välja 2 föredraga 3 behaga, vilja

1 **chop** I *tr itr* 1 hugga; ~ [*up*] hugga sönder 2 ~ *and change* ideligen ändra sig 3 ~ *about* kasta (slå) om II *s* 1 hugg 2 kotlett 3 krabbsjö
2 **chop** *s,* ~*s* käft, käk[e]
chop-house *s* mat-, närings|ställe
chopp'‖er *s* 1 [ved]huggare 2 köttyxa, hackkniv -**ing** *a* 1 kraftig, bastant 2 ♧ krabb -**ing-block** *s* huggkubbe -**ing-board** *s* skärbräde -**y** *a* 1 sprickig 2 ♧ krabb 3 ostadig
choral [kɔːʼ] *a* kör-; kor- -**e** [kɔraːʼl] *s* **koral**, psalm -**ist** *s* körsångare
1 **chord** [kɔːd] *s* sträng; *vocal* ~ stämband; *spinal* ~ ryggmärg
2 **chord** *s* [mus.] ackord
chorister [kɔʼ] *s* kor|gosse, -sångare
chorus [kɔːʼrəs] *s* korus, kor, kör; *in* ~ i kör ~-**girl** *s* flicka i balettkör
chose [tʃouz] -**n** imp. o. pp. av *choose*
chrism [krizm] *s* invigd olja
christen [krisn] *tr* döpa, kristna **C-dom** [kriʼsndəm] *s* kristenhet[en]
Christian [kriʼst] *a s* krist|en, -lig; ~ *name* dop-, för|namn -**ity** [iæʼn] *s* kristendom[en] **c-ize** *tr* kristna
Christmas [kriʼsməs] *s* jul[en]; juldagen; ~ *Eve* julafton ~-**box** *s* jul|pengar, -klapp [dusör] ~-**tide** *s* jul|[en], jultid[en] ~-**tree** *s* julgran
chrom‖e *s* krom[gult] -**o-** färg-
chron'ic *a* kronisk; ständig; **p** svår
chron'icle I *s* krönika II *tr* uppteckna, skildra -**r** *s* krönikeskrivare
chrono‖logical [krɔnəlɔʼdʒ] *a* kronologisk -**logy** [ɔʼl] *s* tidräkning
chrysal‖lid [kriʼsəlid] -**is** *s* puppa
chubb'y *a* knubbig, trind
1 **chuck** I *s* skrockande II *itr tr* skrocka; locka [på]; **mana på** [häst]
2 **chuck** *tr* 1 klappa [under hakan] 2 F slänga; ~ *it!* S låt bli!
chuckle I *itr* 1 skrocka 2 [små]skratta II *s* 1 skrockande 2 skratt, flin[ande] ~-**headed** *a* fårskallig
chum *s* [rums]kamrat; god vän -**my** *a* F 'god vän'; sällskaplig
chump *s* 1 träklots 2 F [trä]skalle
chunk *s* F tjockt stycke
church [tʃəːtʃ] *s* 1 kyrka; *Established* **C**~ statskyrka 2 gudstjänst ~-**goer** *s* kyrksam person; ~*s* kyrkfolk ~-**going** I *s* kyrkogång II *a* kyrksam -**man** *s* statskyrko|medlem, -präst; kyrksam man -**warden** *s* 1 kyrk|värd, -ofullmäktig 2 F lång kritpipa -**y** *a* högkyrklig -**yard** *s* kyrkogård
churl [əː] *s* tölp -**ish** *a* ohyfsad, rå
churn [tʃəːn] I *s* 1 [smör]kärna 2 mjölkflaska II *tr itr* kärna
chute [ʃuːt] *s* 1 [fall]ström 2 [timmer]ränna 3 kälkbacke; rutschbana
cica'da *s* [zool.] sångstrit
cic'atr‖ice [is] *s* ärr -**ize** *itr* läkas
ci'der *s* cider, äpplevin

c. i. f., cif = *cost, insurance, freight* cif
cigar' *s* cigarr -ette [é't] *s* cigarrett
~-**holder** *s* cigarrmunstycke
cin'der *s* 1 slagg 2 askmörja; ~*s* aska
C-ell'a *npr* Askungen; styvbarn
cin'ema *s* bio[graf]; ~ *play* film
cin'er|lary *a* ask- -ation *s* förbränning
cinnamon [si'nəmən] *s* kanel
cinq[ue] [siŋk] *s* femma, 'sinka'
ci'pher I *s* nolla; siffra; chiffer[skrift];
 monogram, firmatecken II *itr* räkna
 III *tr* räkna ut; chiffrera
circle [sə:kl] I *s* 1 cirkel; ring; [om-]
 krets 2 kretsgång 3 [teat.] rad; *dress*
 ~ första rad; *upper* ~ -andra rad
 II *tr* gå (fara) omkring III *itr* kretsa
circuit [sə:'kit] *s* 1 kretsgång, omlopp
 2 omkrets; område 3 domsaga; tings-
 resa 4 [elektr.] [ström]ledning; *short*
 ~ kortslutning -**ous** [kju'it] *a* kring-
 gående, indirekt; ~ *road* omväg
circul|lar [sə:'kjulə] I *a* cirkelrund;
 cirkel-, rund; kretsformig; ~ *letter*
 cirkulär; ~ *ticket* rundresebiljett; ~
 tour rundresa II *s* cirkulär -**ate** *tr*
 itr [låta] cirkulera -**ation** *s* 1 omlopp
 2 spridning 3 betalningsmedel
circum- [sə:kəm] *pref* omkring, om-
circum||cise [sə:'kəmsaiz] *tr* omskära
 -**cision** [i'ʒn] *s* omskärelse -**ference**
 [kʌ'm] *s* omkrets, periferi -**locu'tion**
 s om|skrivning, -svep -**nav'igate** *tr*
 kringsegla -**nav'igator** *s* världsomseg-
 lare -**scribe** *tr* 1 begränsa; kringskära
 2 omskriva -**scrip'tion** *s* 1 begränsning
 2 omkrets 3 område -**spect** *a* försik-
 tig -**stance** *s* omständighet; förhållan-
 de -**stan'tial** [ʃəl] *a* i beroende på
 omständigheterna 2 omständlig 3 till-
 fällig -**stan'tiate** [ʃieit] *tr* framställa
 i detalj -**vent'** *tr* snärja; överlista
 -**ven'tion** *s* bedrägeri, överlistande -**vo-
 lution** *s* varv; vindling; krumbukter
circus [sə:'kəs] *s* 1 cirkus 2 runt torg
cirr'|us (pl. -*i* [ai]) *s* fjädermoln
cit||ation *s* 1 [jur.] stämning, kallelse 2
 åberopande, citat -**e** [sait] *tr* 1 [jur.]
 [in]stämma; kalla 2 åberopa; citera
cit'izen *s* [med]borgare -**ship** *s* [med]-
 borgar|rätt, -skap
cit'y *s* 1 stiftsstad; [stor] stad; ~ *of
 refuge* fristad 2 *the C*~ City [i Lon-
 don]; ~ *man* affärs-, finans|man
civ'ic *a* medborgerlig, medborgar-
civies [si'viz] *s* S cividräkt
civ'il *a* 1 [med]borgerlig, medborgar-;
 ~ *war* inbördeskrig 2 hövlig, artig,
 hygglig 3 civil; världslig; ~ *servant*,
 service civil|ämbetsman, -förvaltning
 -**ian** [i'l] *s* *a* civil[ist] -**ity** (i'l) *s* höv-
 lighet -**ization** [lai] *s* civilis|erande,
 -ation -**ize** *tr* civilisera; bilda
clack I *itr tr* [prata och] slamra; smälla
 [med] II *s* slammer, smäll; F prat
clad *a* klädd

claim I *tr* fordra, kräva; göra anspråk
 på; påstå [sig] II *s* 1 fordran, krav;
 [rätts]anspråk; *lay* ~ *to* göra anspråk
 på 2 rätt 3 jordlott, inmutning
 -**ant** *s* fordringsägare; [rätts]sökande
clam *s* mussla
cla'mant *a* larmande
clam'ber I *itr* klättra; klänga II *s* klätt-
 ring
clamm'y *a* fuktig [och klibbig]; degig
clam'||orous *a* larmande, högljudd,
 bullersam -**our** I *s* rop, skri[k]; larm
 II *itr* larma, ropa; högljutt klaga
clamp *s* 1 krampa; kloss 2 skruvtving
clan *s* 1 klan; stam 2 kotteri, klick
clandestine [de'stin] *a* hemlig
clang I *s* klang, skrammel [äv. -**our**
 [ŋg]} II *itr tr* klinga, skalla; skramla
 [med] -**orous** [ŋg] *a* klingande, skram-
 lande
clank I *s* rassel II *itr tr* rassla [med]
clann'ish *a* klanartad, klan-
clap I *tr itr* 1 slå ihop, klappa; slå med;
 smälla [med] 2 applådera 3 F sätta,
 lägga, stoppa II *s* skräll, knall, smäll;
 handklappning -**per** *s* [klock]kläpp
 -**trap** *s* teatereffekt, tom fras
claque [klæk] *s* [teat.] klack
claret [æ'] *s* rödvin, Bordeaux
clar'||ify [æ] I *tr* klara II *itr* klarna
 -**ion** [æ] *s* klarin, trumpet -**ity** [æ] *s*
 klarhet
clash I *itr* 1 skrälla, skramla 2 drabba
 ihop, kollidera 3 stå i strid, strida
 [mot-]; vara oförenlig [med] II *tr*
 1 skramla (ringa) med 2 stöta emot
 III *s* 1 skräll, smäll; skrammel, rassel
 2 sammanstötning; strid, konflikt
clasp [ɑ:] I *s* 1 knäppe, spänne; haspe;
 lås 2 omfamning; handslag II *tr* 1
 knäppa, spänna, låsa 2 omfamna;
 trycka, krama ~-**knife** *s* fällkniv
class [ɑ:] *s* 1 klass II *tr* inordna; klas-
 sificera ~-**book** *s* läro-, skol|bok
 ~-**fellow** *s* klasskamrat [äv. ~-*mate*]
classic I *a* klassisk II *s* klassiker
classify [klæ'sifai] *tr* klassificera
clatt'er I *itr* 1 slamra, klappra, rassla
 2 prata II *s* 1 slammer 2 prat, oväsen
clause [klɔ:z] *s* 1 [kort] sats; bisats 2
 klausul, bestämmelse; moment
clav'icle *s* nyckelben
claw [klɔ:] I *s* klo; tass, ram II *tr*
 klösa; riva [till sig]
clay *s* 1 ler|a, -jord 2 stoft [och aska]
 3 F krit-, ler|pipa -**ey** [i] *a* ler-, lerig
clean I *a* 1 ren[lig] 2 tom; fri, klar;
 oskriven; renskriven 3 slät, glatt;
 jämn; fin 4 skicklig, väl utförd,
 flott II *adv* totalt, rent, rakt III *tr* 1
 göra ren; snygga [upp]; putsa; bors-
 ta; rensa 2 tömma, länsa 3 ~ *down*
 borsta (torka) av; ~ *out* rensa, töm-
 ma; S pungslå; ~ *up* städa [undan]
 ~-**bred** *a* fullblods- ~-**cut** *a* skarpt

clean-limbed — 35 — **clot**

skuren ~-limbed a välväxt, smärt
-liness [kle'n] s renlighet, snygghet
-ly I [i:'n] adv rent; klart; fint II
[e'] a renlig, snygg -ness s renhet -se
[klenz] tr 1 rengöra; rensa 2 rena,
rentvå ~-shaven a slätrakad ~-up
s F rengöring, städning
clear [iə] I a 1 klar, ljus, glänsande;
ren, frisk 2 tydlig 3 på det klara
4 hel, full 5 fri; öppen; tom; *keep* ~
of undvika II adv 1 klart, ljust 2 alldeles,
rakt, rätt 3 *stand* ~ gå ur vägen
III tr 1 göra klar, klara 2 klargöra 3
fritaga 4 befria; göra (ta) loss; rensa,
tömma; utrymma; [av]röja; ⚓ lossa;
~ *the table* duka av; ~ *the way* bana
väg, gå ur vägen 5 ⚓ gå klar för;
komma förbi (igenom) 6 [tull.] klarera
7 slutförsälja 8 ~ *away* undanröja;
~ *off* göra sig kvitt; ~ *out*
skaffa bort; tömma; slutförsälja; ⚓
utklarera; ~ *up* ordna, städa IV *itr*
1 klarna, ljusna 2 tömmas 3 skingra
sig; försvinna 4 avsegla 5 ~ *away*
duka av; försvinna; ~ *off* se *IV 3*; ~
out F ge sig av; ~ *up* klarna **-ance**
s 1 [upp]klarande 2 befriande; rensning;
röjning 3 = -*ing* 4 tullklarering
5 ~ *sale, general* ~ slutrealisation
~-cut a skarpt skuren (markerad)
-ing s 1 klarnande 2 röjning
3 avräkning, clearing -ness s klarhet;
tydlighet; frihet från hinder ~-sighted
a klar-, skarp|synt
clea'vage s klyvning
1 cleave *itr*, ~ *to* klibba (hänga) fast vid
2 cleave (*cleft* ei. *clove cleft*) I tr klyva
[sönder] II *itr* klyva sig, spricka
clef [klef] s [mus.] klav
cleft I se *2 cleave* II s klyfta, spricka
clem'ency s mildhet; nåd
clench I tr 1 klinka, nita 2 bita ihop;
gripa hårt om; spänna; ~ *o.'s fist*
knyta näven II s 1 nitning 2 grepp
cler||**gy** [klə:'dʒi] s präster[skap] -**gyman**
s präst -**ical** [e'r] a 1 klerikal;
prästerlig 2 skriv[ar]-; bokhållar-
clerk [klɑ:k] s 1 klockare 2 sekreterare,
notarie 3 bokhållare, kontorist
-**ship** s bokhållare-, notarie|plats
clev'er a 1 skicklig, styv 2 begåvad,
kvick, talangfull; slipad; sinnrik 3
[Am.] F snäll; trevlig -ness s skicklighet
clew [klu:] s [garn]nystan; se äv. *clue*
click I *itr* knäppa [till], klicka, ticka
II tr knäppa med; ~ *o.'s tongue*
smacka med tungan III s 1 knäpp[ning]
2 smackljud 3 spärrhake
cli'ent s 1 skyddsling 2 klient; kund
-**age** s klientel; kundkrets
cliff s klippa; stup -y a klippig; brant
climate [klai'mit] s klimat, luftstreck
cli'max s klimax, höjdpunkt
climb [klaim] I *itr* 1 klättra; klänga;
kliva 2 stiga, höja sig II tr klättra
uppför (upp i) III s klättring -**er** s 1
klättrare; ~s klätterfåglar 2 klängväxt
clime s luftstreck, trakt, nejd
clinch sc *clench* -**er** s F dräpande (avgörande)
svar, slag i saken, 'knuten'
cling (*clung clung*) *itr* klänga sig fast;
sluta tätt; fastna -**ing** a åtsittande
clin'ic s klinik -**al** a klinisk; ~ *thermometer*
febertermometer
clink I *itr* tr klirra, klinga, skramla
[med] II s klirr, klingande
1 clip s hållare, klämma[re]
2 clip I tr klippa; stympa II s klippning
-**per** s 1 klippare 2 ~s sax 3 S
huggare -**ping** I s 1 klippning 2 av-,
ur|klipp II a S styv, utmärkt
clique [kli:k] s klick, kotteri
cloak [ou] I s kappa, mantel II tr
bemantla, dölja ~-**room** s garderob,
förvaringsrum; *ladies'* ~ damrum
clock s ur, klocka; *at ten o'* ~ klockan
tio; *what o'* ~ *is it?* hur mycket är
klockan? ~-**case** s klockfodral ~-
face s urtavla -**wise** adv medsols
clod s 1 klump; jord[koka] 2 tölp;
tjockskalle ~-**hopper** s [bond]tölp
clog I s 1 klamp, black 2 hämsko,
hinder; börda 3 träsko II tr 1
tynga; besvära 2 spärra III *itr* klibba
fast -**gy** a 1 klimpig 2 klibbig
cloi'st||**er** I s 1 kloster 2 pelargång II
tr instänga -**ral** a klosterlik, kloster-
1 close [z] I tr 1 stänga; sluta; ~ *up*
tillsluta, fylla 2 [av]sluta II *itr* 1
stänga[s]; sluta [sig]; förenas 2 ta livtag,
brottas 3 ~ *in* inbryta, falla
[på]; ~ *in upon* omsluta; ~ [*up*]*on*
gripa om, omsluta; enas om; ej se;
~ *with* gå in på, antaga III s 1 slut,
avslutning 2 nappatag
2 close [s] I a 1 stängd, sluten; förbjuden
2 [undan]gömd; hemlig[hetsfull]
3 tryckande, kvav 4 snål, knusslig
5 tät, fast, hopträngd; närbelägen,
knapp; ~ *fight* handgemäng; närkamp;
it was a ~ *thing* det satt hårt
åt 6 åtsittande, trång 7 nära; intim 8
sträng, logisk; noggrann, ingående 9
trägen, flitig 10 svåravgjord, mycket
jämn II adv nära, strax; tätt [ihop];
⚓ dikt III s inhägnad [plats] ~-
cropped a kortklippt ~-**fisted** a snål,
knusslig ~-**fitting** a tätt åtsittande
-**ly** adv 1 tätt, nära 2 noggrant; flitigt;
strängt 3 snålt -**ness** s 1 slutenhet
2 avskildhet 3 instängdhet, kvalm
4 snålhet 5 täthet 6 närhet 7 noggrannhet
8 nära likhet, jämnhet
clos'et [z] s 1 rum, kammare 2 klosett
clo's||**e-up** [z] s närbild -**ing-time** [ou'z/]
s stängningstid -**ure** [klou'ʒə] s tillslutning,
stängning; avslutning, slut
clot I s 1 klimp, klump 2 blodlever;

~ *of blood* blodpropp II *itr* klimpa sig; skära (levra) sig, koagulera
cloth [klɔþ] (pl. ~s) *s* 1 tyg, kläde 2 duk; *lay the* ~ duka 3 [bokb.] klot -e [klouð] *tr* [be]kläda; täcka, hölja
clothes [klouðz] *spl* 1 kläder 2 tvätt, linne ~-**line** *s* klädstreck ~-**peg** *s* 1 klädnypa 2 ~*s* klädhängare ~--**press** *s* kläd-, linne|skåp
cloth||**ier** [klou'ðiə] *s* klädes|fabrikör, -handlare -**ing** *s* beklädnad; kläder
cloud I *s* 1 moln, sky 2 svärm, skara II *tr* 1 hölja i moln; ~*ed* mulen 2 för|mörka, -dunkla; fördystra -**berry** *s* hjortron ~-**burst** *s* skyfall ~-**capped** *a* molnhöljd; skyhög -**y** *a* molntäckt; mulen; dunkel; dyster
clough [klʌf] *s* bergsklyfta, ravin
1 **clove** *s* lökklyfta
2 **clove** *s* kryddnejlika
3 **clove** imp. av 2 *cleave* -**n** *a* kluven
clo'ver *s* klöver; *be in* ~ ha det bra
clown [au] *s* 1 tölp 2 klaun, pajas
cloy *tr* över|mätta, -lasta
club I *s* 1 klubba 2 klöver[kort] 3 klubb II *tr* 1 klubba [till el. ned] 2 sammanskjuta; slå sig tillsammans om, dela ~-**foot** *s* klumpfot ~-**house** *s* klubblokal -**man** *s* klubbmedlem
cluck *itr s* skrocka[nde]
clue [klu:] *s* nystan; ledtråd; [röd] tråd
clump I *s* 1 klump 2 klunga; buskage II *itr* klampa
clum's||**iness** [z] *s* klumpighet -**y** *a* klumpig; otymplig, tafatt
clung imp. o. pp. av *cling*
clus'ter I *s* 1 klunga; klase 2 svärm; skock II *tr* samla i klunga III *itr* växa i klunga; skocka sig
clutch I *tr* gripa tag i (om); fasthålla II *itr* nappa, gripa III *s* 1 grepp, tag 2 [tekn.] klo; koppling
co- [i sms.] med-, sam-, tillsammans
Co. [kou] = *Company* **c o** = *care of* [på brev] [under] adress
coach [ou] I *s* 1 statsvagn, kaross 2 [post]diligens 3 [person]vagn; sovvagn 4 F privatlärare; tränare II *tr itr* ge (ta) lektioner; träna ~-**box** *s* kuskbock -**man** *s* kusk, körsven
coagulate [æ'gju] *tr itr* [få att] stelna
coal [ou] I *s* 1 kol; ~ *gas* lysgas; *carry* ~*s to Newcastle* ge bagarbarn bröd II *tr itr* kola ~-**dust** *s* kol|damm, -stybb
coal||**esce** [kouəle's] *itr* samman|växa, -smälta, -sluta sig -**ition** [i'ʃn] *s* sammansmältning, förening; koalition
coal||**mine** [ou'] *s* kolgruva -**mouse** *s* kolmes -**pit** *s* kolgruva -**scuttle** *s* kol|pyts, -box -**trimmer** *s* kollämpare -**y** *a* kolhaltig; kol-; kolsvart
coarse [kɔ:s] *a* 1 grov[byggd] 2 enkel, torftig 3 rå, plump ~-**fibred** ~-**grained** *a* grov[trådig, -kornig]

coast [ou] *s* kust -**al** *a* kust- -**er** *s* kust|farare, -fartyg -**ing** *s* kust|fart, -handel -**wise** *adv* utefter kusten
coat [ou] I *s* 1 rock 2 [dräkt]kappa, jacka 3 päls, hår-, fjäder|beklädnad 4 hinna, skal 5 lager; bestrykning II *tr* bestryka; be|kläda, -täcka -**ing** *s* 1 beläggning; lager; överdrag 2 rocktyg ~-**tail** *s* rockskört
coax [ou] I *tr* lirka (kela) med; narra, locka II *itr* ställa sig in, smickra
cob *s* ridhäst, klippare
1 **cobb'le** *s* kuller-, gat|sten
2 **cobble** *tr* lappa [ihop] -**r** *s* 1 skoflickare 2 fuskare
cob'-nut *s* stor hasselnöt
co'bra *s* glasögonorm
cob'web *s* spindel|nät, -väv
cocaine [kokei'n] *s* kokain
1 **cock** I *s* 1 tupp 2 hane 3 'överkucku' 4 kran, pip, tapp 5 tunga 6 knyck; blinkning; hatt på sned; hattbrätte II *tr* 1 sätta rätt upp; sätta i vädret; ~ [*up*] *o.'s ears* spetsa öronen; ~ *o.'s eye* blinka; ~ *o.'s hat* sätta hatten på sned 2 spänna III *itr* sticka (stå) rätt upp
2 **cock** *s tr* stack[a], volm[a]
cooka'de *s* kokard
cock'-a-doodle-doo' *s interj* kuckeliku
Cockaigne [ei'n] *npr* Schlaraffenland
cock-and-bull *a*, ~ *story* rövarhistoria
cockatoo' *s* kaka|du, -dora
cock'boat *s* julle
cock'-brained *a* tanklös, yr [i mössan]
cock'||**chafer** *s* ollonborre -**crow** *s* hanegäll -**ed** *a*, ~ *hat* trekantig hatt
cock'erel *s* tuppkyckling
cock'-||**eyed** *a* S vindögd ~-**fight**[**ing**] *s* tuppfäktning -**horse** *adv* grensle
1 **cockle** *s* [bot.] klätt, åkerklint
2 **cockle** *s* 1 hjärtmussla 2 eka
3 **cockle** *itr tr s* skrynkla [sig]
cock'ney [ni] *s* 1 genuin londonbo 2 obildad londonengelska, vulgärspråk
cock'pit *s* tuppfäktningsarena
cock'roach [routʃ] *s* kackerlacka
cock'||**scomb** *s* tuppkam ~-**sure** *a* tvärsäker -**tail** *s* 1 stubbsvans[ad kapplöpningshäst] 2 uppkomling 3 cocktail -**y** *a* F högfärdig; stursk
coco [kou'kou] *s* kokospalm
cocoa [kou'kou] *s* kakao
co'coa[**a**]-**nut** *s* kokos|nöt, -palm
cocoon [koku:'n] *s* kokong
C. O. D. = *cash (collect) on delivery* betalning vid leverans[en]; efterkrav
cod *s* torsk; kabeljo
coddle *tr* klema bort
code *s* 1 lagsamling, lag[bok] 2 regler; kodex 3 telegram|kod, -nyckel
codger [kɔ'dʒə] *s* gubbstrutt; kurre
coeducation [kou'edjukei'ʃn] *s* samundervisning -**al** *a* samskole-
coequal [koui:'kwəl] *s* jämlike

coerce [kouə:'s] *tr* be-, fram|tvinga
coe'val [kou] *a* samtidig; jämnårig
co'exist' *itr* finnas till samtidigt
coffee [kɔ'fi] *s* kaffe ~-house *s* kafé;
 restaurang ~-pot *s* kaffe|panna, -kan-
 na ~-room *s* frukostrum; matsal
coff'ǁer *s* [kassa]kista -in *s* likkista
cog *s* kugge
co'gent [dʒ] *a* bindande, tvingande
cog'itate [dʒ] *itr tr* tänka, fundera [ut]
cog'nate [cit] I *a* besläktad II *s* släkting
cog'nizance [kɔ'(g)nizns] *s* 1 känne-
 dom 2 undersökning; behörighet
cogno'men [gn] *s* tillnamn; [bi]namn
coǁhab'it [kou] *itr* sammanbo -heir
 [ɛ'ə] *s* medarvinge -here [hi'ə] *itr*
 hänga ihop -herence [hi'ə] -hesion
 [hi:'ʒn] *s* sammanhang
coil I *tr* rulla (ringla) ihop II *itr* ringla
 (slingra) sig; ~ *up* rulla ihop sig
 III *s* 1 rulle 2 ring[ling], bukt
coin I *s* slant, mynt II *tr* 1 mynta,
 prägla 2 slå mynt av 3 [ny]bilda
 -age *s* 1 prägling 2 myntsystem
coinci'de [kou] *itr* samman|falla,
 -träffa -nce [i'nsidəns] *s* samman|-
 fallande, -träffande
coi'ner *s* [falsk]myntare; uppfinnare
coke *s* koks
cold [ou] I *a* 1 kall; frusen 2 kallsinnig
 3 nedslående 4 fadd, matt II *s* 1
 köld, kyla 2 förkylning; *catch* [å]~
 förkyla sig; ~ *in the head* snuva ~-
 -blooded *a* kallblodig ~-hearted *a*
 kallsinnig -ness *s* köld, kallsinnighet
cole *s* kål ~-seed *s* kålraps
col'ic *s* kolik
collab'oratǁe *itr* sam-, med|arbeta -ion
 s' samarbete -or *s* medarbetare
collap's||e I *s* 1 hopfallande, utmatt-
 ning 2 sammanbrott, fall II *itr* falla
 ihop; misslyckas -ible *a* hopfällbar
coll'ar I *s* 1 [hals]krage 2 hals|band,
 -ring 3 ordenskedja 4 loka, bogträ
 5 ring, hylsa; fläns II *tr* 1 förse med
 krage 2 fatta i kragen; taga ~-bone
 s nyckelben -et' *s* spets-, päls|krage
collǁla'te *tr* kollationera; jämföra -la-
 t'eral *a* 1 parallell; motsvarande 2
 indirekt, bi-, sido- -lation *s* 1 kolla-
 tionering, jämförelse 2 lätt måltid
colleague [kɔ'li:g] *s* kollega
collect' I *tr* 1 samla [ihop] 2 ~ *o.s.*
 hämta sig II *itr* samla sig, hopas -ed
 a lugn, sansad -ion *s* 1 samlande
 2 [in]samling; kollekt 3 inkassering
 -ive *a* samlad, samman|lagd, -fattan-
 de; kollektiv -or *s* 1 samlare 2 bil-
 jettupptagare 3 uppbördsman
collegǁe [kɔ'lidʒ] *s* 1 kollegium 2
 [univ.] college[byggnad] 3 högskola;
 institut; högre läroverk -ian [li:'dʒiit] *a*
 s medlem av college -iate [i:'dʒiit] *a*
 college-; ~ *school* högre skola
coll'et *s* ring, fläns; infattning

colli'de *itr* kollidera, stöta ihop
collie [kɔ'li] *s* collie; fårhund
collier [kɔ'liə] *s* 1 kolgruvarbetare 2
 kolfartyg -y *s* kolgruva
collision [kəli'ʒn] *s* sammanstötning
collǁocatǁle *tr* ställa [ihop]; anbringa
 -ion *s* sammanställning; placering
coll'ocutor *s* deltagare i samtal
coll'op *s* köttskiva; *Scotch* ~*s* kalops
colloquǁial [kəlou'kwiəl] *a* samtals-,
 vardaglig, familjär -ialism *s* talspråks-
 uttryck -y [kɔ lə] *s* samtal
collusion [ju:'ʒn] *s* maskopi
colonel [kə:nl] *s* överste
colonial [lou'] I *a* kolonial[-] II *s* in-
 -vånare i (soldat från) kolonierna
col'onǁist *s* kolonist, nybyggare -iza-
 tion [aiz] *s* kolonisering -ize I *tr* ko-
 lonisera II *itr* slå sig ned -y *s* koloni
coloration [kʌl] *s* färggivning; kolorit
colossǁ'ǁal *a* kolossal -us *s* koloss
colour [kʌ'lə] I *s* 1 färg 2 ~*s* flagga,
 fana; *desert o.'s* ~ *s* desertera 3 ut-
 seende, [viss] dager; svepskäl; sken
 4 klangfärg 5 karaktär, prägel II *tr*
 1 färg[lägg]a 2 bemantla; försköna
 III *itr* få färg; rodna -able *a* skenbar,
 falsk ~-box *s* färglåda -ed *a* färgad;
 kulört; ~ *people* negrer -ing *s* 1 färg-
 [läggning] 2 sken -man *s* färghand-
 lare ~-sergeant *s* fanjunkare
colt [ou] *s* föl -sfoot *s* hästhov[sört]
col'umn [əm] *s* 1 kolonn 2 kolumn, spalt
col'za *s* kålraps
comb [koum] I *s* 1 kamm; karda 2 ho-
 nungskaka II *tr* kamma; rykta; karda
combat [ɔ'm, ʌ'm] I *s* kamp, strid;
 single ~ envig II *tr itr* [be]kämpa,
 strida [mot] -ant *a* *s* stridande,
 kämpe -ive *a* stridslysten
comber [kou'mə] *s* 1 kardare; kard-
 maskin 2 rullvåg, bränning
comǁbination *s* 1 kombination 2 före-
 ning 3 ~*s* combination[s], helunder-
 dräkt -bi'ne I *tr* sammanställa; förena
 II *itr* förena sig; samverka III [-'-] *s*
 F sammanslutning; ring
combust'ǁible I *a* 1 brännbar 2 [bildl.]
 lättantändlig, hetsig II *s* brännbart
 ämne -ion [ʃn] *s* förbränning
come [kʌm] (*came come*) *itr* 1 kom-
 ma; komma hit (dit); resa 2 sträcka
 sig, räcka, gå 3 ske, hända 4 bli, visa
 (ställa) sig; ~ *undone* gå upp, lossna
 5 ~ [~]! ~ *now!* se så! nå! lugna
 dig! raska på! 6 *to* ~ kommande,
 blivande; *for a year to* ~ under ett år
 framåt 7 ~ *across* komma över, träffa
 på; ~ *at* komma åt; rusa på; ~ *by*
 komma över; ~ *for* komma för att
 hämta; ~ *into* [äv.] få ärva; ~ *till-
 träda*; ~ *on* == ~ *upon*; ~ *over* F
 överlista; ~ *round* F över|lista, -ta-
 la; ~ *to* vederfaras; tillträda, få är-
 va; belöpa sig till; innebära; ~ *to*

come-at-able — 38 — **communicate**

nothing gå om intet; ~ *upon* anfalla; drabba; gripa; träffa på, komma över 8 ~ *about* inträffa; förarga (gå) med; raska på! ~ *by* fara (gå) förbi; ~ *down* [äv.] sträcka sig [ned]; leva kvar; falla; sjunka; ~ *down upon* överfalla; sätta å't; ~ *down* [*with*] F punga ut [med]; ~ *in* komma (gå, stiga) in; komma till målet (makten); komma på modet; börja; komma till pass; ~ *in for* få [sin del av]; ~ *off* gå av, lossna; gå av stapeln, bli av; utgå, komma ifrån saken, reda sig; ~ *on* fortsätta; närma sig; framträda; komma före; in-, ut|bryta, börja; ta sig, frodas; ~ *on!* följ med! kom [an]! ~ *out* komma (gå) ut; [börja] strejka; gå ur, falla av; visa sig; slå ut; utfalla, bli; debutera; börja i sällskapslivet; ~ *round* komma hit (ner), titta in; slå om; hämta sig; kvickna till [äv. ~ *to*]; ~ *up* komma upp (fram); bli aktuell; ~ *up to* uppgå till; vara vuxen II *tr* S spela [herre]; försöka [konster] ~-**at'-able** *a* F åtkomlig, tillgänglig
come'dian *s* 1 komiker, komediskådespelare 2 lustspelsförfattare
come-down [au'n] *s* fall, förnedring
com'edy *s* lustspel, komedi
comell|iness [kʌm] *s* behagligt utseende -y *a* behaglig, täck, fin, vacker
come||-off' *s* F undanflykt -*r* *s* besökare
comest'ible *s,* [vanl.] ~*s* matvaror
comfort [kʌ'mfət] I *s* 1 tröst; ro; tröstare 2 väl|befinnande, -stånd 3 bekvämlighet; [hem]trevnad II *tr* 1 trösta; *be* ~*ed* låta trösta sig 2 vederkvicka, uppliva **-able** *a* 1 bekväm, skön, behaglig, [hem]trevlig; välbärgad; *be* ~ ha det lugnt och bra 2 lugn, lätt om hjärtat; nöjd och belåten ~**-er** *s* 1 tröstare 2 yllehalsduk **-less** *a* 1 tröstlös 2 otrevlig, torftig
com'ic *a* komisk, rolig, lustig; ~ [*paper*] skämttidning **-al** *a* komisk, löjlig
coming [ʌ'] *s a* ankomst; annalkande
com'ity *s* hövlighet, älskvärdhet
comm'a *s* komma[tecken]; *inverted* ~*s* citationstecken
command [ɑ:'] I *tr* 1 befalla; bjuda, kräva 2 behärska; kommendera 3 förfoga över 4 tilltvinga sig 5 erbjuda [utsikt över] II *itr* befalla; härska; föra befälet III *s* 1 befallning; bud; order 2 makt, myndighet; ✕ befäl; *in* ~ befälhavande 3 välde; *at* ~ till förfogande **-eer** [kɔməndi'ə] *tr itr* ✕ tvångsuttaga **-er** *s* 1 [be]härskare 2 befälhavare 3 [kommendör]kapten 4 *Knight C*~ kommendör [av orden] **-er-in-chief** *s* högste (över)befälhavare ~**-in-chief** *s* överbefäl *-ing a* 1 härskande 2 imponerande 3 högt liggande; vid, omfattande **-ment** *s* bud

commem'orat||e *tr* fira (hugfästa) minnet av **-ion** *s* firande; åminnelse- [gudstjänst, -fest] **-ive** *a* minnes-
commen'ce I *itr tr* [på]börja **-ment** *s* 1 början 2 promotion[sfest]
commend' *tr* 1 anförtro 2 anbefalla, rekommendera; prisa, lovorda **-able** *a* lovvärd **-ation** *s* rekommendation
comment [kɔ'ment] I *s* förklarande anmärkning; kommentar II *itr,* ~ *upon* kommentera **-ary** *s* kommentar
comm'er||ce *s* 1 [världs]|handel[n] 2 umgänge **-cial** [kəmə:'ʃ(ə)l] *a* handels-
comming'le [ŋg] *tr itr* [hop]blanda[s]
commiser||ate [kəmi'zəreit] *tr* hysa medlidande med **-ation** *s* medlidande
comm'issary *s* 1 ombud 2 intendent
commission [kəmi'ʃn] I *s* 1 order, uppdrag; förordnande 2 [officers]fullmakt 3 anförtroende 4 kommission; kommitté 5 beställning; provision 6 begående II *tr* 1 bemyndiga, förordna; ~*ed officer* officer 2 uppdraga åt; beställa **-agent** *s* kommissionär **-aire** [kəmisjənɛ'ə] *s* [stads]bud **-er** *s* 1 kommitterad, ombud 2 chef; [general]kommissarie
commit' *tr* 1 anförtro, överlämna 2 [låta] häkta 3 remittera 4 begå 5 blottställa; ~ *o. s.* binda sig; F för|säga, -råda sig **-ment** *s* 1 överlämnande 2 häktning[sorder] 3 utskottsremiss 4 förbindelse, åtagande **-tal** *s* 1 = **-ment** *1—3* 2 begående 3 komprometterande **-tee** [ti] *s* kommitté, utskott
comm||o'dious *a* rymlig, bekväm **-od'ity** *s* nyttighet, nyttig sak; vara
commodore [kɔ'mədɔ:] *s* kommendör
comm'on I *a* 1 gemensam 2 allmän; offentlig; ~ *council* stadsfullmäktige; ~ *law* sedvanerätt, oskriven lag 3 vanlig, gängse; ~ *sense* [vanligt] sunt förnuft 4 menig, enkel, gemen; *the* ~ *people* gemene man 5 ordinär; simpel II *s* 1 allmänning 2 nyttjanderätt 3 *out of the* ~ ovanlig 4 *in* ~ gemensamt, tillsammans **-er** *s* 1 ofrälse [person] 2 underhusmedlem **-ly** *adv* vanlig|en, -tvis **-place** I *s* 1 allmän sanning, banalitet 2 vardaglighet II *a* alldaglig, banal ~**-room** *s* lärarrum; sällskapsrum **-s** *spl* 1 gemene man, ofrälse 2 [ledamöter av] underhuset [*the House of C*~*s*] 3 gemensam spisning; portion; *short* ~ klen kost **-wealth** *s* [fritt] samhälle; republik
commotion [kəmou'ʃn] *s* 1 skakning 2 oordning, oväsen 3 orolighet
commu'n||al *a* kommunal, kommun- **-e** I [kɔ'mju:n] *s* kommun II [ju:'n] *itr* meddela sig; umgås
commu'nic||able *a* meddel|bar, -sam **-ant** *s* nattvardsgäst **-ate** I *tr* meddela, överföra II *itr* 1 meddela sig [med varandra], sätta sig (stå) i för-

communication — 39 — **concentric**

bindelse 2 begå nattvarden **-ation** s 1 meddelande 2 förbindelse; umgänge 3 kommunikation; ~ *trench* löpgrav **-ative** [ətiv] *a* meddelsam
commu'nion s 1 gemenskap; umgänge 2 kyrkosamfund 3 nattvardsgång; [attr.] altar- ~-cup s nattvardskalk
comm'un‖ism [ju] s kommunism **-ist** s kommunist **-ity** [ju:'] s 1 gemen¬samhet, -skap 2 överensstämmelse 3 umgänge 4 sam|hälle, -fund; koloni
commut‖ation [ju] s utbyte; förvand¬ling **-e** [ju:'t] *tr* utbyta, förvandla
compact I [ɔ'] s överenskommelse, fördrag II [æ'] *a* fast, tät; koncis III [æ'] *tr* sammanpressa, förena
compan'ion s 1 följeslagare; kamrat, deltagare 2 sällskap[sdam] 3 riddare 4 handbok 5 motstycke, pendang **-able** *a* sällskaplig, trevlig **-ship** s kamratskap; sällskap
company [kʌ'm] s 1 sällskap; *part* ~ skiljas 2 umgänge; främmande 3 kompani 4 bolag 5 besättning
compar‖able [kɔ'mpərəbl] *a* jämförlig **-ative** [pæ'r] *a* 1 jämförande 2 relativ **-atively** [pæ'] *adv* jämförelsevis **-e** [pɛ'ə] I *tr* 1 jämföra; likna 2 kompa¬rera II *itr* jämföras; tävla III s jäm¬förelse **-ison** [pæ'risn] s 1 jämförelse 2 komparation
compar'tment s 1 bås, fack, rum 2 kupé
compass [kʌ'mpəs] I s 1 [om]krets 2 område, yta 3 omfång; omfattning; förmåga 4 omväg 5 kompass 6 [*pair of*] ~*es* passare II *tr* 1 gå runt 2 om¬giva 3 fatta 4 [söka] vinna
com‖passion [pæ'ʃn] s medlidande **-pat'ible** *a* förenlig **-pat'riot** s lands¬man **-pee'r** s jämlike, kamrat **-pel'** *tr* [fram]tvinga
com'pensat‖e *tr* uppväga; ersätta, gott¬göra **-ion** s gottgörelse; skadestånd
compe't‖e *tr* tävla; konkurrera **-ence -ency** [kɔ'm] s 1 välstånd 2 sakkun¬skap; behörighet **-ent** [kɔ'm] *a* dug¬lig, skicklig; tillräcklig **-ition** [pitiʃn] s täv|lan, -ling; konkurrens **-itive** [pe't] *a* tävlings- **-itor** [pe'] s [med]tävlare; konkurrent
compi'le *tr* plocka ihop; utarbeta
compla'cen‖ce -cy s [själv]belåtenhet; välbehag **-t** *a* självbelåten, förnöjd
complai'n *itr* beklaga sig, klaga **-t** s 1 klagan; klagomål 2 ont, åkomma
complaisan‖ce [eiz] s förbindlighet, artighet **-t** *a* artig, älskvärd
com'plement s fyllnad **-al -ary** [me'n] *a* komplement-, kompletterande
comple't‖e I *a* fullständig; färdig II *tr* komplettera; fullborda **-ion** [ʃn] s komplettering; fullbordan[de]
com'plex I *a* 1 sammansatt 2 inveck¬lad II s sammanfattning **-ion** [e'kʃn]

s 1 hudfärg, hy 2 utseende **-ity** [e'k] s invecklad beskaffenhet
compli'an‖ce s samtycke **-t** *a* medgörlig
com'plic‖ate *tr* inveckla, komplicera **-ation** s in-, för|veckling, virrvarr
complic'ity s medbrottslighet
com'pliment I s komplimang, artighet; hyllning; ~s hälsning[ar]; ~s *of the season* jul- och nyårsönskningar II [e'nt] *tr* 1 komplimentera; lyckönska 2 förära **-ary** [e'n] *a* artig[hets-]
comply [ai'] *itr* ge vika, foga sig; ~ *with* gå in på, villfara, uppfylla
com'‖po s stuck, puts **-po'nent** s be¬ståndsdel **-por't** *rfl* uppföra sig
compos‖e [ou'z] *tr* 1 bilda, utgöra 2 författa 3 komponera 4 ordna; upp¬göra 5 [boktr.] sätta 6 ~ *o. s.* samla (lugna) sig 7 bilägga, stilla **-ed** *a* 1 sammansatt 2 lugn **-er** s tonsät¬tare **-ite** [kɔ'mpəzit] *a* sammansatt **-ition** [ziʃn] s 1 sammansättning, bil¬d|ande, -ning 2 författande 3 stil 4 skrift; konstverk; komposition 5 uppsats[skrivning] 6 sättning 7 lägg¬ning 8 förlikning 9 kompromiss; ac¬kord **-itor** [pɔ'z] s sättare **-sure** [ʒə] s fattning, lugn
1 **compound** I [--'] *tr* 1 blanda ihop, sammansätta 2 göra upp; II [--'] *itr* 1 förlikas 2 ~ *for* gottgöra 3 göra ackord III [kɔ'm] *a* sammansatt; ~ *interest* ränta på ränta IV [-'-] s sammansättning
2 **com'pound** s 1 inhägnad
comprehen'‖d *tr* 1 fatta, begripa 2 om¬fatta **-sible** *a* begriplig **-sion** [ʃn] s 1 fattningsförmåga 2 uppfattning 3 omfattning **-sive** *a* 1 ~ *faculty* fatt¬ningsförmåga 2 [vitt]omfattande
compress' I *tr* pressa ihop II [ɔ'] s vått omslag **-ion** [e'ʃn] s 1 samman¬pressning 2 koncentration
compri'se [z] *tr* omfatta, innesluta
com'promise [aiz] I s kompromiss II *tr* 1 bilägga genom kompromiss 2 kompromettera III *itr* kompromissa
compuls'‖ion [ʌ'lʃn] s tvång **-ory** *a* nödtvungen, obligatorisk
compuno'tion s samvetsagg
compu'te *tr* beräkna
comrade [kɔ'mrid] s kamrat
1 **con** *tr* [ofta ~ *over*] studera
2 **con** se *pro*
con'cav‖e *a* konkav **-ity** [æ'] s urholk¬ning
con‖cea'l *tr* dölja, gömma **-ce'de** *tr* medge
conceit [si:'t] s 1 inbilskhet, högfärd 2 inbillning; tankelek **-ed** *a* inbilsk
conceiv'‖able [si:'] *a* fattbar; upptänk¬lig **-e** *tr* 1 avla 2 fatta 3 [ut]tänka; bilda sig: förstå 4 avfatta
con'centr‖ate *tr itr* koncentrera[s] **-ic** [e'n] *a* koncentrisk

concep'tion *s* 1 befruktning, avlelse 2 föreställning, uppfattning 3 tanke
concer'n I *tr* 1 beträffa, gälla, angå 2 ~ *o.s.* bekymra (befatta) sig II *s* 1 befattning, förbindelse 2 *of* ~ av vikt 3 bekymmer, oro 4 angelägenhet; sak; intresse 5 affär[företag] -ed *a* 1 bekymrad, ledsen 2 intresserad; inblandad; berörd; *be* ~ ha att göra, ha del: *as far as I am* ~ för min del -ing *prep* angående
concert I [-'-] *s* 1 samförstånd 2 konsert II [--'] *tr* avtala -ina [i:'] *s* dragspel
concession *s* medgivande; koncession
concil'iat||e *tr* 1 tillvinna sig 2 för|ena, -lika 3 vinna; försona -ion *s* förenande; försoning; förlikning 2 försonlighet -or *s* förlikningsman; fredsstiftare -ory,[si'l] *a* försonlig
concis||e [sai's] *a* koncis, kortfattad -ion [si'ʒn] *s* korthet, koncentration
con'clave *s* kardinalförsamling
conclu||de [u:'d] I *tr* [av]sluta, sluta sig till II *itr* 1 sluta; avslutas 2 draga slutsats -sion [ʒn] *s* 1 slut, avslutning 2 slutsats; resultat -sive [siv] *a* 1 slutlig; slutgiltig 2 avgörande
concoct' *tr* koka ihop -ion *s* hopkok
concom'itant *a* beledsagande
con'cord *s* 1 sam-, en|dräkt 2 harmoni -ance [kɔ:'d] *s* överensstämmelse
concourse [kɔ'ŋko:s] *s* 1 samman|-lopp, -träffande, tillopp 2 folkmassa
concret||e I [-'-] *a* konkret; verklig II *s* betong III [--'] *tr* ge fast form åt IV [--'] *itr* hårdna -ion [i:'ʃn] *s* sammanväxning; fast massa; förhårdning
concur [kənkə:'] *itr* 1 sammanträffa 2 samverka, bidraga 3 in-, överens|-stämma -rence [kʌ'r] *s* 1 sammanträffande 2 sam-, med|verkan 3 instämmande; samstämmighet -rent [kʌ'r] *a* 1 jämlöpande 2 samverkande
concussion [kʌ'ʃn] *s* [hjärn]skakning
condemn [de'm] *tr* 1 [för]döma; fälla 2 utdöma -ation [mnei'ʃn] *s* dom; fördömelse; utdömning; konfiskering
condens||ation *s* kondensering; förtätning -e [e'ns] *tr itr* förtäta[s]
condescend [dise'nd] *itr* nedlåta sig
con'diment *s* krydda
condition I *s* 1 villkor 2 ~*s* förhållanden 3 tillstånd, skick; kondition, form 4 [levnads]ställning II *tr* betinga [sig] -al *a* villkorlig
condo'le *itr* uttrycka sitt deltagande; ~ *with* kondolera -nce *s* beklagande
con||**do'ne** *tr* förlåta; försona -du'ce *itr* leda, bidraga
conduct I [kɔ'n] *s* 1 skötsel 2 upp|förande, -trädande, hållning II [dʌ'kt] *tr* 1 föra, leda; ledsaga 2 handha, sköta 3 ~ *o.s.* uppföra sig -ible [ʌ'] -ive [ʌ'] *a* ledande -or [ʌ'] *s* 1 ledare 2 anförare 3 konduktör

con'duit [dit] *s* [vatten-, rör]ledning
cone *s* 1 kon, kägla 2 kotte
con'fab *s itr* F = båda följ. -ulate [fæ'bj] *itr* samspråka -ulation *s* samspråk
confect'ion I *s* 1 sötsaker, konfekt 2 konfektionsvara II *tr* tillverka -er *s* konditor -ery *s* konditori[varor]
confed'era||cy *s* 1 förbund 2 sammansvärjning -te I [it] *a s* 1 förbunden, konfedererad 2 medbrottsling II *tr* förena -tion *s* [stats]förbund
1 confer [kɔ'nfə] [förk. cf.] jämför, jfr
2 confer [kɔnfə:'] I *tr* förläna, skänka [[up]on *a p.*] II *itr* överlägga -ence [kɔ'n] *s* överläggning; konferens
confess' I *tr* 1 bekänna 2 bikta II *itr* 1 ~ *to* vidgå 2 bikta sig -edly [id] *adv* obestridligen -ion [ʃn] *s* [synda]bekännelse; bikt -ional I *a* 1 bekännelse-, bikt- 2 konfessionell II *s* biktstol -or *s* 1 bekännare 2 biktfader
confidan't[e] *s* förtrogen
confi'de I *itr* lita, tro II *tr* anförtro
con'fiden||**ce** *s* 1 förtroende; tillit; förtröstan; förtrolighet 2 tillförsikt -t I *a* 1 tillitsfull 2 säker, trygg II *s* förtrogen -tial [e'nʃəl] *a* förtrolig
configuration *s* gestalt
confine I [ɔ'] *s* gräns[område] II [fai'n] *tr* 1 in|spärra, -stänga; ~*d to bed* sängliggande 2 begränsa, inskränka -ment [ai'] *s* 1 fångenskap 2 sjukdom; barnsäng 3 inskränkning
confirm [ə:'m] *tr* 1 befästa 2 bekräfta 3 konfirmera -ation *s* 1 [be]styrkande, bekräftelse 2 konfirmation -ed *a* inbiten; obotlig
con'fisc||**ate** *tr* konfiskera -ation *s* konfiskering; indragning
conflagration *s* stor brand
conflict I [kɔ'n] *s* konflikt, strid II [i'] *itr* strida; komma (stå) i strid
con'fluence *s* 1 sammanflöde 2 tillopp
confor'm I *tr* lämpa, foga; bringa i överensstämmelse II *itr* lämpa (rätta) sig; överensstämma -**able** *a* 1 överensstämmande 2 medgörlig, foglig -**ity** *s* överensstämmelse
confou'nd *tr* 1 göra om intet, gäcka 2 förvirra 3 förväxla 4 ~*ed* förbaskad; ~ *it!* anfäkta! anamma!
confront [ʌ'nt] *tr* 1 konfrontera 2 möta
confu's||**e** [z] *tr* 1 förvirra 2 bringa i oordning 3 förväxla -**ed** *a* 1 häpen, förbryllad 2 rörig; oredig -**ion** [ʒn] *s* förvirring, oreda; förväxling
con||**fu'te** *tr* vederlägga -**gea'l** [dʒ] *tr itr* frysa
congenial [dʒi:'] *a* 1 besläktad 2 sympatisk, behaglig -**ity** [æ'] *s* [själs]frändskap; överensstämmelse
conger [kɔ'ŋgə] ~-**eel** *s* havsål
congest [dʒe'st] I *rfl itr* stocka (skocka) sig II *tr* förorsaka stockning i; ~*ed* [blod]överfylld; över|befol

congestion — 41 — **construction**

kad, -belastad **-ion** s 1 blodträngning 2 stockning; överbefolkning
conglom'erat||e I [it] a [hop]gyttrad II [it] s gyttring III tr itr gyttra[s]
congrat'ulat||e [ju] tr lyckönska **-ion** s lyckönskning **-ory** a lyckönskningscon'gregat||e tr itr hop-, för|samla [sig] **-ion** s [för]samling
congru||'ence [kɔ'ŋgru] **-ency** s överensstämmelse **-ent** a överensstämmande **-ity** [gru'] s 1 överensstämmelse 2 [följd]riktighet **-ous** a 1 överensstämmande 2 följdriktig 3 lämplig
con'ic[al] a konisk, kägelformig
co'nifer s barrträd
conjec'ture [tʃə] tr itr s giss|a, -ning
conjoi'n tr itr förena [sig]
con'jug||al a äktenskaplig **-ate** tr konjugera **-ation** s konjugation
conjunc't||ion s 1 för|ening, -bindelse 2 konjunktion **-ive** a förbindande **-ure** [tʃə] s sammanträffande; tidpunkt, situation, kris; konjunktur
conjur||ation [dʒuə] s besvärjelse **-e** I [dʒu'ə] tr besvärja, uppfordra II [kʌ'ndʒə] tr itr fram|besvärja, -mana; trolla **-er** [kʌ'ndʒərə] s trollkarl
connect' I tr för|ena, -binda II itr sammanhänga **-ive** a förenande
connexion [kəne'kʃn] s 1 för|ening, -bindelse; sammanhang; anslutning 2 befattning [med] 3 släkting 4 [kund]krets 5 anhang; samfund
conni'v||ance s efterlåtenhet; tyst medgivande **-e** itr se genom fingrarna
connoisseur [kɔnisə:'] s kännare
connotation s bibetydelse
connu'bial a äktenskaplig
conquer [kɔ'ŋkə] tr itr 1 erövra 2 [be]segra **-or** s erövrare; [be]segrare
con'quest [kwe] s erövring; seger
consanguin||eous [kɔnsæŋgwi'niəs] a blodsförvant **-ity** s blodsfrändskap
conscien||ce [kɔ'nʃns] s samvete; in all ~ sannerligen; med gott samvete **-tious** [ie'nʃəs] a samvetsgrann; ~ objector samvetsöm [värnpliktig]
conscious [kɔ'nʃəs] a medveten
conscri'be tr uttaga till krigstjänst
con'script s rekryt, värnpliktig **-ion** s tvångsuttagning; värnplikt
con'secrate tr inviga; helga; ägna
consec'utive [ju] a på varann följande
consen'sus s samstämmighet
consent' s itr samtyck|e, -a, bifall[a]
con'sequen||ce s 1 följd; slutsats; in ~ följaktligen 2 vikt, betydelse 3 rang, inflytande **-t** a 1 följande 2 följdriktig, konsekvent **-tial** [e'nʃl] a 1 följande 2 viktig **-tly** adv följaktligen
conserv||ation s bibehållande; bevarande **-ative** [sə:'v] a s konservativ, [samhälls]bevarande **-atory** [sə:'v] s 1 drivhus; orangeri 2 konservatorium **-e** [--'] tr be-, för|vara; vidmakthålla

consid'er I tr 1 ta i betraktande, överväga, besinna; ~ing [the circumstances] med hänsyn till (efter) omständigheterna 2 ta hänsyn till 3 anse [som] II itr tänka; betänka sig **-able** a betydande; ansenlig, större **-ate** [it] a omtänksam, hänsynsfull **-ation** s 1 övervägande, betraktande 2 synpunkt, skäl 3 ersättning; vederlag 4 hänsyn[sfullhet], omtanke 5 betydenhet 6 aktning
consign [ai'n] tr 1 överlämna, anförtro 2 deponera 3 av-, över|sända **-ation** [ign] s 1 utbetalning, deposition 2 avsändande **-ee** [sini:'] s emottagare **-er** = **-or** **-ment** s 1 ut-, över|lämnande 2 [av]sändning; konsignation **-or** [sinɔ:'] s leverantör
consist' itr bestå **-ence** = **-ency** s 1 konsistens 2 fasthet; stadga 3 överensstämmelse; konsekvens **-ent** a överensstämmande; följdriktig; konsekvent
conso'l||able a tröstlig **-ation** s tröst **-atory** [ɔ'l] a tröst|ande, -erik, tröste-
1 conso'le tr trösta
2 con'sole s konsol; kragsten
consol'||idate tr befästa, stärka; ~d annuities o. **-s** [-'-] s statsobligationer
1 consort [kɔ'nsɔ:t] s make, maka, gemål; king (prince) ~ prinsgemål
2 consor't itr tr förena [sig]; umgås
conspic'uous [kjuəs] a 1 iögonfallande 2 framstående, -trädande, bemärkt
conspir||acy [i'r] s sammansvärjning **-ator** s konspiratör **-e** [ai'ə] itr 1 sammansvärja sig 2 samverka; bidraga
constable [kʌ'nstəbl] s 1 kommendant [vid slott] 2 [polis]konstapel
con'stan||cy s 1 beständighet, varaktighet 2 ståndaktighet; trofasthet **-t** a 1 [be]ständig; konstant; ~ly ständigt 2 stadig; ståndaktig; trogen
consternation s bestörtning
constipation s förstoppning
constit'uen||cy [ju] s valmanskår; valkrets **-t** 1 a integrerande, beståndsl 2 konstituerande 3 väljande, val[mans]- II s beståndsdel
con'stitute [ju:] tr 1 insätta, förordna 2 inrätta, konstituera 3 utgöra, bilda
constitu'tion s 1 bildande; sammansättning 2 [kropps]konstitution, fysik 3 temperament 4 författning; grundlag **-al** I a konstitutionell; medfödd II s [motions]promenad
con'stitutive [ju:] a 1 konstitu|erande, -tiv 2 väsentlig; beståndsconstrai'n tr 1 tvinga; ~ed [av]tvungen 2 fängsla 3 begränsa; inskränka **-t** s tvång; band; våld
constrict' tr sammandraga **-or** s 1 boaorm 2 slutmuskel
constringe [i'ndʒ] tr pressa ihop
construct' tr konstruera; uppföra, bygga **-ion** s 1 konstruktion; upp-

constructive — 42 — converge

förande, byggande 2 byggnad 3 tolkning -ive *a* uppbyggande, skapande -or *s* konstruktör
construe [kɔ'nstru:] *tr* konstruera; översätta; tyda, förklara
consul [kɔnsl] *s* konsul -ate [julit] *s* konsulat ~-gen'eral *s* generalkonsul
consult' I *tr* 1 rådfråga; se efter (slå upp') i; ~ *o.'s pillow* sova på saken 2 ta hänsyn till II *itr* överlägga, rådgöra -ant *s* 1 rådsökande 2 konsulterande läkare -ation *s* rådplägning; konsultation -ative *a* rådgivande -ing *a* 1 rådfrågande 2 rådgivande
consu'me *tr* förtära; förbruka
consummate [sʌ'mit] *a* fulländad
consump't|ion *s* 1 förtäring, förstöring 2 lungsot 3 förbrukning -ive *a* 1 förtärande 2 lungsiktig [äv. *s*]
con'tact [æ] *s* kontakt; beröring
contag||ion [ei'dʒn] *s* 1 smitta 2 smittosam sjukdom -ious *a* smittosam
con||tai'n *tr* 1 innehålla, rymma 2 ~ *o.s.* behärska sig -tam'inate *tr* fläcka, besmitta -temn [te'm] *tr* förakta
con'templat||e *tr* 1 beskåda, betrakta 2 begrunda 3 räkna med 4 ha för avsikt, planera -ion *s* 1 beskådande; betraktelse; begrundande 2 avsikt -ive *a* begrundande, tankfull
contempor||aneous [ei'njəs] *a* -ary [te'm] *a s* samtidig, jämnårig; samtida
contempt' *s* förakt, ringaktning -ible *a* föraktlig -uous [ju] *a* förakt-, hån|full
contend' I *tr* strida; tävla II *tr* påstå 1 con'tent *s* 1 inne|håll, -börd 2 volym 2 content' I *s* belåtenhet II *a* 1 nöjd, belåten 2 ja[röst] III *tr* tillfredsställa; nöja -ed *a* nöjd; förnöjsam
conten't||ion *s* 1 strid[ighet]; tvist 2 tävlan 3 påståendo -ious [ʃəs] *a* 1 stridslysten 2 tvistig; tvistecontent'ment *s* belåtenhet
contest I [-'-] *s* 1 [ord]strid, tvist 2 tävlan II [- -'] *tr* 1 bekämpa; bestrida 2 kämpa (tävla) om; ~*ed* omtvistad
con'||text *s* sammanhang -tex'ture *s* byggnad -tig'uous [juəs] *a* angränsande
con'tinen||ce *s* återhållsamhet -t I *a* återhållsam II *s* 1 fastland 2 världsdel -tal [e'nt] I *a* kontinental, fastlands- II *s* fastlandseuropé
contingen||cy [ti'ndʒ] *s* 1 tillfällighet 2 eventualitet -t I *a* 1 oviss 2 tillfällig 3 ~ *to* hörande till II *s* kontingent
contin'u||al [ju] *a* ständig, oupphörlig -ance *s* fort|varo, -sättande; varaktighet -ation *s* fortsättning -e I *tr* 1 fortsätta[2 förlänga 3 [bi]behålla II *itr* fort|sätta, -leva; förbli -ity [ju'] *s* oavbruten följd -ous *a* oavbruten
contor't *tr* sno; [för]vrida -ion *s* grimas -ionist *s* ormmänniska

con'tour [tuə] *s* omkrets; grunddrag
con'tra *prep s* mot[skäl]; motsida
con'traband I *s* kontraband II *a* förbjuden, olaglig -ist *s* smugglare
con'trabass [beis] *s* basfiol
1 con'tract [æ] *s* överenskommelse, fördrag, kontrakt; entreprenad
2 contract' I *tr* 1 ingå 2 ådraga sig; fatta; få, skaffa sig 3 sammandraga; rynka; förkorta; inskränka II *itr* 1 avsluta kontrakt, göra upp; förbinda sig; -*ing party* kontrahent 2 dra ihop sig, minskas -ion *s* 1 sammandragning; förkortning 2 inskränkning 3 ådragande -or *s* leverantör; entreprenör
contradict' *tr* bestrida, dementera; motsäga -ion *s* motsägelse; bestridande, dementi -ious [ʃəs] *a* motsägelselysten -ory *a* 1 motsägande; rakt motsatt 2 = -*ious*
contradistinction *s* [åt]skillnad
contrar||i'ety *s* 1 motsats, stridighet 2 motighet -iwise [ɔ'] *adv* däremot, tvärtom; omvänt -y [ɔ'] I *a* 1 motsatt; stridande; ~ *to* tvärtemot 2 motig, vidrig 3 [ɛ'ə] F enveten, omöjlig II *s* motsats; *on the* ~ tvärtom; *to the* ~ tvärt-, där|emot
con'trast I [æ] *s* kontrast, motsats II [æ'] *tr* uppställa som motsats, jämföra; *as* ~*ed with* i jämförelse med III [- -'] *itr* sticka av, bilda motsats
contrave'ne *tr* kränka, överträda
contrib'ut||e [ju] *tr itr* bidraga [med], lämna [bidrag] -ion *s* bidrag; tillskott: krigsskatt -ive *a* bidragande -or *s* bidragsgivare; medarbetare
con'trite [ait] *a* förkrossad
contri'v||able *a* upptänk|lig, -bar -ance *s* 1 utfunderande; plan[läggning] 2 uppfinning[sförmåga] 3 påhitt; anordning -e I *tr* 1 hitta på; planera 2 ställa [så till], lyckas II *itr* stämpla
contro'l I *s* herravälde; myndighet; kontroll, uppsikt; behärskning II *tr* behärska; övervaka -lable *a* kontrollerbar -ler *s* kontrollant, behärskare
controversy [kɔ'] *s* strid, tvist, polemik
con'tum||acy *s* tredska, genstävighet -ely [ili] *s* skymf[ord], hån; vanära
contu's||e [z] *tr* stöta, ge blåmärke[n] -ion [ʒn] *s* krosskada, blåmärke
conun'drum *s* vitsgåta
convalescence [le'sns] *s* tillfrisknande
conve'n||e *itr* sammanträda, samlas -ience *s* lämplighet; bekvämlighet; *at o.'s* ~ vid tillfälle -ient *a* lämplig, läglig, passande; bekväm
con'vent *s* [nunne]kloster
conven'tion *s* 1 sammankomst 2 avtal 3 vedertagen sed -al *a* 1 fördragsenlig 2 vedertagen; konventionell
conven'tual [ju] *a* kloster-, klosterlik
converge [ə:'dʒ] *itr* sammanlöpa

conver´s||able *a* sällskaplig **-ant** [kɔ´n] *a* nära bekant, förtrolig; förtrogen
conversation *s* samtal **-al** *a* samtals- **-alist** *s* sällskapsmänniska
1 **conver´se** *itr* konversera, samtala
2 **con´vers||e** I *a* omvänd, motsatt II *s* motsats **-ion** [ə:´ʃn] *s* 1 förändring, förvandling 2 omvändelse
convert I [ɔ´] *s* omvänd; proselyt II [əː´] *tr* 1 förvandla 2 omvända 3 omsätta
convey´ *tr* 1 föra, befordra, transportera; leda, överföra 2 överlåta 3 meddela, ge, säga **-ance** *s* 1 befordran, transport; överförande, ledning 2 överlåtelse[handling] 3 for-, åk|don
convict I [i´] *tr* överbevisa, fälla II [ɔ´] *s* straffånge **-ion** [vi´kʃn] *s* 1 överbevisande 2 övertyg|ande, **-else**
convin´ce *tr* över|bevisa, -tyga
convivial [i´v] *a* 1 festlig 2 sällskaplig
convoke [ou´k] *tr* in-, samman|kalla
convolution *s* buktighet; vindling
convoy I [- -´] *tr* konvojera II [´- -] *s* eskort, konvoj
convul´s||e *tr* upp|skaka, -röra **-ion** [ʃn] *s* krampryckning **-ive** *a* krampaktig
coo *itr tr s* kuttra[nde]
cook [u] I *s* kock; kokerska, köksa II *tr itr* koka, laga [mat] **-er** *s* kok|spis, -kärl **-ery** *s* kokkonst, matlagning **-ie** [i] *s* liten kaka **-ing-range** **-ing-stove** *s* kok-, järn|spis **-y** *s* F köksa
cool I *a* 1 kylig, sval[kande] 2 kallblodig, lugn 3 ogenerad, fräck II *s* svalka III *tr* avkyla; svalka IV *itr* svalna, **-er** *s* kyl|are, -fat; S [fängelse]cell **~-headed** *a* kallblodig
coolie [kuː´li] *s* kuli
coo´lish *a* något kylig, sval
coop I *s* hönsbur II *tr* sätta i bur; stänga in **-er** *s* tunnbindare
co-op´er||ate *itr* samarbeta; samverka **-ation** *s* samarbete; kooperation **-ative** *a* samverkande; kooperativ **-ator** *s* 1 medarbetare 2 kooperatör
co-or´dinate *tr* göra likställd, samordna
coot *s* sothöna
cop S I *s* polis, byling II *tr* haffa
co´par´tner *s* kompanjon, kamrat
1 **cope** *s* 1 [präst|]kåpa 2 valv, kupol
2 **cope** *itr* mäta sig, tävla; gå i land
co´per *s* hästhandlare
cop´ier *s* avskrivare 2 efterapare
co´pious *a* ymnig, riklig; vidlyftig
1 **copp´er** *s* S byling
2 **copp´er** *s* koppar[mynt] **-plate** *s* kopparplåt, **-stick** **~-smith** *s* kopparslagare **-y** *a* koppar-; kopparaktig
cop´||pice [is] **-se** *s* skogsdunge
cop´ul||ate *itr* para sig **-ation** *s* parning
cop´y I *s* 1 kopia; avskrift 2 skriv|prov, -[öv]ning 3 exemplar 4 manuskript; korrektur 5 förskrift; mönster, original II *tr* 1 kopiera, avskriva 2 efterlikna **~-book** *s* förskrift; skrivbok **-ing-ink** *s* kopiebläck **-ist** *s* avskrivare **-right** *s* författar- och förlagsrätt
coquet [kɔke´t] I *a* kokett II se **-te** II **-ry** [kou´kitri] *s* koketteri **-te** [- -´] I *s* kokett II *itr* kokettera; flörta
coral [ɔ´r] *s* korall **-line** *a* korall[röd]
cord I *s* 1 rep, snöre, streck, snodd, sträng; *spinal* ~ ryggmärg; *vocal* ~ stämband 2 upphöjd rand; korderoj II *tr* binda **-age** *s* tågvirke
cor´dial *a s* 1 hjärtlig 2 hjärtstyrkande [medel] **-ity** [æ´l] *s* hjärtlighet
cor´don *s* 1 ✕ kedja 2 band, snodd
core [kɔː] *s* 1 kärnhus 2 kärna, märg
cork I *s* 1 kork 2 flöte II *tr* [till|]korka [äv. ~ *up*] **-age** *s* korkning; uppdragning **-er** *s* slående argument; **~-screw** *s* korkskruv **~-tree** *s* korkek
cor´morant *s* [zool.] skarv
1 **corn** *s* liktorn
2 **corn** I *s* 1 korn, frö 2 säd, spannmål 3 [Am.] majs II *tr* salta, konservera **-cob** *s* majskolv **-crake** *s* ängsknarr
cornea [kɔː´niə] *s* [ögats] hornhinna
cor´ner I *s* 1 vinkel, hörn 2 [skam|]vrå; avkrok; snibb; trångmål 3 ring, corner II *tr* tränga; få fast
cor´net *s* 1 [mus.] kornett 2 strut
cor´n-||field *s* sädesfält **-flake** *s* majsflinga **-flour** *s* finsiktat mjöl; majsmjöl **-flower** *s* blåklint; klätt
cor´nice [is] *s* karnis; kornisch
cor´ny *a* sädes-; sädesrik
coroll´a *s* [blom]krona **-ry** *s* följd[sats]
coron||ation [kɔr] *s* kröning **-er** [´- -] *s* undersökningsdomare **-et** [´- -] *s* 1 [furste-, adels|]krona 2 diadem
cor´poral I *s* korpral II *a* kroppslig
cor´porat||e [it] *a*, ~ *body* korporation **-ion** *s* 1 korporation: *municipal* ~ stadsstyrelse; ~ *spirit* allmänanda 2 bolag 3 skrå 4 F [ister]mage
corporeal [pɔː´ri] *a* kroppslig
corp||s [kɔː] (pl. ~ [kɔːz]) *s* kår **-se** [kɔːps] *s* lik **-uscle** [pʌsl] *s* blodkropp
corral´ *s* inhägnad [för hästar &c]
correct´ I *tr* 1 rätta, korrigera, ändra; 2 tillrättavisa; bestraffa II *a* 1 korrekt; oklanderlig 2 riktig, rätt, felfri; *be* ~ vara (ha) rätt **-ion** *s* 1 rättning, -else, ändring; *under* ~ med reservation 2 tillrättavisning **-ional** *a* förbättrings- **-ive** *a s* förbättrings[medel]; neutraliserande [medel] **-or** *s* 1 en som rättar 2 kritiker
correlation *s* växelförhållande
correspond´ *itr* 1 ~ *to* motsvara 2 stå i förbindelse; brevväxla **-ence** *s* 1 motsvarighet; överensstämmelse 2 brevväxling
corr´igible [dʒ] *a* förbätterlig
corrob´orate *tr* bestyrka, bekräfta
corro´||de I *tr* fräta (nöta) bort, fräta på II *itr* fräta[s] **-sion** [ʒn] *s* frät-

corrosive — 44 — courtly

ning; sönder-, bort|frätande -sive [siv] I a frätande II s frätmedel
corr'ugate tr itr skrynkla [sig], vecka[s]
corrupt' I a 1 fördärvad; mutad 2 förvrängd, förvanskad II tr 1 fördärva, besmitta; muta 2 förvanska -ible a besticklig, mutbar -ion s 1 förskämning 2 sedefördärv 3 mutning 4 för|vrängning, -vanskning -ive a skämmande; fördärvande -ness s förskämning; moralisk uselhet
corsage [kɔ:sɑ:'ʒ] s klänningsliv
corsair [kɔ:'sɛə] s korsar, sjörövare
cortex [kɔ:'teks] s [hjärn]bark
cose [z] itr göra det trevligt åt sig
cosh'er tr kela (klema) med
cosmet'ic [z] a s skönhets-[medel]
cos'm||ic[al] [z] a kosmisk -opol'itan [z] I a kosmopolitisk II s världsborgare -os s värld[sordning]
coss'et tr kela med, klema bort
cost I (cost cost) itr kosta II s pris; [be]kostnad; ~ price inköpspris
cos'tal a revbens-
cos'ter F, -monger [mʌŋgə] s fisk-, frukt-, grönsaks|månglare
cos'tive a 1 förstoppad 2 njugg, snål
cos't||less a kostnadsfri -ly a dyrbar
cos'tume [ju] s tr kostym[era]
co'sy [z] I a [hem]trevlig, bekväm 'II s 1 hörnsoffa 2 tehuva; äggvärmare
1 cot s skyddshus; fålla; koja [äv. -e]
2 cot s [baby]säng, vagga
co'terie s kotteri
cott'age s 1 litet hus, stuga 2 villa, landställe 3 ~ [piano] pianino
cott'er s kil, sprint
cott'cn s bomull[s|tråd, -tyg] ~-mill s bomullsspinneri -oc'racy s bomullsmagnaterna ~-plant s bomullsbuske ~-waste s trassel ~-wool s råbomull; bomullsvadd -y a bomullslik, ullig
couch I tr avfatta, uttrycka; dölja II s 1 [vilo]bädd, läger; schäslong 2 lager
cou'ch[-grass] s kvickrot
cough [kɔ(:)f] itr tr s hosta
could [kud, kəd] (imp. av can) kunde; skulle kunna -n't F = could not
cou'ncil s 1 kyrkomöte 2 råd[församling]; County C~ 'landsting'; town (city) ~ stadsfullmäktige 3 styrelse -lor s rådsmedlem
cou'nsel I s 1 rådplägning; take ~ rådgöra 2 råd, anvisning; plan 3 advokat[er] II tr råda -lor s rådgivare
1 count s [utländsk] greve
2 count I tr itr 1 räkna[s]; samman-, upp|räkna; ~ out ajournera; ~ up räkna ihop 2 medräkna[s]; ~-ing medräknad II s 1 räkning 2 slutsumma
cou'ntenance I s 1 ansikte|suttryck, -e 2 fattning, lugn min 3 uppmuntran II tr uppmuntra, gilla
1 cou'nter s 1 räknare; räkneapparat
2 spelmark 3 disk

2 cou'nter I adv. ~ to tvärtemot II tr s [ge en] motstöt III pref mot- counter||act' tr motverka, bekämpa -ac'tion s mot|arbetande, -stånd -balance I [-'bæl] s motvikt II [bæ'l] tr mot-, upp|väga -clock'wise adv motsols -feit [-'fit] I a efterapad, [för]falsk[ad] II s efterapning, förfalskning III tr 1 efterapa, förfalska 2 låtsa, hyckla -feiter s förfalskare: falskmyntare -'foil s talong -mand [ɑ:'] tr annullera, återkalla -'mark s kontramärke; kontrollstämpel -mine [-'--] s kontramina -'move s motdrag -'pane s sticktäcke -'part s mot|stycke, -bild, -svarighet, kopia -'point s kontrapunkt -poise I s 1 motvikt 2 jämvikt II tr mot-, upp|väga -'sign I s ✕ lösen II [--'] tr kontrasignera; bekräfta -vai'l tr upp-, mot|väga, ersätta
cou'ntess s grevinna
cou'nting-house s [handels]kontor
cou'ntless a otalig, oräknelig
countrified [kʌ'ntrifaid] a lantlig
country [kʌ'n] s rike; [fädernes]land; trakt; terräng; hembygd ~-dance s angläs ~-gentleman s lantjunkare, godsägare ~-house s herrgård, [lant]gods, lantställe -man s 1 landsman 2 lantman ~-seat s herresäte, [lant]gods -side s trakt, landskap
cou'nty s grevskap; län
couple [kʌpl] I s 1 [jakt]koppel 2 par II tr [hop]koppla; förena -t s verspar
courage [kʌ'ridʒ] s mod; have the ~ of o.'s opinions stå för sin mening -ous [kərei'dʒəs] a modig, tapper
courier [ku'riə] s ilbud, kurir
cours||e [kɔ:s] I s 1 lopp; väg, kosa; kurs 2 strömbädd 3 bana, fält 4 levnadslopp 5 [fort]gång, [för]lopp; ordning, tur; följd; in the ~ of time i sinom tid; matter of ~ självklar sak; of ~ naturligtvis; ja visst 6 sätt 7 kurs 8 följd 9 [mat]rätt 10 skikt, lager 11 segel II tr itr jaga [hare] -er s 1 springare 2 [har]jägare 3 harhund -ing s harjakt
court [kɔ:t] I s 1 gård[splan], borggård 2 spel-, tennis|plan 3 hov; kur; the C~ of St. James's brittiska hovet 4 domstol; [sittande] rätt, session; rättssal; Supreme C~ of Judicature högsta domstol; in ~ inför rätta 5 uppvaktning II tr uppvakta, fria till; söka vinna; locka ~-dress s hov-, gala|dräkt -eous a hövisk; artig, vänlig -esan [izæ'n] s kurtisan; sköka -esy [kə:'tisi] s 1 höviskhet, artighet; vänlighet 2 by ~ som en gunst; titulär- 3 nigning -house s domstols-, tings|hus -ier s hovman -like= -ly 1 -ly a 1 hovmannamässig, hövisk; elegant 2 fjäskande; underdå-

court-martial — 45 — **creation**

nig --mar'tial [ʃl] *s tr* [ställa inför] krigsrätt --plaster *s* muschplåster -ship *s* kurtis, frieri -yard *s* gård[splan]
cousin [kʌzn] *s* kusin [äv. ~ *german, first* ~]; *second* ~ syssling
cove *s* 1 liten vik 2 vrå, håla
covenant [kʌ'v] *s* avtal, kontrakt; fördrag, pakt; bestämmelse; förbund
cover [kʌ'və] I *tr* 1 [be]täcka, övertäcka; *be* ~*ed* behålla hatten på 2 dölja, skydda 3 sikta på 4 tillryggalägga 5 ~ *in* inhölja; ~ *up* insvepa II *s* 1 betäckning 2 täcke, överdrag; omslag; fodral; huv; *under* ~ under tak 3 lock 4 kuvert 5 pärm[ar] 6 skydd; gömställe 7 täckmantel, förevändning 8 snår, ide, lya; *ride to* ~ deltaga i parforsjakt 9 [hand.] täckning; likvid 10 [bords-] kuvert -let -lid *s* 1 täcke 2 hölje -t I *a* förstulen, hemlig; förklädd II *s* 1 skydd, gömställe 2 snår, lya -ture [juə] *s* betäckning; skydd; förklädnad
covet [kʌ'vit] *tr* eftertrakta, åtrå -ous *a* begärlig, lysten, girig
covey [kʌ'vi] *s* [rapphöns]kull; flock 1 cow [kau] *s* ko
2 cow *tr* skrämma, kuscha
coward [kau'əd] *a s* feg [stackare] -ice [is] *s* feghet, rädsla -ly *a* feg, rädd
cow-|boy [kau'] *s* vallpojke; boskapsherde -**catcher** *s* 'kofångare'
cower [kau'ə] *itr* krypa ihop
cowl [au] *s* 1 kåpa 2 huva 3 rökhuv
co'-worker *s* medarbetare
cow-pox [kau'] *s* kokoppor
cowrie [kau'ri] *s* porslinssnäcka
cow||shed [au'] *s* lagård -slip *s* gullviva
cox *s* F=-*swain* -**comb** *s* fåfäng narr -**swain** [kɔksn] *s* styrman
coy *a* blyg[sam]; pryd; skygg
coyote [kɔiou't(i)] *s* prärievarg
cozen [kʌzn] *tr* lura, bedraga
cozy [kou'zi] =*cosy* op. =*compare*
1 crab *s* vild|apel, -äpple; 'surkart'
2 crab *s* 1 krabba 2 kran, vinsch -**bed** [id] *a* 1 sur, knarrig [äv. -*by*] 2 svår-[fattlig]
crack I *itr* 1 knaka, braka, smälla; klatscha 2 spricka II *tr* 1 klatscha (knäppa) med 2 spräcka, knäcka, slå sönder; ~ *up* F berömma III *s* 1 knak, knall, smäll, skräll klatsch[ande]; ~ *of doom* domsbasun; *in a* ~ F vips, strax 2 F slag, rapp 3 spricka, rämna 4 F favorit 5 F inbrott[stjuv] IV *a* F finfin ~-**brained**, F -**ed** *a* förryckt, vriden -**er** *s* 1 en som knäcker 2 nötknäppare 3 smällare 4 smällkaramell 5 kak 6 S lögn ~-**jaw** *a* F tungvrickande -**le** *itr s* spraka[nde], knastra[nde], frasa[nde] -**nel** *s* käx -**sman** *s* S inbrottstjuv
cra'dle *s tr* vagga
craft [ɑ:] *s* 1 skicklighet 2 list[ighet],

slughet 3 hantverk; yrke, konst; skrå 4 (pl. ~) fartyg, skuta, båt ~-**guild** *s* hantverksgille ~-**sman** *s* hantverkare -**smanship** *s* hantverk; yrkes-, konst|skicklighet -**y** *a* slug
crag *s* brant (skrovlig) klippa; klippspets -**ged** [id] -**gy** *a* klippig; skrovlig
crake I *s* ängsknarr II *itr* knarra
cram I *tr* stoppa, packa; göda; plugga med, slå i' II *itr* proppa i sig; plugga III *s* 1 F trängsel 2 plugg 3 S lögn
cram'bo *s* rimlek
cram||-full ['·-'] *a* proppfull -**mer** *s* 1 privatlärare 2 S lögn
cramp I *s* 1 kramp 2 krampa, klamra; skruvtving [äv. ~-*frame*] 3 tvång II *a* 1 krånglig, svårläst 2 trång; stel III *tr* 1 instänga; hindra 2 hålla ihop -**ed** *a* 1 med kramp; styv, stel 2 trång; hopdragen ~-**fish** *s* darrocka ~-**iron** *s* krampa, klamra; ankarjärn
cran'berry *s* tranbär
crane I *s* 1 trana 2 lyftkran 3 hävert, sifon II *tr* 1 lyfta med kran 2 sträcka på -**'s-bill** *s* geranium
cra'nium *s* kranium, skalle
1 **crank** *s* vev; start; knäböjd axel
2 **crank** *s* 1 ordvrängning 2 underlig idé (individ), original
3 **crank** *a* lös, ostadig, rank[ig]
cran'ky *a* 1 = *3 crank* 2 lynnig; vresig 3 excentrisk, vriden 4 vindlande
crann'|lied *a* sprucken, sprickig -**y** *s* springa, skreva; vrå
crape *s* kräpp, sorg|flor, -band
crap'ul||ent -**ous** *a* omåttlig; supig
crash I *itr* braka, skrälla II. *tr* slå i kras III *s* 1 brak, skräll 2 krasch
crass *a* grov, krass; dum
crate *s* spjällåda, packkorg
crave *tr* be om: längta efter. åtrå
cra'ven *a s* feg [stackare]
cra'ving *s* åtrå, begär
craw [krɔ:] *s* [fågel]kräva
crawfish [krɔ:'] [Am.] = *crayfish*
1 **crawl** [krɔ:l] *s* fiskko'se
2 **crawl** I *itr* 1 kräla, krypa 2 kråla II *s* 1 krälande, krypande 2 krål[sim] -**er** *s* 1 kryp; kräldjur 2 krålare
cray'fish *s* [zool.] kräfta
cray'on *s* 1 rit-, färg|krita 2 pastell
craz||e *s* mani, dille; förrycktet -**y** *a* 1 skröplig; klen 2 förryckt, tokig
creak I *itr* knarra, gnissla II *s* knarr, gnisslande -**y** *a* knarrande
cream I *s* 1 grädd|e, -a 2 efterrätt; sötsak 3 skum 4 *cold* ~ salva II *a* gräddfärgad III *itr* 1 grädda (fradga) sig -**ery** *s* mejeri[butik] ~-**jug** *s* gräddkanna -**y** *a* grädd|lik, -rik, gräddröd
crease [s] I *s* 1 veck, rynka; vikning 2 mållinje II *tr* vecka, rynka, skrynkla [ned]; vika III *itr* rynka (vecka) sig
creat||e [kriei't] *tr* 1 skapa; åstadkomma 2 utnämna [till] -**ion** *s* 1

creative — 46 — **cross-grained**

skap|ande, -else 2 skapad varelse; produkt 3 utnämning -ive *a* skapande -or *s* skapare; upphov -ure [kri:'t[ə] *s* 1 skapelse, produkt, [skapad] varelse; ~ *comforts* livets nödtorft 2 djur 3 kreatur, verktyg
crèche [kreiʃ] *s* barnkrubba
cre'den|ce *s* [till]tro; *letter of* ~ = följ. -tial [eˈnʃl] *s*, ~s rekommendationsbrev, kreditiv[brev]
cred'ible *a* trovärdig, trolig
cred'it I *s* 1 tilltro 2 anseende; inflytande; heder, beröm; *give* ~ *for* hålla räkning för 3 *a*) kredi't; *b*) tillgodohavande; *letter of* ~ kreditiv; *c*) kre'dit[sida] **II** *tr* 1 tro 2 kreditera, gottskriva 3 tillskriva **-able** *a* hederlig, aktningsvärd; *be* ~ *to* hedra -or *s* 1 borgenär 2 kre'dit[sida]
credu'l|ity *s* lätt-, god|trogenhet **-ous** [eˈ] *a* godtrogen
creed *s* tro[sbekännelse]
creek *s* 1 liten vik, bukt 2 å, biflod
creep I (*crept crept*) *itr* krypa, [in]smyga [sig] **II** *s* 1 krypande 2 kryphål 3 ~s F krypande känsla, rysning **-er** *s* 1 kryp[are] 2 [zool.] trädkrypare 3 klängväxt; *Virginia*[*n*] ~ vildvin **-y** *a* 1 krypande 2 kuslig
crema'tl|e *tr* bränna **-ion** *s* eldbegängelse **-ory** [eˈm] *s* krematorium
crep'itate *itr* spraka, knastra
crept imp. o. pp. av *creep*
crep'uscule [juːl] *s* skymning
crescent [kresnt] **I** *a* 1 tillväxande 2 halvmånformig **II** *s* 1 [månens] tilltagande 2 halvmåne 3 giffel
cress *s* krasse
crest I *s* 1 [tupp]kam, [hår]tofs 2 hjälmbuske, plym 3 'vapen' 4 berg-, våg|kam; topp, krön **II** *tr* 1 kröna **-fallen** [ɔː] *a* nedslagen, modfälld
cretaceous [eiˈʃəs] *a* krit|artad, -haltig
crev'ice [is] *s* springa, spricka, skreva
crew [kruː] *s* 1 besättning; manskap; [båt]lag 2 skara
crib I *s* 1 krubba; bås; kätte 2 barnbädd 3 F plats 4 F plagiat 5 S lathund, moja **II** *tr itr* 1 instänga 2 F knycka; plagiera; skriva av; fuska
1 crick'et *s* syrsa
2 cricket *s* kricket[spel]; *not* ~ F rent spel **-er** *s* kricketspelare
cri'er *s* [offentlig] utropare
crime *s* brott, förbrytelse
crim'in|al I *a* brottslig; brott[måls]-; ~ *connexion* äktenskapsbrott; ~ *law* strafflag **II** *s* förbrytare **-ality** [æˈ] *s* brottslighet **-ate** *tr* anklaga; överbevisa; påtala **-ation** *s* anklagelse
1 crimp *s* tr vârva[re]
2 crimp *tr* krusa, vecka **-ing-irons** *spl* krustång
crim'son [z] **I** *a s* högröd [färg] **II** *tr itr* färga (bli) högröd; rodna djupt

crin'ge [ndʒ] **I** *itr* 1 krypa ihop, huka sig 2 krypa, svansa **II** *s* kryperi
crinkle I *itr tr* sno, vecka, krusa [sig] **II** *s* bukt; veck; våg [i hår]
cripple I *s* krympling **II** *tr* göra till krympling; förlama; omintetgöra; ramponera **-d** *a* lam, ofärdig
cri's|is [sis] (pl. *-es* [iːz]) *s* kris
crisp I *a* 1 krusig 2 mör, frasig 3 frisk 4 kort; skarp; rapp **II** *tr itr* krusa[s]
criss'-cross *a adv* kors och tvärs
criterion [kraitiˈəriən] *s* kännetecken
crit'ic *s* 1 kritiker; granskare 2 klandrare **-al** *a* kritisk **-ism** *s* kritik. **-ize** *tr itr* kritisera
croak [ou] *itr s* kväka[nde]; kraxa[nde] **-er** *s* olycksprofet **-y** *a* kraxande, hes
crochet [krouˈʃei] **I** *s* virkning; virk|garn, -tråd **II** *tr itr* virka
crock -ery *s* ler|kärl, -gods, porslin
croft *s* åkerlott, täppa **-er** *s* 'torpare'
crom'lech [lek] *s* dolmen, dös
crone *s* käring; gubbe; gammal tacka
cro'ny *s* gammal god vän
crook [u] **I** *s* 1 krok, hake 2 herdestav; kräkla 3 böjning, krök[ning], krok; fel; prövning; knep 4 S svindlare **II** *tr itr* kröka (böja) [sig] **-ed** [id] *a* 1 krokig, böjd, krökt 2 oheder|ig; förvänd, skev; F olaglig
croon *tr itr s* gnola[nde]
crop *s* 1 kräva 2 piskskaft; ridpiska 3 växtlighet 4 kortklippt hår; ~ *of hair* hårväxt 5 [avhuggen] bit **II** *tr* 1 av|hugga, -skära, stubba, [kort]klippa 2 avbeta 3 avmeja, skörda **III** *itr*, ~ *up* (*out*) visa sig, dyka upp **~-eared** *a* stubbörad **-ped** *a* 1 kortklippt, stubbad 2 odlad **-per** *s* 1 kroppduva 2 F fall
croquet [krouˈkei] *s tr* krock|et, **-era**
crosier [krouˈʒə] *s* kräkla, biskopsstav
cross I *s* 1 kors; *on the* ~ diagonalt, snett; S ohederligt 2 åtsida; ~ *and pile* krona och klave 3 = *crux* 4 korsning; blandning 5 S bedrägeri **II** *a* 1 kors-, tvär-, sido-; ♃ kryss- 2 korslagd 3 ömsesidig 4 motig, förtretlig 5 vresig, arg 6 S ohederlig **III** *tr* 1 korsa, lägga i kors 2 göra korstecknet över 3 skriva tvärs över 4 stryka över (ut) 5 F sitta [upp] i (på) 6 fara [tvärs] över (genom); korsa, skära 7 möta 8 förhindra; göra emot **IV** *itr* 1 ligga i kors; korsa varandra 2 ~ [*over*] gå över ~-*bar* s tvärslå ~-**beam** *s* tvärbjälke **-bill** *s* korsnäbb ~-**bones** *spl* (dödskalle med) korslagda ben ~-**bow** *s* armborst ~-**bred** *a* hybrid, bastard- ~-**breed** *s* korsning[sprodukt]; hybrid ~-**country** *s* terräng|löpning ~-**cut** *s* 1 tvärsnitt 2 genväg ~-**exam'ine** *tr* korsförhöra ~-**eyed** *a* vindögd ~-**fire** *s* korseld ~-**grained** *a* 1 med tvärgående fibrer 2 tvär,

vresig -ing s 1 [över]korsning 2 överresa 3 gathörn; korsväg; *level* ~ vägövergång ~-**piece** s tvärstycke, slå ~-**purpose** s motsatt avsikt; missförstånd ~-**question** s *tr* korsförhör[a] ~-**reference** s hänvisning ~-**road** s kors-, bi|väg ~ -**stitch** s korsstygn ~- -**street** s tvärgata -**wise** *adv* 1 i kors, korsvis 2 på tvären -**word** s korsord
cro'chet s 1 klyka, hake 2 ¹/₄-not 3 nyck, infall -**y** *a* underlig, fantastisk
crouch *itr* 1 huka sig ner, ligga (sitta) hopkrupen 2 [bildl.] krypa
1 **croup** [u:] s strypsjuka, krupp
2 **croup**[**e**] [u:] s gump; [häst]länd
1 **crow** [ou] *itr* s gala[nde]
2 **crow** s 1 kråka; *as the* ~ *flies* fågelvägen 2 o. ~-**bar** s bräckjärn, kofot
crowd [au] I s trängsel, stort tillopp; [folk]massa; hel mängd; F sällskap II *itr* tränga sig; trängas III *tr* 1 hop|-pressa, -packa; proppa [full]; tränga på 2 ⚓ ~ *sail* pressa [med] segel
crow-foot [krou'fut] s [bot.] ranunkel
crown [au] I s 1 krans; krona; *the C* ~ kronan, Kungl. Maj:t 2 = *5 shillings* 3 hjässa; topp 4 hattkulle II *tr* 1 bekransa; prisbelöna 2 [be]kröna; *to* ~ [*it*] *all* till råga på allt
crow's-foot [ou'z] s rynka i ögonvrån)
cruci||**al** [kru:'ʃəl] *a* 1 korsformig 2 avgörande, kritisk -**ble** [s] s smältdegel -**fixion** [sifi'kʃn] s korsfästelse -**form** [s] *a* korsformig -**fy** [s] *tr* korsfästa
crud||**e** *a* 1 rå; obearbetad 2 osmält; omogen 3 grov, ohyfsad -**ity** s 1 råhet, naturtillstånd; [pl.] råprodukter 2 omogenhet 3 grovhet
cruel [u'] *a* grym -**ty** s grymhet
cruet-stand [u'] s bordställ
cruise [kru:z] I *tr* kryssa II s kryssning, tur -**r** s kryssare
crumb [krʌm] I s 1 [bröd]smula 2 inkråm II *tr* söndersmula -**le** [bl] I *tr* söndersmula II *itr* falla sönder; förfalla -**ly** [bli] *a* smulig -**y** [mi] *a* 1 mjuk 2 full av brödsmulor
crumm'y *a* S 1 mullig, trind 2 tät, rik
crump F I *tr* slå [till] hårt II s slag; duns
crum'pet s tekaka
crumple *tr itr* skrynkla [sig]
crunch *tr itr* krossa; knapra [på]
cripp'er s 1 svansrem 2 hästländ
crusa'de [u:s] s korståg -**r** s korsfarare
crush I *tr* 1 krossa; mala sönder 2 pressa, trycka 3 skrynkla till 4 kuva; ~ *out* utplåna II *itr* 1 krossas 2 tränga sig fram III s 1 krossande; kläm, pressning 2 trängsel 3 F stor bjudning ~-**hat** s fällhatt, chapeau claque -**ing** *a* förkrossande, dräpande
crust I s 1 skorpa, skal; kant 2 skare 3 vinsten; pannsten II *tr itr* betäcka[s] med skorpa **C-acea** [ei'ʃiə] *spl* kräftdjur -**y** *a* 1 skorpartad 2 vresig

crutch s 1 krycka; stöd 2 ⚓ klyka
crux s crux, svårighet
cry I *itr* 1 skrika; [ut]ropa 2 skria; locka; ge skall 3 gråta 4 ~ *for* ropa på, gråta efter; ~ *off* ge återbud; ~ *out* skrika till; ~ *out against* protestera mot II *tr* 1 = *1* I 2 ~ *down* förbjuda; nedgöra; ~ *up* prisa, puffa för III s 1 skrik; rop; gaturop; *a far* ~ lång väg, långt 2 [an]skri, [opinions]storm 3 lösen; slagord 4 rykte 5 skall; *at full* ~ för full hals; i full fart 6 gråt; klagan
crypt [i] s krypta -**ic** *a* hemlig, mystisk -**ogram** s chiffer[skrift]
crystal [i'] s kristall
cub s 1 unge 2 F pojkvalp -**bing** s jakt på ungräv -**bish** *a* valpig, tölpig
cub||**e** s kub; tärning -**ic**[**al**] *a* kubisk
cu'bicle s sovskrubb
cuck'old [əld] s *tr* [göra till] hanrej
cuckoo [ku'ku:] I s skri II ['-'] *interj* kucku! ~-**spit** s grodspott.
cu'cumber [kəm] s gurka
cud s boll av idisslad föda
cuddle I *tr* krama, kela med II *itr* krypa ihop (ner) III s omfamning
cudd'y s 1 ⚓ matsalong 2 skänk; skrubb
cudgel [kadʒl] I s [knöl]påk; *take up the* ~s ta parti II *tr* klå, prygla; bry
cu'dos [ɔs] s S ära, berömmelse
1 **cue** [kju:] s 1 replik 2 vink, antydan 3 roll; sak 4 humör
2 **cue** s biljardkö
1 **cuff** s 1 ärmuppslag 2 manschett
2 **cuff** I *tr* slå till II s slag; örfil
cuirass [kwiræ's] s harnesk, kyrass
cuisine [kwizi:'n] s kök, matlagning
cul-de-sac' [ku'l] s återvändsgränd
cu'linary *a* matlagnings-, köks-
cull *tr* plocka [ut]
culm s 1 kolstybb 2 strå, halm
cul'min||**ate** *tr* kulminera, nå (stå på) höjdpunkten -**ation** s höjdpunkt
culp||**abil'ity** s brottslighet -**able** [ʌ'] *a* brottslig; skyldig; klandervärd -**rit** [ʌ'] s brottsling; missdådare
cult s kult; dyrkan -**ivate** *tr* 1 odla, bruka 2 [ut]bilda, förfina; öva 3 ägna sig åt -**ivation** s 1 odling; brukning, kultur 2 idkande, utövning; utvecklande 3 bildning -**ivator** s 1 odlare 2 utövare, idkare 3 [lantbr.] kultivator -**ural** [ʃərəl] *a* kulturell, bildnings- -**ure** [ʃə] I s odling, kultur; bildning II *tr* odla, bilda, förfina
cum'ber *tr* be|tunga, -lamra -**some** **cum'trous** *a* hindersam, klumpig
cum[**m**]**in** s kummin
cumul||**ate** I [kju:'mjulit] *a* hopad II *tr itr* hopa [sig] -**ative** *a* växande, hopad, ökad; upprepad
cu'neiform I *a* kilformig II s kilskrift
cunn'ing I *a* 1 slug, listig 2 [Am.] F näpen, lustig II s slughet, list

cup I s 1 kopp; bägare; kalk 2 [pris]pokal; *challenge* ~ vandrings|pokal, -pris 3 bål, dryck II *tr* [kir.] koppa
~-bearer s munskänk
cupboard [kʌ'bəd] s skåp, skänk ~-love [lʌv] s matfrieri
cupid'ity [kju] s vinningslystnad
cupola [kju:'pələ] s kupol
cur [kə:] s 1 hund-, by|racka 2 grinvarg; gemen karl
cu'ra||ble *a* hotlig -cy s komministratur -te [it] s pastorsadjunkt -tive I *a* botande II s botemedel
curb [kə:b] I s 1 kindkedja 2 band, tvång 3 brunnskar 4 trottoarkant II *tr* tygla, kuva ~-bit s stångbett ~-stone s kantsten; trottoarkant
curd [kə:d] s. ~s ostkram -le *tr itr* ysta [sig], [komma att] stelna; ~d *mill:* fil|bunke, -mjölk -y *a* löpnad
1 cure [kjuə] I s 1 själavård; prästbefattning 2 kur; bot[ande] II *tr* 1 bota, kurera 2 konservera, salta, röka
2 cure s S underlig kurre
curfew [kə:'fju:] s aftonringning
cu'ri||o s konstsak, kuriositet -osity [ɔ's] s 1 vetgirighet; nyfikenhet 2 kuriositet, antikvitet -ous *a* 1 vetgirig; nyfiken 2 underlig, märkvärdig
curl [kə:l] I *tr* krulla, ringla; krusa; ~ *up* rulla ihop II *itr* locka (kröka) sig; ~ *up* rulla ihop sig III s 1 lock 2 ring[el], bukt 3 krusning, krökning
curlew [kə:'lju:] s [zool.] storspov
curling [kə:'liŋ] s 1 krusning 2 curling ~-irons = -*tongs* ~-rink s curlingbana ~-tongs *spl* lock-, krus|tång
curl||-paper [kə:'l] s papiljotter -y *a* krusig, lockig
curmudgeon [kə:mʌ'dʒn] s snålvarg
curr'ant s 1 korint 2 vinbär
curr'en||cy s 1 [om]lopp; cirkulation; tid 2 gångbarhet; kurs 3 spridning; hävd 4 betalningsmedel; mynt, valuta -t I *a* 1 löpande, innevarande; dennes: dagens 2 gångbar; kurant 3 gängse, allmän[t spridd]; rådande II s 1 ström 2 lopp, [fort]gång 3 tendens -tly *adv* allmänt, överallt
curric'ulum s studie-, läro|kurs
currish [kə:'riʃ] *a* grälsjuk; gemen
1 curry [kʌ'ri] s currystuvning
2 curry *tr* 1 rykta 2 bereda 3 F klå
curse [kə:s] I s 1 förbannelse; svordom, ed: *not a* ~ inte ett dugg 2 syndastraff, plåga 3 bann II *tr* 1 för|banna, -döma 2 hemsöka, plåga III *itr* svärja -d [id] *a* förbannad
cursory [kə:'s] *a* hastig, ytlig, flyktig
curt [kə:t] *a* 1 kort[fattad] 2 tvär
curtai'l [kə:-] *tr* avkorta, stympa
curtain [kə:tn] s 1 förhänge; gardin; täckelse 2 ridå ~-fire s ✕ spärreld ~-lecture s sparlakansläxa ~-pole ~-rod s gardin|stång, -käpp

curts[e]y [kə:'tsi] *s itr* nigning, niga
curv||ature [kə:'vət[ə] s krökning, krokighet -e I s krökning, kurva II *tr itr* böja (kröka) [sig]
cushion [kuʃn] I s 1 kudde, dyna; hyende 2 valk 3 vall II *tr* 1 förse med dynor 2 nedtysta 3 dubblera
cushy [u'] *a* S 1 bekväm 2 ofarlig
cusp s [månens] horn
cus'pidor[e] [dɔ:] s [Am.] spottlåda
cuss *tr itr* s S [Am.] förbann|a, -else; svärja
cus'tard [əd] s vaniljsås
custo'd||ian s väktare, vårdare; förmyndare -y [ʌ's] s 1 förmynderskap, vård 2 fängsligt förvar; häkte
cus'tom s 1 sed[vänja], bruk, vana; praxis 2 tull[avgift]; tullverk; ~s *duties* tull[avgifter]; ~[s] *officer* tulltjänsteman 3 kundkrets -ary *a* [sed]vanlig, bruklig -er s kund; F individ ~-house s tull|hus, -kammare; ~ *officer* tulltjänsteman
cut I (*cut cut*) *tr* 1 skära[i]; såra 2 skära, hugga [av, sönder]; klippa; [av-] meja; slå; fälla; snida 3 skära upp 4 förskära 5 ~ *o.'s teeth* få tänder 6 beskära, av-, för|korta; ~ *short* avbryta; avsnoppa 7 hugga, skära [till, ut, in]; gravera; slipa; ~ *and dry* (*dried*) fix och färdig; schablonmässig 8 göra, utföra; ~ *faces* göra grimaser 9 avbryta bekantskapen med, ej hälsa på; ~ *it* = *II* 5 10 F skolka från, strunta i 11 ~ *down* avmeja; F slå, stuka; knappa in på; ~ *off* av-, ute|stänga; [tvärt] avbryta; avspisa; *be* ~ *off* ryckas bort; ~ *out* stryka; bortsnappa; uttränga, 'peta'; klippa (skära) till; forma; urringa; bereda; sluta med; ~ *out for* klippt och skuren till; ~ *under* F underbjuda; slumpa bort; ~ *up* rycka upp; stycka, sönderdela, splittra; spränga; riva upp; nedgöra; kränka II *itr* 1 skära, jfr *I 2*; bita, ta 2 gå att skära 3 gå [tvärs över], ta en genväg 4 kupera, dra 5 S ge sig i väg, smita; kila 6 göra luftsprång 7 ~ *away* ge sig i väg; ~ *in* infalla; ~ *out* skära (klippa) till; [om tand] komma fram; koppla av (ur); ~ *up* bete sig III s 1 [genom]skärning 2 hugg, stick; rapp, slag 3 skåra, skråma; huggsår; ränna; öppning; [genom]gång 4 nedsättning 5 snart, elakhet 6 stycke, skiva 7 kupering 8 snitt; sort 9 träsnitt 10 [*short*] ~ genväg 11 F ignorerande; *give the* ~ = *I 9*
cut'-away *s* jackett
cute *a* F 1 slug 2 [Am.] söt, näpen
cut'l||ass [əs] s huggare -er s knivsmed -ery s kniv|smide, -ar; eggjärn
cut'let s kotlett
cut||-off s genväg -out s säkerhets-

propp **-purse** s tjuv, rånare **-ter** s 1 tillskärare 2 kniv, stål, fräs 3 ⚓ kutter - **-throat** s mördare, bandit **-ting** I a 1 skärande, vass 2 bitande, sårande II s 1 skärning; F ignorerande 2 stycke, bit; [pl.] remsor, avfall 3 urklipp 4 stickling
cuttle s bläckfisk [äv. ~-*fish*]
cwt. = *hundredweight*
cycl||e [ai] I s 1 krets[lopp], omloppstid; period 2 cykel II *itr* 1 kretsa 2 cykla **-ist** s cyklist **-one** s cyklon **-o-p[a|edia** [pi:'diə] s encyklopedi **-ope´an** -o´pian a cyklopisk; jättestor **-ops** [ɔps] s cyklop; enögd man
cylind||er [si'l] s 1 cylinder, vals, rulle 2 lopp, rör **-rical** [li´n] a cylindrisk
cymric [ki´m] a kymrisk, walesisk
cynic [si´n] I s cyniker; misantrop II [äv. *-al*] a cynisk; misantropisk; hånfull **-ism** s cynism; människoförakt
Czech, Czekh [tʃek] s a tjeck[isk]

D

D, d [di:] s d **D.** = *Doctor* d. (**D.**) = *date*; *day*; *died* d. = *penny, pence*
'd F = *had*, *would* **d-** [di:] d-d = *damn*
1 dab s plattfisk
2 dab I *tr* slå till, klappa; badda; torka II s 1 slag, klapp 2 hackande 3 klick, stänk 4 F överdängare **-ble** I *tr* väta; stänka ner II *itr* 1 plaska, slaska 2 fuska **-bler** s fuskare **-ster** s 1 F överdängare 2 fuskare
dad s F pappa **-dy** s F pappa **-dy--long-legs** [lɔ'] s [zool.] harkrank
daff'odil s påsklilja
dagg'er s dolk
daggle *tr* nedsöla
Dail Eireann [dailɛ ərən] s Irländska fristatens parlament
dai'ly I a *adv* daglig[en] II s daglig tidning
dai'nty I s läcker|bit, -het II a 1 läcker 2 utsökt, fin; ren 3 kräsen
dairy [ɛ'ɔ] s mjölkkammare; mejeri; mjölkmagasin **-maid** s mejerska
dais [dei'is] s estrad
daisy [dei'zi] s tusensköna, bellis
dall'||iance s flört, kurtis **-y** *itr* 1 leka, skämta 2 flörta
1 dam s [om djur] moder
2 dam I s damm, fördämning II *tr* 1 för-, upp|dämma 2 stänga in
dam´age I s skad|a, -or; förlust; ~s skadestånd II *tr* skada **-able** a ömtålig
dam´ask s 1 damast 2 damaskenerstål
damn [dæm] I *tr* 1 för|banna, -döma; svär[j]a över; ~ [*it*]! fan [anamma]! fördömt! 2 förkasta, [ut]döma II *itr* svär[j]a III s 1 svordom 2 F dyft **-able** [ɪnn] a 1 fördömlig 2 P avskyvärd **-ation** [mn] s 1 fördömelse 2 utvisslning 3 P för|dömt, -bannat! **-atory** [mn] a fördömande; ödesdiger
damp I s 1 gruvgas 2 fukt 3 missmod II a fuktig III *tr* 1 fukta 2 kväva, dämpa **-er** s 1 fuktare 2 dämpare; [mus.] dämmare, sordin 3 spjäll
dam'sel [z] s ung dam, [liten] fröken
danc||e [ɑ:] I *itr tr* 1 dansa; låta dansa; **-***ing* dans[-|; ~ *attendance upon* träget uppvakta 2 gunga på armarna II s dans[melodi]· bal **-er** s dans|an-de, -ör, -ös **-ing-girl** s dansös, balettös
dandelion [dæ´ndilai'ən] s maskros
dand||li'acal a snobbig, sprättig **-ify** [-'ifai] *tr* F snobba upp, göra fin
dandle *tr* 1 gunga, vyssa 2 kela med
dan'dr||iff -uff s mjäll
dan'dy s a snobb, sprätt; elegant **-ish** a snobbig **-ism** s snobberi
Dane s 1 dansk 2 dansk dogg
danger [dei´nʒə] s fara **-ous** a farlig
dangle [ŋg] *itr tr* dingla [med]; ~ *after* (*about, round*) hänga efter **-r** s dagdrivare; kurtisör
Da´nish a dansk
dank a fuktig
dapp´er a 1 prydlig, nätt 2 flink
dapple a spräcklig, apelkastad
dare [dɛə] (~d (*durst*) ~d) I *itr* hjälpv 1 våga, töras 2 *I* ~ *say* nog; kanske [det] II *tr* 1 riskera, våga [sig på] 2 trotsa ~**-devil** s a våghals[ig]
daring [ɛ´ɔ] I a djärv II s djärvhet
dark I a 1 mörk, dyster, mulen 2 dunkel 3 hemlig II s 1 mörker 2 dunkel; okunnighet **-en** *itr tr* mörkna; förmörka[s] **-ish** a mörk[lagd], skum **-ness** s 1 mörker; dunkel 2 okunnighet **-y** s F svarting, nigger
dar´ling I s älskling II a älsklings-; ömt älskad; söt, bedårande, rar
1 darn *tr* P för|banna, -baska
2 darn I *tr* stoppa II s stopp[ning]
dart 1 s kastspjut; pil 2 språng 3 kast[håll] II *tr* kasta; slunga III *itr* rusa, störta; ~ *up* fara upp
dash I *tr* 1 slå, kasta, slänga, stöta, köra 2 [be]stänka 3 uppblanda, utspäda 4 nedkasta [på papper] 5 krossa, gäcka 6 nedslå 7 S förbaska II *itr* rusta, törna 2 rusa 3 [~ *off, out*] F briljera III s 1 slag, stöt 2 [be]stänkning; störtskur 3 [färg]stänk 4 anstrykning; tillsats 5 penndrag; släng; tankstreck 6 rusning, anfall 7 kläm, fart 8 F vråkighet ~**-board** s stänkskärm ~ **-er** s F flott person 2 = ~**-board** 3 F kläm, fart **-ing** a käck; livlig; elegant, flott
das´tard [ad] s a feg [usling] **-ly** a feg
1 date s 1 dadel 2 S dumbom

2 dat||le I *s* i datum, 2 tid[punkt]; nutid; möte; *of to-day's* ~ tidsenlig; *out of* ~ gammalmodig, föråldrad; *up to* ~ till dags dato; fullt modern; hemma[stadd] **II** *tr* datera **III** *itr* 1 räkna [tiden] 2 vara daterad; datera (förskriva) sig, härröra -um *s* faktum
daub [ɔ:] **I** *tr* 1 [be]stryka; smörja, smeta [ner] 2 kludda ihop **II** *itr* kludda **III** *s* 1 smet, smörja; färgklick 2 kludd[eri] -er -ster *s* kluddare -y *a* smetig; kluddig
daughter [dɔ:'tə] *s* dotter ~-in-law *s* 1 sonhustru 2 styvdotter
daunt [ɔ:] *tr* skrämma; *nothing* ~*ed* [lika] oförfärad -less *a* oförfärad
dav'enport *s* skrivbord, sekretär
dav'it *s* ✠ dävert
daw [ɔ:] *s* kaja {vanl. *jack*~}
dawdle [ɔ:'] I *itr* förspilla tid[en], slå dank **II** *tr*, ~ *away* söla bort **III** o. -r *s* dagdrivare, latmåns
dawn [ɔ:] **I** *itr* dagas, gry; *it* ~*ed upon me* det gick upp för mig **II** *s* gryning
day *s* 1 dag; *the other* ~ häromdagen; *some* ~ or other någon dag (gång); *one of these* ~*s* endera dagen; *this* ~ *week* i dag 8 dagar sedan, i dag om 8 dagar; *have a* ~ *of it* göra sig en glad dag; *know the time of* ~ veta vad klockan är slagen; ~ *by* ~ dag för dag 2 dager, dagsljus 3 dygn 4 *win the* ~ segra 5 ~*s* tid[sålder]; *evil* ~*s* fattigdom ~-**boarder** *s* halvpensionär ~-**boy** *s* internatelev som bor hemma ~-**break** *s* gryning ~-**-dream[s]** *s* drömmeri[er], luftslott ~-**fly** *s* dagslända ~-**labour** *s* dagsverke ~-**labourer** *s* daglönare -**light** *s* 1 dagsljus; dagning 2 tomrum ~-**school** *s* vanlig [dag]skola -**time** *s* dag; *in the* ~ om dagen
daz||le *tr* förvirra, blända -**zle** [æ] **I** *tr* blända, förblinda; förvirra **II** *s* bländande ljus, skimmer; skyddsfärg
D. C. L. = *Doctor of Civil Law* jur. dr **D. D.** = *Doctor of Divinity* teol. dr
dea'con[ess] *s* diakon[issa]
dead [ded] **I** *a* 1 död, livlös; ~ *fence* (*hedge*) plank, mur; ~ *heat* oavgjort (dött) lopp 2 okänslig 3 slocknad 4 matt, dov 5 stilla[stående] 6 jämn, slät 7 F absolut, fullständig, ren; ~ *shot* mästerskytt; ~ *wind* rak motvind **II** *s* dödsstillhet **III** *adv* 1 F döds-, totalt 2 rakt, rätt ~-**beat** *a* F dödstrött -**en** *tr* 1 döva; dämpa, försvaga; minska 2 göra okänslig -**lock** *s* stillastående; [bildl.] baklås, stopp -**ly** **I** *a* 1 dödlig, döds-; giftig 2 dödslik 3 F förfärlig **II** *adv* dödligt, döds- ~-**march** *s* sorgmarsch ~-**nettle** *s* blindnässla
deaf [def] *a* döv; ~ *and dumb* dövstum; *turn a* ~ *ear to* slå dövörat till

för -en *tr* göra döv; bedöva, dämpa, överrösta; ~*ing* öronbedövande
1 **deal** *s* gran-, furu|planka, -virke
2 **deal I** *s* 1 *a* [*great*] ~ en hel del, mycket 2 giv 3 F affär, spekulation **II** (~*t* ~*t* {e}) *tr* ut-, för|dela; tilldela; ge **III** *itr* 1 ge 2 ta itu 3 handla; uppträda; ~ *with* [åv.] behandla 4 F underhandla -er *s* 1 givare 2 *a plain* ~ en hederlig karl 3 handlande, -handlare -**ing** *s* 1 förbindelse; affär 2 beteende; handel och vandel
dean *s* 1 domprost; *rural* ~ prost 2 dekanus -**ery** *s* domprost|syssla, -gård
dear [diə] **I** *a* dyr; kär, [i brev] bäste; *for* ~ *life* för brinnande livet **II** *s*, *my* ~ kära du; *there's* (*that's*) *a* ~ F så är du snäll **III** *adv* dyrt **IV** *interj*, ~ *me!* kors! oh ~! aj, aj! -**ly** *adv* 1 innerligt 2 [bildl.] dyrt -**ness** *s* 1 tillgivenhet 2 dyr[bar]het -**th** [də:þ] *s* 1 dyrhet; dyrtid 2 brist
death [e] *s* död[sfall]; *the Black D*~ pesten; *put to* ~ ta livet av ~-**blow** *s* dödande slag; dödsstöt -**like** *a* dödslik -**ly** *a adv* dödlig; döds- ~-**rate** *s* dödlighet ~-**roll** *s* dödslista ~-**trap** *s* dödsfälla ~-**warrant** *s* dödsdom
debar' *tr* 1 utestänga 2 förbjuda
debar'k *tr itr* se *disembark*
debase [ei's] *tr* försämra; förfalska
deba't||lable *a* omtvistlig; omstridd -**e I** *itr tr* dryfta, diskutera, debattera **II** *s* diskussion; debatt
debauch [ɔ:'] **I** *tr* fördärva; förföra **II** *s* utsvävning -**ed** *a* utsvävande -**ery** *s* utsvävning[ar], liderlighet
debil'ity *s* svaghet
deb'it I *s* debet **II** *tr* debitera
debonair [ɛ'ə] *a* belevad; älskvärd
debris [de'bri:] *s* spillror
debt [det] *s* skuld; *pay the* ~ *of nature* dö; *run in*[*to*] ~ sätta sig i skuld -**or** *s* 1 gäldenär 2 *D*~, *Dr* debet
dec||a- [de'kə] [i sms.] tio- -**ade** *s* tiotal
dec'aden||ce -**cy** *s* förfall -**t** *a* dekadent
decamp' *itr* bryta upp, avtåga; rymma
decant' *tr* hälla [av]; klara -**er** *s* karaff
decap'itate *tr* halshugga
decay' I *itr* 1 förfalla; försvagas; förstöras 2 multna, murkna; vissna **II** *tr* 1 fördärva 2 röta **III** *s* 1 förfall 2 avtynande 3 bortvissnande; förmultnande, förruttnelse
decease [si:'s] **I** *s* död[sfall] **II** *itr* avlida -**d** *a s* avliden
deceit [i:'t] *s* bedrägeri -**ful** *a* bedräglig
deceive [si:'v] *tr* 1 bedraga, narra; *be* ~*d* missräkna sig 2 gäcka
de'cen||cy *s* anständighet; ärbarhet; *in* [*common*] ~ anständigtvis -**t** *a* 1 anständig; ärbar 2 F hygglig, snäll; städad; ordentlig
decep't||ion *s* 1 bedrägeri, svek; knep 2 villa, villfarelse -**ive** *a* bedräglig

deci´de *tr itr* 1 avgöra; bestämma 2 besluta [sig] [*on* för] 3 döma
dec´im||al *a s* decimal[-] **-ate** *tr* decimera
deci´pher *tr* dechiffrera, [ut]tyda
decis||ion [siˈʒn] *s* 1 avgörande; utslag, dom 2 beslut[samhet] **-ive** [aiˈs] *a* 1 avgörande 2 beslutsam
deck I *s* däck **II** *tr* 1 smycka 2 däcka ~**-hand** *s* däcks|karl, -gast ~**-house** *s* däckshus, ruff
declai´m *itr tr* orera, dundra; deklamera
declamat||ion *s* vältalighet[sprov]; harang **-ory** [æˈm] *a* högtravande
declar||ation *s* 1 förklaring 2 deklaration, anmälan, uppgift **-e** [ɛˈə] **I** *tr* 1 förklara, tillkännagiva 2 deklarera, anmäla **II** *rfl itr* 1 förklara (uttala) sig 2 ~ *off* F taga tillbaka **-edly** [id] *adv* uttryckligen, öppet
de||clen´sion [ʃn] *s* 1 nedgång 2 deklination **-cli´ne I** *itr* 1 slutta nedåt, luta; böja sig ned 2 sjunka; nalkas sitt slut 3 avtaga; [för]falla 4 avböja **II** *tr* 1 böja ned 2 avböja; vägra 3 deklinera **III** *s* avtagande, nedgång; förfall **-cliv´ity** *s* sluttning
decoc´tion *s* 1 [av]kokning 2 dekokt
decoll´ate *tr* halshugga
decolo[u]rize [diːkʌˈ] *tr* [ur]bleka
decompos||e [diːkəmpouˈz] *tr itr* upplösa[s]; vittra **-ition** [pəziˈʃn] *s* upplösning; förruttnelse
dec´or||ate *tr* dekorera; pryda, smycka **-ation** *s* 1 [ut]smyckning 2 prydnad **-ous** [ɔːˈr] *a* hövisk, anständig, värdig **-um** [ɔːˈ] *s* [skick och] anständighet
decoy´ I *s* lock|fågel, -bete **II** *tr* locka [i fällan]; narra ~**-duck** *s* lockfågel
decrease I [iːˈs] *itr tr* [för]minska[s], avtaga **II** [diːˈ] *s* [för]minskning
decree´ I *s* 1 dekret; förordning 2 dom **II** *tr* påbjuda, bestämma
decrep´it *a* orkeslös, skröplig **-ude** [juːd] *s* orkeslöshet
decrescent [kreˈsnt] *a* avtagande
decry´ *tr* nedsätta, racka ner på
dec´uple [juː] *a tr* tiofaldig[a]
ded´icat||e *tr* 1 helga, inviga 2 [till-]ägna **-ion** *s* 1 invigning 2 hängivande 3 tillägnan **-ory** *a* dedikations-
dedu´c||e *tr* 1 följa tillbaka 2 härleda, sluta [sig till] **-t** [ʌˈ] *tr* avdraga **-tion** [ʌˈ] *s* 1 avdrag 2 härledande; slutsats
deed *s* 1 handling; gärning 2 bragd 3 dokument, kontrakt
deem I *tr* anse, [för]mena **II** *itr* döma
deep I *a* 1 djup 2 svårfattlig 3 djupsinnig; grundlig 4 F slug 5 försjunken; ~ *in love* kär över öronen 6 intensiv **II** *adv* djupt; långt **III** *s*, ~*s* [havs]djup ~**-drawing** *a* djupgående **-en I** *tr* fördjupa **II** *itr* bli djupare; sänka sig ~**-level** *a* djupt under marken ~**-set** *a* djupt liggande
deer [diə] (pl. ~) *s* rådjur, hjort; *red*

~ **kronhjort** ~**-stalker** *s* hjortskytt ~**-stealer** *s* tjuvskytt [på hjort]
defa´ce *tr* 1 vanställa 2 utplåna
defalcation [diː] *s* försnillning; brist
defame [feiˈm] *tr* nedsvärta, förtala
default [fɔːˈlt] *s* 1 brist 2 försummelse; uraktlåtelse [att betala] **-er** *s* 1 skolkare 2 bankruttör 3 försnillare
defea´t I *s* 1 nederlag 2 omintetgörande **II** *tr* 1 besegra, nedgöra 2 tillintetgöra 3 upphäva
defect´ *s* 1 brist 2 fel[aktighet], lyte **-ion** *s* avfall **-ive** *a* bristfällig; ofullkomlig; *mentally* ~ sinnesslö
defen´ce *s* 1 försvar; skydd, värn 2 *art of* ~ fäktkonst; boxning
defend´ I *tr* 1 försvara, värna 2 *God* ~ Gud förbjude **II** *itr* försvara sig **-ant** *s a* [jur.] svarande **-er** *s* försvarare
defen´s||ible *a* hållbar; berättigad; skälig **-ive** *s a* försvar[s-]; defensiv
1 defer [fəːˈ] *tr itr* uppskjuta, dröja
2 defer *itr*, ~ *to* böja sig för, foga sig efter **-ence** [deˈf] *s* underkastelse, hänsyn[sfullhet]; aktning **-ential** [eˈnʃl] *a* undfallande, hänsynsfull
defi´an||ce *s* utmaning; trots; hån; *set at* ~ trotsa **-t** *a* utmanande; trotsig
deficien||cy [fiˈʃnsi] *s* brist[fällighet] **-t** *a* bristande, otillräcklig
defi´er *s* utmanare; trotsare
1 defi´le I *s* trångt pass **II** *itr* defilera
2 defi´le *tr* orena; [be]fläcka
defi´n||e *tr* 1 be-, av|gränsa; fixera 2 definiera; bestämma; förklara **-ite** [deˈfinit] *a* exakt, bestämd **-ition** *s* 1 definition; förklaring 2 tydlighet **-itive** [fiˈn] *a* definitiv, slutgiltig
defla´te *tr itr* 1 tömma 2 höja värdet [på]
de||flec´tion -flex´ion *s* böjning, avvikelse **-foliation** [fou] *s* lövfällning
defor´m *tr* vanställa; vanpryda **-ation** [diː] *s* vanställande **-ed** *a* vänskap|t, -lig **-ity** *s* vanskaplighet, fulhet; lyte
defrau´d *tr* bedraga **-er** *s* bedragare
defray´ *tr* bestrida [kostnad]
deft *a* flink, [be]händig
defunct´ *a s* avliden, död
defy´ *tr* 1 utmana 2 trotsa
degener||acy [dʒeˈn] *s* degeneration; förfall **-ate I** [it] *a* degenererad **II** *itr* degenerera[s], urarta
degrad||ation [de] *s* 1 degradering 2 förnedring; förfall **-e** [ei] *tr* 1 degradera 2 förnedra; nedsätta; försämra
degree´ *s* 1 grad; *by* ~*s* gradvis, så småningom 2 [släkt]led 3 rang, ställning 4 grad, examen
dei||fication [diːi] *s* förgudning **-fy** [diːˈifai] *tr* för-, av|guda, dyrka
deign [ein] *tr* värdigas; bevärdiga med
de´ity *s* gudom[lighet]
deject [dʒeˈkt] *tr* ned|slå, -stämma **-ion** *s* nedslagenhet, modfälldhet
dela´te *tr* anmäla, angiva

delay' I *tr* 1 uppskjuta 2 fördröja
II *itr* dröja III *s* dröjsmål, uppskov
delect'able *a* nöjsam, behaglig
del'egate I [it] *s* delegerad, ombud
II *tr* 1 bemyndiga 2 anförtro
dele'te *tr* utstryka, utplåna
deleterious [deliti'əriəs] *a* skadlig
delib'erat||e I [it] *a* 1 överlagd, avsiktlig 2 försiktig, betänksam II *tr itr* 1 överväga; betänka sig 2 rådslå **-ely** [it] *adv* 1 efter övervägande, med flit 2 försiktigt **-ion** *s* över|vägande, -läggning; försiktighet
del'ica||cy *s* 1 finhet 2 späd-, vek-, ömtålighet 3 känslighet; finess 4 grannlagenhet, 5 delikatess **-te** [it] *a* 1 fin, utsökt; mild 2 späd, ömtålig 3 grannlaga 4 [fin]känslig 5 läcker
delicious [li'ʃəs] *a* 1 ljuv[lig], härlig; behaglig 2 läcker, utsökt
delict' *s* förseelse
delight [lai't] I *s* nöje, glädje, förtjusning II *tr* glädja III *itr* finna nöje, njuta; fröjdas **-ed** *a* glad, förtjust **-ful** *a* förtjusande, underbar
delineat||e [i'ni] *tr* 1 teckna, skissera 2 skildra **-ion** *s* 1 teckning; skiss 2 beskrivning **-or** *s* tecknare; skildrare
delinquen||cy [i'ŋ] *s* brottslighet; förseelse **-t** *a s* försumlig; brottsli[n]g
deliri||ous [i'r] *a* yr[ande], yrsel-; rasande **-um** *s* yrsel, yra; vansinne
deliv'er *tr* 1 befria, frälsa 2 förlossa 3 ∼ *o. s.* uttala sig 4 av-, ut-, över|lämna; leverera; utdela; framföra 5 avlossa; kasta; rikta 6 yttra; framföra, hålla [tal] **-ance** *s* 1 befrielse, räddning 2 yttrande **-er** *s* befriare **-y** *s* 1 förlossning, nedkomst 2 uppgivande; utlämnande 3 av-, fram|lämnand, leverans; utdelning; tur; *cash on* ∼ se *C.O.D.* 4 kast 5 framförande, hållande
dell *s* däld
delu'de *tr* narra, bedraga, förleda
del'uge [ju:dʒ] *s* översvämning; skyfall
delus||ion [(j)u:'ʒn] *s* [själv]bedrägeri, villa, illusion **-ive** [s] **-ory** [s] *a* bedräglig, illusorisk
demand [ɑ:'] I *tr* 1 begära, fordra, kräva 2 fråga [efter] II *s* 1 begäran, krav; anspråk; *on* ∼ vid anfordran 2 efterfrågan
de'marca'tion [mɑ:] *s* avgränsning
demea'n *rfl* uppträda, uppföra sig **-our** *s* hållning, uppträdande
demen'ted *a* förryckt, vansinnig
demerit [di:me'r] *s* fel, brist
demesne [ei'n] *s* gods, domän; område
dem'i- [i sms.] halv-
demise [ai'z] I *s* 1 överlåtelse 2 frånfälle II *tr* överlåta, testamentera
demission [mi'ʃn] *s* avsägelse, avgång
de'mobiliza'tion [bilaiz] *s* demobilisering **-e** [ou'l] *tr* demobilisera

democ'ra||cy *s* demokrati **-t** [de'm] *s* demokrat **-tic** [æ'] *a* demokratisk
demol'||ish *tr* nedriva, rasera; förstöra **-ition** *s* [ned]rivning; förstöring
de'mon *s* demon; ond ande; djävul **-iac** [mou'niæk] **-i'acal** [di:] *a* djävulsk, demonisk
dem'onstr||able *a* bevislig **-ate** *tr itr* 1 bevisa; på-, upp|visa 2 demonstrera **-ation** *s* 1 på-, upp-, be|visande; bevis[föring] 2 demonstration **-ative** [dimɔ'n] *a* 1 bevisande; övertygande 2 åskådlig 3 demonstrativ
demoraliz||ation [mɔ'rəlaizei'ʃn] *s* sedefördärv **-e** [ɔ'r] *tr* demoralisera
demur [mə:'] *itr s* [göra] invändningar
demu're *a* värdig; korrekt; pryd
den *s* 1 håla, lya 2 tillhåll; F kula
denaturalize [di:næ't frəlaiz] *tr* beröva medborgarskap
deni'al *s* 1 vägran, avslag 2 förnekande 3 självförsakelse
den'izen *s* [naturaliserad] utlänning
denom'inat||e *tr* benämna, beteckna **-ion** *s* 1 benämning, beteckning, namn 2 religiös sekt **-ional** *a* sekt-, konfessionell **-or** *s* [mat.] nämnare
deno'te *tr* utmärka, beteckna, tyda på
denou'nce *tr* 1 an|giva, -mäla 2 brännmärka, fördöma **-ment** *s* fördömande
dens||e *a* 1 tät, fast; tjock 2 dum, slö **-ity** *s* 1 täthet 2 dumhet
dent *s tr* buckla **-al** *a* tand- **-ifrice** [is] *s* tand|pulver, -pasta **-ist** *s* tandläkare **-ition** *s* tandsprickning **-ure** [de'ntʃə] *s* tand|rad, -garnityr
denu'de *tr* blotta, avkläda; beröva
denunciat||ion [nʌ'n] *s* 1 angivelse 2 fördömande, klander **-ive** [nʌ'n] *a* 1 anklagande 2 fördömande
deny' *tr* [för]neka, bestrida; vägra
deo'dorize [di:] *tr* desinficera
depar't *itr* 1 gå bort, avresa; avgå 2 avvika, skilja sig **-ed** *a* [hädan]gången; avliden **-ment** *s* 1 område 2 departement; avdelning **-men'tal** *a* departements- **-ure** [ʃə] *s* 1 av|resa, -gång 2 bortgång, död 3 avvikelse; *new* ∼ nytt försök; nyhet
depend' *itr* 1 bero; vara beroende 2 lita 3 anstå, vila **-able** *a* pålitlig **-ant** *s* underlydande; anhängare **-ence** *s* 1 beroende 2 tillit **-ency** *s* lyd-, bi|land **-ent** I *a* 1 nedhängande 2 beroende; underordnad; hänvisad II = *-ant*
depict' *tr* 1 av|måla, -bilda 2 skildra
deple'te *tr* [ut]tömma
deplor||able [ɔ:'] *a* beklag|ansvärd, -lig; sorglig **-e** *tr* sörja, beklaga
de||plume [u:'] *tr* plocka **-po'nent** *s* edligt vittne
depop'ulat||e [di:] *tr itr* avfolka[s]
depor't I *tr* bortföra; deportera II *rfl* uppföra sig **-ation** [di:] *s* deportering **-ment** *s* hållning

depo´se [z] *tr* 1 avsätta 2 vittna
depos´it [z] I *tr* 1 nedlägga, sätta ned 2 av|sätta, -lagra 3 deponera; anförtro, insätta II *s* 1 fällning, bottensats; avlagring; lager 2 anförtrott gods; insatta pengar 3 pant, hypotek; förskott **-ion** *s* 1 avsättning 2 vittnesmål 3 nedläggande 4 [ut]fällning 5 insättning **-or** *s* insättare **-ory** *s* förvaringsrum; nederlag
depot [di:´pou] *s* 1 depå; högkvarter 2 nederlag 3 [Am.] järnvägsstation
deprav‖ation *s* fördärv[ande] **-e** [rei´] *tr* fördärva **-ity** [æ´] *s* fördärv
dep´recat‖e *tr* söka avvärja; bedja [om nåd]; ogilla **-ion** *s* 1 bön om nåd 2 avvärjande; ogillande **-ive -ory** *a* 1 böne- 2 avvärjande; urskuldande
depreciat‖e [pri:´∫ieit] *tr itr* 1 minska (falla) i värde; depreciera 2 förringa **-ion** *s* 1 minskning i värde 2 förringande **-ory** *a* nedsättande
depredation [de] *s* plundring, härjning
depress´ *tr* 1 nedtrycka; sänka 2 hämna 3 ned|slå, -stämma **-ion** [pre´∫n] *s* 1 nedtryckning 2 fördjupning 3 nedgång; depression 4 lågtryck 5 [kraft]nedsättning 6 nedslagenhet **-ive** *a* ned|tryckande, -slående
depriv‖ation [de] *s* berövande; förlust; försakelse **-e** [ai´] *tr* beröva
depth [þ] *s* djup; djupsinnighet; *in the ~ of winter* mitt i [den kallaste] vintern; *get out of o.´s ~* råka ut på djupet; ta sig vatten över huvudet
deput‖ation [de] *s* deputation **-e** [ju:´] *tr* 1 anförtro 2 utse till representant **-y** [de´pjuti] *s* fullmäktig, ombud
derai´l *tr itr* [bringa att] urspåra
dera´nge [dʒ] *tr* bringa i oordning; störa **-d** *a* sinnesrubbad **-ment** *s* störning; [sinnes]rubbning
Derby [a:´] *s* 1 *the ~* Derbyloppet 2 F plommonstop
derelict [e´r] I *a* övergiven, herrelös II *s* herrelöst gods; [skepps]vrak **-ion** *s* 1 torrlagt land 2 försumlighet
deri´‖de *tr* håna, förlöjliga **-sion** [i´ʒn] *s* förlöjligande, åtlöje **-sive** [s] *a* hånfull
deri´v‖able *a* som kan härledas **-ation** [de] *s* 1 hämtande 2 härled[ande, -ning **-ative** [ri´v] *s* avledning **-e** I *tr* 1 hämta, draga, ha [fått] 2 av-, här|leda II *itr* härleda sig
derogat‖e [e´r] *itr* sjunka; *~ from* inskränka **-ion** *s* inskränkning; intrång; motsats; för|ringande, -nedring **-ory** [rɔ´] *a* inkräktande; nedsättande
derr´ick *s* lyftkran, hissbock
derr´ing-do´ [du:] *s* oförvägenhet
descant´ *itr*, *~ on* utbreda sig över
descen´‖d I *itr* 1 gå ned, nedstiga; sjunka, falla 2 slutta 3 *~ upon* slå ned på 4 *~ to* sänka (förnedra) sig till; genom arv tillfalla II *tr* 1 stiga (gå) nedför 2 *be. ~ed from* härstamma från **-dant** *s* avkomling **-dent** *a* härstammande **-t** *s* 1 ned|stigande, -gang; nedfärd 2 sluttning 3 invasion, landstigning 4 fall 5 härstamning 6 led 7 nedärvande
descri´be *tr* beskriva; skildra
descrip´t‖ion *s* 1 beskrivning; skildring 2 slag, sort **-ive** *a* beskrivande
descry´ *tr* varsna; upptäcka
desecrate [de´s] *tr* vanhelga
1 **desert** [dizə:´t] *s* förtjänst; lön
2 **desert** I [de´zət] *a* öde, obebodd; kal II [´.´-] *s* öken; ödemark III [dizə:´t] *tr* övergiva; rymma från; *~ed* öde IV [- -´] *itr* svika; desertera, rymma **-er** [- -´-] *s* desertör; överlöpare **-ion** [zə:´∫n] *s* 1 övergiv[ande, -enhet 2 desertering
deserv‖e [zə:´v] *tr itr* förtjäna, vara förtjänt [av] **-edly** [id] *adv* med rätta
desiccate [de´s] *tr* [ut]torka, göra torr
design [zai´n] I *tr* 1 avse, 2 ämna 3 planera, uttänka 4 teckna, skissera; skapa II *itr* teckna; rita mönster III *s* 1 plan; anslag 2 avsikt; ändamål[senlighet]; *by ~* avsiktligt 3 utkast; ritning; *school of ~* konst-, tecknings|skola 4 mönster; konstnärlig idé **-ate** [de´zigneit] *tr* 1 angiva; beteckna 2 bestämma **-ation** [dezig] *s* angivande; bestämmande; utnämning; benämning **-edly** [id] *adv* avsiktligt **-er** *s* planläggare; ränksmidare; ritare, artist
desi´r‖able [z] *a* önskvärd **-e** I *tr* 1 önska [sig], åstunda 2 begära, bedja om II *s* önskan, begär[an], längtan **-ous** *a* önskande; ivrig
desist´ [z] *itr* avstå, upphöra
desk *s* pulpet; kateder; kassa
des´olat‖e I [solit] *a* 1 ensam, övergiven 2 öde, folktom; ödslig 3 tröstlös, bedrövad II *tr* 1 avfolka; ödelägga 2 bedröva **-ion** *s* 1 ödeläggelse 2 ödslighet 3 enslighet; tröstlöshet
despair [ɛ´ə] *s itr* förtvivla[n], misströsta[n]
des´perat‖e [it] *a* förtvivlad **-ion** *s* desperation; förtvivlan
des´picable *a* föraktlig, usel
despi´se [z] *tr* förakta, försmå
de‖spi´te *s* 1 illvilja, agg; ondska 2 [*in*] *~* [*of*] trots **-spoi´l** *tr* [be]röva
despond´ *itr* misströsta **-ency** *s* modfälldhet, förtvivlan **-ent** *a* förtvivlad
dessert [dizə:´t] *s* dessert, efterrätt
destin‖ation *s* bestämmelse[ort], mål **-e** [de´stin] *tr* besluta, bestämma, ämna **-y** [e´] *s* öde
des´titut‖e [ju:´] *a* utblottad; nödlidande **-ion** *s* brist; armod, nöd
destroy´ *tr* riva ner; förstöra; tillintetgöra **-er** *s* 1 förstörare 2 ⚓ jagare
destruct´‖ible *a* förstörbar **-ion** *s* för-

stör|ande, -else; undergång -ive *a* förstörande; fördärvlig
desultory [de's] *a* ostadig; osammanhängande; planlös; ytlig
detach' *tr* lösgöra, [av]skilja -ed *a* 1 avskild, fristående; spridd 2 opartisk -ment *s* lösgörande, avskiljande; avdelning; avskildhet; oväld
de||tail I [ei'l] *tr* 1 utförligt relatera, uppräkna 2 ⚔ uttaga II [di:'] *s* 1 detalj[er], enskildhet 2 detaljerad redogörelse -tai'n *tr* 1 uppehålla, hindra 2 [kvar]hålla i häkte
detect' *tr* upp|täcka, -daga -ion *s* upptäckt; ertappande -ive *s* detektiv
deten'tion *s* 1 uppehåll[ande] 2 kvarhållande [i häkte]; arrest ~-camp *s* koncentrationsläger
deter [dita:'] *tr* avskräcka
dete'riorate *tr itr* försämra[s]
determin||ation [tə:]s 1 bestämmande 2 utslag; avgörande 3 föresats; beslut[samhet] -e [tə:'min] I *tr* bestämma; avgöra; förmå; besluta II *itr* besluta [sig] -ed *a* beslut|en, -sam
detest' *tr* avsky -able *a* avskyvärd
dethro'ne *tr* störta -ment *s* störtande
det'onat||e *tr itr* [få att] explodera med knall -ion *s* explosion, knall
détour [dei'tuə] *s* omväg, avvikelse
detract' *tr itr* borttaga, frändraga; ~ from förringa, minska -ion *s* förringande; förtal -ive *a* förringande; smädlig -or *s* förtalare
det'ri||ment *s* skada, förfång -men tal *a* skadlig -tion [i'ʃn] *s* avnötning
1 deuce [dju:s] *s* tvåa, dus
2 deuce *s* F tusan -d *a* F förbaskad
Deuteron'omy [dju:]s Femte Mosebok
dev'astat||e *tr* härja, ödeläggelse -ion *s* ödeläggelse
devel'op [əp] I *tr* 1 utveckla 2 framkalla II *itr* utveckla sig; framträda -ment *s* 1 utveckling 2 framkallning
de'viat||e *itr* avvika, göra en avvikelse -ion *s* avvikelse; missvisning
devi'ce *s* 1 plan; påhitt; knep; uppfinning, anordning 2 mönster 3 emblem 4 valspråk
dev'il *s* 1 djävul, satan, sate; tusan, sabla 2 F sabla fart (kläm) -ish *a* djävulsk; P djävlig, förbannad ~-may-care *a* oförvägen; sorglös -ry *s* 1 djävul|skap, -skhet, sattyg 2 djävlar
de'vious *a* 1 avsides [liggande] 2 slingrande, irrande; ~ly på omvägar
devi's||able [z] *a* upptänkbar -e *tr* hitta på, uttänka -er *s* uppfinnare
devoi'd *a*, ~ of blottad på, utan
devolu'tion [di:] *s* överlåtande -ve [divo'lv] I *tr* överlåta II *itr* övergå
devo't||e *tr* helga, inviga, offra; ägna -ed *a* hän-, till|given -ee [devouti:'] *s* dyrkare, anhängare; fanatiker -ion *s* 1 fromhet, gudsfruktan; ~s andakt 2 helgande; hängivenhet
devour [au'ə] *tr* 1 [upp]sluka 2 förtära
devou't *a* 1 from, gudfruktig 2 innerlig
dew [dju:] *s* dagg -y *a* daggig
dext||erity [e'r] *s* färdighet, händighet -[e]rous [de'] *a* flink, händig; skicklig
diabetes [daiəbi:'ti:z] *s* sockersjuka
dia||bol'ic[al] [daiə] *a* diabolisk, djävulsk -dem [-'--] *s* diadem; krona
diagnos||e [dai'agn|ouz] *tr* diagnosticera -is [ou'sis] *s* diagnos
di'al *s* 1 urtavla [äv. ~-plate] 2 visartavla 3 [telef.] nummerskiva, 'petmoj'
dialogue [dai'əlɔg] *s* samtal[sform]
diamet||er [dai|æ'mitə] *s* diameter -rical [əme't] *a* diametr|isk, -al
di'amond *s* 1 diamant; briljant; ~ cut ~ hårt mot hårt 2 romb 3 ruter
diapa'son [daiə] *s* ton-, röst|omfång
di'aper [əpə] *s* 1 dräll 2 [rut]mönster
diaphanous [daiæ'f] *a* genomskinlig
diaphragm [dai'əfræm] *s* 1 mellangärde 2 skiljevägg
di'arist *s* dagboksförare
diarrhoea [daiəri'ə] *s* diarré
di'ary *s* diarium, dagbok
di'atribe *s* stridsskrift; smädelse
dib *itr* [vid metning] pimpla -ble *s tr* [plantera med] sättpinne
dibs *spl* 1 spelmarker 2 S pengar
dice *spl* (sg. *die*) tärningar; tärningsspel ~-box *s* tärningsbägare
dickens [di'kinz] *s* F tusan
dick'er *tr* köpslå, schackra
1 dickey [di'ki] *a* S dålig; ostadig
2 dickey *s* F 1 [skjort]veck 2 kuskbock; betjäntsäte 3 F pippi
dict'||aphone *s* diktafon -ate I [-'-] *s* bud, befallning II [-'] *tr itr* diktera, föreskriva; förestava -ation *s* 1 dikta|men, -t 2 föreskrift; [makt]bud -a'tor *s* diktator -atorial [ɔ:'r] *a* diktatorisk -a'torship *s* diktatur -ion *s* uttryckssätt, språk, stil -ionary [di'kʃnri] *s* ordbok, lexikon
diddle *tr* S narra, lura
didn't F=*did not*
1 die [dai] *s* (pl. *dice*) tärning
2 die *itr* 1 dö; omkomma; dö• ut, slockna; ~ *hard* sälja sitt liv dyrt 2 brinna av längtan att
1 di'et *s* 1 konferens 2 riksdag
2 di'et I *s* diet; föda, kost II *tr* sätta på diet; ~ *o. s.* hålla diet -ary I *a* dietisk, diet- II *s* 1 diet 2 utspisning
diff'er *itr* 1 vara olika, skilja sig [åt], avvika 2 vara av olika mening, vara oense -ence *s* 1 olikhet; [åt]skillnad; *it makes all the* ~ det blir stor skillnad 2 meningsskiljaktighet; tvistepunkt -ent *a* olik, skild, [helt] annan; särskild -en'tial [ʃəl] *a* särskiljande, utmärkande -en'tiate [ʃieit] *tr itr* skilja [sig] -ently *adv* annorlunda, olika
difficult [di'f] *a* svår -y *s* svårighet

diff'iden||ce s försagdhet -t a försagd
diffu's||e I [s] a 1 [ut]spridd 2 vidlyftig, svamlig II [z] tr itr sprida[s], ut|breda[s], -gjuta[s] -ion [ʒn] s [kring]spridning; utbredning -ive [s] a 1 vida spridd 2 vidlyftig
dig (dug dug) I tr 1 gräva; gräva i (upp, ut); ∼ in gräva ner 2 stöta, sticka, peta II itr 1 gräva [sig] 2 [Am.] S plugga, knoga
digest I [dai'dʒest] s sammandrag II [-'] tr 1 ordna 2 genomtänka 3 smälta -ible [-'-] a smältbar -ion [-'-] s [mat]smältning; mage -ive [-'ɪ] a matsmältnings-
digg'||er s [guld]grävare -ing s 1 grävning 2 ∼s guldfält; F bostad, lya
digit [dʒ] s 1 finger[bredd] 2 siffra
dig'ni||fied [faid] a värdig; upphöjd; högtidlig; vårdad -fy tr 1 upphöja 2 hedra -tary s dignitär, hög ämbetsman -ty s värdighet; värde, höghet
digress' itr avvika; göra en utvikning -ion [eʃn] s avstickare; av-, ut|vikning -ive a som går från ämnet
digs spl F bostad, lya
dike s 1 dike 2 strandvall, bank
dilap'idat||e tr itr [låta] förfalla -ion s 1 förfall; vanvård 2 klippras
dila't||able a [ut]tänjbar -ation s uttänjning, utvidgning -e I tr utvidga, uttänja II itr 1 [ut]vidga sig 2 [bildl.] utbreda sig -ion s utvidgning
dil'atory a senfärdig, sölande, långsam
dil'igen||ce [dʒ] s 1 idoghet, flit 2 diligens -t a flitig, arbetsam, ivrig
dill'y-dally itr F vackla, vela; söla
dilu't||e I tr utspäda, förtunna II a utspädd -ion s utspädning
dilu'vi||al -an a syndaflods-; diluviansk
dim I a dunkel, matt; skum; oklar II tr itr fördunkla[s]; omtöckna[s]
dime s 1/10 dollar
dimin'||ish tr itr [för]minska[s]; försvaga[s] -u'tion s förminskning; avtagande -utive [ju] a liten, obetydlig
dimpl||e I s liten [smil]grop II tr itr bilda gropar; krusa[s] -y a [små-] gropig; lätt krusad
din I s dån, brus, larm II tr bedöva III itr dåna, larma
dine itr tr äta (bjuda på) middag -r s 1 middagsgäst 2 restaurangvagn
dingey, dinghy [di'ŋgi] s jolle
din'g||iness [dʒ] s smutsighet; smutsbrun färg -y a smutsig; smutsfärgad
di'ning||-car s restaurangvagn - -room s matsal - -table s matbord
din'ky a F nätt, prydlig
dinn'er s middag; bankett ∼-jacket s smoking ∼-party s middagssällskap; middag[sbjudning]
dint I s 1 by ∼ of i kraft av, genom 2 märke, bula II tr göra märken i
diocese [dai'əsis] s stift, biskopsdöme

dip I tr 1 doppa, nedsänka 2 stöpa 3 ösa II itr 1 dyka [ned], doppa sig 2 sjunka 3 ∼ into ösa ur; titta i 4 luta, stupa III s 1 doppning, [ned-] sänkning 2 dopp, bad 3 [talg]ljus, dank 4 titt 5 lutning
diphtheria [difpi'əriə] s difteri
diplo'ma s diplom -cy s diplomati -t [di'plomæt] s diplomat -tic [æ'] a diplomatisk -tist s diplomat
dipp'er s 1 doppare 2 ös|kar, -slev
dire a gräslig, hemsk
direct' I tr 1 rikta; vända 2 styra, leda, dirigera; instruera 3 visa [vägen] 4 adressera 5 beordra, tillsäga; anordna II a 1 direkt; rak, rät; omedelbar 2 rättfram, öppen III adv direkt, rakt -ion s 1 riktning; håll 2 ledning; överinseende 3 anvisning; föreskrift 4 förvaltning, styrelse 5 adress -ive a [väg]ledande -ly I adv direkt; omedelbart; genast II konj F så fort -or s 1 ledare, styresman 2 rådgivare 3 styrelsemedlem; board of ∼s styrelse -orial [ɔ:'] a ledande, styrande -orship s ledarställning; direktörspost -ory s adresskalender; katalog -ress s ledarinna
di'reful a förfärlig, gruvlig
dirge [də:dʒ] s sorgesång
dirigible [i'ridʒ] I a styrbar II s luftskepp
dirk [də:k] s dolk
dirt [də:t] s 1 smuts, smörja 2 F jord; yellow ∼ guld ∼-cheap a urbillig, för vrakpris -y I a 1 smutsig, osnygg 2 snuskig; lumpen 3 ruskig II tr smutsa ner; fläcka
disabil'ity s oduglighet, oförmåga
disa'ble tr 1 göra oduglig (oförmögen), sätta ur stånd 2 ramponera, fördärva 3 diskvalificera -d a vanför; [strids-, sjö]oduglig -ment s oduglighet, obrukbarhet; invaliditet
dis||abu'se [z] tr, ∼ of an error ta ur en villfarelse -accor'd s motsättning
disadvantage [ɑ:'n] s 1 olägenhet; nackdel; be at a ∼ vara handikappad 2 förlust, skada -ous [ædvə:ntei'dʒəs] a ofördelaktig, ogynnsam
disaffec't||ed a missnöjd, fientligt stämd -ion s ovilja, missnöje
disagree' itr 1 ej stämma överens 2 vara av olika mening, vara oense 3 ∼ to ogilla 4 ∼ with ej passa för -able a obehaglig; otrevlig -ment s 1 motsättning 2 oenighet
disallow [au'] tr 1 ogilla 2 förbjuda
disappear [i'ə] itr försvinna -ance s försvinnande
disappoi'nt tr 1 [be]svika, göra besviken, gäcka 2 bedraga, lura -ment s 1 svikande 2 besvikelse
disapproba'tion [æpro] s ogillande
disapprov||al [u:'] s ogillande -e tr itr, ∼ [of] ogilla, förkasta

disar'm *tr itr* av|väpna, -rusta -ament *s* av|väpning, -rustning
dis||arra'nge [dʒ] *tr* bringa i oordning -**array'** *s tr* [bringa i] oordning -**asso'-ciate** [ʃieit] *tr* skilja
disast||er [ɑ:'] *s* svår olycka; nederlag -**rous** *a* olycks|bringande, -diger
disavow [au'] *tr* ej vilja kännas vid; desavuera; förneka -**al** *s* förnekande
disband' *tr itr* upplösa [sig]
disbelie||f [i:'f] *s* misstro, tvivel -**ve** *tr itr* icke tro [på], [be]tvivla
disburden [ə:'] *tr* lätta; avlasta
disburse [ə:'] *tr itr* utbetala; lägga ut [pengar] -**ment** *s* utbetalning, utlägg
disc se *disk*
discar'd *tr* 1 kasta bort; förkasta; lägga av; kassera 2 avskeda
discern [ə:'n] *tr* urskilja, skilja [på], märka -**ible** *a* urskiljbar, skönjbar -**ing** *a* omdömesgill, skarpsynt -**ment** *s* urskillning[sförmåga], omdöme
discharge [ɑ:'dʒ] I *tr* 1 avlasta; lossa; avlyfta 2 avlossa, [av]skjuta; urladda 3 uttömma; avsöndra; lätta 4 lösa; befria, släppa, frigiva; utskriva; avskeda 5 betala, fullgöra 6 upphäva II *itr* 1 lossa; urladda sig 2 vara sig 3 utmynna III *s* 1 avlastning, lossning 2 avlossande; skott, salva; urladdning 3 uttömning, utflöde, avlopp; avsöndring 4 [ansvars]befrielse 5 frikännande 6 frigivning; avsked[ande] 7 betalning 8 fullgörande 9 kvitto ~-**pipe** *s* avloppsrör
disci'ple *s* lärjunge
discipline [di'siplin] I *s* 1 skolning 2 disciplin, tukt, ordning 3 bestraffning 4 botövning II *tr* 1 fostra 2 disciplinera 3 tukta, straffa
disclai'm *tr* 1 avstå [från anspråk på] 2 förneka; förkasta -**er** *s* 1 avstående 2 dementi; protest
disclo's||e [z] *tr* 1 blotta, visa 2 avslöja -**ure** [ʒə] *s* avslöjande; upptäckt
discolour [kʌ'l] *tr* urbleka, avfärga
discomfit [kʌ'm] *tr* 1 besegra 2 gäcka, korsa; bringa ur fattningen -**ure** [ʃə] *s* 1 nederlag 2 besvikelse
discomfort [kʌ'm] *s* obehag, otrevnad
discompos||e [ou'z] *tr* bringa ur jämvikt; oroa -**ure** [ʒə] *s* upprördhet; oro
disconcert [ə:'t] *tr* 1 bringa förvirring i; omintetgöra 2 förvirra
disconnect' *tr* skilja; av|koppla, -stänga -**ed** *a* 1 skild; lösryckt; fristående 2 osammanhängande -**ion disconnexion** *s* skiljande; frånkoppling
discon'solate [it] *a* tröstlös, otröstlig
discontent' I *a tr* [göra] missnöjd II *s* missnöje -**ment** *s* missnöje
discontin'u||ance [ju] *s* avbrytande; avbrott -**e** *tr* avbryta, sluta, upphöra med -**ity** [ju:'] *s* brist på sammanhang, avbrott -**ous** *a* avbruten

discord I [di'] *s* oenighet; oförenlighet, strid[ighet]; missljud II [- -'] *itr* vara oense, tvista; vara oförenlig -**ance** [- -'-] *s* oenighet; oöverensstämmelse; **disharmoni** -**ant** [- -'-] *a* oförenlig; motsatt; oenig; **disharmonisk**
discount I [di'skaunt] *s* 1 diskont[o]; [växel]avdrag; rabatt 2 diskontering; *at a* ~ under pari II [- -'] *tr* 1 diskontera 2 avdraga; reducera 3 föregripa ~-**broker** *s* diskontör
discou'ntenance *tr* 1 bringa ur fattningen 2 ogilla; motarbeta
discourage [kʌ'r] *tr* 1 göra modfälld, nedslå 2 avskräcka [från] -**ment** *s* 1 avskräckande 2 modlöshet
discourse [ɔ:'s] I *s* föredrag, tal, predikan; avhandling II *itr* 1 [sam]tala 2 predika; ~ *upon* av-, be|handla
discourteous [kə:'] *a* oartig, ohövlig
discover [ʌ'] *tr* upptäcka -**er** *s* upptäckare -**y** *s* upptäckt
discred'it I *s* 1 vanrykte, misskredit; vanheder, skäm 2 misstro II *tr* 1 betvivla, misstro 2 misskreditera -**able** *a* vanhederlig, skamlig
discree't *a* grannlaga, finkänslig
discrep'an||cy *s* skiljaktighet, oförenlighet -**t** *a* skiljaktig, avvikande
discretion [e'ʃn] *s* 1 gottfinnande; godtycke; behag; *at* ~ på nåd och onåd 2 urskillning, omdöme; takt; varsamhet; *years of* ~ mogen ålder
discrim'inat||e *tr itr* skilja, åt-, ur|skilja; göra skillnad; ~ *against* ta parti emot -**ing** *a* 1 särskiljande 2 skarp[sinnig] -**ion** *s* 1 skiljande 2 urskillning; skarpsinne -**ive** *a* 1 utmärkande 2 skarp[sinnig]
dis||crown [au'] *tr* avsätta -**cursive** [ə:'s] *a* 1 vittsvävande, fri 2 logisk
discuss' *tr* diskutera, dryfta
disdai'n I *s* förakt, ringaktning II *tr* förakta; försmå -**ful** *a* föraktfull
disease [zi:'z] *s* sjukdom -**d** *a* sjuk[lig]
disembar'k *tr itr* land|sätta, -stiga; lossa -**ation** *s* land|stigning, -sättning
disembarrass [æ'rəs] *tr* befria, lösgöra
dis||embogue [ou'g] *itr tr* utgjuta (uttömma) [sig] -**embowel** [au'] *tr* ta inälvorna ur; slita sönder
disenchant [ɑ:'] *tr* ta ur en villa, öppna ögon -**ment** *s* desillusion; besvikelse
disengage [ei'dʒ] *tr* lösa; avleda; avgiva; löskoppla -**d** *a* 1 löst; fri[stående] 2 ledig 3 obunden; oförlovad
disentan'gle [ŋg] *tr* lösgöra; reda ut
dis||estee'm *tr s* ringakt|a, -ning -**fa'-vour** I *s* 1 impopularitet, ogillande 2 onåd; nackdel II *tr* ogilla; missgynna
disfigure [fi'gə] *tr* van|ställa, -pryda
dis||fran'chise [aiz] *tr* beröva rösträtt (medborgarrätt) -**gorge** [ɔ:'dʒ] *tr* 1 utspy 2 ge tillbaka 3 utgjuta
disgra'ce I *s* 1 ogunst, onåd 2 vanära;

disgraceful — 57 — **dispute**

skam[fläck] II *tr* 1 bringa i onåd 2 vanhedra -**ful** *a* vanhedrande
disguise [gai'z] I *tr* 1 för-, ut|kläda 2 förställa 3 bemantla, dölja II *s* 1 förklädnad; mask; *in* ~ förklädd 2 förställning; sken; omsvep
disgust' I *s* 1 avsmak; äckel, vämjelse 2 motvilja, leda; harm II *tr* 1 ingiva avsmak, äckla, förtreta 2 ~*ed at* utledsen på -**ing** *a* vämjelig; vidrig
dish I *s* 1 fat; skål 2 [mat]rätt II *tr* lägga upp, servera ~**-cloth** *s* disktrasa ~**-cover** *s* fatlock
dishearten [ha:'tn] *tr* beröva modet
dishevelled [diʃe'vld] *a* [med] upplöst, utslaget [hår]; rufsig
dishonest [diso'nist] *a* ohederlig, oredlig -**y** *s* oredlighet, oärlighet
dishonour [diso'nə] I *s* vanära, skam, skymf II *tr* 1 skända 2 vanhedra -**able** *a* 1 vanhedrande 2 ohederlig
disillusion [u:'ʒn] *s tr* desillusion[era]
disinclin||**ation** *s* obenägenhet -**e** |ai'n] *tr* göra obenägen
disinfect' *tr* desinfic[i]era -**ant** I *a* desinfic[i]erande II *s* desinfektionsmedel -**ion** *s* desinfektion
disinherit [e'r] *tr* göra arvlös -**ance** *s* arvlöshet[sförklaring]
disin'tegrate *tr* upplösa[s]
dis;**inter** [tə:'] *tr* uppgräva -**in'terested** *a* opartisk; oegennyttig -**inter'ment** *s* upp-, ut|grävning
disjoi'n *tr* skilja -**t** *tr* 1 rycka (vrida) ur led 2 sönderdela; bryta sönder
disjunct'ion *s* åtskiljande, skilsmässa
disk *s* skiva
disli'ke I *tr* tycka illa om; ogilla; icke vilja II *s* motvilja, avsky
dis'locat||**e** *tr* 1 rubba 2 rycka ur led, vricka, sträcka -**ion** *s* 1 för|skjutning, -kastning 2 vrick-, sträck|ning
dislodge [lɔ'dʒ] *tr* driva bort, fördriva; [för]flytta, rubba
disloy'al *a* trolös, förrädisk; illojal
dis'mal [z] *a* dyster; hemsk, olycklig
dis||**man'tle** *tr* slopa, rasera, förstöra -**mast** [ɑ:'] *tr* avmasta -**may'** I *tr* förskräcka II *s* bestörtning, förfäran -**mem'ber** *tr* sönder|slita, -dela
dismiss' *tr* 1 skicka bort; upplösa; hemförlova 2 avskeda 3 avvisa; slå bort -**al** *s* 1 bortskickande; upplösning; frigivande; hemförlovning 2 avsked[ande] 3 bort-, av|visande
dismou'nt I *itr* stiga ned (ur), sitta av II *tr* 1 stiga (kasta) av 2 demontera
disobe'dien||**ce** *s* olydnad -**t** *a* olydig
disobey' *tr itr* vara olydig [mot], icke lyda; överträda
disoblig||**e** [ai'dʒ] *tr* ej tillmötesgå; misshaga; stöta -**ing** *a* ogin, ovänlig
disor'der I *s* 1 oordning; förvirring 2 tumult 3 opasslighet II *tr* förvirra -**ed** *a* i olag, förstörd; sjuk -**ly** *a*
1 oordentlig; förvirrad 2 bråkig, orolig; förargelseväckande 3 illa beryktad; utsvävande
disorganiz||**ation** [nai] *s* upplösning -**e** [ɔ:'] *tr* desorganisera, nedbryta
disown [ou'] *tr* ej erkänna; förneka
disparage [æ'r] *tr* nedsätta; förringa; ringakta -**ment** *s* förringande; förtal
dis||**parate** [di'spərit] *a* olikartad -**passionate** [pæ'ʃnit] *a* lidelsefri
dispatch' I *tr* expediera; avsända; göra undan (av med) II *s* 1 avsändande; expediering; spedition 2 undanståkande 3 dödande 4 skyndsamhet 5 rapport ~**-box** *s* 1 dokumentskrin 2 reseskrivetui -**er** *s* avsändare; speditör ~**-goods** *spl* ilgods
dispel' *tr* förjaga, skingra
dispen's||**able** *a* umbärlig -**ary** *s* dispensär; apotek -**ation** *s* 1 ut-, för|delning 2 försynens skickelse 3 dispens, befrielse 4 undvarande -**e** I *tr* 1 fördela 2 [tillreda och] utdela 3 skipa; sköta 4 lösa, frikalla II *itr*, ~ *with* suspendera; ge dispens från, av-, und|vara -**er** *s* apotekare
dispers||**al** [ə:'] *s* [ut]spridning -**e** *tr itr* sprida [sig]; skingra [sig], upplösa[s] -**ion** [[ʃn] *s* spridande; förskingring
dispirit [i'r] *tr* göra nedfälld
displa'ce *tr* 1 flytta, rubba; undanröja 2 avsätta -**ment** *s* 1 omflyttning, rubbning 2 ⚓ deplacement
display' I *tr* 1 utveckla, utbreda; framlägga; visa 2 lysa (skryta) med II *s* 1 utvecklande, [fram]visande; uppvisning 2 stät[ande], skryt; *make a* ~ *of* lysa (briljera) med
displeas||**e** [pli:'z] *tr* misshaga; stöta, förarga; ~*d* missnöjd -**ing** *a* obehaglig; stötande -**ure** [e'ʒə] *s* missnöje
dispor't *itr rfl* leka, roa sig, tumla om
dispos||**able** [ou'z] *a* disponibel; avytterlig -**al** *s* anordning; [fritt] förfogande, användning; avyttrande; placering -**e** I *tr* 1 [an]ordna 2 göra benägen, beveka II *itr* bestämma; ~ *of* förfoga över, [få] använda; avyttra, [för]sälja, överlåta; expediera, göra slut på -**ed** *a* sinnad; böjd, hågad -**ition** [pəzi'ʃn] *s* 1 anordning; uppställning 2 förberedelse 3 överlåtelse; avyttrande 4 förfogande 5 sinnelag, lynne 6 fallenhet; benägenhet
dis||**possess** [ze's] *tr* fördriva; ~ *of* beröva -**prai'se** I *tr* klandra II *s* klander -**proo'f** *s* vederläggning; motbevis
dispropor'tion *s* disproportion -**ate** [it] *a* oproportionerlig
disprove [u:'] *tr* vederlägga
dispu't||**able** *a* omtvistlig -**ant** [i'] *a s* tvistande -**ation** *s* [ord]strid, dispyt -**e** I *tr itr* disputera, tvista II *tr* 1 diskutera, tvista om 2 bestrida III *s* dispyt, tvist; *beyond* ~ obestridlig[t]

disqualification — 58 — diverting

disquali|||fica'tion [kwɔl] *s* diskvalifikation; hinder; inkompetens **-fy** [--'-ai] *tr* diskvalificera; **-fied** jävig
disquiet [kwai'ət] I *tr* oroa II *s* oro
disregar'd I *tr* ej bry sig om, förbise; ringakta II *s* ignorerande, likgiltighet **-ful** *a* likgiltig, överlägsen
dis||rel'ish *tr s* [känna] motvilja [för] **-repair** [ripɛ'ə] *s* dåligt skick, förfall
disrep'ut||able [ju] *a* 1 vanhedrande, skamlig 2 ökänd **-e** [ju:'t] *s* vanrykte
disrespect' *tr s* [visa] missaktning ∼**-ful** *a* vanvördig, ohövlig
disro'be *tr* avkläda
disrupt' *tr* sönderslita, spränga **-ion** *s* sönderslitning; remna; sprängning
dissatis||fac'tion *s* missnöje **-fac'tory** *a* otillfredsställande **-fied** [æ'] *a* missnöjd
dissect' *tr* 1 skära sönder (upp) 2 dissekera; obducera 3 analysera **-ion** *s* 1 dissektion; obduktion 2 analys
dissem'ble I *tr* [för]dölja II *itr* förställa sig, hyckla
dissem'inate *tr* ut|så, -strö, sprida
dissen'|sion [ʃn] *s* oenighet, split **-t** I *itr* skilja sig i åsikter, avvika; ∼**ing minister** frikyrkopräst II *s* 1 motsättning; reservation 2 frikyrklighet **-ter** *s* oliktänkande; frikyrklig **-tient** [ʃnt] *a s* oliktänkande, reservant
dis||sertation *s* avhandling **-sev'er** *tr* skilja, söndra
diss'iden||ce *s* [menings]skiljaktighet **-t** *a s* oliktänkande; dissenter
dissim'il||ar *a* olika **-arity** [æ'] **-itude** [mi'l] *s* olikhet
dissim'ulat||e [ju] I *tr* dölja II *itr* förställa sig, hyckla **-ion** *s* förställning
diss'ipat||e *tr itr* 1 skingra [sig]; upplösa 2 förslösa; splittra **-ed** *a* utsvävande **-ion** *s* 1 skingrande 2 utsvävningar
disso'ci||ate [ʃieit] *tr* [åt]skilja; upplösa **-ation** [sou'si] *s* upplösning
dissol'||uble [ju] *a* upplös|lig, -bar **-ute** [di's] *a* utsvävande, liderlig **-u'tion** *s* upplösning, förstöring
dissolv||e [dizɔ'lv] I *tr* [upp]lösa; upphäva II *itr* [upp]lösas; smälta
diss'onan||ce *s* 1 missljud 2 oenighet **-t** *a* 1 missljudande 2 stridig
dissua||de [wei'] *tr* avråda **-sion** [ʒn] *s* avrådande **-sive** [s] *a* avrådande
dis'taff [ɑ:] *s* slända; ∼ **side** spinnsida
dis'tan||ce I *s* sträcka; stycke; avstånd; *in the* ∼ i fjärran (bakgrunden); *within* ∼ inom skotthåll (räckhåll) II *tr* distansera, överflygla **-t** *a* 1 avlägsen; långt åtskild 2 dunkel, svag 3 reserverad
dista'ste *s* avsmak, motvilja **-ful** *a* osmaklig, vidrig
distem'per *s* 1 sjukdom, illamående 2 ∼**s** förvirring **-ed** *a* sjuk[lig]; rubbad
disten'||d *tr itr* utvidga[s] **-sion** [ʃn] *s* 1 utvidgning 2 vidd

distil' *itr tr* 1 droppa, drypa 2 destillera[s] **-lation** *s* 1 droppande 2 destillering **-lery** *s* bränneri
distinct' *a* 1 [sär]skild 2 tydlig, klar; uttrycklig, bestämd **-ion** *s* 1 särskiljande; skillnad 2 sär-, känne|märke 3 stil; förnämhet 4 utmärkelse 5 anseende; betydenhet **-ive** *a* utmärkande, typisk; utpräglad
distin'guish [gwiʃ] *tr* 1 [åt]skilja, särskilja; *as* ∼**ed from** till skillnad från 2 känneteckna 3 utmärka 4 urskilja **-able** *a* märkbar, [ur]skiljbar **-ed** *a* 1 framstående, utmärkt; *D*∼ *Service Order* tapperhetsorden 2 distingerad
distor't *tr* förvrida; förvränga **-ion** *s* förvridning; förvrängning
distract' *tr* 1 dra bort, distrahera 2 [sönder]slita 3 förvirra, oroa **-ion** *s* 1 distraktion; förströelse 2 söndring, oro; förvirring 3 raseri
distrai'n I *tr* ta i mät II *itr* göra utmätning **-t** *s* utmätning
distress' I *s* 1 betryck; hemsökelse; [sjö]nöd 2 smärta, sorg 3 utmattning 4 utmätning II *tr* 1 ansätta; utmatta 2 plåga; oroa 3 göra utmätning hos **-ed** *a* 1 nödställd 2 bedrövad; ängslig ∼**-gun** *s* nöd|signal, -skott **-ing** *a* beklämmande; oroande
distrib'ut||e *tr* 1 ut-, för|dela 2 [kring-] sprida **-ion** [ju:'ʃn] *s* 1 ut-, för|delning 2 utbredning **-ive** *a* ut-, för|delande **-or** *s* distributör; spridare
dis'trict *s* område, bygd; stadsdel
distrust' I *s* misstroende, tvivel II *tr* misstro, tvivla på **-ful** *a* misstrogen; skeptisk 2 ∼ [*of o. s.*] försagd
disturb [ə:'] *tr* 1 oroa; uppröra; rubba 2 störa **-ance** *s* 1 störande 2 oro; störning 3 tumult **-er** *s* fredsstörare
disu'nion *s* skiljande, upplösning; split
disu'se *s, fall into* ∼ komma ur bruk **-d** [zd] *a* av-, bort|lagd; obruklig
disyllab'||ic *a* **-le** [i'l] *s* tvåstavig[t ord]
ditch I *s* dike; grav II *tr* 1 [ut]dika 2 omge med grav
ditt'||o *a s* dito **-y** *s* visa, sång
diurnal [daiə:'nəl] *a* dag[s]-; daglig
divagation [dai] *s* avvikelse, förirring
dive I *itr* 1 dyka 2 sticka ned handen; gräva 3 försvinna 4 forska II *tr* sticka ned **dykning -r** *s* dykare
diverge [daivə:'dʒ] *itr* 1 divergera, gå åt olika håll 2 avvika **-nce -ncy** *s* 1 divergens 2 avvikelse
divers [dai'vəz] *a* åtskilliga, diverse **-e** [ə:'s] *a* olika; mångfaldig **-ely** [ə:'s] *adv* på olika sätt **-ify** [ə:'s] *tr* göra olik; variera **-ified** *a* [mång]- skiftande **-ion** [ə:'ʃn] *s* 1 avled|ande, -are; avstickare 2 förströelse **-ity** [ə:'s] *s* olikhet; skillnad; olika slag
diver't *tr* 1 avleda, avvända; förskingra 2 förströ **-ing** *a* underhållande

Di′ves [iːz] *s* [bibl.] den rike mannen
divest′ *tr* 1 avkläda 2 avhända
divi′de I *tr* 1 [upp]dela 2 dividera 3 [åt]skilja 4 splittra II *itr* 1 dela [sig], sönderfalla 2 vara oense 3 rösta, votera **-nd** [di′v] *s* utdelning
divin‖ation *s* 1 förutsägelse, spådom 2 aning **-e** [ai′n] I *a* gudomlig II *s* teolog III *tr* ana; spå, förutsäga
di′ving *s* dykning **~-bell** *s* dykarklocka
divi′ning-rod *s* slagruta
divin′ity *s* 1 gudom 2 gud 3 teologi
divis‖ible [i′z] *a* delbar **-ion** [i′ʒn] *s* 1 delning; upp-, in-, för|delning 2 division 3 avdelning; krets; distrikt 4 grad 5 skilje|linje, -vägg 6 skiljaktighet, oenighet 7 omröstning
divor′ce I *s* skilsmässa II *tr itr* skilja[s]; [låta] skilja sig [från] **-e** [iː′] *s* frånskild **-ment** *s* skilsmässa
divul′ge [dʒ] *tr* utsprida
divul′sion [ʃn] *s* lösryckning
dizz′‖iness *s* yrsel, svindel **-y** I *a* 1 yr [i huvudet] 2 svindlande II *tr* göra yr i huvudet; förvirra
1 **do** [di′to(u)] [= *ditto*] dito; d:o
2 **do** [duː] (*did aone* [dʌn]) I *tr* 1 göra, hålla på med; uträtta; *be* ~*ne* ske, gå till; *it is not* ~*ne* det kan (gör) man inte 2 [av]sluta 3 ~ [..-*ing*] sköta [om], utföra, stå för; ~ *the talking* sköta konversationen 4 lända till, ge 5 *a*) ordna, göra i ordning; städa; ~ *o.'s. hair* kamma sig, sätta upp håret; ~ *a house* måla (tapetsera) i ett hus; *b*) arbeta (läsa) på; lösa; översätta; lära sig; *c*) laga, anrätta, steka; *enough* ~*ne* genom|kokt, -stekt; *d*) spela [viss.] roll, uppträda som; *e*) [med adj.] visa sig, vara; ~ *the pleasant to* göra sig till för; *f*) trötta ut; *g*) F kugga, lura; *h*) tillryggalägga; *i*) F expediera, göra [ifrån sig], bese; *j*) S ~ *o.'s. time* sitta av sitt straff; *k*) S ge (ha) mat och rum åt; *l*) vara nog för 6 ~ *in* S göra kål på; ~ *up* göra i ordning; städa; fästa upp; reparera; piffa upp; packa (slå) in; snöra, knäppa; F ruinera; ~*ne up* F utschasad II *itr* 1 *a*) göra, handla, arbeta; *b*) ~*ing* som göres; *there is nothing* ~*ing* det är ingenting i gång, det görs inga affärer 2 bära sig åt 3 sluta, bli färdig; *have you* ~*ne?* är du färdig? ~*ne!* avgjort! kör till! 4 reda (sköta) sig, lyckas, ha det [bra el. illa]; må, gå [bra, illa], lyckas; ~ *with* reda sig med; *I can* ~ *with another* jag vill gärna ha en till; *he is* ~*ing very well* det går mycket bra för honom; *how* ~ *you* ~*?* god dag; [äv.] hur står det till? 5 räcka, duga, ge an; *that'll* ~*!* det är bra! *that won't* ~ det går inte an 6 ~ *away with* avskaffa, göra av med; ~ *for* duga till; F hushålla för; fördärva; göra slut på III *hjälpv* 1 göra; *yes, I* ~ ja, det gör jag 2 verkligen; *I* ~ *wish* jag önskar verkligen; ~ *come!* kom är du snäll! 3 *I* ~*n't know* jag vet inte; *when did he come?* när kom han? ~*n't move* för er inte! IV *s* F 1 bedrägeri, skoj 2 fest
do′cil‖e *a* läraktig; foglig **-ity** [siˈl] *s* läraktighet; foglighet
1 **dock** *s* [bot.] syra
2 **dock** I *s* 1 svans[stump] 2 svansrem II *tr* stubba; beskära; förminska
3 **dock** I *s* 1 [skepps]docka 2 ~*s* varv; kaj 3 'skrank', de anklagades bänk II *tr itr* [ta[s] i] docka **-age** *s* dockavgift **-er** *s* dockarbetare
dock′et I *s* 1 register, förteckning; *on the* ~ på dagordningen 2 påskrift II *tr* inregistrera, anteckna
dock′-tailed *a* stubbsvansad
dock′yard *s* [skepps]varv
doc′tor I *s* doktor; läkare II *tr* F 1 behandla, kurera 2 lappa ihop 3 förfalska III *itr* F praktisera som läkare **-al** *a* doktors- **-ate** [it] *s* doktorsgrad **-ess** *s* kvinnlig doktor
doc′trine [in] *s* lära, doktrin; dogm
doc′ument I [ənt] *s* dokument, handling II [ent] *tr* dokumentera, styrka
dodd′er *itr* darra, skälva; stappla
dodge [dʒ] I *itr* 1 springa fram och tillbaka, kila undan, gömma sig 2 krångla, bruka knep; leka II *tr* 1 gäckas (leka) med; lura 2 undvika 3 smyga sig efter III *s* 1 språng åt sidan, kast 2 F fint, knep[ig inrättning] **-r** *s* skojare, filur
doe [dou] *s* 1 hind 2 har-, kanin|hona
do‖er [du(ː)′ə] *s* verkställare, förövare; handlingsmänniska **-es** [dʌz] gör **-est** [duˈist] [*thou* ~] **-eth** [duˈiþ] [åld. 2 o. 3 p. sing. pres. av *do*] gör
doff *tr* ta av [sig]
dog I *s* 1 hund; *hot* ~ varm korv [i pajdeg]; *to the* ~*s* F åt skogen; *throw to the* ~*s* kasta bort 2 usling, stackare; F [flott] karl; *gay* (*jolly*) ~ glad själ; *lazy* ~ latoxe 3 krampa 4 ~*s* järnbock; eldhund II *tr* 1 följa hack i häl 2 hålla fast ~**-box** *s* hundkupé ~**-cart** *s* doggkart, jaktvagn ~**-cheap** *a* för rampris ~**-collar** *s* 1 hundhalsband 2 S rak (hög) krage; prästkrage ~**-days** *spl* rötmånad ~**-fancier** *s* hunduppfödare ~**-fox** *s* rävhane **-ged** [id] *a* envis, seg **-gerel** I *a* burlesk; haltande, usel; knittel- II *s* knittelvers; rimsmideri ~**-gie** *s* F vovve ~**-gish** *a* hundaktig; cynisk; argsint **-gy** = **-gie** ~**-hole** ~**-hutch** *s* kyffe
dog′ma *s* dogm, lärosats **-tic** [æ′] *a* 1 dogmatisk 2 bestämd **-tics** [æ′] *s* dogmatik **-tist** *s* dogmatiker

dog'||rose s. nyponblomma - - **sleep** s lätt sömn -**'s-meat** s 1 hundmat 2 avfall, skräp - -**tired** a dödstrött
doi'ly s 1 dessertservett 2 underlägg
doing [du'] s görande; arbete; verk
doit s styver; dyft
dol'drums spl dåligt humör; stiltje
dole I s 1 lott, öde 2 allmosa; arbetslöshetsunderstöd II tr utdela
do'leful a 1 sorglig 2 sorgsen
do'les[wo]man s understödstagare
doll [dɔl] I s docka II tr utstyra
doll||'s-house s dockskåp -y I s docka II a dockaktig; barnslig
dol'||orous a 1 smärtsam 2 sorglig 3 sorgsen -**our** [dou'] s sorg, smärta
dol'phin s 1 delfin 2 ♆ pollare
dolt [ou] s dumhuvud
domai'n s 1 domän, gods 2 område
dome s dom, kupol
domes'tic I a 1 hus-, hem-, familje-, hushålls-; ~ art (industry) hemslöjd 2 huslig, hemkär 3 tam 4 inrikes; inhemsk; hemgjord II s tjänare -**ate** tr 1 naturalisera 2 civilisera; tämja; odla -**ity** [ti's] s 1 hem|känsla, -liv; huslighet 2 tamt tillstånd
dom'icil||e I s hemvist, bostad II tr itr göra (bli) bofast; **~d** bosatt -**iary** [si'l] a bostads-, hus-
dom'in||ant a [för]härskande; dominerande -**ate** I tr behärska, styra II itr härska, dominera; höja sig -**ation** s herra-, över|välde -**ee'r** tr itr [be]härska -**ee'ring** a tyrannisk -**ical** [mi'n] a Herrens; söndags- -**ion** [mi'n] s 1 välde; makt 2 besittning [med självstyrelse] 3 äganderätt 1 **don** tr ta på [sig]
2 **don** s 1 herr[e] 2 hög herre; F överdängare 3 [univ.] lärare
don||a'te tr donera; skänka -**ee'** s mottagare [av gåva]
don'jon s huvudtorn, kärna
don'key [i] s åsna
donn'ish a akademisk; pedantisk
do'nor s givare, donator
do-nothing [du:'nʌ'θiŋ] I s odåga, dagdrivare II a lättjefull
don't [ou] =do not; ~! låt bli! tyst!
doo'dle s F dumbom, fåne
doom I s dom, öde, lott; död, undergång II tr döma, bestämma -**ed** a dödsdömd -**sday** s domedag
door [ɔ:] s dörr; ingång; port; front-(street-)~ huvudingång; lay a th. at a p.'s ~ tillvita ngn ngt; out of (in, within) ~s utom(inom)hus, ute (inne) ~-**case** ~-**frame** s dörrkarm ~-**keeper** s dörr-, port|vakt ~-**money** [ʌ] s inträdesavgift ~-**nail** s dubb; dead as a ~ stendöd ~-**sill** s [dörr]tröskel ~-**step** s dörrtrappsteg -**way** s dörr[öppning], ingång
dope I s 1 sås 2 smörja; smet 3 fernissa 4 S stimulans; narkotika 5 S tips; tippning 6 S humbug II tr smörja; impregnera; S bedöva; späda [ut]; ~ out S räkna ut, finna [på'| ~-**fiend** [i:] s S morfinist, kokainist
dor[-**beetle**] s tordyvel; skalbagge
dor'm||ant a 1 sovande 2 vilande, obegagnad; ~ warrant fullmakt in blanco -**er** s vindskupefönster -**itory** s 1 sovsal 2 [Am.] studenthem
dor'mouse s sjusovare; hasselmus
dor'sa! a rygg-
do's||age [s] s dos[ering] -**e** I s dos[is] II tr ge medicin; dosera; uppblanda
doss S s bädd i natthärbärge
doss'ier s dossier, bunt handlingar
dost [dʌst] [åld.] 2 p. sing. pres. av do
dot I s 1 prick, punkt; märke 2 litet pyre II tr 1 pricka 2 [be]strö, översålla; ~ down skriva upp, 'klottra ner'
do't||age s [ålderdoms]slöhet; fjollighet; svaghet -**ard** [əd] s gammal narr
dotation [dou] s donation
dote itr 1 vara fjollig (barn på nytt) 2 ~ [up]on vara svag för
doth [dʌθ] [åld.] 3 p. sing. av do gör
dott'y a 1 spridd 2 S knäsvag; fnoskig
double [ʌ] I a 1 dubbel; ~ event dubbelseger; ~ time ✕ språngmarsch 2 vikt, böjd 3 tvetydig II s 1 [det] dubbla 2 dubblett; dubbelgångare; avbild 3 krökning 4 krokväg, knep 5 språngmarsch III tr 1 [för]dubbla 2 vara dubbelt så stor (stark) som 3 dubblera 4 lägga dubbel; vika [ihop]; knyta; ~ o. s. up krypa ihop; ~ up vrida sig IV itr 1 fördubblas, bli dubbel 2 dubblera 3 vika sig 4 gå hastig marsch, springa; ~ up! språngmarsch! F raska på! ~-**barrel** s dubbelbössa ~-**barrelled** a 1 tvåpipig 2 dubbel[tydig] ~-**bass** s kontrabas ~-**bedded** a med två bäddar ~-**breasted** a tvåradig ~-**dealer** s bedragare ~-**dyed** a ärke- ~-**edged** a tveeggad ~-**glasses** s pincené ~-**lock** tr låsa med dubbla slag ~-**minded** a vankelmodig -**ness** s dubbelhet ~-**quick** s språngmarsch -t s 1 jacka 2 dubblett 3 ~s allor
doubling [ʌ'] s 1 fördubbling 2 fodring, förstärkning; foder 3 veck-[ning] 4 undanflykt; knep
doubt [aut] I s tvivel[smål]; ovisshet; no ~ utan tvivel; beyond (without) ~ utom allt tvivel; be in ~ tveka II itr tvivla; tveka III tr betvivla -**ed** a tvivelaktig -**ful** a 1 tvivelaktig, oviss 2 tvivlande; tveksam -**less** adv utan tvivel
douche [du:ʃ] s tr itr dusch[a]
dough [ou] s 1 deg 2 S pengar ~-**nut** s [kokk.] munk
doughty [dau'ti] a kraftig, manhaftig
doughy [dou'i] a degig; mjuk, blöt

dove [ʌ] *s* duva -**cot**[e] *s* duvslag
dovetail [dʌ'v] *s tr* [hop]sinka
dowager [dau'ədʒə] *s* änkefru, 'änkenåd'; *Queen* ~ änkedrottning
dowdy [au'] **I** *a* sjaskig **II** *s* slampa
dowel [au'] *s* trä-, järn|tapp, dymling
dower [au'] **I** *s* 1 änkesäte 2=*dowry* 3 gåva **II** *tr* 1 ge hemgift 2 begåva
1 **down** [au] *s* 1 kulligt hedland 2 dyn
2 **down** *s* dun, fjun
3 **down** **I** *adv* 1 ned, ner; nedåt, utför; ~ [, *sir*]! kusch! *up and* ~ [äv.] fram och tillbaka 2 nere 3 på (till) marken, omkull; nedfallen; *one* ~ en straff; ~ *at heel* kippskodd; sjaskig 4 upp[e], ut[e] [från London]; tillbaka [hem-]; *go* ~ [univ.] resa hem; *send* ~ relegera 5 sängliggande 6 nere, slagen; nedstämd; avsigkommen 7 kontant 8 antecknad, uppskriven **II** *prep* utför, ned|för, -åt, utefter; ~ *the course* [om häst] efter; *go* ~ *hill* gå utför; ~ *town* nere (inne) i staden; ~ *the wind* med vinden; 'på båten' **III** *tr* F sätta ner, slå (kasta) omkull; få bukt med **IV** *s* 1 nedgång; motgång 2 F *have a* ~ *on* vilja å't -**cast** *a* nedslagen -**fall** *s* 1 skyfall 2 fall, nedgång ~-**grade** *s* 1 lutning 2 nedgång ~-**hearted** *a* missmodig -**hill** **I** *s* sluttning, utförsbacke **II** *a* sluttande **III** *adv* [--'] utför [backen] -**most** *a adv* nederst, längst ner[e] -**pour** *s* hällregn -**right** **I** *adv* rik'tigt; grundligt **II** *a* 1 rättfram, bestämd 2 ren, fullständig -**stairs** **I** *a i* nedre våningen **II** *adv* ner[e], därnere -**stream** *adv* med strömmen, nedåt floden ~-**train** *s* nedgående tåg, tåg från London ~-**trodden** *a* förtrampad -**ward** [wəd] **I** *a* nedåtgående, fallande **II** *o.* -**wards** *adv* ned[åt], utför
1 **downy** [au'] *a* backig
2 **downy** *a* dun|ig, -beklädd; luddig
dowry [au'] *s* 1 hemgift 2 gåva, talang
dowsing-rod [au'] *s* slagruta
doze **I** *itr* dåsa **II** *s* lätt sömn, lur
dozen [dʌzn] *s* dussin; *some* ~ ett dussintal; *by the* ~ dussinvis
do'zy *a* dåsig, sömnig, slö
1 **drab** *s* 1 slampa 2 slinka
2 **drab** **I** *a* 1 gråbrun, smutsgul 2 enformig **II** *s* 1 gulbrunt [kläde]; ~*s* gulbruna byxor 2 enformighet
drabble **I** *itr* pulsa **II** *tr* smutsa ner
drachm [dræm] *s* 1 drakma 2 [farm.] 3,88 g; [hand.] 1,77 g 3 smula, uns
draff [æ] *s* drav, drägg
draft [ɑ:] **I** *s* 1 detache|ring, -ment 2 tratta, växel; anspråk 3 plan, utkast, koncept **II** *tr* 1 uttaga, detachera 2 avfatta, formulera: rita -**sman** *s* 1 ritare, tecknare 2 författare
drag **I** *tr* 1 släpa, draga; ~ *the anchor*

driva för ankaret 2 ~ [*on*] dra ut på, förlänga; framsläpa 3 dragga på (i), uppmuddra 4 harva 5 ~ *the wheels* bromsa [in] 6 ~ *up* F hårdhänt uppfostra **II** *itr* 1 släpa [sig fram]; gå trögt 2 tala släpigt 3 dragga; söka 4 draga not **III** *s* 1 släpande, släpighet, tröghet 2 hämsko, broms 3 dragg; mudderskopa 4 dragnät 5 drög; tung harv; charabang 6 släp[jaktklubb]; ~-*hunt* släpjakt ~-**anchor** *s* drivankare -**gle** *tr itr* 1 släpa i smuts 2 släpa sig fram ~-**net** *s* släpnot
drag'on *s* drake ~-**fly** *s* trollslända
dragoo'n *s* 1 dragon 2 vildsint sälle
drain **I** *tr* 1 ~ [*off*] låta avrinna; uttappa 2 dränera; torrlägga, täckdika 3 tömma i botten 4 filtrera 5 utblotta; beröva **II** *s* 1 uttömmande; [bildl.] åderlåtning 2 avlopp[srör]; kloak[ledning]; täckdike -**age** *s* 1 dränering, torrläggning; åderlåtning 2 avrinnande 3 avlopp[sledningar]; kloaksystem ~-**pipe** *s* avloppsrör
1 **drake** *s* metfluga [dagslända]
2 **drake** *s* ankbonde, anddrake
dram *s* 1 = *drachm* 2 sup, snaps
drama [ɑ:'m] *s* drama, skådespel -**tic** [æ't] *a* dramatisk -**tist** [æ't] *s* dramatiker -**tize** [æ'm] *tr* dramatisera
drape *tr* drapera; kläda; smycka -**r** *s* klädeshandlare -**ry** *s* 1 manufaktur|varor, -affär 2 draperi[ng]
dras'tic *a* kraftig, drastisk
drat *interj,* ~ [*it*]! förbaskat!
draught [drɑ:ft] **I** *s* 1 drag|ande, -ning; dragrem 2 notvarp; fångst 3 dryck, klunk; [ande]drag; dosis 4 djupgående 5 [luft]drag 6 tappning; *beer on* ~ fatöl 7 teckning, utkast 8 ~*s* damspel **II** *tr* rita, skissera ~-**beer** *s* fatöl ~-**board** *s* damspelsbräde -**s**|**man** *s* 1 ritare 2 skrivare, notarie 3 damspelsbricka -**y** *a* dragig
draw [ɔ:] *(drew drawn)* *tr* 1 draga; föra, leda 2 draga ihop, förvrida 3, draga för (in, undan, upp, ut) 4 ⚓ gå (ligga).. djupt 5 spänna; ~ *the long bow* skära till i växten 6 inandas 7 draga [till sig]; locka 8 rensa; ta [inälvorna] ur 9 [av]tappa, [ut]tömma; pumpa (tappa) upp 10 fa. ut (upp) [räv] 11 taga, hämta; fa. vinna 12 framlocka; F få att yttra sig; 'pumpa' 13 uppbära; lyfta, ta ut 14 rita, teckna; skildra 15 uppsätta 16 ~ *off* dra tillbaka (bort); avtappa: ~ *out* [äv.] 'pumpa'; skriva ut, sätta upp; teckna; ~ *up* [äv.] hålla in [häst]; ställa upp; avfatta; ~ *o. s. up* räta på sig; ~ [*up*]*on* bringa [olycka] över, ådraga **II** *itr* 1 draga[s]; ~ *to a close* närma sig slutet 2 samlas 3 draga blankt 4 draga lott. 5 låna, hämta stoff 6 rita 7 ~ *in*

drawback — 62 — **driving**

lida mot kvällen (slutet); ~ *near* närma sig; ~ *on* närma sig; vinna på; trassera (draga) på; dra växlar på; anlita; ~ *out* ställa upp [sig]; bli längre; ~ *up* stanna; köra fram; ställa upp; få försprång; ~ *up with* hinna fatt III *s* 1 drag[ning] 2 F attraktion, dragplåster 3 fångst, vinst 4 lott[dragning]; lotteri 5 oavgjord strid (tävlan), remi 6 trevare -**back** *s* olägenhet; avbräck -**bridge** *s* vindbrygga -**ee'** *s* trassat
1 drawer [drɔ:'ə] *s* 1 ritare 2 författare [till dokument] 3 trassent
2 drawer [drɔ:] *s* byrå-, bords|låda; *chest of* ~*s* byrå -*s spl* benkläder, kalsonger; *bathing* ~ simbyxor
drawing [ɔ:'] *s a* ritning, teckning; utkast; rit- ~-**board** *s* ritbräde ~-**master** *s* ritlärare ~-**pen** *s* linjerstift ~-**pin** *s* häftstift ~-**room** *s* 1 ritsal 2 salong, förmak; mottagning
drawl [ɔ:] I *tr itr* släpa (dra) på [orden] II *s* släpigt [ut]tal
drawn *a* 1 dragen; ~ *face* fårat ansikte 2 oavgjord ~-**work** *s* hålsöm
draw-well [ɔ:'] *s* djup brunn, dragbrunn
dray *s* bryggar-, lång|kärra ~-**horse** *s* bryggarhäst -**man** *s* ölutkörare
dread [dred] I *tr* frukta, bäva för II *s* fruktan, skräck, fasa III *a* fruktad; fruktansvärd -**ful** *a* förskräcklig; *penny* ~ F rafflande historia -**less** *a* oförfärad -**nought** *s* ✠ slagskepp
dream I *s* dröm II (~*t* [e] ~*t* el. regelb.) *tr itr* drömma; *I never* ~*t of it* jag hade inte en tanke på det -**er** *s* drömmare; svärmare ~-**reader** *s* drömtydare -**y** *a* dröm|mande, -lik
drear [driə] -**y** *a* dyster; ödslig; hemsk
1 dredge [dʒ] I *s* släpnät, bottenskrapa; mudderverk II *tr* 1 fiska (skrapa) upp 2 muddra [upp]
2 dredge *tr* [be]strö [med mjöl] &c
1 dredg'|er *s* 1 ostronfiskare 2 bottenskrapa; mudderverk [= -*ing-machine*]
2 dredger *s* ströflaska
dreg *s*, ~*s* drägg, bottensats -**gy** *a* grumsig; oren
drench I *s* hällregn, rotblöta [äv. -*er*] II *tr* 1 låta dricka 2 genomdränka
dress I *tr* 1 kläda; ~ *out* utstyra; ~ *up* kläda [ut], 2 uppsätta [teaterstycke]; [flagg]smycka 3 bearbeta, bereda; hyvla; häckla; putsa; rusta upp; tillreda, laga; gödsla; beskära, frisera, lägga upp, kamma, borsta; rykta; ansa; lägga om [sår] 4 F sträcka upp, ge smörj 5 ✗ rätta II *itr* 1 ✗ inta rättning; *right* ~! rättning höger! 2 klä [på] sig; ~ *up* klä sig fin; maskera sig III *s* dräkt, kläder, kostym; klänning; [*evening*] ~ aftondräkt, frack; *full* ~ gala, stor toalett, frack; *morning* ~ förmid-

dagsdräkt ~-**coat** *s* frack -**er** *s* 1 skänk-, köks|bord 2 påklädare; matlagerska ~-**guard** *s* kjolskydd
dress'ing *s* 1 ✗ rättning 2 på-, om|klädning, toalett 3 utstyrsel, klä d|er, -sel 4 beredning 5 sås, fyllning, garnering 6 gödsel 7 förband, salvor 8 glans; glasyr; stärkelse 9 F skrapa, stryk ~-**case** *s* resnecessär, toalettväska ~-**gown** *s* kamkofta, morgonrock ~-**room** *s* toalettrum; klädloge ~-**table** *s* toalett|bord, -byrå
dress'||**maker** *s* damskräddare, sömmerska - -**suit** *s* frack[kostym] -**y** *a* stilig[t klädd]; kokett
drew [dru:] imp. av *draw*
dribble I *itr tr* 1 droppa, drypa 2 [fotb.] dribbla II *s* 1 dropp|ande, -e 2 dregel 3 duggregn 4 dribbling
drift I *s* 1 yrsnö; yrsand; damm-, rök|moln; driva 2 drift; ström[sättning]; drivkraft; fart 3 avdrift 4 boskapsdrift 5 tendens; kurs; mening 6 overksamhet 7 drivgarn 8 stoll [i gruva] II *itr* driva [fram]; yra; hopas i drivor; ~ *up* bli igensnöad III *tr* driva [ihop el. fram]; hopa i (täcka med) drivor -**age** *s* 1 drivgods 2 avdrift ~-**net** *s* drivgarn
drill I *tr itr* 1 drilla; [genom]borra 2 exercera, drilla; öva, träna II *s* 1 drillborr 2 drill, träning; gymnastik 3 grovt tyg ~-**hall** [ɔ:] *s* exercishus; gymnastiksal -**ing** *s* exercis, drill
dri'ly *adv* torrt [&c se *dry*]
drink I (*drank drunk*) *itr tr* dricka; tömma II *s* 1 dryck 2 starka drycker, sprit; drickande, dryckenskap; *the worse for* ~ full 3 glas, sup -**able** I *a* drickbar II *s*, ~*s* dryckesvaror -**er** *s* 1 en som dricker 2 drinkare -**ery** *s* F krog -**ing** I *a* supig II *s*. drickande, dryckeslag; dricks-; dryckes- -**ing-bout** *s* supgille
drip I *itr tr* dr∵pa; droppa II *s* 1 drypande; [tak]dropp 2 vattenlist -**ping** I *a* drypande våt II *s* dropp[ande]; stekflott -**ping-pan** *s* stekpanna
dri've (*drove driv'en*) I *tr* 1 driva 2 fösa; jaga 3 köra; skjutsa 4 mana på; trötlköra 5 förmå, tvinga; ~ *mad* göra galen 6 borra 7 knuffa till 8 [be]driva; [genom]föra II *itr* 1 driva[s] 2 rusa, störta 3 köra, åka 4 [om spik, boll &c] gå 5 ~ *at* måtta åt; driva ti'll; mena; F knoga på med III *s* 1 [fram-, undan]drivande; *full* ~ i full fart 2 [jakt.] drev 3 åktur 4 körväg; uppfartsväg 5 attack; framstöt 6 press, slag; kraft, klän 7 tendens; syftning
driv'el I *itr* 1 dregla 2 prata smörja II *s* 1 dregel 2 smörja -**er** *s* idiot
dri'v||er *s* 1 drivare; oxförare 2 kusk, chaufför; förare 3 drivhjul -**ing** *s a*

drivande; körning, åkning; driv- -**ing**-
box s kuskbock
drizzl||**e** *itr* s dugg[a] -y *a* duggande
droll [ou] *a* rolig, lustig **-ery** s [puts-]
lustighet, skämt
dron||**e** I s 1 drönare 2 surr, brummande 3 brumbas II *itr tr* 1 surra, brumma 2 dröna, slöa **-ish** *a* slö, lat
droop I *itr* 1 sloka, hänga ned; sänka sig 2 avtyna, falla [ihop]; bli modlös II *tr* hänga med; sänka; låta falla
drop I s 1 droppe 2 F tår, glas 3 pastilj 4 örhänge; prisma 5 fall[ande], nedgång 6 ridå 7 fall|bräde, -lucka II *itr* 1 droppa [ned]; drypa 2 falla 3 stupa; dö 4 undfalla 5 gå, komma; ~ *asleep* somna; ~ *behind* sacka efter; ~ *short of* ej [lyckas] nå 6 sluta 7 ~ *across* (*on*) råka på´; F slå ned på; ~ *away* falla ifrån, troppa av; ~ *in´* titta i´n; ~ *into* titta i´n i; falla in i; ~ *off* falla av; avtaga, slumra in; dö; ~ *out* bortfalla III *tr* 1 droppa 2 släppa, tappa; fälla; låta undfalla sig; ~ *a hint* ge en vink; ~ *a line* skriva ett par rader 3 utelämna 4 överge, upphöra med 5 avlämna 6 sänka ~**-curtain** s ridå **-let** s liten droppe ~**-off** ~**-out** s utspark ~**-scene** s ridå; slutakt
drop´sy s vattusot
dross s 1 slagg 2 skräp, avskräde -y *a* 1 slaggig 2 oren
drought [draut] s torka -y *a* torr
drove I imp. av *drive* II s [kreaturs]skock; hjord **-r** s kreaturshandlare
drown [au] I *itr* drunkna [vanl. *be* ~*ed*] II *tr* 1 dränka 2 översvämma
drows||**e** [drauz] I *itr* dåsa II *tr* göra dåsig (slö) III s dåsighet **-y** *a* dåsig
drub *tr* prygla **-bing** s stryk
drudge [dʒ] I s arbetsslav II *itr* [släpa och] träla **-ry** s slavgöra, slit
drug I s drog; sömnmedel, gift; ~s narkotika II *tr* förgifta; bedöva III *itr* använda (ta) narkotika ~**-fiend** =*dope-fiend* **-gist** s 1 droghandlare 2 apotekare **-gy** *a* drog-; narkotisk **-store** s [Am.] apotek
drum I s 1 trumma 2 trumslagare 3 trumvirvel 4 trumhåla 5 tebjudning II *itr tr* 1 trumma [med]; dunka [på]; surra 2 värva ~**-fire** s trumeld ~**-head** s 1 trumskinn 2 trumhinna ~**-major** s regementstrumslagare **-mer** s trumslagare ~**-roll** s trumvirvel ´~**-stick** s trumpinne
drunk pp. av *drink* **-ard** [əd] s drinkare **-en** *a* 1 drucken 2 supig **-enness** s 1 fylla, rus 2 dryckenskap
dry [drai] I *a* 1 torr; uttorkad; *run* ~ torka ut 2 ~ *bread* bara brödet 3 torr[lagd] 4 F törstig 5 kall|´ hård II s torka III *tr itr* [ut]torka **-ness** s 1 torka; torrhet 2 tråkighet; stel-

het, kyla ~**-nurse** s barnsköterska ~**-rot** s torröta **-saltery** [ɔ:l] s kemikalie|r, -handel **-shod** *a* torrskodd
D. S. C. = *Distinguished Service Cross*
D. Sc. = *Doctor of Science* fil. d:r
d. t. = *delirium tremens* **D. Th.** = *Doctor of Theology* teol. d:r
du´al *a* dubbel **-ity** [æ´] s dubbelhet
dub *tr* 1 dubba; kalla 2 smörja
dubi||**ety** [dju:bai´əti] s tvivel[aktighet]; ovisshet **-ous** [dju:´biəs] *a* 1 tvivelaktig 2 tveksam, tvivlande **-tation** s tvivel; tvekan
du´c||**al** *a* hertiglig **-at** [Λ´] s dukat **duch´**||**ess** s hertiginna **-y** s hertigdöme
1 **duck** s segelduk; ~s buldansbyxor
2 **duck** I s 1 anka; and 2 F raring 3 [kricket] ~ (~*´s-egg*) noll poäng 4 *play* ~*s and drakes* kasta smörgås 5 dykning, dopp; bock[ning], nick II *itr* 1 dyka ned, doppa sig 2 böja sig, väja undan III *itr* 1 doppa 2 böja ned **-ing** s 1 doppning 2 andjakt **-ling** s ankunge **-y** s F raring
duct s [rör]ledning, rör, gång **-ile** *a* tänjbar; böjlig **-il´ity** s tänjbarhet
dud S s 1 bluff 2 strunt 3 ~s paltor
dud´geon [ʒn] s vrede; *in* ~ förargad
due [dju:] I *a* 1 förfallen [till betalning] 2 skyldig; veder-, till|börlig; riktig; *in* ~ *time* i rättan (sinom) tid 3 beroende [*to* of]; *be* ~ *to* bero på, härröra från 4 väntad; *be* ~ *to* skola II *adv* rakt, precis III s 1 rätt 2 skuld 3 ~s tull, avgift[er]
du´el I s duell; ´envig II *itr* duellera **duff** *tr* S 1 fiffa upp 2 lura 3 förstöra
duff´el s 1 doffel 2 ombyte kläder
duff´er s F 1 svindlare; skojare 2 skräp 3 odugling; idiot
1 **dug** s juver; spene
2 **dug** imp. o. pp. av *dig* ~**-out** s 1 kanot 2 jordkula, skyddsrum
duke s hertig **-dom** s hertigdöme
dul´cet *a* ljuv, mild
dull [Λ] I *a* 1 långsam, trög, slö; dum 2 känslolös; matt, svag; dov; ~ *of hearing* lomhörd 3 dyster; tråkig, enformig; död [bildl.] 4 slö, trubbig II *tr itr* förslöa[s]; dämpa[s]; fördunkla[s] **-ard** [əd] s *a* trög[måns], slö[fock] **-ness** s tröghet [äv. *dul´ness*] ~**-witted** *a* tjockskallig, dum
du´ly *adv* vederbörligen; lagom
dumb [dΛm] I *a* 1 stum; oskälig; mållös; ~ *show* pantomim 2 tyst; ljudlös II *tr* förstumma ~**-bell** s hantel **-found** *tr* göra mållös (stum) ~**-waiter** s [flyttbart] serveringsbord
dumm´y I s 1 F stum 2 träkarl; blindpipa, nolla; fårskalle 3 bulvan; mannekäng II *a* falsk, sken-, blind-
1 **dump** s 1 klump 2 S styver
2 **dump** I *tr* 1 avstjälpa, tippa 2 dumpa II *itr* 1 dunsa ned 2 dumpa [va-

ror] III s 1 duns 2 avstjälpnings-plats -ing s avstjälpning, dump[n]ling -ing-cart s tippkärra -ish a dyster
dump'ling s 1 [äpple]munk; kroppkaka 2 F tjockis
dumps spl, in the ~ F ur humör
dum[p]ty a undersätsig, satt
1 **dun** a grå-, mörk|brun
2 **dun** I s fordringsägare; 'björn' II tr kräva, 'björna'
dunce s dumhuvud
dune s dyn, sand|kulle, -ås
dung I s dynga, gödsel II tr gödsla ~-beetle s tordyvel
dun'geon [dʒ] s fångtorn, fängelse
dung'hill s gödselhög
dunno [dənou'] P=don't know
dupe I s lättnarrad person; be the ~ of låta lura sig av II tr lura; dupera -ry s bedrägeri
du'plio||ate I [it] a dubbel; duplett- II [it] s 1 duplikat, duplett 2 pantkvitto 3 [ord]dubblett III tr 1 fördubbla 2 duplicera; avskriva -ion s fördubbling -ity [i's] s dubbel|het, -spel
dura||bil'ity [djuə] s varaktighet -ble ['--] a varaktig; hållbar -nce ['--] s fångenskap -tion s fortvaro
dur||ess' [dju] s 1 fångenskap 2 tvång, våld, hot -ing ['-'-] prep under [om tid]
durst [ə:] (imp. av dare) vågade
dusk I a dunkel, mörk II s dunkel; skymning -y a dunkel, skum; mörk
dust I s 1 damm, stoft; dammoln; bite the ~ bita i gräset; throw ~ in a. p.'s eyes slå blå dunster i ögonen på ngn 2 sopor 3 frö-, borr|mjöl 4 stofthydda 5 F oväsen II tr 1 damma

ner 2 [be]strö, pudra 3 damma [av]; borsta, piska ~-bin s soplår ~-cart s sopkärra ~-coat s damm-, städ|rock -er s damm|borste, -trasa, -vippa ~-guard s stänkskärm -ing s S kok stryk -man s 1 sophämtare 2 F Jon Blund ~-pan s sopskyffel ~-wrap s dammrock; överdrag -y a 1 dammig; matt 2 urtråkig
Dutch a 1 holländsk; ~ tile kulört kakel; talk to a p. like a ~ uncle läsa lagen för ngn 2 F dålig; falsk -man -woman s holländ|are, -ska
du't||eous=-iful -iable [ti] a tullpliktig -iful a plikt|trogen, -skyldig -y s 1 lydnad; plikt, skyldighet; in ~ bound pliktskyldigast 2 tjänst[göring]; uppgift; vakt; do ~ for tjäna som; off ~ ledig; on ~ i tjänst; vakthavande 3 avgift, skatt, tull
dwarf [ɔ:] I s dvärg[växt] II a dvärglik; förkrympt III tr förkrympa -ish a dvärglik, förkrympt
dwell (dwelt dwelt) itr 1 dväljas, vistas, bo 2 ~ on dröja vid, utbreda sig över -er s invånare -ing s bostad
dwindle itr smälta (krympa) ihop, förminskas; urarta
dye [dai] I s färg[ämne, -medel]; slag II tr itr färga[s] ~-house s färgeri -r s färgare ~-stuff s färgämne
dy'ing s a döende; döds-
dyke [daik] se dike
dynam'ic [dai] a dynamisk; kraft-
dy'namit||e s tr [spränga med] dynamit -er s dynamitard
dyspep'tic [dis] a s [person] med dålig mage; dyster, 'magsur'

E

E, e [i:] s e **E.**=East
each pron 1 var[je], var och en [äv. ~ one]; vardera 2 ~ other varandra
ea'ger a ivrig, angelägen; häftig -ness s iver, begär; häftighet
eagle [i:gl] s örn ~-owl [aul] s uv
eagre [ei'gə] s springflod
1 **ear** [iə] s [sädes]ax
2 **ear** s 1 öra; all ~s idel öra; have a dull ~ höra illa; inte ha ngt öra; by ~ efter gehör; set by the ~s tussa ihop 2 handtag, grepe; ögla -ache [eik] s örsprång -drum s trumhinna
eared [i'əd] a [som gått] i ax
earl [ə:] s greve -dom s grevevärdighet
earl'ly [ə:'] I adv tidigt, i god tid; as ~ as redan [på] II a tidig; ~ bird 'morgonfågel'; be an ~ riser stiga upp tidigt; at your ~-iest convenience så snart som möjligt
earn [ə:] tr [för]tjäna; vinna, skörda
1 **earnest** [ə:'] s handpenning; löfte
2 **earnest** I a allvarlig; innerlig II s

allvar; be in ~ mena allvar -ness s allvar; iver, nit
earnings [ə:'] spl förtjänst[er]
ea'r||-phone s hörlur --piece s hörlur --ring s örring -shot s hörhåll
earth [ə:þ] I s 1 jord; mark 2 jord[klot]; how on ~? hur i all världen? 3 lya, kula 4 jordkontakt II tr 1 täcka med jord 2 [äv. itr] [tvinga [räv-] att] gå under (ner i lya) 3 jorda [antenn] -en a 1 jord-, ler- 2 jordisk -enware s ler-, sten|kärl, keramik -ling s jordinvånare, dödlig -ly a 1 jordisk, världslig 2 F tänkbar; it is no ~ [use] det tjänar inte ett dugg till -quake s jordbävning ~-wire s jordledning -work s jordvall -worm s 1 daggmask 2 jordkryp -y a jord-, jordisk; jordaktig
ea'r||trumpet s hörlur --wax s örvax -wig s tvestjärt II tr intrigera hos
ease [i:z] I s 1 välbehag; lugn, ro; otvungenhet; bekvämlighet; mak-

easeful — 65 — effervesco

[lighet]; *at* [o.'s] ~ i lugn och ro, lugn, obesvärad, makligt; *stand at* ~*!* ✘ på stället vila! *ill at* ~ illa till mods, orolig; *take (enjoy) o.'s* ~ ha det skönt; vila sig 2 lätthet 3 lättnad II *tr* 1 lätta; befria 2 lossa; moderera; ⚓ fira på; sakta III *itr* 1 ~ *off* lätta [på]; ta det lugnare 2 ~ [*up*] sakta farten; ~ *all* stanna -ful *a* 1 vilsam 2 bekväm [av sig]
easel [i:zl] *s* staffli
easi||**ly** [i:'z] *adv* 1 lugnt, behagligt 2 lätt, ledigt -**ness** *s* 1 lugn 2 lätthet 3 otvungenhet 4 maklighet 5 mildhet
east I *a adv* östlig, ostlig, östra; öster- [ut]; *the E~ End* östra London II *s* 1 öster 2 *the E~* Österlandet
Ea'ster *s* påsk[on]; ~-*eve* påskafton; ~-*Monday* annandag påsk
ea'ster||**ly** *a adv* ostlig[t]; åt öster -**n** *a s* 1 östlig, [åt] öster, östra 2 *E*~ österlän|dsk, -ning -**nmost** *a* ostligast
Ea'st In'di||**a** av ostind|ie-, -isk -**an** *s a* indi|er, -sk -**es** [iz] *spl* Ostindien
ea'stward [əd] *adv a* mot (åt) öster
ea'sy [z] I *a* 1 bekväm, behaglig; [lagom] vid 2 välbärgad 3 obekymrad, sorglös 4 ledig, otvungen 5 lätt 6 medgörlig 7 maklig 8 sakta, mild; lindrig; ~ *does it!* inte så häftigt! 9 flau; moderat II *adv* F lätt; bekvämt; lugnt III *s* kort vila ~-**chair** *s* länstol ~-**going** *a* lättsinnig; maklig
eat (*ate* [et] ~*en*) I *tr* 1 äta; förtära; ~ *o.'s terms* (*dinners*) utbilda sig (studera) till jurist 2 tära på, fräta II *itr* 1 äta, spisa 2 fräta 3 F smaka -**able** I *a* ät|lig, -bar II *s*, ~*s* mat- [varor] -**er** *s*, *great* (*hearty*) ~ storätare; *he is a poor* ~ han äter litet -**ing**-**house** *s* matställe, restaurang
eaves *spl* tak|fot, -skägg -**drop** I *s* takdropp II *itr* lyssna i smyg -**dropper** *s* dörrlyssnare
ebb I *s* 1 ebb 2 avtagande, förfall; *be at a low* ~ stå lågt II *itr* ebba; avtaga ~-**tide** *s* ebb
eb'ony *s* ebenholts
ebulli||**ent** [ʌ'] *a* kokande; översvallande -**tion** *s* 1 kokning 2 utbrott
E. C. =*East Central* [London]
eccen'tric [ks] I *a* excentrisk, originell; fantastisk II *s* 1 original; fantast 2 excenter[skiva] -**ity** [i's] *s* excentricitet; överspändhet
Ecclesiast||**es** [ikli:ziə'sti:z] *s* Salomos predikare **e-ic** [æ'] *s* präst **e-ical** [æ'] *a* kyrko-; kyrklig, prästerlig
echinus [ekai'nəs] *s* [zool.] sjöborre
echo [e'kou] I *s* eko II *itr* genljuda III *tr* återkasta; upprepa
eclat [ei'klɑ:] *s* glans; succé; rykte
eclip'||**se** I *s* 1 [sol-, mån]|förmörkelse 2 fördunklande II *tr* 1 förmörka 2 fördunkla -**tic** *a* förmörkelse-

econom'||**ic** [i:kɔ] I *a* 1 ekonomisk 2 praktisk II *s*, ~*s* hushållning; [national]ekonomi -**ical** *a* ekonomisk, sparsam; noga -**ist** [ɔ'n] *s* 1 hushållare 2 nationalekonom [*political* ~] -**ize** [ɔ'n] *itr tr* hushålla [med], spara [på], utnyttja -**y** [ɔ'n] *s* 1 hushållning, förvaltning; *political* ~ nationalekonomi 2 organisation 3 sparsamhet; besparing
ec'st||**asy** *s* extas -**at'ic** *a* hänförd
eczema [e'ksimə] *s* eksem
edacious [idei'ʃəs] *a* glupsk, [rov]girig
edd'y I *s* [vatten]virvel II *itr* virvla
edge [edʒ] I *s* 1 egg, kant, udd;skärpa; *put an* ~ *on* skärpa; *on* ~ ivrig 2 ås, kam 3 rand, brädd, bryn; *inside* ~ innerskär; *be on the* ~ *of* stå i begrepp att; *gilt* ~*s* guldsnitt II *tr* 1 vässa, skärpa 2 kanta, infatta 3 tränga, maka; ~ *in* skjuta in III *itr* maka (tränga) sig ~-**tool** *s* eggjärn, mejsel -**ways** -**wise** *adv* på kant, på tvären; kant mot kant
edgy *a* 1 skarp, vass 2 kantig
edib||**il'ity** *s* ätlighet -**le** [e'] I *a* ät|bar, -lig II *s*, ~*s* mat[varor]
e'dict *s* påbud, förordning
edi||**fication** *s* uppbyggelse -**fice** [e'difis] *s* byggnad -**fy** [e'd] *tr* uppbygga
ed'it *tr* utgiva; redigera -**ion** [idi'ʃn] *s* upplaga -**or** *s* 1 utgivare 2 [huvud-] redaktör -**orial** [ɔ:'] I *a* redaktion|s-, -ell II *s* ledare -**ress** *s* utgivarinna
educ||**able** [e'dju] *a* bildbar -**ate** *tr* [upp-] fostra; [ut]bilda; undervisa; lära
education [ju] *s* [upp]fostran; undervisning; [ut]bildning; *primary* ~ folkskoleundervisning; *secondary* ~ högre undervisning; *Board of E~* skolöverstyrelse -**al** *a* undervisnings-, pedagogisk -[al]**ist** *s* pedagog; bildningsivrare
ed'ucat||**ive** [ju] *a* uppfostrings-; bildande; **pedagogisk** -**or** *s* uppfostrare; lärare
edu'c||**e** *tr* framdraga; få fram -**tion** [ʌ'kʃn] *s* 1 utveckling 2 avlopp
eel *s* ål ~-**fork** ~-**spear** *s* ålljuster
e'en [i:n] *se even* **e'er** [ɛə] *se ever*
eer'||**ie** -**y** [i'əri] *a* kuslig; trolsk, spöklik
effa'ce *tr* 1 utplåna, [ut]stryka 2 fördunkla; ~ *o. s.* träda i bakgrunden
effect' I *s* 1 verkan, verkning[skraft]; *take* ~ träda i kraft; göra verkan; lyckas; *bring to* (*carry into*) ~ sätta i verket 2 inne|håll, -börd; *in* ~ i själva verket 3 ~*s* lösören; *personal* ~*s* reseffekter 4 tillgångar; täckning II *tr* åstadkomma; genomföra -**ive** I *a* 1 verksam; effektfull 2 tjänst-, strids|duglig 3 faktisk II *s* effektiv styrka -**ual** [ju] *a* effektiv -**uate** *tr* ut-, genom|föra
effem'in||**acy** *s* veklighet -**ate** I [it] *a* förvekligad, kvinnlig II *tr* förvekliga
effervesce [efəve's] *itr* bubbla, skum-

effervescent — 66 — emaciate

ma; jäsa, brusa -nt *a* skummande, brusande, [över]svallande
effe´te *a* utsliten; uttjänt
effica¦cious [ei´ʃəs] *a* verksam, effektiv **-y** [e´f] *s* verkan, kraft
efficien‖cy [ifi´ʃnsi] *s* 1 verknings kraft, verkan 2 prestationsförmåga; [strids]duglighet **-t** *a* 1 verksam, effektiv 2 kompetent; [strids]duglig
effigy [e´fidʒi] *s* bild; *in* ~ in effigie
efflorescense [e´sns] *s* blomning
eff´lu‖ence *s* utflöde **-ent** *a* [ut]flytande **-vium** [luː´] *s* [ut]dunst[ning] **-x** [e´flʌks] *s* 1 utflöde 2 [för]lopp
effort [e´fət] *s* 1 ansträngning; försök 2 prestation, kraftprov.
effrontery [ʌ´] *s* oförskämdhet
effulgent [ʌ´ldʒ] *a* strålande
effu´s‖e [z] *tr* utgjuta, sprida **-ion** [ʒn] *s* 1 utgjut|ande, -else 2 hjärtlighet **-ive** [s] *a* översvallande
eft *s* [vatten]ödla
e. g. [iː´dʒiː´, fərigzɑː´mpl] t. ex.
1 egg *tr*, ~ *on* egga, driva på
2 egg *s* ägg; *bad* ~ skämt ägg, rötägg ~**-flip** *s* äggtoddy
eglantine [e´gləntain] *s* lukttörne
eg´ot‖ism *s* egenkärlek, självsiskhet **-ist** *s* egoist **-is´tic[al]** *a* egoistisk
egre´gious [dʒiəs] *a* utomordentlig
e´gress -ion [e´ʃn] *s* ut-, bort|gång
Egyptian [idʒi´pʃn] *a s* egypt|isk, -ier
eh [ei] *interj* va? eller hur? va[sa]? åh!
eider [ai´] *s* ejder **-down** [au] *s* ejderdun ~**-duck** *s* ejder[hane]
eight [eit] *räkn s* åtta[mannalag] **-een** [-´-´] *räkn* aderton **-eenth** [-´-´] *räkn s* adertonde[del] **-fold** *a* åttafaldig **-h** [þ] *räkn s* åttonde[del] **-ieth** [iiþ] *räkn s* åttiotalet **-y** *räkn* åttio; *the -ies* åttiotalet
either [ai´ðə] I *pron* vardera, båda; endera; någon II *adv* heller III *konj*, ~ *.. or* antingen (vare sig) .. eller
ejac´ulat‖e [ju] *tr* ut|stöta, -gjuta; ropa **-ion** *s* utgjutning; bönesuck; utrop
eject´ *tr* 1 kasta ut (upp) 2 utdriva, förvisa; vräka **-ion** *s* 1 utstötande 2 fördrivande **-or** *s* utkastare
e´ke *tr*, ~ *out* utfylla; ~ *out a livelihood* nödtorftigt dra sig fram
elab´orate I [it] *a* i detalj utarbetad, fulländad; raffinerad; sorgfällig II *tr* ut-, genom|arbeta; bereda; utveckla
elan [eiˈlɑː̃] *s* fart, schvung
elap´se *itr* förflyta, förgå
elas´tic I *a* 1 elastisk; spänstig; tänjbar 2 resår-, gummi- II *s* resår, gummiband; ~*s* [äv.] strumpeband
ela´t‖e I *a* stolt; upprymd II *tr* fylla med stolthet; [be]rusa **-ion** *s* upprymdhet, stolthet; segerglädje
el´bow [ou] I *s* 1 armbåge; *out at* ~*s* luggsliten 2 vinkel, hörn; krök[ning] II *tr* armbåga[s], tränga[s]

el´der *a s* äldre; ~ *hand* förhand
2 elder *s* fläder
el´d‖erly *a* äldre **-est** *a* äldst
elect´ I *a s* utvald; utsedd II *tr* välja; föredraga; utse **-ion** *s* val **-ionee´r** I *itr* agitera II *s* [val]agitator **-ive** *a* väljande, väljar-; val- **-or** *s* 1 väljare; elektor 2 *E*~ kurfurste **-oral** *a* valmans-, val- **-orate** [it] *s* 1 valmanskår 2 kurfurstendöme; kurvärdighet **-ress** *s* kvinnlig väljare
elec´tric I *a* elektrisk; ~ *torch* ficklampa II *s* [elektrisk] spårvagn, järnväg, lampa **-ian** [i´ʃn] *s* elektriker, montör **-ity** [i´s] *s* elektricitet
electr‖ification *s* elektrifiering **-ify** [-´-´fai] *tr* elektrifiera; elektrisera **-ocute** [e´k] *tr* [Am.] avrätta med elektricitet **-oplate** [e´k] *tr s* galvaniser|a[t nysilver]
el´egan‖ce *s* elegans; förfining **-t** *a* fin, förnäm; smak-, stil|full; förfinad
eleg‖iac [elidʒai´ək] *a* klagande **-ist** [e´l] *s* elegiker **-y** [e´l] *s* elegi
el´ement *s* 1 grund-, ur|ämne 2 [grund-] drag 3 grundvillkor **-al** [e´n] *a* 1 elementarisk 2 enkel 3 elementär, väsentlig **-ary** [e´n] *a* grund-, enkel; element|är-, -ar-; ~ *school* folkskola
el´ephant *s* 1 elefant 2 *white* ~ ekonomisk börda **-ine** [æ´n] *a* elefant|-, -lik
el´evat‖e *tr* upp|lyfta, -höja; höja **-ed** *a* hög; ~ [*railway*] luftbana; F upprymd **-ion** *s* 1 höjning 2 höjd 3 höghet, storhet **-or** *s* 1 höjdroder 2 paternosterverk; hiss
elev´en I *räkn* elva II *s* elva[mannalag] **-th** *räkn s* elfte[del]
elf *s* 1 alf, älva; troll 2 dvärg 3 byting **-in** I *a* älvlik, trolsk; liten II *s* 1 alf, älva 2 byting **-ish** *a* älvlik **-struck** *a* förhäxad
e‖lic´it *tr* framlocka **-li´de** *tr* utstöta
el´igible [dʒ] *a* 1 valbar 2 önskvärd
elim´inate *tr* eliminera; avlägsna
elision [ili´ʒn] *s* utstötande; utelämning
elk *s* älg
ell *s* aln [= *45 inches*]
elm *s* alm **-y** *a* alm-; full av almar
elocu´tion *s* välläsning; uttal; recitation **-ist** *s* taltekniker; uppläsare
elo´pe *itr* rymma **-ment** *s* rymning
el´oquen‖ce *s* vältalighet **-t** *a* vältalig
else *adv* 1 eljest, annars; *or* ~ eller också, annars [så] 2 anna|n, -t, andra **-where** *adv* annorstädes
elu´cidate *tr* belysa, förklara, illustrera
elu´‖de *tr* skickligt undgå; kringgå; gäcka **-sion** [juː´ʒn] *s* undgående, gäckande **-sive** [s] **-sory** [s] *a* bedräglig, gäckande, illusorisk; oåtkomlig
elv‖es [elvz] pl. av *elf* **-ish** = *elfish*
Elysian [i´z] *a* elysisk; himmelsk
'em = *them* F dem, dom
emaciate [imei´ʃi] *tr* utmärgla; utsuga

em'anate *itr* ut|flöda, -strömma, -stråla
eman'cipate *tr* fri|giva, -göra
emas'culate *tr* kastrera
embalm [a:'m] *tr* 1 balsamera 2 fylla med vällukt
embank' *tr* indämma -ment *s* 1 indämning 2 [väg]bank; kaj
embar'go *s* 1 beslag 2 förbud, spärr
embar'k I *tr* inskeppa II *itr* 1 gå ombord 2 inlåta sig [i]
embarrass [bæ'rəs] *tr* 1 besvära, hindra 2 förvirra, genera 3 tilltrassla, inveckla -ment *s* 1 besvär, hinder 2 förvirring 3 förlägenhet
embassy [e'mbəsi] *s* beskickning
em||batt'le *tr* 1 uppställa i slagordning 2 befästa 3 krenelera -bed' *tr* inbädda
embell'ish *tr* försköna, smycka, pryda
em'ber *s* glödkol; ~s glöd, askmörja
Em'ber-days *spl* böne- och fastedagar
embezz'le *tr* försnilla, förskingra
embitt'er *tr* förbittra; förvärra
embla'zon *tr* 1 praktfullt utstyra, pryda 2 förhärliga -ry = *blazonry*
em'blem *s* sinnebild, symbol
embod'||iment *s* förkroppsligande &c, se följ. -y *tr* 1 förkroppsliga; uttrycka; omsätta i handling 2 in|ordna, -förliva, innefatta 3 samla; organisera
embo'lden *tr* göra djärv; uppmuntra
em'bolism *s* blodpropp
embosom [buˈzəm] *tr* innesluta; omge
emboss' *tr* 1 ciselera; ~ed *map* reliefkarta 2 utbuckla 3 praktfullt smycka -ment *s* upphöjt arbete, relief
embowel [imbauˈəl]*tr*ta [inälvorna] ur
embower [au'] *tr* inbädda i en lövsal
embra'ce I *tr* 1 omfamna 2 omgiva 3 innefatta 4 om|fatta, -spänna 5 gripa; välja; [an]taga II *s* omfamning
embranchment [bra:'nʃ] *s* förgrening
embra'sure [ʒə] *s* 1 fördjupning, fönstersmyg 2 skottglugg
embroi'der *tr* 1 brodera, sy 2 utbrodera -y *s* [ut]brodering, broderi
embroi'l *tr* 1 tilltrassla; förvirra 2 inveckla -ment *s* oreda, förvirring
emend' *tr* förbättra, emendera -ation *s* textförbättring
em'erald *s* smaragd; E~ *Isle* Irland
emerge [iməˈdʒ] *itr* 1 dyka upp, höja sig; framträda; resa sig 2 uppkomma; framgå -nce *s* = *emersion* -ncy *s* 1 oförutsedd händelse, svår (kritisk) situation; nödläge, fara; ~ *brake* nödbroms; ~ *door* reservutgång 2 reserv -nt *a* 1 upp|dykande, -skjutande; framträdande 2 uppstående
emer'sion [ʃn] *s* framträdande
em'ery *s* smärgel ~-*cloth* *s* smärgelduk
emet'ic *s* kräkmedel
em'igr||ant *s* utvandrare -ate *itr* 1 utvandra 2 F flytta -ation *s* emigration

em'inen||ce *s* 1 upphöjning, höjd, kulle 2 hög ställning; höghet -t *a* hög; framstående -tly *adv* i hög[sta] grad
em'iss||ary *s* sändebud, agent -ion [imi'ʃn] *s* 1 utsändande; utstrålning, utveckling 2 utgivande
emit' *tr* 1 utsända; utveckla 2 yttra
emm'et *s* myra
emoll'ient *a s* lenande [medel]
emol'ument *s*, ~s inkomst, förmåner
emo'tion *s* 1 [sinnes]rörelse, upprördhet 2 känsla; [känslo]stämning -al *a* känslo-; lättrörd, känslo|betonad, -sam -alism *s* känslosamhet
emo'tive [iv] *a* känslo-
em'peror *s* kejsare
empha||sis [e'mfəsis] *s* eftertryck; intensitet; betoning -size *tr* [starkt] betona, framhäva -tic [æ't] *a* 1 kraftig, eftertrycklig 2 starkt betonad
em'pire [aiə] *s* 1 kejsardöme 2 imperium, [världs]välde 3 makt 4 empir
empiric [i'r] *I* *a* = -*al* II *s* 1 empiriker 2 kvacksalvare -al *a* 1 empirisk, erfarenhetsmässig 2 ovetenskaplig -ism *s* empiri[sm]; erfarenhetsrön
empla'cement *s* placering; läge
employ' *tr* 1 använda 2 sysselsätta; ~ed anställd II *s* tjänst -ee [e'mplɔii:'] *s* anställd, löntagare -er *s* arbetsgivare -ment *s* sysselsättning; plats; *out of* ~ arbetslös
emporium [ɔ:'] *s* 1 stapelplats, marknad 2 P varuhus
empower [au'] *tr* = *enable*
em'press *s* kejsarinna
em'pt||iness *s* tomhet; brist, fåfänglighet -y *I* *a* 1 tom; fåfäng 2 enfaldig, tanklös II *s* tom|kärl, -flaska, -låda III *tr* 1 [ut]tömma; lasta av 2 ~ *itself* utfalla IV *itr* tömmas
em'ul||ate [ju] *tr* tävla med -ation *s* tävlan -ous *a* tävlings-[lysten], tävlande
en- se äv. *in-*
ena'ble *tr* 1 sätta i stånd; möjliggöra; *be* ~*d* få tillfälle 2 bemyndiga
enact' *tr* 1 antaga [som lag]; föreskriva 2 uppföra; spela; utföra -ment *s* [upphöjande till] lag; antagande
enam'el I *s* emalj[arbete]; glasyr II *tr* emaljera; glasera -ler *s* emaljör
enamoured [æ'məd] *a* förälskad [*of* i]
enca'ge [dʒ] *tr* sätta i bur, inspärra
encamp' I *tr* förlägga i läger; ~ed lägrad II *itr* 1 ligga i (slå) läger 2 kamp[er]a -ment *s* läger[plats]; tält
enca'se [s] *tr* 1 innesluta, inpacka 2 omgiva -ment *s* hölje; fodral
encash' *tr* inkassera; diskontera
enchai'n *tr* fjättra, fängsla
enchant' [a:'] *tr* 1 förtrolla 2 tjusa, hänföra -er *s* 1 trollkarl 2 tjusare -ing *a* bedårande -ment *s* förtrollning -ress *s* 1 häxa 2 förtrollerska
en||cha'se *tr* infatta; ciselera; gravera

-circle [ə:'] *tr* om|ge, -ringa; [om-] famna -clasp [ɑ:'] *tr* om|sluta, -famna
enclo'sǁe [z] *tr* 1 inhägna, omgärda; instänga; omge; innehålla 2 inlägga; bifoga; ~*d* inneliggande -ure [ʒə] *s* 1 inhägn|ande, -ad; gård 2 bilaga
encompass [ʌ'm] *tr* om|giva, -fatta
encore [ɔŋkɔ:'] *s* dakapo[rop]
encou'nter I *tr* möta; sammandrabba med II *s* möte; sammanstötning
encouragǁe [ʌ'] *tr* 1 ingiva mod 2 uppmuntra 3 [be]främja -ement *s* uppmuntran; eggelse; understöd
encroach [ou'] *itr* inkräkta -ment *s* intrång
encrust' *tr itr* täcka med (bilda) en skorpa -ment *s* skorpa
encum'bǁer *tr* 1 besvära, belasta; hindra 2 inteckna 3 överhopa -rance *s* 1 hinder; besvär 2 inteckning
encyclic[al] [sai'] *a* cirkulär-
encyclop[a]edǁia [sai`klopi:'diə] *s* 1 konversationslexikon 2 allmänvetande -ian -ic *a* encyklopedisk-
end I *s* 1 ände, slut; gräns; kant, ända 2 stump; ♣ tamp, sladd, nock 3 [ända]mål 4 *put an ~ to* göra slut på; *make* [*both*] *~s meet* få det att gå ihop; *no ~ of* F fullt upp med; oändligt; *at* (*in*) *the* ~ till slut; i längden; *on* ~ upprätt; i sträck; ~ *over* ~ ♣ botten upp; *bring to an* ~ göra slut på; *come to an* ~ ta slut, upphöra II *tr itr* sluta; göra slut på
enda'nger [dʒ] *tr* sätta i fara, blottställa
endea'r *tr* göra omtyckt (kär), -ing *a* älskvärd; öm -ment *s* 1 omtyckthet; tjusning 2 ömhetsbetygelse
endeavour [de'və] I *itr tr* bemöda sig; sträva; försöka II *s* strävan, försök
endǁ'ǁing *s* 1 [av]slut[ning] 2 ändelse -less *a* ändlös, evig
endor'se *tr* 1 endossera; ~ *over* transportera 2 intyga; S rekommendera -e [i:'] *s* endossat -ment *s* 1 endossement; påteckning om överlåtelse 2 bekräftelse -r *s* endossent
endow [au'] *tr* 1 donera till; ~*ed school* donationsskola 2 förläna, begåva -ment *s* 1 donation 2 begåvning
endu'e *tr* 1 ikläda sig; bekläda 2 förse
endu'rǁable *a* uthärdlig -ance *s* 1 uthärdande; tålamod 2 varaktighet 3 lidande -e I *tr* uthärda, lida II *itr* räcka; hålla ut -ing *a* varaktig
endǁ'ǁways -wise *adv* på ända, upprest
enema [e'nimə] *s* lavemang[spruta]
en'emǁy I *s* 1 fiende; ovän; *make* -*ies* stöta sig med folk 2 *how goes the* ~? F vad lider tiden? II *a* fientlig
energǁ'etic [e'nədʒe'tik] *a* verksam; energisk -y [e'n] *s* energi, kraft
enervatǁe I [ə:'vit] *a* slapp, svag II [e'n] *tr* försvaga -ion *s* förslappning

enfee'ble *tr* försvaga -ment *s* försvagande
enfeoff [fe'f] *tr* 1 beläna 2 överlämna
enfo'ld *tr* 1 svepa in; omsluta 2 vecka
enforce [ɔ:'] *tr* 1 [fram]tvinga, tilltvinga sig; forcera 2 upprätthålla; hävda; indriva -d *a* påtvingad; ofrivillig; tillkämpad -ment *s* 1 framtvingande; genomdrivande, tillämpning 2 hävdande, indrivande
enfran'chise [aiz] *tr* 1 befria, frigiva 2 ge representations-, röst|rätt
engaǁ'ǁge [dʒ] I *tr* 1 förplikta, [för]binda 2 förlova 3 anställa; bjuda upp; ~ *o. s.* ta anställning 4 tinga, hyra 5 fängsla, upptaga: ~*d* sysselsatt 6 inveckla (insätta) i strid 7 angripa 8 koppla [ihop] II *itr* 1 förplikta sig 2 garantera 3 ~ *with* anställa; ta plats hos 4 ~ *in* inlåta sig i, börja 5 gripa (passa) in -ement *s* 1 förbindelse; löfte; avtal; möte; sak att göra 2 förlovning 3 förhyrande 4 anställning; sysselsättning 5 ⚔ slag -ing *a* förbindlig, intagande
engen'der [dʒ] *tr* alstra, skapa
engine [e'ndʒin] *s* [ång]maskin,motor; lokomotiv; brandspruta ~-*driver s* lokomotivförare
enginee'r I *s* 1 ingenjörssoldat 2 ingenjör 3 maskinist; [Am.] lokförare II *tr* 1 anlägga, bygga, leda 2 F [an]ordna -ing *s* 1 ingenjörskonst; maskinteknik 2 F arbete; knep
engird [gə:'d] -le *tr* om|gjorda, -sluta
English [i'ŋgliʃ] *a s* engelsk[a]; *the King's* ~ det engelska riksspråket; *the* ~ engelsmännen -man *s* engelsman -woman *s* engelska
enǁgorge [ɔ:'dʒ] *tr* [upp]sluka -graft [ɑ:'] *tr* inympa; in|planta, -prägla -grain *tr* genomdränka; ~*ed* inbiten
engra'vǁe *tr* 1 inrista, gravera 2 imprägla -er *s* gravör -ing *s* 1 gravering; träsnideri 2 gravyr
enǁgross *tr* 1 pränta, texta 2 tillskansa sig 3 upptaga -gulf' *tr* uppsluka -hance [ɑ:'] *tr* höja, stegra; förstora
enig'ma *s* gåta -tic[al] [æ't] *a* gåtfull, dunkel
enjoi'n *tr* ålägga, föreskriva, inskärpa
enjoy' *tr* 1 njuta av, tycka om; ha roligt på (av) 2 åtnjuta; äga 3 ~ *o. s.* ha det skönt; roa sig; ~ *yourself!* mycket nöje! -able *a* 1 njutbar 2 behaglig, trevlig -ment *s* 1 njutning, nöje, glädje 2 åtnjutande; besittning
enǁkin'dle *tr* tända -la'ce *tr* omsluta
enlarge [lɑ:'dʒ] *tr itr* 1 förstora[s], [ut]vidga[s], tillbygga, utsträcka 2 ~ *upon* utbreda sig över -ment *s* utvidgning, förstoring; ökning
enlighten [lai'tn] *tr* upplysa; göra upplyst -ment *s* upplysning
enlink' *tr* hop|länka, -kedja

enlist' I *tr* 1 värva 2 söka få, vinna II *itr* ta värvning -ment *s* värvning
enli'ven *tr* upp|liva, -friska, ge liv åt
enmesh' *tr* insnärja; fånga
en'mity *s* fiendskap; fientlighet
enno'ble *tr* 1 adla 2 förädla
enor'm||ity *s* ngt oerhört; gräslighet; hemskt dåd -ous *a* oerhörd, väldig
enough [inʌ'f] *a adv* 1 nog, tillräckligt[t]; *just* ~ alldeles lagom; *be kind* ~ *to* vara god och; *I have had* ~ jag är mätt 2 ganska
enounce [inau'ns] *tr* uttala
enquir||e -y se *inquir|e*, *-y*
enra'ge [dʒ] *tr* göra rasande, [upp]reta
enrapture [ræ'pt[ʃə] *tr* hän|rycka, -föra
enrich' *tr* 1 göra rik, berika; utveckla 2 göra fruktbar 3 smycka; höja [smaken på] -ment *s* 1 berikande, förmögenhetsökning 2 pryd|ande, -nad
enro'be *tr* kläda
enro'l[l] *tr* 1 enrollera; värva; inskriva; ~ *o. s.* ta värvning 2 in-, upp|taga
en||scon'ce *tr*, ~ *o. s.* förskansa (gömma) sig -shri'ne *tr* nedlägga i skrin, förvara; omsluta -shrou'd *tr* insvepa
ensign [e'nsain] *s* 1 [tjänste]tecken; märke 2 flagga; fana 3 fanbärare
ensla've *tr* göra till slav[ar]; underkuva; förslava -ment *s* slaveri
ensnare [ε'ə] *tr* snärja, fånga; förleda
ensue [sju:'] *itr* följa; bli följden
ensure [ʃu'ə] *tr* tillförsäkra; trygga
entai'l *tr* 1 *o. s* [testamentera som] fideikommiss 2 pålägga 3 medföra
entan'gle [ŋg] *tr* 1 inveckla, trassla in (till); *be* ~*d* fastna 2 bringa i svårigheter -ment *s* 1 oreda 2 hinder
en'ter I *itr* 1 inträda, gå (komma) in; 2 skriva in sig; ~ *for* anmäla sig till 3 ~ *into* inlåta sig i, öppna; ingå, avsluta; ingå i (på); tillträda 4 ~ [*up*]*on* ta i besittning, tillträda, börja; inlåta sig på II *tr* 1 gå (komma) in i, inträda i; stiga upp i; beträda; ~ *o.'s head* falla en in 2 föra (sticka, skjuta) in 3 anteckna, skriva upp, in-, bok-, upp|föra 4 ingiva, anmäla 5 an-, mot|taga, anställa
enter||ic [e'r] *a* tarm-; ~ *fever* tyfus -i'tis [s] *s* tarmkatarr
en'terpris||e [z] *s* företag[samhet] -ing *a* företagsam, driftig
entertai'n I *tr* 1 underhålla 2 mottaga som gäst; bjuda, undfägna; roa 3 reflektera på 4 hysa II *itr* ha bjudning[ar] -er *s* värd[inna] -ment *s* 1 underhållning, nöje; soaré 2 härbärgerande, förplägnad 3 hysande
en||thral[l] [ɔ:'] *tr* fånga, förtrolla -thro'ne *tr* upphöja på tronen; installera
enthus||e [bju:'z] F I *itr tr* entusiasmera[s] -iasm *s* hänförelse -iast *s* entusiast; svärmare -ias'tic *a* hänförd

enti'ce *tr* locka -ment *s* lockelse
enti're *a* 1 hel [och hållen], fullständig, total 2 blott och bar -ty *s* helhet
enti'tle *tr* 1 betitla, kalla 2 berättiga
en'tity *s* väsen
entomb [tu:'m] *tr* gravlägga, begrava
entomol'ogist [dʒ] *s* insektskännare
entourage [ɔntura:'ʒ] *s* omgivning
en'trails [z] *spl* inälvor, innanmäte
entrai'n *tr itr* inlasta[s] på tåg
entramm'el *tr* fjättra, snärja
1 en'trance *s* 1 inträd|e, -ande; intåg 2 in-, upp|gång; infart; inlopp
2 entrance [ɑ:'] *tr* hän|föra, -rycka
entrap' *tr* 1 fånga, snärja 2 [för]leda
entrea't *tr* bedja, besvärja -y *s* bön
en||trench' *tr* förskansa -trenchment *s* förskansning -trust' *tr* anförtro, betro
en'try *s* 1 inträd|e, -ande; intåg; ~ *permit* inresetillstånd 2 tillträde 3 ingång 4 anteckning; [införd] post; notis; *make an* ~ *of* anteckna 5 tull-angivning 6 anmälning
en||twi'ne -twist' *tr* 1 hopfläta 2 fläta om; omslingra
enu'merat||e *tr* uppräkna; nämna -ion *s* [upp]räkning; förteckning
enun'ciate *tr* 1 uttrycka, formulera 2 förklara 3 uttala
envel'op *tr* in|svepa, -linda; innesluta -e [e'nviloup] *s* [om]hölje; kuvert
enven'om *tr* förgifta; förbittra
en'vi||able *a* avundsvärd -ous *a* avundsjuk
envi'ron *tr* omgiva; innesluta, omringa -ment *s* omgivning[ar]; miljö -s [e'nvirənz] *spl* omgivningar
en||vis'age [z] *tr* se i ansiktet; möta; betrakta -voy [´-´] *s* sändebud
en'vy I *s* [föremål för] avund II *tr* avundas; se med avund
enwrap [inræ'p] *tr* [in]hölja; innesluta
enwreathe [inri:'ð] *tr* in-, hop|fläta; [be]kransa
ephemeral [ife'm] *a* kortlivad, flyktig
ep'ic I *a* episk II *s* epos
ep'icur||e [juə] *s* läckergom, finsmakare -e'an I *a* epikureisk; njutningslysten II *s* epikuré -ism *s* vällevnad
epidem'ic *a s* epidemi[sk]
epidermis [epidə:'mis] *s* överhud
ep'igraph [æf, ɑ:f] *s* 1 inskrift 2 motto
ep'ilep||sy *s* fallandesot -tic [---'-] I *a* epileptisk II *s* epileptiker
Epiphany [ipi'fəni] *s* trettondagen
epis'cop||al *a* biskops-, biskoplig -a'lian *s* medlem av episkopalkyrkan
epist||le [ipi'sl] *s* epistel[text]; brev -olary [i's] *a* brev-; skriftlig
ep'itaph [ɑ:f] *s* epitaf, gravskrift
ep'ithet *s* epitct; attribut, binamn
epitom||e [ipi'təmi] *s* sammandrag; koncentrat -ize *tr* sammanfatta
epoch [e'pɔk] *s* epok
equable [e'kw, i:'] *a* jämn, likformig

equal [i:'kwəl] I *a* 1 lika [stor]; samma; *other things being* ~ under i övrigt lika förhållanden 2 likställd 3 motsvarande; ~ *to* vuxen; stark nog för 4 likformig, jämn; opartisk II *s* [jäm]like, make III *tr* vara (bli) lik; kunna mäta sig med -ity [ɔ'] *s* [jäm]likhet; likställdhet; likformighet -ize *tr* likställa; göra likformig; utjämna equanim'ity [i:'kwə] *s* jämnmod, lugn equat||e [ikwei't] *tr* lik-, jäm|ställa -ion *s* 1 utjämning; jämkning; jämvikt 2 ekvation -or *s* ekvator
equerry [e'kwəri] *s* [hov]stallmästare
eques'trian I *a* rid-, ryttar- II *s* ryttare; konstberidare -ism *s* ridkonst
equil- [i:'kwi] lik-, lika -librist [i'l] *s* ekvilibrist, lindansare -librium [li'b] *s* 1 jämvikt[släge] 2 balanserande
equil||noctial [nɔ'kʃ] *a* dagjämnings--nox [i:'k] *s* dagjämning
equip [ikwi'p] *tr* [ut]rusta; bemanna; förse; ekipera -ment *s* utrustning
equil||poise [e'kwipɔiz] I *s* jämvikt II *tr* uppväga; hålla i jämvikt -**table** [e'kwi] *a* rättvis; skälig, billig
equitation [ekwi] *s* rid|ning, -konst
equity [e'kw] *s* 1 [rätt och] billighet; rättvisa 2 [jur.] billighetsrätt
equivalent [ikwi'] I *a* lik|värdig, -tydig II *s* 1 full ersättning 2 motsvarighet **equivoc**||al [ikwi'v] *a* 1 dubbel-, tve|tydig 2 oviss, tvivelaktig -ate *itr* uttrycka sig tvetydigt, slingra sig
eq'uivo||**ke** -**que** [k] *s* vits; tvetydighet
era [i'ərə] *s* tideräkning; tid[evarv]
ərɛd'icate *tr* utrota
era's||e *tr* radera [ut], skrapa bort; utplåna -**er** *s* rader|kniv, -gummi -ion [ʒn] -ure [ʒə] *s* utstrykning, radering
ere [εə] I *prep* före II *konj* innan
erect' I *a* 1 upp|rät[t], -rest, rak; upplyft 2 fast, rakryggad II *tr* 1 [upp-] resa, räta [på] 2 [upp]bygga; uppställa 3 upphöja -**ion** *s* 1, [upp]resande 2 uppförande; inrättande 3 byggnad -**ness** *s* upprätt ställning
er'mine [ə:'min] *s* hermelin[smantel]
ero'de *tr* fräta (nöta) bort, fåra ut
eros||**ion** [irou'ʒn] *s* bortnötande, [sönder]frätning -**ive** [siv] *a* bortnötande, frätande
erot'ic *a* erotisk, kärleks-
err [ə:] *itr* misstaga sig; fara vill, fela
errand [e'rənd] *s* ärende ~-**boy** *s* springpojke ~-**girl** *s* springflicka
err'ant I *a* 1 kringvandrande 2 vilsegången; felande II *s* vandrande riddare -**ry** *s* kringflackande
errat'||**ic** *a* 1 [kring]irrande 2 ~ *block* flyttblock 3 oregelbunden; underlig -um [rei'] (pl. -*a*) *s* tryck-, skriv|fel
erro'neous *a* felaktig, oriktig
error [e'rə] *s* 1 misstag, villfarelse; fel; *be in* ~ ta fel 2 förvillelse, synd

eructa'tion [i:r] *s* uppstötning; rapning; utbrott
erudit||**e** [e'ru] *a* lärd -**ion** *s* lärdom
erupt' *itr* bryta ut -**ion** *s* 1 utbrott 2 tandsprickning 3 [hud]utslag
erysipelas [erisi'piləs] *s* [-läk.] ros
escala'de I *s* stormning II *tr* storma
escalator [e'skəleitə] *s* rulltrappa
escapa'de *s* upptåg; snedsprång
esca'pe I *itr* 1 [lyckas] undkomma, fly 2 strömma (rinna) ut II *tr* 1 undkomma; undgå; falla ur [ngns minne] 2 undslippa III *s* 1 undkomst, räddning; flykt; utväg 2 utströmmande, läcka; avlopp, slussport -**ment** *s* 1 avlopp 2 gång [i ur] ~--**ladder** *s* räddningsstege ~-**pipe** *s* avloppsrör ~-**valve** *s* avloppsventil
escheat [istʃi:'t] *s* hemfall; danaarv
eschew [istʃu:'] *tr* undvika
escort I [e'skɔ:t] *s* eskort; följe II [--'] *tr* eskortera, ledsaga
escut'cheon [ʃn] *s* 1 vapensköld 2 namnplåt 3 låsskylt
especial [ispe'ʃ(ə)l] *a* särskild; speciell -**ly** *adv* i synnerhet; synnerligen
espi'al *s* [ut]spionerande, [be]spejande
es'pionage [äv. ɑ:'ʒ] *s* spion|eri, -age
espou's||**al** [z] *s* 1 ~ *s* äktenskap; trolovning 2 omfattande -**e** *tr* 1 [taga till] äkta 2 [upp]bära; omfatta
espy [ispai'] *tr* urskilja, se; upptäcka
Esq. =*Esquire* herr [i adress]
esquire [iskwai'ə] *s* 1 väpnare 2 herr
essay I [-'-] *s* 1 försök 2 essä, uppsats II [-'-'] *tr itr* pröva; försöka
ess'ence *s* 1 väsen; [innersta] natur; [det] väsentliga 2 extrakt
essential [ise'nʃl] I *a* väsentlig, nödvändig; förnämst II *s* huvud|sak, -punkt; [det] väsentliga
estab'lish *tr* 1 upprätta, grund|a, -lägga; inrätta; skapa [sig] 2 insätta, installera; placera; ~ *o. s.* börja egen affär; slå sig ned 3 fast|ställa, -slå -**ed** *a* 1 bestående; stadgad, hävdvunnen 2 stats- -**ment** *s* 1 upprättande, grundande 2 fastslående 3 the [*Church*] *E*~ statskyrkan 4 fast ställning; inkomst 5 kår; styrka; personal; *naval* ~ flotta 6 inrättning, anstalt 7 affär; fabrik 8 hus[håll]
esta'te *s* 1 statsmakt; ~ *s* ständer 2 egendom, ägodelar; *real* ~ fast egendom, fastighet 3 förmögenhet, bo; ~ *duty* arvsskatt 4 gods, egendom; ~ *agent* fastighetsagent ~-**owner** *s* gods-, fastighets|ägare
estee'm I *tr* 1 [upp]skatta, [hög]akta; ~*ed* ärad 2 anse II *s* [hög]aktning
es'tim||**able** *a* aktningsvärd -**ate** I *tr* 1 uppskatta, taxera 2 bedöma II [it] *s* 1 uppskattning, beräkning 2 kostnads-, budget|förslag 3 omdöme -a-

estimation — 71 — **examine**

tion *s* 1 aktning 2 uppskattning 3 uppfattning
estra'nge [dʒ] *tr* stöta (draga) bort; ~ *o.s.* dra sig undan **-ment** *s* brytning
estuary [e'stjuəri] *s* flodmynning
etch *tr itr* etsa **-ing** *s* etsning
etern||al [ə:'n] *a* evig **-alize** *tr* föreviga **-ity** *s* 1 evighet 2 odödlighet
ether [i:'þə] *s* eter **-eal** [i'əriəl] *a* eterisk; lätt; förändligad; **-ize** *tr* söva med eter
ethic||al [e'þ] *a* sedlig **-s** *spl* etik
eth'nic[al] *a* ras-, folk-; etnologisk
ethno- [eþno] ras-, folk[slags]- **-graphic[al]** [æ'fik] *a* etnografisk
etiquette [ke't] *s* etikett; god ton
eucalyptus [ju:kəli'p] *s* gummiträd
eucharist [ju:'k] *s* nattvard; hostia
eugenics [judʒe'niks] *s* rashygien
eulog||ist [ju:'lədʒist] *s* lovtalare **-ize** *tr* [lov]prisa **-y** *s* lovtal
euphem||ism [ju:'f] *s* förskönande uttryck[ssätt] **-is'tic** *a* eufemistisk
euphon'||ic [ju:] *a* välljudande; välljuds- **-y** [-'əni] *a* välljud
euphuism [ju:'fju] *s* konstlad stil
Europe'an [juə] *a s* europe|isk, -é
evac'u||ant [ju] *a s* avförande [medel] **-ate** *tr* 1 tömma [ut]; beröva 2 föra bort, flytta 3 utrymma **-ation** *s* 1 [ut]tömmande; avföring 2 utrymning
eva'de I *tr* 1 und|gå, -vika; komma ifrån; kringgå 2 gäcka, undandraga sig II *itr* göra undanflykter
evanescent [i:vəne'sənt] *a* 1 förbleknande; flyktig 2 försvinnande [liten]
evangelical [i:vændʒe'lik] *a* 1 evangelisk 2 protestantisk; lågkyrklig
evan'ish *itr* försvinna; dö bort
evap'or||able *a* lätt bortdunstande **-ate** I *itr* 1 av-, bort|dunsta 2 försvinna II *tr* 1 låta bortdunsta 2 torka, ångpreparera **-ation** *s* avdunstning
evas||ion [ivei'ʒn] *s* 1 undvikande 2 undflykt[er] **-ive** [s] *a* undvikande
eve [i:v] *s* afton (dag) före; *on the ~ of* dagen (strax) före
e'ven I *a* 1 jämn, plan, slät; parallell 2 likformig, lika 3 lugn 4 kvitt II *adv* 1 till och med; ens, även; redan; *~ if (though)* även om; *~ now* redan (just) nu 2 alldeles, just; ända III *tr* [ut]jämna **~-handed** *a* opartisk
evening [i:'v] *s* afton, kväll
e'ven||mi'nded *a* jämn till lynnet, lugn **-ness** *s* 1 jämnhet; lik[formig]het 2 [sinnes]lugn 3 opartiskhet
e'vensong *s* aftonsång
event' *s* 1 händelse; evenemang; företeelse 2 möjlighet 3 [sport.] nummer, tävling 4 utgång, resultat, slut **-ful** *a* 1 händelserik 2 betydelsefull **-ual** *a* 1 möjlig 2 slut|lig, -giltig
ev'er *adv* 1 *for ~* för alltid; *England for ~!* leve England! *~ after (since)* allt sedan [doss]; *yours ~* din tillgivne 2 någonsin; *did you ~?* F har du nånsin hört på maken? 3 F i all världen 4 F över huvud taget, 'aldrig'; *~ so* väldigt; *~ so much better* betydligt bättre **-green** *a s* ständigt grön [växt] **-lasting** I *a* ständig; evig II *s* evighet[sblomster] **-more** *adv* 1 ständigt 2 [nek.] längre, mera
every [e'vri] *pron* 1 varje, var[enda]; alla; [nek.] vilken som helst; *~ other (second) day* varannan dag; *~ bit as much* fullkomligt lika mycket; *~ now and then (again)* då och då 2 all [möjlig] **-body** *pron* var och en, alla; [nek.] vem som helst; *~ else* alla andra **-day** *a* [all]daglig; vardags- **-one** = *-body* **-thing** *pron* allting, allt[sammans]; allt möjligt; [nek.] vad som helst **-where** *adv* överallt; allmänt
evict' *tr* 1 vräka; fördriva 2 återfå
ev'idence I *s* 1 tydlighet; *be in ~* vara tillstädes (synlig) 2 bevis, spå:, tecken; vittnes|mål, -börd; vittne; *call [in] ~* inkalla vittnen; *carry ~* utgöra bevis II *tr* [be]visa; bestyrka
ev'ident *a* tydlig, uppenbar, [själv]klar **-ial** [e'n ʃl] *a* bevis|ande, -nings-
e'vil I *a (worse, worst)* ond; elak; dålig; svår, skadlig II *adv* illa, ont III *s* ont [ting], det onda, olycka; *deliver us from ~* fräls oss ifrån ondo **~-doer** *s* missdådare
evin'ce *tr* [be]visa; röja
evo'ke *tr* fram|mana, -kalla, väcka
evolution [i:vəl(j)u:'ʃn] *s* 1 förlopp, gång 2 utveckling; framväxande 3 virvlande, piruett **-ary** *a* utvecklings- **-ism** *s* utvecklingslära[n]
evol've I *tr* 1 upprulla; utveckla; framlägga 2 frambringa 3 härleda; utarbeta II *itr* 1 utvecklas 2 härledas
evulsion [ʌ'] *s* uppryckning, utrivande
ewe [ju:] *s* tacka, honfår
ewer [ju(:)'ə] *s* vatten-, hand|kanna
ex *prep* från, ur; utan **ex-** f. d., ex-
exac'erbate *tr* förvärra; uppreta
exact [igzæ'kt] I *a* noggrann; riktig, precis; ordentlig; punktlig II *tr* [ut]kräva; [av]fordra **-ion** *s* 1 utkrävande; fordran, krav 2 utpressning **-itude** *s* noggrannhet, punktlighet **-ly** *adv* riktigt, precis; just; alldeles, egentligen **-or** *s* utpressare
exaggerat||e [igzæ'dʒ] *tr* överdriva; karikera **-ion** *s* överdrift; förstoring
exalt [egzɔ:'lt] *tr* 1 upphöja; lyfta, stärka 2 prisa **-ation** *s* 1 upphöjelse; lyftning; hög grad 2 hänförelse; överspändhet **-ed** *a* hög[t uppsatt]; ädel
exam [igzæ'm] *s* F examen **-ination** *s* 1 undersökning, besiktning; förhör 2 examen, prövning **-ine** [in] I *tr* 1 undersöka, granska; visitera 2 exa-

minera, förhöra II *itr,* ~ *into* undersöka **-iner** *s* 1 granskare 2 examinator
example [igzɑ:'] *s* 1 mönster; exemplar 2 exempel; föredöme; motstycke
exanthema [eksənþi:'mə] *s* hudutslag
exasperat||e [igzɑ:'] *tr* 1 förvärra, skärpa 2 förbittra; [upp]reta -ing *a* ret|sam, -full **-ion** *s* 1 förvärrande 2 uppretande; förbittring
ex'cavat||e [kə] *tr* 1 urholka 2 [ut-]gräva; gräva upp; schakta **-ion** *s* 1 urholkande 2 [fram-, ut]grävning 3 fördjupning **-or** *s* [ut]grävare
excee'd *tr* över|skrida, -stiga, -skjuta, -träffa -ing *a* ytterlig, utomordentlig
excel' I *itr* vara främst, utmärka sig II *tr* överträffa
ex'cellen||ce *s* förträfflighet; överlägsenhet **-cy** *s* excellens **-t** *a* utmärkt
except' I *tr* undantaga, utesluta II *itr* göra invändningar III *prep* utom; ~ *for* utan; så när som på -ing *prep* utom **-ion** *s* 1 undantag; *by way of* ~ undantagsvis 2 invändning; *take* ~ *to* ogilla **-ionable** *a* tvivelaktig; klandervärd **-ional** *a* undantags-, ovanlig
excerpt I [-'-] *s* 1 utdrag 2 särtryck II [--'] *tr* excerpera, plocka ut
excess' *s* 1 överskridande; ~*es* övergrepp, framfart 2 omåttlighet, utsvävning 3 över|drift, -mått; *in* ~ *of* överstigande 4 överskott; ~ *luggage* övervikt **-ive** *a* överdriven, ytterlig; omåttlig, häftig, svår
exchange [tʃei'ndʒ] I *s* 1 [ut]byte; [ut]växling; ombyte, förändring 2 växling; växel|kontor, -kassa; [rate *of*] ~ [växel]kurs 3 växel [*bill of* ~] 4 börs 5 central, växel II *tr* [ut]byta [*for* mot]; [ut]växla **-able** *a* bytbar, utbytlig ~**-broker** *s* växelmäklare
exchequer [tʃe'kə] *s* 1 kungligt räntkam-nare; statskontor[et]; *Chancellor of the E*— finansminister; ~ *bill* statsobligation 2 skattkammare
1 **excise** [eksai'z] *tr s* [pålägga] accis
2 **excise** *tr* skära bort (ut); stryka
exci't||able *a* 1 retbar 2 lättretlig; rörlig **-ation** [sit] *s* 1 retning 2 uppeggande; eggelse **-e** *tr* 1 reta 2 [upp]-egga; pigga upp; uppröra 3 väcka; framkalla **-ed** *a* uppjagad; ivrig, häftig; nervös **-ement** *s* 1 [över]retning 2 spänning; oro; iver; upphetsning; hög stämning 3 eggelse; retmedel **-ing** *a* spännande
exclai'm *itr tr* [ut]ropa; skrika [ti'll]
exclamat||ion *s* [ut]rop; *note* (*mark, point*) *of* ~ utropstecken **-ory** [æ'm] *a* utrops-; skrikande
exclu||de [klu:'d] *tr* utesluta; undantaga **-sion** [ʒn] *s* uteslutning **-sive** [s] *a* 1 uteslutande [*of*]; exklusiv; ~ *of* ej inberäkna|d (-t) 2 enda
excommu'nicate *tr* bannlysa

excrescence [ikskre'sns] *s* utväxt
excre't||e *tr* avsöndra **-ion** *s* avsöndring; avföring **-ive** *a* avsöndrande
excruciate '[kru:'ʃi] *tr* plåga, tortera
exculpate [e'kskʌ] *tr* fritaga, urskulda
excurs||ion [kə:'ʃn] *s* utflykt, tur **-ionist** *s* nöjesresande **-ive** [s] *a* 1 irrande, planlös 2 vittsvävande
excu's||able [z] *a* ursäktlig **-e** I [--'] *tr* 1 urskulda; förlåta; ursäkta 2 fritaga; låta slippa; ~ *o. s.* be att få slippa; *be* ~*d* slippa II [kju:'s] *s* 1 ursäkt; förevändning 2 befrielse; [anmälan' om] förfall 3 F surrogat
exeat [e'ksiæt] *s* lov [i skola &c]
ex'ecr||able *a* avskyvärd **-ate** *tr* förbanna; avsky **-ation** *s* förbannelse; avsky
ex'ecut||able [ju] *a* utförbar **-e** *tr* 1 utföra, verkställa; uträtta, sköta 2 exekvera, spela 3 utfärda 4 avrätta **-er** *s* verkställare **-ion** *s* 1 utförande; verkställ|ande, -ighet 2 [mus.] föredrag; 'teknik' 3 utställande; häktning; utmätning 4 avrättning 5 fördödelse, manspillan **-ioner** *s* bödel **-ive** [igze'k] *a s* verkställande [myndighet] **-or** [igzə'k] *s* god man, testamentsexekutor
exem'pl||ar [igz] *s* 1 urtyp 2 exemplar **-ary** *a* 1 förebildlig 2 typisk 3 avskräckande **-ify** *tr* 1 exemplifiera 2 ta bestyrkt avskrift av
exempt' [igz] I *a* fri[tagen]; förskonad; immun II *tr* befria; förskona **-ion** *s* befrielse; undantag
exercise [e'ksəsaiz] I *s* 1 utövande, bruk 2 övning; kroppsrörelse, motion; ~*s*-exercis, idrott 3 skriv[öv]-ning; uppsats; examensprov; ~ *book* skrivbok 4 andaktsövning II *tr* 1 utöva; begagna; förvalta 2 [in]öva; exercera; träna; motionera 3 sysselsätta 4 sätta på prov; oroa III *itr* 1 öva sig, exercera 2 ta motion
exert [igzə:'t] *tr* utöva; använda; uppbjuda; anstränga; ~ *o. s.* bemöda sig **-ion** *s* utövande, användning; ansträngning
exhal||ation [eksə] *s* utdunstning; utandning; dunst, ånga; utbrott **-e** [hei'l] *tr itr* utdunsta; utandas; ge luft åt
exhaust [igzɔ:'st] I *tr* 1 [ut]tömma; förbruka; utsuga; utblotta 2 utmatta II *s* 1 utströmning, avlopp 2 ventileringsapparat **-ion** *s* 1 uttömning; förbrukning; utsugning 2 utmattning **-ive** *a* uttömmande **-less** *a* outtömlig ~**-pipe** *s* avlopps-, avgas|rör
exhib'it [igz] *tr* 1 [upp]visa; uppenbara 2 ingiva, framlägga 3 förevisa; utställa; skylta med **-ion** [eksibi'ʃn] *s* 1 [fram]visande; framläggande 2 utställning; syn 3 stipendium **-ioner** [i'ʃ] *s* stipendiat **-or** *s* utställare

exhilar||ate [igzi'l] tr upp|liva, -muntra -ation s upplivande; munterhet
exhort [egzɔ:'t] tr [upp]mana; uppmuntra
exhume [ekshju:'m] tr gräva upp
exigenc||e [e'ksidʒ] -y s 1 nöd[vändighet]; behov, krav 2 svårighet
exigu'||ity s ringhet -ous [egzi'] a ringa
ex'ile I s 1 lands|förvisning, -flykt 2 landsförvist II tr [lands]förvisa
exist [igzi'st] itr 1 finnas [till]; existera 2 leva; bestå -ence s tillvaro; förekomst; liv; bestånd; come into ~ uppkomma; in ~ existerande
ex'it I itr [teat.] går II s utgång; sorti
exodus [e'ksədəs]·s 1 uttåg[ande]; utvandring 2 E~ andra Mose bok
exon'erate [igz] tr avbörda, befria
exor'bitant [igz] a omåttlig, orimlig
ex'orcise [ɔ:saiz] tr besvärja; utdriva
exot'ic a exotisk, främmande
expand' tr itr 1 utbreda, utveckla, öppna [sig]; öppna sitt hjärta 2 [ut]vidga[s], svälla
expans'||e s 1 vidd, vid yta 2 rymd 3 utvidgning; utsträckning -ible a uttänjbar -ion [ʃn] s utbred|ande, -ning, utvidgning, utsträckning -ive a 1 utvidgbar 2 expansions-; expansiv 3 vid[sträckt] 4 öppen[hjärtig]
ex||patiate- [ei'ʃi] itr utbreda sig -pat'riate tr landsförvisa; ~ o. s. utvandra
expect' tr 1 vänta [sig], emotse 2 F förmoda -ancy s förvänt|an, -ning, utsikt; väntad förmögenhet -ant a 1 väntande, förväntningsfull 2 avvaktande -ation s 1 [för]väntan, förhoppning; utsikt 2 sannolikhet
expec'torate tr hosta upp, spotta ut
expe'dien||ce -cy s 1 ändamålsenlighet 2 opportunitetsskäl; egennytta -t I a ändamålsenlig II s medel, utväg ex'pedit||e tr påskynda; expediera -ion [i'ʃn] s 1 expedition 2 skyndsamhet -ious [i'ʃəs] a snabb
expel' tr driva ut; förvisa; utestänga
expend' tr utgiva, nedlägga, använda; förbruka -iture [it ʃə] s 1 utgivande; förbrukning, åtgång 2 utgifter
expens'||e s utgift; utlägg; kostnad; bekostnad -ive a kostsam, dyr[bar]
expe'rience I s erfarenhet; upplevelse II tr erfara, uppleva; få pröva på
experiment [e'ri] I s försök II itr experimentera -al [e'n] a erfarenhets-; experimentell, försöks-
expert I [ekspə:'t, -'-] a förfaren, skicklig, [sak]kunnig II s [-'-] fackman -ness [-·-'-] s sakkunskap
ex'pi||ate tr [för]sona -ation s [för]son|ande, -ing -atory a [för]sonings-
expir||ation s 1 utandning 2 utlöpande; utgång -e [ai'ə] tr itr 1 utandas [sin sista suck], dö 2 gå till ända; utlöpa, förfalla; upphöra -y [ai'ə]=-ation 2

explai'n tr förklara -able a förklarlig
explanat||ion s förklaring -ory [æ'n] a förklarande, upplysande
exple'tive [iv] I a utfyllande, fyllnads- II s fyllnad[sord], svordom
ex'plica||ble a förklarlig -te tr utveckla -tion s utveckling; förklaring -tive -tory a förklarande, förklarings-
explio'it a 1 tydlig, klar 2 rättfram
explo'de I tr 1 utdöma, förkasta 2 få att (låta) explodera II itr 1 explodera; brinna av 2 bryta ut
exploit I [-'-] s bedrift, bragd II [--'] tr utnyttja -ation s exploatering
explor||ation ·s [ut]forskning -e [lɔ:'] tr utforska; undersöka; pejla -er [ɔ:'] s [ut]forskare; upptäcktsresande
explo's||ion [ʒn] s explosion, sprängning; knall; utbrott -ive [siv] I a 1 explosiv, exploderande; spräng-; ~ air knallgas 2 häftig II s sprängämne
expo'nent s representant; uttryck
export I [--'] tr utföra, exportera II [-'-] s export[vara] -able [--'-] a export- -ation s export -er s exportör
exposl|e [ou'z] tr 1 utsätta [to för]; blott[ställ]a, prisgiva 2 exponera; utställa 3 röja; avslöja -ition [pozi'ʃn] s 1 utsättande 2 utställande, framvisande; utställning 3 framställning; utredning; förklaring
expostulation s före|bråelse, -ställning
expo'sure [ʒə] s 1 utsättande, blottställande; exponering 2 utställ|ande, -ning 3 avslöjande 4 [utsatt] läge
expou'nd tr framställa; förklara; tyda
express' I a 1 uttrycklig 2 speciell 3 express-, il-, snäll- II adv med ilbud (snälltåg) III s 1 ilbud 2 express, snälltåg IV tr 1 pressa ut; frampressa 2 avgiva 3 uttrycka -age s expressavgift -ible a som kan uttryckas -ion [ʃn] s 1 uttryck[ande], uttalande 2 beyond ~ outsäglig 3 utpressande -ive a uttrycksfull -ly adv 1 uttryckligen 2 enkom
expro'priate tr expropriera
expul'sion [ʃn] s ut|drivning, -visning
expunge [pʌ'ndʒ] tr utstryka, utplåna
expurgate [e'kspə:geit] tr rensa [bort]
exquisite [e'kskwizit] I a 1 utsökt, fin, härlig 2 intensiv II s snobb
ex'tant a ännu befintlig, bevarad
extempor||a'neous, -ary [te'm] a improviserad -e [--'-] I adv på rak arm II a improviserad -ize [te'm] tr itr extemporera, improvisera
extend' I tr 1 sträcka [ut] 2 förlänga utvidga; sprida 3 giva, visa 4 S anstränga, pressa 5 ren-, ut|skriva II itr utsträckas; utvidgas, ökas; utbreda (sträcka) sig; räcka
exten's||ible a uttänjbar, sträckbar -ion [ʃn] s 1 utsträckande, utvidgande; förlängning 2 utsträckning, vidd 3

tillbyggnad; *University E*~ folkuniversitet *-ive a* vidsträckt; omfattande; utförlig *-ively adv* i stor utsträckning *-iveness s* vidd
extent' *s* 1 utsträckning 2 sträcka, yta
ex||ten'uate [ju] *tr* förringa; förmildra; ursäkta **-te'rior** *a s* yttre; ytter-, utvärtes **-ter'minate** *tr* utrota, förgöra **-ter'nal** *a* yttre; utvärtes; utrikes-
extinct' *a* [ut]slocknad; utdöd **-ion** *s* utsläckande; utslocknande, utdöende; utplånande; avskaffande
extin'guish [gwiʃ] *tr* 1 utsläcka 2 fördunkla 3 tillintetgöra, avskaffa; utplåna **-er** *s* eldsläckningsapparat
ex'tirpate [tə:] *tr* rycka upp; utrota
exto'l *tr* upphöja, prisa
extor't *tr* utpressa; av- fram|tvinga **-ion** *s* utpressning **-ioner** *s* utpressare
ex'tra I *adv a* extra [fin]; särskilt II *s* extra|avgift, -blad, -nummer, -arbete
extra- *pref* utom-, utanför
extract I [--'] *tr* 1 draga (taga) ut 2 avlocka; utvinna; hämta; få fram 3 göra utdrag ur II ['´-] *s* utdrag **-ion** [--'-] *s* 1 utdrag[ning]; uttagning; citat; avskrivning 2 härkomst
ex'tradi||te *tr* utlämna **-ion** *s* utlämning
ex'tramu'ral *a* utanför murarna
extra'neous *a* yttre; främmande
extraordinary [ikstrɔ:'dinri] *a* 1 särskild, extra 2 utomordentlig; ovanlig
extrav'agan||ce *s* 1 överdrift, orimlighet 2 överspändhet; besynnerlighet 3 oregelbundenhet 4 slöseri **-t** *a* 1 överdriven, fantastisk, orimlig; överspänd; våldsam; besynnerlig 2 oregelbunden; otyglad 3 slösaktig
extre'm||e I *a* 1 ytterst[a]; längst bort (fram, ut) 2 ytterlig, utomordentlig 3 ytterlighets- II *s* ytterlighet **-ely** *adv* ytterst **-ist** *s* ytterlighetsman **-it|y** [re'm] *s* 1 yttersta punkt (ända) 2 **-ies** extremiteter 3 höjdpunkt 4 ytterlighet; ytterlig nöd (fara), förtvivlan; [det] yttersta
ex'tricate *tr* lös-, fri|göra, befria
extrin'sic *a* yttre; oväsentlig
extru||de [u:'] *tr* utstöta, bortdriva **-sion** [ʒn] *s* utdrivande
exuberan||ce [igzju:'] **-cy** *s* över|mått, -flöd; översvallande [glädje] **-t** *a* överflödande; frodig, ymnig
exudation [ju] *s* ut|svettning, -söndring
exult' [egz] *itr* jubla **-ation** *s* jubel
eye [ai] I *s* 1 öga; blick; *my* ~[s]! S du store! *all* ~*s* idel uppmärksamhet; *set* (*lay, clap*) ~*s on* få syn på, [få] se; *strike a p.'s* ~*s* falla ngn i ögonen; *by* [*the*] ~ efter ögonmått; *have in o.'s* ~ ha i sikte; *up to the* (*o.'s*) ~*s* upp över öronen; *with an* ~ *to* med hänsyn till 2 [liten rund] fläck; hål; nålsöga; ögla; hyska II *tr* betrakta, syna **-ball** *s* ögonsten **-brow** *s* ögonbryn ~**-glass** *s* monokel; ~*es* pincené **-hole** *s* 1 ögonhåla 2 titthål **-lash** *s* ögonhår **-let** *s* litet öga (hål); titthål **-lid** *s* ögonlock ~**-opener** *s* tankeställare; överraskning **-shot** *s* synhåll **-sight** *s* syn[sinne] ~**-wink** *s* blink[ning] **-witness** *s* ögonvittne
eyot [ei'ət, ai'ət] *s* holme

F

F, f [ef] *s* f; *F = Fahrenheit; f = farthing*[s]; *feet*
fa'ble *s* 1 fabel; saga, dikt 2 innehåll
fab'ric *s* 1 byggnad 2 tyg, väv, textil; stoff **-ate** *tr* hitta på; förfalska
fab'ul||ist *s* fabeldiktare **-ous** *a* fabulös
face I *s* 1 ansikte; närvaro, åsyn; *full* ~ en face; *set o.'s* ~ *against* sätta sig emot; *in* [*the*] ~ *of* i [ngns] åsyn; inför, mitt för; *to a p.'s* ~ öppet, rent ut 2 ansiktsuttryck; min; *on the* ~ *of it* uppenbarligen; *put a good* ~ *on a matter* hålla god min 3 grimas; *pull* ~*s* göra grimaser 4 fattning; 'panna', fräckhet; *save* [*o.'s*] ~ rädda skenet 5 yta: fram-, ut-, rät|sida; urtavla; [klipp]vägg; egg; ~ *value* nominellt värde II *tr* 1 möta, trotsa, se i ansiktet; stå ansikte mot ansikte med; ~ *down* stuka, trotsa 2 stå (vara) vänd mot, ligga mitt emot; vetta åt 3 vända på 4 bekläda, överdraga 5 släta, jämna III *itr* vara vänd, vetta; *right* ~! höger om! ~**-guard** *s* skyddsmask **-r** *s* slag
facetious [fəsi:'ʃəs] *a* lustig, skämtsam
facial [fei'ʃ(ə)l] *a* ansikts-
fac'ile [ail] *a* 1 lätt 2 ledig; flytande; rörlig 3 tillgänglig, vänlig, medgörlig
facil'i||tate *tr* [under]lätta, befordra **-ty** *s* 1 lätthet 2 möjlighet, tillfälle 3 ledighet; färdighet 4 svaghet
fa'cing *s* 1 ~*s* vändning 2 [yt]beklädnad 3 ~*s* garnering[ar], revärer
fact *s* faktum, förhållande; sak; skäl; *in* ~, *in point* (*as a matter*) *of* ~ faktiskt, i själva verket; nämligen
facti||on *s* 1 parti[grupp], klick 2 partiväsen; tvedräkt **-ous** [ʃəs] *a* partisinnad; upproriskt; parti-
factitious [i'ʃəs] *a* konst|gjord, -lad
fac'tor *s* 1 agent 2 faktor; omständighet; orsak **-y** *s* 1 faktori 2 fabrik
fac'ulty *s* 1 förmåga, fallenhet; lägg-

ning 2 [själs]förmögenhet 3 fakultet; the F~ F läkarkåren 4 rätt[ighet]
fad s vurm, mani -**dist** s fantast
fade I *itr* 1 vissna 2 blekna; fördunklas 3 mattas; avtyna; för|svinna, -tona; vika II *tr* [radio] ~ *in* tona in
fag I *itr* 1 slita, knoga 2 vara pennal ('slav') II *tr* trötta ut; tyrannisera; ~*ging system* pennalism III *s* 1 knog, slit, jobb 2 pennal, 'slav' 3 S cigarrett ~'-**end**' *s* tamp, stump
fagg'ot I *s* risknippe, bunt stickor; knippa, samling II *tr* bunta
fail I *itr* 1 fattas, saknas; tryta, svika 2 tackla av; bli matt (skum); dö bort 3 ~ *in* brista i, sakna; svika 4 misslyckas, slå fel; klicka; strejka; bli kuggad; bli besviken; ~ *of* förfela; sakna 5 göra konkurs II *tr* 1 svika 2 försumma; undgå; icke kunna 3 F kugga[s i] III *s, without* ~ säkert, ofelbart -**ing** I *s* brist, fel II *prep* i brist på; ~ *this* i annat fall -**ure** [jə] *s* 1 uteblivande; brist; försummelse 2 trytande, svikande; motorstopp 3 misslyckande; kuggning; konkurs; *a* ~ förfelad, misslyckad
fain I *a* glad; tvungen II *adv* gärna
faint I *a* svag, matt; vanmäktig II *s* svimning III *itr* 1 svimma 2 bli modlös (svag) ~-**hearted** *a* feg, rädd
1 fair [fɛə] *s* marknad, mässa
2 fair I *a* 1 fager, vacker; *the* ~ *sex* det täcka könet 2 blond, ljus; skär 3 klar, tydlig, ren[skriven] 4 ärlig, just, renhårig, uppriktig; rättvis; rimlig; *be* ~ *game* förtjäna att bli lurad; *by* ~ *means or foul* med godo eller ondo; ~ *play* rent spel 5 [rätt] bra; skaplig; rimlig; vacker 6 god, gynnsam 7 mild 8 fri, öppen; jämn II *adv* 1 *speak* ~ tilltala hövligt (vänligt) 2 tydligt, rent 3 rättvist, ärligt; efter reglerna 4 *bid* ~ se lovande ut 5 sakta, vackert 6 rakt, pladask ~-**haired** *a* ljushårig
fairing [fɛ'əriŋ] *s* marknadsgåva
fair||**ly** *adv* 1 rättvist; opartiskt; ärligt 2 lämpligen 3 riktigt 4 tämligen --**minded** *a* rätt|sinnig, -vis -**ness** *s* 1 skönhet 2 blondhet 3 rättvisa; ärlighet --**spoken** *a* vänlig, hövlig
fairy [fɛ'əri] I *s* fe, älva II *a* felik, sago-; trolsk; underbar -**land** *s* sagoland[et] ~-**ring** *s* älvdans ~-**tale** *s* 1 [fe]saga 2 historia
faith [feiþ] *s* 1 förtroende, tillit [*in* till] 2 tro 3 trohet[splikt]; hedersord, löfte 4 redlighet; *bad* ~ bedräglig avsikt; *good* ~ redlighet; god tro -**ful** *a* trogen; hederlig; trovärdig -**less** *a* otrogen, trolös; opålitlig
fake F I *tr* fiffa upp; för|sköna, -falska; sätta ihop II *itr* bluffa III *s* knep; svindel; bedragare

falchion [ɔ:'ltʃ] *s* bred huggare; svärd
falcon [fɔ:'l] *s* falk -**er** *s* falkenerare -**ry** *s* falkjakt
fall [ɔ:] I (*fell fallen*) *itr* 1 falla [ned, av]; falla på' 2 sjunka; sänka sig; avtaga; minskas; *his face fell* han blev lång i ansiktet 3 utfalla [*into* i] 4 gå under; stupa 5 sönderfalla 6 infalla 7 bli 8 a) ~ *across* stöta på'; ~ *among* råka in i (bland); ~ *into* [äv.] inlåta sig i; hemfalla till, råka ut för; gå med på; ~ *on* över-, an|falla; komma på'; ~ *to* börja [på att]; b) ~ *away* bort-, av|falla; tackla av; ~ *back* [äv.] svika; ~ *behind* bli efter; ~ *in* falla i (in), rasa; bli infallen; förfalla; bli ledig; ~ *in!* uppställning! ~ *in upon* överraska; ~ *in with* råka på; gå in på; instämma med; passa ihop med; sammanfalla med; ~ *off* falla av; avvika; svika; avtaga; avtyna; ~ *on* hugga in, sätta i; ~ *out* utfalla; gå ur ledet, bli efter; råka i gräl; hända sig; ~ *over* falla över ända; ~ *to* hugga in; falla (slå) igen II *s* 1 fall[ande]; nedgång, baisse; förfall; *the* ~ [*of man*] syndafallet 2 nederbörd 3 [Am.] höst 4 utfallande 5 lutning 6 sänkning 7 nappatag 8 avverkning 9 slöja; ~ *of lace* spets|garnering, -krage 10 fall, löpare [i block]
falla||**cious** [ʃəs] *a* bedräglig, falsk -**cy** [fæ'] *s* 1 bedräglighet 2 vanföreställning; villfarelse
fal-lal [fælə'l] *s* grannlåt, bjäfs
fall'ible *a* 1 felbar 2 bedräglig, osäker
1 fallow [fæ'lo(u)] *a s* [i] träda
2 fallow *a* rödgul ~-**deer** *s* dovhjort
false [ɔ:] *a* 1 falsk, osann; felaktig; ogrundad, fel- 2 oäkta; lös-; låtsad, hycklad; ~ *bottom* dubbelbotten -**hood** *s* 1 falskhet, osanning 2 lögn[er] -**ness** = *falsity*
fals||**ify** [ɔ:'-fai] *tr* 1 förfalska 2 svika 3 vederlägga -**ity** *s* 1 oriktighet 2 falskhet, lögn'aktighet]
falter [ɔ:'] *itr* 1 stappla 2 sväva på målet, stamma 3 vackla, tveka, svika
fame *s* anseende; rykte -**d** *a* berömd
familiar [fəmi'ljə] *a* 1 förtro|lig, -gen 2 [väl]bekant; vanlig 3 ledig, otvungen -**ity** [æ'r] *s* förtroligt umgänge, förtrolighet, förtrogenhet -**ize** *tr* göra bekant (förtrogen); vänja
fam'ily *s* 1 familj; hus[håll]; *in the* ~ *way* F i grossess 2 barn[skara] 3 ätt, släkt, stam, ras, god familj
fam'ine [in] *s* [hungers]nöd; brist; svält
fam'ish *itr tr* lida hunger; svälta
fa'mous *a* 1 berömd 2 F utmärkt
1 fan *s* 1 solfjäder 2 sädesvanna 3 fläkt II *tr* 1 fläkta; svalka, underblåsa 2 vanna; fläkta [bort]
2 fan *s* S entusiast, vurmare; dyrkare

anat'ic I [äv. *-al*] *a* fanatisk II *s* fanatiker -**ism** *s* fanatism
fan'ci||**ed** *a* 1 inbillad 2 omtyckt, favorit- **-er** *s* [hund-]kännare, uppfödare **-ful** *a* fantas|ifull, -tisk; nyckfull
fan'cy I *s* 1 fantasi, inbillning; föreställning, dröm; idé, infall, nyck 2 lust; tycke; smak; svärmeri; *take a p.'s* ~ slå an på ngn 3 *the* ~ sport-[värld]en; box|arna, -ningen 4 uppfödning [av rasdjur] II *a* 1 dekorativ; fin; fantasi-, lyx-, mode-; mångfärgad; ~ *dish* smårätt; ~ *dog* ras- lyx|hund; ~ *dress* maskeraddräkt; ~ [*dress*] *ball* maskerad-, kostym|bal; ~ *fair* välgörenhetsbasar; ~ *garden* blomsterträdgård; ~ *shooting* nöjesskjutning; ~ *shop* galanterivaruaffär; ~ *skating* konståkning 2 fantastisk, nyckfull III *tr* 1 föreställa (tänka) sig; *just* ~! tänk bara! 2 tro, förmoda 3 F ha höga tankar om 4 tycka om, vara förtjust i 5 uppföda, odla ~-**work** *s* finare handarbete; ~ *shop* tapisseriaffär
fan'far||**e** [fɛə] *s* fanfar **-ona'de** *s* 1 skryt, skrävel 2 fanfar
fang *s* 1 bete, huggtand; gifttand 2 klo
fann'er *s* fläkt[vanna]; kastmaskin
fantasia [zi'ə] *s* fantasi; potpurri
fan'tast *s* fantast; svärmare **-ic** [-·'-] *a* fantastisk, nyckfull; sällsam
fan'tasy *s* 1 fantasi[bild] 2 påhitt, infall
far [ɑ:] I *a* fjärran, avlägsen; lång-[väga]; bortre II *adv* 1 fjärran, långt bort[a]; vida, långt; *go* ~ [äv.] räcka länge, vara dryg; *few and* ~ *between* tunnsådda, sällsynta; *as* ~ *as* [ända] till; så vitt; *as* ~ *as that goes* vad det beträffar; *from* ~ fjärran ifrån; *so* ~ så till vida; hittills; [*in*] *so* ~ *as* så vitt som, i den mån; *so* ~ *as to* ända därhän att 2 [*by*] ~ vida, mycket; i hög grad, ojämförligt ~-**away** *a* avlägsen
farc||**e** [ɑ:] *s* 1 fars 2 köttfärs **-ical** *a* farsartad; komisk
fare [fɛə] I *s* 1 avgift, taxa, biljett-[pris]; [skjuts]pengar 2 resande 3 mat, kost[håll]; *bill of* ~ matsedel II *itr* 1 färdas; gå 2 fara [väl, il'a], leva, ha det -well *s* farväl, avs: ed
far-fetched [-·'-] *a* långsökt
fari'na *s* 1 mjöl[igt stoff] 2 stärkelse
farm I *s* [lant]gård, bondgård; farm II *tr* 1 bruka; odla 2 [ut]arrendera; bortackordera III *itr* driva jordbruk **-er** *s* bonde; arrendator ~-**hand** *s* jordbruksarbetare **-ing** *s* jordbruk **-stead** *s*-bondgård **-yard** *s* [stall]gård
far'-off *a* fjärran, avlägsen; reserverad
farouche [fəru·'ʃ] *a* trumpen; skygg
far'-rea'ching *a* vittgående
farrier [æ'] *s* 1 hovslagare 2 regementsveterinär

far'||**-si'ghted** *a* fram-, fjärr-, lång|synt; förutseende **-ther** [ð] *a adv* avlägsnare; bortre; längre [bort] **-thest** *a adv* avlägsnast; längst [bort]
far'thing [ð] *s* 1/4 penny; vitten; dugg
fascic||**le** [fæ'sikl] **-ule** *s* 1 knippa, bunt 2 del, häfte
fascinat||**e** [fæ's] *tr* tjusa; fängsla, hänföra **-ion** *s* tjusning; lockelse
fashion [fæ'ʃn] I *s* 1 fason, mönster, snitt 2 sätt, vis; *after a* ~ någorlunda 3 bruk, sed 4 mod; *people of* ~ fint folk; *in* ~ på modet; *out of* ~ omodern; ~ *parade* mannekänguppvisning II *tr* forma, gestalta **-able** *a* 1 modern 2 societets-, fin, förnäm; elegant ~-**monger** *s* mode|herre, -docka
1 fast [ɑ:] *s itr* fasta
2 fast I *a* 1 fast; stängd, låst; stark, [tvätt]äkta; djup [*sleep*]; trofast; *make* ~ fastbinda; stänga 2 hastig, snabb; strid; *my watch is* ~ min klocka går för fort; ~ *train* snälltåg 3 nöjeslysten, lättsinnig, vild; fri [av sig]; *a* ~ *liver* en vivör II *adv* 1 fast; stadigt, hårt; *sleep* ~, *be* ~ *asleep* sova djupt 2 fort; snabbt
fasten [fɑ:sn] I *tr* 1 fästa; sätta fast; ~ *down* fast|låsa, -spika, klistra ihop; ~ *up* knäppa igen 2 stänga, regla II *itr* 1 fästa; gå att stänga; fästas 2 ~ *on* bemäktiga sig; slå ned på; gripa fatt i **-er** *s* spänne, lås: tryckknapp **-ing** *s* 1 [hop]fästning 2 band, knäppe, lås, regel, hake
fastid'ious *a* granntyckt, kinkig, kräsen
fastness [ɑ:'] *s* 1 fasthet; snabbhet; hållbarhet; frihet 2 fästning, fäste
fat I *a* 1 fet; tjock; gödd; slakt-, göd- 2 flottig; klibbig; *cut it* ~ S slå på stort 3 bördig; indräktig 4 trög, dum II *s* 1 fett 2 [*det*] fetaste (bästa) III *tr* göda IV *itr* fetma
fa'tal *a* 1 ödes-; öde|sdiger, -bestämd 2 olycksbringande; fördärvlig 3 dödlig -**it**|**y** [fətæ'] *s* 1 [olycks]öde 2 [*det*] olyckdigra; fördärvlighet; dödlighet 3 *-ies* [döds]olycka; död
fate *s* 1 ödet 2 bestämmelse, lott; *of war* krigslycka 3 död, undergång 4 *F*~*s* ödesgudinnor **-d** *a* 1 ödesbestämd 2 dömd till undergång **-ful** *a* 1 ödes|diger, -bestämd 2 dödlig
father [fɑ:'ðə] I *s* 1 fader; far, pappa; *F*~ *Christmas* jultomten 2 upphov[sman] 3 nestor, ålderspresident 4 ~*s* förfäder; ledande män II *tr* avla; ge upphov till ~-**hood** *s* faderskap ~-**in-law** *s* svärfar **-land** *s* fädernesland **-ly** *a* faderlig; öm
fathom [fæ'ðəm] I *s* famn, 1,83 m II *tr* loda; mäta; utforska **-less** *a* bottenlös, omätlig ~-**line** *s* ⚓ lodlina
fatigue [fəti:'g] *s* 1 trötthet 2 ansträngning, strapats 3 ⚔ handräck-

fatigue-dress — 77 — **fellowship**

ning, arbetstjänst II *tr* [ut]trötta, utmatta ~-**dress** *s* ✗ släpmundering
fat'||ling *s* göd|kalv, -lamm -ten I *tr* göda II *itr* fetma -tish *a* fetlagd -ty I *a* fetthaltig, fet; oljig II *s* F tjockis
fatu'||ity *s* dumhet, enfald -ous [æ'] *a* enfaldig, dåraktig; meningslös
faucal [fɔ:'kl] *a* svalg-, strup-
faucet [fɔ:'sit] *s* kran, tapp
faugh [pf:] *interj* fy! tvi! fy tusan!
fault [ɔ:] *s* 1 fel, brist; *to a* ~ till överdrift 2 fel[steg], förseelse; *find* ~ *with* klandra 3 *be at* ~ ha tappat spåret; vara alldeles villrådig 4 förkastning ~-**finder** *s* häcklare ~-**finding** *a s* klandersjuk[a] -**less** *a* felfri; oklanderlig -**y** *a* 1 bristfällig; oriktig 2 klandervärd; skyldig
fa'vour I *s* 1 gunst, ynnest; gillande; *out of* ~ i onåd 2 tjänst, för|mån, -del; tillåtelse 3 hjälp, skydd 4 brev; *your* ~ edert ärade 5 rosett, kokard; märke II *tr* 1 gilla, hylla 2 gynna, uppmuntra; befordra; tala [till förmån] för, bekräfta; hedra; ~*ed* gärna sedd, eftersökt 3 favorisera 4 F skona, spara 5 F likna -**able** *a* välvillig; gynnsam; fördelaktig; lovande -**ite** [it] I *s* gunstling II *a* älsklings- -**itism** *s* gunstlingssystem
1 fawn [ɔ:] I *s* dovhjortskalv II *a s* ljust gulbrun [färg]
2 fawn *itr* 1 visa sig vänlig 2 svansa
fay [fei] *s* fe, älva
fe'alty *s* länsplikt; tro och huldhet
fear [fiə] I *s* 1 fruktan [*of* för]; farhåga; *be (stand) in* ~ *of* vara rädd för 2 oro, ängslan 3 fara II *tr itr* frukta; befara; ~ *lest* frukta att; *never* ~ var inte rädd -**ful** *a* 1 rädd; ängslig 2 fruktansvärd; Fförskräcklig -**less** *a* oförfärad -**some** *a* förskräcklig
feasible [fi:'z] *a* 1 görlig, möjlig 2 F användbar 3 sannolik
feast [i:] I *s* 1 fest, högtid 2 bankett; kalas; traktering; njutning II *tr* förpläga; fägna III *itr* festa; frossa
feat *s* 1 hjältedåd, bragd 2 kraftprov
feather [fe'ðə] I *s* fjäder; fjädrar; plym; *in full* ~ i full stass; *white* ~ feghet II *tr* 1 [be]fjädra 2 skeva [med] [åror] III *itr* 1 sväva, vaja; fjädra 2 skeva ~-**bed** *s* [fjäder]bolster ~-**brush** ~-**duster** *s* dammvippa -**ed** *a* 1 [be]fjädrad 2 bevingad; snabb ~-**head** *s* dumbom -**ing** *s* fjäderbeklädnad -**weight** *s* fjädervikt[are] -**y** *a* fjäder|beklädd, -lik; lätt
feature [fi:'t ʃə] I *s* 1 [anlets]drag; del, detalj; *min* 2 [grund]drag; egenskap; kännetecken 3 [huvud]nummer II *tr* prägla; skissera; [upp-] visa, bjuda på; framhäva, göra reklam för -**less** *a* 1 formlös 2 enformig
febrile [fi:'brail] *a* feberaktig, feber-

February [fe'bruəri] *s* februari
fec'ulent *a* grumlig; smutsig
fe'cund *a* frukt|bar, -sam -**ate** *tr* befrukta -**ity** [ʌ'n] *s* frukt|samhet -barhet; växt-, alstrings|kraft
fed'er||al *a* förbunds-; förenade; [Am.] nordstats- -**ate** I *tr itr* förena [sig] till ett förbund II [it] *a* förenad; förbunds- III [it] *s* förbunds|medlem, -stat -**ation** *s* förening, förbund[sstat]
fee I *s* 1 län; arvgods 2 avgift; arvode; drickspengar II *tr* betala, honorera
feeble *a* svag, klen; matt, dunkel ~-**minded** *a* 1 klenmodig 2 sinnesslö
feed (*fed fed*) I *tr* 1 föda; bespisa; [ut]fodra; ~ *up* göda, mästa; *fed up* F mätt; trött, led 2 mata 3 tillfredsställa 4 förse 5 föra i bet; avbeta II *itr* 1 F äta 2 livnära sig III *s* 1 ätning; [ut]fodring; matande 2 foder; [havre-, hö]ranson; bete 3 F mål, kalas; mat 4 matning; laddning, sats -**er** *s* 1 *large* ~ storätare 2 uppfödare; matare -**ing-bottle** *s* diflaska
feel (*felt felt*) I *tr* 1 känna, förnimma, erfara 2 känna (treva) på; ~ *o.'s way* treva sig fram II *itr* 1 känna; ~ *for* ha medkänsla med; ~ *with* sympatisera med 2 känna [sig för]; treva, leta 3 känna sig; må; ~ *ashamed* skämmas; ~ *like doing* vara upplagd för att göra; ~ *o. s.* känna sig som människa 3 kännas III *s* käns|el, -la -**er** *s* 1 antenn, känselspröt 2 spanare; trevare -**ing** I *a* känslig; deltagande II *s* 1 känsel 2 [med]känsla; *bad* ~ missämja; *good* ~ välvilja 3 inställning 4 känslighet 5 intryck
feet pl. av **foot**
feign [fein] I *tr* 1 uppdikta, hitta på 2 låtsa, föregiva II *itr* förställa sig; låtsa [sig], simulera
feint *s* [krigs]list; fint; falskt sken
felic'it||ate *tr* lyckönska [*on* till] -**ation** *s* lyckönskan -**ous** *a* lyckad, träffande; lycklig -**y** *s* sällhet; välsignelse; lyckligt drag (grepp, uttryck)
fe'line I *a* katt-, kattlik II *s* kattdjur
1 fell imp. av *fall*
2 fell I *tr* fälla II *s* avverkning
3 fell *s* 1 fäll, skinn 2 hårbeklädnad
4 fell *a* grym, vild; skarp; dödlig
fell'er *s* 1 timmerhuggare 2 F = *fellow* 6
felloe [fe'lo(u)] *s* hjul|löt, -ring
fellow [fe'lo(u)] *s* 1 ~*s* kamrater; *good (jolly)* ~ stallbroder; glad gosse 2 medmänniska 3 make, pendang; like, motstycke; [pl.] par 4 medlem 5 [univ.] stiftelseledamot, docent- [stipendiat] 6 F karl, pojke; *poor* ~ stackare; *a* ~ [äv.] man [pron.] 7 med- ~'-**cit'izen** *s* medborgare; landsman ~'-**countryman** [ʌ'] *s* landsman ~'-**crea'ture** *s* medmänniska ~'-**fee'ling** *s* medkänsla -**ship** *s* 1 kam-

fellow-soldier — 78 — field

ratskap; umgänge; gemenskap 2 sammanslutning 3 docentstipendium, 'docentur'-~'-**so'ldier**s vapenbroder ~'--**trav'eller** s reskamrat
felly s fälg, hjulring
fel'on I s brottsling; missdådare II *a* grym, mordisk -**y** s [urbota] brott
1 felt imp. o. pp. av *feel*
2 felt s filt[hatt] -ing s filtning; filt
fe'male I *a* kvinno-, kvinnlig; hon-; ~ *child* flicka II s 1 kvinna 2 hona
fem'in||**ine** [nin] *a* 1 kvinnlig 2 feminin -**in'ity** s kvinnlighet -**ize** *tr itr* förkvinnliga[s]; förvekliga[s]
fem'oral *a* höft-, lår-
fen s kärr, träsk, sank mark
fence I s 1 fäkt|ning, -konst 2 stängsel, staket, plank, gärdesgård, häck; hinder II *tr.* 1 skydda, värna 2 in-, om|hägna III *itr* 1 fäkta; parera; göra undanflykter 2 sätta upp staket 3 ta hinder 4 S köpa (sälja) tjuvgods -**less** *a* oinhägnad; försvarslös
fen'cing s 1 fäkt|ning, -konst; parerande 2 inhägnande 3 stängsel, gärdesgårdar ~-**master** s fäktmästare ~-**wire** s stängseltråd
fend I *tr* avvärja, parera, hålla tillbaka II *itr* F ~ *for* sörja för -**er** s 1 skydd; ♆ frihult 2 eld-, sprak|galler
Fe'nian I s fenier II *a* fenisk
fenn'el s fänkål ~-**seed** s fänkål
fenn'y *a* sank, träskartad; kärr-, träsk-
feoff [fef] = *fief* -**ee'** s läntagare -**er** -**or** s länsherre
fe'rial *a* 1 söckendags- 2 ferie-, fri[-]
ferment I [fə:'] s jäsämne; jäsning II [-·'] *itr* jäsa III [-·'] *tr* 1 bringa i jäsning 2 uppegga; underblåsa -**a**-**tion** s jäsning -**ative** [e'n] *a* jäsnings-
fern [fə:n] s bräken, ormbunke
fero'c||**ious** [ʃəs] *a* vild[sint]; grym -**ity** [ɔ's] s vildhet, grymhet
ferr'et I s 1 vessla, iller 2 spårhund, detektiv II *itr tr* 1 jaga med vessla 2 ~ *about* snoka; ~ *out* spåra (snoka) upp
ferriage [fe'riidʒ] s färj|ning, -pengar
ferr||**if'erous** *a* järnhaltig -**ous** [e'] *a* järn- -**uginous** [u:'dʒ] *a* järnhaltig
ferr'ule s ring, skoning; doppsko
ferr'y s *tr* färj|a, -ställe, -förbindelse ~-**bridge** s tågfärja -**man** s färjkarl
fertil||**e** [fə:'] *a* fruktbar, bördig; rik -**ity** [i'l] s fruktbarhet -**ize** [il] *tr* 1 göda 2 befrukta -**izer** s gödningsämne
ferule [fe'ru:l] I s färla II *tr* ge stryk
ferv'||**ency** [fə:'] s värme; iver -**ent** *a* 1 het, brinnande 2 innerlig, ivrig -**id** *a* brinnande, glödande -**our** s värme, glöd; innerlighet, iver
fescue [fe'skju:] s pekpinne
fes'tal *a* festlig, glad; fest-
fes'ter I *tr* 1 bulna; vara sig 2 [fr]äta omkring sig 3 ruttna II *tr* fräta på; förgifta III s var|sår, -bildning

fes't||**ival** s fest; högtid[lighet] -**ive** *a* festlig, glad; fest- -**iv'ity** s 1 högtidlighet, fest[lighet] 2 feststämning
fetch I *tr* 1 hämta, skaffa; framkalla; draga 2 inbringa, betinga 3 F göra intryck på, ta, fånga; reta 4 F ge [slag] 5 ♆ [upp]nå 6 ~ *down* slå (skjuta) ned; nedbringa; ~ *out* hämta (draga) fram; ~ *round* F övertala; ~ *up* kasta upp; bringa i dagen; ta igen II *itr* 1 [om pump] börja ta 2 ♆ röra sig 3 ~ *away* lossna; ~ *round* F hämta sig; ~ *up* [tvär]stanna III s 1 avstånd, sträcka 2 knep, fint -**ing** *a* F förtjusande
fête [feit] I s fest; namnsdag II *tr* fira
fet'id *a* stinkande -**ness** s stank
fe'tish s fetisch -**ee'r** -**er** s trollkarl, präst -**ism** s fetischdyrkan
fetlock [fe'tlɔk] s hovskägg
fett'er I s [fot]boja; black; tjuder II *tr* tjudra, fjättra; [klav]binda
fettle s skick, kondition
1 **feud** [fju:d] s [släkt]fejd, hämnd
2 **feud** s län, förläning -**al** *a* läns-; feodal- -**alism** s feodalsystem
fe'ver s feber; upphetsning -**ed** *a* febersjuk -**ish** -**ous** *a* 1 febrig 2 feberaktig 3 feber|smittad, -alstrande
few [fju:] *a* s få; lite [~ *people*]; *a* ~ några [få]; *not a* ~ inte så få; *of* ~ *words* fåordig; *no* ~*er* ej mindre; *at the* ~*est* minst -**ness** s fåtalighet
fiancé, -e [fiã:'(n)sei] s fäst|man, -mö
1 **fib** I *tr itr* S slå[ss] II s slag
2 **fib** F I s [nöd]lögn II *itr* narras
fi'br||**e** [bə] s 1 fiber, tråd 2 virke, natur -**ed** -**ous** *a* fibrig, [fin]trådig
fib'ster s lögnare
fibula [fi'bjulə] s 1 spänne 2 vadben
fickle *a* ombytlig, vankelmodig
fict||**ion** [ʃn] s 1 uppdiktande 2 dikt, saga, historia 3 skönlitteratur, romaner, noveller -**itious** [i'ʃəs] *a* 1 oäkta 2 uppdiktad; spelad, falsk -**ive** *a* dikt[ar]-; uppdiktad, falsk
fidd'||**le** I s 1 F fiol; *as fit as a* ~ pigg som en mört 2 prat! dumheter! II *itr* 1 F spela fiol 2 F fingra; leka; knåpa, pilla III *tr* 1 F spela [på fiol] 2 ~ *away* plottra bort; -*ing* futtig; fjantig 3 S lura ~-**case** s fiollåda ~-**de**-**dee'** s nonsens, prat ~-**faddle** s 1 strunt, skräp 2 fjant ~-**head** s galjon -**r** s fiolspelare ~-**stick** s 1 fiolstråke 2 ~*s* skräp, dumheter, prat
fidel'ity s 1 trofasthet, [plikt]trohet 2 naturtrohet, riktighet
fid'get [dʒ] I s 1 oro, nervositet 2 fjantande 3 orolig själ II *itr* oroligt flytta sig; vara nervös III *tr* göra nervös, irritera -**y** *a* orolig, nervös
fie [fai] *interj* fy! ~ *upon you!* fy skam!
fief [fi:f] s län
field [fi:ld] I s 1 fält; åker, gärde, äng;

field-bed — 79 — **find**

mark 2 [slag]fält; krigsskådeplats; fältslag; *take the* ~ draga i fält 3 idrottsplats, [lek]plan 4 deltagare i tävling (jakt); fält 5 [kricket-] uteparti II *tr* 1 hejda och skicka tillbaka [boll] 2 ställa upp [lag] III *itr* ta lyror ~-**bed** s tältsäng ~-**day** s 1 manöver[dag] 2 stor dag ~-**dressing** s sjukvårdsattiralj -**er** s lyrtagare ~-**glass** [ɑ:] s kikare ~-**officer** s regementsofficer ~-**piece** s fältkanon -**sman** = -*er* ~-**sports** s friluftssport
fiend [fi:nd] s 1 djävul; ond ande 2 odjur, plågoande 3 F fantast, dåre; slav -**ish** *a* djävulsk, grym
fierce [fiəs] *a* vild; våldsam; rasande
fi'ery *a* 1 eld-; brännande; eldröd; förtärande 2 eldig, livlig; hetsig
fife s *tr itr* [blåsa på] flöjt -**r** s flöjtblåsare, pipare
fif'||tee′n I *räkn* femton II s femtonmanna-, rugby|lag -**teenth** *räkn s* femtonde[l] -**th** *räkn* s femte[del] -'**tieth** [tiiþ] *räkn* s femtionde[l] -'**ty** *räkn* femtio; ~-~ S jämn[t], lika; delad
1 **fig** s 1 fikon 2 struntsak; 'dugg'
2 **fig** I s 1 dräkt, stass 2 form, kondition II *tr*, ~ *out* fiffa (pigga) upp
fight [fait] (*fought fought*) I *itr* 1 strida, kämpa, fäkta, slåss; duellera; boxas 2 ~ *shy of* undvika II *tr* 1 strida mot, bekämpa, slå[ss med]; ~ *off* tillbakaslå 2 [ut]kämpa; [ut]spela 3 strida för (om), processa om 4 tillkämpa sig; ~ *o.'s way* kämpa (slå) sig fram 5 anföra, leda 6 tussa ihop III s 1 strid, fäktning, slag; slagsmål; duell; boxning 2 stridshumör, mod -**er** s krigare; [slags]kämpe; boxare -**ing** *a* s strid[ande]; stridsfig'**ment** s påfund
figur||ant [fi'gju] s balettdans|ör, -ös; **statist** -**ation** s gestaltning, form[ning]; bildlig framställning -**ative** *a* 1 figurlig, bildlig 2 bildrik
figure [fi'gə] I s 1 form, fason 2 gestalt, figur, kropp; utseende, uppträdande; *cut a* ~ spela en roll 3 person[lighet] 4 bild; illustration; mönster 5 symbol; förebild 6 [dans]tur 7 siffra; ~s [äv.] räkning; *do* ~s räkna 8 F belopp, pris II *tr* 1 avbilda, [av]teckna 2 föreställa [sig] 3 pryda med figurer, mönstra 4 [Am.] beräkna; ~ *out* räkna ut; ~ *up* räkna ihop III *itr* 1 räkna 2 ~ *out* ge till resultat; bli 3 upp-, fram|träda; ståta ~-**head** s galjonsbild -**less** *a* oformlig
fil'||agree = -*igree* -**ament** s tråd, fiber
fil'bert s hasselnöt
filch *tr* snatta; knipa
1 **file** I s 1 fil 2 S filur, kniv[ig karl]; *close* ~ gnidare II *tr* fila, glätta
2 **fi'le** I s 1 pappershållare 2 brev-, samlings|pärm 3 dokumentbunt; *on* ~ ordnad; i samlingen 4 nummer i följd, årgång II *tr* träda upp; ordna; lägga in; in|ge, -registrera 3 **file** I s 1 ✕ rote; *in single (Indian)* ~ i gåsmarsch 2 fil, rad II *itr* ✕ gå i fil (rotar); ~ *off (away)* defilera
fil'i||al *a* sonlig, dotterlig, barnslig -**ation** s 1 här-, upp|komst 2 [för]gren[ing], avläggare
fil'ibuster s fribytare; sjörövare
fil'igree s filigran[sarbete]
fi'lings s filspån
fill I *tr* 1 [upp]fylla; komplettera; ~ *in* fylla i[gen]; stoppa (sätta) i; ~ *out* slå i, fylla ut; ~ *up* [upp]fylla; fylla i[gen] 2 tillfredsställa; mätta 3 bekläda [ämbete]; be-, till|sätta 4 utföra [order] II *itr* 1 fyllas; svälla; ~ *out* bli fylligare 2 slå i III s lystmäte; fyllning; *eat o.'s* ~ äta sig mätt; *a* ~ *of tobacco* en pipa tobak
fill'et I s 1 hår-, pann|band 2 band[age]; remsa 3 filé; rulad 4 list, band; kant II *tr* binda upp
fill'ing s fyll|nad, -ning
fill'ip I s fingerknäpp; eggelse, stimulans II *tr itr* knäppa [till]; pigga upp
fill'y s 1 stoföl; ungt sto 2 F yrhätta
film I s 1 hinna, tunt skinn 2 film[rulle]; *talking* ~ talfilm 3 [dim-]slöja 4 [spindel]tråd II *tr itr* 1 täcka[s] med en hinna 2 filma ~-**fan** s filmbiten -**land** s filmvärlden ~-**pack** s filmrulle -**y** *a* hinnaktig, tunn
fil'ter I s sil II *tr itr* sila[s], filtrera[s]
filth s smuts; orenhet -**y** *a* smutsig, otäck; oanständig
fil'tr||ate I s filtrat II *tr itr* = *filter* II
fin s 1 fena 2 S tass; labb
fi'nal I *a* 1 slutlig, slut-; avgörande; ~ *schools* slutexamen 2 avsiktlig; avsikts-, final II s 1 final 2 ~s slutexamen 3 F senaste [kvälls]upplaga -**e** [finɑ:'li] s 1 [mus.] final 2 avslutning; slut -**ity** [æ'l] s slutgiltighet; avgörande; slut[akt] -**ly** *adv* slutligen
finan'c||e I s 1 finansväsen 2 ~s finanser; ekonomi II *tr* finansiera -**ial** [ʃəl] *a* finansiell, finans-, ekonomisk -**ier** [iə] s 1 finansman 2 kapitalist
finch s fink
find (*a*) (*found found*) I *tr* 1 finna, på-, an|träffa; hitta; möta; erhålla; få; ~ *o.'s feet* börja kunna stå 2 söka upp, ta reda på; skaffa; ~ *time* hinna; ~ *o.'s way* leta sig fram; hitta [en utväg] 3 slå [an på], gripa 4 [in]se, förstå; anse; *be found* befinnas 5 döma, besluta; avkunna 6 bekosta; förse; [under]hålla; ~ *a p. in (with) a th.* bestå ngn [med] ngt; *and all found* och allt fritt; *well found* välutrustad 7 ~ *out* söka upp; ta reda på; lösa, uttänka; uppdaga; genomskåda II *rfl* 1 [be]finna sig 2 finna

sin plats 3 hålla sig [in med] III s [fynd]ställe -er s upp|hittare, -täckare
1 fine I s böter, vite II tr bötfälla
2 fine I a 1 fin; utsökt, förfinad; the ~ arts de sköna konsterna 2 tunn, smal, liten; nätt 3 känslig; skarp 4 utmärkt, härlig, präktig; ~ doings snygga historier 5 vacker; grann, välväxt, ståtlig 6 elegant; 'bildad' II tr rena; klara III itr 1 klarna 2 förtunnas, minskas, försvinna ~-drawn a tunn, findragen; hårdragen ~-grained a finkornig -ry s grannlåter, bjäfs ~-spoken a som uttrycker sig väl ~-spun a finspunnen; härför sse [fine's] s 1 slughet; knep 2 [kortsp.] mask
finger [fi'ŋgə] I s finger; first ~ pekfinger; second (middle) ~ långfinger; fourth ~ lillfinger II tr 1 fingra på, plocka med 2 snatta; ta [mutor] 3 spela på III itr fingra, riva; leka ~-board s klaviatur ~-bowl s sköljkopp ~'-end' s fingerspets; at my ~s på mina fem fingrar -ing s 1 fingrande 2 anslag, 'teknik'; fingersättning ~-post s vägvisare ~-print s fingeravtryck ~-stall s fingertuta ~-tip s fingerspets
fin'ic||al -king -ky a petig, pedantisk
fin'ish I tr 1 [av]sluta, fullborda; göra slut på; äta upp 2 avputsa; förädla; bearbeta 3 F ge nådestöten; ta död på; avliva II itr 1 sluta, upphöra, bli färdig 2 fulltölja [lopp] III s 1 slut, avslutning; slut|kamp, -spurt; slutscen; fight to a ~ slåss på liv och död 2 avputsning; polering; dekorering; inredning 3 fulländning; glans; fernissa -ed a färdig, fulländad; utsökt, elegant; ~ product helfabrikat -er s F dråpslag, nådestöt -ing I a slut- II s avslutning; slutbehandling
fi'nite a 1 begränsad, ändlig 2 finit
fin'-keel s ✠ fenköl, kölfena
Finn s finne; ~ish finsk
finn'||ed a med fenor -y a fenig, fenfir [fə:] s gran; tall; barrträd; Scotch (Norwegian, Swedish) ~ tall
fire [fai'ə] I s 1 eld; be on ~ brinna 2 brasa; bål; låga 3 brand, eldsvåda; ~! elden är lös! 4 skottlossning line of ~ skottlinje; miss ~ klicka 5 glans, sken 6 feber 7 hetta, glöd; entusiasm II tr 1 sätta i brand 2 av|-fyra, -lossa; ~ a salute salutera 3 ~ [out] F köra ut; ge sparken 4 steka; bränna; torka 5 elda III itr ge eld (fyr), skjuta; brinna av; ~ away F börja, klämma i; bli het; rodna; ~ up elda; blossa upp ~-alarm s brandsignal[apparat]; ~ box brandskåp; ~ post brandpost ~-arm s skjutvapen ~-ball s eldkula, klotblixt ~-brand s 1 eldbrand 2 orostiftare ~-brick s eldfast tegel ~-

-brigade s brandkår ~-clay s eldfast lera ~-damp s gruvgas ~-dog s järnbock, eldhund ~-eater s 1 eldslukare 2 F bråkmakare; hetsporre ~-engine s brandspruta ~-escape s livräddningsredskap; brandstege ~-guard s 1 sprakgaller 2 [Am.] brandsoldat ~-hose s sprutslang ~-insurance s brandförsäkring -lock s flintlås[gevär] -man s 1 brand|soldat, -man 2 eldare ~-office s brandförsäkringskontor ~-pan s fyrfat, glödpanna ~-place s eldstad, spis[el]; härd ~-plug s brandpost -proof a eldfast, brandfri -side s härd; by the ~ vid brasan ~-station s brandstation ~-wood s ved -work s fyrverkeri
fi'ring s 1 antändning, eldning 2 bränsle 3 avskjutande; skottlossning
firkin [fə:'kin] s fjärding, kagge
1 firm [fə:m] s [handels]firma
2 firm I a 1 fast, tät, stark 2 säker, stadig; orubblig; trofast II adv fast -ament s himlavalv -ness s fasthet
firry [fə:'ri] a gran-; fur-
first [ə:] I a först[e]; främst; förnämst, prima; ~ cost inköps-, fabriks|pris II adv först; ~ of all först [och främst]; he will die ~ förr dör han; ~ and last allt som allt III s 1 först[e]; förstaklassvagn 2 etta 3 at ~ i början ~-class a förstklassig ~-fruits spl förstlingar, primörer -ly adv för det första ~-mate s förste styrman ~-night s premiär ~-rate a adv förstklassig[t]
firth [fə:þ] s fjord, fjärd
fisc s skattkammare; statskassa -al a skatte-, finans-; räkenskaps-
1 fish s spelmark
2 fish I s fisk; cool ~ ogenerad herre; odd ~ lustig kurre II itr tr 1 fiska, fånga 2 fiska i ~-ball ~-cake s fiskbulle ~-carver s fiskspade -erman s fiskare -ery s 1 fiske[ri] 2 fiskevatten ~-hook s metkrok -ing I a fiskar-, fiske- II s fiskande, fiske[vatten]; ~-ground fiske|bank, -vatten; ~-line metrev; ~-rod metspö; ~-tackle fiskredskap ~-market s fisktorg -monger s fiskhandlare ~-pot s tina, bur, ålkorg ~-slice s fiskspade ~-sound s simblåsa ~-spear s ljuster -wife s fiskgumma -y a 1 fisklik, fisk-; S slö 2 F misstänkt; fantastisk
fiss||ion [fi'ʃn] s klyvning -ure [fi'ʃə] s klyfta, spricka; klyvning
fist I s [knyt]näve; F labb II tr bulta på; hugga tag i -icuffs spl knytnävskamp; slagsmål ~-law s nävrätt
fis'tula [ju] s fistel[gång] 2 rör
1 fit s 1 [kramp]anfall, attack; cold ~ frosskakning; beat into ~s F slå sönder och samman; go off into a ~ få e.t nervattack 2 utbrott; ~s of

laughter gapskratt 3 ryck; *by* ~*s*
[*and starts*] stötvis 4 nyck, infall
2 fit I *a* 1 lämplig, duglig, skickad,
livskraftig; passande, värd[ig]; ~
for service vapenför 2 färdig, redo; F
nära 3 F i bästa form; spänstig,
pigg II *tr* 1 anstå 2 passa [i, till, in
på] 3 göra lämplig (duglig); förbereda; anpassa 4 sätta in (på); ~ *on*
prova 5 utrusta; bereda, inreda;
[in]montera; ~ *out* utrusta; ~ *up*
inreda; utrusta; montera III *itr*
passa, sitta IV *s* passform; välsittande plagg; *a tight* ~ trång[t]
fitch *s* iller[skinn]
fit'||**ful** *a* ryckig; ostadig, nyckfull
-ness *s* lämplighet, duglighet; riktighet - -**out** *s* utrustning **-ted** *a* passande, lämplig; avpassad **-ter** *s* avpassare; provare; tillskärare; montör **-ting** *s* 1 av-, hop|passning; utrustning; [in]montering 2 ~*s* tillbehör, inredning; beslag; maskindelar;
armatur - -**up** *s* utstyrsel
five I *räkn* fem II *s* femtal, femma **-r**
s F femma **-s** *s* handboll
fix I *tr* 1 fästa, fastsätta; inprägla 2
göra fast (hållbar), stadga; fixera;
~*ed idiom* stående uttryck 3 fixera;
fängsla 4 [in]sätta, placera; inleda;
etablera 5 fastställa; bestämma 6
F ordna, sätta ihop, laga, rätta till,
snygga upp, hyfsa till; muta; förstöra II *itr* 1 fastna, slå sig ned 2
hårdna; stelna 3 ~ *on* bestämma
[sig för]; utvälja III *s* F 1 klämma,
knipa 2 [Am.] form, kondition; *out
of* ~ i olag **-ation** *s* 1 fästande 2 bestämmande 3 fixering 4 fasthet **-ed**
a 1 fix; fast; inrotad; stadig 2 orörlig, stel **-edly** [idli] *adv* fast, stadigt
-edness [id] *s* fasthet **-ing-bath** *s*
fixerbad **-ings** *spl* utrustning; tillbehör **-ity** *s* fasthet; oföränderlighet
-ture [tʃə] *s* 1 fast tillbehör, inventarium; ~*s* [väggfast] inredning 2
[dag för] tävling (match, jakt)
fizz I *itr* väsa, fräsa II *s* 1 väsning,
surr 2 F fart, liv 3 F champagne **-le**
I *itr* 1 småfräsa 2 ~ [*out*] spraka till,
F göra fiasko II *s* 1 väsning, fräs 2
F fiasko **-y** *a* fräsande; musserande
flabb'ergast [ɑ:st] *tr* F göra flat
flabb'y *a* slapp, lös, slak
flaccid [flæ'ksid] *a* lös, slapp; svag
1 **flag** *s* svärdslilja
2 **flag** *s* sten|platta, -häll, -läggning
3 **flag** I *s* flagga; fana; *white* ~, ~ *of
truce* parlamentärflagga II *tr* 1 flaggpryda 2 [flagg]signalera [till]
4 **flag** *itr* 1 hänga [slappt ner] 2 vissna 3 slappna, [av]mattas
flag'ell||**ant** [dʒ] *s* [själv]gisslare **-ate**
tr gissla, piska **-ation** *s* gissling
flagg'ing *s* sten!äggning

flag'on *s* vinkanna; krus
fla'gran||**cy** *s* 1 bar gärning 2 ohygglighet **-t** *a* 1 pågående; *in* ~ *delict*
på bar gärning 2 uppenbar, skändlig
flag'||**staff** *s* flaggstång **-stone** = *2 flag*
flail *s* slaga
flair [flɛə] *s* väderkorn, fin näsa
flak||**e** I *s* flaga; flinga; flak; flisa,
skiva; lager II *itr* 1 flagna, fjälla sig
2 falla **-y** *a* flagig, skivig, fjällig
flam *s* F lögn; bedrägeri; bluff
flamboy'ant *a* praktfull, flammande
flam||**e** I *s* flamma, låga, eld II *itr*
flamma **-ing** *a* flammande; lidelsefull; *a* ~ *lie* en fräck lögn
flange [flændʒ] *s* fläns; list
flank I *s* flank, flygel; sida; *turn a
p.'s* ~ överlista ngn II *tr* 1 flankera
2 anfalla (hota) i flanken
flann'el *s* 1 flanell[trasa] 2 ~*s* flanell|kostym, -byxor; sportdräkt
flap I *tr* 1 klappa, slå, smälla [till] 2
slå (flaxa, vifta) med II *itr* 1 flaxa 2
smälla; slå; dingla; ~*ping hat* slokhatt III *s* 1 dask, smäll 2 flaxande
3 flugsmälla 4 flik; skört; [fick-]
lock; snibb; brätte; klaff; läm; -
table klaffbord **-jack** *s* 1 pannkaka
2 F puderdosa **-per** *s* 1 flugsmälla;
fläkta; skramla 2 and-, rapphöns|unge 3 S backfisch 4 bred fena;
stjärt 5 S hand, labb **-per-bracket**
-per-seat *s* F sid[o]vagn; 'bönholk'
flar||**e** [flɛə] I *itr* 1 fladdra; blossa;
skimra; flamma upp 2 bukta ut II *s*
1 fladdrande låga (sken); flygbak 2
prål, skrävel **-ing** *a* lysande, grann
flash I *itr* 1 lysa (blänka) [till]; blixtra,
gnistra; framträda; ~*ing light* blinkfyr 2 susa (rusa, strömma) fram II
tr 1 lysa med; [ut]skjuta, [ut]kasta,
spruta; svänga 2 utslunga; telegrafera III *s* 1 plötsligt sken, glimt;
blixt, blink; ~ *of lightning* blixt;
~ *of wit* snilleblixt 2 uppflammande, utbrott 3 glans, prål IV *a* 1 =
-y 2 efterapad, falsk 3 slang-; tjuv-
~-**lamp** *s* ficklampa ~-**light** *s* 1 blinkfyr 2 blixtljus **-y** *a* lysande, prålig; flott
flask [ɑ:] *s* fick-, fält|flaska, plunta
1 **flat** *s* våning, lägenhet
2 **flat** I *a* 1 flat, plan 2 raklång; *fall* ~
falla till marken 3 jämn, slät, platt;
~ *race* slätlopp 4 enhetlig; jämnstruken; enformig 5 slapp, livlös; trög,
slö; matt, flau; fadd; dov 6 sänkt en
halv ton; *G*~ gess 7 direkt; ren; ~
calm blickstilla; ~*ly refuse* säga bestämt nej II *adv* 1 absolut; rent [ut]
2 *sing* ~ sjunga för lågt (falskt) III
s 1 flackt land, slätt; sank mark;
[långgrund] strand 2 platta; [hand]-
flata; platt tak 3 pråm; låg korg 4
fonddekoration 5 halvttonsteg nedåt;
förtecknet b; *sharps and* ~*s* svarta

flat-boat — 82 — floor

tangenter **IV** *tr* = *-ten* ~**-boat** *s* pråm
~**-iron** *s* strykjärn **-ten I** *tr* 1 göra
flat &c 2 [mus.] sänka **II** *itr* 1 bli platt
&c; uthamra, valsa 2 göra tråkig
(fadd)
flatt'er *tr* 1 smickra [*on* för] 2 uppmuntra 3 tilltala, smeka 4 försköna
-er *s* smickrare **-y** *s* smicker
flat'ul||ence [ju] *s* väderspänning **-ent**
a 1 väder|spänd, -alstrande 2 pösig
flaunt I *itr* pråla, prunka; brösta sig,
stoltsera [åv. ~ *o. s.*] **II** *tr* demonstrera, briljera med **III** *s* hoverande
flautist [flɔ:'tist] *s* flöjtist
fla'vorous *a* välsmakande, doftande
fla'vour I *s* arom, smak, doft, buké,
krydda; bismak **II** *tr* sätta arom
(piff) på, krydda; ~*ed with* smakande
III *itr* ha en [bi]smak **-ing** *s* 1 smaksättning 2 krydda **-less** *a* smaklös
1 **flaw** [flɔ:] *s* [storm]by; vindkast
2 **flaw I** *s* 1 spricka 2 fel; fläck **II** *tr*
spräcka; skämma **-less** *a* felfri
flax *s* lin ~**-dressing** *s* linberedning
-en *a* lin-; lingul ~**-mill** *s* linspinneri
flay *tr* flå; avdraga; skala; skinna, klå
flea *s* loppa ~**-bite** *s* loppbett; fläck
fleck I *s* fläck; fräkne **II** *tr* göra fläckig (brokig); tigrera **-er** *tr* = *fleck*
fledge [edʒ] *tr* befjädra; bevinga **-d**
a flygfärdig **-ling** *s* flygfärdig fågelunge; [bildl.] gröngöling
flee (*fled fled*) *itr tr* fly [från], undvika
fleec||le I *s* 1 päls, fäll; [klipp]ull; *the
Golden F*~ Gyllene Skinnet 2 kalufs 3 snöflinga; molntapp **II** *tr* 1
klippa 2 plundra 3 beströ **-y** *a* ullig
fleer I *itr* hånle, flina; flabba; [åv. tr.]
håna **II** *s* [kall]grin; speglosor
1 **fleet** *s* flotta; flottilj
2 **fleet I** *itr* fly[ga], ila; glida bort; skymta förbi **II** *o.* **-ing** *a* snabb, hastig
Fleet Street *s* [bildl.] pressen
Flem'||ing *s* **-ish** *a* flamländ|are, -sk
flen||ch -se *tr* flänsa, avspäcka; flå
flesh I *s* 1 kött 2 hull; *in* ~ vid gott
hull; *lose* ~ magra 3 människo|-
släkte, -natur; köttslighet **II** *tr* ge
blodad tand; vänja **-ly** *a* 1 köttslig
2 kroppslig 3 världslig ~**-meat** *s*
köttmat **-y** *a* köttig; fet
flew [flu:] imp. av *fly*
flex *s* [elektr.] sladd **-ible** *a* 1 böjlig,
smidig 2 medgörlig **-ion** [ʃn] *s* böjning; bukt **-uous** [juəs] *a* krokig, buktig **-ure** [ʃə] *s* böj|ande, -ning, krök
flibb'ertigibb'et [dʒ] *s* odåga; slarver
flick I *tr* 1 snärta till, slå 2 slänga
(klatscha) med **II** *s* knäpp, släng,
snärt; klick **-er I** *itr* fladdra, flämta;
fläkta; ~ *out* slockna **II** *s* fladdrande
flier [flai'ə] = *flyer*
1 **flight** *s* flykt; *put to* ~ slå på flykten
2 **flight** [flait] *s* 1 flykt, flyg|ande,
-ning; flyg- 2 flygavdelning 3 flock,

svärm; skur 4 trappa; rad av hinder
-y *a* flyktig; fantastisk
flim'sy [z] **I** *a* 1 tunn, bräcklig 2 tom,
ytlig **II** *s* 1 kopiepapper 2 S sedel
flinch *itr* rygga; svikta; rycka till
fling (*flung flung*) **I** *itr* 1 rusa, störta;
flänga 2 slå bakut 3 ~ *out* bryta ut;
bli ovettig **II** *tr* 1 kasta; [ut]slunga;
~ *open* rycka upp; ~ *o. s. into* hänge
sig åt; ~ *to* slänga igen 2 slå omkull;
kasta av **III** *s* 1 kast 2 attack; hugg,
stickord; gliring 3 släng, slag, stöt
4 *have o.'s* ~ rasa ut, slå sig lös
flint *s* flinta; *skin a* ~ snåla ~**-lock** *s*
flintlås **-y** *a* flint-; stenhård
1 **flip I** *tr* 1 knäppa i väg (till); slänga,
kasta 2 vifta (slå) med **II** *itr* 1 knäppa 2 skutta 3 F flyga **III** *s* 1 knäpp,
smäll, klatsch; ryck 2 F flygtur
2 **flip** *a* mumma, glögg
flip'-flap *s* **F** 1 kullerbytta 2 [fyrv.]
svärmare 3 luftgunga
flipp'an||cy *s* lättvindighet; näsvishet
-t *a* nonchalant; respektlös; flyktig
flipp'er *s* 1 sim|fot, -vinge 2 S labb
flirt [ə:] **I** *tr* 1 slänga, kasta; knäppa i
väg 2 vifta med **II** *itr* 1 skutta, kila;
fladdra 2 kokettera, flörta; leka
III *s* 1 släng; knyck; kast 2 flört[ig
person] **-ation** *s* kurtis, flört **-atious**
[ei'ʃəs] **-ish** **-y** *a* flörtig, kokett
flit *itr* ila, fara; sväva, flyga; fladdra
flitch *s* fläsksida
flitt'er *itr* flaxa ~**-mouse** *s* flädermus
flitt'ing *a* flyktig, övergående
flivv'er *s* billig bil; 'fordhoppa'
float [ou] **I** *itr* flyta; simma; sväva;
[s]vaja **II** *tr* 1 hålla flytande; göra
flott 2 flotta 3 översvämma 4 starta,
grunda; utsläppa **III** *s* 1 drivis-, sjögräs|fält 2 flotte 3 flöte; flottör;
simdyna 4 flytorgan, simblåsa **-age**
s 1 flyt|ande, -förmåga 2 sjöfynd,
vrakgods; pråmar ~**-bridge** *s* flottbro **-er** *s* 1 flottare 2 flaskpost 3
statsobligation **-ing** *a* 1 flytande,
flyt-, driv-; ~ *bridge* flottbro; ångfärja; ~ *light* fyrskepp 2 sjö[farts]-
3 lös[t hängande] 4 rörlig
flocculent [flɔ'kjulənt] *a* ullig, dunig
1 **flock** *s* flock, skara; hjord **II** *itr*
skocka sig
2 **flock** *s* tapp, tofs, tott **-y** *a* flockig
floe [flou] *s* isflak
flog *tr* prygla, piska, klå **-ging** *s* smörj
flood [flʌd] **I** *s* 1 högvatten, flod 2
översvämning; [stört]flod, ström;
the F ~ syndafloden 3 bölja **II** *tr*
översvämma, dränka; [be]vattna
III *itr* flöda över; strömma ~**-gate**
s dammlucka ~**-light** *s* 1 strålkastare 2 [fasad]belysning ~**-mark** *s*
högvattensmärke ~**-tide** *s* flod
floor [ɔ:] **I** *s* 1 golv; botten; *double* ~
trossbotten 2 slät mark (yta) 3 vå-

floor-cloth — 83 — foible

ning; *the first* ~ våningen 1 tr. upp II *tr* 1 [golv]belägga 2 slå omkull; golva; göra konfys; kugga ~-**cloth** *s* linoleummatta; golvtrasa **-er** *s* F 1 dråpslag 2 dräpande argument; kuggfråga; jobspost **-ing** *s* golvläggning; golv[yta]; ~s bräder
flop F I *itr* slänga, flaxa, smälla; plumsa II *tr* kasta; flaxa med III *s* flaxande; smäll[ande], duns IV *adv* plums **-py** *a* flax|ande, -ig
flor||**a** [flɔː'rə] *s* flora **-al** [ɔː'r] *a* blom**-escent** [e'snt] *a* blommande **-iculture** *s* blomsterodling **-id** [ɔ'] *a* blomsterprydd; blomstrande **-in** [ɔ'] *s* 1 gulden 2 [i Engl.] 2 shilling **-ist** *s* blomster|odlare, -handlare
floss *s* dun ~-**silk** *s* flocksilke **-y** *a* dunig
flotilla [flo(u)tiˈlə] *s* flottilj
flotsam [flɔ'tsəm] *s* vrakgods, sjöfynd
1 **flounce** *tr s* [garnera med] volang[er]
2 **flounce** I *itr* 1 rusa 2 sprattla, sparka, plumsa II *s* sprattling; knyck
1 **flounder** [flau'ndə] *s* flundra
2 **flounder** *itr* 1 plumsa [i], knoga i väg; sprattla, tumla 2 trassla [till] sig
flour [flau'ə] *s* vetemjöl; [fint] mjöl
flourish [flʌ'r] I *itr* 1 blomstra, frodas 2 uttrycka sig sirligt 3 briljera II *tr* 1 svänga, svinga 2 utsira 3 lysa med III *s* 1 blom[ning] 2 snirkel, släng 3 grannlåt 4 elegant sväng 5 ståt[ande] 6 fanfar; preludium
floury [flau'əri] *a* av mjöl, mjölig
flout *s tr itr* hån[a]
flow [ou] I *itr* 1 flyta, rinna; flöda 2 härflyta 3 falla, bölja, fladdra 4 stiga II *s* 1 flöde, flod, ström 2 överflöd 3 svall, fall 4 översvämning 5 stigande, flod [*ebb and* ~]
flower [au'] I *s* 1 blomma, växt 2 blom[ning] 3 arom, buké II *itr* blomma **-age** *s* blom[ning] ~-**bed** *s* rabatt **-ed** *a* blommig ~-**piece** *s* blomsterstycke ~-**pot** *s* blomkruka ~-**stand** *s* blombord, blomsterställ **-y** *a* 1 blomrik; blom[ster]- 2 blommig
flown [floun] pp. av *fly*
fluc'tuate *itr* fluktuera, växla; vackla
1 **flu**[**e**] [fluː] *s* F influensa, S flunsa
2 **flue** *s* 1 rökgång 2 varmluftsrör
3 **flue** *s* [fint] fjun
flu||**ency** [uːˈ] *s* jämnt flöde; språkbehärskning **-ent** *a* ledig; flytande; talför
fluff I *s* 1 ludd, dun 2 päls, hår; fjun II *tr itr* 1 ludda (burra) upp 2 S staka sig [på] **-y** *a* luddig; silkesfin
fluid [uːˈ] I *a* flytande II *s* vätska **-ity** [iˈd] *s* 1 flytande tillstånd 2 ledighet
1 **fluke** [fluːk] *s* 1 [ankar]fly 2 hulling
2 **fluk**||**e** *s* F tur **-y** *a* F tursam, turflung [ʌ] imp. o. pp. av *fling*
flun'key *s* lakej[själ] **-ism** *s* kryperi
flurry [ʌ'] I *s* 1 [kast]by 2 förvirring; brådska, hast II *tr* uppröra, förvirra

1 **flush** I *itr* flyga II *tr* skrämma upp
2 **flush** I *itr* 1 flöda; rusa 2 skjuta skott 3 glöda 4 blossa upp, rodna II *tr* 1 [ren]spola 2 göra röd 3 **egga** III *s* 1 ström, fors, svall 2 överflöd 3 renspolning 4 svall, utbrott 5 rodnad; glöd 6 växt, flor; styrka
3 **flush** I *a* 1 [brädd]full; riklig; ~ *times* gyllene tider 2 i jämnhöjd; jämn; rak, direkt II *tr* jämna; släta
4 **flush** *s* [kort.] svit
flus'ter I *tr* 1 förvirra 2 upphetsa II *itr* bli het (nervös); flänga, flyga III *s* nervositet, förvirring
flut||**e** [fluːt] I *s* 1 flöjt 2 räffla II *itr* bläsa flöjt III *tr* 1 spela på flöjt; ~**d** flöjtlik 2 räffla **-ist** *s* flöjtspelare
flutt'er I *itr* 1 fladdra, flaxa 2 bulta 3 darra; vara orolig II *tr* 1 fladdra (flaxa) med; [upp]röra 2 förvirra, oroa III *s* 1 fladdrande 2 oro; förvirring; virrvarr 3 S försök; spel
fluty [fluːˈti] *a* flöjtlik, flöjt-
fluvial [fluːˈviəl] *a* flod-
flux *s* 1 flytning, fluss 2 flod; flöde, ström 3 omlopp 4 ständig växling
fly [ai] (*flew flown*) I *itr* 1 flyga [upp] 2 ila, fara; rusa; *let* ~ skjuta; utslunga 3 fladdra, svaja 4 springa [sönder] 5 fly II *tr* 1 låta flyga, avskjuta; släppa upp; skicka 2 flyga, föra, köra; flyga över 3 hissa 4 fly [från]; undvika III *s* 1 flykt 2 droska 3 julp; tältlucka 4 flagglängd 5 svänghjul; oro [i ur] 6 fluga
fly'||**-away** *a* löst sittande, vid; flyktig **--blow** *s* flug|ägg, -smuts **--catcher** *s* 1 flugsnappare 2 flugfångare **-er** *s* 1 flygare 2 flygmaskin 3 flykting **--flap** *s* flugsmälla **-ing** *a* 1 flyg-; ~ *man* flygare 2 [s]vajande 3 snabb; flyktig; provisorisk; ~ *jump* hopp med ansats; väldigt hopp 4 rörlig, lätt **-man** *s* 1 droskkusk 2 scenarbetare **--sheet** *s* flygblad **--trap** *s* flugfångare **--weight** *s* flugvikt **--wheel** *s* svänghjul
foal [foul] I *s* föl, fåle II *itr tr* föla
foam [ou] *s itr* skum[ma], fradga **-y** *a* fradgande
1 **fob** *s* [ur]ficka
2 **fob** *tr* lura; ~ *off with* avspisa med
3 **fob** = *f. o. b.* [*free on board*] fob
fo'c'sle [fouksl] *s* ♃ back; skans
fo'cus I *s* 1 brännpunkt 2 härd, centrum II *tr itr* 1 samla [sig] i en brännpunkt; koncentrera[s] 2 inställa
fodd'er I *s* foder II *tr* [ut]fodra
foe [fou] *s* fiende, ovän
foetus [fiːˈtəs] *s* foster
fog I *s* dimma, tjocka; töcken; **oklarhet** II *tr* omtöckna, förmörka **-gy** *a* dimmig; suddig ~-**horn** *s* mistlur
fo'gy *s, old* ~ F gammal stofil
foible [ɔi] *s* svaghet

foil — 84 — **forecast**

1 foil I s [spegel]folie, botten; bakgrund **II** tr framhäva
2 foil I tr **1** korsa, springa över **2** besegra; gäcka **II** s spår
3 foil s fäktvärja, florett
foist tr insmussla, insmuggla; lura
1 fold [ou] **I** s **1** fålla **2** hjord **II** tr instänga i fålla
2 fold I tr **1** [dubbel]vika; ~ up lägga (vika) ihop **2** falsa **3** slå; sluta; knäppa [händerna]; ~ o.'s arms lägga armarna i kors **4** insvepa; ~ up slå in **II** itr **1** vikas; veckas; ~ up fällas (vikas) ihop **2** ~ about slå (slingra) sig om **III** s **1** veck **2** fals **3** slinga, bukt; ring **4** blad; [dörr]flygel **5** vikning, veckning **-ing-bed** s fäll-, tält|säng **-ing-chair** s fällstol **--ing-doors** spl flygeldörr
fo'li||age s löv[verk] **-ate I** [it] a **1** bladlik **2** bladbärande **II** tr **1** pryda med bladornamen **2** foliera
folk [fouk] s, ~s F folk, människor **-lore** s folktro; folkloristik
foll'icle s liten blåsa (säck)
foll'ow [ou] **I** tr **1** [efter]följa; ~ suit bekänna färg; följa exemplet **2** ägna sig åt **3** följa med, [upp]fatta **4** ~ out (up) fullfölja **II** itr följa **III** s ny portion **-er** s följeslagare; anhängare
foll'y s dår|aktighet, -skap, tokeri
foment' tr **1** lägga om **2** underblåsa
fond a **1** öm; tillgiven **2** innerlig **3** be ~ of vara förtjust i, tycka om; -ly gärna **-le** itr tr kela [med], smeka[s] **-ness** s svaghet; ömhet; [för]kärlek
font s dopfunt
food s föda, näring; födoämne; mat; stoff **--card** s livsmedelskort
1 fool I s dåre, dumbom; [hov]narr; make a ~ of driva [gäck] med; make a ~ of o.s. blamera sig; All F~s' Day **1**:a april **II** tr **1** skoja med; narra **2** ~ away slarva bort **III** itr bete sig som en stolle; slå dank; skoja; leka
2 fool s kräm
foo'l||ery s **1** dårskap **2** narri, gyckel, skämt **-hardy** a dumdristig **-ish** a dåraktig, dum; löjlig
foot [fut] **I** (pl. feet) s **1** fot; put o.'s best ~ foremost lägga benen på ryggen; ligga i; set o.'s ~ upon sätta sig emot, undertrycka; on ~ till fots; på fötter (benen); i gång; carry a p. off his feet hänföra ngn; jump (rise) to o.'s feet springa (stiga) upp **2** under-, neder|del, nedre ända **3** fotfolk **4** versfot **5** fot [3,05 dm] **6** bottensats **II** tr addera ihop; F betala **-ball** s fotboll **--board** s fot|bräde, -steg **-boy** s betjäntpojke **--bridge** s gångbro **-er** s F fotboll **-fall** s [ljud av] steg **-gear** [giə] s fotbeklädnad **-hold** s fotfäste **-ing** s **1** fotfäste; fast fot; insteg **2** [hildl.] fot; förhållande; on a war ~ på krigsfot **3** nedsummering; summa **-lights** spl ramp **-man** s **1** infanterist **2** betjänt **-mark** s fotspår ~**-pace** s gående, skritt **-pad** s stråtrövare ~**-page** = **-boy** ~**-passenger** s fotgängare **-path** s gångstig **-print** s fotspår **-sore** a ömfotad **-step** s fotspår; steg **-stool** s pall **-way** s gångstig; trottoar **-wear** s fotbeklädnad
fop s sprätt, snobb **-pery** s **1** sprättighet **2** bjäfs **-pish** a narraktig
for [fɔ:; fə, fo] **I** prep **1** [i stället] för, [i utbyte] mot; ~ nothing [äv.] förgäves **2** för .. skull; ~ o. s. på egen hand, själv **3** om, efter, till, mot; now ~ it! nu gäller det! be ~ it S vara (åka) fast **4** å, på **5** på grund av, [till följd] av **6** trots **7** i fråga om, angående; ~ all I know så vitt jag vet; ~ all I care för mig; as ~ me för min del **8** såsom, för att vara **9** under, i **II** konj ty, för; nämligen
forage [ɔ'] **I** s foder[anskaffning] **II** itr tr furagera; söka efter (förse med) foder ~**-cap** s lägermössa **-r** s furagör
forasmuch'as konj alldenstund
foray [ɔ'] tr itr s plundr|a, -ingståg
1 forbear [fɔ:'bɛə] s, ~s förfäder
2 forbear [bɛ'ə] **I** tr låta bli, underlåta; upphöra med **II** itr **1** ~ from låta bli, undvika **2** ha fördrag **-ance** s **1** avhållelse **2** fördrag[samhet], tålamod **-ing** a överseende
forbid' tr **1** förbjuda; förvisa från **2** utesluta, omöjliggöra **-ding** a frånstötande; ogästvänlig
force [ɔ:] **I** s **1** kraft, styrka, makt; in ~ i stort antal; in great ~ F i god form; the ~ polisen; ~s stridskrafter, trupper **2** våld; tvång **3** eftertryck; beviskraft; verkan; laga kraft; innebörd, mening **II** tr **1** bruka våld mot **2** [be]tvinga **3** pressa [upp], forcera, anstränga, hårdraga **4** storma; bryta upp (igenom), spränga **5** fram-, på-, till|tvinga sig; avpressa; ~ o.'s way tränga sig **6** driva; ~ away fördriva; bryta lös **-d** a **1** tvungen, påtvingad, tvångs- **2** konstlad, onaturlig **3** brådmogen
for'ce-meat s köttfärs; ~ ball köttbulle
forceps [fɔ:'seps] s tång
for'ce-pump s tryckpump
for'cib||le a **1** tvångs-, våldsam; -ly med våld **2** kraftig, eftertrycklig
for'cing-house s drivhus
ford **I** s vad[ställe] **II** tr itr vada [över]
fore [fɔ:] **I** adv ⚓ ~ and aft i för och akter **II** a främre **III** s ⚓ för; to the ~ till hands; aktuell; fullt synlig **IV** interj se upp! **V** prefix **1** för[e]-, fram-; ⚓ för-, fock- **2** förut, i förväg
fore'||arm [fɔ:'] s underarm **-bo'de** tr **1** förebåda **2** ana **-bo'ding** s **1** förebud **2** aning **-cast I** [ɑ:'] tr förut|se, -säga

forecastle — 85 — **fossil**

II s [förhands]beräkning; väderleksrapport -**castle** [fouksl] = *fo'c'sle* -clo se [z] *tr* 1 utesluta; hindra, avstänga 2 på förhand avgöra -**father** s för-, stam|fader -**finger** s pekfinger -**foot** s framfot -**front** s främsta (de (led) -go' I *tr itr* föregå II=*forgo* -gon'e *a* 1 förgången 2 ~ *conclusion* förutfattad mening, given sak -**ground** s förgrund -**head** [fo'rid] s panna
foreign [fo'rin] *a* 1 utländsk; utrikes; *Minister* (*Secretary of State*) *for* F ~ *Affairs* utrikesminister; F ~ *Office* utrikesdepartement 2 främmande -**er** s utlänning, främling
fore||**land** [fɔ:'lənd] s udde, kap -**leg** s framben -**lock** s pannlugg; *take time by the* ~ gripa tillfället i flykten -**man** s 1 ordförande i jury 2 förman, bas -**mast** s fockmast; ~ *man* (*hand*) simpel matros -**most** *a adv* främst, först -**noon** s förmiddag
foren'sic *a* juridisk, rättsfor'e||**runn'er** s förelöpare -'**sail** s fock[segel] -**see'** *tr* förutse -**shad'ow** *tr* förebåda, låta ana -'**sight** s 1 förutseende 2 [gevärs]korn
forest [fo'rist] s skog[strakt]
forestall [ɔ:'l] *tr* före|komma, -gripa **forest**||**er** [ɔ'] s 1 skogvaktare 2 skogsbo -**ry** s skogs|vård, -bruk
fore||**taste** I [fɔ:'teist] s försmak II [--'] *tr* smaka i förväg -**tell'** *tr* förutsäga; förebåda -**thought** s beräkning; för-, om|tänksamhet -**token** I s förebud II [--'] *tr* förebåda -**yard** s fockrå
forfeit [fɔ:'fit] I s böter, plikt; pant[lek] II *a* för|verkad, -bruten III *tr* 1 förverka; böta; ~*ed* förfallen 2 mista -**ure** [ʃə] s förverkande, förlust
forfend' *tr* avvända; förbjuda
1 **forge** [ɔ:dʒ] *itr*, ~ *ahead* tränga fram
2 **forge** I s 1 smedja 2 ässja 3 järnverk 4 smides-, stång|järn 5 [bildl.] härd II *tr* 1 smida 2 hopsmida; efterapa, förfalska -**r** s 1 smed; ~ *of plots* ränksmidare 2 förfalskare -**ry** s förfalskning, efterapning
for||**get'** (-*got* -*gotten*) *tr* glömma [bort], ha glömt; ~ [*all*] *about it* [alldeles] glömma bort det -**ful** *a* glömsk; försumlig -**giv'e** *tr* förlåta; efterskänka -**go'** *tr* avstå från, uppge
fork I s 1 tjuga, grep; [stäm]gaffel 2 förgrening; vägskäl; korsväg II *itr* 1 grena (dela) sig 2 F sticka fram III *tr* lyfta, langa [med gaffel]
forlor'n *a* 1 övergiven; ödslig 2 hopplös 3 eländig 4 ~ *hope* stormtrupp; sista djärvt försök
form I s 1 form; skepnad; figur; gestalt[ning] 2 formel; formulär, blankett 3 form[alitet]; *matter of* ~ formsak; *good* ~ F korrekt, god ton; *bad* ~ F obelevat, taktlöst 4 kondition 5 [skol]bänk 6 [skol]klass II *tr* 1 bilda; forma, gestalta 2 utbilda 3 [an]ordna, inrätta; grunda; formera 4 ut|tänka, -forma, uppgöra; fatta; bilda sig [mening] 5 förvärva, stifta, vinna 6 utgöra III *itr* 1 ~ *into* bilda 2 formera (uppställa) sig 3 bilda sig -**al** *a* 1 form|ell, -enlig, -alistisk, -lig;. uttrycklig 2 stel; ~ *call* artighetsvisit 3 yttre; sken- -al'ity s formalitet; formsak -**ation** s 1 formande; bildning, gestaltning 2 formering; gruppering; formation
for'mer *a pron* 1 *the* ~ den (det, de) förr|e, -a 2 föregående; förgången, forn -**ly** *adv* fordom, förr
for'midable *a* fruktansvärd; förfärlig
for'mless *a* formlös; oformlig
for'mul||**a** [ju] s recept -**ate** *tr* formulera
fornication s otukt; hor
for|**sa'ke** (-*sook -saken*) *tr* över-, upp|ge
forsoo'th *adv* sannerligen, minsann
for||**swear** [ɛ'ə] *tr itr* 1 avsvärja 2 ~ [*o.s.*] försvärja sig -**swor'n** *a* menedig
fort s fästning, fort; skans -**e** 1 [fɔ:t] s starka sida 2 [ti] *adv a* s forte
forth [fɔ:þ] *adv* 1 fram 2 bort, ut -**coming** [ʌ'm] *a* förestående, annalkande; redo -**with'** *adv* genast
fortieth [fɔ:'tiiþ] *räkn* fyrtionde
forti||**fication** s befästning[s|konst, -verk] -**fy** [-'-fai] *tr* 1 befästa 2 [för]stärka; styrka -**tude** [ɔ:'] s mod
fortnight [fɔ:'t] s fjorton dagar -**ly** *a adv* [utkommande] var fjortonde dag
for'tress s fästning; fäste, borg
fortu'it||**ous** *a* tillfällig -**y** s tillfällighet
fortunate [fɔ:'tʃ(ə)nit] *a* lyck|lig, -ad; *be* ~ ha tur -**ly** *adv* lyckligt[vis]
fortune [fɔ:'tʃ(ə)n] s 1 lycka[n]; öde, lott; tur, framgång; *Dame* F ~ fru Fortuna; *adverse* ~ olycka; *tell* ~s spå 2 välstånd; rikedom; rikt parti; förmögenhet ~-**hunter** s lycksökare, hemgiftsjägare -**less** *a* utan hemgift ~-**teller** s spå|man, -kvinna
forty [fɔ:'] 1 *räkn* fyrtio II s fyrtiotal
forward [fɔ:'wəd] I *a* 1 främre; ⚓ för- 2 framåt[riktad], fram- 3 avancerad, ytterlig[hets-] 4 framtida; väntad 5 försigkommen; brådmogen 6 ivrig, 'het' 7 framfusig II s [sport.] forward III *adv* 1 fram[åt], ⚓ för|ut, -över; *charges* ~ [att] betalas vid framkomsten; *bring* ~ komma fram med, transportera; *look* ~ *to* emotse; glädja sig åt 2 vidare; 'på'; långt fram 3 före, i förväg IV *tr* 1 befrämja, gynna 2 påskynda 3 befordra vidare, eftersända; *to be* ~*ed* för vidare befordran 4 [av-, till-] sända -**er** s 1 befrämjare 2 avsändare, speditör -**s** *adv* fram|åt, -länges
fosse [fɔs] s [fästnings]grav
foss'il *a* s fossil; försten|ad, -ing

fos´ter *tr* fostra, uppamma; gynna; underhålla, nära, omhulda **-er** *s* 1 uppfostrare; foster|fader, -moder 2 gynnare **-ling** *s* fosterbarn; skyddsling
fought [fɔ:t] imp. o. pp. av *fight*
foul I *a* 1 stinkande, vidrig, skämd, osund; smutsig; grumlig; sotig; oren; oklar; farlig; ~ *copy* kladd; *fall* ~ *of* törna på; stöta emot; anfalla; ~ *wind* motvind 2 gemen, skamlig; ovettig; S otäck 3 ogiltig, ojust; orättvis; ~ *means* olagliga medel; ~ *play* falskt spel; oredlighet II *s* 1 *through* ~ *and fair* i vått och torrt 2 kollision 3 otillåtet spel, fel III *adv* oriktigt; mot reglerna IV *tr* 1 förorena; fläcka 2 trassla till; hindra; köra emot ~**-mouthed** *a* rå, grov
1 found imp. o. pp. av *find*
2 found *tr* gjuta, stöpa
3 found *tr* grund[lägg]a; stifta
foundation *s* 1 grundande; [in]stiftande 2 grund[val] 3 stiftelse, inrättning; donation[sfond] **-er** *s* frielev
1 founder [fau´ndə] *s* gjutare
2 founder *s* grundläggare, stiftare
3 founder I *itr* 1 störta in, ramla 2 [snava och] falla 3 sjunka, förlisa; gå under II *tr* 1 tröttköra 2 segla i kvav 3 fördärva [boll]
fou´ndling *s* hittebarn
fou´ndress *s* stiftar-, grundar|inna
fou´ndry *s* gjuteri
fou´ntain [tin] *s* 1 källsprång, källa 2 springbrunn 3 reservoar ~**-head** *s* [flods] källa ~**-pen** *s* reservoarpenna
four [fɔ:] *räkn* fyra **-fold** *a adv* fyrdubbel[t] ~**-in-hand** *s* 1 fyrspann 2 kravatt ~**-legged** *a* fyrbent ~**-oar** [-'rɔ:] *s* fyra[årad båt] ~**-part** *a* fyrstämmig ~**-seater** *s* fyrsitsig bil ~**-stroke** *s a* fyrtakt[s-] **-teen** [-´-´] *räkn* fjorton **-teenth** *räkn* *s* fjortonde[del] **-th** *räkn* *s* fjärde[del]
fowl [au] I *s* [höns]fågel, fjäderfä´ II *itr* jaga fågel **-er** *s* fågeljägare **-ing-piece** *s* fågelbössa ~**-run** *s* hönsgård
fox *s* räv; ~ *and geese* rävspel ~**-brush** *s* rävsvans ~**-earth** *s* rävlya ~**-hunt** *s* rävjakt ~**-trap** *s* rävsax
fract´|ion *s* 1 bit, stycke 2.[mat.] bråk **-ious** [ʃəs] *a* bråkig, oregerlig **-ure** [tʃə] I *s* brytning; brott II *tr* bryta
fragil|le [æ´dʒ] *a* bräcklig, skör; skröplig **-ity** [i´l] *s* bräcklighet, skröplighet
frag´ment *s* stycke, bit, skärva; fragment **-ary** *a* lösryckt, fragmentarisk
fra´gran|ce *s* doft **-t** *a* doftande
frail *a* bräcklig; skör; svag
frame I *tr* 1 hop|foga, -timra, [upp-]bygga, inrätta 2 [ut]forma; uppgöra; utarbeta; bilda 3 S ~ *up* hitta på, 'ordna'; justera 4 inrama, infatta II *itr* arta sig III *s* 1 konstruktion; byggnad 2 form, system

3 ~ [*of mind*] [sinnes]stämning 4 kropp[sbyggnad] 5 bjälklag; stomme, skrov; ♎ spant 6 ram, karm, infattning; fodral 7 drivbänk 8 vävstol **-r** *s* 1 upphovsman, konstruktör; författare 2 inramare ~**-up** *s* S komplott **-work** *s* stomme; ram
franchise [fræ´n(t)[aiz] *s* privilegium
Fran´co-Ger´man [dʒ] *a* fransktysk
fran´gible [dʒ] *a* bräcklig, skör, spröd
frank *a* öppen[hjärtig], fri[modig], uppriktig; uppenbar, ren; **-ly** [äv.] uppriktigt sagt **-incense** *s* rökelse
frank´lin *s* storbonde
fran´tic *a* rasande, vanvettig; utom sig
frap *tr* ♎ surra
fratern´|al [tə:´] *a* broderlig **-ity** *s* 1 broder|skap, -lighet 2 brödraskap, samfund; [Am.] student-, elev|förening **-ize** [fræ´] *itr* förbrödra sig
frat´ricide *s* broder|mord, -mördare
fraud [ɔ:] *s* 1 bedrägeri, svek; svindel 2 F bedragare **-ulent** [ju] *a* bedräglig
fraught [frɔ:t] *a* lastad, laddad; fylld
1 fray [frei] *s* 1 gräl, bråk 2 strid
2 fray I *tr* nöta, slita [ut] II *s* frans
freak *s* nyck, infall; upptåg; ~ [*of nature*] underdjur **-ish** *a* underlig
freckle I *s* fräkne; fläck, prick II *tr itr* göra (bli) fräknig (fläckig)
free I *a* 1 fri; oförhindrad; frivillig; *set* ~ fri|giva, -göra 2 kostnadsfri 3 ledig, otvungen; frispråkig; *make* ~ *with* ta sig friheter med 4 frikostig II *tr* befria, fri|giva, -kalla **-booter** *s* fribytare ~**-born** *a* friboren **-dom** *s* 1 frihet 2 otvungenhet 3 lätthet 4 fri- och rättighet ~**-handed** *a* frikostig ~**-hearted** *a* öppen[hjärtig]; hjärtlig; frikostig **-hold** *s* odaljord **-holder** *s* odalbonde ~**-kick** *s* frispark ~**-lance** *s* fri journalist, frilans; [politisk] vilde ~**-liver** *s* goddagspilt **-ly** *adv* 1 fritt 2 [fri]villigt 3 öppet 4 rikligt; flott; frikostigt **-mason** *s* frimurare ~**-port** *s* frihamn ~**-spoken** *a* frispråkig **-stone** *s* sand-, kalk|sten ~**-trade** *s* frihandel
freez|le (*froze frozen*) I *itr* [till]frysa; frysa fast; ~ *to death* frysa ihjäl II *tr* 1 isbelägga; frysa, isa, förlama 2 förfrysa III *s* frost; köldknäpp **-er** *s* 1 frysmaskin 2 F kalldusch 3 F kall vinterdag **-ing** *s* frys|ande, -punkt
freight [freit] I *s* frakt[gods]; [skepps]last II *tr* 1 lasta 2 [be]frakta **-age** *s* 1 ♎ hyra; frakt 2 transport 3 [skepps]last **-er** *s* 1 befraktare 2 speditör 3 lastbåt ~**-train** *s* godståg
French *a* fransk; ~ *bean* skärböna; ~ *floor*[*ing*] parkettgolv; *take* ~ *leave* smita; ~ *plums* katrinplommon; ~ *window* flygelfönster, glasdörr **-ify** *tr* förfranska **-man** *s* fransman **-woman** *s* fransyska

fren'z|y I *s* ursinne, raseri; vanvett II *tr* göra vanvettig; **-ied** vanvettig, vild
fre'quen||cy *s* vanlighet, talrikhet, täthet **-t** I [-'-] *a* vanlig, allmän; snabb, flitig II [--'] *tr* ofta besöka **-tation** *s* flitigt besökande; nära umgänge **-ter** [-'-'-] *s* stam|gäst, **-kund -tly** *adv* ofta
fresh I *a* 1 ny, annan, ytterligare 2 färsk, frisk; ny|gjord, -anländ; sval; osaltad; ~ *water* [äv.] sötvatten 3 oerfaren, grön 4 blomstrande; pigg 5 F påstruken II *adv* nyss, ny- **-en** I *tr* 1 friska (färska) upp 2 urvattna II *itr* 1 bli fri:k[are] 2 friska i **-er** S =-*man* **-et** *s* översvämning **-ly** *adv* nyligen, ny- **-man** *s* recentior
1 **fret** I *tr* 1 gnaga, äta [på], nöta [av]; fräta [bort]; skamfila 2 reta [upp], plåga 3 ~ *away* genomlida; ~ *o.s.* gräma (oroa) sig 4 uppröra, krusa II *itr* 1 gnaga; fräta, tära 2 vara sur, gräma (oroa) sig; ~*ting* otålig, retlig 3 svalla III *s* harm; upprördhet
2 **fret** I *s* 1 nät-, flät|verk 2 meander[mönster] II *tr* utskära; pryda
fret'|ful *a* retlig; upprörd [äv. -*ty*]
fret'||saw *s* lövsåg **-work** *s* nätverk
fri'able *a* lös; spröd
fri'ar *s* [tiggar]munk; *Black* F~ dominikan; *Grey* F~ franciskan
fric'tion *s* 1 gnidning; frottering 2 spänning ~-**bath** *s* massagebad
Fri'day [di] *s* [*Good* ~ lång]fredag
friend [frend] *s* vän[inna]; kamrat; bekant; ~*s* anhöriga; *make* ~*s* få (bli) vänner; *a* ~ *at court* en vän i viken **-ly** *a* vän[skap]lig; vänskaps-; välvillig; gynnsam **-ship** *s* vänskap
frieze [fri:z] *s* fris
frig'ate [it] *s* fregatt[skepp]; kryssare
fright [frait] *s* 1 [för]skräck[else], skrämsel; *give a* ~ skrämma; *take* ~ bli skrämd; skygga 2 F fågelskrämma **-en** *tr* skrämma **-ful** *a* hemsk
frig'id [dʒ] *a* kall, isig, kylig; stel **-ity** [i'd] *s* köld; kyla
frill I *s* 1 krås, veckad remsa, krage; krusat papper 2 ~*s* F grannlåter II *tr* rynka, krusa **-ing** *s* krus, rysch
fring||e [frindʒ] I *s* 1 frans[ar]; bård 2 marginal 3 lugg II *tr* befransa, kransa **-y** *a* frans-; franspprydd
fripp'ery *s* 1 bjäfs, prål 2 småkram
frisett'e [iz] *s* krusad lugg, pannlock
frisk I *itr* hoppa, dansa II *s* upptåg, skoj **-y** *a* lekfull, yster
1 **fritt'er** *s* struva, [äpple- &c]munk
2 **fritter** *tr* bryta i småbitar; splittra
frivol'||ity *s* 1 futtighet; tomhet 2 ytlighet, flärd **-ous** [i'v] *a* 1 obetydlig, futtig, tom 2 ytlig, lättsinnig
friz[z] I *tr* krusa II *s* krusning; lockar
1 **frizzle** *tr itr* steka, fräsa
2 **frizz||le** I *tr itr* locka, krusa [sig] II *s* hårlock; krusat hår **-ly** *a* krusig

fro *adv, to and* ~ fra. och tillbaka
frock I *s* 1 munkkåpa 2 klänning 3 arbetsblus ~-**coat** *s* bonjour
1 **frog** *s* kordongknapp
2 **frog** *s* 1 groda 2 S fransman
frol'ic I *s* 1 skoj, upptåg; yra 2 förlustelse, fest II *itr* leka, rasa, hoppa; roa sig **-some** *a* munter, uppsluppen
from *prep* 1 från, bort[a] från 2 från [att ha varit] 3 av, ur 4 [på grund] av; att döma av 5 efter 6 för, mot 7 ~ *above* ovanifrån; ~ *among* [fram] ur; ibland; ~ *behind* bakifrån; ~ *there* därifrån; ~ *under* fram från (under); ~ *within* inifrån
front [ʌ] I *s* 1 panna, uppsyn; fräckhet 2 framsida, fasad; front; skjortbröst 3 promenad 4 löshår 5 *in* ~ framtill; i spetsen: *in* ~ *of* fram-, in|för; *come to the* ~ bli aktuell (bekant) II *a* fram-, främre, första; ~ *box* fondloge; ~ *door* huvudingång; ~ *room* rum åt gatan III *itr* 1 vetta 2 ✗ vända [sig] framåt IV *tr* 1 vetta (vara vänd) mot 2 möta, trotsa **-age** *s* 1 framsida 2 frontlinje 3 läge **-al** *a* 1 pann- 2 front-; fasad- **-ier** [jə] *s* gräns[område] **-ispiece** [spi:s] *s* 1 fasad; huvudingång 2 frontespis 3 titelplansch **-let** *s* 1 pannband 2 ansikte
frost [ɔ(:)] I *s* 1 frost; tjäle; köld, kyla 2 rimfrost 3 S fiasko II *tr* 1 frostskada 2 bekläda med rimfrost 3 brodda 4 glasera 5 mattslipa 6 göra [hår] vitt ~-**bite** *s* frost-, kyl|skada ~-**nail** *s* isbrodd ~-**work** *s* isblommor, rimfrost **-y** *a* 1 frost-, frostig, [is]kall, kylig; rimfrostklädd 2 grånad
froth I *s itr* fradga, skum[ma] II *tr* göra (vispa) till skum **-y** *a* 1 skummande 2 tom, ytlig; tunn
frown [au] I *itr* rynka pannan; se bister ut II *tr* skrämma III *s* 1 rynkad panna; bister uppsyn 2 ogunst
frowzy [au'] *a* unken; vidrig; snuskig
froze [frouz] **-n** *imp. o. pp. av* *freeze*
fruc'tify I *itr* bära frukt II *tr* befrukta
frugal [u:'] *a* sparsam, måttlig; enkel
fruit [fru:t] *s* frukt; produkt; resultat **-arian** [ɛə'r] *s* frukt-, råkost|ätare ~-**cake** *s* korintkaka ~-**drop** *s* fruktpastill **-erer** *s* frukthandlare **-ful** *a* frukt|bar, -sam **-ion** [i'ʃn] *s* åt[nju]tande **-less** *a* 1 ofruktbar 2 fruktlös
frump *s* F [gammal] tant **-y** *a* tantig
frustra't||e *tr* gäcka, svika; neutralisera **-ion** *s* gäckande; missräkning
1 **fry** *s* 1 gli, småfisk; [*salmon*] ~ unglax 2 yngel 3 svärm
2 **fry** I *tr* steka, bryna II *s* [ngt] stekt. **-er -ing-pan** *s* stekpanna
fuddle I *tr* 1 berusa 2 förvirra II *itr* supa [sig full] III *s* 1 supperiod 2 rus
fudge [ʌdʒ] I *s* 1 prat 2 fuskverk II *tr*, ~ [*up*] lappa (fuska) ihop

fu'el s bränsle; näring; ~ *oil* brännolja
fug s F instängdhet, kvalm[ighet]
fugacious [fju:gei'ʃəs] a flyktig
fugg'y a F instängd, kvav
fu'gitive [dʒ] a s flykti[n]g, flyende
fulfil [fulfi'l] tr uppfylla, utföra; fullborda -ment s uppfyllelse; fullbordan
1 full [ful] tr valka, stampa
2 full I a 1 full 2 ~ *of* upptagen av 3 rik[lig], ymnig; utförlig 4 full|ständig, -talig; hel; ~ *beard* helskägg; *at* ~ *length* raklång; utförligt 5 stark; djup; kraftig 6 fyllig, rund; vid II *adv* fullt, fullkomligt; drygt; rakt, rätt III s full[ständig]het, helhet; *in* ~ till fullo IV *tr* vecka ~-back s back ~-blood[ed] a fullblods- ~-blown a fullt utslagen; mogen
full-||flavoured [fu'l] a kryddad, pikant, stark -grown a fullväxt, vuxen
ful[l]ness [u'] s 1 fullhet 2 rikedom; överflöd 3 fyllighet 4 fullbordan
ful'min||ant a dundrande, blixtrande -ate I *itr* ljunga, åska; dundra II *tr* 1 fördöma 2 framdundra, utslunga
fulsome [fu'lsəm] a äcklig, osmaklig
ful'vous a gulbrun
fumble I *itr* fumla; famla, treva II *tr* fumla med, fingra på -r s klåpare
fume I s 1 dunst, rök, doft; 'stank'; ånga 2 inbillning 3 upprördhet, ilska II *itr* 1 ryka, ånga 2 ~ *away* dunsta bort 3 vara retlig III *tr* röka
fu'migat||e *tr* 1 [in]röka, desinficera 2 parfymera -ion s 1 rökning, desinfektion 2 parfymering; rök[else]
fumy [fju:'] a rökig; röklik; dunstig
fun s nöje; roligt; skämt, skoj, upptåg; *for the* ~ *of it* för ro skull; *in* ~ på skämt; *great* ~ väldigt roligt; *make* ~ *of, poke* ~ *at* göra narr av
funam'bulist [fju:] s lindansare
func'tion s 1 verksamhet, uppgift; syssla 2 ceremoni; F festlighet; bjudning II *itr* fungera -al a 1 ämbets- 2 specialiserad -ary I s funktionär, tjänsteman II a ämbets-, officiell
fund I s 1 fond; grundkapital 2 [*public*] ~s stats|obligationer, -papper 3 F ~s tillgångar, pengar; *in* ~s vid kassa II *tr* 1 fondera 2 placera i statspapper -amen'tal I a grund-; grundläggande II s grundprincip
fu'ner||al I a begravnings-; ~ *pile* (*pyre*) bål; ~ *service* jordfästning II s begravning -eal [i'əriəl] a begravnings-; dyster
fung'|us [gəs] (pl. -*i* [dʒai]) s svamp
funio'ular [ju] a rep-; kabel-; lin-
funk S I s 1 förskräckelse, rädsla; *in a* [*blue*] ~ skraj, nervös 2 mes, hare II *tr* 1 vara rädd för 2 smita ifrån ~-hole s S 'gömställe' -y a S rädd
funn'el s tratt; lufthål, rör; skorsten

funn'y a rolig, lustig; komisk; konstig ~-bone s tjuvsena [i armbågen]
fur [fə:] I s 1 pälshår; skinn; päls[foder, -krage]; pälsdjur 2 beläggning II *tr* 1 päls|fodra, -kläda 2 belägga
fur'bish *tr* polera; putsa (piffa) upp
furcation s [gaffelformig] förgrening
fu'rious a rasande, ursinnig; våldsam
furl [fə:l] *tr itr* hop|rulla[s], -fälla[s]
fur'long s ¹/₈ engelsk mil, 201,17 m
fur'lough [ou] s *tr* permi|ssion, -ttera
fur'nace [is] s 1 m&s-, smält|ugn 2 värmeledningspanna
furnish [ə:'] *tr* 1 förse 2 inreda, möblera 3 leverera, ombesörja, skaffa; lämna, ge -er s möbelhandlare; leverantör -ing s 1 utrust|ande, -ning 2 dekoration 3 inredning; tillbehör
fur'niture [tʃə] s 1 beslag, montering 2 möbl|er, -emang; *piece of* ~ möbel; *set* (*suite*) *of* ~ möbel [koll.]
furrier [fʌ'riə] s pälsvaruhandlare
furrow [fʌ'ro(u)] I s fåra; ränna, räffla; spår II *tr* plöja; fåra; räffla
furry [ə:'] a 1 päls-; päls|klädd, -fodrad 2 pälslik 3 grumsig, belagd
further [fə:'ðə] I a adv 1 avlägsnare, bortre; längre bort (fram); *till* ~ *notice* (*orders*) tills vidare; *wish a man* ~ önska ngn dit pepparn växer 2 vidare, ytterligare, närmare II *tr* befrämja, gynna -ance s [be]främjande -er s [be]främjare -more *adv* vidare, dessutom -most a borterst
furthest [fə:'ðist] I a avlägsnast, borterst II *adv* längst bort, ytterst
furtive [ə:'] a förstulen; hemlig; lömsk
fu'ry s 1 raseri; våldsamhet 2 furie
furze [fə:z] s gul-, ärt|törne
1 fuse [fju:z] I *tr itr* 1 [samman]smälta; sammanslå 2 F slockna II s [säkerhets]propp
2 fuse s brand-, tänd|rör, lunta -e [i:'] s 1 snäcka [i ur] 2 se 2 *fuse* 3 storm[tänd]sticka
fuselage [fju:'zəlidʒ] s flygkropp
fusel-oil [fju:'zloi'l] s finkelolja
fu'sible a smältbar, lättsmält
fusilla'de [fju:z] I s gevärssalva; fysiljering II *tr* beskjuta; fysiljera
fusion [fju:ʒn] s [samman]smältning
fuss F I s bråk, besvär, väsen; *make a* ~ bråka II *itr* göra mycket väsen, bråka; fara omkring III *tr* irritera -y a F 1 beskäftig; nervös 2 utstyrd
fus'ty a 1 unken 2 gammalmodig
fu'till|e a 1 fåfäng, frukt-, menings|lös 2 innehållslös, tom -ity [i'l] s det fåfänga, gagnlöshet; intighet
future [fju:'tʃə] I a [till]kommande, framtida, blivande; ~ [*tense*] futurum II s 1 framtid 2 futurum
fuzz s fjun, dun; stoft -y a 1 fjunig, trådig 2 suddig 3 krusig, burrig
fylfot [fi'lfɔt] s hakkors

G

G, g [dʒi:] s g g=*guinea*
gab s S prat, gafflande
gabble I *itr tr* pladdra; prata; snattra II s prat; snatter
gab'erdine [i:n] s 1 kapprock 2 gabardin
gable [ei] s gavel
1 **gad** *interj*, *by* ~ för tusan
2 **gad** s 1 pigg, metallspets 2 pik[stav]
3 **gad** *itr* 1 stryka omkring 2 förgrena sig **-about** s dagdrivare
gadfly [gæ'dflai] s broms, styng
gad'get [dʒ] s F anordning, moj; knep
Gael [geil] s gael[er] **-ic** a gaelisk
1 **gaff** [gæf] s 1 hugg, krok 2 ⚓ gaffel
2 **gaff** s S usel teater (varieté)
3 **gaff** s S *blow the* ~ skvallra
gaffe [gæf] s F blunder, gubbe
gaff'er s gamling, gubbe
gag I *tr* sätta munkavle (munkorg) på; lura II s munkavle; munkorg; S lögn
1 **gage** [geidʒ] I s 1 [under]pant 2 utmaning II *tr* sätta i pant
2 **gage** se *gauge*
gai'||ety s 1 glädje, livlighet 2 förlustelse 3 grannlåt **-ly** *adv* glatt
gain I s 1 vinst; förvärv; förmån 2 ökning II *tr* 1 vinna; förvärva; erhålla 2 [för]tjäna 3 [upp]nå 4 dra sig före III *itr* 1 vinna [*by* på]; tilltaga; stiga 2. ~ [*up*]*on* [äv.] inkräkta på; vinna insteg hos **-er** s vinnare **-less** a ofördelaktig; gagnlös
gainsay' *tr* 1 bestrida 2 motsäga
gait s gång, sätt att gå
gai'ter s damask **-ed** a damaskklädd
gal [gæl] P S=*girl*
gala [gɑ:'lə] s a [stor] fest; gala-
gal'antine [i:n] s aladåb
gal'axy s Vintergatan; lysande samling
1 **gale** s blåst; kultje, storm
2 **gale** s [bot.] pors
1 **gall** [ɔ:] s 1 galla 2 bitterhet, hat
2 **gall** s galläpple
3 **gall** I *tr* 1 skava [sönder]; skamfila 2 plåga; oroa; reta; såra II s 1 skavsår 2 irritation
gallant I a [gæ'lənt, jfr 3] 1 ståtlig, präktig 2 tapper, käck 3 [gəlæ'nt] artig, chevaleresk II [--'] *tr* eskortera; uppvakta **-ry** [-'--] s 1 [hjälte]mod; ridderlighet 2 artighet; kurtis
gall'ery s 1 galleri 2 balkong 3 läktare; [teat.] tredje rad, 'hylla' 4 hall, ateljé; [täckt] bana; gång
galley [gæ'li] s ⚓ galär; slup; kök
Gall'ic [gæ'lik] a gallisk; fransk
gallipot [gæ'lipɔt] s [apoteks]burk
gallivant' *itr* gå och driva; kurtisera
gall-nut [gɔ:'lnʌt] s galläpple
Galloma'nia s stark franskvänlighet

gall'on s 4,543 liter: [Am.] 3,785 l
galloon [gəlu:'n] s galon, träns
gallop [gæ'ləp] *itr* s galopp[era]
Gall'o||phil s franskvän **-phobe** s franskhatare
gallows [gæ'lo(u)z] s galge
galore [gəlɔ:'] s *adv* [i] överflöd
galosh [gəlɔ'ʃ] s 1 galosch 2 damask
galvan'ic a galvanisk; ~ *pile* Voltas stapel
gamba'de s 1 skutt, hopp 2 påhitt
gambl||e I *itr* spela, dobbla; spekulera, jobba II s [hasard]spel **-er** s spelare; jobbare **-ing** s hasardspel
gam'bol I s 1 hopp, skutt, glädjesprång 2 upptåg II *itr* hoppa [och dansa]
game I s 1 nöje; S skoj 2 lek, spel; *athletic* ~s sport, idrott; *play the* ~ vara just 3 [spel]parti, match 4 vunnet spel, vinst 5 ~s sportartiklar 6 företag, plan, knep; *play a p.'s* ~ spela ngn i händerna 7 vilt; byte 8 flock 9 mod II a stridslysten; morsk; hågad III *itr tr* spela **~-bag** s jaktväska **~-cock** s stridstupp **~-keeper** s skogvaktare **~-law** s jaktstadga **-some** a yster **-ster** s spelare **~-tenant** s jaktinnehavare
ga'ming s spel **~-house** s spelhus
gamm'er s mor[a]; [kära] mor
1 **gamm'on** s skinka
2 **gammon** s [brädsp.] dubbelt spel
3 **gammon** F I s skoj, [strunt]prat II *itr* prata; bluffa III *tr* lura
gamp s F paraply
gamut [gæ'mət] s skala
ga'my a rik på villebråd
gan'der s 1 gåskarl 2 dumbom
gang s 1 grupp, lag; gäng, band **~-board** s landgång **-er** s förman
ganglion [gæ'ŋgli] s ganglie, nervknut
gangrene [gæ'ŋgri:n] s kallbrand
gang'ster s bandit
gangue [gæŋ] s [bergv.] gångart
gang'way s 1 gång, passage 2 ⚓ landgång; gångbord
gan'tlet=*gauntlet* **gan'try**=*gauntry*
gaol [dʒeil] s fängelse [=*jail*]
gap s 1 öppning, gap; bräsch; klyfta 2 lucka, hål, brist; svalg **-e** I *itr* 1 gapa; öppna sig [vitt] 2 starrbliga II s 1 gap[ande] 2 *the* ~s gäspattack
garage [gæ'ridʒ, gærɑ:'ʒ] s garage
garb I s dräkt, skrud II *tr* kläda
gar'bage s 1 inälvor 2 avskräde; smörja
garble *tr* stympa; vanställa
gar'den s 1 trädgård; ~ *suburb* trädgårds-, villa|stad 2 ~s park ~**-engine** s trädgårdsspruta **-er** s trädgårdsmästare **~-frame** s drivbänk ~-

garden-house — 90 — generalize

-house *s* lusthus -ing *s* trädgårdsskötsel ~-plot *s* trädgårdsanläggning ~-stuff *s* trädgårdsprodukter
garfish [gɑː'fiʃ] *s* [zool.] näbbgädda
gargle I *itr* gurgla sig II *s* gurgelvatten
garish [ɛ'ə] *a* grann; bländande; gräll
gar'land I *s* krans, girland II *tr* kransa
gar'lic *s* vitlök
gar'ment *s* klädesplagg; ~*s* kläder
gar'ner I *s* spannmålsbod; förrådsbod II *tr* magasinera, lagra; samla
gar'net *s* [-miner.] granat
gar'ni|ish I *tr* 1 ~*ed with* försedd med 2 pryda, pynta II *s* garnering; utstoffering -ture [tʃə] *s* 1 tillbehör 2 prydnad[er]; garnering 3 dräkt
garret [gæ'] *s* vinds|rum, -våning
garr'ison [sn] *s tr* [förlägga i] garnison
garru'l|lity *s* pratsjuka -ous [gæ'r] *a* prat|sam, -sjuk
gar'ter *s* 1 strumpeband 2 [*the order of*] *the G*~ strumpebandsorden
gas I *s* 1 [lys]gas; *lay on* [*the*] ~ inleda gas 2 bedövnings-, gift|gas 3 prat; skroderande 4 [Am.] F bensin II *tr* 1 förse (upplysa) med gas 2 bedöva (döda) med gaser; ~*sed* [äv.] gasförgiftad ~-attack *s* gasanfall ~-bag *s* 1 gasbehållare 2 F ballong, luftskepp 3 F pratmakare
Gas'con *s* gascognare g-na/de *s* skrävel
gas-cooker [gæ'skukə] *s* gasspis
gaseous [gei'ziəs] *a* gas|formig, -artad
gash I *tr* skära djupt i, fläka upp II *s* skåra, djupt sår
gas'||-heater *s* gaskamin - -helmet *s* gas|mask, -hjälm - -holder *s* gasklocka -ify *tr itr* förgasa[s] - -jet *s* gas|brännare, -låga - -lamp *s* gas|-lykta, -lampa - -light *s* gas|låga, -ljus - -main *s* gasledning[shuvudrör] - -man *s* 1 gas[verks]arbetare 2 gasuppbördsman - -meter *s* gasmätare; ~ *tester* gasmätare [pers.]
gas'o||lene -line [liːn] *s* 1 gasolin; gasolja 2 [Am.] bensin -meter [ɔ'm] *s* gasometer; gasklocka
gasp [ɑː] I *itr* gapa (kippa) efter andan, flämta II *tr*, ~ *out* flåsa fram III *s* flämtning; andetag
gas'||pipe *s* gasrör - -protector *s* gasskydd - -range *s* gasspis - -shell *s* gasbomb - -stove *s* gas|kamin, -kök -sy *a* gas-; mångordig - -tight *a* gastät
gas'tric *a* mag-; ~ *fever* tyfoidfeber
gas'tronome *s* gastronom, finsmakare
gas'works *spl* gasverk
gate *s* 1 port[gång]; grind 2 bergpass 3 dammlucka; slussport -house *s* 1 grindstuga 2 porthus ~-keeper *s* grind-, port|vakt ~-money *s* inträdesavgift[er] ~-post *s* grindstolpe -way *s* port|gång, -valv; in-, ut|gång
gather [æ'ð] I *tr* 1 [för]samla 2 förvärva 3 plocka; [in]bärga; ta upp 4 få, vinna; ~ *breath* [åter] hämta andan; ~ *head* vinna styrka; tilltaga; ~ *way* ✠ börja skjuta fart 5 sluta sig till, förstå 6 draga ihop; rynka; vecka 7 ~ *up* ta upp; draga (lägga) ihop; räta på II *itr* 1 [för]samlas 2 samla sig; [till]växa, förstoras 3 mogna, bulna III *s*, ~*s* veck -ing *s* 1 samling 2 möte 3 böld
gaud *s* grannlåt; flärd -y *a* prålig
gaug||e [geidʒ] I *tr* 1 mäta; gradera; justera 2 beräkna 3 mäta ut II *s* 1 [normal]mått; dimensioner; storlek 2 spårvidd 3 ✠ djupgående; läge 4 [grad]mätare 5 likare; modellskiva -er *s* mätare, justerare; uppbördsman -ing-office *s* justeringsbyrå
Gaul *s* galler; fransman -ish *a* gallisk
gaunt *a* 1 mager, avtärd 2 spöklik
1 gauntlet [ɔː'] *s* järn-, sport|handske
2 gauntlet *s* gatlopp
gauntry [gɔː'] *s* ställning, underlag
gauz||e *s* 1 gas, flor; ~ *bandage* gasbinda 2 dimslöja -y *a* florlik, tunn
gav'el *s* ordförande-, auktions|klubba
gawky [gɔː'ki] *a* tafatt, dum
gay *a* 1 glad, lustig 2 nöjeslysten; lättsinnig 3 ljus, grann; brokig
gaze I *itr* stirra, blicka, se, speja, titta II *s* blick, stirrande; beskådande
gazett'e *s* [officiell] tidning -er [gæziti'ə] *s* geografiskt lexikon
G.B.=*Great Britain* G.B.S.=*G.B.Shaw*
gear [giə] I *s* 1 redskap, verktyg, grejor 2 kugg-, driv|hjul; mekanism 3 koppling, utväxling; *in* (*out of*) ~ in-(från-|)kopplad; *transmission* ~ växellåda; [*on*] *top* ~ i högsta fart 4 ✠ tackel 5 seldon 6 lösöre[n] II *tr* 1 [på]sela 2 in-, på|koppla; *be* ~*ed up* ha stor utväxling III *itr* gripa in ~-case *s* kedjelåda -ing *s* 1 redskap 2 utväxling ~-wheel *s* kugghjul
gee [dʒiː] *interj* 1 smack! 2 S jösses!
geese [giːs] pl. av *goose*
geld (reg. el. *gelt gelt*) *tr* kastrera
gelid [dʒe'lid] *a* frusen, isig, [is]kall
gem [dʒ] *s* ädelsten, juvel; pärla
Gemini [dʒe'minai] I *spl* [astr.] Tvillingarna II *g*~ *interj* P Herreje[mine]!
gemm'y [dʒ] *a* juvelprydd; skimrande
gender [dʒe'ndə] *s* kön, genus
genealog||ist [dʒiːniæ'lədʒ] *s* släktforskare -y *s* släktforskning; stamtavla
general [dʒe'] I *a* 1 allmän; *in* ~, *as a* ~ *rule* i allmänhet; *G*~ *Post Office* huvudpostkontor; *the* ~ *public* den stora allmänheten 2 vanlig 3 ~ *dealer* diversehandlare; ~ *knowledge* allmänbildning; ~ *practitioner* praktiserande läkare; ~ [*servant*] ensam jungfru 4 general-, över-; *Major*- -*G*~ generalmajor II *s* 1 general; fältherre -ity [æ'l] *s* 1 allmängiltignet; allmän sats 2 huvudmassa -ize *tr itr*

generally — 91 — **Ghetto**

1 popularisera 2 förallmänliga **-ly** *adv* i allmänhet, på det hela taget **-ship** *s* 1 generalspost; överbefäl 2 fältherretalang; ledning
generat||e [dʒe´] *tr* frambringa, skapa, alstra; åstadkomma **-ion** *s* 1 fortplantning; alstring, skapande; framställning 2 släktled; mansålder **-ive** *a* 1 fortplantnings- 2 skapande, produktiv **-or** *s* 1 alstrare 2 generator
gener||ic [dʒene´r] *a* släkt-; allmän[t omfattande] **-osity** [ərɔ´s] *s* 1 ädelmod 2 frikostighet **-ous** [e´nə] *a* 1 ädel[modig], storsint 2 frikostig 3 rik[lig] 4 [om vin] eldig, stark
gen||esis [dʒe´nj] *s* uppkomst; *G* ~ 1. Mose bok **-et´ic** *a* genetisk **-et´ics** *spl* uppkomst; utvecklingslära; ärftlighetsforskning
geneva [dʒini:´və] *s* genever
Gene´van [dʒ] *a s* Genève-[bo]
genial [dʒi:´] *a* 1 mild, blid; [upp]livande; behaglig 2 vänlig, gemytlig, sympatisk **-ity** [æ´l] *s* 1 blidhet, mildhet 2 hjärtlighet, gemytlighet
genista [dʒini´stə] *s* [bot.] ginst
genital [dʒe´] *a* fortplantnings- **-s** *spl* könsorgan
geni||us [dʒi:´] *s* 1 skyddsande 2 (pl. **-i** [iai]) ande, genie [äv. **-e**] 3 anda, kynne 4 begåvning, snille, geni
Genoese [dʒenoi:´z] *a s* genues[isk]
gent [dʒ] *s* P 'gentleman' **-ee´l** *a* fin
gentian [dʒe´nʃiən] *s* stålört
gen´tile [dʒ] I *a* hednisk II *s* hedning
gentil´ity [dʒ] *s* finhet; fint folk (sätt)
gentle [dʒ] *a* 1 ädel, förnäm 2 blid, mild; vänlig, stilla; lätt; behaglig; sakta; from [-håst]: *the* ~ *craft (art)* metning **-folk** *spl* fint folk, herrskap
gentle||man [dʒe´ntlmən] *s* 1 man av börd; ståndsperson 2 [verklig] gentleman 3 [fin] herre; man; ~ *player* amatör[spelare] 4 *-men* mina herrar! ~ *author* författare; ~ *dog* hanhund; *-men's boots* herrkängor ~*-at-ar´ms s* kunglig livdrabant ~*-farmer s* possessionat ~*-in-waiting s* uppvakt[-]ande, [pl.] **-ning** *-like* **-ly** *a* gentlemannamässig, fin, bildad
gentle||ness [dʒe´] *s* mildhet, vänlighet; ömhet; varsamhet **-woman** *s* fin (förnäm, fint bildad) dam
gently [dʒe´] *adv* sakta; vänligt, ömt
gentry [dʒe´] *s* lågadel; herrskapsklass
genuflec´tion [dʒenju] *s* knäböjande
genuine [dʒe´njuin] *a* äkta, ren; sann, verklig **-ness** *s* äkthet
gen||us [dʒi:´] (pl. *-era* [dʒe´]) *s* släkte; slag, klass
geo||grapher [dʒiɔ´g] *s* geograf **-graph´ical** *a* geografisk **-graphy** [ɔ´g] *s* geografi **-logic[al]** [ɔ´dʒ] *a* geologisk **-logist** [ɔ´l] *s* geolog **-logy** [ɔ´l] *s* geologi **-metry** [ɔ´m] *s* geometri

germ [dʒə:m] *s itr* 1 gro[dd] 2 bakterie
1 **German** [dʒə:´mən] *a s* tysk[a]; ~ *measles* röda hund; ~ *silver* nysilver 2 **german** *a* 1 hel-, köttslig; *cousins* ~ kusiner 2 o. **-e** [ei´n] nära förbunden
German´||ic [dʒ] *a* germansk **-ize** [ə:´] *tr itr* förtyska[s] **-ophil** *s a* tyskvän- [lig] **-ophobe** *s a* tyskhata|re, **-nde**
germi||cide [dʒə:´] *a s* bakteriedödande [ämne] **-nal** *a* grodd- **-nate** I *itr* gro; skjuta knopp; utvecklas II *tr* alstra
gestation [dʒ] *s* dräktighet; grossess
gestic´ulat||e [dʒ] *itr* gestikulera **-ion** *s* gest[ikulerande]
gesture [dʒe´stʃə] *s* åtbörd, gest
get (*got got*) I *tr* 1 få, erhålla; förvärva, skaffa [sig], ta; [för]njuta, vinna; F äta; ~ *the better of* övervinna; komma före 2 ådra sig, råka ut för 3 få in; bärga 4 få tag i; F få fast; träffa, döda; F reta 5 [Am.] F fatta, förstå 6 *have got* F ha, äga; *have got to* F måste 7 låta 8 ~ *off* ta av; undanskaffa; ~ *on* ta på [sig], sätta på; ~ *out* få (ta) fram (ut); ~ *over* undanstöka; ~ *round* övertala; ~ *up* få (lyfta) upp; [an]ordna; hitta på; utstyra; kamma; uppsätta; ta igen; få (arbeta) upp; plugga (slå) in II *itr* 1 komma, nå [fram], gå, fara; stiga 2 ~ *to* komma därhän att man lära sig att 3 bli 4 a) ~ *at* komma [fram] till; komma åt (underfund med); syfta på; S driva med; ~ *behind* få reda på; ~ *over* komma över, övervinna; undanstöka; S lura; ~ *round* överlista; kringgå; ~ [*up*]*on* stiga upp på; b) ~ *abroad (about)* [om rykte] komma ut; ~ *ahead* komma fram, lyckas; ~ *along* [äv.] klara (reda) sig; komma överens; ~ *away* [äv.] starta; lyckas; ~ *behind* bli efter; ~ *by* komma förbi, F klara sig; ~ *in with* komma i lag med; ~ *off* ge sig av; komma undan; ~ *on* fortsätta; raska på; gå [undan]; komma (ta sig) fram; reda sig, ha det bra; börja bli gammal; ~ *onto* komma upp på; få tag i; [Am.] F begripa; märka; ~ *out* komma ut (upp, undan); ge sig av; ~ *out of* komma [ut] ur; ~ *round* hämta sig, bli frisk; ~ *through* [äv.] komma fram (till slut); ~ *to* börja; ~ *together* samlas; ~ *up* resa sig; komma fram; flyga upp; stiga [upp]; blåsa upp, tilltaga ~*-at´-able a* tillgänglig ~*-away s* F 1 start 2 flykt ~*-up s* utstyrsel; klädsel
gewgaw [gju:´gɔ:] *s* grannlåt, bjäfs
geyser [gi:´zə] *s* 1 gejser, varm [spring]källa 2 varmvattensberedare
ghastly [ɑ:´] *a* förskräcklig; spöklik
gherkin [gə:´kin] *s* gurka
Ghetto [ge´to(u)] *s* judekvarter, getto

ghost [ou] s 1 anda 2 ande; vålnad, spöke 3 F aning, spår -like a spöklik -ly a spöklik, spök-, ande-
giant [dʒai'ənt] s a jätte[lik]
gibb'er itr s prat[a], snattra[nde] -ish s rotvälska; babbel; smörja
gibbet [dʒi'] I s galge II tr hänga
gibb'ous a 1 bucklig 2 puckelryggig
gibe [dʒ] I tr itr håna, pika; smäda II s hån, spe[glosa]
gidd'|iness s 1 yrsel, svindel 2 tanklöshet -y a 1 yr [i huvudet], vimmelkantig 2 svindlande, virvlande 3 tanklös; obeständig 4 vanvettig
gift I s 1 givande; gåvorätt 2 gåva, skänk 3 begåvning II tr begåva ~-book s presentbok ~-card s presentkort -ed a begåvad
gig s 1 gigg [äv. båt] 2 ljuster
gigan'tic [dʒai] a gigantisk; väldig
giggle I itr fnissa II s fnitter
gig'-lamps spl S glasögon
giglet giglot [gi'glət] s yrhätta
gild tr förgylla; ~ed youth överklassungdom -ing s förgyllning
1 **gill** s 1 gäl 2 slör 3 hak-, kind|påse
2 **gill** [dʒil] s (1/4 pint) ung. 1 1/2 dl
gillyflower [dʒi'liflauə] s 1 [trädgårds|nejlika 2 lackviol 3 lövkoja
gilt I a förgylld II s 1 förgyllning 2 S pengar ~-edged a 1 med guldsnitt 2 [börs.] guldkantad, prima
gimcrack [dʒi'] s grannlåt, skräp
gim'let s hand-, vrick-, svick|borr
gimp s 1 kantsnodd 2 metrevstafs
1 **gin** [dʒ] s [enbärs]brännvin, genever
2 **gin** I s 1 snara, giller 2 kran, vinsch; rensmaskin II tr 1 fånga 2 rensa
ginger [dʒi'ndʒə] I s 1 ingefära 2 S kurage, stridshumör 3 rödgul färg II tr 1 krydda; peppra 2 F sätta liv i ~-beer s ingefärs-, socker|dricka ~-bread s pepparkaka -ly a varsam, försiktig [äv. adv.] ~-nut s pepparnöt ~-pop F = ~-beer -y a 1 rödaktig 2 [bildl.] pepprad, skarp
gin-|palace [dʒi'npæ'lis] -shop s krog
gipsy [dʒi',] s zigen|are, -erska, tattare -dom s zigenar|folket, -världen
giraffe [dʒirɑː'f, ræ'f] s giraff
girandole [dʒi'] s 1 armstake 2 sol, hjul 3 örhänxe
gird (reg. el. .rt girt) tr 1 omgjorda; fästa, binda; rusta 2 om|ge, -ringa; belägra -er s bär-, bind|bjälke -le I s 1 gördel, bälte, skärp 2 infattning II tr om|gjorda, -ge
girl [əː'] s flicka; ~ clerk kontorsflicka; [best] ~ F fästmö -hood s flicktid -ie s F tös -ish a flick-[aktig]
girt [əː] I se gird II=girth I, II 2
girth [gəː‡] I s 1 [sadel]gjord 2 gördel; omfång II tr 1 om|sluta, -ge 2 mäta
gist [dʒist] s kärn-, huvud|punkt

give [giv] (gave given) I tr 1 giva, ge, skänka; bevilja; ~ me tacka vet jag ..! 2 lämna; erbjuda; ~ into custody överlämna åt polisen 3 offra, ägna 4 fram|bringa, -kalla; vålla 5 fram|lägga, -ställa; uppge; införa; upptaga; ~ the time of day hälsa; ~ to understand låta förstå 6 sjunga, läsa, spela; hålla; utbringa 7 avge 8 ge ifrån sig, utstöta; göra 9 ~ away skänka bort; överlämna; S förråda; dela ut; ~ forth ge ifrån sig; ut sända; ut-, tillkänna|ge; ~ in inlämna; anmäla; ~ off avge, utsända; ~ out utsända; utlämna; utdela; förkunna; sprida; ~ over över-, upp|ge; över|lämna, -låta; ~ o. s. over to hänge sig åt; ~ up uppge, ut-, över|lämna; övergo; förråda; ägna, anslå; ~ it up ge tappt II itr 1 ge vika, svik[t]a 2 vetta 3 ~ in ge [med] sig; ge efter; ~ out ge sig; svika, tryta; krångla, 'strejka'; ~ over upphöra; ~ up upphöra, sluta; ge tappt III s, ~ and take kompromiss; kohandel -n a 1 skänkt; ~ name förnamn 2 begiven, fallen 3 förutsatt 4 daterad
gizzard [gi'zəd] s [zool.] kräva
gla'brous a hårlös; glatt
glaci'|al [glei'ʃəl] a 1 is-, glacial, glaciär- 2 isig, iskall -ation s nedisning; jökelbildning -er s glaciär, jökel
glad a 1 glad, [för]nöjd; [I'm] ~ to see you det var roligt att få träffa dig 2 glädjande 3 härlig -den tr glädja
glade s glänta
glad|ly adv gärna -ness s glädje
gladstone [glæ'dstən] s kappsäck
glam'our s förtrollning; trollglans
glance [ɑː] I itr 1 snudda; studsa 2 häntyda, beröra; ~ off halka över 3 blänka, glänsa [till] 4 titta, ögna II tr kasta [blick] III s 1 studsande 2 [ljus]glimt 3 blick; ögonkast
gland s körtel -ular [ju] a körtel-[artad]
glar|le [ɛə] I itr 1 lysa [skarpt], glänsa 2 vara påfallande 3 glo, stirra II s 1 sken, ljus 2 glans, pråi 3 [vild] blick -ing a 1 bländande, skarp 2 bjärt, gräll; påtaglig; fräck 3 stirrande
glass [ɑː] s glas; spegel; kikare; mikroskop; timglas; barometer; fönsterruta; ~es glasögon; pincené; ~ eye konstgjort öga ~-case s glas|etui, -monter ~-house s 1 glashytta 2 glashus; växthus -ware s glasvaror -works spl glasbruk -y a 1 glas-, glasartad 2 glatt, blank
Glaswe'gian [dʒn] a s glasgow-[bo]
glaucous [glɔː'k] a sjö-, blå-, grå|grön
glaz|le [ei] tr 1 sätta glas i 2 glasera 3 [mål.] lasera 4 polera, lackera, glätta; ~d glansig II itr bli glasartad, stelna III s 1 glasyr 2 [mål.] lasur 3 glansig yta -ier s glasmästare

gleam I *s* glimt, stråle; skimmer II *itr* glimma, lysa [fram]
glean *tr itr* plocka [ax]; [hop]samla **-er** *s* axplockare; samlare
glebe *s* jord, 'torva'
glee *s* 1 glädje, munterhet 2 flerstämmig sång **~-club** *s* sångförening
glen *s* trång dal, däld
glib *a* lätt, ledig, flytande **-ness** *s* 1 glatthet 2 talförhet
glide I *itr* 1 glida [fram]; framflyta; sväva 2 smyga sig 3 övergå II *tr* låta glida III *s* 1 glid[ning] 2 glidflykt **-r** *s* segel[flyg]plan; segelflygare
glimm'er I *itr* glimma, blänka, lysa II *s* sken; glimt, skymt
glimpse I *s* [ljus]glimt; blick, skymt II *itr* 1 glimta, skimra; skymta [fram] 2 titta III *tr* skymta
glint I *itr* glittra II *s* glimt; glitter
glisten [glisn] *itr* glittra, tindra
glitt'er I *itr* glittra; lysa II *s* glans
gloaming [glou′miŋ] *s* skymning
gloat [ou] *itr* glo, stirra
globe *s* 1 klot, kula; [ögon]glob; *the* **~** jordklotet 2 riksäpple 3 [lamp]kupa **~-trotter** *s* globetrotter, långresenär
glob'ul||ar [ju] *a* klotformig, sfärisk **-e** *s* 1 litet klot 2 blodkropp 3 piller
gloom I *itr* 1 se bister (ond, dyster) ut, rynka pannan; mörkna 2 skymta fram II *tr* fördystra III *s* 1 mörker; skugga 2 dysterhet, förstämning **-y** *a* mörk, dyster; mulen; bister
glor||ification [glɔ:] *s* 1 förhärligande 2 [bibl.] förklaring **-ify** [-′--] *tr* 1 förhärliga; [lov]prisa 2 ge glans åt **-ious** [-′--] *a* 1 ärorik, lysande 2 härlig, strålande, underbar **-y** [-′-] I *s* 1 ära, ryktbarhet 2 stolthet 3 lov och pris 4 salighet; *go to* **~** F gå till Gud, dö 5 härlighet, glans; gloria II *itr*, **~** *in* jubla över, sätta sin ära i
1 **gloss** I *s* glans; [bildl.] fernissa, förgyllning II *tr* glätta, polera; förgylla upp; **~** *over* bemantla
2 **gloss** I *s* glosa; glossar; kommentar II *tr* glossera; kommentera; [bort]förklara **-ary** *s* ordförteckning
gloss'y *a* 1 glansig, blank 2 skenfager
glove [ʌ] I *s* handske; *fit like a* **~** passa precis II *tr* behandska **~-kid** *s* glacéläder, **-r** *s* handskmakare
glow [ou] I *itr* glöda; brinna II *s* glöd, rodnad; hetta
glower [glau′ə] *itr* stirra; blänga
glow||ing [ou′-] *a* 1 glödande 2 glänsande; varm; het **- -worm** *s* lysmask
gloze *tr* över|skyla, -släta, förmildra
glucose [glu:′kous] *s* druvsocker
glue [u:] I *s* [djur]lim II *tr* [hop-, fast]-limma; fästa **-y** *a* limmig, klibbig
glum *a* trumpen, surmulen; dyster
glut I *tr* [över]mätta, proppa full; **~**

o.'s appetite få sitt lystmäte II *s* [över]mättnad; lystmäte
glut||en [u:′] *s* växtlim **-inous** *a* klibbig
glutt'on *s* 1 storätare, matvrak 2 järv **-ize** *itr* frossa **-ous** *a* glupsk; omåttlig **-y** *s* frosseri, glupskhet
gnarl||ed [nɑ:l] **-y** *a* knotig, knölig
gnash [næʃ] *itr tr* skära [tänder]; **~** *ing of teeth* tandagnisslan
gnat [næt] *s* mygga
gnaw [nɔ:] | *tr itr* 1 gnaga [på, av, bort] 2 fräta på (bort) **-er** *s* gnagare
1 **gnome** [noum] *s* dvärg, jordande
2 **gnome** *s* tänkespråk, aforism
go (*went gone* [gɔn]) I *itr* 1 resa, fara, åka, gå, bege sig; **~** *to see* [be]söka; *here* **~** *es!* F nu börjar vi; kör! *let* **~** [äv.] släppa [lös] 2 vara i gång, arbeta; röra sig; slå; gå av, smälla; *who* **~** *es?* verda! *the bell* **~** *es* det ringer; **~** *bang* smälla [igen] 3 vara gångbar (i omlopp); lyda 4 utfalla, slå ut; **~** *Republican* rösta republikanskt; *that* **~** *es without saying* det är självklart 5 gå bort; säljas; förbrukas, gå [åt]; försvinna; ta (vara) slut 6 gå sönder; ge vika; avtaga 7 [för]gå, tillfalla 8 bidraga, leda 9 sträcka sig, räcka, nå; förslå; **~** *a long (great) way* betyda mycket 10 bli[va] 11 *be* **~** *ing to* ämna, [just] skola 12 [med prep.] **~** *about* ta itu med; bära sig åt med; **~** *at* angripa, hugga i med; **~** *by* fara över (via); rätta sig efter; **~** *for* sträva efter; F gå löst på; gälla för; **~** *into* gå in i (på); deltaga i; slå sig på; kläda sig i; **~** *on* debiteras; **~** *over* genomse; **~** *upon* gå (handla) efter; **~** *with* [äv.] passa till; **~** *without* få vara utan 13 [med adv.] **~** *about* gå [omkring]; göra en omväg; ⚓ stagvända; **~** *along* **resa** [vidare]; ge sig i väg; **~** *back from* (F *upon*) undandraga sig, svika; **~** *by* gå förbi; förflyta; **~** *down* **gå ned**; försämras; sjunka; [om vind] lägga sig; stupa; göra lycka, taga [skruv]; **~** *in* delta; [kricket] bli slagman; **~** *in for* F omfatta; ägna sig åt; vara för; anmäla sig till; **~** *off* [av]resa; gå [bort]; dö; försvinna; falla av; försämras; brinna av; återgå; F gå å′t; gå av stapeln; utfalla; brista ut; bli medvetslös; **~** *off to sleep* somna; **~** *on* gå (fara) **vidare**; fortsätta, övergå till [att]; uppträda; F äsch! **~** *out* [äv.] delta i sällskapsliv; ta examen; träda tillbaka; **strejka**; slockna; dö; försvinna; gå ur **modet**; **~** *round* [äv.] gå (fara) över; **räcka** [till]; **~** *through with* tullborda II *tr* 1 gå, göra 2 våga, slå vad om; **~** [*une*] *better* bjuda över 3 slå 4 **~** *it* S gå (köra) på; hålla i; klämma i; leva

goad — 94 — **goshawk**

vilt III s 1 FS händelse, tillställning; *a near* ~ nätt och jämnt 2 F kläm, fart, rusch 3 F tag, försök 4 F högsta mod 5 F sup, glas 6 *little* ~ [univ.] förberedande examen
goad [ou] I s 1 pikstav 2 [bildl.] styng; sporre II *tr* driva på; egga, sporra
goal [ou] s [sport.] mål ~**-keeper** s målvakt ~**-post** s målstolpe
goat [ou] s 1 get; *he-*~ bock; *she-*~ get; *get a p.'s* ~ S reta ngn 2 S dumbom **-ee'** s bock-, hak|skägg **-herd** s getherde **-ling** s killing
gobble *tr itr* sluka, sörpla [i sig]; klucka **-r** s 1 storslukare 2 kalkontupp
gob'elin s gobeläng
go'-between s mellanhand
gob'let s 1 bägare 2 glas på fot
gob'lin s alf; troll
go'-cart s gångstol [för barn]
god gud; *G*~ Gud; *G*~ *grant, would to G*~ Gud give! *G*~ *willing* om Gud vill; *thank G*~ *!* gudskelov! **-child** s gudbarn **-dess** s gudinna ~**-fearing** *a* gudfruktig ~**-forsaken** *a* gudsförgäten; eländig **-head** **-hood** s gudom -like *a* gudomlig -ly *a* gudaktig, from **-parent** s gud|far, -mor; ~s gudföräldrar **G-'s-acre** s kyrkogård ~**-send** s oväntad (Guds) gåva, fynd **G--speed** s välgång, lycka på resan
go'f|||er s voffla **-fer** [ɔ'] *tr* goffrera, vecka
goggle I *itr* glo, blänga; skela II *spl*, ~s 1 [skydds]glasögon 2 skygglappar 3 S ögon ~**-eyed** *a* glosögd
go'ing I s 1 terräng; väg[lag]; före 2 ~**s-on** förehavanden II *a in-*, upp|-arbetad; *keep* ~ hålla i gång [jfr *go*]
goitre [gɔi'tə] s struma
gold [ou] s 1 guld; ~ *brick* S humbug, båg; ~ *plate* guldservis ~**-digger** s 1 guldgrävare 2 [Am.] S lycksökerska ~**-digging** s 1 guldgrävning 2 ~s guldfält ~**-dust** s guldstoft **-en** *a* guld-; guldgul, gyllene ~**-filling** s guldplomb **-finch** s steglitsa; S guldmynt, pund ~**-foil** s bladguld ~**-lace** s guldgalon ~**-leaf** s bladguld ~**-rimmed** *a* guldbågad
golf s *itr* [spela] golf ~**-course** ~**-green** ~**-links** s golfbana
goll'iwog s 1 ful docka 2 buse
golosh [gəlɔ'ʃ] = *galosh*
goluptious [gəlʌ'pʃ] *a* delikat, läcker
gon'doll|a s gondol **-ier** [i'ə] s gondoljär
gone [gɔn] *a* 1 [bort]gången; borta; slut; *be* ~*!* *get you* ~*!* ge dig i väg! *let us be* ~ låt oss gå 2 förlorad; död; *far* ~ utmattad 3 [för]gången, förbi; *be* ~ *twenty* vara över tjugu [år] 4 ~ *on* S tokig i
gonfalon [gɔ'nfələn] s baner
gong s gonggong
good [u] I *a* 1 god, bra; akta; rärsk; [*very*] ~*!* gott! skönt! *and a* ~

thing, too F och väl var det 2 snäll; präktig; vänlig; ~ *feeling* samförstånd, välvilja; ~ *offices* [pl.] vänlig tjänst; förmedling 3 glad, trevlig, rolig 4 lämplig; nyttig, hälsosam; lycklig; angenäm 5 duglig; skicklig; styv [*at* i] 6 vederhäftig, säker, solid; *be* ~ *for* [äv.] orka med 7 giltig; *hold* ~ hålla [streck], gälla 8 [rätt] stor, betydlig, ordentlig; dryg 9 *make* ~ gottgöra; betala; utjämna; ta igen, köra in; reparera; utföra; bevisa; F lyckas II *adv* ganska, riktigt III s 1 *the* ~ det (de) goda; bästa, fördel; nytta; *it is no* ~ det är inte lönt; *do* ~ handla rätt; göra gott; duga till ngt; *much* ~ *may it do you!* väl bekomme! *for* ~ [*and all*] på allvar, för alltid; *for* ~ *or ill* det må bära eller brista; *come to* ~ slå väl ut; *to the* ~ sig till godo, i vinst 2 ~s tillhörigheter, varor, gods ~**-bye** [-'-'] s adjö, farväl ~**-day'** s god dag; adjö ~**-fel'lowship** s kamrat|skap, -lighet ~'**-for-nothing** s odåga ~'**-hu'moured** *a* godmodig **-ish** *a* ganska god, betydlig ~**-looking** *a* vacker; stilig **-ly** *a* 1 vacker, behaglig 2 stor, ansenlig 3 utmärkt, fin ~'**-na'tured** *a* godmodig, hygglig **-ness** s 1 godhet; dygd; vänlighet 2 F=*God;* ~ *gracious!* kors bevare mig! *for* ~' *sake* för guds skull ~'**-tem'pered** *a* god|lynt, -modig **G- Tem'plars** s godtemplare -'**will'** s 1 god vilja, välvilja; samförstånd 2 [bered]villighet 3 [överlåtelse av] kundkrets **-y** I s, **-ies** F sötsaker II *a* fromlande, gudsnådelig
go'-off s F början, start
goose (pl. *geese* [gi:s]) s gås; *green* ~ gåsunge; *get the* ~ S bli utvisslad
gooseberry [gu'z] s krusbär; *play* ~ spela förkläde ~**-fool** s krusbärskräm
goo'se|||-flesh s 'gås|hud, -skinn' **-gog** [gu'z] s F krusbär --**quill** s gåspenna --**skin** = --*flesh* --**step** s på stället marsch, paradmarsch
Gor'dian *a* gordisk [*the* ~ *knot*]
1 **gore** [gɔ:] s levrat blod
2 **gore** I s kil [i plagg]; våd; sektor II *tr* 1 sätta kil i 2 stånga [ihjäl]
gorge [gɔ:dʒ] I s trång(t) klyfta (pass), hålväg II *tr* 1 fullproppa 2 sluka, svälja III *itr* äta glupskt
gorgeous [gɔ:'dʒəs] *a* lysande, praktfull, kostbar; härlig **-ness** s prakt
gor'get [dʒ] s 1 halsband 2 [färg-]fläck
gor'gonize *tr* förstena
gor'mandize I s frosseri II *itr* äta glupskt III *tr* sluka **-r** s frossare
gorse s gultörne
gory [gɔ:'ri] *a* blod|ig, -besudlad
gosh *interj* [Am.] [*by*] ~ vid Gud!
goshawk [gɔ'shɔ:k] s duv-, höns|hök

gosling — 95 — grant

gos'ling [z] s gåsunge; 'gröngöling'
gos'pel s evangelium
goss'amer I s sommartråd; fin väv, flor II a lätt, luftig, skir
goss'ip I s 1 skvallerbytta, pratmakare 2 [äv. -ry] skvaller, prat II itr skvallra; prata -y a skvalleraktig
got imp. o. pp. av get; ~ up F utstyrd; uppfiffad; påhittad
Goth [gɔþ] s got, göt -ic I a gotisk, götisk; ~ type fraktur[stil] II s gotik
gott'en [Am.] = got
gou'ge [dʒ] s tr [urholka med] håljärn
gourd [guəd] s kurbits; kalebass
gour||mand [gu'əmənd] I a glupsk II s läckergom -mandize itr frossa -met [mei] s finsmakare
gout s gikt, podager -y I a gikt|sjuk, -bruten; gikt- II s pampusch
govern [gʌ'] tr itr 1 styra, regera, härska [över]; leda, bestämma 2 behärska, tygla -ess s guvernant -ment s 1 styr|ande, -else, ledning 2 styrelsesätt, statsskick 3 regering; ministär; ~ bond statsobligation; ~ office departement; [ämbets]verk 4 guvernement, län -men'tal a regerings- -or s 1 styresman; härskare 2 guvernör; landshövding 3 direktör; F chef; farsgubbe G-'or-Gen'eral s generalguvernör, överståthållare
gown [au] s 1 klänning, dräkt; bath~, bathing- ~ badkappa 2 toga 3 talar, ämbetsdräkt; cap and ~ akademisk dräkt -sman s 1 jurist 2 akademisk medborgare
G. P. O. = General Post Office
grab I tr itr gripa [tag i] II s 1 grepp, hugg 2 rofferi 3 gripskopa -ble itr 1 treva 2 kravla -by s ⚓ S soldat
grace I s 1 behag, charm; älskvärdhet; with a good, bad ~ älskvärt, motvilligt; saving ~ försonande egenskap; airs and ~s koketteri 2 [mus.] koloratur 3 gunst; ynnest[bevis], tjänst; by the ~ of God med Guds nåde 4 [kristlig] dygd 5 förstånd, takt 6 nåd[atid]; frist; act of ~ amnesti; days of ~ respitdagar; his G ~ hans nåd 7 bordsbön II tr 1 smycka; well ~d behagfull 2 förära, hedra ~-cup s tackskål -ful a behagfull, graciös -less a ohyfsad
gracile [græ'sil] a smal, smärt, slank
gra'cious [ʃəs] a 1 artig; vänlig 2 nådig; most ~ [aller]nådigste; good (my) ~! ~ me! herre gud! [o,] du milde!
grada't||e itr tr [låta] övergå gradvis -ion s grad[ering]; skala; nyans
grad||e I s 1 grad, steg; rang; klass 2 sort, kvalité 3 lutning; stigning, backe 4 [vertikal]plan; ~ crossing plankorsning II tr itr 1 gradera[s]; sortera 2 uppblanda; nyansera 3 planera, jämna -ient s stig-, lut|ning -in s avsats -ual [græ'] a gradvis; långsam; ~ly [äv.] så småningom
grad'uat||e I [juit] s graduerad II itr 1 avlägga akademisk examen; kvalificera sig 2 gradvis övergå III tr 1 graduera 2 gradera -ion s 1 graduering, promotion 2 gradering
graeco [gri:'ko(u)] [i sms.] grekisk- 1 graft [ɑ:] I s 1 ymp[kvist] 2 [läk.] transplanterad vävnad 3 ympning; transplantering II tr itr 1 [in]ympa 2 transplantera, överföra
2 graft [Am.] F s itr tr [praktisera el. förtjäna genom] korruption
grail s gral [the Holy G~]
1 grain s, ~s ljuster
2 grain I s 1 [sädes]korn, frö 2 [bröd]-säd, spannmål; ~ elevator spannmålsmagasin 3 ~s maltdrav 4 gran = 1/7000 pound; [bildl.] grand, uns 5 [purpur]färg; dyed in ~ äkta [färgad]; in ~ äkta, alltigenom, innerst 6 kornighet, skrovlighet; narv; lugg-[sida] 7 ådrighet; struktur 8 natur, kynne; against the ~ mot veden, mothårs; mot [ngns] natur (vilja) II tr 1 göra kornig 2 ådra, marmorera -ed a 1 kornig; skrovlig 2 ådrad -y a 1 kornig 2 kornrik 3 ådrig
gramin'||eous a gräs-, gräsartad -iv'orous a gräsätande
gramm'ar s 1 grammatik 2 språkriktighet 3 elementer -ian [ɛ'ər] s grammatiker -'-school s 1 högre läroverk 2 [Am.] mellanskola
grammat'ical a grammat[ikal]isk
gram[me] [græm] s gram
gram'ophone [əfoun] s grammofon
gran'ary s spannmålsmagasin; kornbod
grand I a stor[artad], väldig, ståtlig, härlig, förnäm; ärevördig; ~ stand huvudläktare; ~ total slutsumma II s 1 do the ~ F uppträda vräkigt 2 ~ [piano] flygel 3 the G ~ Grand hotell -child s barnbarn -[d]ad s F far-, mor|far ~-daughter s son-, dotter|dotter ~-duke s stor|hertig, -furste -ee' s 1 grand [av Spanien] 2 storman, 'storhet' -eur [dʒə] s 1 stor[slagen]het, majestät 2 värdighet 3 prakt, stått -father s far-, mor|-far -il'oquent a högtravande -iose [ious] a 1 storslagen 2 pompös -iosity [iɔ's] s 1 storslagenhet 2 bombast, svulst -mamma -mother s far-, mor|mor -parent s far|far, -mor, mor|-far, -mor -sire s 1 far-, mor|far 2 förfader -son s son-, dotter|son
gra'nge [dʒ] s lantgård -r s förvaltare
granite [græ'nit] s granit
grann'y s F 1 far-, mor|mor 2 gumma
grant [grɑ:nt] I tr bevilja; medge; förunna, skänka; anslå; giva; överlåta; ~ that medgivet (förutsatt) att; ~ed! må så vara! II s 1 beviljan-

grantee — 96 — gride

de; förlänande, utslående 2 förläning;
anslag; koncession; [stats]bidrag 3
överlåtelse **-ee** [ı:'] *s* övertagare
granul||**ar** [græ'njulə] *a* [små]kornig,
grynig **-ate** I *tr* göra kornig (knott-
rig) II *itr* korna sig III [it] *a* kor-
nig; knottrig **-ation** *s* söndersmul-
ning **-e** *s* litet korn (kropp) **-ous** = *-ar*
grape *s* 1 vindruva 2 = ~*-shot* ~-
-house -ry *s* vin[driv]hus ~*-shot s*
druvhagel, kartesch[er] ~*-stone s*
vindruvskärna ~*-sugar s* druvsocker
graph [æf] *s* 1 diagram 2 hektograf
-ic *a* 1 grafisk; skriv-, ritnings-, grave-
rings- 2 målande, åskådlig, livlig
graphite [græ'fait] *s* grafit, blyerts
grap'nel *s* 1 [änter]dragg 2 ankare
grappl||**e** I *s* 1 = *grapnel 1* 2 fast tag,
grepp; handgemäng, kamp. II *tr*
hugga tag i, gripa; fästa, fasthålla
III *itr* 1 fatta tag 2 ~ *with* haka sig
fast vid; brottas med; ta itu med 3
dragga **-ing-iron** = *grapnel 1*
gra'py *a* druv-, druvlik
grasp [grɑ:sp] I *tr* 1 fatta [tag i], gri-
pa 2 hålla fast (i) 3 begripa II *itr*,
~ *at* gripa efter; [ivrigt] ansluta sig
till III *s* 1 grepp, tag; räckhåll 2
våld; [herra]välde 3 uppfattning, fatt-
ningsförmåga; [ändlig] bredd **-ing** *a*
1 grip-, gripande 2 lysten
grass [ɑ:] I *s* 1 gräs[matta] 2 bete[s-
mark]; *at* ~ ledig II *tr* 1 utfodra
(täcka) med gräs 2 F slå i backen;
skjuta; fånga ~*-blade s* grässtrå ~-
-cutter *a* slåtterkarl ~*-hopper s* gräs-
hoppa ~*-plot s* gräs|matta, -plan **-y**
a 1 gräsbevuxen; gräs- 2 grön
1 grate I *tr* 1 riva, söndersmula 2
skära [tänder]; skrapa mot II *itr*
gnissla, knarra; ~ *on* skära i, stöta
2 grate *s* spis[galler]; rost *-d a* galler-
gra'teful *a* 1 tacksam 2 behaglig
gra'ter *s* rasp; rivjärn
grati||**fication** [græt] *s* tillfredsställ-
l|ande, -else; nöje; gåva, gratifikation
-fy [*-*-] *tr* tillfredsställa; glädja
gra'ting *s* galler[verk]
gratitude [græ'titju:d] *s* tacksamhet
gratu'it||**ous** *a* gratis; ogrundad; oför-
tjänt; onödig **-y** *s* gåva; dricks
grat'ulatory [ju] *a* lyckönsknings-
1 grave *a* 1 allvar|lig, -sam; högtidlig;
viktig 2 djup
2 grave *s* grav ~*-clothes spl* svep-
ning ~*-digger s* dödgrävare
grav'el I *s* 1 grus, sand 2 [njur]grus
II *tr* 1 grusa, sanda 2 förbrylla;
[Am.] reta **-ly** *a* grus|lig, -aktig ~-
-pit *s* grusgrop ~*-walk s* sandgång
gra'veness *s* allvar[samhet]
gra've||**r** *s* gravstickel **-yard** *s* kyrkogård
grav'||**lid** *a* havande **-id'ity** *s* havande-
skap **-itate** *itr* gravitera; luta, dragas
-itation *s* tyngdkraft; dragning; *law*

of ~ tyngdlag **-ity** *s* 1 allvar, vär-
dighet; högtidlighet 2 tyngd[**kraft**];
vikt; *centre of* ~ tyngdpunkt
gra'vy *s* kött|saft, -sås; ~ *beef* sopp-
kött ~*-boat s* såsskål ~*-soup s* buljong
gray [grei] = *grey* **-ling** *s* harr [-fisk-]
graz||**e** I *tr itr* 1 snudda [vid]; skava,
skrubba 2 [låta] beta [på] II *s* 1
gräsning; snuddning 2 skrubbsår **-ier**
s boskapsuppfödare
grease I [i:s] *s* 1 fett, talg, ister, flott
2 smörj|olja, -a II [i:z] *tr* 1 smörja,
olja 2 smörja ned ~*-box s* smörjburk
-r [i:'zə] *s* smörjare; förste eldare
grea'sy *a* 1 fet; oljig, talgig; hal; ~
pole såpad stång 2 flottig; smörjig;
smutsig, ruskig
great [ei] *a* 1 stor; *G* ~ *Britain* Storbri-
tannien; *G*~*er Britain* Storbritannien
med kolonier 2 lång; hög 3 viktig;
huvud-; ~ [*go*] slutexamen för B.
A.; ~ *house* herrgård 4 mäktig,
förnäm 5 framstående; storsint 6 F
styv [*at, on* i]; intresserad, pigg 7 F
utmärkt, härlig **-coat** *s* överrock ~-
-grandchild *s* barnbarnsbarn ~**-grand-
father** *s* farfars (morfars, mormors)
far **-ly** *adv* storligen, i hög
grad **-ness** *s* 1 storlek 2 storhet, hög-
het; härlighet
greaves [gri:vz] *spl* [talg]grevar
Grecian [gri:ʃn] *a* grekisk [om stil]
greed *s* glupskhet; snikenhet; lystnad
-y *a* 1 glupsk 2 lysten; girig 3 ivrig
Greek I *s* 1 grek[iska] 2 bedragare II
a grekisk; grekisk-katolsk
green I *a* 1 grön[skande] 2 grönsaks-
3 färsk; omogen; icke torkad (rökt);
[halv]rå 4 frisk, ungdomlig 5
[grå]blek II *s* 1 grön färg 2 gräs-
plan, äng 3 grönska 4 ~*s* F grönsaker
5 ungdom III *itr* grönska ~*-back s*
sedel **-er** *s* S gröngöling **-ery** *s* grönska,
löv **-gage** *s* renklo **-grocer** *s* frukt-,
grönsaks|handlare **-horn** *s* gröngöling
-house *s* växthus **-ing** *s* grönt äpple
-ish *a* grönaktig **G** ~**lander** *s* grön-
ländare **-sickness** *s* bleksot ~**-stuff**
s grönsaker **-y** *a* grönaktig
greet *tr* hälsa; ta emot **-ing** *s* hälsning
gregarious [ɛ'ər] *a* 1 levande i flock;
mass- 2 sällskaplig
grena'd||**e** *s* granat **-ier** [ədi'ə] *s* gre-
nadjär
gressorial [greso:'riəl] *a* [zool.] gång-
grew [gru:] *imp.* av *grow*
grey I *a* grå, grånad II *s* 1 grå färg 2
grå häst, grålle III *itr* gråna; **gry**,
skymma **-cing** *s* = *-hound racing* ~-
-haired *a* gråhårig ~**-hen** *s* orrhöna
-hound *s* vinthund; ~ *racing* hund-
kapplöpning **-ish** *a* gråaktig
grid *s* 1 galler 2 ledningsnät 3 rutsys-
tem 4 bagagehållare 5 = *-iron* **-dle**
s lagg, bakplåt **-e** [ai] *itr* skära, skra-

pa -iron s 1 halster, grill 2 ✥ upphalningsslip 3 [Am.] F fotbollsplan
grief [i:] s sorg, grämelse; smärta; *come to ~* råka illa ut, stranda, slå fel
griev||ance [i:'] s [orsak till] klagan, besvär; missförhållande, ont **-e** I *tr* bedröva, smärta; *~d* ledsen, sorgsen II *itr* sörja, gräma sig **-ous** a sorglig, smärtsam; bitter; grym; farlig, allvarlig **-ously** *adv* hårt, svårt; djupt
griff'in s grip [sagodjur]
grill I *tr* 1 halstra 2 steka, pina II s 1 halstrat kött 2 halster, grill 3 grill- [rum] **-[e]** s galler
grim a 1 hård, sträng 2 bister, dyster
grima'ce s *itr* grimas[era]; grin[a]
grimal'kin s gammal katta (käring)
grim||e I s smuts, svärta II *tr* smutsa [sota] ned **-ed -y** [ai'] a svart, smutsig
grin *itr* s grin[a]; flin[a]; visa tänderna
grind [ai] (*ground ground*) I *tr itr* 1 mala[s] [sönder]; riva 2 förtrycka [~ *down*] 3 slipa[s]; polera 4 skrapa [med]; skära, gnissla 5 draga; veva, F träla; plugga II s 1 malning, skrapning; tag, vevning 2 F knog, slit; plugg 3 S plugghäst 4 S hinderritt; promenad **-er** s 1 malare; [skär]slipare 2 kvarnsten 3 [kind]tand 4 F privatlärare; plugghäst 5 utsvettare **-ery** s sliperi **-stone** s slipsten
grip I s 1 grepp, tag; våld 2 handtryckning 3 handtag 4 *~s* nappatag II *tr* gripa [om]; sätta åt
gripe I *tr* 1 gripa [tag om] 2 klämma, pressa; *be ~d* ha knip i magen II *itr* 1 hålla fast tag 2 gnida och spara III s 1 grepp; kramning; *~s* nappatag 2 *~s* magknip 3 handtag, fäste
grippe [grip] s influensa
grip||p'er s hållare **-sack** s kappsäck
gris'kin s svin-, fläsk[rygg
grisly [gri'zli] a hemsk, kuslig
1 grist s finhet, storlek
2 grist s 1 mäld; vinst, fördel 2 mjöl 3 gröpe 4 [Am.] F mängd
gristl||e [grisl] s brosk **-y** a broskig
grit I s 1 grus, grov sand 2 grovkornig sandsten 3 [gott] gry II *itr tr* gnissla [med]; skära **-s** *spl* havregryn; gröpe **-ty** a 1 grusig, grynig 2 F morsk
grizzl||e -ed -y a grå[hårig], gråsprängd
groan [ou] I *itr* stöna; sucka; längta; digna; knaka II *tr* 1 stöna fram 2 *~ down* hyssja ned III s 1 stönande, suck; knakande 2 mummel, sorl
groat [grout] s vitten, styver
groats [grouts] *spl* [havre]gryn
gro'cer s speceriliandlare; *~ and general dealer* speceri- och diverschandlare **-y** s specerihandel; **-ies** specerier
grog s *itr* (dricka) grogg **-gy** a F 1 drucken; supig 2 ostadig
groin s 1 ljumske 2 kryssbåge
groom I s 1 stalldräng. ridknekt 2 ~

of the chamber kammarjunkare II *tr* sköta; rykta **-sman** s marskalk
groove I s 1 räffla, skåra; fals 2 hjulspår, slentrian II *tr* urholka, räffla
grope *itr* treva, famla; leta
gross [ou] I a 1 grov; tjock; fast; frodig; fet, pussig 2 total-, brutto- 3 rå; snuskig II s 1 gross 2 brutto
grotesque [gro(u)te'sk] s a grotesk
grotto [gro'to(u)] grotta
grouch *itr* [Am.] F vara trumpen
1 ground *imp. o. pp.* av *grind*
2 ground I s 1 jord, mark; *lose o.'s ~* förlora fotfästet 2 [havs]botten; *break ~* lyfta ankar; *take* [*the*] *~* stranda 3 *~s* bottensats, sump 4 jordkontakt 5 grund[val]; bakgrund 6 grund, anledning 7 terräng, område; position; plan; *gire ~* ge vika, retirera; *stand o.'s ~* hålla stånd; *take ~* fatta posto 8 egendom, ägor II *tr* 1 grunda, basera 2 [in]lära grunderna [av] 3 lägga ned 4 [elektr.] jorda 5 ✥ sätta på grund III *itr* ✥ stöta på grund *~-floor* s bottenvåning *~-game* s fyrfotavilt **-ing** s grund[ande] *~-ivy* s jordreva **-ling** s 1 [zool.] sandkrypare 2 krypande växt 3 enkel åskådare (läsare) *~-nut* s jordnöt *~-plan* s grundritning *~-plot* s [hus]tomt *~-swell* s dyning *~-work* s grund[val, -princip]; underlag **-y** a sumpig
group [u:] I s grupp; klunga II *tr itr* gruppera [sig]; sammanföra
1 grouse [aus] (pl. *~*) s vild hönsfågel; moripa [*red ~*]; *black ~* orre; *great* (*wood*) *~* tjäder; *white ~* [fjäll]ripa
2 grouse s *itr* S knot[a]
grout *itr tr* böka [upp]
grove s 1 skogsdunge, lund 2 aveny, allé
grov'el *itr* kräla, krypa **-ler** s jordkrypare **-ling** a jordbunden; simpel
grow [ou] (*grew ~n*) I *itr* 1 växa [upp]; tilltaga; ökas; *~ into a habit* bli en vana; *~ to* lära sig att, komma att 2 gro; spira 3 uppstå [äv. *~ up*] 4 *~* [*up*]*on* vinna insteg hos; mer och mer tilltala 5 bli; *be ~ing* [*late*] börja bli [sent] II *tr* 1 odla; producera; frambringa 2 låta växa, anlägga **-er** s odlare, producent
growl [au] I *itr* 1 morra, brumma; mullra 2 knota, knorra II s morrande; mummel **-er** s 1 brumbjörn 2 F fyrhjulig droska
grow||n [ou] [pp. av *grow*] a [full]vuxen [äv. *~-up*] **-th** s 1 [till]växt; stigande, utveckling 2 odling, produktion 3 växt[lighet], bestånd; skörd, 'årgång', alster
grub I *tr* 1 gräva, böka 2 F knoga 3 S äta II *tr* 1 gräva [i]; gräva (rensa) upp 2 S föda III s 1 larv, mask 2 arbetsträl; [dussin]skribent; slusk 3

S mat; godsaker **-ber** s 1 flitig arbetare 2 rotbrytare 3 S en som äter **-by** a smutsig; snuskig
grudg||e [grʌdʒ] I *tr* 1 ogärna [med]giva; knorra över, misstycka; ~ *no pains* icke spara ngn möda 2 missunna II s avund; groll, agg **-ing** a missunnsam; motsträvig; ~*ly* ogärna
gruel [u'] s välling; havresoppa
gruesome [gru:'] a hemsk, ohygglig
gruff a grov, sträv, barsk, butter
grumble I *itr* 1 muttra, morra; mullra 2 knota II s 1 morrande; knot; mullrande 2 F grälsjuka **-r** s grinvarg
grum'py a knarrig, vresig
grunt I *itr* grymta; knorra, knota II s grymtning **-er** s gris
gs.=*guineas* Gt **Br.**=*Great Britain*
guarant||ee [gærənti:'] I s 1 garanti; säkerhet, borgen 2 garantimottagare 3 borgesman .II *tr* garantera; gå i god för; [till]försäkra **-or** [ɔ:'] s borgesman **-y** [-'--] s garanti, borgen
guard [gɑ:d] I *tr* bevaka, vakta, skydda, bevara; gardera; ~*ed* försiktig II *itr* hålla (vara på sin) vakt III s 1 vakt, bevakning, skydd; vaksamhet; *put a p. off his* ~ invagga ngn i säkerhet 2 värn, försvar 3 försvarsställning 4 väktare; [vakt]post; *mount* ~ gå på vakt 5 ~s livvakt, garde 6 konduktör; tågmästare 7 skydd[sanordning]; bygel; parerplåt; skärm; räcke; galler; kofångare; klockkedja; cykelspänne ~**-book** s samlingspärm ~**-chain** s 1 urkedja 2 säkerhetskedja **-ian** s a 1 väktare; skydds-; *board of* ~s fattigvårdsstyrelse 2 förmyndare; målsman **-ianship** s 1 förmynderskap 2 [be]skydd, vård **-less** a värnlös ~**-rail** s skyddsräcke, bröstvärn ~**-room** s vaktstuga; arrestrum **-sman** s 1 vakt[post] 2 gardist; gardesofficer
gudgeon [gʌdʒn] s 1 sandkrypare 2 lockbete 3 lättlurad stackare
guer[r]illa [gəri'lə] s gerillakrig
guess [ges] I *tr* 1 gissa [sig till]; gissa rätt 2 F anta, tro II s gissning, förmodan ~**-work** s gissning[ar]
guest [gest] s gäst; *paying* ~ inackordering ~**-chamber** s gästrum
guffaw [gʌfɔ:'] s gapskratt
guidance [gaidns] s ledning; rättesnöre
guide [gaid] I *tr* 1 visa väg, ledsaga 2 styra, leda; *be* ~*d* låta leda sig II s 1 vägvisare, förare; rådgivare 2 ⚥ riktbefäl 3 *girl* ~ flickscout 4 [rese]handbok 5 [styr]stång, gejd ~**-board** s vägvisartavla ~**-book** s vägvisare, resehandbok ~**-post** s vägvisare ~**-rod** s styrstång ~**-rope** s [led]band, [löp]lina ~**-way** s ränna, spår
guiding-star [gai'] s ledstjärna

guild [gild] s gille, skrå; sällskap **-hall** s 1 gilles|hus, -sal 2 råd-, stads|hus
guile [gail] s svek, förräderi; list **-ful** a svekfull, lömsk **-less** a sveklös, ärlig
guillotine [giləti:'n] s *tr* giljotin[era]
guilt [gilt] s skuld; brottslighet **-less** a 1 oskyldig 2 okunnig **-y** a brottslig; skyldig [*of* till]; *find* ~ förklara skyldig; *plead* ~ erkänna sig skyldig
guinea [gi'ni] s 21 shilling ~**-fowl** ~**-hen** s pärlhöna ~**-pig** s marsvin
guise [gaiz] s utseende, yttre: mask; *in the* ~ *of* i form av; under sken av
guitar [gitɑ:'] s gitarr
gulf s 1 golf, havsbukt; *the G* ~ *Stream* Golfströmmen 2 avgrund 3 malström ~**-weed** s sargassogräs
gull I s 1 mås 2 enfaldig stackare, narr II *tr* lura, narra
gull'et s 1 [mat]strupe 2 vattenränna **-ible** a lättlurad
gull'y I s 1 ränna, klyfta, ravin 2 dike, rännsten, avlopp II *tr* urholka
gulp I *tr* svälja, stjälpa i sig II s 1 sväljning; *at a* ~ i ett tag 2 munfull 1 **gum** s, ~s tandkött
2 **gum** I s gummi II *tr* 1 gummera 2 [Am. S] lura III *itr* klibba [fast] **-boil** s tandböld **-my** a 1 gummi-, gummiartad; klibbig 2 svullen
gump'tion s F fyndighet, förstånd
gun s 1 kanon|; bössa, gevär; *great* (*big*) ~ pamp; *son of a* ~ skojare 2 F revolver, pistol 3 skytt; jägare ~**-Larrel** s gevärspipa; kanonrör ~**-carriage** s ⚥ lavett ~**-cotton** s bomullskrut ~**-factory** s styckebruk, kanonfabrik ~**-fight** s revolverstrid ~**-fire** s kanoneld **-man** s revolverman, bandit **-nel** = *wale* **-ner** s 1 artilleri|ist, -ikonstapel 2 skytt, jägare ~**-nery** s artillerivetenskap; skjutning
gunny [gʌ'ni] s jute, säckväv
gun'||-port s kanonport ~**-powder** s krut ~**-room** s ⚓ gunnrum, kadettmäss ~**-running** s vapensmuggling ~**-shot** s skott|vidd, -håll ~**-smith** s gevärssmed ~**-wale** [gʌnl] s ⚓ reling
gurgitation [gə:dʒi] s svall[ande]
gurgle [ɔ:] I *itr* klunka; sorla, porla II *tr* skrocka fram III s klunk[ande]; sorl; skrockande
gush I *itr* 1 strömma [ut, fram], forsa [fram]; ~ *out* brista ut 2 F utgjuta sig; orera, gå på II *tr* utgjuta, spruta ut (fram) III s 1 ström, fors 2 F doft, pust 3 [känslo]utbrott; F utgjutelse **-ing** a över|svallande, -spänd
guss'et s kil [i kläder]
gust s vind|stöt, -il, by: utbrott.
gus't||atory a smak-; [~ *nerve*-] **-o** s smak, förkärlek; njutning, välbehag
gus'ty a byig, stormig
gut I s 1 ~*s* P inälvor; buk; innehåll; S energi, kläm 2 tarm[kanal] 3 tafs

4 trångt pass, sund II *tr* **1** rensa; tömma **2** =-*tle* ~-**scraper** *s* F birfilare
gutt'er I *s* **1** [tak]ränna **2** rännsten **3** avlopps|ränna, -rör **4** räffla II *itr* **rinna** [i fåror], strömma ~-**child**= -*snipe* ~-**man** *s* gatuförsäljare ~- -*snipe* s rännstensunge
-uttle *tr itr* äta glupskt, vräka i sig
gutt'ural I *a* strup- II *s* struplj ud
gutt'y *s* [guttaperka]boll
1 guy [gai] *s tr* ✦ [stötta med] gaj
2 guy I *s* 'fågelskrämma', löjlig figur; karl, 'prick'; typ II *tr* driva (skoja) med III *itr* S smita

guzzle I *tr itr* supa, pimpla; vräka i sig II *s* **1** sprit **2** supande
gybe [dʒaib] *tr itr* ✦ gipa, skifta över
gym [dʒim] F, **-nasium** [ei'ziəm] *s* gymnastik-, idrotts|lokal **-nas'tic** I *a* gymnastisk II *s*, ~*s* gymnastik
1 gyp [dʒip] *s* studentuppassare
2 gyp *s* S *give a p.* ~ ge ngn på huden
gyps||[e]**ous** [dʒi'] *a* gips-, gipsartad **-um** *s* gips **-y** =*gipsy*
gyrat||**e** [dʒaiərei't] *itr* virvla, rotera **-ion** *s* virv|lande, -el, kretslopp **-ory** [dʒai'] *a* kretsande, krets-
gyre [dʒai'ə] I *s* virvel II *itr* virvla

H

H, h [eitʃ] *s* h; *drop o.'s* ~*s* ej uttala h
ha [hɑ:] *interj* ha ha! ah! åh!
hab'erdasher [dæ'ʃə] *s* kortvaruhandlare **-y** *s* **1** korta varor **2** kortvaruhandel **3** [Am.] herrekiperingsaffär
habile [hæ'bil] *a* händig, habil
habil'iment *s* skrud; ~*s* dräkt; F kläder
hab'it *s* **1** vana; *be in the* ~ *of* bruka **2** karaktär **3** kroppskonstitution **4** munkdräkt **-able** *a* beboelig **-at** [ət] *s* fyndort **-ation** *s* boning[splats]; bostad **-ual** [i'tju] *a* invand; [sed]vanlig; vane- **-uate** [i't] *tr* vänja **-ude** *s* vana **-ué** [i'tjuei] *s* stam|gäst, -kund
1 hack I *s* **1** hacka **2** hack, skåra; bläcka II *tr itr* **1** hacka [i]; hugga; bläcka; hacka (hugga) sönder **2** råsparka **3** hacka och hosta
2 hack I *s* **1**. [åkar]kamp; ridhäst **2** dagakarl; skribent II *a* **1** hyr-, lejd **2** uttröskad, banal III *tr* slita ut
hackle I *s* **1** häckla **2** nackfjäder II *tr* **1** häckla **2** hacka (hugga) sönder
hack'ney *s* **1** [vagns]häst **2** hyrdroska **3** dagakarl **-ed** *a* utnött, banal
hack'work *s* träl-, slåp|göra
haddock [hæ'dək] *s* kolja
had||**n't** =*had not* **-st** [åld.; du] hade
haemorrh||**age** [he'mərɪdʒ] *s* blödning **-oids** *spl* hemorrojder
haft *s* handtag, skaft
hag *s* häxa, trollpacka
haggard [hæ'gəd] *a* vild; utmärglad
haggle I *tr* hacka [sönder]; skära till II *itr s* pruta[nde] **-r** *s* prutmakare
hagiology [ɔ'lədʒi] *s* helgonlitteratur
ha-ha [hɑ(:)hɑ:'] *s* dike med stängsel
1 hail I *s* hagel II *itr tr* [låta] hagla
2 hail I *tr* **1** hälsa **2** ropa an (till sig); preja II *itr* höra hemma III *interj* hell! IV *s* hälsning; [an]rop
hail'||-**stone** *s* hagelkorn -**storm** *s* hagel|by, -skur **-y** *a* hagel-
hair [hɛə] *s* hår; *do o.'s* ~ kamma sig; *split* ~*s* bruka hårklyverier; *to a* ~

på håret, precis **-breadth** *s* hårs|-bredd, -mån ~-**cloth** *s* hårduk; tageltyg ~-**cut** *s* hårklippning **-dresser** *s* frisör ~-**dye** *s* hårfärg **-pin** *s* hårnål ~-**slide** *s* hårspänne ~-**splitting** *s* hårklyverier **-wash** *s* hårvatten **-y** *a* **1** hårig; luden **2** hår-, tagel-
hal'berd *s* hillebard
hal'cyon [siən] I *s* isfågel II *a* stilla
hale *a* kry, spänstig; kraftig; ~ *and hearty* frisk och kry
hal||**f** [hɑ:f] I (pl. *-ves*) *s* halva, hälft; *go -ves with* dela lika med; *by* ~ mycket; *by -ves* halvt II *a* halv; ~ *the* hälften av III *adv* halvt, halvvägs; *not* ~ *bad* inte så illa; *at* ~ *past twelve* klockan halv 1 ~'-**bi'nding** *s* halvfranskt band ~-**bred** *a* halvblods- ~-**breed** *s* halvblod ~-**caste** *s* halvblod[shindu] ~-**cock** *s* halvspänn **-crown** *s* 2½ shilling [ung. 2,25 kr.] ~-**hearted** *a* likgiltig; klenmodig; svag ~'-**hol'iday** *s* eftermiddagslov ~'-**hou'r** *s* halvtimme ~-**length'** *s* halvfigur ~-**mast** [-'-'] *s, at* ~ *på* halv stång ~'-**pay'** *s a* [på] halv sold **-penny** [hei'pni] *s* halvpenny ~-**sole** *s tr* halvsula ~'-**way**' *a adv* halvvägs; halv[-] ~'-**witt'ed** *a* [halv]fnoskig
hal'ibut *s* helgeflundra
hall [ɔ:] *s* **1** hall, sal, aula **2** [univ.] matsal; middag **3** [för]hall, förstuga **4** [samlings]lokal; rådhus; gillestus **5** herresäte, slott ~-**mark** I *s* kontrollstämpel II *tr* [kontroll]stämpla
hallo[**a**] [həloʊ'] I *interj s* hallå[rop]; god dag! tjänare! II *itr* ropa [hallå]
halloo [həlu:'] I *interj s* [jakt.] hallå-[rop]; [o]hoj! II *itr* hojta
1 hallow [hæ'lo(u)] *tr* helga
2 hallow =*halloo* II
ha'lo *s* mån-, ljus|gård; ring; gloria
1 halt [hɔ:lt] *itr* [bildl.] halta, vackla
2 halt *s* halt; rast[ställe]; anhalt II *itr tr* [låta] stanna
halter [ɔ:'] I *s* **1** grimma **2** rep, snara;

hängning II *tr* 1 sätta grimma på; binda med grimma 2 hänga
halve [hɑ:v] *tr* halvera -s se *half*
halyard [hɔ:'ljəd] *s* ⚓ fall
ham *s* 1 has; lår 2 [rökt] skinka
hame *s* bogträ
ham'let *s* liten by
hamm'er I *s* 1 hammare; slägga; *throwing the* ~ släggkastning; ~ *and tongs* F av alla krafter 2 [auktions]klubba 3 hane II *tr* 1 hamra [på]; spika fast (upp); slå in (ut), bearbeta 2 smida 3 hitta på 4 F klå III *itr* slå, hamra; dunka -**man** -**smith** *s* [hammar]smed
hamm'ock *s* häng|matta, -koj ~-**chair** *s* liggstol, trädgårdsstol
1 ham'per *s* [flätad] korg
2 ham'per I *tr* 1 hindra, [klav]binda; belamra 2 bringa (ha) i olag
ham'shackle *tr* binda upp, klavbinda
ham'string *s tr* [avskära] hassena[n på]
hand I *s* 1 hand; a) *kiss o.'s* ~ ge en slängkyss; *lay* ~*s on* lägga beslag på; bära hand på; *put o.'s* ~ *to* ta itu med; *try o.'s* ~ *at* försöka sig på [med]; *win* ~*s down* vinna med lätthet; ~*s off!* bort med fingrarna! b) *at* ~ till hands, nära; *at the* ~[*s*] *of* från [ngns] sida, av; *by* ~ för hand; på fri hand; med bud; *by the* ~*s of* genom [ngns] medverkan; *take by the* ~ ta i hand (hand om); *in* ~ i [sin] hand; i sin ägo; på hand; föreliggande; på lager, i kassan, kontant; för händer; *take in* ~ företaga (åtaga) sig; *on* ~ i sin ägo; på lager; *on o.'s* ~ i sin vård; på halsen; *out of* ~ genast, på stående fot; obändig; *to* ~ till hand|s, -a; *under* ~ hemlig; c) ~ *to* ~ man mot man; ~ *and foot* till händer och fötter; med kropp och själ!; ~ *and glove with* intim med 2 framfot 3 tvärhand 4 sida; håll; *change* ~*s* byta ägare 5 hand|räckning, -tag, hjälp 6 arbetare; [sjö]man 7 *a poor* ~ *at* dålig i; *cool* ~ fräck herre; *knowing* ~ filur; *new* ~ nybörjare 8 handlag, anlag 9 [hand]stil 10 namnteckning 11 [spel]parti 12 visare; *short* ~ timvisare 13 bunt; klase; fem stycken II *tr* 1 leda, föra, hjälpa 2 räcka, lämna, giva; skicka; ~ *down* överlämna [i arv]; ~ *out* utdela ~-**bag** *s* hand-, res|väska -**bell** *s* hand-, bords|klocka -**bill** *s* reklam|lapp, -blad; affisch ~-**cart** *s* dragkärra -**cuff** *s* handklove -**ful** *s* 1 handfull 2 F besvärlig individ (sak) ~-**gallop** *s* kort galopp ~-**glass** *s* hand-, nack|spegel; förstoringsglas -**grip** *s* grepp; handslag; ~*s* handgemäng -**icap** I *s* handikap[tävling]; nackdel, olägenhet;

börda II *tr* handikappa; nedtynga -**icraft** *s* handarbete, slöjd, hantverk -**iwork** *s* 1 verk, skapelse 2 praktiskt arbete -**kerchief** [hæ'ŋkətʃif] *s* 1 näsduk 2 hals-, huvud|duk
handle I *tr* 1 ta i, vidröra, bläddra (röra) i 2 hantera: begagna, handha, behandla 3 sköta [om], leda 4 handla med II *s* 1 handtag, skaft, grepe 2 verktyg ~-**bar** *s* styrstång
hand'||**maid**[**en**] *s* [bildl.] tjänarinna - -**organ** *s* positiv - -**rail** *s* ledstång
han[d]**sel** [hænsl] *s* [nyårs]gåva; handpenning; förstling; försmak
hand'shake *s* hand|slag, -tryckning
handsome [hæ'nsəm] *a* vacker, ståtlig: ädel[modig]; frikostig; ordentlig
hand'||**spike** *s* hävstång; handspak - -**wheel** *s* ratt - -**work** *s* manuellt (hand-)arbete -**writing** *s* handstil
han'dy *a* 1 till hands; väl till pass 2 lätthanterlig; praktisk 3 händig
hang (*hung hung*) I *tr* 1 hänga [upp]; sätta upp; ~ *up* [äv.] uppskjuta 2 (*-ed -ed*) hängn, avliva; ~ [*it*]! sablar! ~ *you!* dra åt helsike! 3 hänga [med] 4 behänga, pryda; tapetsera II *itr* 1 hänga; dingla; ~ *about* gå och driva; stryka kring; ~ *out* S hålla till, bo 2 hänga[s] 3 sväva 4 tveka; dröja; ~ *off* dra sig 5 ~ [*up*]*on* hänga (bero) på; hänga [fast] vid; fastna i; tynga på; ~ *up* F ringa av III *s* 1 hängning; fall 2 sluttning; lutning 3 *get the* ~ *of* [Am.] F komma på det klara med 4 *not a* ~ F inte ett dugg ~-**dog** *s* galgfågel -**er** *s* 1 [upp]hängare; tapetserare 2 [kläd-es-galge; [gryt]krok 3 hirschfängare -**er-on** *s* F anhängare; 'påhäng', snyltgäst -**ing** *s* 1 [upp]hängning 2 förhänge, gobeläng -**man** *s* bödel ~-**out** *s* S tillhåll
han'ker *itr s* längta[n], åtrå
han'ky-pan'ky *s* hokuspokus; fuffens
Hanse *s* Hansa[n] -**atic** [iæ't] *a* hansehan'som *s* [tvåhjulig] droska
hap I *s* lycka; slump II *itr* hända; råka -**haz'ard** *s a adv* [av en] slump, tillfällig; lycktäff; *at* ~ på måfå -**less** *a* olycklig -**ly** *adv* till äventyrs
ha'p'orth [hei'pəþ] = *halfpennyworth*
happ'en *itr* 1 hända, ske; falla sig 2 råka; komma [att] -**ing** *s* händelse
happ'i||**ly** *adv* lyckligt[vis] -**ness** *s* lycka
happ'y *a* 1 lycklig; glad; *I shall be* ~ *to* jag skall gärna 1 lyckad, träffande; fyndig ~-**go-lucky** *a* sorglös
harangue [həræ'ŋ] I *s* tal; utfall; harang II *itr tr* hålla tal [till]; orera
harass [hæ'rəs] *tr* oroa; plåga, jäkta; ~*ed* förpinad; ~*ing* pin-, ret|sam
har'binger [dʒə] *s* förebud; budbärare
harbour [hɑ:'bə] I *s* 1 hamn; ~ *wall* hamnarm 2 tillflyktsort II *tr* här-

harbourage — 101 — **haw-haw**

bärgera; hysa **-age** *s* 1 härbärge 2 tillflyktsort 3 hamn
hard I *a* 1 hård, fast; ~ *cash (money)* kontanter; ~ *facts* nakna fakta 2 ihärdig; seg 3 svår; mödosam 4 hård[hjärtad], grym; sträng; ~ *swearing* fräck menéd 5 snål 6 grov; kärv II *adv* 1 hårt; häftigt, skarpt; strängt; ivrigt 2 illa; svårt; ~ *hit* F illa däran; ~ *put to it* svårt pressad; *die* ~ sälja sig dyrt; ~ *up* F i knipa 3 nära; ~ *by* strax bredvid ~**-bake** *s* mandelknäck ~**-boiled** *a* 1 hård[kokt] 2 F hårdfjällad **-en** I *tr* 1 göra hård[are]; skärpa 2 [för]härda; vänja II *itr* 1 hårdna; [för]härdas 2 bli fast[are] ~**-featured** *a* med grova (stränga) anletsdrag; ful ~**-fisted** *a* snål, njugg ~**-fought** *a* hård[nackad] ~**-headed** *a* nykter, praktisk **-ihood** *s* djärvhet; fräckhet **-ly** *adv* knapp[ast]; ~ *anybody* nästan ingen **-set** *a* sammanbiten; stel; oböjlig **-ship** *s* [veder]möda; prövning; försakelse **-ware** *s* smidesvaror; ~ *shop* järnaffär ~**-working** *a* arbetsam, ihärdig **-y** *a* 1 djärv; [dum]dristig; fräck 2 härd|ig, **-ad**
hare [hɛə] *s* hare ~**-bell** *s* blåklocka ~**-brained** *a* tanklös; yr ~**-lipped** *a* harmynt
haricot [hæˈrikou] *s* ragu; tursk böna
hark *itr* 1 lyssna 2 ~ *back* [åter]vända
harlequin [hɑːˈlikwin] *s* harlekin
harlot [hɑːˈlət] *s* sköka
harm I *s* ont, skada; men; *keep out of* ~*'s way* ej utsätta sig för fara II *tr* skada, göra [ngn] ont (illa) **-ful** *a* skadlig, farlig **-less** *a* oskadlig, ofarlig
harmon‖**ic** *a* harmonisk **-ica -icon** *s* glas-, mun|harmonika **-ious** [mouˈ] *a* harmonisk; välljudande; samstämmig **-ize** [hɑːˈ] I *itr* harmoniera, stämma överens II *tr* bringa i samklang; för|-ena, -sona **-y** [-ˈəni] *s* 1 harmoni; välljud 2 endräkt, samförstånd
har'ness I *s* 1 sele, seldon; *die in* ~ dö på sin post 2 harnesk; rustning II *tr* 1 sela [på]; spänna för 2 utnyttja
harp *s itr* 1 spela [harpa] 2 ~ *on 'idissla'* **-er -ist** *s* harpspelare
harpoo'n *s tr* harpun[era]
har'py *s* harpya; [bildl.] blodsugare
har'rier *s* stövare
Harro'vian *s* [f. d.] elev vid Harrow
harr'‖**ow** [ou] I *s* harv II *tr* 1 harva 2 plåga, oroa **-y** *tr* härja; plåga, oroa
harsh *a* 1 hård, sträv; sträng 2 skarp, fräń 3 skärande 4 [från]stötande
hart *s* hjort; ~ *of ten* tiotaggare
haˈrum-scaˈrum [ɛˈə] *a s* F tanklös [individ]; tokstolle
harˈvest I *s* 1 skörd[etid] 2 gröda; vinst II *tr* skörda, inhösta; spara **-er** *s* skörde|man, -maskin

has [hæz, həz] [3. pers.] har ~**-been** [hæˈz] *s* F fördetting
hash I *tr* hacka [sönder] II *s* ragu; uppkok; röra
hasn't [hæznt] = *has not*
hasp I *s* [dörr]hasp; klinka II *tr* haspa
hassock [hæˈsək] *s* tuva; kudde, pall
hast [hæst] [åld.; du] har [*thou* ~]
haste [ei] I *s* hast, skyndsamhet; brådska; *make* ~ raska på II *itr* hasta **-n** [heisn] *tr itr* [på]skynda
haˈsty *a* hastig; förhastad; häftig
hat *s* hatt; *high (silk, tall, top)* ~ hög hatt; *opera* ~ chapeau claque; *talk through o.'s* ~ S bluffa, skryta ~**-box** *s* hattask ~**-case** *s* hattfodral
1 hatch *s* nedre dörrhalva; skeppslucka
2 hatch I *tr* 1 kläcka [ut] 2 uttänka II *itr* 1 häcka 2 [ut]kläckas III 1 häckande, [ut]kläckning 2 kull
hat'chet *s* yxa; *throw the* ~ breda på
hatch'way *s* skeppslucka, lucköppning
hate *s tr* hat[a] **-ful** *s* 1 hätsk 2 förhatlig; avskyvärd
hath [hæþ] [åld. 3. pers.] har
hat'‖**pin** *s* hattnål **-rack** *s* klädhängare
hatred [heiˈtrid] *s* hat, ovilja, avsky
hat'‖**stand** *s* hatt-, kläd|hängare **-ter** *s* hattmakare **-trick** *s* tre [kricket]grindar i rad; tre mål i en match
hauberk [hɔːˈbəːk] *s* brynja
haughty [hɔːˈti] *a* hög[dragen], stolt
haul I *tr* 1 [äv. *itr*] hala, draga; släpa, bogsera 2 transportera, frakta 3 ~ *up* anhålla II *itr* 1 = *I* 1 2 ⊕ ändra kurs; ~ [*round*] kasta om; ~ *up* stanna, lägga till III *s* 1 halning, tag 2 notvarp, drag; kap, vinst
haulm [hɔːm] *s* 1 stjälk 2 blast, ris
haunch [ɔː] *s* höft, länd; lår[stycke], kyl
haunt [ɔː] I *tr* 1 ofta besöka, hålla till i (på, hos); umgås med 2 [för]följa, hemsöka 3 spöka i (på, hos) II *itr* hålla till III *s* tillhåll, uppehållsort
have [hæv, həv] *(had had)* I *tr* 1 ha[va]; äga 2 göra, ta sig, få sig [~ *a bath*] 3 *will* ~ hävda, påstå 4 få, erhålla; äta, dricka, ta 5 ~ *it* segra, ha övertaget; [äv.] få stryk (skäll); säga, berätta 6 *F* ha [fått] fast; *had* S lurad 7 ~ *to* vara tvungen att, måste 8 ~ *a th. done* få ngt gjort; låta göra ngt 9 ~ *a p. do a th.* låta ngn (ha ngn att) göra ngt II *itr, you had better* det är bäst att du; *I had rather* jag skulle hellre vilja
ha'ven *s* hamn; tillflyktsort
haven't [hævnt] = *have not*
hav'ersack *s* ryggsäck, tornister
hav'oc I *s* förstörelse II *tr* ödelägga
1 haw [hɔː] *s* hagtorn[sbär]
2 haw I *tr* hacka [i tal] II *s* hackning
Hawaiian [hɑːwaiˈjən] *a s* havaj[isk]
haw-haw [hɔːˈhɔːˈ] *s itr* gapskratt[a]

1 hawk [ɔ:] I *s* 1 falk, hök 2 bedragare II *itr* idka falkjakt; jaga
2 hawk *tr* ut|kolportera, -bjuda
3 hawk *itr* harska, harkla sig
hawk||er *s* gatuförsäljare; kolportör **-ing** *s* falkjakt **-ish** *a* hök-, falk|liknande **--nosed** *a* med örnnäsa
hawse||-hole [hɔ:'z] *s* ♣ klys[gatt] **-r** *s* ♣ tross, kabeltåg, kätting
hawthorn [hɔ:'þɔ:n] *s* hagtorn
hay I *s* hö; *make* ~ bärga hö II *itr* bärga hö[et] **-cock** *s* hövolm **~-fork** *s* högaffel **~-loft** *s* höskulle **-maker** *s* slåtterkarl **~-rick** *s* höstack
haz'ard [əd] I *s* 1 hasard 2 slump; lyckträff 3 risk, fara II *tr* riskera, våga **-ous** *a* 1 slump- 2 riskabel
haze I *s* 1 dis, töcken, dimma; solrök 2 dimmighet II *tr* fördunkla
ha'zel *s* *a* 1 hassel 2 nötbrun [färg]
ha'zy *a* disig; dimmig; S 'omtöcknad'
he *pron* han; ~ *who* den som
head [hed] I *s* 1 huvud; förstånd, begåvning; *give a horse his* ~ ge häst fria tyglar; *keep o.'s* ~ hålla huvudet kallt; *take into o.'s* ~ få för sig; *off o.'s* ~ F kollrig; ~ *and shoulders* huvudet [högre än]; avsevärt; *over* ~ *and ears* över öronen; ~ *of hair* hår[växt]; ~ *over heels* hals över huvud 2 framsida; ~ *or tail* krona eller klave; *make* ~ *or tail of* bli klok på 3 horn 4 a) person; individ; *a* (*per*) ~ per man, var; b) styck, djur; c) antal 5 chef, ledare; rektor 6 spets 7 avdelning, moment; punkt 8 höjd-, vänd|punkt, kris; *gather* ~ vinna krafter 9 motstånd; *keep* ~ hålla stånd; *make* ~ rycka fram 10 [träd-]krona 11 topp; knopp; kapitäl; källa; huvudgärd; *at the* ~ först, överst 12 överskrift, titel 13 skum, bornyr 14 främsta (främre) del; front, tät; ♣ förstäv, bog 15 udde 16 F huvudvärk II *a* överst, främst, först; huvud-, över- III *tr* 1 topp[hugg]a, tukta 2 stå överst på (i spetsen för); leda 3 förse med rubrik 4 gå före (om); överträffa 5 möta; segla emot 6 vända, styra 7 nicka, skalla IV *itr* vända sig, vetta; gå, leda; styra [kosan] **-ache** *s* huvudvärk **~-dress** ~-gear *s* huvudbonad **-ing** *s* 1 toppning 2 överstycke, framdel; rubrik 3 ort; tunnel 4 nickning **-land** *s* udde **~-light** *s* framlykta **~-line** *s* *tr* [förse med] rubrik **-long** I *adv* på huvudet; huvudstupa II *a* vild; brådstörtad **-master** *s* rektor **-mistress** *s* föreståndarinna **~-money** *s* mantalspengar **-most** *a* främst[e] **~-phone** *s* hörlur **~-piece** *s* 1 hjälm; huvudbonad 2 F huvud[knopp] **~-quarters** *spl* högkvarter; huvudkontor **~-sail** *s* försegel **-sman** *s* skarprättare **-stone** *s* 1 hörnsten 2 gravsten **-strong** *a* hårdnackad, envis **~-waiter** *s* hovmästare **~-water** *s* källflod **-way** *s* 1 [fram]fart 2 öppning **~-wind** [wind] *s* motvind **-y** *a* 1 brådstörtad, häftig 2 stark, rusande
heal *tr* *itr* hela[s], läka[s], bota[s]
health [helþ] *s* 1 hälsa; *bad* (*ill*) ~ sjuklighet 2 välgång, skål **-ful** *a* hälsosam; sund **~-resort** *s* kurort **-y** *a* 1 frisk; sund 2 hälsosam
heap I *s* 1 hög; hop; *struck all of a* ~ F fullkomligt handfallen 2 F hel hög, massa; **~s** *better* mycket bättre II *tr* 1 hopa; samla 2 överhopa, fylla
hear [hiə] (~*d* ~*d* [hə:d]) *tr* *itr* 1 [å]höra 2 förhöra 3 få veta; ~ *from* höra a'v; ~ *of* höra talas om **-er** *s* åhörare **-ing** *s* 1 hör|ande, -sel; *within* ~ inom hörhåll; *dull* (*hard*) *of* ~ lomhörd 2 gehör; förhör **-ing-trumpet** *s* hörlur **-ken** [hɑ:'] *itr* lyssna **-say** *s* hörsägen, rykte, prat
hearse [ə:] *s* likvagn **~-cloth** *s* bårtäcke
heart [hɑ:t] *s* 1 hjärta 2 själ, sinne, ande, håg; känsla; mod; *bless my* ~! kors i all min dar! *lose* ~ tappa modet; *wear o.'s* ~ *upon o.'s sleeve* öppna sitt hjärta för vem som helst; *at* ~ i själ och hjärta; *sick at* ~ nedstämd; *by* ~ utantill; *from o.'s* ~ av allt hjärta; *take to* ~ ta illa vid sig av 3 hjärtevän; *dear* (*sweet*) ~! kära du! 4 medelpunkt; kärna; ~ *of oak* kärnkarl 5 hjärter **~-ache** *s* [hjärte]sorg, oro **~-breaker** *s* hjärtekrossare **~-breaking** *a* hjärtslitande **~-broken** *a* förtvivlad **-burn** *s* halsbränna **-burning** *s* bitterhet; agg **-en** *tr* liva, elda **~-felt** *a* djupt känd, uppriktig
hearth [hɑ:þ] *s* eldstad, spis, [huslig] härd **-stone** *s* spishäll; härd
heart||ily [hɑ:'] *adv* 1 hjärtligt 2 tappert; ivrigt 3 med aptit **-less** *a* hjärtlös **--rending** *a* hjärtslitande **--sick** **--sore** *a* bedrövad **--stirring** *a* gripande **--whole** *a* 1 oförskräckt 2 uppriktig; hjärtlig **--wood** *s* kärn|ved, -timmer **-y** *a* 1 hjärtlig; uppriktig; ivrig 2 kraftig; duktig, frisk, stark
heat I *s* 1 hetta, värme 2 omgång, tag; [försöks]heat, uttagningstävling 3 upphetsning 4 brunst II *tr* upp|-hetta, -värma; elda; [upp]hetsa **-er** *s* 1 eldare 2 värme|apparat, -element
heath *s* 1 hed 2 ljung **~-bell** *s* ljungblomma **~-cock** *s* orrtupp
hea'then [ð] I *a* hednisk II *s* hedning **-dom** *s* hed|endom; -navärld **-ish** *a* hednisk; F djävulsk **-ism** *s* hedendom
heather [e'ð] *s* ljung; **~-bell** klockljung
hea'ting *s* uppvärmning, eldning
hea't||-spot *s* fräkne **--stro'ke** *s* värmeslag, solsting **~-wave** *s* värmebölja

heave I *tr itr* 1 häva[s]; lyfta; svälla, svalla; ~ *in sight* komma i sikte 2 utstöta 3 hiva 4 ⚓ vinda [upp], hala; hissa; ~ *about* stagvända; gå över stag; ~ *down* kränga; ~ *to* dreja (lägga) bi; ~ *ho* hi å hå 5 flämta, kippa 6 vilja kräkas II s 1 hävning, lyftning, tag 2 höjning; svallning; våg; sjögång 3 ⚓ hivning 4 suck
heaven [hevn] s 1 himmel; himlavalv; rymd; *would to ~* Gud give! -ly *a* himmelsk; gudomlig; himmels- -ward [əd] *a adv* mot himmelen
heavy [he'vi] *a* 1 tung; grov; tjock, bastant, kraftig 2 svår, dryg, allvarlig; stor, omfattande; häftig; stark, skarp; djup; stadig; riklig; ~ *sea* hög sjö 3 fylld, mättad 4 gravid, dräktig 5 klumpig; trög, långsam; flau 6 tråkig, enformig 7 mulen, mörk 8 hård; nedslående; sorgsen 9 sömnig, dåsig ~*-hearted a* tungsint, dyster ~*-weight s* tungvikt[are]
hebdomad||al [dɔ'məd] *-ary a* veckohebetate [he'biteit] *tr itr* förslöa[s]
Hebraic [hibrei'ik] *a* hebreisk
Hebrew [hi:'bru:] *s a* hebr|é, -eisk
heckle *tr* 1 häckla [lin] 2 ansätta
hec'tic *a* 1 hektisk, lungsiktig 2 F passionerad; laddad
hec'to||gram[me] *s* hektogram **-graph** *s tr* hektograf[era]
hedge [dʒ] I *s* 1 häck, inhägnad; gärdesgård 2 skrank, hinder II *tr itr* 1 inhägna; kringgärda; avspärra; ~ *off* avstänga 2 gardera [sig] 3 slingra sig **-hog** *s* igelkott **-row** [ou] *s* häck
heed I *tr* bekymra sig om II *s* uppmärksamhet, hänsyn; *take* ~ akta sig **-ful** *a* uppmärksam, omsorgsfull **-less** *a* obekymrad; sorglös
1 heel I *s* 1 häl; fot; ~*s* bakfötter, hovar; *take to o.'s* ~ ta till schappen; *trip up a p.'s* ~*s* sätta krokben för ngn; *turn* ~*s over head* slå en volt (kullerbytta) 2 sporre 3 klack; *down at* ~*s* med nötta klackar; sjaskig 4 [det] sista, ände, slut, sladd II *tr* 1 klacka 2 följa hack i häl
2 heel ⚓ *itr s* kräng|a, -ning; slagsida
hegemony [he'dʒiməni] *s* ledning
heifer [he'fə] *s* kviga
heigh [hei] *interj* hej! va?
height [hait] *s* höjd; längd, storlek; *the ~ of fashion* högsta modet **-en** *tr itr* [för]höja[s]; öka[s]
hei'nous *a* skändlig, fruktansvärd
heir [ɛə] *s* arvinge; *general (sole)* ~ universalarvinge; ~*-apparent* bröstarvinge **-ess** *s* arvtagerska **-loom** *s* släktklenod; arv **-ship** *s* arv[srätt]
held imp. o. pp. av *hold*
he'lio||- sol- **-scope** *s* solkikare
he'lix *s* 1 spiral 2 snirkel 3 rullsnäcka

hell *s* 1 helvete[t]; *a* ~ *of a row* ett helvetiskt oväsen 2 spelhåla
he'll [hi:l] = *he will*
Hell'en||e *s* grek -ic [li:'] *a* hellensk
hell'ish *a* helvetisk; djävulsk
1 helm *s* roder; ratt; rorkult; styre
2 helm *s* [åld.] hjälm -et *s* hjälm; kask
helmsman [he'lmz] *s* rorgängare
help I *tr* 1 hjälpa; bistå; befordra; lindra; ~ *on* [be]främja; ~ *out* [äv.] hjälpa till rätta (upp) 2 [för]hjälpa; servera; ~ *o. s.* ta [för sig] [*to av*] 3 *not longer than you can* ~ inte längre än du behöver; *cannot* ~ *laughing* kan inte låta bli att skratta II *itr* hjälpa [till], bidraga III *s* hjälp, bistånd; botemedel **-er** *s* [med]hjälpare; biträde **-ful** *a* hjälpsam, behjälplig; bra; nyttig **-ing** *s* servering; portion **-mate -meet** *s* [med]hjälpare; make, maka
hel'ter-skel'ter I *adv* huller om buller II *s* virrvarr
helve *s* handtag, skaft
Helvet||ian [li:'ʃiən] -ic [e't] *a* helvetisk, schweizisk
hem I *s* fåll, kant II *tr* 1 fålla, kanta 2 ~ *in* inne|sluta, -stänga; omringa
hem'i||- halv- **-cycle** *s* halvcirkel **-sphere** *s* halvklot **-stich** [istik] *s* halvvers
hem'lock *s* 1 odört 2 gift[dryck] 3 ~ [*fir, spruce*] nordamerikansk gran
hemorrh||age, -oid = *haemorrh|age, -oid*
hemp *s* 1 hampa 2 S [hängnings]rep 3 haschisch **-en** *a* hamp-, av hampa
hem'stitch *tr s* [sy med] hålsöm
hen *s* 1 höna 2 hona **-bane** *s* bolmört
hence *adv* 1 härifrån [äv. *from ~*]; hädan[efter] 2 härav; följaktligen **-for'th -for'ward** *adv* hädanefter
hen'-||coop *s* hönsbur **-party** *s* F fruntimmersbjudning **-pecked** *a* F som står under toffeln; ~ *husband* toffelhjälte **-roost** *s* hönshus **-run** *s* hönsgård **-witted** *a* enfaldig, dum
hepat'ic *a* lever-[färgad] **-a** *s* blåsippa
hepta- [he'ptə] sju-
her [hə:] *pron* 1 henne; *it's* ~ F det är hon 2 hennes, sin
herald [e'r] I *s* 1 härold; heraldiker 2 förkunnare; budbärare II *tr* utropa; införa; förebåda **-ic** [æ'l] *a* heraldisk **-ry** *s* 1 heraldik 2 vapensköld
herb *s* 1 ört; växt 2 ~*s* grönsaker **-age** *s* örter, växtlighet; bete **-alist** *s* ört|kännare, -handlare **-iv'orous** *a* gräsätande **-orize** *itr* botanisera
1 herd [ə:] I *s* herde II *tr* vakta, valla
2 herd I *s* 1 hjord 2 hop, skock; massa II *itr* gå i flock **-sman** *s* herde
here *adv* 1 här; ~*'s to you!* skål! ~ *we are* nu äro vi framme; ~ *you are* här har du, var så god! 2 hit **-about[s]** *adv* här på trakten **-by** [ai'] *adv* här|igenom, -av, -med

hered'it||able *a* ärftlig -ary *a* arv[s]-, ärftlig[hets-]; [ned]ärvd; medfödd -y *s* ärftlighet: nedärvande
herein [hi'ərin'] *adv* häri
her||esy [he'rəsi] *s* kätteri; irrlära -etic *s* kättare -etical [e't] *a* kättersk
here||tofore [fɔ:'] *adv* förut -un'der *adv* här nedan -upon' *adv* härpå; i följd härav -with *adv* härmed
herit||able [e'r] *a* ärftlig -ages arv[edel] hermet'ic[al] *a* lufttät[t tillsluten] her'mit *s* eremit -age *s* eremithydda
hernia [hə:'njə] *s* [läk.] brock
he'ro' *s* hjälte -ic [ou'] *a* 1 heroisk; hjälte-; hjältemodig 2 djärv, våldsam -ine [he'rouin] *s* hjältinna -ism [he'r] *s* hjältemod
heron [he'rən] *s* häger
herpes [hə:'pi:z] *s* [läk.] revorm
herr'ing *s* sill; *red* ~ rökt sill ~-bone *s* 1 sillben 2 kryssförband; sicksack- [mönster]; ~ stitch kråkspark ~- -pond *s*, *the* ~ Atlanten
her'|s [hə:z] *pron* hennes; sin -self' *pron* [hon, henne] själv; sig [själv]
hesit||ant [he'z] *a* tvek|ande, -sam -ate *itr* tveka; dra sig [för]; betänka sig -ation *s* tvekan, villrådighet
Hes'per *s* aftonstjärna[n]
het'ero||- *pref* olika -dox *a* irrlärig; kättersk -doxy *s* irrlärighet -geneous [dʒi:'niəs] *a* olikartad
hew [hju:] (~*ed* ~*ed* o. ~*n*) *tr itr* 1 hugga [i] 2 släthugga; tillyxa; forma, skapa -er *s* 1 ved-, sten|huggare 2 gruvarbetare
hex'agon *s* sexhörning
hey [hei] *interj* hej! hurra! håhå! va?
hey'-day I *interj* hejsan! hå hå! II *s* höjd[punkt], glanstid
H. H. = *His (Her) Highness*
hi [hai] *interj* ohoj! hör hit!
hia'tus [hai] *s* gap, lucka; vokalmöte
hibern||al [haibə:'nl] *a* vinter-, vinterlig -ate ['--] *itr* övervintra
Hiber'nian [hai] *a s* irländ|sk, -are
hiccup [hi'kʌp] *s itr* hick|ning, -a
hick'ory *s* amerikanskt valnötsträd
1 hide I *s* hud; skinn II *tr* F klå
2 hide (*hid hid[den]*) *tr itr* gömma [sig], hålla [sig] gömd ~'-and-see'k *s* kurra-gömma
hi'de-bound *a* 1 skinntorr 2 inskränkt
hideous [hi'diəs] *a* otäck, ruskig
1 hi'ding *s* F kok stryk, smörj
2 hiding *s* undangömdhet; gömställe
hierarch [hai'ɑrɑ:k] *s* kyrkofurste -ic[al] [ɑ:'k] *a* hierarkisk -y *s* 1 änglaskara 2 hierarki, prästvälde
hi'eroglyph [if] *s* hieroglyf; symbol
higgle *itr* schackra, pruta -'dy-pigg'- ledy I *adv* huller om buller II *s* röra
high [hai] I *a* 1 högt; högländ, hög-; höjd-; *on* ~ i höjden (himmelen); ~ *and dry* på torra landet; stran-

dad; förbenad 2 upphöjd, förnäm; ~ *life* [livet i] den förnäma världen 3 förnämst; över-; ~ *street* storgata 4 ädel, fin 5 stor, stark, kraftig, livlig 6 allvarlig; högtidlig 7 hög[modig], dryg; högröstad, vred; *on the* ~ *ropes* F hög[dragen]; ~ *words* stora (vredgade) ord 8 sträng; högkyrklig 9 upprymd, glad 10 ankommen; välhängd; ~ *flavour* viltsmak II *adv* 1 högt 2 starkt, häftigt; dyrt -ball *s* [Am.] viskygrogg ~-bred *a* 1 högättad 2 förfinad ~-brow F I *s* [intelligens]aristokrat; byråkrat; *the* ~*s* intelligensen II *a* höglärd, överlägsen; förnäm ~-flown *a* högtravande; överspänd ~-handed *a* egenmäktig -lander *s* [skotsk] högländare -ly *adv* 1 högt 2 högeligen 3 berömmande ~- -minded *a* upphöjd; storsinnad -ness *s* 1 höghet 2 höjd, storlek ~-pitched *a* 1 hög, gäll 2 högstämd; livlig ~-power *a* starkströms- ~-priest *s* överstepräst ~-reaching *a* högtsträvande, ärelysten ~-road *s* landsväg; allfarväg ~- -school *s* högre [flick]skola; [Am.] läroverk ~-sounding *a* högtravande ~-speed *a* snabbgående ~-spirited [i'r] *a* modig; eldig ~-strung *a* 1 hårt spänd; överkänslig, -spänd 2 hög, gäll -way *s* 1 landsväg; ~*s and byways* [på] vägar och stigar 2 stråkväg -wayman *s* stråtrövare
hike *s itr* F [fot]vandr|ing, -a
hilari||ous [ɛ'ə] *a* munter -ty [læ'r] *s* munterhet, glädje och gamman
hill *s* 1 kulle, berg; backe 2 stack, hög -man *s* bergs|bo, -bestigare -ock *s* kulle; hög ~-ridge *s* [berg]backe, ås ~-side *s* sluttning -y *a* bergig, backig
hilt *s* fäste, handtag
him *pron* 1 honom; *it's* ~ F det är han 2 sig 3 ~ *who* den som -self' *pron* han (honom) själv; sig [själv]
1 hind [haind] *s* hind
2 hind *s* 1 dräng 2 bonde; bondtölp
3 hind *a* bakre, bak- [äv. -er]
hin'der *tr itr* [för]hindra; vara i vägen
hindmost [hai'nd] *a* bakerst; borterst
hin'drance *s* hinder [*to* för]
Hindu [hi'ndu:'] *s a* hindu[isk], indisk
hinge [hindʒ] I *s* 1 gångjärn; dörrhake; *off the* ~*s* ur gångorna 2 huvudsak; vändpunkt II *tr* fästa; [an]knyta III *itr* vända sig; bero [på]
hint I *s* antydan, vink; anspelning II *tr itr* antyda; anspela
1 hip *s* nypon
2 hip F I *s* melankoli II *tr* göra dyster
3 hip *s* höft, länd; sida; ~ *and thigh* i grund ~-bath *s* sittbad ~-flask *s* plunta ~-joint *s* höftled
hipp o||- häst- -drome *s* hippodrom: cirkus -griff -gryph *s* hästgrip; vinghäst -pot'amus *s* flodhäst

hire — 105 — home

hire I s 1 hyra, avgift; ut-, för|hyrning 2 lön II tr 1 [för]hyra 2 leja 3 muta 4 uthyra -ling s legohjon; mutkolv ~-**purchase** s av betalningsköp
hirsute [hə:'sju:t] a luden; strävhårig
his [hiz] pron hans; sin -n P=his
Hispan'o- [ou] spansk-[~-*American*]
his'pid a strävhårig; borstig
hiss I itr väsa, fräsa, vina II tr vissla [åt] III s väsning; [ut]vissling
hist [s:t] interj st! tyst! hysch!
histor||ian [ɔ:'] s historiker -ic[al] [ɔ'r] a historisk -iog'rapher s histori|eskrivare, -ograf -y [hi'stəri] s historia
histrion'ic I a teater-; teatralisk II s ~s skådespelarkonst, 'teater'
hit (hit hit) I tr 1 slå [till]; träffa; drabba; ~ it träffa (gissa) rätt 2 stöta 3 komma (hitta) på', finna 4 passa; slå an på 5 ~ off ta på kornet, få fram; skaka ur ärmen; ~ it off F komma överens II itr slå; träffa; ~ [up]on råka; komma (hitta) på' III s slag, stöt, träff; gliring, hugg; lyckträff, tur; lyckat uttryck; succé; schlager
hitch I tr 1 rycka (på), flytta; ~ up draga upp 2 sticka (stoppa) in 3 fästa; häkta (binda) fast II itr 1 röra (flytta) sig; linka 2 fastna III s 1 ryck, knyck; stöt 2 linkande 3 fastnande; stopp; hinder, hake
hith'er [ð] adv hit -**to** [tu:'] adv hittills
hit'-off s S skicklig efterbildning
hive I s 1 bikupa 2 [bi]svärm II tr 1 ta in [svärm] 2 hysa 3 [in]samla III itr 1 gå in i kupan 2 skocka sig
H. M. =His (Her) Majesty **H. M. S.** =His Majesty's Service (Ship)
ho interj 1 [å|hoj! hallå! 2 åh! håhå!
hoar [hɔ:] = ~-frost o. -y
hoard [ɔ:] I s förråd II tr samla [ihop]; lagra; gömma ~s girigbuk
hoarding [hɔ:'] s plank [kring bygge]
hoar-frost [hɔ:'frɔst] s rimfrost
hoarse [hɔ:s] a hes, skrovlig
hoary [hɔ:'ri] a grå|hårig!
hoax [ou] I tr lura II s spratt, puts
hob s 1 spishäll 2 målpinne 3 =-nail
hobble I itr 1 guppa, hoppa 2 stappla; linka II tr binda [fötterna på] III s 1 stapplande; haltande 2 fotklamp 3 F knipa -**dehoy** s F spoling
hobb'y s vurm ~-**horse** s käpphäst
hob'goblin s tomte, nisse; buse, spöke
hob'nail s skospik
hob'nob itr dricka och skåla; umgås 1 hock s hals, knäled
2 **hock** s Hochheimer; renvin
ho'cus tr 1 lura 2 bedöva ~'-**po'cus** I s hokuspokus; knep II tr lura
hod s [murbruks]tråg
hodgepodge [hɔ'dʒpɔdʒ] =hotchpotch
hod'man s 1 hantlangare 2 klåpare
hoe [hou] s tr itr hacka; skyff|el, -la
hog I s 1 svin; go the whole ~ ta steget fullt ut 2 [bil]drulle II tr itr 1 stubba 2 skjuta [rygg], kuta 3 ~ [it] köra fort (drulligt) -**gish** a svin-, svinaktig -s|**head** s 1 oxhuvud [ung. 238 liter] 2 fat ~-**wash** s skulor
hoi(c)**k** tr itr F häftigt resa [aeroplan]
hoist I tr hissa; hala (vinda) upp; lyfta; ~ out sätta i sjön; be ~ with o.'s own petard själv falla i gropen II s 1 hissning 2 hiss[verk]
hoi'ty-toi'ty I s stoj, bråk II a 1 yster 2 högfärdig III interj hör på den!
hold [ou] (held held) I tr 1 hålla [i]; sköta, föra 2 innehålla; rymma 3 inneha, besitta 4 behärska; ~ o.'s own hålla i sig, hävda sig 5 kvar-, uppe|-hålla; upptaga 6 hålla i gång, upprätthålla; fortsätta 7 [åter]hålla; ~ o.'s peace hålla tyst 8 anse, hysa, förakta 9 ~ back [äv.] undanhålla; ~ down [äv.] förtrycka; ~ off hålla på avstånd; ~ out räcka fram; erbjuda; fullfölja; ~ over reservera; uppskjuta, låta ligga; ~ up uppe-, fram|hålla, prisgiva; preja, [Am.] råna II itr 1 hålla [tag]; ~ to (by) hålla fast vid 2 hålla [i] sig 3 gälla, hålla streck [äv. ~ good, true] 4 ~ back avhålla (dra) sig; ~ forth orera, orda; ~ off hålla sig borta; ~ on hålla sig fast; fortsätta; hålla ut; F stopp! ~ up hålla sig (modet) uppe; hålla ut (uppe); [Am.] hejda sig III s 1 håll, tag, grepp; fäste; inflytande 2 last-, köl|rum -**all** s bär-, pläd|rem -,-**back** s hinder -**er** s 1 innehavare; ägare 2 handtag, skaft; [be]hållare -**fast** s 1 fast grepp 2 krampa, [håll]-hake; stöd -**ing** s 1 tag, grepp, fäste 2 hållhake, band; inflytande 3 innehav[ande] 4 arrende[gård] 5 ~s värdepapper; fordringar; andel ~-**up** s 1 överfall; rån 2 rånare 3 stopp
hole I s 1 hål[a], hålighet; grop 2 hål, näste 3 öppning; ♣ gatt; fel; pick ~s in finna fel hos 4 F klämma II tr 1 urholka 2 göra [boll] ~'-**and-cor'ner** a hemlig, smyg-
hol'i||**day** [di] s fri-, helg|dag; ledighet; ~s ferier -**ness** [ou'] s helighet
holl'||er P, -**o** I interj hallå! II itr hojta
holl'ow [ou] I a 1 [i]hålig; urholkad; insjunken 2 tom; hungrig 3 opålitlig, falsk 4 F fullständig II s [i]hålighet; sänka, dal III tr urholka, utgräva
holl'y s järnek -**hock** s stockros
holm[e] [houm] s 1 holme 2 sankmark
hol'ocaust s 1 brännoffer 2 förödelse
ho'lster s pistolhölster
ho'ly I a 1 helig; helg-; ~ terror S [ren] plåga; ~ water vigvatten; H~ Week påskvecka 2 gudfruktig, from II s helgedom -**stone** s skursten
hom'age s trohet[s|ed]; hyllning
home I s hem[bygd, -land, -vist]; bo;

mål; *at* ~ hemma; förtrogen; *from*
~ hemifrån; borta II *a* 1 hem[ma]-;
hemgjord; huslig 2 inhemsk; inrikes;
H~ *Office* civildepartement; H~
Rule självstyrelse; H~ *Secretary* civilminister
3 skarp, slående III *adv*
1 hem[åt] 2 hemkommen, framme 3
precis, rätt; ända fram; fast; skarpt,
eftertryckligt; *bring* ~ klargöra, bevisa;
come (go) ~ *to* ta, träffa, gå [ngn]
till hjärtat; *drive* ~ driva (slå) in;
klargöra ~**-born** *a* infödd,
inhemsk ~**-farm** *s* huvudgård ~**-grown**
a inhemsk ~**-keeping** *a* hemmasittande
-like *a* hemtrevlig **-ly**
a 1 enkel, torftig; anspråkslös 2
oansenlig; ful **-r** *s* brevduva **-sickness**
s hemlängtan **-spun** *a* hem|vävd.
-gjord; enkel **-stead** *s* [bond]gård
-ward [əd] I *adv* hemåt [äv. ~*s*];
~**-bound** på väg hem II *a* hem-
hom'icide *s* dråp[are], mördare; mord
hom‖[o]-, lika, lik-; samma **-œop'athist**
[houmi] *s* homöopat **-oge'neous** [hɔmɔdʒ]
a likartad **-onym** [ˈ˘˘-] *s* homonym;
namne **-on'ymous** *a* likljudande
ho'my *a* hem|liknande, -trevlig
Hon. = *honourable, honorary*
hone I *s* slip-, bryn|sten II *tr* slipa
honest [ɔˈnist] I *a* 1 hederlig, redbar,
ärlig; uppriktig; ~ *Injun* S=*honour
bright* 2 äkta, riktig II *adv* ärligt;
uppriktigt [sagt] **-y** *s* heder[lighet];
ärlighet; uppriktighet
honey [haˈni] *s* 1 honung 2 sötma,
ljuvhet **-comb** I *s* vaxkaka II *tr* genomdraga
[med hål]; ~*ed* genombruten
-moon *s* smekmånad; bröllopsresa
-suckle *s* kaprifol[ium]
honk I *s* 1 skrik, snattrande 2 tut[ande]
II *itr* tuta
honor‖**ary** [ɔˈnə] *a* äre-, heders-; förtroende-
-if'ic *a* artighets-, heders-
honour [ɔˈnə] I *s* 1 ära, heder; vördnad;
anseende; värdighet; *roll of* ~
förteckning över fallna; *maid of* ~
hovfröken 2 *Your* H~ Ers Nåd
(Höghet) 3 heders|ord, -känsla;
point of ~ hederssak; ~ *bright* F det
försäkrar jag 4 ärbarhet 5 ~*s* hedersbetygelser;
ärestället; *do the* ~*s*
utöva värdskapet 6 [univ.] ~*s*
[examen med] höga betyg 7 ~*s* honnörer
II *tr* 1 hedra, ära 2 honorera,
inlösa 3 antaga **-able** *a* 1 hedervärd
2 ärofull; heder|lig, -s- 3 rättskaffens,
ärlig 4 förnäm, hög; välboren, ärad;
Right H~ högvälboren
hood [u] *s* 1 kåpa; huva; luva 2 huv,
tak; sufflett **-wink** *tr* 1 binda för
ögonen på 2 föra bakom ljuset, lura
hoof I *s* hov; klöv II *tr* sparka [i väg]
hook [u] I *s* 1 hake, krok; [kläd]-
hängare; gryt-, met|krok; ~ *and
eye* hake och hyska; *on o.'s own* ~ S

på eget bevåg 2 snara; *by* ~ *or (and)
by crook* på vad sätt som helst 3
skära 4 krök 5 udde II *tr* 1 fånga,
gripa 2 haka fast (på', i'); spänna
för 3 ~ *it* S smita III *itr* haka sig fast
hookah [huˈkə] *s* vattenpipa
hook‖**ed** [hukt] *a* böjd, krokig **-er** *s* S
[klock]tjuv **- -nosed** *a* med örnnäsa
hoo'ligan *s* ligapojke, ligist; bov
1 **hoop** *s tr* tjut[a], skrik[a]; kikn|a, -ing
2 **hoop** I *s* 1 tunn-, rull|band; beslag;
ring 2 ~*s* krinolin[band] 3 båge
II *tr* banda **-er** *s* tunnbindare
hoo'ping-cough [kɔːf] *s* kikhosta
hoot I *itr* 1 skräna, skri[k]a 2 blåsa,
tuta II *tr* mottaga med skrän; ~
out vissla ut III *s* skrän, [hån]skri
-er *s* 1 skrikhals 2 ångvissla; bilhorn
1 **hop** I *itr* 1 hoppa [och skutta], F
dansa 2 linka 3 F starta; flyga II
tr hoppa (flyga) över; F hoppa upp
på; ~ [*it*] S rymma III *s* 1 hopp[ande];
~, *step, and jump* trestegshopp
2 F sväng[om] 3 flyg|ning, -tur
2 **hop** *itr* *s* [plocka] humle ~**-bind**
[ai] ~**-bine** *s* humleranka
hope I *s* hopp, förhoppning; förtröstan;
beyond all ~[*s*] över all förväntan;
past all ~ hopplöst II *itr* hoppas;
förtrösta **-ful** *a* förhoppningsfull; lovande;
uppmuntrande **-less** *a* hopplös
hop'-garden *s* humlegård
hop'-off *s* F [flygmaskins] start
Hop-o'-my-thumb [hɔˈpəmiˌpʌm] *s*
tummeliten
hop'‖**per - -picker** *s* humleplockare
hop‖**pˈing** *s* dans **-scotch** *s* hoppa hage
horde *s* hord; nomadstam; svärm, flock
hori'zon *s* horisont, synkrets; nivå
-tal [rizɔˈn] *a* horisont-; vågrät
horn I *s* 1 horn; bilhorn; ~ *of plenty*
ymnighetshorn 2 tratt 3 antenn,
spröt 4 flodarm 5 *the* H~ Kap
Horn II *tr* stånga **-beam** *s* avenbok
-ed *a* behornad; hornformig **-et** *s* bålgeting
-rimmed *a* hornbågad **-y** *a* horn-;
hornartad; valkig; hornig, taggig
horologe [hɔˈrələdʒ] *s* solvisare; ur
horr'‖**ible** *a* ryslig, fruktansvärd **-id** *a*
otäck **-if'ic** *a* hårresande **-ify** *tr* förfära;
uppröra; ~*ing* skräckinjagande
horr'or *s* rädsla, fasa, skräck; avsky
~**-stricken** ~**-struck** *a* skräckslagen
horse *s* 1 häst; *mount (ride) the high* ~
F sätta sig på sina höga hästar; *take*
~ stiga till häst; *white* ~*s* vita gäss 2
kavalleri; *captain of* ~ ryttmästare;
Master of the H~ överhovstallmästare
3 [tork]ställning; [såg]bock 4 ♣
tåg, stång **-back** *s* hästrygg; *on* ~
till häst ~**-boy** *s* stallpojke ~**-breaker** *s* hästtämjare, beridare ~**-cloth** *s*
hästtäcke ~**-collar** *s* bogträ ~
-coper ~**-dealer** *s* hästhandlare ~
-laugh *s* gapskratt ~**-leech** *s* häst-

horseman — 107 — **hugger-mugger**

igel; blodsugare -**man** *s* ryttare; häst|karl, -skötare -**manship** *s* ridkonst ~-**nail** *s* hästskosöm ~-**play** *s* hårdhänt lek; plumpt skämt ~-**power** *s* hästkraft ~-**race** *s* [häst]-kapplöpning, ridtävling ~-**radish** *s* pepparrot ~-**rake** *s* hästräfsa ~-**way** *s* ridväg; körbana -**whip** *s tr* piska [upp] -**woman** *s* ryttarinna
horsy [hɔːˈsi] *a* häst[sport]intresserad
hor'ticulture [tʃə] *s* trädgårdsodling
hose [z] I *s* 1 långstrumpor 2 slang 3 hylsa II *tr* vattna
hosier [ˈhouʒə] *s* trikåvaruhandlande -**y** *s* 1 strumpor, trikåvaror 2 strumpfabrik 3 trikå[varu]affär
hos'pi‖ce [is] *s* klosterhärbärge; skyddshem -**table** *a* gäst|fri, -vänlig; mottaglig -**tal** *s* 1 sjukhus; lasarett; *mental* ~ hospital; ~ *nurse* sjuksköterska; *walk the* ~ *s* praktisera [på sjukhus] 2 *from* stiftelse -**tal'ity** *s* gästfrihet
1 **host** [ou] *s* 1 här[skara] 2 stor hop
2 **host** *s* [värdshus]värd
3 **host** *s* hostia
hos'tage *s* gisslan; pant
hos'tel *s* hospits; härbärge; [student]hem -**ry** *s* värdshus; hotell
ho'stess *s* [värdshus]värdinna
hos'til‖e *a* fiende-; fientlig[t stämd]; motsatt -**ity** [iˈl] *s* fiendskap
hostler [ˈɔsˈlə] *s* stalldräng
hot *a* 1 het, varm; *red* ~ glödhet; ~ *and* ~ alldeles varm; *go like* ~ *cakes* F gå åt som smör; ~-*waterbottle* sängvärmare 2 brännande, skarp 3 brinnande, ivrig; häftig; hetsig 4 skarp, våldsam; *in* ~ *haste* i flygande fart 5 svår, farlig; ~ *stuff* varmblodig [person]; baddare 8 ny, färsk; *you are getting* ~ det bränns! ~-**air** *a* varmlufts- -**bed** *s* driv|bänk, -hus; härd ~-**blooded** *a* hetlevrad; varmblodig
hotch'pot[**ch**] *s* 1 hotch-potchsoppa 2 mischmasch, röra
hotel *s* hotell ~-**keeper** *s* hotellvärd
hot'‖-foot *adv* i flygande fart --**headed** *a* het[levrad], våldsam ~**house** *s* driv-, växt|hus -**plate** *s* elektrisk värmeplatta --**pot** *s* ragu --**room** *s* bastu
hound I *s* 1 jakt-, räv|hund; stövare; *follow the (ride to)* ~*s* jaga räv 2 usling II *tr* jaga; hetsa
hour [auˈə] *s* 1 timme; ~*s* tjänste-, mottagnings|tid; *by the* ~ timvis; *for* ~*s* [*together*] i timtal 2 stund ~-**hand** *s* timvisare -**ly** *a adv* [inträffande] varje timme; tim-; stundlig[en] ~-**plate** *s* urtavla
house I [s] (pl. ~*s* [ziz]) *s* 1 hus; bostad; hem; ~ *dinner* klubbmiddag; *keep the* ~ hålla sig hemma; *take a* ~ hyra bostad 2 orden[shus]; kloster 3 elevhem 4 [riksdags]hus, kammare; *the H*~ *of Commons, the*

[*Lower*] *H*~ underhuset; *the H*~ *of Lords*, *the Upper H*~ överhuset 5 [teat.] salong 6 handelshus, firma; F fondbörs 7 hushåll; *keep a p.'s* ~ hushålla för ngn 8 familj, ätt II [z] *tr* hysa, härbärgera; [in]rymma III [z] *itr* bo ~-**agent** *s* fastighetsagent ~-**breaker** *s* inbrottstjuv ~-**dog** *s* gårdvar ~-**front** [ʌ] *s* fasad ~-**furnisher** *s*, ~'*s* bosättningsaffär -**hold** I *s* hus[håll], familj; *H*~ hov[stat] II *a* hus[hålls]-, hem-, vardags-; ~ *word* bevingat ord -**holder** *s* husfader -**keeper** *s* 1 hushållerska; husmoder 2 vaktmästare -**keeping** *s* hushåll[ning] -**leek** *s* taklök -**less** *a* hemlös -**maid** *s* husa ~-**party** *s* främmande [på lantställe] ~-**physician** ~-**surgeon** *s* lasarettsläkare ~-**top** *s* [hus]tak -**wife** *s* 1 husmoder 2 [hʌˈzif] handarbetsväska -**wifery** -**work** *s* hushållsgöromål
1 **hou'sing** [z] *s* 1 inhysande; magasinering 2 bostad[sbygge]; ~ *accommodation* bostad; logi 3 skydd, tak
2 **housing** *s* häst-, sadel|täcke
hov'el *s* 1 skjul, lider 2 ruckel, kåk
hov'er *itr* sväva, kretsa, fladdra; stryka
how [hau] *adv* hur; ~ *about?* nå, hur är det med? ~ *kind!* så snäll[t]! ~ *do you do?* god dag! -**ev'er** *adv* hur .. än; emellertid; F hur [i all världen]
howl [au] I *itr* 1 tjuta, yla 2 jämra sig II *s* 1 tjut 2 skrik; skrän -**er** *s* S grovt fel, groda -**ing** *a* 1 tjutande 2 vild, ödslig 3 S gräslig, dunder-
howsoever [hauso(u)eˈvə] *adv* hur .. än
1 **hoy** *s* pråm
2 **hoy** *interj* ohoj! hallå!
hoy'den *s* yrhätta, vildkatt[a]
h. p. = *horse-power* H. R.H. = *His(Her) Royal Highness*
hub *s* 1 hjulnav 2 [bildl.] centrum
hubbub [hʌˈbʌb] *s* larm, sorl; oväsen
hubb'y *s* F make, 'gubbe' [=*husband*]
huck'aback [əbæk] *s* handduksväv
huckle *s* höft, länd ~-**backed** *a* kutig
huck'ster I *s* 1 månglare; hökare 2 schackrare, skojare II *itr tr* schackra [med], [gå och] sälja
huddle I *tr* 1 vräka (stuva) ihop; ~ [*o. s.*] *up* krypa ihop 2 hafsa, slarva, fuska II *itr* skocka sig, trängas III *s* 1 massa; hop, skock 2 röra
hue [hjuː] *s* färg[ton]; nyans
hue and cry *s* 1 efterlysning; förföljande 2 stridsrop, anstorm
huff I *tr* kuscha; fnysa åt; ~*ed* förnärmad II *itr* bli arg III *s* misshumör
hug I *tr* 1 omfamna; krama 2 omfatta, hylla; klamra sig fast vid 3 ~ *o. s. on* lyckönska sig till 4 ⚓ hålla nära II *s* 1 omfamning 2 livtag
huge [hjuːdʒ] *a* stor, väldig, kolossal
hugg'er-mugger I *s* 1 hemlighet 2 röra,

hulk — 108 — **hyper-**

virrvarr II *a adv* hemlig[t]; rörigt III *tr* tysta ned IV *itr* handla i smyg
hulk *s* skrov; logementsfartyg; åbäke -ing -y *a* F tung, klumpig
1 **hull** I *s* 1 skida, balja; skal 2 omhölje II *tr* sprita; skala
2 **hull** *s* [fartygs]skrov; flygplanskropp
hullo[a] [hʌ'lou'] = *hallo*[a]
hum I *itr tr* 1 surra; sorla 2 mumla; ~ *and ha*[w] stamma 3 gnola II *s* 1 surr; sorl 2 mummel 3 gnolande
human [hju:'] *a* mänsklig, människo- II *s* människa -e [ei'] *a* human, mänsklig **-itarian** [tɛ'ə] *a s* humanitär; filantrop[isk] -it|y [æ'] *s* 1 människonatur; mänsklighet[en] 2 **-ies** humaniora **-ize** *tr* humanisera, civilisera **-kind** *s* mänsklighet[en]
humble I *a* ödmjuk, blygsam; ringa, låg II *tr* förödmjuka **~-bee** *s* humla
hum'bug F I *s* humbug, bluff[makare] II *tr itr* lura, bluffa
hum'drum I *a* enformig; banal, tråkig II *s* 1 tråkmåns 2 enformighet [&c]
hu'mer||al *a* skulder- **-us** *s* överarm
hu'mid *a* fuktig **-ity** [i'd] *s* fuktighet
humil'i||**ate** [hju] *tr* förödmjuka **-ation** *s* förödmjukelse; förnedring **-ty** *s* ödmjukhet; anspråkslöshet; ringhet
humm'ing *a* 1 surrande 2 F kraftig **~-bird** *s* kolibri **~-top** *s* brumsnurra
hummock [hʌ'mək] *s* kulle, hög
hu'mor||**al** *a* [kropps]vätske- **-ous** *a* humoristisk; lustig **-ousness** *s* humor
hu'mour I *s* 1 lynne; humör, stämning; uyck, infall; *out of* ~ vid dåligt lynne 2 lustighet; humor; *for the* ~ *of it* för ro skull II *tr* tillfredsställa [nyck]; låta [ngn] få sin vilja fram
hump I *s* 1 puckel, knöl 2 kulle, hög 3 S misshumör II *tr itr* 1 skjuta rygg; bli arg 2 förarga **-back** *s* puckelrygg
humph [mm, həm] *interj* hm!
hum'pty-dum'pty *s* liten tjockis; ägg
hum'py *a* knölig, pucklig
humus [hju:'məs] *s* matjord, mylla
Hun *s* 1 hunn[er] 2 barbar 3 S tysk
hunch I *tr* göra bucklig; kröka [rygg] II *s* 1 knöl, puckel 2 stycke
hun'dred I *räkn*, *a* (*one*) ~ [ett]hundra II *s* hundra[tal] **-th** *räkn s* hundrade[del] **-weight** *s* centner, 50,8 kg
hung [ʌ] imp. o. pp. av *hang*
Hungarian [gɛ'ə] *a s* ung|ersk, -rare
hun'g||**er** [ŋg] I *s* hunger II *itr tr* vara hungrig; svälta; hungra **-ry** *a* 1 hungr|ig, -ande 2 karg
hunk *s* F stort stycke **-s** *s* girigbuk
hunt I *tr itr* 1 jaga; förfölja; ~ *down* jaga till döds; få fast 2 jaga med (på, i) 3 leta II *s* [hets-, räv]jakt; jakt|sällskap, -klubb; jaktmark **-er** *s* [räv]jägare; jakt|hund, -häst
hun'ting *s* [räv]jakt **~-box** *s* jakthydda **~-crop** *s* rid-, jakt|piska

hunt ||**ress** *s* jägarinna **-sman** *s* 1 jägare 2 jakttjänare
hurdle [ə:] I *s* 1 spjälverk; stängsel 2 bödelskärra 3 häck, hinder; ~s häcklöpning II *tr itr* 1 inhägna 2 hoppa över, ta [hinder] **~-race** *s* häck-, hinder|löpning
hurdy-gurdy [hə:'] *s* positiv
hurl [ə:] *tr s* [ut]slunga, kast|a]
hurr||**ah** [huɑ:'] **-ay'** *s itr tr* hurra [för]
hurricane [hʌ'rikən] *s* orkan
hurried [hʌ'rid] *a* brådstörtad; hastig
hurr'y I *tr* 1 rycka bort; driva [på]; ~ *on o.'s clothes* kasta på sig kläderna 2 påskynda II *itr* skynda [sig]; rusa; ~ *up* F raska på III *s* brådska; hast; *be in a* ~ ha bråttom; *not in a* ~ inte i brådrasket **~'-scurr'y** F I *adv* i flygande fläng, om vartannat II *s* vild oordning, rusning
hurt [ə:] (*hurt hurt*) I *tr* 1 skada, göra illa; göra ont på 2 såra, stöta II *itr* 1 vålla skada 2 göra ont III *s* 1 skada, slag, stöt, sår 2 förfång, men, **-ful** *a* skadlig **-less** *a* 1 ofarlig 2 oskadd
husband [hʌ'zbənd] I *s* make, [äkta] man II *tr* hushålla med **-ry** *s* 1 åkerbruk 2 hushållning, sparsamhet
hush I *tr* 1 [ned]tysta; **~ed** dämpad 2 lugna, undertrycka II *itr* tystna, tiga; ~ *up!* F håll mun! III *s* tystnad, stillhet IV [ʃ:] *interj* tyst! hysch! **-aby** [əbai] *interj* vyss[j]a lull!
husk I *s* skal, hylsa, skida; ~s agnar II *tr* skala **-y** *a* 1 full av skal 2 torr; hes, skrovlig 3 [Am.] F stor, stark
hussar [huzɑ:'] *s* husar
huss'y *s* 1 F näbbgädda 2 slinka
hus'tings *s* talartribun; parlamentsval
hustle [hʌsl] I *tr* 1 knuffa, stöta; driva, fösa 2 F påskynda II *itr* 1 knuffas, trängas; tränga sig 2 F skynda sig; gno III *s* knuffande, jäkt
hut *s* hydda, koja; barack
hutch *s* 1 kista 2 kyffe; hydda, koja
huzza [huzɑ:'] *s tr itr* hurra [för]
hybrid [hai'] *s* hybrid; bastard; blandprodukt **-ism** *s* hybriditet; korsning
hydr||**angea** [haidrei'ndʒə] *s* hortensia **-au'lics** *spl* vattenbyggnadskonst
hydro [hai'drou] *s* F vattenkuranstalt **-car'bon** *s* kolväte **-gen** [idʒən] *s* väte **-graphy** [ɔ'g] *s* sjömätning **-pathy** [ɔ'p] *s* vattenkur **-pho'bia** *s* vattuskräck **-plane** *s* hydroplan **-psy** = *dropsy* **-therapy** [e'r] *s* vattenläkekonst
hygien||**e** [hai'dʒi:n] *s* hygien; hälsovård **-ic** [--'-] *a* hygienisk
hymen [ai'] *s* hymen **-e'al** *a* bröllops-
hymn [him] I *s* hymn, lovsång; psalm **-al** [nəl] I *a* hymn- II *s* psalmbok **-ic** [nik] *a* hymn-, psalm- **-ology** [nɔ'l] *s* psalm|diktning, **-er**
hyper||- [hai'pə(r)] *pref* hyper-, över-

hyperaesthetic — 109 — **illusion**

-aesthetic [i:sþe'] a överdrivet känslig -bole [ə:'bəli] s retorisk överdrift -bol'ic a överdrivande -borean [ɔ:'ri] a s hyperbor|eisk, -é; nordbo hyphen [haifn] s tr [förena med] bindestreck -ated a bindestrecks- hypnosis [hipnou'sis] s hypnos hypnot'||ic a s 1 sömngivande [medel] 2 hypnotisk; hypnotiserad -ism [-'--] s 1 hypnotism 2 hypnos -ist [-'--] s hypnotisör -ize [-'--] tr hypnotisera

hypochondr||ia [haipokɔ'n] s mjältsjuka -iac s a mjältsjuk [person] hypo||crisy [hipɔ'krisi] s hyckleri; förställning -crite [-'-it] s hycklare, skrymtare -crit'ical a hycklande, skenhelig -thesis [ɔ'þisis] s hypotes, antagande -thet'ic[al] a villkorlig hyssop [hi'səp] s isop hyste'r||ia s hysteri -ic [te'] a hysterisk -ics [e'r] spl hysteri[skt anfall] -ot'omy s kejsarsnitt

I

I, i [ai] s
I [ai] pron jag
iamb [ai'æmb] s jamb
Ibe'rian [aib] I a iberisk II s iberer
ice I s 1 is: cut no ~ S bli 'pannkaka' 2 glass II tr 1 isa, förvandla till is; isbelägga; lägga på is; frysa 2 kandera ~-age s istid ~-bag s isblåsa -berg [ə:] s isberg ~-boat s 1 isjakt 2 isbrytare ~-bound a till-, in|frusen ~-cream s [vanilj]glass ~-floe s isflak; packis ~-house s iskällare
Iceland||er [ai'sləndə] s isländning -ic [æ'n] a isländsk
i'ce||man s is-, glass|handlare --pack s packis --pit s is|grop, -hög --run s kälkbacke --safe s isskåp
i'c||icle s is|tapp, -pigg -iness s isande köld -y a isig, istäckt; iskall, isande
I'd [aid] = I had, I would
idea [aidi'ə] s idé; begrepp, tanke; F aning -l I a 1 ideell 2 idealisk 3 inbillad II s ideal -lity [æ'l] s idealitet -lize tr idealisera, försköna
iden't||ical [aid] a identisk; [en och] samma -ification s identifiering; ~ [papers] legitimering -ify tr identifiera; igenkänna; ~ o. s. with ansluta sig till -ity s identitet
idiocy [i'diəsi] s idioti[sm], fånighet
idiom [i'diəm] s språkegen[domlig]- het -at'ic[al] a idiomatisk
idiosyncrasy [si'ŋkrəsi] s egenhet
idiot [i'diət] s idiot -ic [ɔ'] a idiotisk
idle [ai] I a 1 gagnlös, fåfäng 2 sysslolös; lat; overksam; oanvänd; ~ hour ledig stund II itr tr förnöta [tiden] -r s dagdrivare
idol [aidl] s 1 avgud[abild] 2 fantom -ater [ɔ'l] s [avguda]dyrkare -atry [ɔ'l] s avguderi -ize tr av-, för|guda
idyl[l] [ai'd] s idyll -lic [i'l] a idyllisk
i. e. = id est [ľäses that is] d. v. s.
if konj 1 om, ifall; make as ~ låtsa som om; not ~ I know inte såvitt jag vet; ~ not [äv.] annars; ~ anything snarare, närmast 2 om, huruvida
ign||eous [i'g] a 1 eld- 2 vulkanisk -i'table a antänd|lig, -bar -i'te I tr [an]-

tända II itr fatta eld -ition [igni'ʃn] s [an]tändning; upphettning
igno'ble [ig] a oadlig; ringa, tarvlig
ignomin'||ious [ig] a skymflig; skamlig -y [i'g] s vanära, skam; neslighet
ignor||a'mus [ig] s okunnig människa -ance [i'g] s okunnighet -rant a okunnig, ovetande -e [igno:'] tr ignorera, ej låtsa (bry sig) om, strunta i
ilex [ai'leks] s järnek, kristtorn
I'll [ail] = I will Ill. = Illinois
ill I a 1 sjuk; be taken ~, fall ~ bli sjuk 2 dålig 3 illvillig, elak; farlig 4 olycklig, ofördelaktig; olämplig II s 1 ont, det onda 2 skada 3 ~s olyckor III adv illa; ~ at ease besvärad, orolig ~'-advi'sed [z] a oklok, obetänksam ~'-affec'ted a illasinnad ~'-bo'ding a olycksbådande ~'-bred' a ouppfostrad ~'-dispo'sed [z] a 1 illvillig 2 obenägen 3 illa ordnad
ille'gal a olaglig -ity [æ'l] s olaglighet
illeg'ible [dʒ] a oläslig
illegit'im||acy [dʒ] s oäkta börd; orättmätighet -ate [it] I a 1 olaglig; falsk 2 oäkta II s oäkta barn
ill'-||fa'med a illa beryktad -'fa ted a olyck|lig, -sbringande -'fa'voured a vanlottad; ful -'gott'en a orättfången -'hu'moured a vresig
ill||lib'eral a 1 tarvlig, vulgär 2 inskränkt 3 snål -lic'it a olovlig, olaglig -lim'itable a gränslös -lit'erate [it] a s obildad, olärd
ill'-||jud'ged a oförståndig -'-loo'king a ful; misstänkt -'-luck' s olycka, otur -'-mann'ered a obelevad -'-na'- tured a elak; hätsk -ness s sjukdom
illogical [ilɔ'dʒik(ə)l] a ologisk
ill'||-o'mened a olyck|sbådande, -lig -'-sea'soned a olämplig -'-star'red a olycksfödd, olycklig -'-tem'pered a elak, knarrig -'-ti'med a olaglig -'-trea't tr behandla illa; misshandla
illu'min||ate tr upp-, be|lysa; illuminera -ation s upplysning; ljus, glans -ative a upp-, be|lysande -e [in] tr upplysa
ill-use [i'lju:'z] = ill-treat
illu||sion [(j)u:'] s villa, inbillning; dröm-

[bild] **-sionist** *s* trollkonstnär **-'sive 'sory** *a* bedräglig; förvillande [lik]
ill'ustr||ate *tr* 1 belysa, förklara 2 illustrera **-ation** *s* 1 belysning, förklaring; exempel 2 illustration **-ative** *a* belysande **-ious** [lʌ's] *a* lysande, berömd
im'age **I** *s* 1 [av]bild; motstycke 2 föreställning **II** *tr* 1 avbilda 2 avspegla 3 förestalla sig [*to o. s.*] 4 framställa; beskriva **-ry** *s* 1 bildverk 2 sceneri 3 bild|prakt, -språk
imagin||able [æ'dʒ] *a* tänkbar **-ary** *a* inbillad, imaginär **-ation** *s* inbillning[skraft]; fantasi **-ative** *a* fantasirik, fantasi- **-e** [in] *tr* 1 förestalla (tänka) sig 2 misstänka; inbilla sig
im'becill|e [i(:)l] *a* 1 sinnesslö; idiotisk 2 svag **-ity** [si'l] *s* sinneslöshet
imbi'be *tr* uppsuga, inandas; insupa
imbroglio [ou'liou] *s* röra; härva
im||brue [u:'] *tr* fläcka, söla **-brute** [u:'t] *tr* för|fäa, -råa **-bu'e** *tr* 1 genomdränka, -syra; färga 2 =**-brue** 3 inge
im'it||ate *tr* efter|likna, -bilda, imitera **-ation** *s* efterbildning **-ative** *a* 1 [ljud]härmande 2 imiterad, oäkta **-ator** *s* efter|bildare, -apare
immac'ulate [it] *a* obefläckad, ren
im||mate'rial *a* 1 okroppslig, andlig 2 oväsentlig **-matu're** *a* [-bildl.] omogen
immeasurable [e'ʒə] *a* omätlig, oändlig
imme'diate [imi:'djət] *a* omedelbar **-ly I** *adv* genast **II** *konj* så snart [som]
immemo'rial [ɔ:'] *a* ur|minnes, -åldrig
immen's||e *a* ofantlig; F väldig **-ity** *s* ofantlighet; oerhörd mängd
immers||e [imə:'s] *tr* 1 sänka ned; döpa 2 för|sänka, -djupa; ~*d in* överhopad med **-ion** [ə:'ʃn] *s* 1 nedsänkning; doppning; dop 2 uppgående
imm'igr||ant *s a* invandr|are, -ande, -ad **-ate** *itr* in|flytta, -vandra
imm'inent *a* hotande; förestående
immit'igable *a* oblidkelig, oförsonlig
immo'bil||e [bil] *a* orörlig, orubblig **-ity** [i'l] *s* orörlighet
immod'erate [it] *a* omåttlig; hejdlös
immod'est *a* oblyg, oförsynt; oanständig **-y** *s* oblyghet; oanständighet
imm'olat||e *tr* offra **-ion** *s* offer
immoral [ɔ'] *a* omoralisk; osedlig
immor'tal *a* odödlig; evig **-ity** [æ'l] *s* odödlighet **-ize** *tr* odödliggöra
immovable [u:'v] **I** *a* orörlig, orubblig; fast **II** *s*, ~*s* fast egendom
immu'n||e *a* immun, oemottaglig **-ity** *s* 1 immunitet 2 frihet; privilegium
immure [imju'ə] *tr* instänga
immu'table *a* oföränderlig; orubblig
imp *s* smådjävul; satunge
imp. = *imperial, imperfect, imperative*
impact I [-'-] *s* stöt; sammanstötning **II** [-'-'] *tr* samman-, in|pressa
impair [ɛ'ə] *tr* för|sämra, -svaga, skada
impa'le *tr* spetsa på påle; fastnagla

impal'pable *a* omärk|lig, -bar
impar't *tr* meddela, giva, förläna
impartial [ɑ:'ʃl] *a* opartisk **-ity** [ʃiæ'liti] *s* oväld
impass||able [ɑ:'s] *a* oframkomlig; oöverstiglig **-ible** *a* okänslig, känslolös
impassioned [pæ'ʃ] *a* passionerad
impass'ive *a* känslolös, likgiltig
impa'ti||ence [ʃns] *s* otålighet **-ent** *a* otålig; ivrig
impawn [ɔ:'] *tr* pantsätta; sätta i pant
impea'ch *tr* 1 ifrågasätta; nedsätta 2 anklaga; tadla 3 åtala **-able** *a* ansvarig **-ment** *s* 1 nedsättande 2 åtal
impecc'able *a* ofelbar; oklanderlig
impecu'nious *a* pank; fattig
imped'||e *tr* hindra, hejda **-iment** [pe'd] *s* 1 hinder; svårighet; [tal]fel 2 ~*s* bagage, tross
impel' *tr* 1 [fram]driva 2 förmå, tvinga
impend' *itr* 1 hänga, sväva 2 hota; vara förestående
impen'etrable *a* ogenomtränglig, outgrundlig
impen'itent *a* obotfärdig, förhärdad
imperative [e'r] **I** *a* befallande; avgörande; oavvislig **II** *s* imperativ
imperceptible *a* oförnimbar; omärklig
imperfect [pə:'] **I** *a* ofull|bordad, -ständig, -komlig **II** *s* imperfektum **-ion** [fe'k] *s* ofullständighet; brist
impe'rial *a* 1 kejserlig, kejsar- 2 riks-; suverän; ~ *city* riksstad 3 imperie- **II** *s* 1 diligenstak 2 pipskägg
imperil [pe'ril] *tr* äventyra, riskera
impe'rious *a* 1 övermodig, myndig 2 tvingande
im||perishable [e'r] *a* oförgänglig; ovansklig **-permeable** [ə:'miə] *a* ogenomtränglig **-permiss'ible** *a* otill|åtlig, -ständig
imperson||al [pə:'] *a* opersonlig **-ate** *tr* 1 personifiera 2 spela [ngns] roll
imperti'n||ence [pə:'] *s* 1 näsvishet; oförskämdhet 2 [ngt] ovidkommande; olämplighet; dårskap **-ent** *a* 1 näsvis, närgången; oförskämd 2 opassande; absurd; dåraktig
impertur'bable *a* orubblig[t lugn]
imper'vious *a* ogenomtränglig, oframkomlig; otillgänglig
impet'||uous *a* häftig, våldsam; impulsiv **-us** [i'm] *s* energi; fart; impuls
impi'ety *s* gudlöshet; pliktförgätenhet
impinge [impi'ndʒ] *itr* stöta; kollidera
im'pious [pi] *a* ogudaktig, gudlös
im'pish *a* djävulsk; djäklig
impla'cable *a* oförsonlig, obeveklig
implant' [ɑ:'] *tr* 1 in|planta, -prägla 2 [in]plantera
im'plement *s*, ~*s* verktyg, tillbehör; grejor; husgeråd
im'plic||ate *tr* 1 hop-, in|fläta; inveckla 2 innebära; omfatta; draga med sig **-ation** *s* 1 inbegripande; innebörd;

implicit — 111 — **inappreciative**

slutsats 2 inblandning -**it** [i's] *a* 1 underförstådd, tyst 2 obetingad
impli'ed *a* inbegripen; underförstådd
implore [ɔ:'] *tr* bönfalla, anropa; bedja
imply [plai'] *tr* 1 innebära; betyda 2 antyda; mena
im||poli'te *a* oartig -**pol'itic** *a* oklok; olämplig -**pon'derable** *a* ovägbar
import I [-'-] *s* 1 import 2 innebörd, mening 3 vikt II [--'] *tr* 1 importera, införa 2 innebära, betyda 3 meddela -**ance** [ɔ:'] *s* vikt, betydelse -**ant** [ɔ:'] *a* viktig, betydande; angelägen -**ation** *s* import[erande], införsel -**er** [ɔ:] *s* importör
impor'tun||ate [it] *a* efterhängsen, envis -**e** *tr* besvära, ansätta, plåga -**ity** [tju:'] *s* enträgenhet, envishet
impo's||e [z] I *tr* [på]ålägga; påtvinga; ~ *upon* lura (pracka) på' II *itr* 1 imponera 2 ~ [*up*]*on* lura, dupera -**ing** *a* 1 befallande 2 imponerande, ståtlig -**ition** *s* 1 [p]åläggande; påbud 2 pålaga, skatt 3 straff|pensum, -läxa 4 bedrägeri, uppskörtning
imposs||ibil'ity *s* omöjlighet -**ible** [--'-] *a* omöjlig
impos't||or *s* bedragare, skojare -**ure** [ʃə] *s* bedrägeri, skoj
im'potent *a* vanmäktig, oförmögen
impou'nd *tr* 1 instänga 2 beslagta
impov'erish *tr* ut|arma, -suga, försämra
imprac'ticable *a* 1 omöjlig; oanvändbar 2 oframkomlig 3 omedgörlig
im'prec||ate *tr* nedkalla -**ation** *s* [uttalad] förbannelse
impreg'n||able *a* ointaglig, oöveervinnelig -**ate** [-'--] *tr* 1 befrukta 2 impregnera; genom|dränka, -syra; fylla -**ation** *s* befruktning; impregnering
imprescrip'tible *a* omistlig [~ *rights*]
1 **impress** I [i'mpres] *s* avtryck, märke, stämpel II [--'] *tr* 1 påtrycka; stämpla, prägla 2 inprägla 3 göra intryck på; ~*ed with* imponerad av
2 **impress'** *tr* pressa; med våld värva; tvångs|utskriva, -värva
impress||ion [e'ʃn] *s* 1 påtryckande 2 märke, stämpel 3 avtryck; upplaga; [om]tryckning 4 intryck; verkan -**ionable** *a* mottaglig [för intryck] -**ive** [e's] *a* verkningsfull; eftertrycklig
imprint I [-'-] *s* 1 intryck, märke, prägel 2 tryck|ort, -år II [--'] *tr* 1 stämpla, sätta [märke] 2 inprägla
impris'on [z] *tr* sätta i fängelse; hålla fångslad -**ment** *s* fångslande; fångenskap; fängelse[straff]
improb||abil'ity *s* osannolikhet -**able** [ɔ'b]*a* osannolik -**ity** [ɔ'b]*s* oredlighet
impromp'tu [tju:] I *adv* a oförbe|rett, -redd II *s* improvisation
improp'||er *a* 1 oegentlig; oriktig; olämplig 2 opassande -**ri'ety** *s* 1 oriktighet; olämplighet 2 oanständighet

improv||able [u:'v] *a* 1 förbätterlig 2 odlingsbar -**e** I *tr* 1 förbättra; fullkomna; främja; odla [bekantskap]; ~ *away* (*off*) göra sig av med; utrota 2 begagna II *itr* förbättras; göra framsteg; stiga; ~ *on* förbättra; överträffa; vinna vid (på); ~ *in looks* växa till sig -**ement** *s* 1 förbättring; framsteg 2 begagnande
improv'id||ence *s* brist på förutseende -**ent** *a* oförutseende; oförsiktig
improvis||ation [aiz] *s* improvisation -**e** [-'--] *tr itr* improvisera
impru'dent *a* oklok, oförsiktig
im'pud||ence *s* oförskämdhet, fräckhet -**ent** *a* oförskämd -**ic'ity** *s* skamlöshet
impugn [pju:'n] *tr* bestrida, motsäga
im'puls||e *s* 1 stöt 2 impuls; ingivelse; drivfjäder -**ion** [ʌ'lʃn] *s* 1 stöt; påverkan; tryck 2 ingivelse, instinkt -**ive** [--'-] *a* [på]drivande; impulsiv; lättrörd -**iveness** *s* lättrördhet
impu'nity *s* strafflöshet
impu'r||e *a* oren -**ity** *s* orenhet
input||ation *s* tillvitelse, beskyllning -**e** [ju:'] *tr* till|skriva, -vita [*to*]
in I *prep* 1 i, uti; på; ~ *my opinion* enligt min åsikt 2 hos; *cruel* ~ *you* grymt av er 3 [tid] i, på, om, under; ~ [*the year*] *1930* [år] 1930; ~ *five minutes* på (om) fem minuter; ~ *crossing* när jag [&c] gick över 4 på, till [~ *English,* ~ *this way; one* ~*ten; seven* ~ *number*] 5 [i anseende] till, i [fråga om] 6 till [~ *memory of*; ~ *reply to, arrival* ~] 7 *not* ~ *it* ingen allvarlig konkurrent II *adv* 1 in 2 inne, hemma; framme; ~ *for* invecklad i; engagerad för; anmäld till; uppe i [examen] III *s*, ~*s* 1 regeringsparti 2 [spel] innesida 3 ~*s and outs* [alla] vinklar och vrår; konster och knep
inabil'ity *s* oförmåga; oduglighet
inacces'sible *a* otillgänglig, oåtkomlig
inacc'ur||acy *s* felaktighet -**ate** [it] *a* 1 slarvig 2 felaktig, oriktig
inac't||ion *s* overksamhet; slöhet -**ive** *a* overksam; slö -**iv'ity** *s* overksamhet
inadequ||acy [æ'dikwəsi] *s* otillräcklighet -**ate** [it] *a* ej fullt träffande, otillräcklig; oriktig
inadmis'ible *a* otillåtlig; oantaglig
inadverten||ce [və:'] *s* vårdslöshet, slarv -**t** *a* 1 vårdslös 2 oavsiktlig
ina'lienable *a* oavhändlig, oförytterlig
inalterable [ɔ:'ltərəbl] *a* oföränderlig
ina'n||e *a* tom, innehållslös; andefattig; fånig -**imate** [æ'nimit] *a* livlös -**ition** [əni'ʃn] *s* 1 tomhet 2 utmattning -**ity** [æ'n] *s* tomhet, meningslöshet
in||appea'sable [z] *a* otröstlig, omättlig; oförsonlig -**app'licable** *a* oanvändbar
inappreci||able [i:'ʃ] *a* 1 omärklig; oväsentlig 2 ouppskattlig -**ative** *a* oförstående

in'apprehen'sible *a* ofattbar, obegriplig
in||approachable [ou'] *a* oåtkomlig, otillgänglig -appro'priate [it] *a* olämplig; otillbörlig -apt' *a* 1 olämplig 2 tafatt, oduglig -artic'ulate [it] *a* 1 oledad 2 otydlig 3 stum
inasmuch' *adv*, ~ *as* eftersom
inatten't||ion *s* ouppmärksamhet -ive *a* ouppmärksam; försumlig
inau'dible *a* ohörbar
inau'gur||al *a* invignings-, inträdes- -ate *tr* 1 inviga; avtäcka; installera 2 inleda; införa -ation *s* 1 invigning; avtäckning 2 inledning, införande
inboard [i'nbɔ:d] *adv a* inombords
in'||born -bred *a* medfödd, naturlig -breeding *s* inavel
incal'culable *a* o[be]räknelig
incandescent [kænde'snt] *a* glödande; uppflammande; ~ *lamp* glödlampa
incantation *s* besvärjelse[formel], förtrollning; troll|konst, -sång
incap||abil'ity [kei] *s* oförmåga -able [--'-] *a* 1 oförmögen, ur stånd [*of* till] 2 oemottaglig [*of* för] 3 oduglig, inkompetent; obehörig
incapac'it||ate *tr* göra oduglig (oförmögen, obehörig) -y *s* oförmåga, oduglighet; obehörighet
incarcerate [kɑ:'s] *tr* fängsla, inspärra
incar'n||ate I [it] *a* förkroppsligad; F inbiten II *tr* för|kroppsliga, -verkliga
incau'tious *a* oförsiktig, förhastad
incen'diary I *a* 1 mordbrands-; ~ *shell* brandgranat 2 uppviglande II *s* 1 mordbrännare 2 uppviglare
in'cense I *s* rökelse; vällukt II *tr* 1 bränna rökelse (rökoffer) för; fylla med doft 2 [--'] *tr* [upp]reta
in||cen'tive I *a* [upp]eggande II *s* eggelse; motiv -cep'tion *s* [på]början[de]
incertitude [sə:'titju:d] *s* ovisshet
incess'ant *a* oavbruten, ständig
incest [i'nsest] *s* blodskam
inch *s* tum; smula; *by* ~ *es* tum för tum; *to an* ~ till punkt o. pricka
in'cid||ence *s* 1 [in]fallande 2 räckvidd; omfattning -ent I *s* händelse, episod II *a* 1 fallande 2 vanlig 3 tillhörande [*to*] -en'tal *a* tillfällig; oväsentlig; sido-, bi- -en'tally *adv* tillfälligtvis, i förbigående
incin'erate *tr* förbränna till aska
incip'ient *a* begynn|ande, -else-
incis||i|e [sai'z] *tr* in|skära, -rista -ion [i'ʒn] *s* inskärning; skåra -ive [ai's] *a* [in]skärande; skarp -or *s* framtand
inci'te *tr* egga, sporra, driva -ment *s* egg|ande, -else, sporre; motiv
incivil'ity *s* ohövlighet
inclem'||ency *s* stränghet -ent *a* omild
inclin||ation *s* 1 lutning; böjning 2 benägenhet; fallenhet, böjelse; tycke -e [ai'n] I *tr itr* 1 luta [ned]; böja 2 göra (vara) böjd (benägen) II *s* lutning; stigning -ed *a* 1 lutande 2 böjd
inclu||de [u:'] *tr* omfatta; inberäkna; -*ding* inklusive -sion [ʒn] *s* inbegripande; medräknande -sive [s] *a* inberäknad; ~ *terms* pris i ett för allt
incog' F, -nito *a adv* inkognito, okänd
incohe'rent *a* osammanhängande, lös- [lig]; oförenlig; motsägande
incombust'ible *a* oförbrännelig; eldfast
in'com||e *s* inkomst[er], avkastning -ing *s*, ~ *s* inkomster
incommo'd||e *tr* besvära, hindra -ious *a* obekväm, trång
incom'parable *a* ojämförlig; makalös
incompat'ible *a* oförenlig
incom'pet||ence *s* inkompetens, oförmåga; obehörighet -ent *a* inkompetent, oförmögen, oduglig; obehörig
in||comple'te *a* ofullständig -comprehen'sible *a* obegriplig -conceivable [si:'] *a* ofattbar; F otrolig -conclusive [u:'s] *a* ej bevisande
incongru||ity [u'] *s* omotsvarighet; olämplighet; motsägelse -ous [kɔ'ŋ] *a* oförenlig; olämplig; orimlig
incon'sequ||ent *a* osammanhängande -en'tial [ʃl] *a* 1 = -*ent* 2 oviktig
inconsid'er||able *a* obetydlig -ate [it] *a* 1 tanklös, obetänksam 2 hänsynslös
in||consist'ent *a* 1 oförenlig, inkonsekvent 2 ombytlig -conso'lable *a* otröstlig -conspic'uous *a* omärklig; tillbakadragen -con'stant *a* ombytlig, flyktig; ostadig -contest'able *a* obestridlig
inconve'ni||ence I *s* olägenhet; besvär II *tr* besvära; störa -ent *a* oläglig; obekväm; besvärlig
incor'por||ate *tr itr* 1 införliva[s], förena [sig] 2 [upp]blanda 3 inkorporera -ation *s* införlivande
in||correct' *a* oriktig, felaktig -corr'ig|ible [dʒ] *a* oförbätterlig, ohjälplig -corrupt'ible *a* oförgänglig; omutlig
increas||e I [inkri:'s] *itr tr* växa; öka[s], föröka sig; stiga II [-'-] *s* [ut]ökning, förhöjning; förökelse
incred'||ible *a* otrolig -u'lity *s* klentrogenhet -ulous [e'd] *a* klentrogen
in'crement *s* till|växt, -ökning, -lägg
incriminate [kri'mineit] *tr* anklaga
incrustation *s* skorpa; beläggning
incub||ation [kju] *s* ruvande; äggkläckning; inkubation -us [i'n] *s* mara
inculpate [i'nkʌlpeit] *tr* anklaga
incum'bent I *s* kyrkoherde II *a* vilande
incur [kə:'] *tr* ådraga sig, utsätta sig för
incurable [kju'ərəbl] *a* obotlig
incursion [kə:'ʃn] *s* infall, anfall
indebted [de't] *a* 1 skyldig, skuldsatt 2 tack skyldig, förbunden; *be* ~ *to* ha att tacka -ness *s* [tacksamhets]skuld
inde'c||ency *s* oanständighet -ent *a* otillbörlig, oanständig
indecipherable [sai'f] *a* oläslig

indecis‖ion [i'ʒn] s obeslutsamhet -ive [ai's] a 1 icke avgörande 2 obeslutsam, tveksam
indecli'nable a [gram.] oböjlig
indecor‖ous [kɔ:'] a opassande **-um** s opassande beteende
indee'd adv i sanning, verkligen, faktiskt: visserligen; ja visst, såå? jaså
in‖defat'igable a outtröttlig **-defen'sible** a ohållbar; oförsvarlig **-defi'nable** a obestämbar **-def'inite** a obestämd; obegränsad **-del'ible** a outplånlig
indel'ic‖acy s taktlöshet; plumphet **-ate** [it] a ogrannlaga, taktlös
indem'ni‖fy tr 1 skydda, trygga 2 gottgöra **-ty** s 1 säkerhet 2 skadestånd
indent' I tr 1 tanda, udda 2 duplicera 3 göra märke (bula) i II s 1 inskärning 2 kontrakt 3 rekvisition; order 4 ['-'] märke, buckla **-ation** s 1 inskärning; hak 2 intryck, märke **-ed** a 1 inskuren, tandad, naggad 2 lagstadd **-ure** [ʃə] I s kontrakt II tr städja
independ'‖ence s oberoende, självständighet **-ent** a oberoende, självständig
indescri'bable I a obeskrivlig II s, ~s S 'onämnbara' byxor
indestruct'ible a oförstörbar
in'dex s 1 pekfinger 2 visare 3 register; index 4 kännetecken
In'dia‖man's ♴ ostindiefarare **-n** I a 1 indisk 2 indiansk; ~ corn majs; ~ file gåsmarsch II s 1 anglo-indier 2 indian [Red ~] **--rubber** s gummi
in'dic‖ate tr ange, [ut]visa **-ation** s 1 angivande 2 [känne]tecken; symptom, spår **-ative** [di'k] I a utvisande; be ~ of tyda på II s indikativ
indict' [ai't] tr anklaga, åtala **-able** a åtalbar **-ment** s anklagelse, åtal
indiff'eren‖ce s likgiltighet **-t** a 1 likgiltig 2 oviktig 3 medelmåttig, klen
in'digence [dʒ] s fattigdom, armod
indig'enous [dʒ] a infödd; inhemsk
indigest'‖ible [dʒ] a osmältbar, svårsmält **-ion** s dålig matsmältning
indig'n‖ant a harmsen, förnärmad **-ation** s harm **-ity** s kränkning
indirect' a indirekt, medelbar; förtäckt
indiscr‖ee't a obetänksam, tanklös; indiskret, taktlös **-etion** [e'ʃn] s oförsiktighet; taktlöshet
indiscrim'in‖ate [it] a 1 utan åtskillnad; förvirrad 2 omdömeslös **-ation** s kritik-, omdömeslöshet
indispen'sable a oumbärlig; nödvändig
indispo's‖ed [z] a 1 obenägen, ej upplagd 2 opasslig **-ition** s 1 obenägenhet, olust 2 avoghet 3 opasslighet
in‖dis'putable a obestridlig **-dissol'uble** a upplöslig, fast **-distinct'** a otydlig; oklar **-disting'uishable** [gw] a omärklig, svår att urskilja
indi'te tr av-, för|fatta
individ'ual [ju] I a individuell, särskild;

egenartad II s individ **-ity** [æ'l] s individualitet, egenart
indivisible [vi'z] a odelbar
in'dol‖ence s lojhet, lättja **-ent** a slö, loj
indom'itable a okuvlig; outtröttlig
indoor [i'ndɔ:] a **-s** adv inomhus[-]
indu'bitable a otvivelaktig
indu'ce tr 1 förmå, få 2 medföra, framkalla 3 sluta sig till, härleda **-ment** s lockelse; anledning
induct' tr insätta, installera; införa
indulge [ʌ'ldʒ] I tr 1 vara efterlåten mot; skämma bort; ~ o. s. hänge sig, slå sig lös 2 tillfredsställa; hysa, nära II itr, ~ in hänge sig åt; unna sig **-nce** s 1 överseende, mildhet 2 efterlåtenhet 3 hängivelse; njutning[ar] 4 ynnest, förmån; lyx 5 avlat **-nt** a överseende, mild; eftergiven
in'durate I tr göra hård; [för]härda II itr hårdna; förhärdas
indus'trial I a industri- II o. **-ist** s industriman **-ize** tr industrialisera
indus'tri‖ous a flitig, idog; nitisk **-y** [i'n] s 1 flit, nit 2 industri
ine'bri‖ate [it] I a berusad II s alkoholist **-i'ety** s berusning; alkoholism
in‖ed'ible a oät|lig, -bar **-eff'able** a outsäglig **-effa'ceable** a outplånlig
ineffect'‖ive a ineffektiv; otillräcklig; oduglig **-ual** se följ.
ineffi'c‖ious [ʃəs] a frukt-, gagn|lös **-iency** [fi'ʃn] s ineffektivitet; oduglighet **-ient** [i'ʃ] a ineffektiv; oduglig
inel'igible [dʒ] a 1 ovalbar 2 olämplig
inept' a orimlig; dåraktig, löjlig
inequality [kwɔ'] s 1 olikhet; ojämnhet 2 otillräcklighet
ineq'uit‖able a orättvis **-y** s orättvisa
in‖erad'icable a outrotlig **-errable** [ə:'r] a ofelbar
iner't a trög, slö **-ia** [ə:'ʃiə] s tröghet
ines'timable a ovärderlig, oskattbar
inev'itable a oundviklig
inexact' [gz] a ej [fullt] riktig, felaktig
inexcusable [ikskju:'z] a oursäktlig
inexecutable [igze'kjut] a outförbar
in‖exhau'stible [gz] a 1 outtömlig 2 outtröttlig **-ex'orable** a obeveklig **-expen'sive** a billig
in‖expe'rience s oerfarenhet **-experienced** a oerfaren **-ex'plicable** a oförklarlig
inexpress'‖ible I a obeskrivlig II s, ~s 'onämnbara' **-ive** a uttryckslös
inexpug'nable a 1 ointaglig 2 orubblig
in‖exting'uishable [ŋgw] a o[ut]släcklig; oförstörbar **-ex'tricable** a 1 invecklad, tilltrasslad 2 ofrånkomlig **-fall'ible** a ofelbar; osviklig
infam'‖ous [i'nfəməs] a 1 illa beryktad 2 avskyvärd 3 vanfrejdad **-y** s 1 vanära 2 skändlighet 3 vanfrejd
in'fan‖cy s 1 barndom 2 minderårighet **-t** s 1 [späd]barn 2 omyndig person **-ticide** [fæ'n] s barna|mord,

infantile — 114 — **innumerable**

-mördare -tile a barnslig; ~ *paralysis* barnförlamning -try s infanteri
infat'uat||ed a förblindad, bedårad; passionerad; blint förälskad -ion s dårskap; -blind förälskelse
infect' *tr* smitta; fördärva -ion s smitta; smittosam sjukdom; [bildl.] fördärv -ious [ʃəs] -ive a smittosam
infer [fə:'] *tr* 1 sluta sig till 2 innebära -ence [in'] s slutsats
infe'rior a lägre, ringare, under|lägsen, -ordnad -ity [ɔ'r] s underlägsenhet
infer'nal a infernalisk; F avskyvärd
infertile [fə:'tail] a ofruktbar
infest' *tr* hemsöka -ation s hemsökelse
in'fidel s 1 otrogen 2 fritänkare; tvivlare -ity [e'l] s trolöshet; otro[het]
in'finit||e [it] a oändlig; omätlig -y [fi'n] s oändlighet
infirm [ə:'] a 1 skröplig; [ålderdoms]-svag 2 obeslutsam -ary s sjuk|hus, -avdelning -ity s 1 [ålderdoms|svaghet; [pl.] krämpor; lyte 2 vacklan
infla'm||e I *tr* 1 [an]tända 2 upphetsa, reta 3 upphetta 4 underblåsa II *itr* 1 ta eld 2 bli het 3 inflammeras -mable [æ'm] a lättantändlig -mation s 1 antändning 2 upphetsning
infla't||e *tr* 1 blåsa upp 2 göra uppblåst 3 driva upp -ed a 1 uppblåst; inbilsk 2 svulstig -ion s 1 uppblåsthet; bombasm 2 prisstegring
inflect' *tr* böja -ion = *inflexion*
inflex'||ible a oböjlig -ion [ʃn] böj|ande, -ning, krökning
inflict' *tr* [p]ålägga, till|foga, -dela; påtvinga -ion s 1 [p]åläggande 2 hemsökelse, straff[dom]; F pålaga
in'fluen||ce I s inflytande II *tr* påverka; förmå -tial [e'nʃl] a inflytelserik
influen'za s influensa
in'flux s till|strömning, -flöde; uppsjö
infor'm I *tr* meddela, underrätta II *itr*, ~ *against* anklaga
infor'mal a 1 formvidrig, oformlig 2 anspråkslös; utan formaliteter
infor'm||ant s sagesman -ation s 1 [utan pl.] meddelande; underrättelse[r], upplysning[ar]; kunskap[er] 2 angivelse -ative -atory a upplysande; upplysnings- -er s angivare
infrac'tion s brytande, överträdande
infre'quent a ovanlig, sällsynt
infringe [i'ndʒ] *tr itr* överträda, kränka -ment s kränkning; intrång
infu'riated a rasande, ursinnig
infu's||e [z] *tr itr* 1 in|gjuta, -ge 2 [låta] stå och dra -ible a osmältbar -ion [ʒn] s ingjutande; pågjutning; tillsats
ingen'ious [dʒi:'] a fyndig, sinnrik -u'ity s fyndighet; sinnrikhet -uous [e'nju] a öppen, frimodig, okonstlad
inglorious [ɔ:'] a skamlig, neslig
ingot [i'ŋɡət] s tacka, stång
ingrai'n I a 1 äkta färgad 2 in|grodd, -rotad [äv. ~*ed*] II *tr* färga i ullen; genomdränka; inprägla
ingratiate [ei'ʃi] *r*/l ställa sig in
ingrat'itude s otacksamhet
ingre'dient s ingrediens, beståndsdel
in'gress s in-, till|träde
inhab'it *tr* bebo -able a beboelig -ant s invånare
inhale [hei'l] *tr* in|andas, -supa
inhe'rent a inneboende, medfödd
inherit [e'r] *tr itr* ärva -able a ärftlig -ance s arv[edel] -or s arv|inge, -tagare -ress -rix s arvtagerska
inhib'it *tr* 1 hämma, förhindra, inhibera 2 förbjuda -ion s 1 hämning, förhindrande 2 förbud
inhos'pitable a ogästvänlig
inhu'man a omänsklig, grym
inhume [hju:'m] *tr* jorda, begrava
inim'ical a fientlig[t sinnad]
inim'itable a oefterhärmlig; oförliknelig
iniq'uit||ous a orätt|färdig, -vis -y s 1 orättvisa; ondska 2 ogärning
initi'||al [ini'ʃl] a s begynnelse-[bokstav] -ate I [ieit] *tr* 1 [på]börja, inleda, starta 2 införa; inviga II [iit] a invigd -ation s 1 begynnelse 2 invigning -ative [iət] I s initiativ II a = -*al* -ator s upphovsman, banbrytare
inject' *tr* spruta in -ion s insprutning
injudicious [i'ʃ] a omdömeslös; oklok
injunc'tion [indʒʌ'n(k)ʃn] s åläggande; befallning; föreskrift
injur'||e [i'ndʒə] *tr* 1 skada 2 förorätta -ious [dʒu'ə] a 1 skadlig 2 orättfärdig 3 skymflig; smädlig -y s 1 skada; men 2 oförrätt
injustice [dʒʌ'stis] s orätt[visa]
ink I s 1 bläck; *Chinese (India*[n]*)* ~ tusch 2 trycksvärta II *tr* bläcka ned ~-blot s bläckplump
ink'ling s 1 aning, 'nys' 2 vink
ink'||-pad s färgdyna -pot s bläckhorn -stand s skrivställ; bläckhorn -y a bläckig; bläcksvart
in'land s a inland[s-]; inländsk, inrikes
in||lay I [-'-'] *tr* inlägga II [-'-] s inläggning -'let s 1 sund; vik 2 ingång; inlopp -'mate s invånare -most [i'nmoust] a innerst
inn s 1 gästgivargård, värdshus 2 *I*~ *of Court* advokatsamfund
innate [i'nei't] a medfödd, naturlig
inn'er a inre; invändig -most a innerst
inn'ings s tur [att vara 'inne']
inn'keeper s gästgivare; värdshusvärd
inn'oc||ence s oskuld, oskyldighet -ent a 1 oskyldig; menlös 2 lättrogen 3 o. -uous [ɔ'kjuəs] a oskadlig
inn'ov||ate *itr* införa nyheter (förändringar) -ation s nyhet[smakeri]
innoxious [ɔ'kʃəs] a oskadlig
innuen'do s anspelning, gliring
innu'merable a oräknelig, otalig

inobser'vance s ouppmärksamhet; åsidosättande
inoc'ulate tr ympa; ~ with besmitta
in||offen'sive a oförarglig; oskadlig, oskyldig -opp'ortune [ətju:] a oläglig
in||or'dinate [it] a 1 omåttlig; överdriven 2 regellös -organ'ic a oorganisk
in'quest s [jur.] undersökning; jury
inqui'etude s oro; bekymmer
inqui'r||e itr tr 1 förfråga sig 2 fråga 3 ~ into undersöka -y s 1 förfrågan; efterfrågan 2 [efter]forskning; undersökning 3 fråga
inquisit||ion [zi'ʃn] s 1 efterforskning 2 undersökning 3 inkvisition -ive [i'z] a frågvis, nyfiken
in'road s in|fall, -kräktande, -trång
insa'n||e a vansinnig; ~ asylum hospital -itary [sæ'n] a ohälsosam -ity [sæ'n] s van|sinne, -vett
insati||able [ei'ʃiəbl] a omättlig, osläcklig -ate [it] a omättlig
inscr||i'be tr 1 [in]skriva, [in]rista; förse med inskrift 2 inregistrera 3 tillägna -ip'tion s inskrift
inscrutable [u:'] a outgrundlig, mystisk
in'sect s insekt; kryp -icide [se'k] s insektspulver
insecu'r||e a osäker -ity s osäkerhet
insem'inate tr insä
insens||ate [it] a 1 okänslig 2 oförnuftig -ibil'ity okänslighet -ible a 1 omärklig 2 okänslig; likgiltig; känslolös 3 medvetslös -itive a okänslig
insentient [e'nʃiə] a okänslig; livlös
insep'arable a oskilj|aktig, -bar
insert't tr in|föra, -sätta, -sticka
in'shor'e adv a nära (inåt) land
in'si'de I s 1 insida; ~ out ut och in 2 inre II a inre, in|vändig, -värtes III adv inuti, invändigt; ~ of på mindre än IV prep innanför; inom, inuti; in i -r s 1 medlem 2 initierad
insid'ious a försåtlig, lömsk
in'sight [ait] s insikt, skarpsinne
insignif'icant a 1 obetydlig; betydelselös 2 meningslös
insince're a hycklande; falsk
insin'u||ate [ju] I tr 1 insmyga, införa 2 insinuera, antyda II rfl smyga sig in, ställa sig in -ation s 1 insmygande 2 insinuation 3 inställsamhet -ative a 1 insinuant 2 inställsam
insip'id a fadd; banal; tråkig -ity [i'd] s faddhet; banalitet
insist' itr 1 insistera, hålla [fast]; ~ on vidhålla 2 yrka, prompt vilja -ence -ency s 1 envishet 2 yrkande, krav -ent a en|vis, -trägen
insobriety [sobrai'əti] s onykterhet
in'sol||ence s oförskämdhet -ent a oförskämd, fräck
insol'||uble [ju] a olöslig -vency s insolvens -vent a oförmögen att betala
insom'nia s sömnlöshet

inspect' tr syna, granska; besiktiga; övervaka -ion s granskning; [av]syn[ing]; uppsikt; beskådande; for ~ till påseende -or s inspekt|ör, -or
inspir||ation s 1 inandning 2 inspiration -e [ai'ə] tr 1 inandas 2 inblåsa 3 inspirera, in|giva, -tala; besjäla -it [i'r] tr [upp]liva; uppmuntra
inst. [i'nstənt]=instant 3
instabil'ity s ostadighet; obeständighet
install||l [ɔ:'l] tr installera, inviga; ~ o. s. slå sig ned -ment s 1 avbetalning 2 [små]portion
in'stance I s 1 exempel; fall; for ~ t. ex. 2 at the ~ of på yrkande av 3 instans II tr anföra som exempel
in'stant I a 1 enträgen 2 omedelbar 3 [=inst.] innevarande, 'dennes' II s ögonblick; the ~ så snart som -a'neous a ögonblicklig -ly adv genast
instead [e'd] adv, ~ [of] i stället [för]
in'step s vrist
in'stig||ate tr 1 uppegga 2 anstifta -ation s anstiftan -ator s anstiftare
instil' tr 1 indrypa 2 in|gjuta, -ge
instinct I [-'-] s instinkt; drift; ingivelse II [--'] a genomandad, fylld -ive [--'-] a instinktiv, omedveten
in'stit||ute I tr 1 inrätta, grunda, stifta 2 sätta i gång [med] 3 utnämna; insätta II s stiftelse, institut[ion] -u'tion s 1 in-, upp|rättande 2 institut[ion], anstalt, stiftelse 3 installation
instruct' tr 1 undervisa, handleda; instruera; visa, underrätta 2 beordra -ion s undervisning -ive a lärorik -or s lärare -ress s lärarinna
in'strument s instrument; verktyg; [hjälp]medel -al [e'n] a 1 verksam, bidragande 2 instrumental
insubor'din||ate [it] a upp|studsig, -rorisk -ation s uppstudsighet
insuff'erable a odräglig
insufficient [fi'ʃnt] a otillräcklig
in'sul||ar [ju] a insulär, ö-; trångsynt -arism -arity [æ'] s öbokaraktär; trångsynthet -ate tr isolera, av|skilja, -stänga -ation s isolering
insult I [in'sʌlt] s förolämpning II [--'] tr förolämpa, skymfa
insu'perable a oöverstiglig
insuppor'table a outhärdlig
insuppress'ible a oemotståndlig
insur'||ance [ʃu'ə] s försäkring, assurans -ant s försäkringstagare -e itr tr försäkra -er s försäkringsgivare
insurgent [ə:'dʒ] a s upprorisk
insurmou'ntable a oöverstiglig
insurrec'tion s resning, uppror
insuscep'tible a oemottaglig, okänslig
intact' a orörd; välbehållen
intan'gible [dʒ] a ej påtaglig; ofattbar
in'tegr||al a 1 integrerande 2 hel, full-

ständig -ate *tr* 1 fullständiga 2 förena -ity [te'g] *s* 1 integritet, okränkbarhet 2 redbarhet
integ'ument *s* hud, skinn, skal, hinna
in'tellect *s* förstånd -ual [e'k] *a* intellektuell; förstånds-
intell'ig‖ence [dʒ] *s* 1 förstånd; begåvning 2 underrättelse[r], upplysning[ar] -ible *a* begriplig; tydlig
intem'per‖ance *s* omåttlighet, överdrift -ate [it] *a* omåttlig, otyglad
intend' *tr* 1 ämna, tänka 2 mena, avse, åsyfta -ed *s* fäst|mö, -man
inten's‖e *a* intensiv, stark, häftig -ify *tr itr* stegra[s] -ion [ʃn] *s* 1 anspänning 2 intensitet -ity *s* kraft, våldsamhet -ive *a* fördjupad; rationell
intent' I *a* uppmärksam, [in]riktad; upptagen [*on av*] II *s* syfte, avsikt; *to all ~s and purposes* praktiskt taget -ion *s* avsikt, syfte; mål -ional *a* avsiktlig -ness *s* uppmärksamhet; iver
inter [intə:'] *tr* jorda, begrava
in'ter- *pref* mellan; bland; ömsesidig
inter‖act I [-'--] *s* mellan|akt, -spel II [---'] *itr* påverka varandra -ac'tion *s* växelverkan -bree'd *tr itr* korsa[s] -ce'de *itr* lägga sig ut; medla
intercept' *tr* 1 upp|snappa, -fånga 2 av|stänga, -skära; hejda
intercess‖ion [e'ʃn] *s* förbön -or [e's] *s* förespråkare; medlare
interchange I [ei'ndʒ] *tr* 1 utbyta, utväxla 2 [låta] omväxla II [-'--] *s* utväxling; [handels]utbyte -ably *adv* utan åtskillnad; omväxlande
in'tercourse *s* umgänge; förbindelse
interdict I [-'--] *s* förbud II [---'] *tr* förbjuda; förhindra -ion *s* förbud
interest [i'ntrist] I *s* 1 intresse; *take an ~ in* intressera sig för 2 [an]del, insats; *the moneyed ~* finansvärlden 3 ränta; *compound ~* ränta på ränta 4 inflytande II *tr* intressera [*in för*]; *~ed* [äv.] partisk; *~ing* intressant
interfe'r‖e *itr* ingripa, inskrida; *~ in* lägga sig i; *~ with* störa, hindra -ence *s* inblandning
inte'rior I *a* 1 inre; invändig 2 inrikes II *s* 1 inre; insida; interiör 2 [departement för] inrikesärenden; *Minister of the I~* inrikesminister
interja'cent *a* mellanliggande
interject' *tr* inskjuta -ion *s* 1 in|kast, -pass 2 utrop; interjektion
inter‖la'ce *tr itr* samman-, in|fläta[s] -lar'd *tr* späcka, uppblanda -li'ne *tr itr* skriva mellan raderna -lock' I *itr* gripa i varandra, hänga ihop II *tr* låsa (koppla) ihop; hopfläta
interloc'utory [ju] *a* samtals-, dialogin'ter‖lude *s* mellanspel; paus -medd'le *itr* lägga (blanda) sig i
interme'di‖ary I *a* 1 förmedlande 2 mellan- II *s* mellanhand; förmedling

-ate I[jət] *a* mellan-[liggande] II[jət] *s* mellan|led, -länk III *itr* [för]medla
interment [tə:'mənt] *s* begravning
interminable [tə:'minəbl] *a* oändlig
inter‖min'gle [ŋg] *tr itr* [in]blanda [sig] -mission [i'ʃn] *s* uppehåll, avbrott -mitt'ent *a* ojämn; periodisk; *~ fever* frossfeber; *~ light* blinkfyr -mix' *tr itr* [in]blanda [sig]
inter'nal *a* inre; in|värtes, -vändig; inhemsk; *~ combustion engine* explosionsmotor
international [næ'ʃn] *a s* internationell
interne'cine *a* förödande; *~ war* utrotnings-, inbördes|krig
internment [tə:'nmənt] *s* internering
interpo'se [z] I *tr* in|lägga, -skjuta II *itr* 1 ingripa; lägga sig ut 2 falla in
inter'pret *tr* [ut]tolka, [ut]tyda -ation *s* tolkning, tydning -er *s* tolk
interrog‖ate [te'r] *tr* [ut]fråga; förhöra -ation *s* 1 förhör 2 fråga; *point (mark, note) of ~* frågetecken -ative [ɔ'] -atory [ɔ'g] *a* frågande, fråge-
interrupt' *tr* avbryta; störa -er *s* strömbrytare -ion *s* avbrytande; avbrott -ive -ory *a* avbrytande
intersect' *tr itr* skära [varandra]; korsa[s] -ion *s* skärning;
in'ter‖space *s* mellanrum -sper'se *tr* in-, upp|blanda -stice [tis] *s* mellanrum; springa -twi'ne -twist' *tr itr* sammanfläta[s] -val [vl] *s* mellan|rum, -tid, avbrott; paus, rast
interve'n‖e *itr* ingripa; tillstöta; inskrida; medla -tion [ve'n] *s* ingripande
in'ter‖view I *s* sammanträffande; intervju II *tr* intervjua -wea've *tr* samman|väva, -fläta, in|väva, -fläta
intes'tin‖al *a* tarm-, inälvs- -e [tin] I *s*, *~s* tarmar II *a* in|ländsk, -hemsk
in'tim‖acy *s* förtrolighet; intim bekantskap -ate I [it] *a* förtrolig, intim; ingående II *tr* meddela; antyda -ation *s* tillkännagivande; antydan
intim'idate *tr* skrämma
into [i'ntu] *prep* 1 [in] i, upp i, ned i, ut i, fram i 2 [förvandla &c] till
intol'er‖able *a* outhärdlig -ance *s* ofördragsamhet -ant *a* ofördragsam; ur stånd att uthärda [*of*]
in'ton‖ate = -e -ation *s* 1 mässande 2 intonation; tonfall -e [ou'] *tr itr* 1 läsa sjungande, mässa 2 intonera
intox'ic‖ant I *a* berusande II *s* rusdryck -ate *tr* [be]rusa -ation *s* 1 berusning, rus 2 förgiftning
in'tra- *pref* inom, innanför; inuti
intrac'table *a* motspänstig, obändig
intramu'ral *a* innanför murarna
in‖tran'sigent [dʒ] *a* omedgörlig, oförsonlig -trep'id *a* oförskräckt, modig
in'tric‖acy *s* trasslighet; virrvarr -ate [it] *a* hoptrasslad; invecklad
intrigu‖e [i:'g] I *s* intrig, ränker, an-

slag II *itr* intrigera, stämpla III *tr* förbrylla **-er** *s* intrigmakare
intrin'sic *a* inre, inneboende
introdu'c||e *tr* 1 föra (sticka) in 2 inleda, börja 3 presentera, föreställa [*to för-*]; föra ut i sällskapslivet 4 väcka [*motion*] **-er** *s* introduktör; inledare; framställare **-tion** [ʌ'k] *s* införande; inledning; presentation
intru'||de I *itr* tränga (truga) sig; störa; tränga in II *tr* truga, tvinga **-der** *s* objuden gäst; påhäng **-sion** [ʒn] *s* 1 på|trugande, -flugenhet; inträng 2 inträngande; inkräktande, påhäng **-sive** [s] *a* 1 påträngande, efterhängsen 2 inträngande; tillagd
intuit||ion [tjui'ʃn] *s* ingivelse **-ive** [tju'] *a* omedelbart uppfattande
in'undate *tr* översvämma
inu're I *tr* härda, vänja II *itr* verka
inutil'ity [ju] *s* onyttighet, gagnlöshet
inva'de *tr* 1 infalla (intränga) i; [an]gripa 2 inkräkta på **-r** *s* inkräktare
invalid I [i'nvəli:d] *s* sjukling; invalid II *a* 1 [i'n] sjuklig; vanför 2 [æ'] ogiltig III [i:'d] *tr itr* göra till (bli) invalid **-ate** [væ'lideit] *tr* göra ogiltig, upphäva; kullkasta **-ity** [i'd] *s* 1 sjuklighet; invaliditet 2 ogiltighet
inval'uable [ju] *a* ovärderlig
invari||able [vɛ'ə] *a* oföränderlig; beständig **-ably** *adv* ständigt, alltid
inva'||sion [ʒn] *s* 1 infall 2 in|kräktning, -trång **-sive** [s] *a* 1 invasions-; in-, an|fallande 2 inkräktande
invec'tive *s* smädelse[r], skymford
inveigh [vei'] *itr* fara ut, smäda
inveigle [i:'gl] *tr* locka, förleda
invent' *tr* upp|finna, -dikta **-ion** *s* uppfinning[sförmåga], påfund **-ive** *a* uppfinningsrik, fyndig **-or** *s* uppfinnare **-ory** [i'n] I *s* inventarium, lösöre II *tr* inventera
inverac'ity *s* osannfärdighet
in'ver||se *a* om|vänd, -kastad, motsatt **-sion** [və·'ʃn] *s* omkastning; omvänd ordföljd **-t** [-·'] *tr* kasta (flytta) om; vända upp och ned [på]
inver'tebrate [it] *a s* ryggradslös[t djur]
invest' I *tr* 1 bekläda, förläna; installera 2 belägra 3 placera [pengar]
inves'tig||ate *tr* utforska, undersöka **-ation** *s* undersökning **-ator** *s* forskare
invest'ment *s* 1 [kapital]placering 2 belägring; blockad
invet'erate [it] *a* inrotad; inbiten
invid'ious *a* stötande, förhatlig
invig'orate *tr* stärka, styrka; liva
invin'cible *a* oövervinnelig
invi'ol||able *a* okränkbar, helig; obrottslig **-ate** [it] *a* okränkt
invisible [i'z] *a* osynlig
invit||ation *s* 1 inbjudan 2 kallelse, uppmaning **-e** [ai't] *tr* [in]bjuda, bedja, uppmana; framkalla

invoca'tion *s* åkallan, anropande
in'voice *s* faktura, [varu]räkning
invo'ke *tr* åkalla, anropa
invol'untary *a* ofrivillig; oavsiktlig
invol've *tr* 1 inveckla, insvepa; hoprulla; förbinda 2 innebära, medföra
invul'nerable *a* osårbar; oanfäktbar
inward [i'nwəd] I *a* inre; in|vändig, -värtes; andlig II *adv* inåt **-ly** *adv* invärtes; i själ och hjärta **-s** *adv* inåt
i'odine *s* jod
I. O. G. T. = *International Order of Good Templars* godtemplarorden
Ion||ian [aiou'njən] **-ic** [aiɔ'] *a* jonisk
IOU [ai'ouju:'] *s* (= *I owe you*) revers
ir||ascible [æ'si] *a* lättretlig, argsint **-a'te** [aiər] *a* vred
irides'cent [sn] *a* regnbågsskimrande
i'ris *s* 1 regnbågshinna 2 svärdslilja, iris
I'rish *a* irisk, irländsk **-man** *s* irländare
ir'ksome *a* tröttsam, ledsam, tråkig
iron [ai'ən] I *s* järn; strykjärn; [golf] järnklubba; ~*s* bojor II *a* järn-; järnhård, sträng III *tr* 1 järnbeslå 2 stryka, pressa 3 fjättra ~**-bar** *s* järnstång; ~*s* stångjärn; ~ *lever* järnspett ~**-bound** *a* 1 järnbeslagen 2 klippig 3 hård ~**-clad** I *a* bepansrad II *s* pansarbåt
ironic[al] [ai(ə)rɔ'nik] *a* ironisk
iron||ing [ai'ən] *s* strykning **-monger** *s* järnhandlare **-mongery** *s* 1 järnvaror, smide 2 järnhandel **--shod** *a* järn|skodd, -beslagen I-side *s* 'järnsida', tapper krigare **-work** *s* 1 smide 2 ~*s* järnverk
1 irony [ai'əni] *a* järn-, järnaktig
2 irony [ai'ərəni] *s* ironi
irra'di||ance *s* utstrålning; strålglans **-ant** *a* strålande **-ate** *tr* bestråla, upplysa **-ation** *s* [ut]strålning; glans
ir||rational [iræ'ʃənl] *a* 1 irrationell; orimlig 2 oskälig **-recla'imable** *a* oförbätterlig; oåterkallelig **-rec'ognizable** [əgnaiz] *a* oigenkännlig **-reconci'l|able** *a* oförsonlig; oförenlig
irrecusable [ju:'z] *a* oavvislig
irredee'mable *a* oåterkallelig; oförbätterlig
irref'utable [ju] *a* oveder|sägligt, -läggligt
irreg'ular [ju] *a* oregelbunden; irreguljär; oordentlig **-ity** [æ'r] *s* oregelbundenhet; oordentlighet
irrel'evant *a* ej tillämplig; likgiltig
irreligious [i'dʒ] *a* irreligiös, gudlös
irreme'diable *a* obotlig, ohjälplig
ir||remiss'ible *a* oförlåtlig; oeftergivlig **-removable** [u:'] *a* orubblig; oavsättlig **-rep'arable** *a* ohjälplig, obotlig **-repla'ceable** *a* oersättlig **-repress'ible** *a* okuvlig; F oförbätterlig **-reproachable** [ou'] *a* oförvitlig; oklanderlig **-resist'ible** [zi's] *a* oemotståndlig
irresol||ute [e'z] *a* obeslutsam **-ution** [u:'ʃn] *s* obeslutsamhet

irresolvable — 118 — **Jap**

ir‖**resolvable** [zɔ'l] *a* olöslig **-respec'tive**
a, ~ *of* utan hänsyn till, oavsett
irrespon's‖ible *a* oansvarig; ansvarslös
-ive *a* okänslig
irretrievable [i:'v] *a* oersättlig; obotlig
irrev'er‖ence *s* vanvördnad **-ent** *a* vanvördig
ir‖**rever'sible** **-rev'ocable** *a* oåterkallelig
irr'igate *tr* bevattna
irr'it‖able *a* [lätt]retlig **-ant** *s* retmedel **-ate** *tr* [upp]reta, irritera, förarga **-ation** *s* retning; förbittring
-ative *a* irriterande
irrup'tion *s* infall
is [iz] (av be) är; *that* ~ det vill säga
islam [i'zləm] *s* islam **-ic** [æ'] *a* muhammedansk **-ite** *s* muhammedan
island [ai'lənd] *s* ö **-er** *s* öbo
isle [ail] *s* ö **-t** *s* liten ö, holme
isn't = *is not*
iso‖- [ai'so] iso-; lik-, lika-
i'sol‖ate *tr* isolera **-ation** *s* isolering
issue [i'sju:, i'ʃu:] I *s* 1 utgående 2 utgång, väg ut, utväg; utlopp 3 följd, resultat; slut 4 avkomma, barn 5 avkastning 6 [strids-, rätts]fråga, problem; kärna; *at* ~ omstridd; oense 7 diskussion; tvist 8 ut‖givande, -färdande, -släppande; emission; dagsupplaga, nummer; publikation II *itr* 1 utgå; utströmma 2 utfalla; resultera, sluta 3 [här]stamma 4 utsläppas; utkomma III *tr* 1

utsända, avgiva, utdela; utfärda; sälja; utsläppa; emittera; utställa; utge 2 utrusta **-less** *a* barnlös
isthmus [i'sməs] *s* näs, landtunga
it *pron* den, det; sig; S 'höjden'; det rätta (bästa); 'det'; *that's* ~ det är (var) rätt; *by* ~ därigenom
Ital'ian I *a* italiensk II *s* italienare
ital'ic I *a* 1 I~ fornitalisk 2 kursiv II *s*, ~*s* kursivering **-ize** *tr* kursivera
itch I *s* 1 klåda; begär, lystnad 2 skabb II *itr* 1 känna klåda (begär) 2 klia
-ing I *s* klåda II *a* begärlig, hungrig
[efter] **-y** *a* skabbig, kliande
i'tem I *adv* likaledes; vidare II *s* 1 post, sak, artikel; nummer 2 ~ [*of news*] notis **-ize** *tr* specificera
it'er‖ate *tr* upprepa **-ation** *s* upprepning **-ative** *a* upprep|ande, -ad
itin'er‖ant I *a* kring|vandrande, -resande II *s* resepredikant, vandrande spelman **-ary** I *s* 1 resväg 2 rese|beskrivning, -handbok; resplan II *a* rese-, väg- **-ate** *tr* vandra (resa) omkring
its *pron* dess; sin, sitt
it‖'s = *it is* **-self'** *pron* själv[t]; sig [själv(t)]; *by* ~ för (av) sig själv
I've [aiv] = *I have*
ivied *a* överväxt med murgröna
i'vor|y *s* elfenben[sfärg]; **-ies** elefantbetar; tärningar, biljardbollar, tangenter, tänder; *black* ~ S negerslavar
ivy [ai'vi] *s* murgröna

J

J, j [dʒei] *s* j
jab *tr s* stöt[a]
jabb'er I *itr tr* snattra; prata [smörja]; rådbråka; ~ *away* prata på II *s* snatter; 'smörja'; rotvälska
jack I *s* 1 J~ hantlangare, passopp; 'jycke'; *Cheap* ~ schackrare; ~-*in-the-box* trollgubbe; domkraft; ~ *of all trades* tusenkonstnär; ~-*o'lantern* lyktgubbe, irrbloss; *before you could say J*~ *Robinson* innan man visste ordet av 2 sjöman 3 [kort.] knekt 4 stek[spett]vändare 5 vinsch, vindspel 6 domkraft 7 maskindel 8 gädda 9 ♦ gös, mindre flagga 10 S pengar II *tr* 1 hissa, lyfta [*up*] 2 F ~ *up* överge, ge upp
jack'al [ɔ:l] *s* schakal; underhuggare
jack'‖anapes [eips] *s* glop, narr **-ass** [æs] *s* 1 åsnehane 2 [ɑ:s] åsna, fårskalle **- -boot** *s* 1 kragstövel 2 *J*~*s* 'borstis' [på hotell] **-daw** [dɔ:] *s* kaja
jack'et *s* 1 jacka; tröja, blus; kofta 2 fodral, beklädnad, mantel 3 omslag 4 skinn, hårbeklädnad; skal
jack'-‖knife *s* fällkniv **-plane** *s* skrubbhyvel **-screw** *s* domkraft

-snipe *s* enkelbeckasin **-straw** *s* 1 [bildl.] nolla 2 ~*s* skrapnosspel **-tar** *s* sjöman **-towel** *s* rullhandduk
1 jade *s* jade, nefrit
2 jade *s* 1 hästkrake 2 fruntimmer; jänta **-d** *a* trött, utsliten; blaserad
jag I *s* utsprång, tinne; tand; skärva II *tr* tanda; nagga **-ged** [id] *a* ojämn, tandad **-ger** *s* brödsporre; krusjärn
-gy *a* tandad, naggad
jail *s* *tr* [sätta i] fängelse ~-**bird** *s* fängelsekund **-er** **-or** *s* fångvaktare
1 jam *s* sylt, marmelad
2 jam I *tr* 1 klämma, trycka, pressa 2 fylla, blockera; ~*med* proppfull 3 stoppa; störa II *itr* fastna; hänga upp (låsa) sig III *s* 1 klämma, press 2 trängsel 3 stopp, låsning; störning
jamb [dʒæm] *s* [sido]post
jamboree' *s* 1 [Am.] S hippa, 'skiva' 2 jamboré, lägermöte
jangl‖e [ŋg] I *itr* gnissla, slamra, skära II *s* slammer, o-, miss‖ljud **-ing** *s* 1 oljud 2 käbbel
jan'itor *s* dörrvaktare; portvakt
Jan'uary *s* januari
Jap *s* F japan

Japan — 119 — **jog-trot**

Japan' I *npr* Japan II *j~ s* 1 japanlack 2 japanskt [lack]arbete -ese [i:'z] I *a* japansk II *s* japan
jape *itr s* skämt[a], skoj[a]
1 **jar** *s* kruka, burk; tillbringare
2 **jar** I *itr tr* 1 [komma ngt att] låta falskt, gnissla; skära [i öronen på] 2 skramla [med]; [komma ngt att] vibrera 3 stöta, irritera, ta [på] [nerverna] 4 strida; tvista II *s* 1 skärande ljud, gnissel; skrammel, knarr; skakning 2 chock, uppskakning 3 konflikt; miss|hällighet, -ljud; gräl
3 **jar**, *on* [*the*] ~ F på glänt
jar'gon *s* 1 gallimatias 2 rotvälska 3 jargong -ize *itr* prata jargong
jarring [ɑ:'] *a* skärande; disharmonisk
jar'vey [vi] *s* F åkardräng, hyrkusk
jas'per *s* jaspis[sten]
jau'ndice [is] *s* 1 gulsot 2 svartsjuka, fördomsfullhet
jaunt *itr s* [göra en] utflykt
jau'nty *a* obesvärad; överlägsen, självbelåten
Javan [dʒɑ:'] -ese [i:'z] *a s* javanes[isk]
jav'elin *s* [kast]spjut
jaw [dʒɔ:] I *s* 1 käk[e] 2 ~*s* mun, gap; käft 3 ~*s* ✚ klyka 4 ~*s* trångt pass 5 F ovett; käftande II *itr* gaffla, prata III *tr* läxa upp ~-**breaker** *s* F svårt ord ~-**tooth** *s* oxeltand
jay *s* 1 [zool.] skrika 2 gaphals
jazz [dʒæz] I *s itr* jazz[a] II *a* F disharmonisk; skrikande, gräll [äv. -y]
J. C.= Jesus Christ **J. C. D.**= *Juris Civilis Doctor* jur. dr
jealous [dʒe'] *a* 1 svartsjuk; avundsjuk 2 rädd, mån 3 misstänksam, vaksam 4 nitälskande -y *s* 1 svartsjuka; avund 2 månhet 3 nitälskan
jeer [dʒiə] I *itr* göra narr, gyckla II *tr* håna, begabba III *s* hån; speglosa
Jehu [dʒi:'hju:] *s* kusk, snabbkörare
jejune [dʒidʒu:'n] *a* torr, torftig
jell'y *s* gelé ~-**fish** *s* manet
jemi'ma *s*, ~*s* F pampuscher
jemm'y *s* 1 kofot 2 kokt fårhuvud
jenn'y *s* 1 spinnmaskin 2 lyftkran
jeopardize [dʒe'pədaiz] *tr* äventyra
jeremi'ad [əd] *s* jeremiad, klagovisa
jerk [ə:] I *s* stöt, kast; ryck[ning]; knyck; språng; *by* ~*s* ryck-, stöt|vis II *tr itr* slänga, rycka (vrida) till
jer'kin *s* jacka, tröja
jer'ky *a* ryckig, stötig; krampaktig
jerr'y I *s* 1 ölkrog 2 S potta 3 *J*~ S tysk soldat II *a* fuskigt byggd, 'uppsmälld' ~-**builder** *s* husskojare
jersey [dʒə:'zi] *s* 1 ylle|tröja
Jerusalem [u:'s] *npr*; ~ *artichoke* jordärtskocka; ~ [*pony*] åsna
jess'amine [in] *s* jasmin
jest I *s* 1 skämt; drift, gyckel; *make a* ~ *of* skämta med; ta som ett skämt; *in* ~ på skämt; *be in* ~ skämta 2 driftkucku II *itr* skämta; gyckla -**er** *s* gycklare, narr; kvickhuvud
1 **jet** I *s* 1 stråle; ström, låga 2 pip, rör; munstycke II *tr itr* spruta ut
2 **jet** *s* jet, gagat ~-**black** *a* kolsvart
jet'||**sam** *s* kastgods; vrakgods -**tison** [isn] *s tr* kasta[nde] över bord
jett'on *s* skådepenning, spelmark
1 **jett'y** *s* 1 pir, vågbrytare 2 kaj
2 **jetty** *a* kolsvart
Jew [u:] *s* jude ~-**baiting** *s* judehets
jewel [dʒu'] *s* juvel, ädelsten; klenod ~-**case** *s* juvelskrin -**led** *a* juvelprydd -**ler** *s* juvelerare -**lery** *s* juveler
Jew||**ess** [dʒu'] *s* judinna -**ish** *a* judisk -**ry** *s* 1 judar[na] 2 judekvarter -'**s**- -**harp** *s* mungiga
1 **jib** I *s* 1 ✚ klyvare 2 kranarm II *tr* ✚ skifta, flytta över
2 **jib** *itr* stanna; skygga, vara istadig
jibe=*gibe*
jiff'[**y**] *s* F ögonblick, handvändning
jig I *s* 1 jigg[melodi] 2 [tekn.] jigg 3 [gäd]drag II *itr* jigga; skutta -**ger** *s* 1 jiggdansare 2 ✚ hjälptalja; [fiskebåt med] drivsegel 3 redskap; F manick -**gered** *a*, *I'm* ~ *if* F ta mig katten om -**gle** *tr* vagga; vicka
jilt I *s* trolös kvinna II *tr* svika
jingle [ŋŋ] I *itr tr* 1 klinga, skramla, klirra [med] 2 pråla, rimma banalt II *s* 1 klingande; skramlande 2 klingklang, ordspråk; karamellvers
jin'go [ŋg] *s* 1 F *by* ~! vid Gud! 2 krigsivrare, aktivist; chauvinist -**ism** *s* chauvinism -**is'tic** *a* chauvinistisk
jinks *spl*, *high* ~ upptåg, skoj
jiu-jitsu= *ju-jutsu*
job I *s* 1 [tillfälligt] arbete; ackordsarbete [äv. ~-*work*]; F plats, jobb; *by the* ~ på beting; *odd* ~*s* småsysslor; *do a p.'s* ~ S göra kål på ngn; *make a* ~ *of* klara av; *on the* ~ S i farten 2 F sak, affär, historia; *a good* ~ en välsignad sak, tur 3 jobberi; ~ *lot* jobbarlager II *itr* 1 arbeta på beting (ackord); F jobba 2 [äv. *tr*] spekulera, jobba [i] -**ber** *s* 1 tillfällighets-, ackords|arbetare 2 mellanhand; mäklare; jobbare; skojare -**bery** *s* jobberi; korruption
jock'ey [i] I *s* 1 jockej 2 hantlangare, underhuggare II *tr* 1 lura; ominte göra 2 rida *på* III *itr* begagna knep
jock'o *s* schimpans
joc||**ose** [ou's] *a* munter, skälmaktig; skämtsam -**osity** [ɔ's] *s* munterhet [&c] -**ular** [dʒɔ'] *a* skämtsam, glad, lustig -**ularity** [æ'] *s* munterhet [&c] -**und** [dʒɔ'kənd] *a* munter, glad
jog I *tr* 1 knuffa, stöta till 2 friska upp II *itr* 1 skaka, ruska 2 lunka, knoga; knalla i väg III *s* 1 knuff; [på]stöt[ning] 2 lunk -**gle** I *tr itr* skaka, stöta II *s* skakning ~-**trot**

John — 120 — **jumpy**

I *s* jämn lunk; slentrian **II** *a* lugn och maklig; slentrianmässig
John [dʒɔn] *npr;* ~ *the Baptist* Johannes Döparen; ~ *Bull* engelska nationen; engelsmannen **j-ny** *s* S karl, individ; jazzgosse
join I *tr* 1 för|ena, -binda; sammanslå; hopfoga; koppla; ~ *battle* sammandrabba 2 förena sig med; deltaga i; gå in i, sluta sig till; uppsöka; följa med; upphinna; ~ *a ship* ta hyra; embarkera 3 gränsa till **II** *itr* 1 förenas; förena sig; råkas; ~ *in* deltaga i, blanda sig i 2 gränsa till varandra **III** *s* hopfogning, fog, skarv **-er** *s* snickare **-ery** *s* snickeri
joint I *s* 1 sammanfogning, föreningspunkt; fog, skarv; förband; gångjärn 2 led[gång]; mellanled; *out of* ~ ur led; i olag 3 stek **II** *a* förenad, med-; gemensam, sam-; ~ *business (concern)* bolagsaffär; ~ *stock* aktiekapital **III** *tr* 1 förbinda, hopfoga; 2 sönderdela, stycka **-ed** *a* ledad **-er** *s* 1 fog|järn, -hyvel 2 hopfogare ~**-heir** *s* medarvinge **-ure** [[ə]sänkesäte
joist *s* tvärbjälke
jok||e I *s* skämt; kvickhet, vits; puts; *put (pass) a* ~ *upon* spela ett spratt; *crack (cut, make)* ~*s* säga kvickheter; *it is a* ~ *to* det är ingenting mot; *practical* ~ skoj, upptåg; *in* ~, *by way of a* ~ på skämt; *be in* ~ skämta **II** *itr tr* skämta, gyckla, driva [med] **-er** *s* 1 skämtare 2 S karl **-ing** *s* skämt **-y** *a* upplagd för skämt
jolli||fication *s* F muntration; glatt lag **-fy** [ɔ'] *itr tr* F festa [om], supa [full] **-ty** [ɔ'] *s* 1 munterhet 2 fest[ande]
joll'y I *a* 1 glad, lustig, livad 2 F utmärkt, prima; 'snygg'; ~ *good fellow* hedersknyffel **II** *adv* F riktigt, väldigt **III** *s* 1 S flottist 2 S skoj 3 = ~*-boat* **IV** *tr* S skoja med ~*-boat* *s* julle
jolt [ou] **I** *tr itr* skaka, ruska **II** *s* skakning, stöt **-erhead** *s* dumhuvud
Jon'athan *npr;* [*Brother*] ~ Förenta staterna; amerikanare
jonquil [dʒɔ'ŋkwil] *s* gul narciss
jorum [ɔ:'] *s* pokal; bål
jos'||kin *s* S bondlurk **-sers** S 'typ', idiot
jostle [sl] I *tr* knuffa, skuffa [undan]; ränna emot; ~ *o.'s way* armbåga sig fram **II** *itr* knuffas, trängas **III** *s* knuff[ande], sammanstötning
jot I *s* jota **II** *tr,* ~ *down* anteckna; skissera **-ting** *s* anteckning
jounce I *itr tr* skaka; dunsa; skumpa **II** *s* skakning; duns; lunk
journal [dʒəː'nl] *s* 1 dagbok; liggare 2 **J**~*s* [parlaments]protokoll 3 loggbok 4 tid|ning, -skrift; handlingar **-ese** [iː'z] *s* tidningsspråk **-ism** *s* journalistik **-ist** *s* tidningsman
journey [dʒəː'ni] *s itr* resa; *pleasant*

~! lycklig resa! **-man** *s* 1 gesäll 2 underhuggare ~**-work** *s* gesällarbete
joust [uː] *s itr* dust, torner|ing, -a
Jov||e *npr* Jupiter; *by* ~! min själ! sannerligen! **j-ial** *a* gemytlig **j-iality** [æ'] *s* jovialitet, munterhet
jowl [au] *s* käk|ben, -e; kind; dubbelhaka; fettvalk; hudfåll 2 [fisk]huvud
joy *s* glädje, fröjd; *wish a p.* ~ lyckönska ngn **-ful** *a* 1 glad 2 glädjande **-ous** *a* 1 glad; glättig 2 glädjande ~**-ride** *s* S tjuvåkning; nöjestur
J. P. = *Justice of the Peace* **jr.** = *junior*
jubil||ance [dʒuː'] *s* jubel **-ant** *a* jublande **-ate** *itr* jubla **-ation** *s* jubel **-ee** *s* jubileum; jubel[fest]
Jud||a'ic *a* judisk **-aism** [uː'] *s* judendom
judge [dʒʌdʒ] I *s* domare; bedömare, kännare; *be a good* ~ *of* förstå sig bra på **II** *tr* 1 [av]döma; avgöra; bestämma 2 klandra, [för]döma 3 bedöma 4 F anse [för]; förmoda **III** *itr* döma, sitta till doms; medla
judg[e]ment [dʒʌ'dʒ] *s* 1 dom; utslag; *give (pass, pronounce)* ~ fälla utslag; *sit in* ~ sitta till doms; *day of* ~ domedag 2 straffdom 3 omdömes[förmåga]; urskillning, takt; åsikt: *to the best of my* ~ efter bästa förstånd
judgeship [dʒʌ'dʒ] *s* domaräm*:*te
ju'dicature *s* 1 rättsskipning, domsrätt 2 domar|ämbete, -tid, -kår; domstol
judici||al [i'ʃl] *a* 1 rättslig, juridisk, dom[stol]s-; dömande; ~ *murder* justitiemord 2 opartisk **-ary** *s* domarkår **-ous** *a* klok, omdömesgill
jug I *s* 1 krus, kruka, tillbringare; stånka 2 S fängelse **II** *tr* S bura in
jugg'ins *s* S dummerjöns
juggle I *itr* trolla, jonglera **II** *tr* lura **III** *s* trollkonst; bedrägeri **-r** *s* taskspelare, trollkarl, jonglör; skojare **-ry** *s* trolleri; knep, skoj
jug'ul||ar *a* hals- **-ate** *tr* döda; hejda
juic||e [dʒuːs] *s* 1 saft 2 S bensin; [elektrisk] ström **-y** *a* saftig; F våt
ju'jube [dʒub] *s* 1 bröstbär 2 karamell
ju-jutsu [dʒuːdʒʌ'tsuː] *s* jiujitsu
July [dʒulai'] *s* juli
jumbl||e I *tr* blanda (röra) ihop **II** *s* 1 virrvarr, röra 2 skakning; F åktur **-e-shop** *s* lumpbod **-y** *a* rörig
jum'bo *s* 1 åbäke; elefant 2 pamp
jump I *itr* 1 skutta; guppa; hoppa [till]; ~ *at* gripa, anamma 2 stiga 3 stämma (komma) överens [*together*] **II** *tr* 1 hoppa över 2 förmå (hjälpa) att hoppa; skrämma; driva upp 3 överfalla; plundra 4 steka **III** *s* 1 hopp; skutt, språng; *from the* ~ F från början; *on the* ~ F i rörelse; *give a* ~ hoppa till; *the* ~*s* S nervösa darrningar; 'dille' 2 gupp, hinder 3 stegring 4 förkastning **-y** *a* 1 hopp|ande, -ig 2 nervös

junct||ion [dʒʌ'ŋkʃn] *s* förening[spunkt]; järnvägsknut **-ure** [tʃə] *s* 1 förening[spunkt]; fog 2 [kritiskt] ögonblick, situation
June [dʒu:n] *s* juni
jungl||e [ŋg] *s* djungel **-y** *a* snårig
ju'nior *a* [den] yngre, junior; lägre
juniper [dʒu:'nipə] *s* [bot.] en
1 **junk** *s* djonk
2 **junk** *s* 1 ⚓ tågstumpar; gods; skräp, smörja 2 ⚓ salt kött 3 kloss
jun'ket I *s* kalvdans; kalas II *itr* festa
jun't||a -o *s* junta, liga
ju'r||al -**ical** *a* juridisk, rättslig
juris||dic'tion *s* jurisdiktion, rättsskipning; domsaga **-prudence** [pru:'] *s* juridik **-prudent** [u:'d] *a* *s* rättslärd
ju'r||ist *s* rätts|lärd, -lärare **-or** *s* juryman; prisdomare
jury [dʒuə'ri] *s* jury, nämnd; *common (petty, trial)* ~ vanlig jury; *grand* ~ brottmålsnämnd **-man** *s* juryman
ju'ry-mast [ɑ:] *s* ⚓ nödmast
1 **just** I *a* 1 rätt|vis, -rådig, -färdig; skälig; berättigad 2 rätt, riktig II *adv* 1 just; alldeles, precis; ~ *by* strax bredvid 2 nyss, nyligen; ~ *now* just nu; nyligen 3 genast, strax 4 nätt och jämnt; *that's* ~ *possible* det är ju möjligt 5 bara 6 F fullkomligt; helt enkelt; *not* ~ *yet* inte riktigt ännu 2 **just** = *joust*
just'ice [is] *s* 1 rätt[visa]; rättsskipning; *bring to* ~ dra inför rätta; *court of* ~ domstol; *do o. s.* ~ [äv.] hedra sig 2 [rätt och] billighet; befogenhet; *in* ~ rätteligen 3 domare; justitieråd; *Lord Chief J* ~ *of England* president i högsta domstolen; *J* ~ *of the Peace* fredsdomare
justici||able [i'ʃi] *a* rätts-; lydande under [viss] domvärjo **-ary** I *s* lagskipare II *a* lagskipnings-
justi||fi'able *a* försvarlig, rätt|måtig, -färdig **-fication** *s* försvar; berättigande; urskuldande **-fy** [ʌ'] *tr* 1 försvara; rättfärdiga; urskulda; berättiga 2 bestyrka; helga 3 justera
just'||ly *adv* rättvist; med rätta **-ness** *s, the* ~ *of* det rättvisa (berättigade) i
jut I *itr* skjuta ut II *s* utsprång
juvenile [dʒu:'] *a* ung; ungdoms-

K

Ord, som saknas på K, sökas under C.

K, k [kei] *s* k **K.** = *Knight*
Kaf[f]ir [kæ'fə] *s* kaffer
kaleidoscop||e [kəlai'd] *s* kalejdoskop **-ic[al]** [ɔ'p] *a* kalejdoskopisk, brokig
kangaroo [kæŋgəru:'] *s* känguru
K. B. = *King's Bench* **K. C.** = 1 *King's Counsel* 2 *Knight Commander*
kedge [kedʒ] *s* *tr* ⚓ varp[a]
keel I *s* köl; *on an even* ~ på rät köl II *tr itr* kantra; vända **-son** = *kelson*
keen *a* 1 skarp; intensiv; bitande; häftig; bitter; livlig, stark; frisk; klok, klipsk; ~*-eyed* skarpsynt; ~*-witted* skarpsinnig 2 ivrig; ~ *on* F pigg på, livad för; S förtjust i **-ness** *s* skärpa
keep I (*kept kept*) *tr* 1 [be]hålla, hålla kvar, fasthålla; ~ *waiting* låta vänta 2 hå'lla på, spara (gömma) på; för-, be|vara 3 hålla [sig med]; hålla till salu, föra 4 under-, uppe|hålla 5 iakttaga; fira 6 sköta, vårda; städa; leda 7 skydda, bevara; försvara 8 stanna i; ~ *the house* hålla sig hemma 9 avhålla; hindra; dölja 10 ~ *at it* hålla i arbete; ~ *in* hålla inne [med]; tygla; ~ *on* fortsätta med; behålla [på]; ha kvar; ~ *out* utestänga; ~ *over* hå'lla på; ~ *under* undertrycka; ~ *up* uppehålla; hålla i stånd (gång); ~ *it up* hänga i' II *itr* 1 hålla [sig]; förbli 2 F hålla till, bo 3 fortsätta [ideligen] 4 ~ *at it* ligga i'; ~ *in with* F hålla sig väl med; ~ *off* hålla sig undan; ~ *on* fortfara, hålla i' [sig]; ~ *out of a p.'s way* undvika ngn; ~ *to* hålla (stå) fast vid; ~ *up* hålla sig (modet) uppe; ~ *up with* hålla jämna steg med III *s* 1 torn 2 underhåll; uppehälle, kost 3 *for* ~*s* [Am.] S för alltid **-er** *s* [skog]väktare; vårdare; -hållare; -innehavare **-ing** *s* 1 förvar, vård 2 samklang, harmoni; *in* ~ *with* i stil med **-sake** *s* minne[sgåva]
keg *s* kagge, kutting
kel'son *s* ⚓ kölsvin
ken *s* synhåll; synkrets
1 **kenn'el** *s* 1 hund|gård, -koja 2 kyffe
2 **kennel** *s* rännsten
kerb *s* trottoarkant ~*-stone* *s* kantsten
kerchief [kə:'tʃif] *s* huvudduk
ker'nel *s* kärna; [frö]korn
kerosene [e'r] *s* fotogen
ket'chup [əp] *s* skarp-, tomat|sås
kettle *s* kastrull, kittel **-drum** *s* puka **-drummer** *s* pukslagare
1 **key** [ki:] *s* låg [korall]ö, rev
2 **key** I *s* 1 nyckel; klav, lösning; *golden (silver)* ~ mutor 2 ur-, skruv-, stäm-, tand|nyckel 3 tangent; klaff 4 tonart 5 kil, sprint [o. d.]; bjälkband; slutsten II *tr* 1 [mus.] stämma; ~ *up* stimulera 2 kila fast ~*-bit* *s* nyckelax **-board** [ɔ:] *s* klaviatur ~*-bugle* *s* [mus.] ventilhorn **-hole** *s*

nyckelhål ~-note s grundton; klav -stone s slutsten; grundval
K. G. = *Knight of the Garter*
khaki [a:'] s a kaki[färgad]
kibble s malmhink
kibe s kylsår
kick I tr sparka [till]; ~ *the bucket,* ~ *it* S dö, kola av; ~ *up a row* ställa till bråk II itr 1 sparka[s]; slå bakut; ~ *off* göra avspark 2 protestera; vara uppstudsig 3 stöta III s 1 spark 2 [fotbolls]spelare 3 F spänstighet; S 'susen' 4 stöt, rekyl 5 *the* ~ S sista modet 6 S sixpence 7 S ficka 8 S ögonblick ~-**off** [-'-'] s avspark
kick'shaw s småsak, leksak; smårätt
1 kid s ⚓ matback
2 kid S I tr lura II s skoj
3 kid s 1 killing[skinn]; ~s glacéhandskar 2 S barn, unge -dy s S litet barn ~-**gloves** [lʌ'] s glacébandskar
kid'nap tr bortröva
kid'ney [ni] s 1 njure 2 slag, sort ~-**bean** s tur[ki]sk böna; rosenböna
kill I tr 1 döda; slakta; slå ihjäl; göra slut på; ~ *off* utrota; ~-*or-cure* hästkur 2 F överväldiga II s [jakt.] död[ande]; byte **-er** s dråpare; slaktare -**ing** *a* dödande; oemotståndlig; F urkomisk ~-**joy** s glädjestörare
kiln s brännugn; torkugn; kölna
kil'o‖**gram[me]** s kilogram -**metre** [i:tə] s kilometer -**watt** s kilowatt
kilt I s kilt II tr 1 uppskörta 2 vecka -**ie** -**y** [i] s F högländare
kin s släkt[ingar]; härkomst, familj 1 kind [ai] s 1 slag, sort; art; *nothing of the* ~ ingenting ditåt; visst inte ! ~ *of* a) slags, sorts; b) F på sätt och vis; *in* ~ in natura; 'med samma mynt'
2 kind *a* vänlig, hjälpsam, hygglig; ~ *regards* hjärtliga hälsningar ~-**hearted** *a* godhjärtad
kin'dle tr itr [upp]tända[s]; lysa upp
ki'ndliness s välvilja, godhet
kin'dling s 1 upp[tändande, -flammande 2 torrved, stickor
ki'nd‖ly I *a* 1 vänlig, välvillig 2 mild; angenäm II *adv* vänligt; *take a th.* ~ *uppta ngt väl; take* ~ *to* trivas med, tycka om -**ness** s vänlighet, godhet
kin'dred [id] I s 1 släktskap; frändskap, likhet 2 släkt[ingar] II *a* besläktad
king s k[on]ung **K~-at-Arms** s överhärold ~-**bird** s paradisfågel ~-**cup** s smörblomma -**dom** s 1 k[on]unga[-]rike, -döme 2 rike, område ~-**hood** s konungslighet -**let** s 1 småkonung 2 kungsfågel -**ly** *a* kunglig, furstlig -**ship** s k[on]unga|döme, -värdighet
kink I s 1 fnurra; ⚓ kink 2 hugskott II *itr tr* sno [sig] -**y** *a* tovig; krullig
kin'‖**sfolk** [zfouk] s släkt[ingar] -**ship** s släktskap; likhet -**sman** s släkting
kip I s härbärge; bädd II *itr* sova

kipp'er I s [rök]torkad fisk; böckling II tr [rök]torka
kirk [kə:k] = *church*
kiss I *tr itr* kyssa[s]; ~ *o.'s hand to* kasta slängkyssar åt II s 1 kyss 2 maräng; konfekt
kit s 1 ämbar, bytta 2 utrustning; kappsäck; packning, ränsel 3 *the whole* ~ F hela bunten 4 = *kitten*
kit'chen s kök **-er** s [kok]spis · -**ette** [e't] s' litet kök, kokvrå ~-**maid** s kökspiga ~-**range** s [kok]spis ~-**stuff** s matvaror; grönsaker
kite s 1 glada 2 skojare, bondfångare 3 [pappers]drake; *fly a* ~ sända upp en drake; skicka ut en trevare; S göra en växel 4 ~s lätta segel
kith s, ~ *and kin* släkt och vänner
kitt'‖**en** I o. ~ *y* kattunge II *itr* få ungar -**enish** *a* lekfull, smeksam
kn- uttalas [n]
knack s 1 skicklighet, handlag; knep[ighet] 2 benägenhet
knack'er s 1 hästslaktare 2 skrotuppköpare
knack'y *a* händig, knepig
knag s kvist; pinne
knap'sack s ränsel
knav‖**e** s 1 kanalje, skojare 2 [kort.] knekt **-ery** s skoj; skurkstreck -**ish** *a* skurkaktig
knead *tr* knåda -**ing-trough** s baktråg
knee [ni:] s knä ~-**breeches** s knäbyxor ~-**cap** s 1 knäskål [äv. ~-**pan**] 2 knä|skydd, -förband ~-**deep** *a* [ned]-sjunken] till knäna ~-**joint** s knäled
kneel (regelb. el. *knelt knelt*) *itr* knäböja; ~ *down* falla på knä **-er** s 1 knäböjande 2 knä|pall, -dyna
knell s klämtning; dödsklocka
knelt se *kneel* knew [nju:] se *know*
knick'er‖**bocker** s 1 *K* ~ newyorkbo 2 ~s knäbyxor **-s** s F = -*bockers*
knick'-knack s prydnadsföremål, småsak; lätt maträtt **-ery** s krimskrams
knife I s (pl. *knives*) kniv; *play a good* ~ *and fork* äta duktigt II *tr* skära, knivhugga ~-**grinder** s [skär]slipare ~-**rest** s kniv|ställ, -hållare
knight [nait] I s 1 riddare; adelsman; ~ *commander* kommendör [av lägsta rang]; *blue* ~ F riddare av strumpebandsorden [*K* ~ *of the Garter*]; [nu] knight, adelsman 2 häst [i schack] II *tr* dubba till riddare; adla -**age** s ridderskap; [förteckning över] samtliga knights ~'-**err'ant** s vandrande riddare -**hood** s 1 riddar-, knight|värdighet 2 ridderskap -**ly** *a adv* ridderlig[t]
knit (regelb. el. *knit knit*) I *tr* 1 sticka 2 rynka [pannan] 3 sammanknyta 4 ~ *up* laga; avsluta II *itr* 1 sticka 2 knyta sig, sätta frukt; växa ihop;

fast förenas -ter s stick|are, ·erska, -maskin -ting-needle s strumpsticka
knives [naivz] se *knife*
knob s 1 knöl, kula, knapp, knopp; dörrvred 2 bit -by *a* knölig, skrovlig -stick s knölpåk; S strejkbrytare
knock I *tr* 1 slå [till]; bulta, knacka; stöta 2 S slå med häpnad, ta 3 F väcka 4 ~ *about* slå (kasta) hit och dit; misshandla; ~ *down* fälla; besegra; slå omkull; köra på; [på auktion] slå bort; F uppmana; F pressa ned; ta sönder; ~ *off* slå av [på]; sluta [med]; F klara av; 'smälla ihop'; ~ *a p.'s head off* 'klå' ngn; ~*ed off his legs* som fallen från skyarna; ~ *over* slå omkull; ~ *up* knacka upp; väcka; F göra [upp], improvisera; ~*ed up* utmattad, slut II *itr* 1 knacka, slå 2 stöta (slå) ihop, kollidera 3 ~ *about* F driva omkring; slå dank; leva om; ~ *against* stöta emot (på); ~ *off* sluta arbetet; lägga upp; S dö; ~ *over* F duka under, dö; ~ *under* ge tappt; ~ *up* tröttna; ~ *up against* F stöta ihop med III s slag; knackning ~**-about** *a* 1 bullersam 2 kringflackande; bohem-; vardags-, res-; ~ [*hat*] slokhatt ~**-down** I *a* 1 dråp-; dräpande 2 minimi- II s 1 dråpslag; [boxn.] nedslagning 2 allmänt slagsmål -er s portklapp ~**-kneed** *a* kobent; knäsvag ~**-out** s 1 knockout[slag] 2 S skenauktion ~**-up** s träning[smatch]
1 knoll [noul] s [rund] kulle
2 knoll *tr itr* ringa [i], klämta
knot I s 1 knut; *running* ~ löpknut 2 [band]rosett, kokard 3 ⚓ knop 4 skärningspunkt; · nervknut; bergknut 5 band 6 knöl, [ut]växt; kvist [i trä]; knopp 7 klunga II *tr* 1 knyta [ihop]; ⚓ knopa 2 rynka 3 inveckla -ted *a* knutig; knölig -ty *a* knutig; knotig; kvistig
know [nou] (*knew known*) I *tr* 1 veta; känna till; ~ *what one is about* veta vad man gör; *give to* ~ låta veta; *not if I* ~ *it* F det aktar jag mig nog för; ~ *a thing or two*, ~ *what's what* F ha väl reda på sig; ~ *the ropes* S känna till knepen; *you* ~ [som] ni vet, ju; *don't you* ~ eller hur? inte sant? 2 ~ *all about* väl känna till 3 kunna 4 ~ *how to* kunna, förstå (veta) att 5 känna 6 känna igen; kunna skilja II *itr* veta; ~ *about* (*of*) känna till **-able** *a* vetbar **-ing** I *a* 1 kunnig 2 medveten 3 slug; menande 4 F stilig II s vetande
knowledge [nɔ'lidʒ] s kunskap[er]; vetskap; kännedom; lärdom; sakkunskap; *to* [*the best of*] *my* ~ såvitt jag vet **-able** *a* F [sak]kunnig
know|n [ou] *a* känd, bekant; *be* ~ *by* kännas igen [på]; gå under [benämning]; *make* ~ meddela; *make o. s.* ~ [äv.] ge sig tillkänna ~**-nothing** s 1 dumbom 2 agnostiker
knuckle I s knoge II *tr* slå (gnida) med knogarna; kasta III *itr*, ~ *under* (*down*) ge tappt ~**-duster** s box-, slag|ring ~**-joint** s ledgång
knurl [əː] s knopp, knapp; skruv
Kt.=*Knight*
kudos [kju:'dɔs] s S beröm, ära

L

L, l [el] s l
£, l. [paund(z)]=*libra*=*pound* [*sterling*] pund (=20 shillings)
lab=*laboratory* Lab.=*Labour*
la'bel I s etikett; adresslapp II *tr* förse med påskrift; pollettera; beteckna
la'bi|al *a* s labial, läppljud **-ate** [-ət] *a* [bot.] läpp|formig, -blomstrig
labor [Am.]=*labour* **-atory** [læ'b]s laboratorium; verkstad **-ious** [ɔː'r] *a* 1 arbetsam 2 mödosam; tung
la'bour I s 1 arbete, möda, ansträngning; *hard* ~ straffarbete 2 arbetskraft; arbetare [koll.]; *skilled* ~ yrkesarbete, yrkeskickliga arbetare; ~ *exchange* arbetsförmedling 3 *L*~ arbetar|klass, -parti 4 barnsnöd II *itr* 1 arbeta 2 anstränga sig 3 ~ *under* ha att dras (kämpa) med; lida av III *tr* utarbeta; utförligt behandla **-ed** *a* konstlad, tung; besvärad **-er** s [grov-, jordbruks]arbetare **-ing** *a* 1 arbetande 2 betryckt **-ite** s medlem av arbetarpartiet
laburnum [ləbəː'nəm] s gullregn
lac s 1 gummilacka 2 lackarbete
lace I s 1 snör|e, -band; snodd 2 träns, galon 3 spets[ar] II *tr* 1 snöra 2 ~*d* galonerad; spetsgarnerad 3 ~*d with* med strimmor av 4 F piska [upp] 5 F 'spetsa' [dryck] III *itr* snöra sig ~**-bobbin** s knyppelpinne ~**-boot** s snörkänga ~**-pillow** s knyppeldyna
lac'erate *tr* slita sönder, sarga; plåga
lachrymose [læ'krimous] *a* tårfylld
la'cing s 1 [till]snörning 2 snöre; galon; garnering 3 strimma 4 F smörj
lack I s brist; fattigdom II *tr* lida brist på, sakna III *itr* 1 *be* ~*ing* tryta, fattas 2 *be* ~*ing in* sakna
lacker=*lacquer*
lack'ey [i] s lakej [äv. *lacquey*]
lack'|land *a, John L*~ Johan utan land **-lustre** *a* glanslös, enformig

lacquer — 124 — **lapse**

lacquer [læ'kə] I s 1 [lack]fernissa 2 lackarbete II tr lackera
lact‖**ation** s digivning -ic [æ'] a mjölklad s pojke; spoling; F karl
ladd'er s stege; ⚓ lejdare ~-**dredge** s paternosterverk
ladd'ie [i] s [liten] pojke, gosse
lade (~d ~n) tr lasta; ta ombord -n a 1 lastad 2 mättad; fylld; tyngd
la'ding s lastning
la'dle I s slev; skopa II tr ösa, sleva
la'dy s 1 dam; ~-**in-waiting** hovdam; ~'**s man** fruntimmerskarl 2 L~ lady; my ~ ers (hennes) nåd 3 härskarinna; the ~ of the house värdinnan 4 Our L~ Vår Fru; L~ day vårfrudagen 5 ~ author författarinna; ~ doctor kvinnlig läkare; ~ friend väninna; ~ dog hynda ~-**bird** ~-**bug** s [Marie] nyckelpiga ~--**chair** s 'gullstol' ~-**killer** F s kvinnotjusare -like a förnäm, fin ~-**love** s hjärtas dam -**ship** s ladys rang; her (your) ~ hennes (ers) nåd ~'**s-maid** s kammarjungfru

1 **lag** I s S straffånge; old ~ fängelsekund II tr deportera; gripa
2 **lag** itr bli efter, söla; ~ on masa i väg -**gard** [əd] I a sölig, långsam II o. -**ger** s sölkorv, efterliggare
lagoo'n s lagun
la'ic s a lekman[na-]; världslig
laid se lay; be ~ up ligga till sängs
lain se 2 lie
lair [lɛə] s 1 läger, lya, ide 2 inhägnad
laird [ɛə] s godsägare; ~ of herre till
laity [lei'iti] s, the ~ lekmännen
1 **lake** s lackfärg
2 **lake** s sjö; L~ Leman Genèvesjön
lam tr S piska upp, klå
lamb [læm] I s lamm II itr lamma
lam'bent a fladdrande; klar; lekfull
lambkin [læ'mkin] s litet lamm
lame I a lytt, ofärdig, halt[ande]; lam II tr 1 göra ofärdig 2 förlama
lament' I itr klaga, jämra sig II tr beklaga, begråta; ~ed djupt saknad III s 1 veklagan 2 klagosång -**able** [læ'm] a 1 beklaglig, sorglig 2 F bedrövlig -**ation** s veklagan, sorg
lam'in‖**a** s tunn skiva, tunt lager -**ate** tr 1 utvalsa 2 plätera
lamp s lampa; lykta ~-**chimney** s lampglas ~-**globe** s lampkupa -**ion** s marschall ~-**lighter** s lykttändare
lampoo'n s pamflett
lamp'-post [ou] s lyktstolpe
lam'prey [i] s [zool.] nejonöga
lamp'-‖**shade** s lampskärm -**stand** s lampfot
lance [ɑ:] I s lans; lansiär II tr öppna med lansett -**let** s lansettfisk -**r** s lansiär -**t** s 1 lansett 2 spetsbåge
land I s 1 land; by ~ landvägen; make [the] ~ få landkänning; göra an land; ~ ho! ⚓ land i sikte! 2 jord, mark; teg; ~s [jord]egendomar; ägor II tr 1 landsätta, lossa, sätta av 2 dra i land (upp); fånga; F ta in (hem) 3 föra 4 S slå in, ge 5 placera [häst] som vinnare III itr 1 landa, lägga till; gå i land 2 hamna, råka; sluta 3 stiga ur; ta mark; komma ned 4 S gå in, träffa 5 vinna [löpning] ~-**agent** s 1 egendomsagent 2 förvaltare -**ed** a jordägande; jord-; ~ proprietor godsägare -**fall** s landkänning -**holder** s 1 arrendator 2 jordägare -**ing** s 1 landning; forced ~ nödlandning; ~-**net** håv; ~-**waiter** tullvaktmästare 2 landningsplats; kaj; ~-**stage** flottbrygga 3 trappavsats -**lady** s värdinna -**lord** s 1 värd 2 jordägare ~-**lubber** s 'landkrabba' -**mark** s land-, gräns-, rå|märke; [bildl.] milstolpe; märke, kännetecken ~-**plane** s land[aero]plan -**scape** s landskap, natur -**slide** -**slip** s jord|-skred, -ras -**sman** s 'landkrabba' --**surveyor** s lantmätare -**tax** s grundskatt -**ward** [wəd] a land- -**ward**[s] adv mot (inåt) land
lane s 1 smal väg; bakgata, gränd 2 'häck' 3 farled 4 råk 5 red ~ F strupe
language [læ'ŋgwidʒ] s språk; bad ~ ohyfsat språk, svordomar
langu‖**id** [læ'ŋgwid] a slapp, svag, matt; slö, blaserad; trög; långsam; tråkig -**ish** itr 1 avmattas; försmäkta, tyna bort 2 tråna, trängta; ~ing trånsjuk, cmäktande -**ishment** s trånad -**or** [gə] s matthet, svaghet; förslappning; vemod; tröghet; dåsighet -**orous** a matt; trist
lank a 1 slapp 2 gänglig; spenslig 3 stripig -**y** a gänglig, skranglig
lant'ern s 1 lykta, lanterna; dark ~ blindlykta; skioptikon 2 lanternin
lan'yard [jəd] s ⚓ taljerep
1 **lap** s 1 skört, flik; snibb 2 knä, sköte
2 **lap** I tr 1 linda (knyta) in 2 omgiva 3 lägga [ngt] kant över kant 4 [sport.] varva II itr skjuta ut III s 1 överskjutande del 2 varv; skarv
3 **lap** I tr 1 lapa; sörpla i sig 2 plaska mot II itr skvalpa III s 1 hundmat; S 'blask'; sprit 2 lapande 3 skvalp
lap'-dog s knähund
lapel' s [upp]slag [på rock]
lap'id‖**ary** I a [som] huggen i sten, koncis; ~ style stenstil II s stenslipare -**ate** tr stena -**ify** [pi'] tr förstena
lapis lazuli [læ'pislæ'zjulai] s a lasur|-, -blått; azurblå
lapp'et s flik, snibb; lob; skört; slag
Lapp'ish a lapsk
lapse I s 1 förbiseende 2 felsteg, avvikelse 3 nedsjunkande, [åter]fall 4 flöde 5 [för]lopp; tidrymd II itr 1

lapwing — 125 — **lawsuit**

nedsjunka; förfalla 2 hem-, till|falla 3 glida; förflyta; försvinna
lap'wing s [tofs]vipa
lar'board [ɔ:] s babord
lar'cen‖ous a tjuv-; tjuvaktig -y s stöld; *petty* ~ snatteri
larch s lärkträd [äv. ~-*tree*]
lard I s ister[flott] **II** *tr* späcka **-er** s skafferi; visthus **-on -oo'n** s späcktärning **-y** a fet
lares [lε'əri:z] s husgudar
large [lɑ:dʒ] **I** a stor: vid, rymlig; ansenlig; talrik; *in a* ~ *way* på stor fot **II** s **1** *at* ~ fri[tt]; lös, på fri fot; [ut] i vida världen; i detalj; i stort; i största allmänhet **2** *in* ~ i stor skala **-ly** *adv* **1** till stor del; i hög grad **2** rikligt ~-**minded** a storsint; vidsynt
lar'gish [dʒ] a ganska stor, större
1 lark I s F skoj **II** *itr tr* skoja [med]
2 lark s lärka
larr'ikin s ligapojke, ligist
lar'v|a (pl. *-ae* [i:]) s larv
laryn‖gal [i'ŋgl] **-gic** [i'ndʒik] a strup[huvuds]- **-x** [æ'] s struphuvud
Las'car [kə] s [ost]indisk matros
lascivious [si'v] a lysten, liderlig
lash I *tr* **1** piska [på]; prygla, gissla **2** ⚓ surra, göra fast **II** *itr* **1** piska; ~ *out* bråka, rasa; slå bakut **2** störta [sig]; rusa **III** s **1** snärt; piska, gissel **2** [pisk]rapp; spydighet, sarkasm **3** spö|rapp, -straff **4**=*eyelash* **-ing** s **1** prygel **2** ~s *of* F massor av **3** surrtåg
lass s flicka, tös **-ie** [i] s tös[unge]
lass'itude s trötthet; leda
1 last [ɑ:] **I** s läst **II** *tr* lästa [ut]
2 last I a **1** sist; slutlig **2** sist[liden], senast; ~ *year* i fjol; ~ *night* (*evening*) i går kväll **3** [allra] störst, ytterst **II** *adv* [till] sist **III** s [den, det] sista; slut; *see the* ~ *of a p.* se ngn för sista gången
3 last *itr* **1** räcka, vara **2** hålla [sig], stå sig **-ing** a **1** varaktig **2** hållbar
lastly [ɑ:'] *adv* för det sista, slutligen
latch s **1** [dörr]klinka **2** säkerhetslås **-key** [ki:] s portnyckel
late I a **1** sen; försenad; *be* ~ [äv.] komma [för] sent; *in* ~ *August* i slutet av augusti; ~ *riser* sjusovare **2 framliden**, förre, före detta (f. d.) **3 nyligen** inträffad; senast; *of* ~ på sista tiden; nyligen **II** *adv* [för] sent; *as* ~ *as* [äv.] ännu
latee'n *a*, ~ *sail* latinsegel
la'tely *adv* nyligen; på sista tiden
la'tent a latent, dold
la'ter I a senare; yngre, nyare **II** *adv* senare; efteråt; ~ *on* längre fram
lat'eral I a sido- **II** s sidogren
lath [ɑ:] s ribba, spjäla; ~ *and plaster* rappning **-e** [leið] s **1** svarv[stol] **2** drejskiva **3 slagbom**
lath'er [ð] **I** s lödder **II** *tr* tvåla in; F

tilltvåla **III** *itr* löddra sig; bli löddrig **-y** a löddrig; lös[lig], tom
lath‖ing [ɑ:'þ] s spjälverk **-y** a lång och smal
Lat'in I a latinsk **II** s latin; *dog* ~ kökslatin; *thieves'* ~ tjuvspråk
lat'itud‖e s **1** latitud, bredd **2** frihet **-inarian** [ε'ər] a s tolerant [person]
latt'er a senare; ~ *end* slut; död; F bakdel; *these* ~ *days* dessa yttersta dagar; ~-*day* modern, nutida **-ly** *adv* **1** mot slutet **2** på sista tiden
latt'ice [is] s galler[verk] **-d** a gallerförsedd; rutig
Lat'vian a s lett[isk]
laud I s lov, pris; lovsång **II** *tr* prisa **-able** a **1** prisvärd **2** sund
laudanum [lɔ'dnəm] s opietinktur
laudat‖ion s pris, beröm **-or** [ei'] s lovprisare **-ory** [lɔ:'] a prisande, lov-
laugh [lɑ:f] **I** *itr tr* skratta; le; ~ *away* (*off, out*) slå bort med ett skratt; ~ *down*, ~ *out of court* utskratta; ~ *to scorn* hånskratta åt **II** s skratt; *have* (*get*) *the* ~ *of* triumfera över **-able** a skrattretande **-ing-gas** s lustgas **-ing-stock** s åtlöje; driftkucku **-ter** s skratt; munterhet; *loud* (*burst of*) ~ gapskratt; *roars* (*fits, peals*) *of* ~ skallande skrattsalvor
1 launch [lɔ:nʃ] **I** *tr* **1** slunga [ut], avskjuta **2** sjösätta; skjuta ut **3** sätta i gång [med], hjälpa fram; lansera **II** *itr*, ~ *out* **1** utbreda sig; brista ut **2** slösa **3** [äv.] ~ *forth* ge sig ut (in); ~ *out into* inlåta sig på **III** s sjösättning
2 launch s barkass; ångslup, motorbåt
lau'ndr‖ess s tvätterska **-y** s **1** tvätt|stuga, -inrättning **2** tvätt[kläder]
laureate [lɔ:'riit] a lager|krönt, -prydd; lager-; [*poet*] ~ hovskald
laurel [ɔ'] s lager **-led** a lagerkrönt
lava'‖bo s **1** rituell tvagning **2** tvättställ; ~s toalettrum **-tion** s tvättning **-tory** [ɑ:'v] s toalettrum
lave *tr* tvätta; skölja **-ment** s lavemang
lav'ender s lavendel
lav'ish I a **1** slösaktig, frikostig **2** ymnig **II** *tr* [för]slösa **-ness** s slöseri
1 law [lɔ:] *interj* F jösses! [äv. ~*s*]
2 law s **1** lag; rätt; regel; *in* ~ laggill, i laga form **2** juridik, rättsvetenskap; *doctor of* ~ juris doktor; *court of* ~ domstol **3** *the* ~ juristyrket **4** process; *go to* ~ börja process; *have* (*take*) *the* ~ *of* stämma **5** handikap; andrum ~-**abiding** a laglydig ~-**court** s domstol **-ful** a lag[en]lig, laga; legitim; lovlig; lagvigd **-less** a laglös; otyglad ~-**maker** s lagstiftare
1 lawn [lɔ:] s fint linne; batist
2 lawn s gräs|matta, -plan ~-**mower** s gräsklippningsmaskin
law‖suit [lɔ:'sju:t] s rättegång, mål

- -term s 1 lagterm 2 rättegångstermin -yer [jə] s jurist; advokat
lax a lös[lig], slapp; vag -ative I a avförande II s laxermedel -ity -ness s lös[lig]het, slapphet; obestämdhet
1 lay [lei] s sång; ballad
2 lay a 1 lekmanna-; ~ figure mannekäng; leddocka; ~ reader lekman som leder gudstjänst 2 ej trumf
3 lay se 2 lie
4 lay I (laid laid) tr 1 lägga; placera; för-, an|lägga, ordna; lägga på', belägga; slå ned; rikta [in]; ~ bricks mura; ~ the fire lägga in brasan; ~ a ghost besvärja (driva bort) en ande; ~ hold on (of) fatta tag i, gripa; ~ the keel sträcka kölen; ~ siege to belägra 2 duka [fram] 3 våga, hålla; ~ a wager (a bet) slå vad 4 lägga fram 5 göra upp, tänka ut 6 pålägga 7 ~ bare blotta; ~ low slå ned; förödmjuka; ~ open öppna; blotta; utsätta; ~ waste ödelägga 8 ~ about F ge på huden; ~ about o. s. bråka, väsnas; ~ aside lägga bort (av); uppge; bortse från; ~ by lägga av; ~ down [äv.] deponera, betala; offra; utstaka, sträcka [köl]; fastslå; utarbeta; ~ in lägga in (upp); ~ into F puckla på; ~ on [äv.] anbringa, utdela; ge på'; leda in; ~ it on thick smickra grovt; 'peppra'; ~ out [äv.] duka fram; svepa; S ta kål på; ge ut; anlägga, planera; ~ o. s. out sträva; ~ up [äv.] lagra; spara II str 1 värpa 2 slå vad, hålla 3 ✧ P ligga 4 ~ by ✧ lägga bi; ~ on slåss; ~ to hugga i'; ✧ lägga bi; ~ up F lägga sig sjuk III s 1 läge, riktning 2 S jobb
lay'er s 1 vadhållare; värphöna 2 lager 3 [trädg.] avläggare -ed a lagrad
lay'man s lekman
lay'||ou't s planering, anläggning; reklam -stall s gödsel-, skräp|hög
laz||e I itr lata sig; slå dank II tr, ~ away slöa bort -iness s lättja -y I a lat, lättjefull; dåsig II=laze
lb. [paund] (=[lat.] libra=pound) skålpund L. C. C. = London County Council Ld. = Lord; limited
leach tr utluta; urlaka
1 lead [led] I s 1 bly; red ~ mönja; white ~ blyvitt 2 blyerts; ~s blyertsstift 3 kula 4 ✧ [sänk]lod 5 plomb 6 ~s bly|tak, -infattning II tr 1 infatta i bly 2 plombera
2 lead [li:d] I (led led) tr itr 1 leda, föra; vägleda; anföra; vara först; ~ the field ligga i täten; ~ [the way] gå först, ta ledningen; ~ off öppna, inleda; ~ on locka 2 föranleda 3 föra, leva [liv]; ~ a p. a life göra livet surt för ngn 4 spela ut, dra II s 1 ledning; ledtråd; ledande plats; exempel 2 förhand, drag; första kast [o.

d.]; get the ~ komma in 3 huvudroll 4 [is|ränna 5 koppel [rem]
leaden [le'd] a bly-; tung; dyster
leader [i:'] s 1 ledare; [an]förare, chef; dirigent; tätkarl 2 [topp]skott; ranka 3 sena -ette s kort ledare
1 leading [e'] s bly[infattning]
2 leading [i:'] a ledande, led[ar]-; förnämst; ~ case prejudikat
lead||-line [e'] s ✧ lodlina - -pencil s blyertspenna -work s 1 blyarbete 2 ~s bly|verk, -hytta -y a blygrå
leaf I s (pl. leaves) 1 löv, blad; lövverk; fall of the ~ lövfällning, höst; turn over a new ~ börja ett nytt liv 2 flygeldörr; [fönster]lucka 3 klaff; skiva 4 tand [i drev] 5 S permis[sion] II itr lövas -age s lövverk -ed a -bladig -ing s lövsprickning -less a kal -let s litet blad; flygblad ~-work s bladverk -y a lövad, lummig
1 league [li:g] s [fransk] mil, 'halvmil'
2 league I s liga, förbund; komplott; the L~ of Nations Nationernas förbund II itr rfl ingå förbund
leak s itr läcka; ~ out sippra ut -age s 1 läck|ande, -age 2 [bildl.] åderlåtning; utsippprande; försvinnande -y a 1 läck, otät 2 lösmynt
1 lean a mager; torftig
2 lean I (reg. el. leant [e] leant) itr tr 1 luta [sig]; stödja [sig]; förlita sig 2 vara böjd (benägen, svag) II s lutning -ing s 1 lutning 2 böjelse, tendens
leap I (reg. el. leapt [e] leapt) itr tr hoppa [över] II s hopp, språng; hinder; by ~s and bounds med stormsteg ~-day s skottdag ~-frog s itr tr hoppa bock [över] ~-year s skottår
learn [ə:] (reg. el. -t -t) tr itr 1 lära [sig]; läsa på 2 få veta (höra) -ed [id] a lärd -er s lärjunge; nybörjare -ing s 1 studium 2 lärdom; the new ~ humanismen; renässansen
lease [s] I s arrende, uthyrning; arrende-, hyres|tid, -kontrakt II tr arrendera, hyra [ut]
leash [li:ʃ] I s 1 koppel, rem 2 [jakt.] tre [stycken] 3 solv II tr koppla
least I a adv minst; ~ of all allra minst II s [det] minsta; at ~ åtminstone; at [the] ~ minst; to say the ~ minst sagt -ways adv P eller åtminstone
leather [le'ðə] I s 1 läder; skinn; patent ~ blankläder; ~ apron förskinn 2 läder|rem, -bit, packning; S läder[kula], boll; ~s benläder; ridbyxor; skor II tr F piska upp -ett́-e s läderimitation -n -y a läderartad
1 leave I (left left) tr 1 lämna [kvar (efter sig)]; ~ hold of släppa; ~ go P släppa taget; ~ it at that lämna det därhän 2 testamentera 3 gå (resa) ifrån; ~ this (here) resa härifrån; ~ school sluta skolan 4 över|låta, -läm-

na; låta 5 ~ *behind* [ɛftər]lämna; glömma; lämna i sticket (efter sig); ~ *off* sluta; lägga av; ~ *out* utelämna; förbigå; ~ *over* låta stå över t. v. II *itr* [av]gå, [av]resa; flytta III *s* 1 lov, tillåtelse 2 permission [äv. ~ *of absence*]; *ticket or* ~ *frisedel* 3 avsked, farväl; *take French* ~ smita 2 leave *itr* lövas, spricka ut
leaven [e] I *s* surdeg II *tr* genomsyra
leaves [li:vz] se *leaf*
lea'ving *s*, ~s kvarlevor; avfall
lech'er||ous *a* liderlig -y *s* liderlighet
lect'ern *s* korpulpet
lec'ture [tʃə] I *s* före|läsning, -drag; *read a p. a* ~ läxa upp ngn II *itr* föreläsa III *tr* läxa upp -r *s* föreläsare; docent
led se 2 *lead*
ledg||le [dʒ] *s* 1 list, hylla 2 klipp|avsats, -rev 3 malmlager 4 tvärslå -er *s* 1 huvudbok; liggare 2 gravsten
lee *s* lä[sida]; ~ *shore* läland
1 leech *s* blodigel; [bildl.] blodsugare
2 leech[-rope] *s* ⚓ lik
leek *s* purjolök
leer I *s* sneglande (lömsk) blick II *itr* snegla, blänga -y *a* S slug; dolsk
lees [z] *spl* drägg, bottensats
lee||ward [lju:'əd] I *a adv* lä-, i lä; *L ~ Islands* Små Antillerna II *s* lä; *to* ~ ner i lä -way [li:'] *s* ⚓ avdrift
1 left (av *1 leave*) *a* kvar; *to be ~ till called for* poste restante
2 left I *a adv* [till] vänster II *s* vänster[hand, -sida]; *over the* ~ S tvärtom förstås ~-hand *a* vänster- ~-handed *a* 1 vänsterhänt; vänster- 2 tafatt, avig; tvetydig 3 morganatisk -ward[s] [ə] *adv* till (åt) vänster
leg I *s* 1 ben; *feel (find) o.'s* ~*s* lära sig stå (gå); känna sig säker; trivas; *give a p. a* ~ [*up*] hjälpa ngn [upp]; *keep o.'s* ~*s* hålla sig på benen; *pull a p.'s* ~ F driva med ngn; *put o.'s best* ~ *foremost* lägga benen på ryggen; lägga manken till 2 lägg, lår[stycke] 3 S svindlare 4 ⚓ slag II *itr*, ~ *it* F lägga i väg
leg'acy *s* testamentarisk gåva; arv
le'gal *a* 1 laga, lag-; lag[en]lig; rättslig; juridisk; *the* ~ *profession* juristerna 2 lagisk -ity [æ'] *s* 1 lag[en]lighet 2 formalism 3 utvärtes laglydnad -ize *tr* legalisera, göra laglig
leg'-and-leg' *a* S lika, i jämnbredd
leg'at||e [it] I *s* legat, påvligt sändebud II [ei't] *tr* testamentera -ee' *s* arvinge -ion *s* beskickning -or [ei'] *s* testator
leg'end [dʒ] *s* 1 legend, sägen 2 inskrift; devis -ary I *a* legendarisk; sagolik II *s* legendsamling
leg'||ging *s*, ~*s* benläder, damasker --guard *s* benskydd -gy *a* långbent
eg'ible [dʒ] *a* läslig, tydlig

legion [li:'dʒən] *s* stor skara; legio -ary *s* legionär
leg'isl||ate [dʒ] *itr* stifta lagar -ation *s* lagstiftning -ative *a* lagstiftande -ator *s* lagstiftare -ature [eitʃə] *s* lagstiftande församling
le'gist [dʒ] *s* rättslärd
legit'im||acy [dʒ] *s* laglighet; äkta börd; rättmätighet -ate I [it] *a* 1 legitim, laglig; äkta; befogad 2 normal II *tr* legitimera; rättfärdiga
leg'ume (ju:] *s* skidfrukt; ~*s* legymer
leister [li:'stə] I *s* ljuster II *tr* ljustra
leisure (le'ʒə] *s* ledighet, frihet; lägligt tillfälle, [fri]tid; *at* ~ ledig; i lugn och ro; *at your* ~ efter behag; ~ *hours (time)* lediga stunder -ly I *a* ledig; lugn, maklig II *adv* i lugn och ro
lemm'ing *s* fjällämmel
lem'on *s* citron; citronfärg[ad] ~-drop *s* citronkaramell ~-juice *s* citronsaft
lend (*lent lent*) *tr* 1 låna [ut] 2 ~ *o. s. to* [äv.] lämpa sig för 3 giva, skänka; ~ *an ear* lyssna -er *s* långivare
length *s* 1 längd; utsträckning; [lång] sträcka; *of some* ~ längre; *full* ~ raklång; ~ *of rope* repstump; *go to any* ~ gå hur långt som helst; *go the whole* ~ ta steget fullt ut 2 *at* ~ a) utförligt; b) slutligen, äntligen -en *tr itr* förlänga[s]; ~*ed* längre; utdragen -ways -wise *adv* på längden, långsefter -y *a* lång[randig]
le'ni||ence -ency *s* mildhet -ent *a* mild, överseende -tive [le'n] *s* smärtstillande [medel] -ty [e'] *s* mildhet
lens [lenz] *s* [fys.] lins
lent se *lend*
Lent *s* fasta[n], fastlag[en]; ~ *term* vårtermin; ~ *roddtävlingar*
lent||ic'ular *a* linsformad -'il *s* [bot.] lins
le'onine *a* lejon-; majestätisk
leopard [le'pəd] *s* leopard
lep'||er *s* spetälsk -rosy [rəsi] *s* spetälska -rous *a* spetälsk
les||e-maj'esty [li:z] *s* majestätsbrott, högförräderi -ion [li:ʒn] *s* skada
less I *a adv s* mindre; *the* ~ ju (desto) mindre; *in* ~ *than no time i* en handvändning II *prep* minus, så när som på
lessee' *s* arrendator, hyresgäst
less'||en I *tr* [för]minska II *itr* minskas; avtaga -er *a* mindre
less'on I *s* 1 läxa; *say o.'s* ~ läsa upp sin läxa 2 lektion 3 läxa, lärdom; skrapa 4 bibeltext II *tr* läxa upp
lessor [lesɔ:'] *s* utarrenderare; värd
lest *konj* 1 för (så) att icke; ifall 2 att
let I (*let let*) *tr* 1 låta 2 hyra (arrendera) ut; ~ *o. s.* *go* låta sig ryckas med 3 släppa; ~ *down* [äv.] svika; förödmjuka; ~ *in* [äv.] fälla (lägga) in; F lura; ~ *into* [äv.] inviga i; F anfalla; ~ *off* av|skjuta, -fyra; låta slippa; släppa [ut]; hyra ut II *itr* 1

uthyras 2 ~ *on* S skvallra, låtsa 3 ~ *out* F slå; gräla III *s* uthyrande ~**-down** *s* besvikelse
letharg‖ic[al] [α:'dʒ] *a* sömnsjuk **-y** [le'þədʒi] *s* letargi, dvala
1 lett'er *s* en som hyr ut
2 letter *s* 1 bokstav; *to the* ~ till punkt och pricka 2 brev; *dead* ~ obeställbart brev; ~ *to the paper* (*editor*) insändare; ~*s patent* öppet (kungligt) brev 3 ~*s* litteratur; lärdom; *man of* ~*s* författare ~**-box** *s* brevlåda ~**-card** *s* kortbrev **-ed** *a* bildad, boksynt; litterär **-press** *s* text ~**-weight** *s* brevpress; brevvåg
lett'uce [is] *s* laktuk; [huvud]sallat
levant' *itr* rymma, smita
lev'el I *s* 1 vattenpass 2 [vågrät] yta, plan, nivå; jämnhöjd 3 jämn mark, slätt II *a* 1 jämn, slät, plan 2 vågrät; i jämnhöjd, jämställd; likformig; *do o.'s* ~ *best* göra sitt allra bästa 3 avpassad 4 redig, klar III *tr* 1 jämna, planera 2 nivellera; utjämna; göra likställd 3 jämna med jorden 4 av-, an|passa 5 rikta
le'ver I *s* hävstång, spak; *gear* ~ växelspak; ~ *watch* ankarur II *tr* lyfta med hävstång, baxa
levi'athan *s* havsvidunder; koloss
lev'ity *s* ytlighet; lättsinne
lev'y I *s* 1 uttaxering 2 uppbåd II *tr* 1 uttaxera, pålägga; utpressa 2 utskriva, uppbåda; ~ *war* börja krig
lewd [lju:d] *a* liderlig
liab‖il'it|y [lai] *s* 1 ansvar[ighet]; skyldighet 2 utsatthet; benägenhet; fara 3 *-ies* skulder **-le** ['--] *a* 1 ansvarig; underkastad; förpliktad; ~ *to duty* tullpliktig 2 utsatt; benägen; *be* ~ *to* [äv.] riskera att; lätt kunna
liar [lai'ə] *s* lögn|are, -erska
libation *s* libation; dryckes|offer, -lag
li'bel I *s* 1 smädeskrift; skymf 2 käromål II *tr* 1 smäda 2 [jur.] stämma **-ler** *s* smädeskrivare ~**-lous** *a* smädlig
lib'er‖al *a* 1 frikostig; riklig 2 [fördoms]fri; ~ *education* högre bildning **-ality** [æ'] *s* frikostighet **-ate** *tr* frigiva; befria **-ation** *s* befrielse
lib'ertine I *s* vällusting II *a* utsvävande
lib'ert|y *s* frihet; **-ies** [äv.] privilegier; *you are at* ~ *to* det står er fritt att
libid'inous *a* vällustig
librar‖ian [laibrε'ə] *s* bibliotekarie **-y** [lai'-] *s* bibliotek
lice se *louse*
li'cen‖ce I *s* 1 licens, tillstånd; rättighet[er]; körkort 2 självsvåld; lättsinne 3 frihet II *tr* se följ. **-se** *tr* bevilja rättighet[er], tillåta **-tious** [e'nʃəs] *a* utsvävande; självsvåldig
lichen [lai'ken] *s* 1 lav 2 revorm
lic'it *a* tillåten, laglig
lick I *tr* 1 slicka [i sig]; ~ *into shape* sätta fason på 2 S klå; besegra II *itr* S 1 segra 2 sätta i väg **-ing** *s* F slickning 2 S rapp 3 S fart **-ing** *s* F smörj **-spittle** *s* F tallriksslickare
licorice [li'kəris] = *liquorice*
lid *s* 1 lock 2 ögonlock
1 lie [lai] I *s* lögn, osanning; *give the* ~ *to* vederlägga II *itr* ljuga
2 lie I (*lay lain*) *itr* 1 ligga 2 [om väg] gå, föra 3 ~ *down* lägga sig; ~ *in* [äv.] bero på; ligga i barnsäng; ~ *on* [äv.] åligga, bero på; ~ *to* ♃ ligga bi; ~ *to o.'s work* ligga i'; ~ *up* lägga sig, ligga upp; ~ *with* tillkomma II *s* läge; riktning; tillstånd ~**-abed** *s* sjusovare
lief [li:f] *adv* gärna
liege [li:dʒ] I *a* länspliktig; ~*lord* länsherre II *s* 1 [läns]herre 2 ~*s* vasaller
lieu [lju:] *s, in* ~ *of* i stället för
lieuten‖ancy [lefte'n] *s* 1 ståthållarskap 2 löjtnants tjänst (rang) **-ant** *s* 1 ställföreträdare; ~**-governor** viceguvernör 2 löjtnant
life (pl. *lives*) *s* 1 liv, livs|tid, -längd; *for dear* ~ för brinnande livet; *at my time of* ~ vid min ålder; *early* ~ ungdom[en] 2 levnad[ssätt]; *see* ~ leva me'd; *high* ~ societet[slivet] 3 levnadsteckning 4 verklighet, natur[lig storlek); *to the* [*very*] ~ naturtroget ~**-blood** *s* hjärt[e]blod ~**-buoy** *s* livboj ~**-guard** *s* livvakt; *Life Guards* livgarde ~**-in'terest** *s* livränfa **-ike** *a* livslevande ~**-long** *a* livslång, för livet ~**-office** *s* livförsäkringsanstalt ~**-preserver** *s* 1 liv|räddningsredskap, -bälte 2 blydagg ~**-saving** *s* a livräddning[s-] ~**-size** *a* i kroppsstorlek ~**-string** *s* livs|nerv, -tråd ~**-weary** *a* levnadstrött
lift I *tr* 1 lyfta [upp, av], höja; ~ *o.'s hand* gå ed; ~ *a hand* ta ett handtag 2 F stjäla II *itr* lyfta; höja sig III *s* 1/lyftande, höjning; börda 2 hjälp, handtag; *give a p. a* ~ [äv.] låta ngn få åka med 3 lyft-, fall|-höjd 4 hiss **5 upphöjning** ~**-boy** *s* hisspojke **-er** *s* 1 lyft|verk, -arm 2 tjuv
1 light [lait] I *s* 1 ljus; sken; dagsljus, dager; belysning; *set to* ~ sätta eld på; *get out of my* ~ stå inte om skym mig 2 himlakropp; lampa, låga, eld; tändsticka 3 ♃ fyr; lanterna 4 ~*s* förstånd, vett 5 ljusöppning; fönsterruta 6 ~*s* S ögon II *a* ljus; be-, upp|lyst III (reg. el. *lit lit*) *tr* 1 tända [på]; ~ *up* F tända [sin pipa] 2 [be-, upp]lysa IV *itr* (se III) 1 tändas, ta eld 2 ~ *up* lysa upp
2 light I *a* 1 lätt [mots. *heavy*]; ~ *hand* lättmatros; *of touch* lätt på handen; *fall* ~ ♃ mojna 2 ej fullviktig 3 lätt lastad; ♃ tom 4 lös; porös; tunn 5 oviktig; *make* ~ *of*

light — 129 — **lip**

ringakta, negligera 6 tank-, sorg|lös; flyktig; lättsinnig II *adv* lätt
3 **light** (reg. cl. *lit lit*) *itr* stiga av; falla (slå) ner; ~ *[up]on* råka på, hitta
light-bulb [´lai't] *s* glödlampa
1 **lighten** [laitn] I *tr* upplysa II *itr* 1 ljusna 2 blixtra
2 **lighten** *tr itr* lätta
1 **lighter** [´lai'tə] *s* [lykt]tändare
2 **lighter** *s* ⊕ liktare, pråm
light-||fingered [´lai't] *a* långfingrad -**handed** *a* lätt på handen; försiktig -**hearted** *a* yr; förryckt -**hearted** *a* sorglös; lättsinnig -**heeled** *a* lättfotad
lighthouse [´lai't] *s* fyr[torn]
lightning [´lai't] *s* blixt[rande]; *a flash of* ~ en blixt; *summer (sheet)* ~ kornblixt; ~ *fastener* [slags] blixtlås ~-**conductor** ~-**rod** *s* åskledare
lightship [´lai't[ʃip] *s* fyrskepp
light||some [´lai't] *a* 1 lätt, luftig 2 glad 3 flink - -**weight** *s* lättvikt[are]
lig'neous [gni] *a* träartad; trä-
1 **like** I *a* 1 lik[a]; *be* ~ likna, se ut som; *what is he* ~? hurdan är han? *feel* ~ [äv.] F ha lust att; *look* ~ likna; *something* ~ omkring, någorlunda; *something* ~ *a day* F en särdeles [lyckad] dag; *there is nothing* ~ ingenting går upp mot 2 samma; liknande; ~ *master* ~ *man* sådan herre sådan dräng II *konj.* [lik]som, lik[t]; ~ *this* så[dan] här; ~ *that* på det sättet; så[dan] där; ~ *anything* oerhört; *nothing* ~ F visst inte; inte på långt när III *s* dylikt, sådant [*the* ~]; like, make[n]; *and the* ~ [äv.] med flera; *the* ~*s of me* F sådana som jag; *such* ~ dylikt|t, -a
2 **like** I *tr* tycka om; vilja; *I don't* ~ *him to come* jag tycker inte om att han kommer II *s*, ~*s* sympatier -**able** *a* tilltalande, behaglig
li'ke||lihood *s* sannolikhet -**ly** I *a* 1 sannolik; *we are* ~ *to get* vi få troligen 2 lämplig; ägnad; lovande II *adv* sannolikt [i uttr. *more (most, very)* ~] -n *tr* likna [*to vid*] -**ness** *s* 1 likhet 2 skepnad; form 3 porträtt -**wise** *adv* också, likaledes
li'king *s* tycke, sympati; smak
li'lac [ək] *s a* 1 syren 2 lila
lil'y *s* lilja; ~ *of the valley* liljekonvalje
limb [lim] I *s* 1 lem; ben; *sound in* ~ frisk och färdig 2 F rackarunge 3 trädgren 4 led II *tr* lemlästa; stycka
lim'ber *a* böjlig, smidig
lim'bo *s* förgård till helvetet; S fängelse
1 **lime** *s* lind [= ~-*tree*]
2 **lime** I *s* kalk II *tr* 1 kalka 2 bestryka med lim; fånga med lim; snärja ~-*cast* s rappning ~-**light** *s* kalkljus; rampljus ~-**quarry** *s* kalkbrott
lim'it I *s* gräns; *that's the* ~! S det är då höjden! II *tr* begränsa; inskränka;

~*ed* [*liability*] *company* aktiebolag -**ation** *s* 1 begränsning, inskränkning; gräns 2 fatalietid
1 **limp** *a* mjuk, böjlig; vek
2 **limp** I *itr* halta II *s* haltande
lim'pid *a* genomskinlig, klar
li'my *a* 1 kalk-; kalkhaltig 2 klibbig
li'nage *s* radantal; arvode per rad
linch'pin *s* hjulsprint
lin'den *s* lind
1 **line** I *s* lin II *tr* fodra, bekläda; fylla
2 **line** I *s* 1 lina; [met]rev; streck; tråd, kabel; *by rule and* ~ efter linjal 2 linje; kontur; rynka, fåra; strimma; ~*s* [anlets]drag; *toe the* ~ hålla sig på mattan; *in* ~ i ordning 3 gräns[linje] 4 *the* ~ ekvatorn, 'linjen' 5 *the* ~ linjetrupperna; fronten; *in* ~ på linje; *fall into* ~ falla in; *down the* ~ ur eldlinjen; *ship of the* ~, ~-*of-battle ship* linjeskepp 6 [trafik]led, linje, rutt; spår; bana; *branch* ~ bibana; *get off the* ~ spåra ur; *the up* ~ Londonspåret 7 rad; räcka; kö 8 ätt, familj; *the male* ~ manssidan 9 riktning, kurs, väg; ~ *of thought* tankegång 10 bransch, gren 11 [hand.] order; lager 12 ~*s* lott, öde; *hard* ~*s* otur II *tr* 1 linjera; teckna, skissera; ~*d* randig, fårad; ~ *through* överkorsa 2 ordna i linje 3 kanta 4 S klå III *itr* bilda linje (kö)
line||age [´li'ni] *s* 1 härstamning 2 ätt-[lingar] 3 = *linage* -**al** *a* i rätt nedstigande led -**aments** *spl* [anlets]drag -**ar** *a* 1 linje-, linear- 2 jämbred -**ation** *s* kontur; linjesystem -**man** [ai'] *s* linjearbetare; kabelläggare; banvakt
lin'en *s* linne, lärft; underkläder; *dirty* ~ smutskläder, tvätt
li'ne||r *s* oceanångare, linjefartyg -**sman** *s* 1 linjesoldat 2 linjeman
ling *s* ljung
lin'ger [ŋg] I *itr* 1 dröja [sig kvar]; tveka; söla 2 [fort]leva II *tr*, ~ *away (out)* förhala; förspilla -**er** *s* sölare -**ing** *a* dröjande; lång[sam]
lingo [´li'ŋgou] *s* språk, rotvälska
lingu||ist [´li'ŋgwist] *s* språkkunnig person -**is'tic** *a* språk[vetenskap]lig
li'ning *s* foder; *silver* ~ ljuspunkt
1 **link** I *s* 1 länk, led; ögla, maska 2 manschettknapp II *tr itr* sammanlänka[s], förena [sig]; gå arm i arm
2 **link** *s* fackla, bloss
links *spl* 1 strandhed 2 golfbana
linn'et *s* hämpling
lin'seed *s* linfrö
lint *s* charpi, linneskav
lin'tel *s* överstycke, dörrträ
li'ny *a* 1 streckad; fårad 2 smal
li'on *s* lejon; *the* ~'*s share* lejonparten; ~*s* sevärdheter -**ess** *s* lejoninna
lip I *s* 1 läpp; *smack o.'s* ~*s* slicka sig om munnen 2 brädd, kant; pip 3

S prat; nosighet **II** *tr* 1 kyssa 2 viska
~**-service** *s* tomma ord
liqu||efy [li'kwifai] *tr itr* smälta; kondensera[s] **-eur** [likju'ə] *s* likör
liq'uid I *a* 1 flytande 2 [bildl.] klar, genomskinlig; smältande 3 disponibel **II** *s* vätska **-ate** *tr* likvidera **-ator** *s* utredningsman **-ity** [i'd] **-ness** *s* flytande tillstånd
liquor [li'kə] **I** *s* 1 [rus]dryck, sprit; *in* ~, *the worse for* ~ berusad 2 vätska; spad, lut **II** *tr* 1 S 'fylla' 2 blöta
liquorice [li'kəris] *s* lakrits[rot]
liquorish [li'kə] *a* begiven på sprit
lisp I *itr tr* läspa **II** *s* läspning
liss'om[e] *a* smidig, mjuk; vig
1 **list** *s* 1 list 2 ~*s* tornerplats; arena
2 **list** [l *s* lista; rulla **II** *tr* 1 anteckna 2 prissätta **III** *itr* P ta värvning
3 **list** *itr s* ⚓ [få (ha)] slagsida
listen [lisn] *itr* lyssna, höra på; ~ *in* nörä radio **-er** *s* åhörare; lyssnare
list'less *a* lik|nöjd, -giltig
lit se *light*
lit'any *s* litania
lit'er||acy *s* läs- och skrivkunnighet **-al** *a* 1 ordagrann 2 bokstavlig, egentlig 3 fantasilös **-ally** *adv* 1 ordagrant 2 bokstavligen; i egentlig betydelse **-ary** *a* litterär; vitter; ~ *critic* litteraturkritiker **-ate** [it] *a* bildad; läs- och skrivkunnig **-ator** *s* skriftställare **-ature** [li'tritʃə] *s* litteratur
lithe [laið] *a* böjlig, smidig, mjuk
Lithua'nian [ju] **I** *a* litauisk **II** *s* litauer
lit'ig||ate *itr tr* processa [om]; tvista [om] **-aticn** *s* rättstvist **-ious** [i'dʒəs] *a* 1 processlysten 2 bestridd 3 processlit'mus *s* lackmus
litre [li:'tə] *s* liter
litt'er I *s* 1 bår 2 strö; gödsel 3 skräp; oreda; *in a* ~ huller om buller 4 kull **II** *tr* 1 strö under (på) 2 beströ; skräpa ner [på] 3 yngla **-y** *a* skräpig
little I *a* 1 liten, obetydlig; *the* ~ *ones* småttingarna; ~ *man* småkapitalist; [min] gosse; ~ *thing* småsak; pyre 2 futtig 3 litet, föga; *a* ~ [något] litet, en smula **II** *adv* s litet, föga; *a* ~ jfr *I 3*; ~ *by* ~ så småningom ~**-go** *s* 'filen' [förbered. exam.]
litt'oral *a* kust-, strand-
livable = *liveable*
1 **live** [ai] *a* 1 [livs]levande 2 kraftfull, 'vaken' 3 aktuell 4 glödande 5 laddad, skarp; livsfarlig 6 rörlig
2 **live** [liv] **I** *itr* 1 leva; ~ *on*' fortleva; ~ *through* upp-, över|leva; ~ *up to* leva enligt (efter), leva upp; hävda; ~ *to see* uppleva; ~ *close* leva snålt; ~ *and learn* man lär så länge man lever 2 bo; vistas 3 ⚓ hålla sig flytande [~ *afloat*] **II** *tr* leva; ~ *down* bringa i glömska; övervinna **-able** *a* 1 dräglig 2 beboe-

lig -lihood [lai'v] *s* uppehälle **-long** *a* hel[a] lång[a] **-ly** [lai'] *a* livlig; [levnads]glad; spännande **-n** [ai] *tr itr*, ~ *up* liva upp, bli livligare, ljusna
1 **liv'er** *s*, *a good* ~ en goddagspilt
2 **liver** *s* 1 lever 2 leversjuka
liveried [li'vərid] *a* livréklädd
1 **liv'er||y** *a* 1 lever|artad, -brun 2 leversjuk; F retlig [äv. *-ish*]
2 **liv'ery** *s* 1 livré; dräkt 2 gille, korporation **-man** *s* gillebroder ~**-stable** *s* hyrstall; hyr[kusk]verk
lives I [ai] se *life* **II** [i] se *2 live*
li've-stock *s* kreatursbesättning
liv'id *a* bly-, ask|grå, dödsblek
liv'ing *s* 1 liv; vistelse 2 uppehälle, utkomst; ~ *wage* existensminimum 3 pastorat ~**-room** *s* vardagsrum
lizard [li'zəd] *s* ödla
Lizz'ie *s* 1 S [Ford]bil, 'kärra' 2 S stor kanon (granat)
LL. D. = *Doctor of Laws* juris doktor
lo *interj* si! se! tänk!
load [ou] **I** *s* 1 last; lass; börda; tyngd 2 belastning 3 laddning 4 ~*s* F massor **II** *tr itr* 1 lasta; lassa 2 belasta 3 ladda 4 över|lasta, -fylla, -hopa **-star** = *lodestar* **-stone** *s* magnet
1 **loaf** [ou] **I** *s* (pl. *loaves*) 1 bröd, bulle, limpa 2 sockertopp 3 [kål]-huvud **II** *itr* knyta sig [äv. *loave*]
2 **loaf I** *itr* 1 slå dank 2 stryka omkring; flanera **II** *s* 1 dagdriveri 2 promenad **-er** *s* dagdrivare; flanör
loam [ou] *s* ler|a, -jord **-y** *a* lerig
loan [ou] **I** *s* lån; *on* ~ till låns **II** *tr* låna [ut] ~**-office** *s* lånekontor; pant-bank ~**-society** *s* lånekassa
loath [ou] *a* ohågad, ovillig; *nothing* ~ ej ovillig (ogärna) **-e** [louð] *tr* avsky **-ing** [lou'ðiŋ] *s* avsky **-ness** *s* motvilja **-some** *a* vämjelig; avskyvärd
loav||ed [lou] **-es** se *1 loaf*
lobb'y *s* [för]hall, korridor; foajé **-ist** *s* korridorpolitiker
lobe *s* lob; flik; snibb
lobscouse [lɔ'bskaus] *s* lapskojs
lob'ster *s* hummer
lo'cal I *a* lokal[-], plats-, orts-; rums-; ~ *government* kommunal självstyrelse; ~ *taxes* kommunalskatt **II** *s* 1 'infödïng' 2 lokaltåg **-e** [ɑ:'] *s* plats, scen **-ism** *s* 1 lokal natur 2 lokalpatriotism 3 provinsialism **-ity** [æ'] *s* 1 läge 2 plats 3 ort **-ize** *tr* lokalisera; begränsa
loc||a'te [ou] *tr* 1 lokalisera 2 placera; ~*d* [äv.] belägen **-ation** *s* 1 lokalisering 2 placerande: läge, plats
loch [lɔk] *s* 1 [in]sjö 2 fjord
1 **lock** *s* 1 [hår]lock 2 tapp, tott
2 **lock I** *s* 1 lås 2 spärr, sprint; broms 3 [trafik]stockning 4 sluss **II** *tr* 1 låsa [igen], stänga; ~ *out* utestänga; avstänga från arbete; ~ *up* låsa till (in,

lockage — 131 — **loquacity**

ner); stänga [in]; arrestera; spärra 2 innesluta; ~ed [äv.] sluten; invecklad 3 slussa III *itr* 1 gå i lås; gå att låsa 2 låsa sig, fastna; gripa 3 ✕ sluta upp 4 slussa **-age** s sluss|-höjd, -avgift ~**-chamber** s slussbassäng **-er** s skåp; fack; pulpet **-et** s medaljong ~**-gate** s slussport ~**-nut** s stoppmutter **-smith** s låssmed ~**-up** s 1 stäng|ning, -dags 2 finka
locomo't||ion [lou] s 1 förflyttning; rörelseförmåga 2 fortskaffningssätt; *means of* ~ samfärdsmedel **-ive** a s rörlig; rörelse-; ~ [*engine*] lokomotiv
lo'cust [əst] s 1 gräshoppa 2 akacia
locu'tion s talesätt; uttryck
lode s malm|åder, -gång **-star** s polstjärna; ledstjärna **-stone** s magnet
lodg||e [lɔdʒ] I s 1 hydda 2 [grind-] stuga; bostad 3 kula, lya 4 [ordens-] loge II *tr* 1 inhysa; hyra ut rum åt; *be* ~*d* bo 2 placera; inge III *itr* 1 bo 2 slå ned; fastna **-[e]ment** s [in-] kvarter[ing]; fast fot **-er** s hyresgäst **-ing** s husrum; logi; *board and* ~ inackordering; ~s [möblerade] rum, bostad **-ing-house** s privathotell
loft s 1 loft, vind; skulle 2 duvslag 3 läktare **-y** a hög; ståtlig; upphöjd
log I s 1 stock; trä|kloss, -kubb 2 F träskalle 3 ♩ logg[bok]; *heave the* ~ logga II *tr* 1 hugga i stockar 2 anteckna [i loggbok] ~**-cabin** s blockhus **-gerhead** s 1 träskalle 2 *be at* ~*s* vara osams ~**-house** ~**-hut** s blockhus
log'ic [dʒ] s 1 logik **-al** a logisk **-ian** [dʒi'[n] s logiker
log'-||line s ♩ logglina **-reels** ♩ loggrulle **-roll** *itr* kompromissa; hjälpas åt
loin s 1 ~s länder, njurtrakt 2 njurstek ~**-cloth** s skynke
loi'ter I *itr* söla; gå och driva II *tr*, ~ *away* förslösa **-er** s sölare; dagdrivare **-ing** I a sölig II s söl; dagdriveri
loll *itr* sträcka (vräka, lata) sig; hänga
loll'ipop s, ~s gotter, 'klubbor'
loll'op *itr* F 1 lata sig 2 skumpa
London [lʌ'ndən] *npr,* ~ *particular* F londondimma **-er** s londonbo
lone a ensam; enslig **-liness** s ensamhet **-ly -some** a en|sam, -störig, enslig 1 **long** *itr* längta
2 **long** I a 1 lång[sträckt, -varig, -dragen]; stor; ~ *beer* F stort glas öl; ~ *train* fjärrtåg 2 dryg; ~ *dozen* 13 3 längd- 4 långsam, sen; *be* ~ *about (in)* hålla på länge med II *adv* länge; långt; *before* ~ inom kort, snart; *as* ~ *as* [äv.] om bara; *so* ~! adjö så länge! ~**-bow** s pilbåge; *draw the* ~ F 'skarva' ~**-clothes** *spl* linda
longev||al [lɔndʒi:'vəl] a långlivad **-ity** [e'] s långt liv; hög ålder
long'ing a s längtan[sfull]
long'||ish a ganska lång; avlång **--lived**

[ai] a lång||livad, -varig **- -range** a långskjutande **- -shore** a längs kusten, land- **-shoreman** s sjåare; landkrabba **- -sighted** a 1 långsynt 2 skarpsynt **- -spun** a långdragen **- -suffering** a s långmodig[het] **- -term** a långfristig **-ways** *adv* längsefter **- -winded** [wi] a mångordig, långrandig **-wise** = *-ways*
loo'by s tölp, drummel
look [luk] I *itr* 1 se, titta; ~ *sharp* F raska på; ~ *here!* se hit! hör på! 2 se (titta) e'fter; se sig för 3 vetta; vara riktad; peka 4 se ut, synas; *you* ~ *it* det ser du ut för 5 ~ *about* se sig om (för); ~ *at* se' på; *to* ~ *at him* av hans utseende att döma; ~ *for* leta efter, söka; hoppas på; ~ *forward to* längta efter, glädja sig åt; ~ *into* [äv.] undersöka; vetta åt; ~ *out* [äv.] hålla utkik; leta; se upp, passa på; vetta; ~ *to* se' på; se e'fter (ti'll); se o'm; akta, tänka på, räkna på; emotse; ~ [*up*]*on* anse II *tr* 1 se, titta 2 se ut som, likna 3 ~ *down* 'titta ihjäl', tysta ner; ~ *out* utvälja; söka upp; ~ *over* se ige'nom; förbise; ~ *up* söka upp; slå upp III s 1 blick; titt, ögonkast 2 min, uppsyn; utseende; *have the* ~ *of* se ut som; *by the* ~ *of it* av utseendet att döma **-'er-on'** s åskådare **-ing-glass** s spegel-[glas] ~**-ou't** s utkik; utsikt; ensak
1 **loom** s 1 vävstol 2 [år]lom
2 **loom** I *itr* skymta [fram]; höja sig; förtona; ~ *large* [bildl.] dominera II s skymt; förtoning
loon s [stor]lom; islom
loo'ny S I a galen II s galning
loop I s 1 ögla, slinga; krökning; stropp, träns; knut, rosett 2 sidobana; ringlinje 3 [flygv.] cirkel, 'loop' 4 ring, hylsa II *tr* 1 göra ögla på 2 sno, fläta; fästa III *itr* bilda (gå i) en ögla; göra en loop ~**-hole** s 1 skottglugg; titthål 2 kryphål
loose [s] I a 1 lös, loss; fri; glappande; vid, ledig; slapp; *at a* ~ *end* F sysslolös; *come (work, get)* ~ lossna; komma lös 2 lös[lig]; vårdslös; vag; lättsinnig; tvetydig; ~ *fish* F rucklare II *tr* 1 lösa, släppa [lös]; lösgiva 2 ♩ lossa **-n** I *tr* lossa på, lösa [upp]; mildra II *itr* 1 lossna; gå upp 2 upplösas **-ness** s lös[lig]het
loot I s 1 byte, rov II *tr* plundra, röva; S knycka **-er** s plundrare: tjuv
1 **lop** I s grenar, kvistar II *tr* klippa, skära bort, kapa [av]; hugga av
2 **lop** *itr tr* 1 s'oka [med], hänga 2 [gå och] driva 3 [om sjön] vara gropig
lope *itr* s skutt[a]
lopp'ings s avhuggna grenar
lop'-si'ded a sned; skev
loqua'c||ious [əs] a talträngd; lösmynt **-ity** [æ'] s talträngdhet

lor — 132 — **luggage-label**

lor, lor' [lɔ:] *interj* P jösses!
lord I *s* **1** herre, härskare; magnat; *her* ~ hennes herre och man **2** *the L*~ Herren, Gud; *Our L*~ Kristus **3** lord; ~*-in-waiting* kammarherre; *my* ~ [milɔ:'d] ers nåd **II** *tr* **1** ~ [*it*] *over* spela herre över; tyrannisera **2** adla ~**-lieutenant** *s* landshövding -ling *s* smålord, junker -ly *a* **1** förnäm[lig] **2** högdragen; myndig **L**~ **Mayor** *s* [över]borgmästare; ~*'s Show* lordmayorsprocessionen -**ship** *s* **1** herravälde **2** gods **3** *your* ~ ers nåd; *his* ~ lorden, hans nåd
lore [ɔ:] *s* kunskap, kännedom
lorr'y *s* **1** last-, gods|vagn **2** lastbil
los|e [lu:z] (*lost lost*) **I** *tr* **1** förlora, tappa [bort]; bli av med; gå miste om; förlora ur sikte; ~ *o.'s train* komma för sent till tåget; ~ *o.'s way*, ~ *o. s.* gå vilse; *-ing game* hopplöst spel (företag) **2** förspilla, ödsla **3** beröva, kosta **II** *itr* **1** förlora; bli slagen **2** dra sig [efter] **-r** *s* förlorande, slagen; *be a* ~ *by* förlora på; *be a good* ~ ta ett nederlag med jämnmod
loss *s* **1** förlust; frånfälle; undergång; förlisning; *at any* ~ till varje pris **2** *be at a* ~ vara villrådig; ej veta
lost [av *lose*] *a* förlorad; försvunnen, borta; för|tappad, -dömd; bortkastad; *be* ~ försvinna; gå vilse; omkomma; förlisa; ~ *in* fördjupad i; ~ *to* renons på
lot I *s* **1** lott; *cast in o.'s* ~ *with* förena sitt öde med **2** parti, post **3** F sällskap, 'gäng'; familj; *bad* ~ F pack; odåga **4** F massa; *a* ~ *of*, ~*s of* [äv.] mycket, många; ~*s of time* gott om tid **II** *tr*, ~ *out* stycka i lotter
loth [louþ]=*loath*
lo'tion *s* skönhets-, hår|vatten; S sprit
lott'ery *s* lotteri
loud I *a* **1** ljudlig, hög[ljudd]; bullersam; *in a* ~ *voice* med hög röst **2** skrikande, bjärt **II** *o.* -ly *adv* högt, högljutt ~**-speaker** *s* högtalare
lough [lɔk] *s* [Irl.] se *loch*
loung||e [dʒ] **I** *itr* **1** driva, flanera **2** vräka (lata) sig, slöa **II** *s* **1** flanerande; promenad **2** slöande **3** hall; sällskapsrum **4** schäslong **5** ~ *suit* kavajkostym **-er** *s* dagdrivare -*ing-chair* *s* vilstol
lour [lau'ə] *itr* se bister ut; mörkna -**ing** *a* bister; mulen -**y** *a* mulen
louse [s] (pl. *lice*) *s* lus
lout *s* drummel -**ish** *a* tölpaktig
lovable [ʌ'] *a* intagande, älsklig
love [ʌ] **I** *s* **1** kärlek; smak, böjelse; *in* ~ *with* förälskad (*in*) i; *make* ~ *to* uppvakta; *for* ~ av kärlek; förnåting; *for ro skull*; *for the* ~ *of God for* **guds skull 2** hälsning[ar] **3** älskling; F raring **4** noll; ~ *game* blankt

game II *tr itr* älska; gärna vilja -**able** = *lovable* ~**-child** *s* oäkta barn -**liness** *s* ljuvlighet, skönhet -**lorn** *a* trånande -**ly** *a* förtjusande, vacker ~**-making** *s* kurtis -r *s* **1** fästman; älskande **2** älskare; beundrare ~-**sick** *a* kärlekskrank ~**-token** *s* kärleksgåva, 'minne' -**y** *s* älskling
loving [ʌ'] *a* kärleksfull; tillgiven
1 low [ou] *itr s* råma[nde], böla[nde]
2 low I *a* **1** låg; djup; *the L*~ *Countries* Nederländerna; ~ *tide* lågvatten, ebb; *run* ~ börja tryta **2** simpel **3** klen; undernärd; knapp; *in* ~ *spirits* nedstämd, 'nere' **4** lågkyrklig **5** *bring* ~ reducera; förödmjuka; ruinera; *lay* ~ kasta omkull; döda; *lie* ~ ligga hopkrupen ([kull]slagen); S hålla sig undan; lurpassa; *turn* ~ skruva ner **II** *adv* **1** lågt; djupt;' billigt; simpelt; ~ *down* lumpet **2** knappt ~**-bred** *a* ohyfsad
1 lower [au']=*lour*
2 low||er [ou'] **I** *a adv* 1ⁿgre; undre; under-, nedre **II** *tr* **1** sänka; släppa ner; ⚓ fira, hala ner; fälla; skruva ner; dämpa; ~ *the colours* stryka flagg **2** förminska; nedsätta; ~ *o. s.* nedlåta sig **III** *itr* **1** falla, gå ner; dämpas **2** minskas -**ly** *a* ödmjuk, blygsam; ringa -**-minded** *a* lågsinnad -**ness** *s* låghet; ringhet; gemenhet --**pitched** *a* **1** lågstämd **2** låg[rest]
loy'al *a* lojal, [plikt]trogen, trofast -**ty** *s* lojalitet, tro[fast]het, vänfasthet
loz'enge [indʒ] *s* romb; ruta; pastill, tablett; tärning
Ltd=*lim'ited* A.-B., Ab.
lubb'er *s* **1** tölp **2** landkrabba
lubric||ant [lu:'] *s* smörj|olja, -ämne -**ate** *tr* smörja, olja -**ation** *s* [in]smörjning -**ator** *s* **1** smörjämne **2** smörjapparat -**ity** [i's] *s* **1** halhet, glatthet **2** obeständighet **3** slipprighet -**ous** *a* **1** insmord, hal **2** osäker
luce [lu:s] *s* gädda
lu'c||ent *a* **1** lysande **2** genomskinlig -**id** *a* genomskinlig, klar; ljus
luck *s* lycka, tur; slump; *good* ~*!* lycka till! *here's* ~*!* skål [och lycka till]! *bad* (*ill*) ~ olycka, otur; *be in* ~ ha tur; *no such* ~*!* så väl var det inte! *worse* ~ tyvärr; *down on o.'s* ~ F nere; i knipa; *by* ~ händelsevis -**ily** *adv* lyckligtvis -**less** *a* olyck[sa]lig -**y** *a* **1** lycklig; *be* ~ ha (vara) tur **2** lyckosam; lycko-
lucr||ative [lu:'] *a* lönande -**e** *s* vinning
lucubration [lu:kju] *s*, ~*s* nattliga studier; lärda mödor; 'snillefoster'
ludicrous [lu:'] *a* löjlig, absurd
luff *itr tr* ⚓ lova [äv. *spring o,'s* ~]
1 lug *tr itr* draga, släpa [på]
2 lug *s* handtag; tapp
lugg'age *s* resgods ~**-label** *s* pollet-

teringsmärke; adresslapp ~-office s
resgodsinlämning ~-rack s bagage-
hylla ~-van s bagagevagn
lugg'er s ✥ loggert
lugu'brious [lu] a sorglig, dyster
lukewarm [lu:'kwɔ:m] a ljum
lull I tr 1 lulla, vyssja 2 lugna; in|-
söva, -vagga II itr lugna s:g, be-
darra III s stiltje; avbrott -aby
[əbai] s vaggvisa
lumb||a'go s ryggskott -ar [ʌ'] a länd-
1 lum'ber itr klampa, lufsa; [om
vagn] skramla; -ing klumpig
2 lum'ber I s 1 skräp; bråte 2 timmer
II tr 1 belamra 2 vräka ihop (undan)
III itr skräpa -er s [Am.] sågverks-
arbetare -mill s [Am.] såg[verk]
lu'min||ary s lysande kropp, ljus; snille
-ous a [själv]lysande; ljus; klar
lump I s 1 klump, stycke; klimp; ~
of sugar sockerbit; ~ sugar bitsocker;
have a ~ in o.'s throat ha gråten i hal-
sen 2 F mängd, massa 3 svulst, knöl
4 trögmåns II tr slå ihop; skära över
en kam III. itr 1 klumpa sig; ~
together skocka sig 2 ~ along pallra
[sig] i väg -er s 1 sjåare 2 entreprenör
-ing a F stor; tung -ish a 1 klumpig
2 fånig -y a klumpig; knölig; gropig
lun||acy [lu:'] s van|sinne, -vett -ar a
mån-; halvmånformig -atic I a van-
sinnig II s dåre; ~ asylum hospital
lunch [lʌn(t)ʃ] -eon [ʃn] s itr [äta]
lunch -[eon]er s lunch|ätare, -gäst
lung s lunga
1 lunge [dʒ] I s itr 1 [göra] utfall;
[slå] rakt slag 2 rusa II tr sticka; slå
2 lunge s språnglina
lupine [lu:'] a varg-, varglik

1 lurch [ə:] I s överhalning II itr
kränga; F ragla
2 lurch s, leave in the ~ lämna i sticket
lurcher s 1 tjuv 2 spion
lure [luə] I s 1 lockbete 2 frestelse
II tr locka, lura
lu'rid a 1 spöklik 2 brandröd 3 kuslig
lurk [ə:] I itr gömma sig; ligga på lur,
lura II s, lie on the ~ ligga på lur
luscious [lʌ'ʃəs] a 1 läcker; ljuvlig 2
sliskig 3 överlastad [stil]
1 lush a yppig, saftig
2 lush S I s sprit II tr itr supa -y a full
lust s lust[a]; begär -ful a vällustig
-iness s [livs]kraft, levnadslust
lustr||a'te tr rena -ation s rening -e s
glans; ljuskrona -ous a glänsande
lus'|trum s femårsperiod [äv. -tre]
lus'ty a frisk [och stark]; kraftig
1 lute [lju:t] s luta
2 lute s tr kitt[a]
lu'tist s lutspelare
luxa'te tr vrida ur led, vricka
luxur||iance [lʌgzju'ər] s' yppighet,
överflöd -iant a frodig, ymnig -iate
itr leva i överflöd; frossa -ious a 1
lyx-; praktfull; bekväm; kräslig 2
njutningslysten -y [lʌ'kʃəri] s 1 lyx;
överflöd; delikatess 2 njutning
lye [lai] s lut
lying [lai'iŋ] av lie
lymph [limf] s lymfa
lynch [linʃ] tr lyncha -ing s lynchning
lynx [liŋks] s lo[djur]
lyr||e [lai'ə] s lyra -ic [li'r] I a ly-
risk II s lyrisk dikt; ~s lyrik -ical
[li'r] a lyrisk, högstämd -icism [li'r]s
lyrisk karaktär; lyriskt uttryck (pa-
tos) -ist s 1 lyrspelare 2 [li'r] lyriker

M

M, m [em] s m
M., m. = Master, Member; metre[s],
mile[s] M' = Mac 'm = am, ma'am
M. A. = Master of Arts
ma [mɑ:] = mamma
ma'am [məm; mæm] = madam frun
Mac [mæk, mək-] s son [i namn]
1 mace s muskotblomma
2 mace s 1 [spik]klubba 2 spira
machin||ate [mæ'k] itr stämpla, intri-
gera -ation s intrig; [pl.] stämplingar
machin||e [məʃi:'n] s 1 maskin; cykel,
bil 2 [Am.] partiledning -ery s ma-
skiner[i] -ist s maskin|konstruktör,
-ingenjör, -sömmerska
mack'erel s makrill
mack'intosh s regn|rock, -kappa
mac'ul||ate [julit] -ated a fläckig
mad a 1 vansinnig, galen; like ~ som
en galning 2 ilsken; F arg

mad'am s min fru (fröken); frun
mad'||cap s vildhjärna -den tr itr göra
(bli) galen (ursinnig); rasa; ~ing
vild, ursinnig; outhärdlig
made I [av make] be ~ up of bestå av
IIa [konst]gjord, konstruerad; byggd;
a ~ man en som gjort sin lycka ~-
-up a 1 hop|satt, -gjord 2 sminkad,
pudrad 3 fast besluten
mad'||house s dårhus, hospital -man s
dåre, galning -ness s 1 vansinne,
galenskap 2 raseri
magazine [i:'n] s 1 ⚔ förråd[shus],
✥ krutdurk 2 magasin, tidskrift
magg'ot [ət] s 1 mask 2 hugskott, F
'fluga' -y a 1 full av mask 2 konstig
Magi [mei'dʒai] spl mager; the [three]
~ de [tre] vise männen
mag'ic [dʒ] I a magisk, troll[doms]-
II s magi, trolldom; tjuskraft; black

~ svartkonst **-al** *a* magisk; förtrollande **-ian** [mədʒi´ʃn] *s* trollkarl
magist‖e´rial [mædʒ] *a* myndig[hets-], ämbets- **-rate** [-´-it] *s* [polis]domare
magnanim´‖ity [mæg] *s* storsinthet **-ous** [æ´n] *a* storsint
mag´netize *tr* magnetisera; hypnotisera
magnif´‖icence [mæ´g] *s* storslagenhet, prakt **-icent** *a* storartad, praktfull; underbar **-ier** [mə´gnifaiə] *s* 1 förstoringsglas 2 [ljud]förstärkare **-y** [æ´g] *tr* för[stora, -stärka; överdriva
magnil´oqu‖ence [mæg] *s* högtravande språk; skryt **-ent** *a* storordig
mag´nitude [mæ´g] *s* storlek; vikt
mahog´any *s* 1 mahogny 2 F [mat]bord
Mahom´etan *a s* muhammedan[sk]
maid *s* jungfru; hembiträde; ~ *of honour* hovfröken **-en** *s a* 1 jungfru-[lig]; ogift; ~ *name* flicknamn 2 oprövad; obruten: ~ *speech* jungfrutal: ~ *trip* (*voyage*) första resa **-enhood** [u] *s* 1 jungfrulighet 2 flicktid **-enlike** *a* flickaktig; blyg[sam] **-enly** *a* jungfrulig; årbar **-servant** *s* jungfru **-y** *s* tös 1 mail I *s* brynja; pansar II *tr* pansra
2 mail I *s* post[säck], II *tr* [av]sända; posta ~**-bag** *s* post|säck, **-väska** ~**-box** *s* brevlåda ~**-coach** *s* postvagn; diligens **-man** *s* brevbärare
maim *tr* lemlästa, stympa
main I *a* 1 förnämst, störst; huvud-; ⚓ stor; ~ *chance* egen fördel 2 *by* ~ *force* med våld II *s* 1 huvudsak 2 [världs]hav 3 huvudledning **-land** *s* fastland **-ly** *adv* huvudsakligen **-mast** *s* stormast **-spring** *s* 1 huvud-, slag|-fjäder 2 drivfjäder **-stay** *s* 1 ⚓ storstag 2 förnämsta stöd
main‖tai´n *tr* 1 uppe-, vidmakt-, [bi]be[hålla]; [under]hålla; stödja 2 livnära 3 vidhålla; hävda **-tenance** [mei´n] *s* 1 vidmakt-, bibe[hållande; underhåll[ande]; försvar 2 uppehälle
mai´n-top *s* ⚓ stormärs, mastkorg
maize *s* majs ~**-cob** *s* majskolv
majest´‖ic *a* majestätisk **-y** [æ´] *s* majestät
ma´jor I *a* 1 större; viktigare; äldre, högre; stor 2 myndig II *s* 1 major; S = *sergeant*- ~ 2 *dur* 3 myndig person ~**-general** *s* generalmajor **-ity** [ɔ´] *s* 1 flertal; majoritet 2 myndig ålder
make (*made, made*) I *tr* 1 göra; tillverka, producera; frambringa; skapa; laga till, koka; anlägga; sy 2 [för]tjäna; skaffa [sig]; inbringa; öka 3 tillryggalägga 4 ⚓ sikta; angöra 5 äta 6 utgöra, bilda, bli; ~ *one* vara med 7 utnämna (upphöja) till 8 uppskatta (få) till; ~ *it 20!* säg 20! ~ *of* [åv.] tolka; ~ *little of* ej bry sig om; ej komma långt med; ~ *much of* få mycket ur; sätta stort värde på; ~ *nothing of* inte bli klok på; ej bry

sig om 9 få (komma, förmå) att; ~ *believe* låtsas 10 ~ *the cards* blanda; ~ *no doubt* ej hysa ngt tvivel 11 ~ *away with* undanröja; göra av med; ~ *into* [äv.] förvandla till; ~ *out* skriva [ut], utfärda; få ihop; bevisa; tycka; göra [till]; påstå; fundera ut; bli klok på; tyda; urskilja; ~ *over* överlåta; ~ *up* utfylla; gottgöra; ta igen; samla; sätta (blanda) ihop; hitta på; utgöra, bilda; maskera; förvandla; göda; avsluta; ordna; slå in, packa II *itr* 1 styra kurs; skynda 2 bidraga, verka 3 ~ *as if* (*though*) låtsas som om 4 försöka, börja 5 ~ *against* vara till skada för; ~ *away* ge sig i väg; ~ *for* gå mot; befrämja; stödja, tala för; leda till; ~ *off* ge sig i väg; ~ *up* maskera sig; pudra (måla) sig; ~ *up for* ersätta, uppväga, ta igen; ~ *up to* närma sig; smickra; 'slå' för III *s* 1 tillverkning; märke 2 sammansättning, form, fason; byggnad 3 läggning 4 S lyckat kap ~**-believe** I *s* förställning; bedrägeri; sken[bild] II *a* låtsad, falsk **-peace** *s* fredstiftare **-r** *s* tillverkare; **-makare;** skapare **-shift** *s* surrogat; nödfallsutvåg ~**-up** *s*. 1 sammansättning 2 påhitt; lögn 3 maskering; smink[ning] &c
ma´king *s* 1 tillverkning; *in the* ~ under vardande 2 *be the* ~ *of* bana väg för 3 ~*s* förtjänst 4 ~*s* anlag, gry
mal´‖administra´tion *s* dålig förvaltning **-adroi´t** *a* fumlig, tafatt
mal´ady *s* sjukdom, ont
mal´apropism *s* felsägning; 'groda'
mal´content [ent] *a s* missnöjd
male I *a* manlig; han- II *s* hanne; manlig individ
male‖dic´tion [mæli] *s* förbannelse **-factor** [mæ´] *s* missdådare **-ficent** [məle´] *a* 1 skadlig 2 brottslig **-volent** [məle´] *a* illvillig
mal´forma´tion *s* missbildning
malic‖e [mæ´lis] *s* 1 elakhet: skadeglädje; agg 2 brottslig avsikt **-ious** [əli´ʃ] *a* 1 illvillig, elak 2 uppsåtlig
malign [məlai´n] I *a* skadlig; elakartad II *tr* baktala **-ant** [i´g] *a* 1 ond-[skefull], elak 2 fördärvlig; ogunstig; giftig 3 elakartad **-ity** [i´g] *s* 1 illvilja 2 elakartad beskaffenhet
malin´ger [ŋg] *itr* simulera [sjukdom]
mall´ard [əd] *s* [vild]and, gräsand
malleable [mæ´li] *a* smid|bar, -ig; foglig
mall´et *s* klubba
mall´ow [lou] *s* malva, kattost
mal‖nutrition *s* undernäring **-o´dorous** *a* illaluktande **-prac´tice** [is] *s* felgrepp
malt [ɔ:] I *s* malt II *tr itr* mälta
maltrea´t *tr* misshandla, behandla illa
malversation *s* förskingring
mamill´a *s* 1 bröstvårta 2 utväxt

mam||[m]a [məmɑ:'] s mamma -m al s däggdjur -ma'lia spl däggdjur
mamm'oth [əþ] I s mammut II a jättemamm'y s 1 mamma 2 [Am.] svart barnsköterska
man I s (pl. men) 1 människa; the fall of ~ syndafallet; ~ and beast folk och fä; to a ~ till sista man; som e'n man 2 man, karl; the old ~ F kapten, chefen; [fars]gubben; ~ to ~ man mot man; a ~ [äv.] man [pron.]: I'm your ~ det går jag in på; the ~ in the street F en vanlig dödlig 3 tjänare; dräng; biträde; men [arbets]folk 4 men pjäser; brickor II tr bemanna; besätta
man'acle tr s [sätta] handboja [på]
man'age [mæ'nidʒ] I tr 1 hantera; sköta; ha hand om; förvalta; styra; manövrera; dressera 2 lyckas med, klara; ordna II itr 1 lyckas; laga, förmå 2 reda (klara) sig -able a [lätt]-hanterlig; medgörlig -ment s 1 hanterande; sköt|ande, -sel, drift; förvaltning; styrelse; manövrering 2 'behandling' -r s 1 direktör; chef; ledare, föreståndare 2 impressario; stage ~ regissör 3 hus||hållare, -mor -ress s direktris; föreståndarinna
man'aging a 1 ledande; verkställande 2 försiktig, sparsam 3 maktlysten
man'date s mandat; uppdrag; avtal
man'dible s käk
man'drake s [bot.] alruna
mane s man [på häst &c]
man'eater s människoät|are, -ande tiger
man'ful a manlig, modig
mange [meindʒ] s skabb
ma'nger [dʒə] s krubba
1 mangle [ŋg] s tr itr mang|el, -la
2 mangle tr 1 hacka sönder; massakrera 2 fördärva
ma'ngy [dʒ] a skabbig; smutsig; eländig
man'hood [u] s 1 mannaålder, mandom 2 [allt] mankön
ma'nia s mani, vanvett; vurm, 'fluga' -c [æk] I a = -cal II s dåre -cal [mənai'əkl] a vansinnig
man'ifest I a uppenbar, tydlig II tr lägga i dagen, [be]visa III itr demonstrera -ation s 1 ådagaläggande; utslag 2 opinionsyttring, demonstration -o [e']s manifest, förklaring
manifold [æ'nifou] I a mångfaldig II s kopia III tr mångfaldiga, kopiera
man'ikin s 1 pyssling, dvärg 2 modell[docka], mannekäng
manip'ul||ate [ju] tr 1 hantera, sköta; använda; manipulera [med]; förfalska 2 påverka -ation s 1 handgrepp; hanterande; åtgärd 2 manipulation
man'||-killer s [man]dråpare -kind s 1 [ai'] människosläktet 2 [-'ai] mankön[et], männen -like a 1 manlig 2 karlaktig -ly a manlig; manhaftig

mann'equin [k(w)in] s mannekäng
mann'er s 1 sätt, vis; uppträdande; ~s levnadsvett, god ton; what ~s! sådana fasoner! teach a p. ~s lära ngn skicka sig 2 ~s seder 3 stil; maner; ~ and matter form och innehåll 4 sort, slag -ed a [för]konstlad -ism s förkonstling; maner -less a obelevad -ly a belevad, artig
mann'ish a manhaftig; karlaktig
manoeuvre [mənu:'və] I s manöver II itr tr manövrera [med]
man-of-war s örlogsman, krigsfartyg
man'or s säteri; herrgård [äv. ~-house]
man'-servant s [manlig] tjänare
man'sion [ʃn] s 1 byggnad, herrgård 2 ~s hyreshus ~-house s 1 herrgård 2 residens
man'||slaughter s manspillan, massmord; dråp -slayer s mördare; dråpare
man'tel||piece -shelf s spiselhylla
mantill'a s mantilj
man'tle I s 1 mantel, kappa 2 glödstrumpa II tr [be]täcka; bemantla
man'ual I a manuell, hand-; ~ labour kroppsarbete; ~ training slöjd II s hand-, elementar|bok -ly adv för hand
manufact'||ory [ju] s fabrik -ure [ʃə] I s 1 tillverkning 2 industri[gren] II tr 1 tillverka 2 förarbeta -urer [ʃərə] s fabriksidkare; tillverkare -uring [ʃəriŋ] I s tillverkning II a fabriksmanu're II tr gödsla II s göd|sel, -ning
Manx I a Man-, mansk II spl, the ~ manxfolket [på Isle of Man]
many [e'] I a många; ~ a mången; ~ people mycket folk; these ~ years nu i (på) många år; one too ~ en för mycket; överflödig II s, a good ~ ganska många; a great ~ en mängd, många
map I s karta II tr kartlägga
maple [ei] s lönn
mar tr fördärva; vanpryda
marau'd itr plundra -er s marodör
mar'bl||e s 1 marmor[skulptur] 2 [lek-] kula -ed a marmorerad; ådrig; spräcklig -y a marmorlik
March s mars
march I itr marschera; tåga; gå [framåt]; vandra II tr föra; sätta i marsch. III s 1 marsch; tåg, vandring; ~ past förbimarsch; forced ~ ilmarsch; quick ~ vanlig marsch 2 framsteg; utveckling; bana; gång
marchioness [mɑ:'ʃənis] s markisinna
mar'chpane s marsipan, mandelmassa
mare [mɛə] s sto, F märr
mar'gin [dʒ] I s 1 kant, rand; strand 2 marginal II tr förse med kant (marginal; randanmärkningar) -al a kant-, rand-; marginal-
mar'guerite [gərit] s prästkrage
marigold [mæ'rigould] s ringblomma
marine [məri:'n] I a marin, havs-;

sjö[farts]- **II** s 1 marin, flotta 2 marinsoldat -r [æ'] s sjöman; seglare
marital [æ'] a makes; äktenskaplig
maritime [æ'] a 1 sjö[farts]-; ~ *trade* sjöfart 2 belägen vid havet, kust-
marjoram [mɑ:'dʒərəm] s mejram
mark I s 1 märke, [känne]tecken; spår; fabrikat, sort; 'typ'; mått, belopp; *below the* ~ undermålig; för låg; *be up to the* ~ hålla måttet; vara i sitt ässe (form); *make o.'s* ~ utmärka sig; *of* ~ betydande 2 betyg, poäng 3 skottavla, prick, mål; *miss the* ~ träffa (ta) fel; misslyckas **II** *tr* 1 märka; stämpla; prissätta 2 markera, beteckna, ange, visa; prägla; ~ *time* göra på stället marsch *j* betygsätta, bedöma 4 ~ *off* pricka för; avgränsa; ~ *out* staka ut; utvälja, bestämma 5 lägga [noga] märke till -ed *a* utpräglad; tydlig -er s 1 märkare; stämplare 2 markör 3 [spel]mark
mar'ket I s torg, marknad[splats]; saluhall; torgdag; marknad[spris]; avsättning[sort]; *make a* ~ *of* schackra bort; *make o.'s* ~ göra sina uppköp **II** *itr* torga, handla **III** *tr* 1 torgföra 2 sälja **-er** s torghandlare; ~*s* torg-, marknads|folk ~**-hall** ~**-house** s saluhall **-ing** s 1 torg|handel, -uppköp: varutillförsel 2 torg-, marknads|varor 3 försäljning ~**-stall** s salustånd ~**-town** s köping, [köp]stad
mar'ksman s skicklig skytt **-ship** s skjutskicklighet
marl I s märgel **II** *tr* märgla
mar'mot [ət] s murmeldjur
marocain [æ'] s marokäng
maroo'n I *tr* landsätta på en obebodd ö **II** s neger; landsatt person
marquee [ki:'] s [officers]tält
mar'quess [kwis] = *marquis*
mar'quetry [kitri] s inläggning
mar'quis s markis **-ate** [it] s markisvärdighet **-e** [ki:'z] s markisinna
marriage [mæ'ridʒ] s 1 äktenskap, gifte[rmål]; *ask in* ~ fria till; *give in* ~ gifta bort; *take in* ~ gifta sig med; ~ *articles* äktenskapskontrakt; ~ *portion* hemgift; ~ *settlement* äktenskapsförord 2 vigsel, bröllop; ~ *certificate* vigselattest; ~ *service* vigselformulär; vigsel[akt] **-able** *a* giftasvuxen ~**-bed** s äkta säng
married [æ'] *a* gift [to med]; äkta; *be* ~ [äv.] gifta sig; ~ *life* äktenskap[et]
marrow [mæ'rou] s märg; kärna **-fat** s stora ärter **-y** *a* märgfull
marry [æ'] I *tr* 1 gifta sig med; ~ *a fortune* gifta sig rikt 2 gifta bort 3 viga; förena **II** *itr* gifta sig
marsh s sump[mark], moras, myr, kärr
mar'shal I s marskalk **II** *tr* 1 placera 2 ordna; ställa upp 3 föra högtidligt; bana väg för

mar'shy *a* sumpig, sank; kärr-
marsu'pial s pungdjur
mar'ten s mård
martial [mɑ:'ʃ]*a* krigisk; krigs-; stridslysten; martialisk; *court* ~ krigsrätt
Mar'tian [ʃən] *a s* Mars-[invånare]
mar'tin s svala; *black* ~ tornsvala
martinet' s disciplintyrann; pedant
mar'tingale s martingal, språngrem
Mar'tinmas s mårtensmässa [11 nov.]
mar'tyr [tə] I s martyr; offer; *be a* ~ *to* lida av **II** = -*ize* **-dom** s martyrdöd; kval **-ize** *tr* 1 göra till martyr 2 martera **-y** s martyr|kyrka, -grav
mar'vel I s under[verk] **II** *itr* 1 förundra sig 2 undra **-lous** *a* 1 underbar 2 övernaturlig
mas'culine (-lin] I *a* 1 manlig 2 maskulin; manhaftig **II** s maskulinum
1 mash I s 1 mäsk 2 sörp; sörja; röra 3 mos **II** *tr* mäska; sörpa; mosa
2 mash **S** *tr* 'tjusa till'; ~*ed on* kär i
mash'er s **S** kvinnotjusare, charmör
mash'|lie -y [i] s golfklubba
mask [ɑ:] I s 1 mask; förklädnad; sken 2 maskerad person 3 = *masque* **II** *tr* maskera; dölja; ~*ed ball* maskeradbal **-er** s mask[erad person]
ma'son [s] I s 1 murare, stenarbetare 2 frimurare [*free-*~] **II** *tr* mura; förstärka **-ic** [ɔ'] *a* frimurar- **-ry** s 1 mur|ning, -verk 2 frimureri[et]
masque [mɑ:sk] s maskspel **-ra'de** s maskerad
1 mass [æ] s mässa; *high* ~ högmässa, högtidlig mässa; *low* ~ stilla mässa
2 mass I s massa; mängd; ~ *of fire* eldhav **II** *tr itr* hopa [sig], samla[s]
mass'acre [əkə] I s massaker, massmord **II** *tr* massakrera, nedhugga
mass'|age [ɑ:'ʒ] s *tr* mass|age, -era **-eur** [sə:'] s massör **-euse** [ə:'z] s massös
mass'|ive -y *a* massiv, tung; väldig
1 mast [ɑ:] s ollon
2 mast s mast; stång
1 master [ɑ:'] s -mastare
2 master I s 1 herre, husbonde; [pl.] herrskap 2 härskare; överman; ägare 3 ⚓ kapten 4 lärare; *head* ~ rektor 5 [univ.] magister 6 mästare; mäster 7 *M*~ föreståndare, ledare, chef; *M*~ *of the Rolls* riksarkivarie 8 *M*~ unga herr **II** *a* mästerlig; mästar-; mäster-; överhuvud-; behärskande **III** *tr* 1 övervinna 2 behärska, bemästra 3 förestå ~**-builder** s byggmästare **-ful** *a* 1 egenmäktig 2 mästerlig ~**-hood** [u] s mästerskap ~**-key** s huvudnyckel **-less** *a* herrelös **-ly** *a* mästerlig ~**-mason** s byggmästare ~**-piece** s mästerverk **-ship** s 1 herravälde 2 lärarbefattning; chefskap 3 magistergrad 4 = ~*y 2* ~**-stroke** s mäster|drag, -kupp **-y** s 1 herravälde 2 mästerskap; kunnighet

mast-head [ɑ:'] s ✠ mast-, märs|topp
mas'tic s mastix; cement **-ate** tr tugga
mas'tiff s mastiff, stor dogg
mas'todon s mastodont
1 mat I s 1 [dörr|matta 2 underlägg 3 hoptovad massa II tr 1 [be]täcka [med mattor] 2 fläta (sno) ihop; ~ted tovig, snårig III itr tova ihop sig
2 mat I a s matt [yta] II tr matt|förgylla, -slipa
1 match s tändsticka; lunta; stubin
2 match I s 1 [jäm]like; motstycke, make; be a ~ for kunna mäta sig med 2 match, tävling 3 giftermål, parti II tr 1 kunna mäta sig med; motsvara, passa till 2 ställa upp, jämställa; para ihop; avpassa; finna motstycke till; be well ~ed passa bra ihop; ill ~ed omaka; not to be ~ed makalös 3 gifta bort III itr passa [ihop]; to ~ av samma sort; i samma stil **-board** s, ~s spontning
match'-box s tändsticksask
match'|||less a makalös, storartad **-maker** s giftermåls-, match|ar.angör
1 mate s tr itr [göra] matt [i schack]
2 mate I s 1 kamrat 2 [god] make, maka 3 styrman 4 ✠ mat, biträde II tr 1 gifta [bort] 2 para III itr 1 sällskapa 2 gifta sig 3 para sig
matelot [mæ'tlou] s S sjöman
ma'ter s S mamma, mor[sa]
mate'rial I a 1 materiell; saklig 2 väsentlig; viktig II s ämne; tyg **-ize** tr itr 1 förkroppsliga[s] 2 förverkliga[s] **-ly** adv 1 i sak 2 i hög grad
mater'n|||al a 1 moderlig; moders- 2 möderne-; ~ aunt moster; ~ grandfather morfar 3 moderskaps- **-ity** s 1 moderskap: ~ hospital barnbördshus 2 moderlighet
mathemat'ic|||al [mæp] a matematisk **-ian** [əti [n] s matematiker **-s** s matematik [S maths 'matte'];
mat'in s, ~s ottesång; morgonbön **-ee** [ei] s matiné
ma'tricide s moder|mord, -mördare
matric'ul|||ate [ju] I tr inskriva II itr inskrivas; undergå inträdesexamen **-ation** s 1 inskrivning; ~ book matrikel 2 studentexamen [S matric]
matrimo'n|||ial a äktenskaplig; giftermåls- **-y** [mæ'] s äktenskap
ma'trix s 1 livmoder 2 matris
ma'tron s gift kvinna, fru; matrona; husmor **-hood** s fru-, matron|värdighet **-like -ly** a matronlik, värdig
matt'er I s 1 materia; stoff; ämne 2 innehåll 3 orsak; föremål 4 vikt, betydelse; no ~ det gör detsamma; what ~? vad gör det? 5 sak, angelägenhet; fråga; ~s förhållande[n]a, saken, det; in the ~ of i fråga om; for that ~, for the ~ of that vad det beträffar; förresten; it is no ~ of

mine det angår inte mig 6 a ~ of course en självklar sak; ~ of fact faktum; as a ~ of fact faktiskt 7 what is the ~? vad står på? vad är det [för fel]? not much the ~ ingenting att tala om; something the ~ något fel 8 postal ~ postförsändelse[r]; printed ~ trycksak 9 text 10 [läk.] var II itr 1 betyda, göra [till el. ifrån] 2 vara sig ~'-of-course [ɔ:'] a självklar ~'-of-fact' a [torr och] saklig, 'praktisk'
matt'ing s matta; [material till] mattor
matt'ins = matin
matt'ock [ək] s [dubbel]hacka
matt'ress s madrass
mat'ur|||ate itr mogna **-ation** s 1 mognad 2 varbildning **-e** [mətju'ə] I a 1 mogen 2 [om växel] förfallen II tr 1 bringa till mognad; utveckla 2 fullborda III itr 1 mogna 2 förfalla **-ity** [tju'] s 1 mognad 2 förfallo|tid, -dag
matuti'nal [mætju] a morgon-; tidig
mau'dlin a gråtmild; halvfull
maul I s trähammare, klubba II tr 1 mörbulta 2 misshandla; gå illa åt
mau'lstick s målarkäpp
mau'nder itr 1 fantisera 2 gå och drömma (driva)
mauve [ou] s a malvafärg[ad]
maw [mɔ:] s 1 [löp]mage; buk 2 gap
maw'kish a 1 fadd 2 sentimental
maxill'a's [över]käk[e]
max'im s grundsats, regel **-um** I (pl. -a) s maximum, höjdpunkt II a högst, störst; maximi-
May s 1 maj 2 m~ hagtorn
may hjälpv (imp. might) 1 kan; tör, torde; you ~ not go ni kanske inte går; [it] ~ be that det kan hända att 2 får, kan 3 må, måtte; skall; however that ~ be vare därmed hur som helst; go where you ~ vart du än går **-be** [bi:] adv kanske [äv. -hap]
May'|||-day s första maj **--flower** s vårblomma **m-ing** s [första]majfirande; go a ~ plocka [vår]blommor [och löv]
mayor [mɛə] s borgmästare
may'pole s majstång
maz'|||e I s labyrint; virrvarr II tr, ~d förbrylla[d]; bestört; be ~d gå vilse **-y** a villsam, invecklad; virvlande
M. B. = Bachelor of Medicine med. kand. **M. C.** = Master of the Ceremonies; Member of Congress **Mc** = Mac **M. D.** = Doctor of Medicine med. dr
me pron 1 mig; ah ~! dear ~! kors! bevare mig! 2 F jag [it's ~]
mead s mjöd
meadow [me'dou] s äng
mea'gre [gə] a mager; knapp; torftig
1 meal s mål[tid]; hot ~s lagad mat
2 meal s mjöl ~-bin s mjölbinge
mea'l-time s måltid[stimme]
mea'ly a mjölig; pudrad; blek **-mouthed** [mauðd] a försiktig; sliskig, mör

1 **mean** I *a* medel-; ~ *quantity* medel|värde, -tal; ~ *time* = -*time* II *s* 1 medelväg, mitt 2 medel|värde, -tal
2 **mean** *a* 1 låg, ringa 2 torftig, tarvlig; simpel 3 snål, knusslig
3 **mean** (*meant* [e] *meant*) *tr* 1 mena [*by* med]; ämna, tänka 2 syfta på, avse; vilja säga 3 betyda; innebära
meander [miæ'] I *s* 1 ~s slingringar; irrgångar; krokvägar 2 meander-[slinga] II *itr* slingra sig; irra omkring
mea'ning *s* mening, betydelse
mea'nness *s* 1 ringhet 2 torftighet 3 nedrighet 4 snålhet
means [z] *s* 1 [hjälp]medel; utväg, sätt; *by* ~ *of* medelst, genom; *by some* ~ *or other* på ett eller annat sätt; *by fair* ~ *or foul* på vad sätt som helst; *by all* ~ på alla sätt; ovillkorligen; för all del; *by no* ~, *not by any* ~ ingalunda 2 tillgångar; råd
mea'n||**time** -**while** *s adv*, [*in the*] ~ under tiden
measl||**es** [mi:zlz] *s* mässling[sutslag] -**y** *a* 1 sjuk i mässling[en] 2 S usel
measur||**able** [me'ʒə] *a* mätbar; överskådlig -**e** I *s* 1 mått; storlek; *weights and* ~s mått, mål och vikt; *to* ~ efter mått 2 mån, grad; *in a* (*some*) ~ i viss mån 3 gräns; *beyond* ~, *out of* [*all*] ~ övermåttan; ~ *for* ~ lika för lika 4 ~s skikt, lager 5 versmått 6 rytm, takt 7 åtgärd 8 lag[förslag] II *tr itr* 1 mäta; ta mått på; mäta av (upp); räkna; ~ *o.'s length* falla raklång 2 avpassa, lämpa; ~d [äv.] metrisk; taktfast; avmätt; väl avvägd -**eless** *a* omätlig -**ement** *s* 1 mätning 2 mått -**er** *s* [skepps]mätare; justerare
meat *s* 1 kött; *make* ~ *of* slakta; F döda 2 mat [i vissa uttr.]; *green* ~ grön|saker, -foder ~-**pie** *s* köttpastej ~-**safe** *s* köttskåp -**y** *a* köttig
mechan||**ic** [kæ'n] *s* hantverkare; yrkesarbetare; mekaniker -**ical** *a* mekanisk; hantverks-, teknisk -**ician** [i'ʃn] *s* mekaniker, maskiningenjör -**ics** *s* 1 mekanik 2 maskinlära
med'al *s tr* medalj[era] -**list** *s* medaljör
meddl||**e** *itr* blanda sig i' [*in*]; ~ *with* befatta sig med; fingra på -**er** *s* 'klåfinger'; klåpare -**esome** *a* beskäftig -**ing** *s* inblandning, 'fingrande'
medi||**aeval** = *medieval* -**al** [mi:'] *a* mitt-, mellan-; medelstor
me'di||**ate** I [it] *a* medelbar II *tr* [för]medla -**ation** *s* 1 medling, förlikning 2 förmedling -**ator** *s* medlare; förlikningsman -**atory** *a* medlande
med'ic||**able** *a* som kan botas -**al** *a* medicinsk; läkar[e]-; medicinal-; ~ *man* läkare; ~ *officer* [tjänste]läkare; ~ [*student*] medicinare -**ate** *tr* behandla; bota; ~*d water* hälso-

vatten -**ation** *s* 1 läkarbehandling; medicinerande 2 preparering
medic'||**inal** *a* läkande, hälsobringande -**ine** [me'ds(i)n] *s* medicin; läkekonst; läkemedel; *take* ~ [äv.] laxera -**o** [e'] *s* F doktor; medicinare
medieval [medii:'vl] *a* medeltid|a, -s-
mediocre [mi:'dioukə] *a* medelmåttig
med'it||**ate** I *tr* fundera på, planera II *itr* meditera; grubbla -**ation** *s* begrundan[de] -**ative** *a* begrundande
Mediterra'nean [ed] *s a* Medelhav[s-]
me'dium I *s* 1 medium; [hjälp]medel; förmedl|ing, -are; *by the* ~ *of* medelst 2 miljö 3 medel|sort, -väg II *a* medel|stor, -stark, -god; medel-
med'ley [li] I *s* blandning; potpurri II *a* blandad, brokig III *tr* röra ihop
medulla [medʌ'lə] *s* märg
meek *a* 1 ödmjuk 2 foglig, beskedlig
mee'rschaum [[ʃəm] *s* sjöskum[spipa]
meet I (*met met*) *tr* 1 möta; träffa; lära känna; tillmötesgå 2 bekämpa; [be-] möta; övervinna 3 motsvara; uppfylla; infria; bestrida [utgift]; ~ *a bill* inlösa en växel II *itr* mötas; träffas; församlas; ~ *with* träffa (stöta) på; hitta; råka ut för; röna III *s* samling; möte[splats]; jaktsällskap -**ing** *s* 1 möte; sammanträde; församling; *full* ~ plenum 2 duell
meg'a||**llith** *s* stenblock -**loma'nia** *s* storhetsvansinne
me'grim *s* nyck; ~*s* griller
melanchol||**ic** [kɔ'l] *a* melankolisk -**y** [me'l] I *s* melankoli, svårmod II *a* melankolisk, dyster; sorglig
mêlée [me'lei] *s* strid[svimmel]
melli||**f'erous** *a* honungsalstrande -**fluent** [i'f] -**fluous** [i'] *a* [honungs]ljuv
mell'ow [ou] I *a* 1 mogen; saftig; mör; fyllig 2 fruktbar 3 mjuk, dämpad; mild; F godmodig 4 F rörd, lite glad II *tr itr* 1 bringa till mognad; mogna 2 uppluckra[s] 3 mildra[s], dämpa[s] 4 F göra (bli) lite 'rörd'
melo'd||**ious** *a* melodisk -**y** [me'lə] *s* melodi; välljud; musik
melt I *itr tr* 1 smälta; upplösa[s]; [komma att] smälta ihop 2 röra[s] II *s* smälta -**ing-pot** *s* smältdegel
mem'ber *s* 1 del; led 2 medlem; [parl.] representant -**ship** *s* 1 medlem|skap, -santal 2 F medlemmar
mem'brane *s* membran, hinna
memen'to *s* 1 påminnelse 2 minne
memoir [me'mwɑː] *s*, ~*s* memoarer
mem'or||**able** *a* minnesvärd; märklig -**an'dum** *s* 1 anteckning; promemoria 2 not -**ial** [ɔː'] I *a* minnes- II *s* 1 minnes|märke, -vård 2 ~*s* krönika; memoarer 3 inlaga -**ialize** [ɔː'] *tr* hugfästa minnet av -**ize** *tr* lära sig utantill -**y** *s* minne; *to the best of my* ~ såvitt jag kan minnas; *from* ~ ur

minnet; *of blessed* ~ salig i åminnelse; *within the* ~ *of man* i mannaminne

men pl. av *man I*

menace [me′nəs] I s hot[else], fara II *tr itr* hota [med]

mend I *tr* 1 laga; lappa, stoppa 2 avhjälpa 3 [för]bättra; F övertrumfa II *itr* bli bättre; tillfriskna III *s* 1 lapp, stopp 2 *on the* ~ på bättringsvägen **-able** *a* som kan lagas

menda′ci∥ious [[əs] *a* lögnaktig **-ity** [æ′] *s* lögnaktighet

men′dic∥ant I *a* tiggande II *s* tiggar|e, **-munk -ity** [i′s] *s* tiggeri; armod

me′nial I *a* tjänar-, simpel II *s* lakej

men′surable [[ur] *a* mätbar; rytmisk

men′tal *a* själslig, själs-, sinnes-; andlig; intellektuell; ~ *arithmetic* huvudräkning; ~ *hospital* sinnessjukhus; ~*ly* [äv.] i tankarna (huvudet) **-ity** [æ′] *s* 1 förstånd 2 kynne

men′tion I *s* omnämnande; *make* ~ *of* nämna II *tr* [om]nämna; tala om; *don′t* ~ *it!* för all del, ingen orsak

men′u [(j)u:] *s* matsedel, meny

mer′cantile *a* merkantil, handels-

mer′cenary I *a* 1 vinningslysten 2 lejd, lego- II *s* legosoldat

mer′cer *s* manufakturhandlare **-y** *s* manufaktur|varor, -affär

mer′chandise [aiz] *s* [handels]varor

mer′chant I *s* köpman; gross|handlare, **-ist** II *a* handels-; ~ *service* handelsflotta **-able** *a* säljbar, kurant **-man** *s* handelsfartyg

mer′ci∥ful *a* barmhärtig; nådig **-less** *a* obarmhärtig

mercu′r∥ial *a* 1 kvicksilver- 2 livlig; flyktig **-y** [mə:′] *s* kvicksilver

mer′cy *s* 1 barmhärtighet; nåd; ~ [*on us*]*!* F bevare mig väl! 2 F lycka, tur 3 våld, godtycke

mere [miə] *a* blott [och bar]; ren, bar[a] **-ly** *adv* bara

meretricious [me′ritri′[əs] *a* prålig

merge [mə:dʒ] *itr tr* [låta] uppgå, sammansmälta

merid′∥ian *s a* 1 meridian[-] 2 middag[shöjd]; höjdpunkt **-ional** *a* sydlig; sydfransk

meringue [məræ′ŋ] *s* maräng

merit [e′r] I *s* förtjänst; värde; *the* ~*s of a case* det verkliga förhållandet II *tr* förtjäna, vara värd **-orious** [ɔ:′] *a* förtjänstfull, aktningsvärd

mer′maid *s* sjöjungfru

merr′iment *s* munter-, uppsluppen|het

merr′y *a* munter; glad; *make* ~ roa sig; *a* ~ *Christmas* god jul ~**-go- -round** *s* karusell ~**-making** *s* förlustelse; fest

mese′ms *opers* det synes mig

mesh I *s* maska; ~*es* nät II *tr* fånga; [in]snärja III *itr* fastna **-y** *a* nätlik

mess I *s* 1 röra, gröt; mischmasch;

smörja; knipa; *he looked a* ~ han såg ryslig ut; *make a* ~ *of se II* 2 mäss II *tr* röra ihop; fördärva; trassla till; smutsa ner III *itr* 1 ~ *about* knåpa; traska omkring 2 äta

mess′∥age *s* 1 bud[skap], meddelande 2 telegram 3 ärende **-enger** [indʒə] *s* 1 bud[bärare] 2 kurir

mess~**∥mate** *s* mässkamrat **--room** *s* mäss

Messrs. [me′səz] *s* Hrr, herrar[na]

mess′y *a* rörig, oredig; kinkig; smutsig

mestizo [mesti:′zo(u)] *s* mestis

met imp. o. pp. av *meet*

me′tage *s* mätning; mätavgift

met′al I *s* 1 metall 2 legering 3 makadam 4 ~*s* skenor, spår II *tr* 1 belägga med metall 2 makadamisera **-lic** [æ′] *a* metallisk; metall- **-line** *a* 1 metallisk 2 mineralhaltig

metamor′phosis [sis] *s* förvandling

metaphor [me′təfə] *s* bild, liknelse

meteor [mi:′tjə] *s* meteor **-ic** [ɔ′] *a* 1 meteor- 2 atmosfärisk **-ite** *s* meteorsten **-ol′ogist** [dʒ] *s* meteorolog

me′ter *s* mätare

method [me′þəd] *s* metod; ordning, system **-ical** [ɔ′] *a* metodisk

metic′ulous [ju] *a* minutiös[t noggrann]

metre [mi:′tə] *s* 1 meter 2 versmått

met′ric *a* meter- **-al** *a* 1 metrisk 2 måtts- **-s** *s* verslära

metrop′∥olis *s* huvud-, världs|stad **-ol′itan** *a s* huvudstads-; London-[bo]

mettle *s* 1 skrot och korn 2 liv[lighet], mod; ruter; *be on o.′s* ~ göra sitt yttersta **-d -some** *a* eldig; morsk; yster

1 **mew** [mju:] *itr* jama; skria

2 **mew** I *s* 1 bur 2 [stall]byggnader; bakgata [äv. pl. ~*s*] II *tr,* ~ [*up*] inspärra

mewl [mju:l] *itr* gnälla, skrika; jama

miaow [miau′] *itr s* jama[nde]

miasma [maiæ′zmə] *s* smittämne

miaul [mjɔ:′l] *itr* jama

mi′ca *s* glimmer; *yellow* ~ kattguld

mice pl. av *mouse*

mi′cro∥- [-isms.] mikro-, liten **-be** [oub] *s* mikrob **-scop′ic** *a* mikroskopisk

mid *a* mellan-, mitt-, mid-; *in* ~ *Channel* mitt i Kanalen **-day** *s* middag; klockan 12

middle I *a* mellerst, mellan-, medel-; ~ *weight*[*er*] mellanvikt[are] II *s* 1 mitt; *in the* ~ *of* mitt i (på) 2 midja III *tr* placera i mitten; [sport-] centra ~**-aged** *a* medelålders **-man** *s* mellanhand ~**-sized** *a* medelstor

midd′ling I *a* 1 medelgod, ordinär 2 medelmåttig II *adv* någorlunda

midd′y F för *midshipman*

midge [dʒ] *s* mygga; kryp **-t** *s* kryp

mid′∥most I *a* mellerst II *adv* i mitten **-ship***s s* mittskepp **-shipman** *s* sjökadett **-st** *s, in the* ~ *of* mitt i **-stream** *adv* midströms **-way** *adv* halvvägs

mid'wife s barnmorska
mien [mi:n] s min, uppsyn; hållning
miff s F fnurra; förargelse
1 might [mait] imp. av *may;* kunde; fick, finge; skulle; måtte
2 might s makt; kraft; *with all o.'s ~, with ~ and main* av alla krafter -y I *a* 1 mäktig; kraftig 2 väldig II *adv* F väldigt, mäkta
mi'gr||ant I *a* vandrande II *s* flyttfågel -ate *itr* flytta; utvandra -ation *s* flyttning; [ut-, folk]vandring -atory *a* flyttande; utvandrande; flyttmike S *itr* [gå och] slå dank; 'maska'
mileage = *mileage*
milch *a* mjölkande, mjölk-
mild [ai] *a* mild; svag; lindrig; stillsam; beskedlig
mildew [mi'ldju:] s rost, sot [på säd]; mögel -ed -y *a* rostskadad; möglig
mile s mil [*English ~* 1609 m]: *~s* miltals -age s 1 antal mil 2 kostnad per mil *~-post* s milstolpe -r s F millöpare *-stone* s milstolpe
mil'it||ant *a s* stridande -arize *tr* militarisera -ary I *a* militär[isk], krigs-; *compulsory ~ service.*allmän värnplikt II *s, the ~* militären -ate *itr* strida -ia [mili'ʃə] s milis, landstorm
milk I *s* mjölk II *tr itr* 1 mjölka 2 S uppsnappa *~-cart* s mjölkkärra -er s 1 mjölk|are, -erska 2 mjölkko 3 mjölkmaskin -maid s 1 mjölkpiga 2 mejerska -man s mjölk|försäljare, bud *~-pail* s stäva *~-shop* s mjölkbutik -sop s mes, kräk -y *a* 1 mjölklik; grumlig 2 mjölkrik 3 mild; klemig 4 *the M ~ Way* Vintergatan
mill I *s* 1 kvarn 2 fabrik; spinneri; -verk, -bruk II *tr* 1 mala, krossa 2 valka; valsa 3 räffla 4 vispa 5 S klå -board s papp *~-dam* s kvarndamm
millenn'i||al I *a* tusenårig II *s* tusenårsjubileum -um s 1 årtusende 2 = -*al II* 3 *the ~* det tusenåriga riket
millepede [mi'lipi:d] s tusenfoting
mill'er s 1 mjölnare 2 -fabrikant
millesimal [e's] *a s* tusendel[s]
mill'iner s modist -y s 1 modevaror 2 modistyrket
mill'ion s million -aire [ɛ'ə] s millionär -th *a s* millionedel[s]
mill'||-pond s 1 kvarndamm 2 *the ~ Atlanten* - -race s kvarn|ränna, -vatten *--wheel* s kvarnhjul
milt s 1 mjälte 2 mjölke
mi'm||e I *s* 1 mim; fars 2 komiker II *itr* spela pantomim -ic [mi'm] I *a* 1 mimisk; härmande 2 imiterad II *s* imitator III härma -icry [mi'm] *s* efterapning; skyddande likhet
mince I *tr* 1 hacka, skära sönder; *~d meat* köttfärs 2 släta över; dämpa; **skräda** [orden] 3 läspa fram II *itr* 1 tala tillgjort 2 trippa III s 1 köttfärs

2 o. *-meat* s pastejblandning [russin, mandel m. m.]; [bildl.] hackmat *~- -pie s* pastej -r s köttkvarn
mind [ai] I *s* 1 sinne; själ; förstånd; ande, intelligens; tänkesätt; *in o.'s right ~, of sound ~* vid sina sinnens fulla bruk 2 åsikt, tanke; *change o.'s ~* ändra åsikt (sig); *give a p. a piece of o.'s ~* säga ngn sitt hjärtas mening 3 lust, håg; smak; önskan; *give o.'s ~ to* ägna sig åt; *know o.'s own ~* veta vad man vill; *make up o.'s ~* bestämma (besluta) sig; *in two ~s* villrådig 4 *bear (have, keep) in ~* komma ihåg, betänka; *bring (call) to ~* påminna [sig]; *time out of ~* sedan urminnes tid; *put in ~* påminna II *tr itr* 1 ge akt på; tänka på; se till (efter), observera 2 se upp [för]; akta [sig] 3 bry sig om, fråga efter; *do you ~ my smoking?* har ni något emot att jag röker? *I don't ~* gärna för mig; *never ~!* det betyder ingenting; ingen orsak -ed *a* 1 hågad 2 -sinnad, -sint -ful *a* uppmärksam -less *a* 1 själlös 2 glömsk, tanklös
1 mine *pron* min; *a friend of ~* en vän till mig; *I and ~* jag och de mina
2 mine I *s* 1 gruva 2 järnmalm 3 mina II *tr itr* 1 bryta; bearbeta 2 gräva [hål i]; underminera 3 minera -r s 1 gruvarbetare 2 ⚔ minör
min'eral s *a* mineral[isk]
mi'ne-sweeper s minsvepar|e, -fartyg
mingle [ŋg] *tr itr* blanda [sig]; blandas; umgås; deltaga
min'iature [jətʃə, itʃə] s miniatyr
min'ify *tr* förminska; förringa
min'ikin *a* 1 liten 2 tillgjord
min'im s 1 halvnot 2 litet kryp, kräk
mi'ning s *a* gruvdrift; bergsbruk; gruv-
min'ion s gunstling; 'kreatur'
min'ist||er I s 1 minister; *prime ~* premiär-, stats|minister; *~ for foreign affairs* utrikesminister 2 tjänare [*~ of God*]; präst II *tr* 1 *~ to* hjälpa; vårda; sörja för 2 officiera, tjänstgöra *-e'rial a* 1 minister-; regerings-[vänlig] 2 prästerlig 3 verkställande; ämbets- -ration s 1 vård; hjälp 2 förrättning -ry s 1 ministär 2 departement 3 präst|ämbete, -erskap
min'iver s gråverk [ekorrskinn]
minn'ow [ou] s spigg; småfisk
mi'nor I *a* 1 mindre; oväsentlig, lägre 2 [mus.] liten; moll- II *s* 1 moll-[tonart] 2 omyndig, minderårig -ity [ɔ'] *s* 1 minoritet 2 minderårighet
min'ster s kloster-, dom|kyrka
min'strel s sångare, trubadur; skal.
1 mint s mynta
2 mint I *s* 1 mynt[verk] 2 stor summa II *tr* mynta, prägla -age s mynt[ning]; präg|ling, -el
minuet [jue't] s menuett

1 minute [mainju:'t] *a* 1 liten; obetydlig; hårfin 2 minutiös; noggrann **2 minute** [mi'nit] I *s* 1 minut; ögonblick; *this* ~ genast; nyss 2 anteckning; ~*s* protokoll II *tr* 1 ta tid på 2 anteckna ~-*book* s protokollsbok
minx *s* flicksnärta, jänta
mir'ac||le *s* 1 under[verk] 2 mirakel- [spel] [= ~-*play*] -**ulous** [æ'kju] *a* under[bar, -görande; övernaturlig
mirage [mirɑ:'ʒ] *s* hägring
mire I *s* träsk, kärr; dy; smuts II *tr* 1 *be* ~*d in* fastna i 2 smutsa ner
mirr'or I *s* spegel II *tr* [av]spegla
mirth [mə:þ] *s* munterhet -ful *a* munter
mi'ry *a* sank: dyig; smutsig; nersmord
mis- *pref* orätt, illa, miss-, fel-, van-
mis||adven'ture *s* olyckshändelse, missöde -**alli'ance** *s* mesallians, missgifte
misanthrop||e [mi'zən] *s* människohatare: enstöring -**ic[al]** [ɔ'p] *a* människofientlig -**ist** [æ'n] = -**e**
misappl||ication *s* missbruk; förskingring -**y** [ai'] *tr* missbruka; förskingra
misapprehen'||d *tr* miss|förstå, -uppfatta -**sion** [ʃn] *s* missförstånd
mis||beha've *refl itr* uppföra sig illa -**belief** [i:'f] *s* villomening, kätteri -**cal'culate** [ju] *tr itr* räkna fel [på]
miscarr||iage [æ'ridʒ] *s* 1 missfall 2 felexpediering -**y** *itr* 1 misslyckas 2 få missfall 3 komma bort
miscella'n||eous [jəs] *a* 1 blandad 2 diverse 3 mångsidig -**y** [mi'] *s* 1 blandning 2 -*ies* blandade skrifter
mischance [tʃɑ:'ns] *s* missöde, otur
mis'chief [tʃif] *s* 1 skada; åverkan: ofog; *make* ~ stifta ofred; *mean* ~ ha ont i sinnet 2 odygd, okynne; spratt; *be up to* ~ hålla på med något rackartyg 3 skälmskhet 4 rackarunge 5 F tusan, fanken ~-**maker** *s* orostiftare; skvallerbytta
mis'||chievous [iv] *a* 1 skadlig 2 okynnig 3 skälmsk -**comprehend'** *tr* missförstå -**con'duct** I *s* vanskötsel; dåligt uppförande; äktenskapsbrott II [ʌ'kt] *tr* vansköta; ~ *o. s.* begå äktenskapsbrott -**construc'tion** *s* feltolkning -**con'strue** *tr* feltolka -**creant** [kriənt] *a s* skurk[aktig] -**deed'** *s* missgärning -**demea'nour** *s* förseelse; brott
miser [mai'zə] *s* gnidare, girigbuk
mis'erable [z] *a* förtvivlad; eländig
mi'serly [z] *a* guidig, snål, girig
mis'ery [z] *s* elände; olycka; förtvivlan
mis||fortune [fɔ:'tʃən] *s* olycka; otur -**giving** [gi'] *s* farhågor; tvivel
misgovern [ʌ'] *tr* vanstyra; ~*ed* missskött, självsvåldig -**ment** *s* vanstyre
mis||guided [gai'] *a* miss|ledd, -riktad -**hap'** *s* missöde -**hea'r** *tr itr* höra fel -**inter'pret** *tr* feltolka; missuppfatta -**judg'e** *tr* 1 felbedöma 2 misskänna -**lay'** *tr* förlägga -**lea'd** *tr* vilse-, miss|-

leda -**man'age** *tr* missköta; förfuska -**pla'ce** *tr* felplacera; ~*d* malplacerad -**print'** I *tr* trycka fel II *s* tryckfel -**pronou'nce** *tr* feluttala -**represen't** *tr* framställa oriktigt; förtala -**rule** [-'ru:'l] *s* vanstyre; villervalla
1 **miss** *s* fröken
2 **miss** I *tr* 1 förfela; missa; förbise; inte få tag i; förlora; ~ *fire* klicka; ~ *the train* inte hinna med tåget 2 gå miste om; försumma 3 [råka] utelämna 4 sakna II *itr* bomma; misslyckas III *s* bom, miss; *give a p. a* ~ undvika ngn, strunta i ngn
miss'al *s* [katolsk] mässbok
mis-sha'pen *a* vanskapt, missbildad
miss'ile *s* kastvapen, kastat föremål
miss'ing *a* felande; *be* ~ saknas
mission [mi'ʃn] *s* mission; beskickning; legation; uppdrag; uppgift; kall[else] -**ary** *s* missionär
miss'is *s* F (= *mistress*) frun
miss'ish *a* flick-, mamsell|aktig
miss'ive *s* skrivelse
mis-||spell' *tr* felstava -**spell'ing** *s* felstavning, stavfel -**spent'** *a* illa använd, förspilld -**sta'te** *tr* förvränga
miss'us [mi'səs] = *missis*
miss'y I *s* [liten] fröken II = *missish*
mist *s* mist, tjocka; dimma; imma
mista'ke I *tr* 1 missförstå 2 ta fel på 3 ~ *for* ta för, förväxla med II *s* misstag; *my* ~ det är mitt fel; *and no* ~ var säker på det -*n a* 1 *be* ~ misstaga sig; förväxlas 2 felaktig; förfelad -**nly** *adv* av misstag; med orätt
mis'ter *s* herr[n]
mis'tiness *s* dimmighet; dis; oklarhet
mistletoe [mi'sltou] *s* mistel
mi'stress *s* 1 husmoder; fru; härskarinna, mästarinna 2 älskarinna 3 lärarinna; [*head*] ~ föreståndarinna
mistrust' *tr s* misstro -**ful** *a* misstrogen
mis'ty *a* 1 dimmig; disig 2 otydlig, oklar, dunkel
misunderstand' *tr* missförstå -**ing** *s* 1 missuppfattning 2 oenighet
misuse I [ju:'s] *s* missbruk II [ju:'z] *tr* 1 missbruka 2 misshandla
mite *s* 1 skärv; smula 2 pyre, parvel
mit'ig||ate *tr* 1 mildra, lindra; dämpa 2 bildae -**ation** *s* mildring, lindring
mitre [mai'tə] *s* mitra, biskopsmössa
mitt[en] *s* tum-, halv|vante, -handske
mix I *tr* blanda (till); förena; ~ *up* förväxla II *itr* 1 [låta] blanda sig, gå ihop 2 umgås; deltaga -**ed** *a* 1 blandad; ~ *bathing* gemensamhetsbad: ~ *school* samskola; ~ *up* inblandad 2 F förvirrad; omtöcknad -**ture** [tʃə] *s* 1 blandning 2 tillsats, inslag ~-**up** *s* F förväxling; röra
miz'en *s* mesan[segel] [= ~-*sail*]
mizzle *itr* 1 dugga 2 S smita
mo S = *moment* **M. O.** = *money order*

moan [ou] I *itr* jämra sig; klaga II *tr* beklaga, begråta III *s* jämmer
moat [ou] *s* vall-, borg-, slotts|grav
mob I *s* 1 pöbel; ~ *law* pöbelvälde 2 S gäng; ficktjuv II *tr* ofreda; anfalla III *itr* skocka sig -**bish** *a* pöbelaktig
mo'bil||e *a* 1 rörlig 2 ombytlig -ity [i'] ; *s* 1 rörlighet 2 ombytlighet -**ize** *tr* mobilisera; uppbjuda
mocha [mou'kə] *s* mocka[kaffe]
mock I *tr* 1 förlöjliga, driva med; håna 2 härma 3 gäcka, lura 4 trotsa, F strunta i II *itr* gyckla, skoja III *a* 1 falsk, imiterad; sken-; låtsad 2 burlesk -**er** -**s** 1 begabbare; gycklare 2 härmare -**ery** *s* 1 gäckeri, gyckel, drift; hån; spe 2 åtlöje 3 vrånghid 4 besvikelse ~-**turtle** *a*, ~ *soup* falsk sköldpaddssoppa
mode *s* 1 sätt 2 bruk; mod 3 tonart
mod'el I *s* 1 modell 2 mönster, förebild 3 F avbild II *a* mönster-; idealisk III *tr* 1 modellera 2 [ut]forma
mod'er||ate I [it] *a* 1 måttllig, -full; skälig, billig; lindrig 2 medelmåttig II *tr* moderera, mildra, dämpa -**ation** *s* måtta, måttlighet; sans, lugn
mod'ern [ən] *a* modern, nutida; nymodig -**ism** *s* nymodighet; nybildning -**ize** *tr* modernisera
mod'est *a* 1 blygsam; anspråkslös 2 anständig -**y** *s* blygsamhet &c
mod'i||cum *s* [liten] smula; minimum -**fication** *s* 1 [för]ändring; jämkning 2 variation -**fy** *tr* modifiera; [för]ändra; mildra; bestämma
mo'dish *a* modern, på modet, 'fin'
mod'ul||ate [ju] *tr* modulera; variera; anpassa -**e** *s* mått[stock]
moist *a* fuktig; regnig -**en** [sn] *tr itr* fukta[s] -**ure** [t ʃə]*s* fukt[ighet]; imma
mo'lar *a* malande; ~ [*tooth*] kindtand
molasses [məlæ'siz] *s* melass; sirap
1 **mole** *s* [födelse]märke, fläck
2 **mole** *s* vågbrytare, hamnarm, pir
3 **mole** *s* mullvad -**skin** *s* mollskinn; ~*s* mollskinnsbyxor
molest' *tr* ofreda, antasta, besvära
moll'ify *tr* blidka, lugna
moll'y-coddle *s* vekling, stuggris
mo'lten *a* smält; gjuten
mo'ment *s* 1 ögonblick; [liten] stund; tidpunkt; *this* ~ genast; alldeles nyss; *at a* ~*'s notice* med detsamma; *on the spur of the* ~ på rak arm 2 vikt 3 moment -**ary** *a* ögonblicklig; tillfällig; flyktig -**ous** [e'nt] *a* viktig; kritisk -**um** [e'n] *s* energi, fart
mon'ac[h]al [kəl] *a* munk-, klostermon'arch** [ək] *s* monark, härskare -**ic[al]** [α:'] *a* monarkisk -**y** *s* monarki
mon'ast||ery *s* kloster -**ic** [æ's] *a* klosterlig; kloster-, munk- -**icism** [æ's] *s* kloster|väsen, -liv
Monday [mʌ'ndi] *s* måndag; *on* ~ om måndag; i måndags; *Easter* ~ annandag påsk; *Saint* ~ frimåndag
monetary {mʌn] *a* penning-; valuta-
money [mʌ'ni] *s* 1 pengar; *be short of* ~ ha ont om pengar; *out of* ~ pank; *ready* ~ kontanter; *not my* ~ F ingenting för mig; *.make* ~ tjäna pengar 2 mynt[sort] ~-**bill** *s* finansbill ~--**box** *s* sparbössa; **kassaskrin** ~--**broker** *s* mäklare -**ed** *a* 1 penningstark, rik 2 penning-; *the* ~ *interest* finansvärlden ~-**grub[ber]** *s* girigbuk ~-**lender** *s* procentare ~-**making** *s* penningförvärv ~-**taker** *s* biljettförsäljare
monger [ʌ'ŋg] *s* -handlare, -månglare
mongrel [mʌ'ŋg] *s* 1 byracka 2 bastard
monit||ion *s* varning; förebud -**or** [mɔ'] *s* ordningsman -**ory** [mɔ'] *a* varnande, varnings-
monk [ʌ] *s* munk -**ery** *s* munkväsen
monkey [mʌ'ŋki] I *s* 1 apa; *put a p.'s* ~ *up* S reta ngn 2 hejare II *tr* efterapa III *itr* spela apa; bråka ~-**nut** *s* jordnöt ~-**wrench** *s* skiftnyckel
monk||hood [mʌ'ŋk] *s* 1 munk|stånd, -väsen 2 munkar -**ish** *a* munk-
mono||- [mɔ'nə] mono-, en-, ensam- -**chrome** *a* enfärgad -**gamy** [ɔ'g] *s* engifte -**logue** [lɔg] *s* monolog
monoma'nia *s* fix idé; vurm -**c** [æk] *s* monoman -**cal** [ənai'] *a* monoman
monop'ol||ize *tr* monopolisera; lägga beslag på -**y** *s* monopol, ensamrätt
monosyll||ab'ic *a* enstavig -**able** [si'l] *s* enstavigt ord
mon'oton||e I *a s* entonig [sång [o. d.]], entonighet II *tr* 'mässa' -**ous** [ɔ'tə] *a* enformig -**y** [ɔ'tə] *s* enformighet
mon'ster *s* monster, vidunder; odjur
monstr||osity [ɔ's] *s* vanskaplighet; vidunder[lighet]; missfoster; ofantlighet; avskyvärdhet -**ous** [mɔ'n] *a* missbildad; ofantlig; orimlig; ohygglig
mon'tane *a* berg[s]-, bergig
month [mʌnþ] *s* månad; *this day* ~ om en månad -**ly** I *a adv* månatlig[en], månads- II *s* månadsskrift
monticule [mɔ'ntikju:l] *s* kulle
mon'ument [ju] *s* minnes|märke, -vård -**al** [e'n] *a* minnes-; monumental
mooch S *itr tr* stryka omkring; knycka
mood *s* lynne, stämning; humör; lust; *in the* ~ upplagd -**y** *a* 1 trumpen, tvär; missmodig 2 nyckfull
moon I *s* måne; *cry for the* ~ begära det orimliga II *itr* gå och drömma (fåna) -**beam** *s* månstråle ~-**calf** *s* idiot -**light** *s* *a* månljus -**lit** *a* månljus -**shine** *s* 1 fantasier 2 S smuggelsprit -**shiner** *s* [Am.] S spritsmugglare -**shiny** *a* 1 månljus 2 fantastisk -**struck** *a* vansinnig -**y** *a* 1mån- 2 fånig
1 **moor** [muə] *s* [ljung]hed; ~-**cock**, ~-**hen**, ~-**game** moripa

2 moor *tr itr* förtöja **-age** *s* förtöjnings|plats, -avgift **-ing** *s* förtöjning; ~*s* förtöjnings|boj, -plats
Moorish [muˈəri ʃ] *a* morisk
moor‖**ish** *a* hed- **-land** *s* hed[land] -y *a* 1 hed- 2 myr-, moss-
moose [muːs] *s* [amer.] älg
moot I *a* omtvistad II *tr* diskutera
1 mop I *s* mopp; ♣ svabb II *tr* torka [av]; S lägga beslag på; ta kål på
2 mop *s*, ~*s and mows* grimaser
mop‖**e** I *itr refl* [sitta och] grubbla (tjura) II *s* 1 F döddansare 2 ~*s* nedstämdhet **-ed** *a* nedstämd
moppˊy *a* 1 tovig 2 S 'lurvig', full
moral [ɔˊ] I *a* 1 moralisk; moral-; sedlig 2 inre, andlig; ~ *certainty* till visshet gränsande sannolikhet II *s* 1 [sens]moral 2 P avbild 3 ~*s* moral; vandel -e [mɔrɑːˊl] *s* moral, [god] anda **-ity** [æˊl] *s* 1 moral; sedlighet 2 moraliserande **-ize** *itr tr* moralisera; dra moralen ur; göra moralisk **-izer** *s* moralpredikant
morassˊ *s* träsk, kärr, myr; [bildl.] dy
Moraˊ**vian** *a s* mähr[isk]; herrnhutare
morˊ**bid** *a* sjuklig **-ity** [iˊd] *s* sjuklighet
mord‖**ac**ˊ**ity** **-ancy** [mɔːˊ] *s* skärpa, bitterhet **-ant** [mɔːˊ] *a* 1 vass, sarkastisk 2 skarp; frätande
more [mɔː] I *a* mer[a] II *adv* mer[a]; ytterligare, till; *no* ~ ej heller; lika litet; *one* ~ en till; *one word* ~ ännu ett ord; ~ *easily* lättare
morelˊ *s* [topp]murkla
moreoˊ**ver** [ɔːr] *adv* dessutom; vidare
Moresque [mɔreˊsk] *a* morisk
moribund [mɔˊribʌnd] *a s* [en] döende
morˊ**ning** *s* morgon; förmiddag; *this* ~ i morse; *yesterday* ~ i går morse; ~ *coat* jackett; ~ *gown* förmiddagsklänning, morgonrock; ~ *service* högmässa ~**-dress** *s* förmiddags-, vardags|dräkt ~**-room** *s* vardagsrum
Moroccan [mərɔˊkən] *a s* marockan[sk]
moroˊ**se** [mə] *a* surmulen, vresig; dyster
morˊ**ph**‖**ia** [iə] **-ine** [iːn] *s* morfin
morrˊ**ow** [ou] *s* morgondag; [*on*] *the* ~ följande dag
morsel [mɔːsl] *s* [muns]bit; smula
morˊ**tal** I *a* 1 dödlig; förgänglig; döende; ödesdiger, döds- 2 F urtråkig 3 F väldig II *s* dödlig, människa **-ity** [æˊl] *s* dödlighet
1 morˊ**tar** *s* 1 mortel 2 mörsare
2 mortar *s* murbruk ~**-board** *s* 1 murbruksbräda 2 student-, skol|mössa
mortgag‖**e** [mɔːˊgidʒ] I *s* inteckning II *tr* 1 inteckna 2 sätta i pant, lova bort **-ee** [ədʒiːˊ] *s* inteckningshavare **-or** [dʒɔːˊ] *s* inteckningsgäldenär
mortice [mɔːˊtis] = *mortise*
mortif‖**ication** *s* 1 förödmjukelse 2 harm; missräkning 3 späkning 4 kallbrand **-y** [mɔːˊtifai] I *tr* 1 förödmjuka 2 gräma 3 späka; kuva II *itr* angripas av kallbrand
morˊ**tise** [is] I *s* tapphål II *tr* [in]tappa
morˊ**tuary** I *a* grav-; döds- II *s* bårhus
mosaic [mozeiˊik] *s a* mosaik[-]
Mosˊ**lem** [z] *s a* muhammedan[sk]
mosque [mɔsk] *s* moské
mosquito [məskiːˊto(u)] *s* mygga
moss *s* mossa **-ed** ~**-grown** [oun] *a* mossbevuxen **-y** *a* mossig; moss-
most [ou] I *a* 1 mest; störst; den (det) mesta 2 de flesta II *s* 1 [det] mesta; *make the* ~ *of* utnyttja på bästa sätt; göra mycket väsen av; *at* [*the*] ~ på sin höjd; i bästa fall 2 [de] flesta III *adv* 1 mest; ~ *of all* allra mest; ~ *famous* ryktbarast; ~ *easily* lättast 2 högst; synnerligen **-ly** *adv* för det mesta, mest[adels]; huvudsakligen
mote *s* [sol]grand, stoft-, damm|korn
moth *s* mott, mal; [natt]fjäril
mother [mʌˊðə] I *s a* 1 moder; mor; mamma; ~ˊ*s help* hembiträde; *queen* ~ änkedrottning 2 moder[s]-; ~ *hen* kycklinghöna; ~ *tongue* modersmål; ~ *wit* sunt förnuft; fyndighet II *tr* 1 föda, frambringa 2 adoptera; vårda 3 [be]skydda 4 erkänna **-craft** *s* barnavård **-hood** *s* moderskap ~**-in-law** *s* svärmor **-ly** *a* moderlig, moders- ~**-of-pearl** *s* pärlemo[r]
mothy [mɔˊθi] *a* full av mal; maläten
moˊ**tion** I *s* 1 rörelse; hållning; åtbörd, gest, tecken; ~ *picture*[*s*] film, bio 2 tempo; manöver 3 förslag 4 maskindel; mekanism 5 avföring II *itr tr* ge tecken, vinka [åt] **-less** *a* orörlig
moˊ**tiv**‖**ate** *tr* 1 motivera 2 förmå **-e** [iv] I *s* motiv; skäl II *a* rörelse-, driv- III = -*ate* **-eless** *a* omotiverad
motˊ**ley** [li] I *a* brokig II *s* 1 brokig blandning 2 narr[dräkt]
moˊ**tor** I *s* 1 drivkraft 2 motor 3 F bil; motor|cykel, -båt 4 motorisk muskel (nerv) II *itr* bila; köra motor|cykel, -båt ~**-bike** *s* motorcykel ~**-cab** *s* [drosk]bil ~**-car** *s* bil; ~ *driver* chaufför ~**-coach** *s* turistbil **-dom** *s* motorism ~**-drive** *s* biltur **-ed** *a* försedd med motor ~**-failure** *s* motorstopp ~**-horn** *s* signalhorn **-ial** [tɔːˊ] *a* motorisk **-ing** *s* bilkörning; ~ *accident* bilolycka; ~ *tour* bilfärd **-ist** *s* bilist **-ize** *tr* motorisera ~**-launch** *s* motorbåt ~**-lorry** *s* lastbil **-man** *s* förare ~**-power** *s* motordrift ~**-race** *s* biltävling ~**-ride** *s* biltur ~**-road** *s* bilväg ~**-trouble** *s* motor|skada, -stopp ~**-van** *s* lastbil ~**-vehicle** *s* motorfordon ~**-vessel** *s* motorfartyg
mottle I *s* fläck[ighet] II *tr*,ˊ ~*d* fläckig, brokig
1 mould [ou] *s tr* mylla [över]
2 mould *s* 1 mögel 2 mögelsvamp
3 mould I *s* 1 [gjut]form; pudding

moulder — 144 — mudlark

2 [kropps]byggnad; gestalt 3 typ, art 4 modell, schablon II *tr* 1 gjuta, forma, bilda 2 gestalta
moulder [ou'] *itr* 1 vittra (falla) sönder 2 förmultna 3 för|falla, -tvina
moulding [ou'] *s* 1 gjutning; modellering 2 list[verk] ~-**board** *s* bakbräda
mouldy [ou'] *a* 1 möglig; unken 2 gammalmodig 3 S urtråkig
moult [ou] I *itr* rugga; [bildl.] byta skinn II *tr* fälla -ing *s* ruggning; hårfällning; skal-, ski[n]n|ömsning
mound I *s* 1 [grav]hög; jordvall 2 kulle II *tr* hopa; omge med vall[ar]
1 **mount** *s* berg; *the M~ of Olives* Oljeberget
2 **mount** I *tr.* 1 bestiga; klättra upp på (i); gå uppför; ~*ed* ridande, beriden 2 placera 3 hjälpa upp i sadeln 4 montera; sätta upp; klistra upp; infatta; besätta, beslå 5 iscensätta 6 ~ *guard* gå på vakt II *itr* 1 stiga [upp]; gå uppför; höja sig 2 sitta upp III *s* 1 ridhäst; ridning 2 montering; kartong; infattning; beslag [äv. ~*ing*]
mou'ntain [tin] *s* 1 berg; *promise* ~*s* lova guld och gröna skogar 2 ~ *ash* rönn -**eer** [i'ə] *s* 1 bergsbo 2 alpinist -**ee'ring** *s* bergbestigning[ar] -**ous** *a* 1 bergig 2 ofantlig
mou'ntebank *s* kvacksalvare; charlatan; gycklare
mourn [mɔ:n] I *itr* sörja; ~ *for* sörja II *tr* sörja [över] -**er** *s* sörjande -**ful** *a* sorglig; klagande; sorg[e]-; sorgsen -**fulness** *s* sorg[lighet] -ing *s* sorg-[dräkt]; *be in* ~ *for* sörja, ha sorg efter; *go into* (*put on*) ~ anlägga sorg
mouse I [s] (pl. *mice*) *s* 1 mus, råtta 2 S blått öga II [z] *itr* 1 fånga råttor 2 snoka -**r** [z] *s* 1 råttfångare 2 S detektiv -**trap** *s* råttfälla
moustache [məstɑ:'ʃ] *s* mustasch[er]
mousy [mau'si] *a* råttlik[nande]; tyst
mouth [þ] I *s* 1 mun; *corner of the* ~ mungipa; *by word of* ~ muntligen; ordagrant; *give* ~ ge hals; *have o.'s heart in o.'s* ~ ha hjärtat i halsgropen; *take the* ~ skena 2 grimas 3 fräckhet 4 mynning; öppning; hål II [ð] *tr itr* 1 'deklamera' 2 hugga efter 3 konsumera 4 grimasera -**ed** [ðd] *a* med .. mun, -mynt ~-**filling** *a* svulstig -**ful** *s* mun full; munsbit -**piece** *s* 1 munstycke 2 språkrör ~-**wash** *s* munvatten -**y** [ð] *a* 1 bombastisk 2 talträngd
movable [mu:'] I *a* 1 rörlig, flyttbar 2 lös, personlig II *s*, ~**s** lösöre; bohag
move [u:] I *tr* 1 röra [på], [för]flytta; rubba 2 sätta i gång; driva, draga 3 *be* ~*d* finna köpare, gå åt 4 [upp]-väcka 5 göra rörd, gripa 6 inverka på, förmå; ~*d* [äv.] manad, böjd 7 föreslå; yrka på; ~ *a motion* väcka

ett förslag II *itr* 1 röra ([för]flytta) sig; gå, tåga 2 sätta sig i rörelse bryta upp; flytta; F ge sig av; ~ *out* gå ut; [av]flytta 3 gå [åt] 4 väcka förslag, yrka III *s* 1 [schack]-drag; åtgärd 2 röre sc; *be on the* ~ vara på rörlig fot; ge sig av; *get a* ~ *on* S raska på; *make a* ~ bryta upp 3 flyttning -**ment** *s* 1 rörelse; [för]flyttning 2 beteende; hållning 3 urverk; mekanism 4 tempo; rytm; utveckling -**r** *s* 1 [*prime*] ~ upphov[sman]; drivkraft 2 förslagsställare
mov‖**ie** [mu:'vi] *s* F film; ~*s* bio -**ing** I *a* 1 rörlig; ~ *pictures* bio[graf] 2 rörande; ledande II *s* förflyttning
1 **mow** [au] *s* 1 stack; [hö]volm 2 [hö]skulle, loge
2 **mow** [ou] *tr itr* meja; slå, skära; klippa -**er** *s* 1 slåtterkarl; gräsklippare 2 slåtter-, gräsklippnings|maskin -ing *s* slåtter; slaget gräs; äng; [gräs]vall -n pp. av *2 mow*
M. P. [e'mpi:'] (= *Member of Parliament*) riksdagsman Mr [mi'stə] herr Mrs [mi'siz] fru MS. = *manuscript* M. S. (Sc.) = *Master of Science* M/S = *motor ship* Mt = *Mount*
much I *a s* 1 mycke[t, -n; *not* ~ F visst inte; *not* ~ *of a linguist* inte någon vidare språkkarl; *nothing* ~ F just ingenting 2 *he said as* ~ han sade så; *I thought as* ~ jag kunde just tro det; *so* ~ [så och] så mycket; *so* ~ so till den grad [att]; *so* ~ *for* så var det med II *adv* 1 mycket; *not* ~ [äv.] icke vidare; ~ *as* hur mycket än; ~ *to my delight* till min stora förtjusning; ~ *against my will* högst ogärna; *ever so* ~ *early* alldeles för tidigt; ~ *the best plan* den absolut bästa planen 2 ungefär -**ness** *s* myckenhet
mu'cilage *s* 1 slem 2 gummi[lösning]
muck I *s* 1 dynga 2 F smörja; *in a* ~ F nersmord II *tr* 1 F smörja ner 2 S förstöra III *itr*, ~ *about* F larva omkring -**er** *s* 1 S fall; fiasko; *come* (*go*) *a* ~ S störta; ramla; misslyckas; *go a* ~ vräka ut pengar 2 S kräk ~-**heap** *s* dynghög ~-**rake** *s* dynggrep; skandaljägare -**worm** *s* 1 dyngmask 2 girigbuk 3 rännstensunge
mu'c‖**lous** *a* slemmig; slem- -us *s* slem
mud *s a* 1 gyttja, dy; slam; smuts 2 jord- ~-**boat** *s* mudderpråm
muddle I *tr* 1 omtöckna; förvirra; ~*d* [äv.] sluddrig 2 ~ *up* röra ihop 3 fördärva, trassla till 4 ~ *away* slarva bort II *itr* klåpa, plottra, söla; ~ *on* krångla sig fram; ~ *through* krångla sig igenom (fram) III *s* oreda
mudd'y *a* 1 gyttjig; smutsig 2 grumlig 3 dunkel; mörk 4 sluddrig 5 virrig
mud‖**guard** *s* stänkskärm -**head** *s* dumbom -**lark** *s* [rännstens]unge

1 muff I *s* 1 dumbom; kräk 2 miss-[lyckande] II *tr itr* förstöra; missa
2 muff *s*-muff **-etee** [əti:'] *s* mudd
muff'in *s* [te]kaka **-ee'r** *s* ströburk
1 muffle *s* mule
2 muffle I *s* läderhandske; tum-, halv|vante II *tr* 1 linda om 2 madrassera; dämpa -r *s* 1 halsduk 2 ljuddämpare
muf'ti *s* 1 'lagtolkare' 2 civildräkt
1 mug *s* 1 mugg 2 bägare
2 mug I *s* ansikte; trut II *itr* grimasera
3 mug *s* S kräk, dumbom; klåpare
4 mug S I *itr tr* plugga II *s* plugghäst
rugg'y *a* kvav, tung, tryckande
mul'berry *s* mullbär[sträd]
mulct I *s* böter II *tr* bötfälla; beröva
mul|le *s* 1 mulåsna. 2 tjurskalle 3 bastard **-eteer** [iti'ə] *s* mulåsnedrivare **-ish** *a* istadig; halsstarrig, trilsk
mull *tr* glödga; ~*ed wine* glögg
mull'igrubs *s* F dysterhet; ont i magen
mull'ion *s* fönsterpost **-ed** *a* tvärdelad
mul'ti||- mång- **--colour[ed]** *a* mångfärgad **-farious** [fɛ'ə] *a* mång|faldig, -ahanda **-form** *a* mångformig **-lat'eral** *a* mångsidig **-plane** *s* flerdäckare **mul'tipl|le** *a* mångfaldig **-ication** *s* 1 multiplikation 2 mångfaldigande; ökning **-icity** [i's] *s* mångfald **-ier** [aiə] *s* multiplikator **-y** [ai] *tr itr* 1 multiplicera 2 mångfaldiga[s], öka[s]
mul'titud|le *s* mängd; [folk]massa **-inous** [ju:'d] *a* mångfaldig; otalig
1 mum *s* mumma, starköl
2 mum *interj* tyst! tig!
3 mum *itr* klä ut sig, spela pantomim
4 mum F=2 mummy o. *ma'am*
mumble I *itr tr* 1 mumla 2 mumsa [på] II *s* mummel
mumm'ery *s* pantomim; jul-, narr|spel
mumm'ify *tr* förvandla till mumie
1 mumm'y *s* 1 mumie 2 brun färg
2 mumm'y *s* mamma, F mams
mump *itr* 1 F tjura; S gnälla 2 S bettla **-er** *s* S tiggare, bettlare **-s** *s* 1 påssjuka 2 F surmulenhet
munch [mʌn(t)ʃ] *itr tr* mumsa [på]
mundane [mʌn] *a* jordisk, världslig
munic'ipal [mju:] *a* kommunal; stads-, kommun-; ~ *council* kommunal-, stads|fullmäktige **-ity** [æ'l] *s* kommun[alstyrelse], stad[smyndigheter]
munif'icent [ju] *a* frikostig; storslagen
munition *s*, ~*s* 1 krigsförnödenheter; ammunition 2 utrustning, medel
mu'ral *a* mur-, vägg-
mur'der I *s* mord; *cry* ~ ropa på hjälp; *the* ~ *is out* F mysteriet är uppklarat II *tr* 1 mörda 2 fördärva; rådbråka **-er** *s* mördare **-ous** *a* 1 mordisk; mord- 2 mördande
mure [mjuə, mjɔ:] *tr*, ~ *up* inspärra
murk [ə:] *s* mörker **-y** *a* mörk, skum; mulen; svart
mur'mur I *s* 1 sorl, brus, sus; surr 2 mummel; knot II *itr* 1 sorla, brusa, susa; surra 2 mumla; knota, knorra III *tr* mumla fram
murrain [mʌ'rin] *s* mjältbrand
mus'ca||dine [in] *s* muskatelldruva **-t** [kət] *s* muskat|druva, -vin **-tel** [e'l] *s* muskatell|druva, -vin
musc||le [mʌsl] *s* muskel **-ular** [mʌ'sk] *a* muskel-; muskulös, kraftig
1 muse [z] *s* sång|gudinna, -mö; musa
2 muse *itr* fundera, grubbla; drömma
museum [mju(:)zi'əm] *s* museum
1 mush *s* S 1 paraply 2 droskägare
2 mush *s* 1 mos, röra, sörja: [majs]gröt 2 [radio]störning 3 S smörja
mushroom [mʌ'ʃrum] *s* 1 champinjon; [ätlig] svamp 2 uppkomling 3 S paraply **4** F damhatt
mush'y *a* 1 mosig, lös, blöt 2 grötig
mu'sic [z] *s* 1 musik; *rough* ~ kattmusik 2 not|er, -häften **3** [jakt.] skall **-al** *a* 1 musikalisk; melodisk 2 musik-; ~ *box* speldosa; ~ *comedy* operett **~-book** *s* notbok **~-case** **~-folio** *s* notportfölj **~-grinder** *s* gatmusikant **~-hall** *s* varieté **-ian** [zi'ʃn] *s* musik|er, -ant **~-master** *s* musiklärare **~-rack** *s* nothylla **~-sheet** *s* not|häfte, -blad **~-stand** *s* notställ **~-stool** *s* pianostol
mu'sing *a* tankfull, grubblande
musk *s* mysk|djur, -ört] **~-bag** *s* myskpung **~-deer** *s* myskdjur
mus'ket *s* musköt **-eer** [i'ə] *s* musketör **-ry** *s* skjutning; gevärseld
musk'||rat *s* bisam[råtta]; silverbisam
muslin [mʌ'z] *s* 1 muslin 2 F *bit of* ~ kvinna, flicka
musquash [mʌ'skwɔʃ] *s* bisam
mussel [mʌsl] *s* [blå]mussla
1 must *s* druv|must, -saft, nytt vin
2 must *s* unkenhet; mögel
3 must [mʌst, məs(t)] *hjälpv* 1 måste 2 ~ *not* får (fick) inte
mus'tard *s* senap **~-pot** *s* senapsburk
mus'ter I *s* 1 mönstring, besiktning 2 uppbåd; [för]samling, skara II *tr* 1 mönstra, inspektera; ~ *in*, *out* in-, av|mönstra 2 uppbåda; samla; upp|driva, -bjuda, -visa III *itr* 1 mönstra, inspektera[s] 2 samlas **~-book** *s* rulla **~-roll** *s* [mönster]rulla
mustn't [mʌsnt] = *must not*
mus'ty *a* 1 unken; instängd; möglig, skämd; sur 2 för|legad, -åldrad
mu't||able *a* föränderlig; ostadig **-ation** *s* förändring; mutation; omljud
mute I *a* stum; tyst II *s* 1 stum person 2 statist 3 sordin III *tr* dämma; dämpa **-ness** *s* stumhet; tystnad
mu'tilate *tr* stympa; förvanska
mutin||eer [ni'ə] I *s* myterist II *itr* göra myteri **-ous** [mju:'] *a* upprorisk **-y** [mju:'] *s itr* [göra] myteri
mu'tism *s* [döv]stumhet; tystnad

mutt'er I *itr tr* mumla, muttra; knota, knorra II *s* mum|lande, -mel; knot
mutt'on *s* fårkött; *roast ~ fårstek ~- -chop s* 1 lammkotlett 2 *~s* polisonger
mu'tual *a* 1 ömsesidig; inbördes 2 gemensam
muzzle I *s* 1 nos, tryne; S käft 2 munkorg 3 [gevärs]mynning II *tr* sätta munkorg på [äv. bildl.]; tysta ner
muzz'y *a* F dåsig, slö; omtöcknad
my [mai] *pron* min; *~ dear* kära du
mylord [milɔ:'d] se *lord I 3*
myo'p||ia [mai] -y [-'opi] *s* närsynthet
myriapod [mi'riəɔɔd] *s* mångfoting
myrmidon [mə:'] *s* hejduk, legodräng
myrrh [mə:] *s* myrra
myrtle [mə:tl] *s* myrten
myself' *pron* [jag] själv; mig [själv]
myst||e'rious *a* mystisk, hemlighetsfull -ery [mi's] *s* mysterium; gåta, hemlighet -ic [-'-] I *a* mystisk; förborgad II *s* mystiker -ical [-'--] *a* mystisk -ification *s* bedrägeri, skoj; mysterium -ify [-'--] *tr* 1 förbrylla; driva med 2 göra mystisk, hölja i dunkel
myth [miþ] *s* myt, saga; dikt, lögn -ic[al] *a* mytisk; [upp]diktad -ol'ogy [dʒ] *s* mytologi, gudalära

N

N, n [en] *s* n
N., n. = *North; national; neuter; new; noon; note*[*s*]; *noun; number*
nab *tr* S gripa, nappa, hugga [åt sig]
na'bob *s* indisk guvernör; stenrik knös
nacre [nei'kə] *s* pärlemo[r]
1 nag *s* [rid]häst, klippare
2 nag *tr itr* hacka, gnata [på]
nail I *s* 1 nagel; klo; *tooth and ~* med näbbar och klor 2 spik, söm II *tr* 1 spika [fast]; få fast 2 beslå med spik 3 spika igen 4 S hugga -**er** *s* 1 spiksmed 2 Söverdängare -**ing** *a* S utmärkt
naked [nei'kid] *a* naken, blottad; kal
nam'by-pam'by *a* känslosam, sipp
name I *s* 1 namn; *first ~* förnamn; *what is the ~ of . .?* vad heter . .? *Tom by ~, of the ~ of Tom* vid namn Tom; [*bad*] *~s* öknamn, skällsord 2 rykte, ryktbarhet II *tr* 1 kalla, benämna 2 [om]nämna 3 ut|nämna, -se -**ly** *adv* nämligen *~- -part s* titelroll -**sake** *s* namne
nanny [næ'ni] *~-goat s* get
1 nap *s itr* [ta sig en] lur
2 nap I *s* ludd; fålb II *tr* noppa, rugga
nape *s* nacke [*the ~ of the neck*]
naphtha [næ'fþə] *s* nafta
nap'kin *s* servett; handduk; blöja
napp'y *a* långhårig, lurvig
narco'||sis [sis] *s* narkos -**tic** [ɔ'] *s a* narkotiskt medel
narghile [na:'gili] *s* vattenpipa
narra't||e *tr itr* berätta -**ion** *s* berätt|- ande, -else -**ive** [næ'rə] I *s* = *-ion* II *a* berättande -**or** *s* berättare
narrow [næ'rou] I *a* 1 trång, smal 2 knapp, snäv; *have a ~ escape* med knapp nöd slippa undan 3 trångbröstad 4 noggrann II *s, ~s* trångt farvatten (pass) III *itr tr* göra (bli) trängre (smalare), inskränka[s] *~- -gauge s* smal spårvidd *~-hearted a* lågsint *~-minded a* inskränkt
nasal [neizl] I *a* nasal, näs- II *s* näsljud -**ize** *itr* [ut]tala genom näsan
nastur'tium [ʃəm] *s* vattenkrasse
nasty [a:'] *a* 1 smutsig 2 snuskig 3 vidrig; otrevlig 4 elak, otäck, F nedrig
na'tal *a* födelse- -**ity** [ætæ'] *s* nativitet
nata't||ion [nei] *s* simning -**orial** [əto:'] -**ory** [nei'tə] *a* sim-
nation [nei'ʃn] *s* nation, folk[slag]
national [næ'ʃnəl] *a* nationell, national-, folk-; riks-; stats- -**ity** [æ'l] *s* 1 nationalitet 2 fosterländskhet -**ize** *tr* 1 nationalisera 2 naturalisera
na'tiv||e I *a* 1 medfödd; *~ country* fosterland; *~ tongue* modersmål; *~ place* födelseort 2 infödd, inhemsk 3 naturlig II *s* infödng -**ity** [əti'v] *s* 1 födelse, börd 2 horoskop
natt'y *a* nätt, fin, prydlig; flink
natural [næ'tʃərəl] I *a* naturlig, natur- II *s* idiot *~-born a* infödd -**ist** *s* naturforskare, biolog -**ize** *tr* 1 naturalisera 2 införliva -**ly** *adv* 1 av naturen 2 naturligt[vis]
nature [nei'tʃə] *s* 1 natur[en]; *pay the debt of ~* dö; *size of ~* naturlig storlek 2 naturell, kynne -**d** *a* -artad
naught [nɔ:t] I *pron* ingenting; *come to ~* gå om intet; *set at ~* ringakta II *s* noll[a] III *a* värdelös -**y** *a* 1 stygg, okynnig 2 oanständig
nause||a [nɔ:'siə] *s* 1 äckel, illamående 2 sjösjuka -**ate** *itr tr* vämjas [vid]; äckla -**ous** *a* vämjelig
nau'tical *a* nautisk, sjö-
na'val *a* skepps-, örlogs-, sjö-
1 nave *s* huvudskepp [i kyrka]
2 nave *s* [hjul]nav
navel [nei'vl] *s* navle; medelpunkt
nav'ig||able *a* 1 segelbar 2 styrbar -**ate** *tr itr* navigera; segla [på] -**ation** *s* segling, sjöfart -**ator** *s* navigatör
navv'y *s* 1 kanal-, järnvägs|arbetare, 'rallare' 2 grävningsmaskin
navy [nei'vi] *s* örlogs|flotta, marin
nay *adv* 1 [åld.] nej 2 ja, till och med
N. B. [e'nbi:] = 1 *nota bene* märk väl 2 *North Britain, North British* **N. C.** **O.** = *non-commissioned officer*
neap I *s* nip[flod, -tid II *a* låg

near — 147 — **Newfoundlander**

near [niə] I *a* 1 nära; närbelägen 2 trogen 3 knapp 4 vänster II *adv* 1 nära 2 sparsamt III *prep* nära. IV *tr itr* närma sig **-ly** *adv* 1 [på] nära [håll] 2 nästan, nära på; *not* ~ (äv. *near*) inte på långt när **-ness** *s* 1 närhet 2 nära släktskap ~-**sighted** *a* närsynt
1 neat *s* [horn]boskap; nötkreatur 2 neat *a* 1 ren, klar 2 nätt och fin, snygg; prydlig 3 fyndig
neb'ul||a [ju] *s* nebulosa **-ous** *a* töcknig
necessar|y [ne'si] I *a* nödvändig II *s* **-ies** [*of life*] förnödenheter
necess'i||tate *tr* göra nödvändig, kräva **-tous** *a* behövande, fattig **-ty** *s* 1 nödvändighet; nöd[tvång]; *in case of* ~ i nödfall; vid behov; *the -ties of life* livets nödtorft 2 tvingande behov
neck *s* 1 hals; *back of the* ~ nacke; ~ *and* ~ jämsides; ~ *and crop* med hull och hår; ~ *or nothing* F på liv och död 2 långsmalt näs (pass) ~-**band** *s* halslinning **-cloth** *s* halsduk **-erchief** [ətʃif] *s* halsduk **-lace** [lis] *s* halsband **-let** *s* halsband; prydnad; boa ~-**tie** *s* halsduk, slips
nec'ro||mancy *s* svartkonst, magi **-polis** [ɔ'p] *s* nekropol, begravningsplats
need I *s* 1 behov; *if* ~ *be* om så erfordras 2 nöd, brist; *a friend in* ~ *is a friend indeed* i nöden prövas vännen II *tr itr* behöva[s] **-ed** *a* behövlig **-ful** *a* behövlig, nödig; *the* ~ F pengar **-iness** *s* brist, nöd[ställdhet]
needle I *s* 1 [sy]nål 2 barr 3 klippspets 4 obelisk 5 S *the* ~ nervattack II *itr* 1 sy 2 tränga sig III *tr* sticka genom ~-**case** *s* nålfodral ~-**lace** *s* sydd spets ~-**point** *s* 1 nålsudd 2 fin sydd spets
needless [ni:'dlis] *a* onödig
nee'dle||woman *s* sömmerska **-work** *s* sömnad: tapisserisöm; *do* ~ sy
need||s *adv* nödvändigt **-y** *a* nödställd
nefarious [fɛəriəs] *a* skändlig, nedrig
nega||tion *s* 1 [för]nekande, negerande 2 negation **-tive** [ne'g] I *s a* 1 nekande [svar, ord] 2 negativ II *tr* 1 förneka; förkasta 2 neutralisera
neglect' I *tr* 1 försumma 2 vårdslösa; ringakta II *s* 1 försummelse 2 likgiltighet, ringaktning; vanvård **-ful** *a* försumlig, vårdslös
neg'lig||ence [dʒ] *s* försumlighet, vårdslöshet **-ent** *a* 1 försumlig, vårdslös 2 likgiltig **-ible** *a* betydelselös
negoti||able [nigou'ʃi] *a* 1 säljbar 2 fram-, över[komlig **-ate** I *tr* 1 [äv. *itr*] underhandla [om] 2 vinna, utverka 3 avyttra; förmedla 4 övervinna **-ation** *s* 1 underhandling 2 uppgörande 3 växel|slut, -handel 4 övervinnande **-ator** *s* underhandlare
ne'gr||ess *s* negress **-o** (pl. ~*es*) *s* neger
negus [ni:'gəs] *s* vintoddy

neigh [nei] *itr s* gnägg|a, -ning
neighbour [nei'bə] I *s* 1 granne 2 nästa II *tr* gränsa intill **-hood** *s* 1 grannskap, närhet 2 trakt; stadsdel 3 grannar 4 grannsämja **-ing** *a* närbelägen; angränsande **-ly** *a* vänskaplig **-ship** *s* grann|skap, -sämja
neither [nai'ðə, ni:'] I *pron* ingendera II *konj,* ~ .. *nor* varken .. eller III *adv* [ej] heller
nenuphar [ne'njufɑ:] *s* vit näckros
neo||- [nio(u)] ny- **-lithic** [ni'oli'pik] *a* från yngre stenåldern
neol'og||ism [dʒ] **-y** *s* nybildning; ny lära
nephew [ne'vju] *s* bror-, syster|son
nephri'tis *s* njurinflammation
nerv||e [nə:v] I *s* 1 nerv; ~*s* [äv.] nervsystem; nervositet; *fit of* ~*s* nervattack 2 kraft, mod, [själs]styrka II *tr* ge styrka åt **-eless** *a* kraftlös **-ous** *a* 1 nerv- 2 kraftfull 3 orolig, retlig; nervös **-y** *a* 1 kraftig 2 S ogenerad 3 nervös
nescient [ne'ʃi] *a s* okunnig; fritänkare
ness *s* näs; udde, landtunga
nest I *s* 1 näste, bo 2 [rövar]kula 3 kull, svärm; följe II *itr tr* 1 bygga bo [åt] 2 leta efter fågel|bon, -ägg ~-**egg** *s* 1 lock-, bo|ägg 2 grundplåt **-le** [nesl] *itr tr* 1 trycka (smyga) sig [intill]; krypa in, ligga inbäddad 2 [in]hysa; pyssla om; ~ *o. s.* slå sig ned **-ling** *s* nykläckt fågelunge
1 net I *s* 1 nät; garn, snara 2 tyll II *tr* fånga [i nät] III *itr* knyta nät
2 net I *a* netto II *tr* [ut]göra i netto
nether [ne'ðə] *a* nedre, undre; neder-, under- **-most** [ou] *a* nederst, underst
net'||ted *a* nät|lik, -betäckt **-ting** *s* nät|bindning, -verk
nettle I *s* nässla II *tr* bränna; reta; egga **-rash** *s* nässelfeber
net'||ty =**-ted** **-work** *s* nätverk; labyrint
neur||al [nju'ə] *a* nerv- **-al'gia** [dʒə] *s* nervvärk **-asthe'nia** *s* neurasteni **-ol'o-gist** [dʒ] *s* nervspecialist **-o'sis** *s* neuros, nervsjukdom **-ot'ic** I *a* nerv-[stärkande] II *s* 1 nervmedel 2 nervsjuk
neut||er [nju:'] I *a* neutral; intransitiv II *s* neutrum **-ral** *a* neutral **-ral'ity** *s* neutralitet **-ralize** *tr* motverka
nev'er *adv* aldrig; F inte [alls]; [*well*] *I* ~ F jag har då aldrig sett maken ~-**ceasing** ~-**ending** *a* oupphörlig **-theless** *adv* icke dess mindre ~-**to--be-forgotten** *a* oförgätlig
new [nju:] *a* 1 ny; ~ *man* uppkomling 2 färsk 3 ovan ~-**blown** *a* nyutsprucken **-comer** *s* nykomling
newel [nju:'əl] *s* trappspindel
new-||fangled [nju:'fæ'ŋgld] *a* nyhetslysten; nymodig **-fashioned** [-'fæ'ʃnd] *a* nymodig **-fledged** *a* nyfjädrad
Newfou'ndlander *s* 1 invånare på Newfoundland 2 newfoundlandshund

new‖ish [nju:'] *a* tämligen ny - -laid *a* nyvärpt -ly *adv* nyligen, nynews [nju:z] *s* nyhet[er], underrättelse[r]; *a piece of* ~ en nyhet ~-agency *s* telegrambyrå ~-agent *s* innehavare av tidningskontor ~-boy *s* tidningspojke -man *s* tidningsförsäljare -monger *s* nyhetskrämare -paper *s* tidning ~-stand *s* tidningskiosk -vendor *s* tidningskolportör
newt [nju:t] *s* vattenödla
next *a adv* näst; ~ *to* näst intill; nära nog
nib I *s* 1 udd 2 [stål]penna II *tr* vässa
nibble *tr itr* 1 knapra [på] 2 nafsa [efter]; nappa; hacka
Nibs *s, His* ~ F 'gubben', 'husbonden'
nice *a* 1 trevlig; snäll; vacker; söt; hygglig; [iron.] snygg 2 läcker 3 noggrann 4 taktfull 5 granntyckt; kinkig 6 känslig 7 [hår]fin -ty *s* 1 finhet 2 läckerhet 3 noggrannhet; *to a* ~ precis 4 taktfullhet 5 kräsenhet; ömtålighet; spetsfundighet
niche [nit ʃ] I *s* nisch II *refl* krypa undan
nick I *s* 1 skåra, hak 2 *in the* ~ *of time i* grevens tid 3 träff, högt kast II *tr* 1 hacka; stubba 2 komma på; S gripa
nickel *s* 1 nickel 2 F femcentslant
nick'name *s tr* (kalla med) öknamn
nid'[dle]-nod'[dle] *itr a* nicka[nde]
niece [ni:s] *s* brors-, syster]dotter
nigg'ard [əd] I *s* girigbuk II *a* snål, girig -ly *a* 1 knusslig, snål 2 knapp
nigg'er *s* F neger; färgad
niggle *itr* knåpa; vara petig
nigh [nai] *adv prep* nästan; nära
night [nait] *s* natt; kväll; *first* ~ premiär; *last* ~ i går kväll; *make a* ~ *of it* F göra sig en glad kväll; *by* ~ om natten ~-dress *s* nattdräkt -fall *s* nattens inbrott; kvällsdags ~-gown = ~-dress -ingale *s* nakter-gal -ly *I a* nattlig II *adv* varje natt -mare *s* mara -shade *s* Solanum, Belladonna ~-shirt *s* nattskjorta
nil *s* intet; noll
nimble *a* 1 lätt, vig, flink 2 livlig, pigg
nim'bus *s* 1 helgongloria 2 regnmoln
nincompoop [ni'ŋ] *s* F dumhuvud, våp
nine *I räkn* nio II *s* nia; [*up*] *to the* ~*s* F utsökt -fold *a* niofaldig -pin *s* kägla -'tee'n *räkn* nitton -'tee'nth *a s* nittonde[del] -ty *räkn* nittio
ninn'y *s* våp, dummerjöns
ninth [nainþ] I *a* nionde II *s* niondel
nip I *tr* 1 nypa [av]; klämma 2 bita [av]; fördärva 3 S nappa åt sig II *itr* S kila III *s* 1 nyp[ning] 2 frostskada 3 skarp kyla 4 sarkasm -per *s* 1 ~*s* kniptång 2 ~*s* S pincené 3 S hjälpgosse; gatpojke
nipple *s* 1 bröstvårta 2-napp 3 kulle
nipp'y *a* 1 S rask, spänstig 2 kall
ni'tr‖e [tə] *s* salpeter -ogen [dʒən] *s* kväve -ous *a* salpeter-

1 nix S *pron* ingen[ting]
2 nix *s* sjörå -ie [i] *s* vattennymf
no I *pron* ingen; ~ *one* ingen II *adv* 1 nej 2 icke, inte [~ *better*]; ~ *more did* [etc.] he och inte han heller
no. (No.)=*number* nummer
1 nob *s* S [huvud]knopp
2 nob *s* S herreman, 'överklassare'
nobble *tr* S fördärva; lura; knycka
nobb'y *a* S flott, stilig, snobbig
nobil'ity *s* 1 högadel 2 adel[skap]
noble [ou] I *a* 1 [hög]adlig 2 förnäm-[lig] 3 ädel II *s* ädling -man *s* adelsman ~-minded *a* ädel, högsint
no'body [bədi] I *pron* ingen II *s* nolla
noct‖am'bulist [ju] *s* sömngångare -urnal [ə:'n] *a* nattlig
nod I *itr* 1 [sitta och] nicka; slumra 2 luta; vaja II *tr* nicka [med] III *s* nick[ning], lur; *N*~ Jon Blund
1 noddle *s* F skalle, skult
2 noddle *tr* nicka [med]
nodd'y *s* dummerjöns, tok, stolle
node *s* 1 [led]knut 2 [gikt]knöl 3 nod
no'how *adv* ingalunda, på intet vis
noise [nɔiz] I *s* ljud, buller, larm, stoj II *tr* utbasuna -less *a* ljudlös
noi'some *a* skadlig; osund; vämjelig
noi'sy [zi] *a* bullersam; högljudd
nom'ad [əd] *s a* nomad[isk] -ism *s* nomadliv
nom'in‖al *a* nominell; så kallad -ally *adv* till namnet -ate *tr* 1 föreslå, nominera 2 utnämna -ation *s* 1 föreslående 2 utnämning -ee' *s* kandidat
non *adv* icke; o- -age *s* omyndighet
nonagenarian [ədʒinɛ'ə] *s* nittioåring
non‖appe'arance -atten'dance *s* uteblivande, frånvaro
nonce *s, for the* ~ för tillfället ~-word *s* tillfällig nybildning
non'chalant [ʃəl] *a* sorglös, likgiltig
non-‖com'. = *non-commissioned* -com'-batant *s* icke stridande -commissioned [kəmi'ʃnd] *a* utan [kunglig] fullmakt; ~ *officer* underofficer -committ'al *a* obunden; reserverad
nonconfor'mi‖st *s* frikyrklig -ty *s* 1 separatism; de frikyrkliga 2 brist på överensstämmelse
non‖-deliv'ery *s* 1 utebliven leverans 2 [post.] obeställbarhet -descript [-'-'-] *a* obestämbar; diverse; sällsam
none [nʌn] I *pron* ingen, intet, inga; ~ *of that* ingalunda II *adv* icke
nonen'tity *s* intighet; obetydlighet, nolla
non'-pay'ment *s* utebliven betalning
non'plus' I *s* bryderi, förlägenhet; *be at a* ~ vara rådlös (svarslös) II *tr* göra förlägen (rådvill)
non'-‖res'idence *s* frånvaro från boningsort -resist'ance *s* passiv lydnad
non'sens‖e [səns] *s* nonsens, dumheter -ical [e'n] *a* meningslös, dum
non'such *s* makalös person (sak)

noodle s dumhuvud, våp, stolle
nook [nùk] s vrå, hörn, vinkel
noon s 1 middag, kl. 12 2 höjdpunkt
noose I s [ränn]snara, löpknut II *tr* fånga, snara
nor [ɔ:] *konj* eller; och icke, ej heller
Nor'man s a normand[isk]
Norse [nɔ:s] *a* norsk -**man** s norrman
north I s *a* norr; nord[lig]; ~ *by east* nord till ost; [*to the*] ~ *of* norr om; *the N*~ *Sea* Nordsjön II *adv* norr[ut] ~'-**ea'st** I s nordost II o. ~'-**ea'sterly** ~'-**ea'stern** *a* nord|östra, -ostlig
norther||ly [nɔ:'ð] *a* nordlig -n *a* nordlig, norra -**ner** s nordbo; nordstatsman -**nmost** [mou] *a* nordligast
north||ing [nɔ:'þ] s nordlig riktning --**star** s, *the N*~ Polstjärnan -**ward** [wəd] I *a* nordlig II *adv* mot norr -'-**west'** I s nordväst II o. -'-**west'erly** -'-**west'ern** *a* nordväst|lig, -ra
Nor'w||ay *npr* Norge -**e'gian** [dʒən] I *a* norsk II s norrman
nose [z] I s 1 näsa, nos; *pay through the* ~ F bli klådd; *turn up o.'s* ~ rynka [på] näsan; *lead by the* ~ föra i ledband 2 väderkorn 3 pip, spets II *tr* 1 vädra; spåra upp 2 nosa på III *itr* 1 nosa 2 snoka 3 ~ *down* sänka sig; ~ *up* stiga ~-**dive** s störtflygning -**gay** s bukett -**r** s motvind
nostal'g||ia [dʒ] s hemsjuka -**ic** *a* hemsjuk
nos'tril s näsborr
nostrum [nɔ'strəm] s patentmedicin
no'sy [z] *a* stornäst; starkt luktande
not [nɔt, nt] *adv* icke, ej, inte; ~ *I* jag betackar mig; ~ *that* icke som om
notabil'ity [nou] s märk|lighet, -värdighet; notabilitet, bemärkt person
no'tabl||e *a* s märklig, bemärkt [person] -**y** *adv* märkligt; i synnerhet
no'tary s, ~ *public* notarius publicus
notch I s skåra, hack II *tr* göra skåror i
note I s 1 not; ton 2 tangent 3 [kännetecken 4 anteckning; koncept; *take* ~s göra anteckningar 5 biljett, kort brev 6 revers 7 sedel 8 rykte; *of* ~ bemärkt 9 uppmärksammande; vikt; *take* ~ *of* lägga märke till II *tr* 1 märka, uppmärksamma 2 framhålla 3 anteckna 4 sätta noter till ~-**book** s anteckningsbok -**d** *a* bekant -**less** *a* obemärkt ~-**paper** s brevpapper -**worthy** *a* märklig
nothing [nʌ'þiŋ] I *pron* ingenting; *there is* ~ *for it but to* det finns ingen annan råd än att; *come to* ~ gå om intet II s 1 noll[a] 2 intighet 3 bagatell III *adv* icke alls -**ness** s intighet
no'tice [is] I s 1 notis; meddelande; tillkännagivande; anslag; uppsägning; *give* ~ underrätta; säga upp [sig]; *receive* ~ bli uppsagd; *at short* ~ med kort respit[tid]; *at a moment's* ~ vilket ögonblick som helst; *till further* ~ tills vidare 2 uppmärksamhet, beaktande; *take* ~ *of* lägga märke till; bry sig om; *come into* ~ till- dra sig uppmärksamhet 3 tidningsartikel, recension II *tr* 1 märka, ge akt på, uppmärksamma 2 omnämna 3 säga upp -**able** *a* 1 märkbar 2 märklig ~-**board** s anslagstavla
noti||fication [nou] s kungörelse; anmälan -**fy** [-'--] *tr* 1 kungöra 2 underrätta -**on** [nou[n]s 1 föreställning, begrepp; tanke 2 F aning; infall 3 åsikt 4 ~s småartiklar
notorious [tɔ:'] *a* 1 välbekant 2 ökänd -**ly** *adv* veterligen
notwithstan'ding *prep konj* oaktat
nought [nɔ:t] = *naught*
noun [naun] s substantiv
nourish [nʌ'] *tr* 1 uppföda; underhålla 2 nära, hysa, fostra; underblåsa -**ment** s näring[smedel]
nov'el I *a* ny[modig], ovanlig II s roman -**ett'e** s novell -**ist** s romanförfattare -**ty** s ny[modig]het
novice [nɔ'vis] s 1 novis 2 nybörjare
now [nau] I *adv* 1 nu; ~.., ~ än.., än; ~ *and then* då och då; *before* ~ förut; *by* ~ vid det här laget; *just* ~ [alldeles] nyss, [nu] strax 2 emellertid; nå[väl]; ~ *then!* se så! nå väl! II *konj* nu då -**adays** *adv* nu för tiden
no'||way[s] *adv* ingalunda -**where** *adv* ingenstädes -**wise** *adv* på intet vis
nox'ious [kʃəs] *a* skadlig; ohälsosam
nozzle s nos, tryne; pip, munstycke
nub s klump, bit -**ble** s liten klump
nu'cleus [iəs] s kärna; centrum, stomme
nude *a* 1 naken, bar 2 ogiltig
nudge [dʒ] *tr* s knuff[a till], 'stöta på'
nu'dity s nakenhet; naken figur (bild)
nugg'et s klump; [guld]klimp
nuisance [nju:'sns] s 1 ofog; ohägn 2 besvär; obehag; plågoris
null *a* 1 ogiltig; ~ *and void* av noll och intet värde 2 värde-, betydelse|lös; tom -**ify** *tr* upphäva -**ity** s 1 ogiltighet 2 betydelselöshet; nolla
numb [nʌm] I *a* stel, domnad II *tr* göra stel, förlama
num'ber I s 1 nummer, siffra; ~ *one* F en själv 2 [an]tal, mängd; hop 3 ~s övermakt 4 häfte, nummer 5 numerus II *tr* 1 räkna 2 numrera III *itr* räknas -**less** *a* otalig
nu'mer||al I *a* tal- II s räkneord, siffra -**ation** s 1 räkning 2 numrering -**ator** s 1 räknare 2 [mat.] täljare -**ical** [me'] *a* numerisk -**ous** *a* talrik
num'skull s F dumhuvud, träskalle
nun s 1 nunna 2 duva -**nery** s kloster
nup'tial [ʃl] I *a* bröllops-; äktenskaplig II s, ~s bröllop, vigsel
nurse [ə:] I s 1 amma; barn|sköterska, -flicka 2 sjuksköterska; vårdarinna II *tr itr* sköta; fostra; [upp]amma,

nära; hysa; omhulda, vårda; stryka, smeka ~-child -ling s 1 dibarn 2 fosterbarn ~-maid s barnjungfru
nursery [nə:'] s 1 barnkammare 2 träd-, plant|skola ~-governess s barnfröken ~-rhyme s barnvisa ~-tale s barnsaga
nur'ture [tʃə] I s [upp]fostran; näring II tr nära, [upp]föda; [upp]fostra
nut I s 1 nöt 2 ~s S läckerbit, njutning; [dead] ~s on S tokig i;. styv i 3 S [huvud]knopp 4 F kurre; snobb 5 skruvmutter II itr plocka nötter -cracker s nötknäppare -hatch s nöt-

väcka ~-key s skruvnyckel -let s liten nöt -meg s muskot[nöt, -träd]
nu'tri||ment s näring, föda -tion [i'ʃn] s näring[sprocess] -tious [i'ʃəs] a närande -tive I a närande, närings- II s näringsmedel
nut'shell s nötskal; in a ~ i korthet
nut'ty a 1 nötrik 2 nötliknande 3 kärnfull 4 S underlig; ~ upon tokig i
nuzzle tr itr 1 rota [i], böka [upp] 2 gnida nosen [mot]; smyga sig [intill]
N. W. = 1 North Wales 2 north-west
nymph [nimf] s 1 nymf 2 puppa

O

O, o [ou] s o
o [ou] interj 1 o! å[h]! ack! ~ for..! ack, den som hade ..! ~ no visst inte! ~ yes ja visst 2 jaså
o' [ə, o] prep = of el. on
oaf [ouf] s 1 bortbyting 2 fåne, idiot
oak [ouk] s 1 ek; heart of ~ käck karl 2 [univ.] S ytterdörr ~-apple s galläpple -en a av ek, ek- -let s ung ek
oakum [ou'] s drev; pick ~ repa drev
oar [ɔ:] I s 1 åra 2 roddare II tr itr ro -sman s roddare
oas|is [o(u)ei's|is] (pl. -es [-'i:z]) s oas
oat [out] s 1 havre -cake s havrekaka
oath [ouþ] s 1 ed, edgång; take an (the) ~ gå ed, svärja 2 svordom
oatmeal [ou'tmi:l] s havre|mjöl, -gryn
ob'durate [jurit] a för|härdad, -stockad
obe'dien||ce s lydnad -t a lydig, hörsam; [i brev] ödmjuk
obeisance [ei's] s 1 bugning 2 hyllning
obes||e [o(u)bi:'s] a däst -ity s dästhet
obey' tr itr [åt]lyda, hörsamma
ob'fuscate tr förmörka; omtöckna
obit'uary [ju] s döds|runa, -notis
object I [-'-] s 1 objekt 2 ting; föremål 3 avsikt, [ända]mål II [--'] tr 1 invända 2 förevita III [--'] itr protestera, ha ngt att invända
objec'tion s invändning -able a 1 tvivelaktig 2 misshaglig; anstötlig
objec'tive a objektiv; saklig, verklig
ob'ject||-lesson s åskådningslektion -or [e'k] s opponent; conscientious ~ samvetsöm [krigstjänstvägrare]
oblation s offer[gåva]
obligat||ion s 1 förbindelse; skyldighet 2 tacksamhetsskuld; vänlighet -ory [li'gə] a bindande; obligatorisk
oblig||e [əblai'dʒ] tr 1 för|binda, -plikta 2 göra [sig] förbunden, göra en tjänst; ~d förbunden, tacksam; much ~d! tack så mycket! 3 tvinga -ing a förekommande, tjänstvillig
oblique [i:'k] a 1 sned, skev 2 [gram.] indirekt; oblik 3 smyg-; förtäckt
oblit'erate tr stryka ut, utplåna
obliv'i||on s glömska -ous a glömsk

ob'long a avlång; rektangulär
obloquy [ɔ'blokwi] s förtal; vanrykte
obnox'ious [kʃəs] a anstötlig; förhatlig
obsce'ne a vidrig; oanständig, slipprig
obscu'r||e I a 1 mörk 2 otydlig; svårfattlig 3 obemärkt; ringa 4 undangömd II tr förmörka, förunkla -ity s mörker; oklarhet; obemärkthet
obsecration s anropande, enträgen bön
obse'qui||al a begravnings- -es [ɔ'bsikwiz] s likbegängelse
obse'quious a inställsam, krypande
observ||able [ɔ'] a märk|bar, -lig -ance s 1 efterlevnad; firande; iakttagande 2 bruk, regel -ant a 1 noggrann 2 uppmärksam -ation s 1 iakttagelse; uppmärksamhet 2 anmärkning, yttrande -atory s observatorium -e tr 1 efterleva; iakttaga; fira 2 observera, märka 3 anmärka, yttra
obsess' tr anfäkta, ansätta, oroa -ion [se'ʃn] s anfäktelse
obsol||escent [e'snt] a nästan föräldrad, sällsynt -ete [ɔ'b] a föräldrad
ob'stacle [ɔ'bstəkl] s hinder
ob'stin||acy s envishet -ate [it] a envis, hårdnackad
obstrep'erous a bullersam; oregerlig
obstruct' tr 1 täppa till, spärra 2 [för]hindra, hejda 3 skymma -ion s 1 till|täppning, -spärrning 2 hejdande, hinder 3 obstruktion -ive a hämmande, hinderlig
obtai'n I tr vinna, erhålla; få; utverka II itr gälla, råda, vara i bruk -able a möjlig att erhålla
obtru||de [u:'] tr truga, [på]tvinga -sion [tru:'ʒn] s 1 påtvingande 2 påflugenhet -sive [s] a påträngande
obtuse [əbtju:'s] a 1 trubbig; slö 2 trög; matt 3 dov
ob'verse s 1 åtsida 2 mot|stycke, -sida -ly [--'-] adv omvänt
ob'viate tr förebygga, undanröja
ob'vious a tydlig, påtaglig
occasion [əkei'ʒn] I s 1 tillfälle; rise to the ~ vara situationen vuxen; on the ~ of vid 2 angelägenhet 3 an-

ledning II *tr* för|anleda, -orsaka **-al** *a* tillfällig, enstaka **-ally** *adv* emellanåt
Occident [ɔ'ks] *s, the* ~ Västerlandet **-al** [e'n] *a* västerländsk
occlude [u:'] *tr* 1 tillsluta 2 absorbera
occult' *a* dold, hemlig **-ing** *a* blänk**occo'up‖ancy** [ju] *s* innehavande **-ant** *s* innehavare; hyresgäst; passagerare **-ation** *s* 1 besittning[stagande], besättande 2 sysselsättning; yrke **-ier** [aiə] *s* innehavare **-y** [ai] *tr* 1 ockupera, besätta 2 inneha, besitta 3 bebo 4 sysselsätta; upptaga
occur [əkə:'] *itr* 1 förekomma, finnas 2 falla [ngn] in [*to*] 3 inträffa **-rence** [ʌ'r] *s* 1 förekomst, uppträdande; inträffande 2 händelse
ocean [ou'ʃn] *s* [världs]hav, ocean **-og'raphy** [ʃiə] *s* [djup]havsforskning
ochr‖e [ou'kə] *s* ockra **-[e]ous -y** *a* ockrafärgad
o'clock [əklɔ'k] se *clock*
oc't‖agon *s* åttahörning **-ave** *s* [mus.] oktav **-avo** [ei'v] *s* oktav[format]
oc'to‖- åtta- -genarian [dʒinɛ'ə] *a s* åttioåri[n]g
oc'ul‖ar [ju] *a* ögon- **-ist** *s* ögonläkare
odd *a* 1 udda, ojämn 2 över|skjutande, -talig; *at forty* ~ vid några och 40 års ålder; *the* ~ *trick* 'tricken' 3 omaka 4 extra, tillfällig; varjehanda; ~ *moments* [lediga] stunder 5 avsides 6 besynnerlig, konstig **-ity** *s* 1 egen[domlig]het 2 underlig typ (sak) **-ments** *spl* rester, stuvar, diverse
odds *spl* 1 olikhet, [åt]skillnad 2 oenighet; *at* ~ oense 3 över|lägsenhet, -makt 4 fördel, handikap 5 *lay (give)* ~ våga större summa mot en mindre 6 utsikt[er] 7 ~ *and ends* slumpar, rester, småskräp; småbestyr
ode *s* 1 sång 2 ode, kväde
o'dious *a* förhatlig; avskyvärd; gemen
o'dor = *-our* **-if'erous -ous** *a* doftande
o'dour *s* lukt; doft; anstrykning
Odyssey [ɔ'disi] *s* odyssé
oecumen'ic[al] [i:'kju] *a* ekumenisk
oedema [idi:'mə] *s* ödem, vattensvulst
of [ɔv, ov, əv] *prep* 1 av, från 2 åt, över 3 *the isle* ~ *Wight* ön W.; *the whole* ~ *Sweden* hela Sverige 4 om, angående 5 bland 6 i, på, till, vid; *be* ~ deltaga i, vara med i 7 ~ *an evening* F en kväll; om kvällarna
off [ɔ:f, ɔf] I *adv* bort, i väg, av, ur; borta; utanför; *hands* ~*!* bort med händerna! ~ *and on* av och på, upp och ned; då och då; *be* ~ vara borta; ge sig i väg; slippa ifrån; vara ledig; vara förbi (slut); *be well* ~ ha det bra [ställt] II *prep* bort[a] från; ~ utanför, på höjden av; [ned] från; *dine* ~ äta till middag; *eat* ~ äta på III *a* bortre, [mest] avlägsen; höger; ledig; *the* ~ *season* den döda säsongen;

~ *side* [kricket] vänster; [fotb.] offside; ~ *street* sido-, tvär|gata IV *itr, be* ~*ing* ♣ styra ut till sjöss
offal [ɔ'f(ə)l] *s* [slakt]avfall; as; avskräde, skräp
offen'‖ce *s* 1 anfall 2 stötesten; anstöt, förargelse; harm; förolämpning 3 förseelse, brott **-celess** *a* oförarglig **-d** I *tr* stöta, besvära; såra; förolämpa, kränka; förtörna II *itr* 1 väcka anstöt 2 fela, bryta **-der** *s* förbrytare, syndare **-sive** I *a* 1 anfalls- 2 anstötlig; sårande; obehaglig II *s* offensiv
off'er I *tr* 1 offra; hembära 2 [er]bjuda 3 bjuda ut 4 hota med 5 framlägga; förete II *itr* erbjuda sig III *s* erbjudande; [an]bud **-ing** *s* 1 offrande 2 offer[gåva]; gärd, gåva 3 anbud **-tory** *s* 1 körsång under mässoffret 2 kollekt
off'hand' I *adv* genast, på stående fot; från bladet II [-'-] *a* 1 oförberedd, improviserad 2 ogenerad; otvungen
office [ɔ'fis] *s* 1 tjänst; vänlighet 2 göromål, funktion 3 ämbete, post, tjänst; *be in* ~ inneha ett ämbete; vara vid makten; *come into* ~, *take* ~ tillträda sitt ämbete; komma till makten; *do the* ~ *of* fungera som 4 gudstjänst; ritual; mässa 5 ämbets|verk, -lokal; byrå; kontor 6 *O* ~ departement 7 ~*s* ekonomibyggnader, uthus; köksdepartement 8 S tecken **-r** I *s* 1 ämbetsman 2 funktionär 3 officer 4 rättstjänare; poliskonstapel II *tr* kommendera; anföra
official [əfi'ʃəl] I *s* ämbets-, tjänste|man II *a* officiell, ämbets-, tjänste-; offentlig **-ism** *s* byråkrati[sm]
officiate [əfi'ʃi] *itr* officiera; fungera
offic'inal *a* officinell, medicinal-
officious [əfi'ʃəs] *a* 1 beställsam, fjäskig 2 officiös
off'ing *s* öppen ('rum') sjö
off'ish *a* F hög av sig, tillbakadragen
off'‖-print *s* särtryck **-scouring** *s,* ~*s* av|skrap, -fall, -skum **-set** *s* 1 telning; utlöpare 2 balanserande summa; motvikt 3 offset[tryck] **-shoot** *s* sidoskott; utlöpare **-spring** *s* avkomma; ättling; alster
often [ɔfn] *adv* ofta **-times** *adv* ofta
ogee [ou'dʒi:] *s* karnis, våglist
ogive [ou'dʒaiv] *s* spetsbåge
o'gle *itr tr* snegla [på]; kisa [åt]; kokettera [med]
ogr‖e [ou'gə] *s* jätte, troll **-ess** *s* jättekvinna **-ish** *a* gräslig
O. H. M. S. = *On His Majesty's Service*
oh [ou] = *o* -**o** [ohou'] *interj* åhå! jo, jo!
oil I *s* 1 olja 2 F ~*s* oljefärgstavla [äv. = *-skin*] II *tr* 1 olja, smörja; muta 2 behandla (impregnera) med olja **-cloth** *s* vaxduk **-er** *s* 1 smörjare 2 F oljerock ~**-hole** *s* smörjhål **-skin**

oil-well — 152 — **operator**

s 1 vaxduk, oljetyg 2 ~*s* oljekläder ~-**well** *s* oljekälla -**y** *a* 1 oljig, olje-; flottig 2 inställsam; salvelsefull
oi'ntment *s* salva, smörjelse
O. K. [ou'kei'] F *a adv* riktig[t], rätt; bra, väl; fin, gentil
old [ou] *a* 1 gammal; ~ *age* ålderdom; *my* ~ *man* F min 'gubbe'; *of* ~ fordom 2 gammal och van; S slug 3 forn[tida] [äv. -*en*] ~'-**estab'lished** *a* 1 gammal 2 hävdvunnen ~'-**fash'ioned** *a* gammal|dags, -modig -**ish** *a* äldre
ole||**aginous** [ouliæ'dʒ] *a* oljig, oljehaltig -**ograph** [ou'l] *s* oljetryck
olfac't||**ion** *s* lukt[sinne] -**ory** I *a* lukt- II *s* luktorgan
olive [ɔ liv] *s a* 1 oliv[träd] 2 olivgrön[t]
Olympic [li'm] *a* olympisk; ~ *games* olympiska spel [äv. ~*s*]
o'men I *s* järtecken, förebud II *tr* båda
om'inous *a* bådande; olycksbådande
om||**ission** [i'ʃn] *s* utelämnande, förbigående; underlåtenhet -**it'** *tr* ute|lämna, -glömma, förbigå; försumma
om'ni||**bus** I *s* omnibuss II *a*, ~ *train* persontåg -**potent** [ni'] *a* allsmäktig -**pres'ent** [z] *a* allestädes närvarande -**scient** [--'siənt] *a* allvetande -**vorous** [ni'v] *a* allätande
on I *prep* 1 på 2 vid, nära, på stranden av 3 [i riktning] mot 4 [tid] å) på, om, vid [el. ingen prep.]; ~ *Sunday* om söndag; b) efter, vid 5 med avseende på, om, över; med anledning av 6 i; ~ *fire* i brand II *adv* på, i; vidare; fram[åt]; an; *be* ~ vara inne (uppe); vara i gång; vara påsläppt; S vara påstrucken; *from that day* ~ från och med den dagen; ~ *to* över till, ut på III *a* [kricket] höger
once [WANS] I *adv* 1 en gång; ~ *a day* en gång om dagen; ~ *again* (*more*) en gång till; ~ *and again* gång efter annan; ~ *in a way* (*while*) någon gång, då och då; ~ *or twice* ett par gånger; *at* ~ med ens, genast; [*all*] *at* ~ plötsligt; på en (samma) gång 2 fordom, förr; ~ *upon a time* en gång II *konj* när (om) en gång [väl]
one [WAN] I *räkn a* 1 en, ett; [den, det] ena; ense; *go* ~ *better* bjuda en [poäng] mera; ~ *or two* ett par; *at* ~ ense; *I for* ~ jag för min del; *for* ~ *thing* först och främst; ~ *or other* den ene eller den andre; *it is all* ~ *to me* det gör mig detsamma 2 [en, ett] enda II *pron* 1 ~ *another* varandra 2 man; en 3 en viss 4 en [sådan], någon; *that was a nasty* ~ det var ett rysligt slag; *the Evil O*~ den Onde; *the little* ~*s* de små 5 *the* ~ den; *this* (*that*) ~ den här (där); *which* ~? vilken? III *s* etta ~-**horse** *a* enbets- ~-**legged** *a* enbent -**ness** *s* en[ig]het -**r** *a* S 1 baddare 2 smocka

on'erous *a* betungande; tung, besvärlig
one||**self'** *pron* sig (en) själv, sig --**sided** [-'-'-] *a* ensidig
onion [ʌ'njən] *s* 1 rödlök 2 S berlock
on'looker *s* åskådare
o'nly I *a* enda; ensam II *adv* 1 endast, bara; ~ *look!* ser man på bara! ~ *not* nästan 2 a) först, icke förrän; b) senast; ~ *just* alldeles nyss III *konj* men .. [bara]; ~ *that* utom det att: om .. icke ~'-**begott'en** *a* enfödd
onomatopoet'ic [pou] *a* ljudhärmande
on'||**rush** *s* stormning -**set** *s* 1 anfall; stormning 2 ansats -**slaught** [ɔ:t] *s* an|grepp, -lopp, stormlöpning
onus [ou'nəs] *s* börda; skyldighet
onward [ɔ'nwəd] *a adv* framåt(gående)
oof [u:f] *s* S pengar -**y** *a* S 'tät', rik
ooz||**le** [u:z] I *itr* sippra fram (ut), rinna fram, dunsta ut: drypa II *tr* avsöndra, utsläppa III *s* 1 framsipprande 2 dy, gyttja, slam 3 träsk -**y** *a* 1 fuktig, drypande; sipprande 2 gyttjig
opac'ity *s* ogenomskinlighet; dunkel
opaque [ei'k] *a* ogenomskinlig; trög
o'pen I *a* 1 öppen; *the* ~ *air* fria luften; *fling* ~ slänga upp 2 fri, obehindrad; tillgänglig; offentlig; ~ *time* lovlig tid 3 blid, mild; ⚓ dimfri 4 uppriktig, frimodig 5 ledig 6 uppenbar 7 mottaglig, tillgänglig 8 utsatt; underkastad; *lay o. s.* ~ blottställa sig 9 frikostig II *s*, *the* ~ öppnade fältet; det fria; öppna sjön; *in* ~ öppet III *tr* 1 öppna 2 börja, inleda 3 yppa 4 ~ *out* packa upp; utveckla; framlägga IV *itr* 1 öppnas 2 börja 3 bli mildare 4 vetta; leda, mynna ut 5 öppna sig; framträda; bli synlig; ~ *up* yppa sig 6 uttala sig; tala (sjunga) ut 7 ge hals ~- -**eyed** *a* 1 med öppna ögon; vaken 2 storögd ~-**handed** *a* frikostig ~- -**hearted** *a* 1 öppenhjärtig 2 varmhjärtad -**ing** I *a* inlednings- II *s* 1 öppnande; början, upptakt 2 öppning 3 vik, bukt 4 utsikt, tillfälle ~-**minded** *a* 1 fördomsfri 2 frimodig ~-**work** *s* genombrutet arbete
op'era *s* opera; *comic* ~ operett ~- -**cloak** *s* teaterkappa ~-**glass** *s* teaterkikare ~-**hat** *s* chapeau claque
op'erat||**e** I *itr* 1 verka; arbeta, vara i gång; ~ *on* [äv.] påverka; operera [ngn]; -**ing** *table* telegrafbord 2 operera 3 spekulera II *tr* 1 åstadkomma 2 sköta; leda, driva -**ion** *s* 1 verksamhet; funktion; gång 2 kraft [och verkan] 3 process, förrättning 4 operation; förfarande 5 drift -**ive** [ɔ'p] I *s* arbetare II *a* 1 verk|ande, -sam, aktiv; praktisk 2 operativ 3 arbetande -**or** *s* 1 upphovsman 2 operatör 3 maskinist, mekaniker; *telegraph* ~ telegrafist 4 driftchef

o'piate I *s* opiat; narkotiskt medel II *tr* 1 söva [med opium]; döva 2 ~*d* försatt med opium

op||i'ne *itr* mena, antyda; tänka, förmoda -in'ion *s* 1 mening, åsikt, tanke; *I am of* ~ jag anser 2 utlåtande **oppo'nent** *s* mot|ståndare, -spelare **opp'ortun||e** [ju:] *a* läglig, lämplig; tillfällig -ity [ətju:'] *s* tillfälle, möjlighet **oppos||e** [ou'z] I *tr* 1 ~ *to* sätta emot (som motsats) 2 göra motstånd mot, sätta sig emot, motarbeta II *itr* opponera [sig]; göra motstånd -ed *a* motsatt; stridig; *be* ~ *to* vara fiende till; motsätta sig -er *s* motståndare -ite [ɔ'pəzit] I *a* mitt emot, motsatt II *prep adv,* ~ [*to*] mitt emot III *s* motsats -ition [ɔpəzi'ʃn] *s* 1 motsatt ställning; opposition 2 mot|sättning, -sats 3 motstånd, strid **oppress'** *tr* 1 ned|tynga, -trycka, betunga; överlasta; ~*ed* beklämd 2 under-, för|trycka -ion [e'ʃn] *s* 1 nedtryckande; [be]tryck; beklämning 2 förtryck -ive *a* betungande; besvärande; överväldigande; kvav; [för]tryckande -or *s* förtryckare **oppro'bri||ous** *a* skymflig, ärerörig -um *s* skymf[ord]; vanära

opt *itr* välja; ~ *for* uttala sig för **op'tic** I *a* optisk, syn- II *s* F öga -al *a* optisk -ian [i'ʃn] *s* optiker -s *spl* optik **op'time** [imi] *s* student i 2. el. 3. hedersklassen vid examen (*tripos*) **op'tion** *s* 1 [fritt] val, valfrihet; *local* ~ lokalt veto 2 alternativ 3 prioritetsrätt -al *a* frivillig, valfri

op'ulen||ce [ju] *s* rikedom -t *a* välmående **o'pus** *s* [musik]verk, komposition **or** *konj* eller; ~ [*else*] eljest, annars **orac||le** [ɔ'r] *s* orakel[svar] -ular [æ'kju] *a* orakel-; dunkel, gåtlik

oral [ɔ:'] *a* muntlig

orange [ɔ'rindʒ] *s* apelsin -a'de *s* apelsinlemonad -ry *s* drivhus

ora't||e *itr* orera -ion *s* oration, tal **orator** [ɔ'rətə] *s* [väl]talare -ial [tɔ:'r] -ical [tɔ'r] *a* oratorisk, vältalig -io [tɔ:'] *s* oratorium -y *s* vältalighet **orb** I *s* 1 klot, sfär; krets 2 himlakropp 3 öga 4 riksäpple II *tr* omge -ed -ic'ular *a* 1 cirkel-, klot|formig 2 avrundad -it *s* 1 ögonhåla 2 [astr.] bana **orchard** [ɔ:'tʃəd] *s* fruktträdgård **orchestr||a** [ɔ:'kistrə] *s* 1 orkester; ~ *stalls* första parkett 2 musik|estrad, -paviljong -al [kɔ's] *a* orkester- -ate *tr* orkestrera

orchid [ɔ:'k] *s* orkidé

ordai'n *tr* 1 prästviga 2 föreskriva **ordeal** [ɔ:di:'l] *s* gudsdom; eldprov **or'der** I *s* 1 klass, stånd; *holy* ~*s* det andliga ståndet; prästvigning; *take* [*holy*] ~*s* bli prästvigd 2 slag, sort 3 orden 4 pelarordning 5 ord-

ning; system, metod; ordentlighet; *out of* ~ i oordning, i olag 6 [ordnings]-stadga, regel, föreskrift; *in* ~ reglementsenlig; *O* ~ *in Council* kunglig förordning 7 order, befallning 8 beslut, utslag 9 anvisning; växel; *money* ~ postanvisning; *postal* ~ post-check 10 order, beställning; kommission; *to* ~ på beställning; *large* ~ F jättearbete 11 *in* ~ *to* (*that*) för att II *tr* 1 [an]ordna, inrätta; styra, leda 2 bestämma 3 beordra, befalla; tillsäga; förordna; ~ *about* skicka hit och dit, kommendera 4 ordinera 5 beställa -ly I *a* 1 välordnad; metodisk: ordentlig 2 ♣ order-, ordonnans-; ~ *officer* dagofficer 3 renhållnings- II *s* ordonnans

ordinal [ɔ:'din] *a s* ordnings-[tal] **or'dinance** *s* 1 förordning 2 kyrkobruk **or'din||ary** I *a* 1 ordinarie; ~ *seaman* lättmatros 2 vanlig, bruklig; vardaglig; F ordinär, tarvlig; *out of the* ~ ovanlig II *s* 1 gudstjänstordning 2 vardaglig sak (människa) 3 *in* ~ tjänstgörande, ordinarie -ation *s* 1 anordning, inrättning 2 prästvigning **or'dnance** *s* artilleri[materiel]; ~ *map* generalstabskarta

ordure [ɔ:'djuə] *s* dynga; smuts **ore** [ɔ:] *s* malm; metall; [poet.] guld **organ** [ɔ:'gən] *s* 1 organ 2 verktyg, redskap 3 orgel 4 positiv ~-**blower** *s* orgeltrampare ~-**grinder** *s* positivspelare -ic[al] [æ'n] *a* organisk -ization [aiz] *s* 1 organisation 2 organism -ize *tr* 1 ~*d* levande, organisk 2 organisera, ordna ~-**loft** *s* orgelläktare ~-**stop** *s* orgel|register, -stämma **or'gasm** [z] *s* upphetsning, ursinne **orgy** [ɔ:'dʒi] *s* orgie, utsvävning **oriel** [ɔ:'] *s* burspråk

orient ▼ [ɔ:'] *s, the O*~ Österlandet II [e'] *tr* orientera; justera III [e'] *itr* vända sig -al [e'] *a s* öster|ländsk, -länning -ate [ɔ:'] = *orient II, III* **orifice** [ɔ'rifis] *s* mynning, öppning **origin** [ɔ'ridʒ] *s* ursprung, uppkomst; upphov, härkomst -al [ɔri'dʒ] I *a* 1 ursprunglig, begynnelse-, ur-; ~ *from* hemmahörande i; ~ *sin* arvsynd 2 originell II *s* urtext -al'ity *s* egendomlighet -ate [i'dʒ] I *tr* vara upphov till, skapa II *itr* härröra; uppstå -ation *s* 1 frambringande 2 upprinnelse -ator [i'dʒ] *s* upphovsman **oriole** [ɔ:'rioul] *s* [zool.] gylling **or'lop** *s* ♣ lägsta däck; trossbotten **or'nament** I *s* 1 prydnad[sföremål] 2 utsmyckning 3 fagert sken II *tr* smycka -al [e'n] *a* prydlig, prydnads-, dekorativ -ation *s* 1 utsmyckande, dekorering 2 ornament **orna'te** *a* utsirad; sirlig, blomsterrik **ornithol'ogist** [dʒ] *s* fågelkännare

orphan [ɔ:'fən] *s a* föräldralös[t barn]
-**age** *s* 1 föräldralöshet 2 barnhem
ortho||- [ɔ:'þo] rak-, rät-, rätt- -**dox** *a s*
rättrogen -**doxy** *s* rättrogenhet -**graphy** [ɔ'grəfi] *s* rättstavning
oscillate [ɔ'si] *itr* oscillera, pendla
osier [ou'ʒə, ou'ziə] *s* vide, korgpil
os'prey [i] *s* 1 fiskgjuse 2 espri, ägrett
oss'||**eous** *a* ben-, förbenad; benrik -**ification** *s* benbildning, förbening -**ify**
itr tr förvandla[s] till ben -**uary** [ju] *s*
ben|hus, -urna; samling ben
ostens'||**ible** *a* syn-, sken|bar; påstådd
-**ory** *s* monstrans
ostentati||**on** *s* skryt, ståt, prål -**ous**
a ostentativ, braskande, prålande
ostler [ɔ'slə] *s* stalldräng
os'tracize *tr* landsförvisa; bannlysa
ostrich [ɔ'stritʃ, idʒ] *s* struts
other [ʌ'ðə] *pron* annan; [den]andra;
annorlunda; olik; ytterligare, .. till;
the ~ day häromdagen; *some time or
~* någon gång -**where** *adv* annorstädes -**wise** *adv* 1 annorlunda, på
annat sätt 2 annars, i annat fall
otiose [ou'ʃious] *a* ofruktbar, gagnlös
otter [ɔ'tə] *s* utter
ought [ɔ:t] *hjälpv, ~ to* bör, borde
ounce [auns] *s* uns (¹/₁₆ *pound*)
our [au'ə] -**s** [z] *pron* [fören. o. självst.]
vår; *this garden of ~s* denna vår trädgård -**sel'ves** *pron* vi (oss) själva, oss
oust [aust] *tr* 1 bortköra; vräka; beröva 2 uttränga -**er** *s* vräkning
out I *adv* 1 ute, utanför, utomhus; *~
there* därute 2 ut, bort; fram 3 utkommen; utslagen; utbrunnen; slut;
till ända; i' strejk; oense; ur spelet;
ur modet; ur led; *be ~* [äv.] ta
fel; ha svämmat över; *her Sunday ~*
hennes lediga söndag; *now it's ~* F
nu är det sagt; *~ and away* framför
alla andra 4 *~ of a*) ut från, ur;
ut[e] ur, borta från, utom, utanför;
~ of doubt otvivelaktigt; *~ of drawing* felritad; *~ of o. s.* utom sig; *~ of
it* övergiven, bortkommen; okunnig;
b) utan; c) [ut]av II *s, ~s* utesida
[i kricket o. d.], opposition III *a*
yttre, utanför befintlig; bortre;
ute-; ytter- IV *itr* fara ut, ge sig ut
ou't||-**and**-**ou't** *adv a* F fullständig[t],
helt och hållet; *~er* F överdängare
-**bal'ance** *tr* uppväga -**bid'** *tr* överbjuda; överträffa -**board** *adv* utombords -**break** *s* 1 utbrott 2 uppror
-**building** *s* uthusbyggnad -**burst** *s* utbrott -**cast** *a s* ut|kastad, -stött, hemlös -**class** [-·-] *tr* överträffa; utklassa
-**come** *s* resultat -**crop'** *itr* komma i
dagen -**cry** *s* anskri, larm -**dis'tance** *tr*
lämna bakom sig -**do** [-··] *tr* över|träffa, -vinna -'**door** *a* utomhus-, frilufts-;
~s [·-·] utomhus, ute -'**er** *a* yttre,
ytter- -'**ermost** *a* ytterst

oval

out||**fa'ce** *tr* bringa ur fattningen;
trotsa -'**fall** *s* utlopp, mynning
ou'tfit I *s* utrustning; ekipering II *tr*
utrusta -**ter** *s* skeppsfurnerare; *gentlemen's ~* herrekipering
out||**flank'** *tr* överflygla -'**flow** *s* utflöde
-**gro'w** *tr* växa om; växa ur; lämna
bakom sig -'**growth** *s* utväxt; produkt
ou't||**guard** *s* för-, ut|post - -**herod** [e'r]
tr överträffa -**ing** *s* 1 utflykt 2 fridag, ledighet 3 *the ~* öppna sjön
-**last** [ɑ:'] *tr* räcka längre än; överleva -**law** *s* fredlös; flykting -**lay**
s utgift[er], utlägg -**let** *s* av-, ut|-
lopp; utväg -**line** I *s* kontur; utkast,
översikt; *~s* grunddrag II *tr* skissera; *be ~d* avtecknas sig -**live** [i'] *tr*
överleva -**look** I *s* 1 utkik[spunkt]
2 vaksamhet 3 utsikt; syn II [-·]
tr bringa ur fattningen -**lying** *a* avsides belägen, avlägsen; ut- -**mat'ch** *tr*
överträffa -**most** *a* ytterst -**num'ber**
tr överträffa i antal; *~ed* underlägsen -**of-door**[s] se *outdoor*[s] -**of-
-the-way** *a* 1 avsides belägen 2 ovanlig -**pa'ce** *tr* springa om -**play'** *tr*
spela bättre än -**pour** I *s* utflöde;
översvämning II [-·'] *tr* utgjuta -**put**
s produktion, tillverkning
ou'trage I *s* [över]våld; våldsdåd;
skymf; kränkning II *tr* förolämpa,
kränka -**ous** [ei'dʒ] *a* omåttlig; våldsam; skändlig; skymflig, kränkande
out||**rea'ch** *tr* sträcka sig utöver, överstiga -**ri'de** *tr* 1 rida om 2 rida ut
-**rider** [·'--] *s* förridare -'**ri'ght** *adv* 1
helt och hållet; på stället 2 rent ut,
öppet -**ri'val** *tr* besegra -**run'** *tr* 1
springa om; undgå 2 över|skrida,
-träffa -**sell'** *tr* 1 få mer betalt än 2
betinga högre pris än -'**set** *s* början, inledning -**shi'ne** *tr* överglänsa
ou'tsi'de I *s* 1 ut-, ytter|sida, yta 2 F
at the ~ på sin höjd II *a* 1 utvändig,
yttre, utvärtes; ytter- 2 maximum-
III *adv* ut[e], utan|för, -på; *~ of* utanför IV *prep* utan|för, -på, utom -**r** [·'-·-|
s 1 utomstående; oinvigd, 'lekman';
utböling 2 'outsider', 'icke favorit'
ou't||**skirts** *spl* utkanter; bryn -**spo'ken**
a rättfram, frispråkig -**stan'ding** *a*
ut-, fram|stående, -trädande -**stare**
[ɛ'ə] = -*face* -**stay'** *tr* stanna längre än
-**step'** *tr* överskrida -**strip'** *tr* springa
om; överträffa -**vo'te** *tr* överrösta
ou'tward [əd] I *a* riktad utåt; yttre, utvärtes II *adv* ut[åt]; utanpå III *s* yttre; utseende *~-bound* *a* stadd på utgående (utresa) -**ly** *adv* 1 utåt, utanpå
2 i (till) det yttre -**s** = *outward II*
out||**wear** [-·'] *tr* härda (hålla) ut -**wei'gh**
tr uppväga -**wit'** *tr* överlista -'**work** I *s*
1 ⚔ utanverk 2 utomhusarbete II
[-·'] *tr* arbeta mer (längre) än
oval [ou'vəl] *a s* oval; ellips

ovation [o(u)vei'ʃn] s livlig hyllning
oven [ʌvn] s ugn; [järn]spis
o'ver I *prep* 1 över, ovanför; ~ *there* där borta, dit bort; ~ *the fire* vid brasan 2 på andra sidan [av]; ~ *the way* mitt emot; *the whole day* ~ hela dagen i ända **II** *adv* 1 över; överända, omkull; ~ *against* mitt emot; i motsats till; ~ *and above* dessutom; *ten times* ~ tio gånger om; ~ *and* ~, ~ *again* om och om igen 2 alltför, över sig **III** över-, för- **-act'** *tr* överdriva **-all** *s* ytter|plagg, -rock; ~*s overalls* **-awe** [rɔ:'] *tr* imponera på; skrämma **-bal'ance** I *tr* uppväga; stjälpa II *itr rfl* förlora jämvikten **III** *s* över|vikt, -skott **-bear** [ɛ'ə] *tr* undertrycka; ~*ing* övermodig **-board** [ɔ:'d] *adv* överbord; utombords **-brim'** *itr tr* flöda över **-bur'den** *tr* överbelasta **-'busy** [biˈ] *a* för mycket upptagen; beskäftig **-cast** [ɑ:'] *tr* betäcka; förmörka; [pp.] molnbetäckt **-charge** [ɑ:'] *tr* 1 överbelasta; överd. iva 2 överdebitera, uppskörta **-come** [ʌ'] *tr* övervinna, besegra; överväldiga **-crow'd** *tr* över|befolka, -fylla **-do** [u:'] *tr* 1 överdriva 2 ~*ne* för hårt kokt (stekt) 3 överanstränga, uttrötta **-draft** *s* överskridande av bankkonto **-draw'** *tr* 1 överskrida 2 överdriva **-dress'** I *tr* utstyra **II** *itr* styra ut sig **-du'e** *a* länge sedan förfallen; försenad **-ea't** *rfl* föräta sig ~**-es'timate** *tr* överskatta ~**'-exer'tion** *s* överansträngning ~**-fee'd** *tr* över|mätta, -göda **-flo'w** I *tr* översvämma **II** *itr* flöda över; överflöda **III** [-'--] *s* 1 översvämning 2 överflöd **-gro'wn** *a* 1 övervuxen 2 förvuxen **-'growth** *s* alltför frodig (hastig) växt; yppighet **-hang'** I *tr* hänga över; hota **II** *itr* skjuta fram **-hau'l** *tr* ✠ 1 hala in på 2 undersöka 3 vinna på **-head'** *adv* över huvudet, uppe i luften; ovanpå **-hear** [hi'ə] *tr* råka få höra, uppsnappa **-hea't** *tr* överhetta **-joy'ed** *a* utom sig av glädje ~**-la'bour** *tr* 1 överanstränga 2 utarbeta för noggrant **-land** I [---'] *adv* landvägen **II** [-'--] *a* gående på land **-lap'** *tr itr* skjuta ut över, delvis täcka
overlook' I *tr* 1 se över 2 förbi|se, -gå 3 överse med 4 överblicka; höja sig över, behärska 5 övervaka, iakttaga **II** [-'--] *s* 1 granskning 2 överblick, utsikt[spunkt] 3 förbiseende
over||master [ɑ:'] *tr* betvinga **-match'** I *tr* över|väldiga, -träffa **II** *s* överman **-'much** *adv* alltför mycket **-ni'ce** *a* alltför noga **-ni'ght** *adv* 1 över natten 2 natten (kvällen) förut **-pass** [ɑ:'] *tr* 1 över|skrida, -träffa 2 genomgå, utstå **-power** [pauˈə] *tr* över|väldiga, -manna **-ra'te** *tr* överskatta **-rea'ch** *tr* 1 sträcka (utbreda) sig över; täcka 2 [för]sträcka 3 lura **- -rea'd** *itr rfl* bli förläst **-ri'de** *tr* 1 rida igenom (över) 2 rida fördärvad 3 trampa under fötterna; åsidosätta; missbruka **-'ri'pe** *a* övermogen **-rule** [u:'] *tr* 1 behärska, befalla över 2 övertala 3 avvisa, ogilla; upphäva **-run'** *tr* 1 översvämma 2 betäcka; hemsöka; [pp.] övervuxen 3 överskrida **-sea'** I *a* transmarin **II** *adv* på (från) andra sidan havet **-see'** *tr* övervaka **-'seer** *s* tillsyningsman **-set'** I *tr* kullkasta; [om]störta **II** *itr* välta, kantra **-shad'ow** *tr* 1 överskugga; förmörka 2 ställa i skuggan 3 beskydda **-shoo't** *tr rfl* skjuta över [målet] **-'sight** *s* förbiseende **-slee'p** I *tr* sova över **II** *itr rfl* försova sig **-spread'** *tr* breda [sig] över **-sta'te** *tr* överdriva **-step'** *tr* överskrida **-stock'** *tr* överfylla **-'strai'n** I *tr* över|anstränga, -driva **II** *s* överansträngning **-strung'** *a* ytterligt spänd; hypernervös
overt [ou'vəːt, --'] *a* öppen, offentlig **over||ta'ke** *tr* upphinna; överraska, drabba **-task** [ɑ:'] *tr* överanstränga **-tax'** *tr* taxera för högt; ställa för stora krav på **-thro'w** I *tr* kullkasta; [om]störta; tillintetgöra **II** [-'--] *s* kullkastande; störtande; nederlag, fall
o'verture *s* 1 uvertyr 2 förslag, anbud **over||tu'rn** *tr itr* välta [omkull], stjälpa; [om]störta; kantra **-val'ue** *tr* överskatta **-watch'** *tr* 1 vaka över 2 ~*ed* utvakad **-wee'ning** *a* övermodig; omåttlig **-weigh'** *tr* 1 uppväga 2 nedtynga **-'weight** *s* överviket **-whelm'** *tr* över|hopa, -väldiga; förkrossa **-work** I *s* 1 [-'--] övertidsarbete 2 [-'--] överansträngning **II** [-'--] *tr itr rfl* överanstränga [sig] **-wrought** [ɔ:'t] *a* utarbetad; överansträngd
oviform [ou'vifɔːm] *a* äggfoimig
ow||e [ou] *tr* vara skyldig; ha att tacka för; ~ *a grudge* hysa agg **-ing** *a* som skall betalas; *be* ~ *to* bero på; ~ *to* på grund av, tack vare
owl [au] *s* uggla **-ery** [əri] *s* ugglebo
own [ou] I *a* egen; *he has a house of his* ~ han har eget hus; *name your* ~ *price* bestäm själv priset; *hold o.'s* ~ stå å sig; *make o.'s* ~ tillägna sig; *in your* ~ [*good*] *time* vid läglig tillfälle; *a world of its* ~ en värld för sig; *on o.'s* ~ S på egen hand **II** *tr* 1 äga, rå om 2 erkänna [äv. ~ *to*]
owner [ou'] *s* ägare **-ship** *s* äganderätt
ox (pl. ~*en*) *s* oxe
ox'id||e *s* oxid **-ize** [id] *tr* syrsätta
Ox'on = 1 Oxford[*shire*] 2 Oxonian **-ian** [ou'n] *a s* Oxford-[student]
oxygen [ɔ'ksidʒən] *s* [kem.] syre
oy||es -ez [ou'jeˈs] *interj* hör[en]!
oy'ster *s* ostron ~**-bed** *s* ostronbank
oz₁ [auns] = *1 ounce*

P

P, p [pi:] s p; *mind o.'s P's and Q's* tänka på vad man säger (gör)
P., p. =*page; participle; past;* P. & O. =*Peninsular and Oriental* [ångbåts-linje] p. a. =*per annum* årligen
pa [pɑ:] s F pappa
sab'ulum [ju] s föda, näring; stoff
pace I s 1 steg 2 gång; hastighet, tempo; [full] fart; *keep ~ with* hålla jämna steg med 3 skritt **II** *itr* gå [i skritt] **III** *tr* gå av och an på (i)
pachyderm [pæˈkidə:m] s tjockhuding
pacif'ic a fredlig, frid|sam, -full; *the P~* [*Ocean*] Stilla havet -ation s pacificering -atory a fredsstiftande
pac'i||fism s fredsrörelse -fist s fredsvän -fy *tr* återställa fred i
pack I s 1 packe, knyte; packning 2 band, hop 3 svärm, flock 4 [kort]lek 5 [*polar*] ~ drivis 6 inpackningsbad **II** *itr* 1 packa 2 skocka ihop sig 3 packa sig [av] **III** *tr* 1 packa [ihop]; förpacka; fylla; ~ *up* packa ner 2 lassa -age s packe, kolli; förpackning
pack'et I s 1 paket 2 = *~-boat* **II** *tr* slå in *~-boat ~-ship* s [post]ångare
pact s överenskommelse, fördrag, pakt
pad I s 1 S stig, väg, stråt; *gentleman of the* ~ stråtrövare 2 passgångare **II** *tr itr* traska, luffa
2 pad I s 1 dyna, kudde 2 [sadel]puta 3 stoppning, valk 4 benskydd 5 [skriv]-underlägg **II** *tr* stoppa, madrassera -ding s stoppning, fyllnad
paddle I s 1 paddel; *double ~* kanotåra 2 ♣ skovel **II** *itr* 1 paddla 2 plaska* 3 tulta *~-wheel* s skovelhjul
padd'ock [ək] s hästhage; sadelplats
pad'lock s *tr* [sätta] hänglås [för]
padre [pɑːˈdrei] s S fältpräst
paean [piːˈən] s tacksägelse-, lov|sång
pa'gan s a hedn|ing, -isk *-dom* s hedendom -ish a hednisk -ism s hedendom
1 page [dʒ] I s sida; blad **II** *tr* numrera
2 page s 1 page 2 betjäntpojke
pageant [pædʒənt] s skådespel; festtåg
paginate [pæˈdʒ] *tr* paginera
paid [peid] se *pay*
pail [peil] s ämbar, spann, stäva, hink
pain I s 1 smärta, pina, plåga; *it gives me ~* det gör mig ont 2 *~s* besvär, möda 3 *on (under) ~ of death* vid dödsstraff 4 sorg, ängslan **II** *tr* smärta, plåga *-ful* a smärt-, pin|sam *-less* a smärtfri *-s|taking* I a flitig, omsorgsfull **II** s flit, möda
paint I s färg; smink; *wet ~!* nymålat! **II** *tr itr* 1 måla; färga; sminka [sig] 2 skildra *~-box* s 1 färglåda 2 sminkburk *-er* s målare *-ing* s målning, tavla *-ress* s målarinna

pair [ɛə] I s par **II** *tr* para [ihop] **III** *itr* 1 bilda par; para sig; passa 2 kvitta
pal [pæl] S s kamrat, god vän
pal'ace [is] s palats, slott
palan||keen -quin [kiːˈn] s bärstol
pal'at||able a välsmakande *-al* s a gom|ljud; palatal *-e* [lit] s gom; smak
palati||al [pəleiˈʃl] a palatslik *-ne* [pæˈlətain] s pfalzgreve
palaver [ɑːˈvə] I s överläggning: prat; smicker **II** *itr* prata **III** *tr* smickra
1 pale I s 1 påle; stake; spjäla 2 gräns; område **II** *tr* inhägna
2 pale I a blek; matt; ljus **II** *itr* [för]blekna **III** *tr* göra blek
palfrey [pɔ(:)ˈlfri] s ridhäst, gangare
pa'ling s plank; staket, inhägnad
1 pall [ɔ:] I s pallium; [bår]täcke; päll
2 pall *itr tr* bli (göra) övermätt
pall'et s 1 palett 2 liten spade
pall'iat||e *tr* bemantla, förmildra; lindra *-ive* s lindring[smedel]
pall'||id a blek *-id'ity -or* s blekhet
1 palm [pɑːm] I s 1 flata handen; *grease a p.'s ~* muta ngn 2 fotsula 3 handsbredd **II** *tr* pracka, lura; muta
2 palm s palm[kvist]; seger[pris] *-ary* [æˈl] a främst *-er* s pilgrim; munk
pal'miped [ped] s a sim|fågel, -fotad
palmy [pɑːˈmi] a 1 palmlik; palmrik 2 segerrik, lycklig
pal'pa||ble a 1 känn-, märk|bar 2 påtaglig; tydlig *-te tr* känna [på]
pal'pitate *itr* klappa, slå häftigt; skälva
palsy [ɔːˈlz] I s slag[anfall] **II** *tr* förlama
palter [ɔːˈ] *itr* slingra sig; krångla; pruta
paltry [ɔːˈ] a eländig, usel, futtig
paludal [pæluːˈdl] a träskartad, träsk-
pam'per *tr* övergöda; klema bort
pam'phlet s broschyr; strö-, flyg|skrift
pan I s 1 skål, bunke 2 panna 3 hjärnskål **II** *tr* vaska **III** *itr* avge guld
pan||- all[t]- *-ace'a* s universalmedel
pancake [pæˈnkeik] s pannkaka
pan'creas [ŋkriæs] s bukspottkörtel
pandemo'nium s helvete; kaos; oväsen
pan'der s *itr tr* [vara] kopplare [åt]
pane s 1 slät sida, fält 2 [glas]ruta
panegyric [pænidʒiˈ] s a lovord|ande]
pan'el I s 1 ruta, spegel, fält; panel 2 sadelputa 3 jury[lista] **II** *tr* panela
pang s smärta, styng; kval
pan'ic I s panik, skräck **II** a panisk
panicle [pæˈnikl] s [bot.] vippa
pannier [pæˈnjə] s korg
pannikin [pæˈnikin] s liten bleckmugg
pan-pipe [pæˈnpaip] s pan|flöjt, -pipa
pansy [pæˈnzi] s pensé, styvmorsviol
pant I *itr* 1 flämta, flåsa; kippa 2 slå, bulta 3 längta **II** s flämtning
pantile [pæˈntail] s tegelpanna

pan'tomime s pantomim, stum spel
pan'try s skafferi, handkammare
pants spl F byxor; kalsonger
pap s 1 [barn]välling 2 [grötlik] massa
papa [pəpɑ:'] s pappa
pa'pa||**cy** s påve|värdighet, -döme -l a påvlig -**lism** s påvemakt
papa'verous a vallmoliknande, vallmo-
pa'per I s 1 papper; ~ *of pins* knappnålsbrev 2 värdepapper, sedlar 3 S fribiljetter 4 dokument, handling; avsked[sansökan) 5 examensskrivning 6 tidning 7 uppsats; föredrag 8 tapet[er] 9 ~s papiljotter II tr tapetsera ~-**chase** s snitseljakt ~-**clip** s papperskläma ~-**cover** s omslag ~-**cutter** s papperskniv ~-**hanging** -ing s tapet[sering] ~-**mill** s papersbruk ~-**weight** s brevpress
par s 1 jämlikhet, lika värde; *on a* ~ likställd 2 pari[kurs] 3 medeltal
parable [pæ'rəbl] s parabel, liknelse
parachute [pærəʃu:'t, -'--] s fallskärm
para'de I s 1 stät, pråt 2 parad[plats] 3 promenad[plats] II itr tr 1 [låta] paradera 2 promenera [på] 3 lysa med
paradise [pæ'] s 1 paradis 2 djurgård
paraffin [pæ'] s paraffin; fotogen
paragon [pæ'] s mönster, förebild
paragraph [pæ'rəgrɑ:f] s 1 paragraf; stycke, moment 2 notis
parallel [pæ'rəlel] I a 1 parallell, jämlöpande 2 motsvarande II s 1 parallell linje 2 breddgrad 3 motstycke; jämförelse III tr 1 jäm|ställa, -föra 2 motsvara, gå upp emot
paraly||**se** [æ'rəlaiz]tr förlama -**sis** [æ'li] s förlamning -**tic** [li't] a s förlamad
paramount[pæ']a förnämst,överlägsen
para||**pet** [pæ'r] s 1 bröstvärn, balustrad 2 skyttevärn -**ph** [pæ'] I s namnmärke II tr underskriva -**pherna'lia** s utrustning, grejor -**phrase** [z] s tr omskriv|ning, -a -**site** [s] s parasit, snyltgäst
parboil [pɑ:'bɔil] tr förvälla
parcel [pɑ:sl] I s 1 jordlott 2 paket, kolli, bunt 3 [varu]parti II tr 1 [ut]dela, stycka 2 paketera
parch I tr 1 rosta 2 sveda, förtorka; bränna II itr förtorka; försmäkta av törst -**ment** s pergament
par'don I s 1 förlåtelse; [beg] ~ förlåt! *I beg your* ~ va falls? 2 benådning 3 avlat II tr 1 förlåta 2 benåda -**able** a förlåtlig -**er** s avlatskrämare
pare [ɛə] tr skava, skrapa; skala; klippa; [kring]skära, minska
parent [pɛ'ə] s fader, moder; ~s föräldrar -**age** s härkomst, börd -**al** [e'n] a faderlig, moderlig; föräldra-
paren'thesis [þisis] s parentes
paring [pɛ'ə] s skal[ning], klippning
parish [pæ'] s socken, församling; kommun; ~ *clerk* s klockare -**ioner** [i'ʃənə] s församlingsbo

Parisian [pəri'z] a s paris|isk, -are
parity [pæ'riti] s paritet, likhet
park I s park II tr inhägna; parkera
par'l||**ance** s [tal]språk -**ey** [i] I s 1 överläggning 2 underhandling II itr [sam]tala; parlamentera
parliament [pɑ:'ləmənt] s parlament; riksdag; *the Houses of P* ~ parlamentshuset -**ary** [me'] a parlamentarisk; ~ [*train*] persontåg
parlour [pɑ:'lə] s 1 samtalsrum 2 vardagsrum, förmak 3 [Am.] rakstuga; ateljé, salong ~-**maid** s husa
parochial [pərou'k] a socken-; småsint
parody [pæ'] s tr parodi[era]
paro'le s 1 hedersord 2 lösen, paroll
parquet [pɑ:'ki] s tr parkett, -era
parr'icide s [fader]mördare, -mord 2 landsförräd|are, -eri
parr'ot I s 2 papegoja II tr itr pladdra
parr'y I tr parera, avvärja II s parad
parse [pɑ:z] tr itr [gram.] analysera
parsimo'n||**ious** a sparsam; knusslig; knapp -**y** [-'-məni] s sparsamhet
parsley [pɑ:'sli] s persilja
parsnip [pɑ:'snip] s palsternacka
parson [pɑ:sn] s kyrkoherde; F präst -**age** s prästgård
part I s 1 del; stycke; ~ *and parcel* väsentlig beståndsdel; *three* ~s tre fjärdedelar; ~ *of speech* ordklass; *in* ~ delvis; *take in good* ~ ta väl upp 2 andel, lott; uppgift 3 kroppsdel 4 häfte 5 roll 6 stämma 7 parti, sak 8 bena 9 ~s a) intelligens; b) trakt[er], ort II adv delvis III itr 1 skiljas [åt] 2 öppna (dela) sig 3 S betala IV tr 1 dela; bena [hår] 2 [sär]skilja
parta'ke itr 1 deltaga 2 ~ *of* dela; intaga; äta 3 ha en anstrykning av
partial [pɑ:'ʃəl] a 1 partisk, ensidig; ~ *to* svag för 2 partiell -**ity** [ʃiæ'l] s partiskhet; svaghet -**ly** adv delvis
partic'ip||**ant** a s deltaga|nde, -re -**ate** I itr 1 deltaga 2 ~ *of* ha ngt av [egenskap] II tr dela, deltaga i -**ation** s del|tagande, -aktighet -**ator** s deltagare -**le** [ɑ:'] s particip
par'ticle s partikel; liten del
par'ti-coloured a mångfärgad
partic'ular [ju] I a 1 särskild; [någon] viss 2 egen[domlig] 3 *in* ~ i synnerhet 4 noggrann; utförlig 5 noga, 'kinkig' II s detalj; enskildhet -**ity** [læ'r] s noggrannhet, utförlighet; kinkighet
par'ting s 1 delning; ~ *of the ways* vägskäl, skiljeväg 2 skilsmässa; avsked, hädanfärd 3 bena
partisan [zæ'n] s anhängare, partigängare -**ship** s partiväsen
partition [ti'ʃn] I s 1 [in-, för]delning; del 2 skilje|vägg, -mur II tr [av]dela
par'tner s 1 del|tagare, -ägare, kompanjon 2 äkta hälft 3 motjé; medspelare -**ship** s kompanjonskap, bolag

partridge [pɑ:'tridʒ] s rapphöna
par'ty s 1 parti 2 sällskap 3 trupp 4 bjudning, samkväm 5 part; kontrahent 6 deltagare, intressent 7 P individ ~-**wall** s brandmur
parvenu [pɑ:'vənju:] s uppkomling
pas'quil s smädeskrift
1 pass [ɑ:] I *itr* 1 passera, förflytta sig; färdas; gå [förbi, vidare] 2 vara gångbar, cirkulera; [gå och] gälla 3 övergå; förvandlas 4 utbytas, växlas 5 gå bort, försvinna 6 förgå, förflyta; gå över, upphöra 7 komma igenom (fram); antagas 8 hända 9 avkunnas 10 [kort.] passa II *tr* 1 passera; gå (fara) förbi (om); gå igenom (över); ~ *by* gå förbi; förbi|gå, -se; ~ *over* förbigå 2 ~ *through* genomgå 3 tillbringa; ~ *away* fördriva 4 antaga[s av]; gå igenom, avlägga 5 över|skrida, -gå 6 befordra; [in]föra 7 godkänna, besluta 8 skicka, räcka; ~ *in* lämna in; ~ *off* avvärja; ~ *over* [över]lämna 9 utsläppa; ~ *off* utprångla 10 överlåta 11 [av]giva, avlägga 12 uttala; [ut]byta; avkunna 2 pass s [berg]pass; [trång] väg; led
3 pass s 1 godkännande 2 läge; vändpunkt; *be at a pretty* ~ vara illa ute; *bring to* ~ åstadkomma; *come to* ~ uppkomma 3 [res]pass, passersedel; fribiljett 4 stöt -abl|e a framkomlig; gångbar; hjälplig, dräglig; -*y* tämligen
passage [pæ'] s 1 färd, resa, gång; överfart; genom|resa, -gång; *make a* ~ *bana sig väg*; *work o.'s* ~ arbeta för överresan 2 gång, förlopp 3 [fri] passage 4 antagande 5 väg, bana; korridor; [in-, ut]gång 6 utbyte; dust; ordväxling 7 ställe; avsnitt
pass-book [ɑ:'] s motbok
pass||enger [pæ'sin(d)ʒə] s passagerare -**er-by** [ɑ:'] s förbigående
passible [pæ'] a känslig, mottaglig
passing [ɑ:'] I a flyktig II s förbi-, genom|fart, bortgång; *in* ~ i förbigående ~-**bell** s själaringning -*ly adv* i förbigående, flyktigt
passion [pæʃn] s 1 P~ Kristi lidande 2 lidelse; förkärlek 3 utbrott; vrede -**ate** [it] a hetsig; lidelsefull; eldig
pass'ive a s passiv[um]; overksam
pass-key [pɑ:] s huvud-, port|nyckel
Passover [ɑ:'] s påsk|högtid; -alamm
pass||port [ɑ:'] s pass -**word** s lösen
past [ɑ:] I *a* [för]gången, förfluten; *for some time* ~ sedan ngn tid tillbaka II *prep* 1 förbi; utöver, utom; ~ *recovery* obotlig 2 över, efter; *at half* ~ *one* halv två III *adv* förbi
pa'ste I s 1 massa, deg; klister, pasta 2 glasfluss II *tr* klistra [över] -**board** s papp, kartong; S kort; tåg|biljett
pas'til -le [i:'l] s 1 tablett 2 rökgubbe
pastime [pɑ:'staim] s tidsfördriv, nöje

pastor [ɑ:'] s pastor, kyrkoherde -**al** I *a* herde-, idyllisk; ~ *cure* själavård II s 1 herde|dikt, -drama 2 idyll 3 herdabrev -**ate** [it] s 1 kyrkoherdetjänst. 2 pastorer
pa'stry s finare bakverk, bakelser ~-**cook** s konditor
pastur||age [pɑ:'s] s 1 betande, bete 2 =-*e I* -**e** [t|ə] I s bete[smark] II *tr itr* [låta] beta; avbeta -**e-ground** -**e--land** s betesmark
pasty I [æ'] s [kött]pastej II [ei'] *a* degig; blek[fet]
pat I s 1 slag, smäll, klapp 2 klimp, klick 3 trippande II *tr itr* 1 slå, klappa; släta till 2 trippa III *adv* precis; till hands; lämpligt
patch I s 1 lapp, klut, flik, stycke 2 fläck, ställe 3 jordlapp; täppa II *tr* lappa; laga; ~ *up* lappa ihop, ordna upp -**work** s lapp- fusk|verk; röra -**y** *a* lappig, hoplappad
paten [pætn] s paten, oblattallrik
pa'tent I *a* 1 öppen 2 klar, tydlig 3 *letters* ~ se *II* II s 1 privilegie-, fri|-brev 2 patent[brev] III *tr* bevilja (få) patent på -**ee** s patentinnehavare ~-**leather** s blankskinn; [i sms.] lack-
pa'ter s F pappa -**nal** [pətə:'] a faderlig, faders-; ~ *aunt* faster; ~ *grand-mother* farmor -**nity** [ə:'n] s faderskap
path [pɑ:þ] s stig, gäng; [gång]bana
pathet'ic *a* gripande, rörande
path||finder [ɑ:'] s 'stigfinnare', pionjär -**less** *a* obanad
pa'thos s patos, [lidelsefull] känsla
pathway [pɑ:'þ] s [gång]stig; väg
patien||ce [peiʃns] s 1 tålamod; ihärdighet; *out of* ~ otålig 2 patiens -**t** I a tålig; fördragsam II s patient
patrician [iʃn] *s a* patrici|er, -sk; adlig
pat'rimony s fädernearv, arvegods
pat'riot s fosterlandsvän -**ic** [ɔ't] *a* patriotisk -**ism** s fosterlandskärlek
patro'l s *itr tr* patrull[era]
pat'ron s 1 patronus; skydds|herre, -patron; beskyddare 2 kund; gynnare -**age** s 1 patronatsrätt 2 beskydd, ynnest; välvilja -**ize** *tr* beskydda, gynna, uppmuntra
patten [pætn] s träsko, yttersko
1 patt'er I *itr* 1 smattra, piska 2 tassa, trippa II s smatter; trippande 2 **patter** *tr itr* 1 mumla [fram], rabbla 2 S pladdra II s rotvälska; F prat
patt'ern I s 1 mönster, förebild; modell 2 prov[bit] II *tr* forma; teckna
patt'y s pastej -**pan** s pastejform
pau'city s fåtalighet; brist
paunch [ɔ:] I s buk II *tr* skära upp
pau'per s fattig[hjon]; understödstagare -**ism** s fattigdom -**ize** *tr* utarma
pause [pɔ:z] I s paus; avbrott; tvekan II *itr* hejda sig; tveka
pave *tr* sten|lägga, -sätta, täcka; ~

the way bana väg -**ment** *s* 1 gat-, sten|läggning 2 gångbana, trottoar
paw [ɔ:] I *s* tass; F hand, labb II *tr itr* 1 slå med tassen 2 skrapa, stampa [på] 3 F stryka [över], fingra [på]
1 **pawn** [pɔ:n] *s* [schack]bonde
2 **pawn** *s tr* pantsätta, [sätta i] pant -**broker** *s* pant|lånare -**ee'** *s* pantinnehavare -**er** *s* pant|givare, -ägare -**shop** *s* pantlånekontor
pay (*paid paid*) I *tr* 1 betala; ~ *o.'s way* betala för sig; ~ *down* betala kontant; ~ *off* [av]betala 2 ersätta, löna 3 betyga, visa; ~ *a visit* göra ett besök II *itr* 1 löna sig 2 ~ *for* betala [för] III *s* betalning; lön; sold; hyra -**able** *a* 1 betalbar 2 lönande ~-**day** *s* 1 avlöningsdag 2 förfallodag -**ment** *s* betalning, avlöning
p. c. =*post card; per cent*
pea *s* ärt; *as two* ~**s** som två bär
peace *s* frid, fred; lugn, ro; allmän ordning; n..:e ~ sluta fred -**able** *a* fredlig, fridsam -**ful** *a* fridfull, stilla; fredlig -**maker** *s* fredsstiftare ~-**offering** *s* försoningsoffer
1 **peach** *s* persika; persikoträd
2 **peach** *itr* F skvallra; ~ *on* ange
pea'||**cock** I *s* påfågel[stupp] II *rfl itr* kråma sig -**hen** *s* påfågelhöna
peak I *s* 1 spets 2 skärm 3 ⚓ pik 4 bergstopp II *tr* ⚓ pika; toppa -**ed** -**y** *a* 1 spetsig 2 F avtärd, ynklig
peal I *s* 1 klockringning 2 skräll, dunder; brus; ~ *of applause* applådåska; ~ *of laughter* skrattsalva II *itr* skrälla, skalla; brusa
pea'||**nut** *s* jordnöt - -**pod** *s* ärtskida
pear [pɛə] *s* päron; päronträd [=~-*tree*]
pearl [ə:] I *s* 1 pärla 2 pärlemor[-] II *itr* 1 pärla 2 fiska pärlor -**ed** =-*y* ~-**oyster** *s* pärlmussla ~-**powder** ~-**white** *s* pärlvitt, vitt smink -**y** *a* pärl|skimrande, -rik, -prydd
peasant [peznt] *s* bonde -**ry** *s* allmoge
pea||**se** [z] *s* ärter - -**soup** *s* ärtsoppa
peat *s* torv ~-**bog** *s* torvmosse
pebble *s* [kisel]sten; bergkristall
pecc||**a**||**ble** *a* syndfull -**dill'**ο *s* småsynd -**nt** *a* 1 syndig 2 osund 3 oriktig -**vi** [ei'vai] *s* syndabekännelse
1 **peck** *s* 1 9,087 l 2 F mängd, massa
2 **peck** *tr itr* 1 picka [på, i], hacka [hål i] 2 plocka upp 3 F äta; peta i 4 S slänga -**ish** *a* F hungrig
pec'toral *s a* bröstmedel; bröst-
pecu'liar *a* 1 [sär]egen, egendomlig 2 särskild -**ity** [æ'r] *s* egen[domlig]het
pecu'niary *a* ekonomisk, penning-
ped'al *s tr itr* [använda] pedal, trampa
ped'ant *s* pedant -**ry** *s* pedanteri
peddle I *itr* 1 idka gårdfarihandel 2 pyssla, knåpa II *tr* bjuda ut
ped'estal *s* piedestal, fotställning, bas
pedes'trian *s* fot|gängare, -vandrare

ped'i||**cure** [juə] *s* fotvård, pedikur[ist] -**gree** *s* stam|träd, -tavla; härkomst
ped'lar *s* 1 gårdfarihandlare 2 knåpare
peek *itr* kika, titta
1 **peel** *s* bak-, ugns|spade
2 **peel** I *s* skal II *tr* skala [av] III *itr* 1 förlora skal (bark) 2 gå (falla) av, fjälla 3 F klä av sig
pee'ler *s* S polisman, 'byling'
1 **peep** I *itr* pipa II *s* pip[ande]
2 **peep** I *itr* 1 kika, titta 2 titta fram II *s* 1 titt, blick 2 ~ *of dawn* (*day*) gryning 3 siktskåra -**er** *s* S ~**s** ögon ~-**hole** *s* titthål ~-**show** *s* tittskåp
1 **peer** *itr* 1 stirra 2 titta fram; visa sig
2 **peer** *s* 1 [jäm]like 2 pär; ~ *of the realm* adelsman med säte i överhuset -**age** *s* pärs|stånd, -värdighet, -kalender -**ess** *s* pärs hustru -**less** *a* makalös
pee'vish *a* kinkig, knarrig, vresig
peg I *s* 1 pinne, bult, sprint; tapp; pligg; skruv 2 F [trä]ben 3 S grogg II *tr* 1 fästa (markera) med pinne; pligga; [fast]binda 2 stöta, slänga III *itr* 1 F gå (knoga) på'; ~ [*it*] S dricka grogg 2 ~ *out* S kola av
pekin' [pi:] *s* 1 sidentyg 2 civil
pell'et *s* liten kula; piller; [bly]hagel
pell'-mell' I *adv* huller om buller; huvudstupa II *a* förvirrad III *s* tumult
pellucid [(j)u:'s] *a* genomskinlig, klar
1 **pelt** I *tr itr* 1 kasta [på] 2 dunka på' 3 piska II *s* kastande; slag; fart
2 **pelt** *s* fäll, päls; skinn
1 **pen** *s tr* [instänga i] fålla, kätte, bur
2 **pen** I *s* penna II *tr* [ned]skriva
pe'n||**al** *a* 1 kriminell, straff-; ~ *servitude* straffarbete 2 straffvärd -**alize** *tr* 1 belägga med straff 2 handikappa -**alty** [pe'n] *s* 1 straff, vite 2 handikap; straffspark -**ance** [pe'n] *s* bot
pence [pens] pl. av *penny*
pen'cil *s* 1 [blyerts]penna; ritstift II *tr* 1 [an]teckna 2 pensla ~-**case** *s* blyerts|stift, -fodral
pen'd||**ant** I *s* 1 örhänge; ljuskrona; bygel 2 ⚓ topprep; vimpel 3 [pɑ:dɑ̃:] motstycke II o. -**ent** *a* 1 ned-, över|hängande 2 oavgjord -**ing** I *a* pågående; oavgjord; anhängig II *prep* under; i avvaktan på
pen'dul||**ate** [ju] *itr* pendla, tveka -**ous** *a* nedhängande, pendlande -**um** *s* pendel
pen'etr||**able** *a* genomträngling, tillgänglig -**ate** I *tr* genom|tränga, -skåda II *itr* intränga, tränga fram -**ation** *s* 1 genom-, in|trängande 2 skarpsinne -**ative** [eit] *a* genomträngande, skarp
penguin [pe'ŋgwin] *s* pingvin
penholder [pe'nhouldə] *s* pennskaft
penin'sul||**a** [ju] *s* halvö; *the P* ~ Pyreneiska halvön -**ar** *a* halvö-
pen'iten||**ce** *s* botfärdighet -**t** I *a* botfärdig, ångerfull II *s* botgörare biktbarn -**tiary** [e'nʃ] *s* tukthus

pen|||knife *s* pennkniv **-man** *s* 1 skriftställare 2 [skön]skrivare **-manship** *s* [hand]stil - **-name** *s* pseudonym
pen|nant 1 = *-dant* I 2 = *-non*
penn'iless *a* ut|fattig, -blottad, F pank
pennon [pe′nən] *s* vimpel, lansflagg
penn'y *s* (1/12 *shilling*) 7 1/2 öre; *turn an honest* ~ tjäna en extra slant ~-**post-** [**age**] *s* normalporto; ~-**wise** *a* småsnål **-worth** *s* 'för 1 penny'; valuta
pen'sile [sil] *a* hängande, svävande
pen'sion [ʃn] I *s* 1 pension, underhåll 2 [pɑːˈnsiɔːŋ] pensionat II *tr*, ~ [*off*] pensionera **-able** *a* pensionsmässig, pensions- **-ary** *s* *a* pension|är, -erad **-er** *s* 1 pensionär 2 dräng
pen'sive [siv] *a* tankfull, grubblande
pent *a* inspärrad; undertryckt
pen'ta||- fem- **-thlon** [æˈþ] *s* femkamp
Pen'tecost *s* [judarnas] pingst[högtid]
pent'house *s* skjul, skydds-, regn|tak
penu'r|ious *a* snål **-y** [peˈ] *s* brist
peony [piˈəni] *s* pion
people [iːˈ] I *s* 1 nation 2 folk; människor[na], personer; *my* ~ de mina II *tr* befolka, bebo; [upp]fylla
pep *s* S kraft, fart, kläm
pepp'er I *s* peppar II *tr* 1 peppra 2 beskjuta ~-**and-salt** *a* gråspräcklig ~-**caster** *s* peppardosa **-mint** *s* pepparmynta **-y** *a* pepprad, skarp
per *prep* genom, med, 'per', i; ~ *annum* om året; ~ *cent* procent; *as* ~ enligt
peram'bulat||e [ju] *tr* genom|vandra, -resa **-ion** *s* ströv|tåg **-or** *s* barnvagn
perceiv'||able [siːˈv] *a* förnimbar **-e** *tr* 1 förnimma; märka 2 fatta, inse
percen'tage [pəˈ(ː)] *s* procent[siffra]
percept'||ible *a* märkbar; fattbar **-ion** *s* 1 förnimmelse 2 uppfattning **-ive** *a* förnimmande; snabb att uppfatta
1 perch [pəːtʃ] *s* abborre
2 perch I *s* 1 pinne; upphöjd plats; *hop the* ~ S 'trilla av pinn' 2 ⊕ prick II *itr* sätta sig; sitta [upplugen]
perchance [tʃɑːˈns] *adv* till äventyrs
per'colate I *tr* genomtränga II *itr* sila (sippra, rinna) igenom
percussion [kʌʃn] *s* slag, stöt
perdition [diˈʃn] *s* för|därv, -störelse
peregrin||ation *s* vandring **-ate** [peˈr] *itr* vandra **-e** [peˈrigrin] *s* pilgrimsfalk
perem'ptory *a* definitiv; bestämd
perenn'ial *a* *s* perenn, flerårig [växt]
perfect' I [pəːˈ] *a* 1 fulländad; hemmastadd 2 fullkomlig II [--ˈ] *tr* full|-borda, -komna; fullt utbilda **-ible** [feˈk] *a* utvecklingsmöjlig **-ion** *s* full|-ändning, -komlighet; *to* ~ förträffligt
perfid'||ious *a* svekfull **-y** [pəːˈ] *s* svek
per'forate *tr* perforera, genomborra
perfor'ce *adv* av tvång, nödvändigt
perfor'm I *tr* 1 utföra, uträtta, fullgöra 2 [teat.] spela; föredraga II *itr* uppträda, spela **-able** *a* utförbar **-ance**
s 1 utförande, fullgörande 2 prestation, verk 3 uppträdande; uppförande; framställning; föreställning
per'fume I [juː] *s* doft; parfym II [--ˈ] *tr* parfymera, fylla med vällukt
perfunc'tory *a* likgiltig, mekanisk, ytlig
perhap's *adv* kanske; ~ *so* kanske det
peril [eˈ] I *s* fara, våda, risk II *tr* sätta i fara, riskera **-ous** *a* farlig, vådlig
pe'riod *s* 1 period, tid[rymd] 2 mening 3 paus; punkt (.) **-ical** [ɔˈd] *a* *s* periodisk [skrift]; tidskrift
periph'ery *s* omkrets, periferi
perish [eˈ] *itr tr* omkomma, förgås; fördärva[s] **-able** *a* förgänglig
periwig [peˈriwig] *s* peruk
periwinkle [eˈ] *s* 1 vintergröna 2 strandsnäcka
per'jur||e [dʒə] *rfl* begå mened: **-ed** menedig **-er** *s* menedare **-y** *s* mened
perk F I *itr* brösta sig; tränga sig fram; sticka upp (fram) II *tr* 1 pynta (styra) ut 2 sträcka (sätta) upp **-y** *a* framfusig; morsk; vräkig
per'manen||ce *s* beständighet; varaktighet **-t** *a* ständig, varaktig; fast
per'me||able *a* genomtränglig **-ate** *tr itr* genom-, in|tränga [i]
permiss'||ible *a* tillåtlig **-ion** [iˈʃn] *s* tillåtelse, lov
permit I [--ˈ] *tr itr* tillåta, medge II [-ˈ-] *s* tillstånd[sbevis]
permu'te *tr* om|kasta, -flytta
pernicious [iˈʃ] *a* fördärvlig, dödlig
pernick'ety *a* F noga, kinkig, ömtålig
per||oration *s* tal; föredrag **-pendic'ular** [juˈ] *a* lodrät; upprätt; ~ *style* sengotik
per'petrat||e *tr* föröva, begå **-ion** *s* 1 förövande 2 ogärning **-or** *s* förövare
perpet'u||al *a* ständig; ~ *motion* perpetuum mobile **-ate** *tr* föreviga **-ity** [tjuˈ] *s* 1 beständighet 2 ständig besittning 3 livränta
perplex' *tr* för|virra, -brylla **-ity** *s* förvirring, bryderi; virrvarr
perquisite [pəːˈkwizit] *s* biinkomst; ~*s* sportler; drickspengar, rättighet
per'secut||e [juː] *tr* förfölja; ansätta, plåga **-ion** *s* förföljelse **-or** *s* förföljare
perseve'r||ance *s* ihärdighet, uthållighet **-e** *itr* framhärda, hålla ut **-ing** *a* ihärdig, ståndaktig, uthållig
Persian [pəːˈʃən] *a* *s* pers|isk, -er
persist' *itr* 1 framhärda, envisas 2 fortleva **-ence** **-ency** *s* 1 framhärdande, envishet 2 fortlevande **-ent** *a* ståndaktig, envis, ihärdig
per'son *s* person; gestalt; *young* ~ ung dam; *in* ~ personligen; *of (in)* ~ till växten **-age** *s* person[lighet] **-al** *a* 1 personlig 2 yttre, kroppslig **-al'ity** *s* person[lighet] **-ally** *adv* personligen; för egen del **-ate** *tr* 1 spela 2 utge sig för **-ator** *s* framställare **-ify** [ɔˈnifai] *tr* förkroppsliga **-nel'** *s* personal

perspec'tive s perspektiv; utsikt
perspic||a'cious [ʃəs] a skarpsynt
-uous [i'kju] a klar, åskådlig
perspir||ation s svett[ning] -**e** [ai'ə] *itr tr* [ut]svettas; utdunsta
persua'||de [sw] *tr* 1 övertyga; intala; ~ *out of* avråda 2 förmå -**sion** [ʒn] s 1 övertalning[sförmåga] 2 övertygelse; tro -**sive** [s] a övertalande
pert a näsvis, näbbig; ~ *girl* näspärla
pertai'n *itr*, ~ *to* tillhöra; gälla, angå
pertin||a'cious [ʃəs] a envis -**a'city** s envishet -**ent** [pə:'] a dithörande, tilllämplig
pertur'b *tr* rubba; förvirra, oroa
perus||al [ru:'z] s läsning -**e** *tr* läsa
Peruvian [u:'] s a peruan[sk]
perva'||de *tr* gå (tränga) genom; uppfylla -**sive** [s] a genomträngande
perver'||se a förvänd; förstockad; genstravig -**sion** [ə:'ʃn] s förvrängning, -därv -**sity** s förvändhet -**t** I *tr* förvränga, -därva II [-'-] s avfällning
per'vious a genom|trängli g, -skinlig; framkomlig; tillgänglig
pest s plågoris, otyg, odjur
pes'ter *tr* ansätta, plåga, besvära
pesti||f'erous a 1 pestbringande, förpestad 2 fördärvlig -**lence** [pe'] s pest, farsot -**lent** [pe'] a 1 döds-, fördärv|bringande 2 pestartad 3 F odräglig -**lential** [e'nʃl] a pestartad
pestle I s mortelstöt II *tr itr* stöta
1 **pet** I s favoritdjur; kelgris; älskling; ~ *name* smeknamn II *tr* kela med
2 **pet** s anfall av dåligt lynne
pet'al s kronblad
petar'd s ✗ petard; svärmare
pe'ter *itr* S F ~ *out* ta slut, tryta
petition I s begäran; bön[eskrift]; framställning; [konkurs]ansökan II *tr itr* begära, anhålla [om]; petitionera -**er** s petitionär; kärande
pet'rel s stormfågel
petri||fac'tion s förstening, petrifikat -**fy** [pe't] *tr itr* förstena[s]; lamslå
pet'r||ol s bensin -**o'leum** s bergolja
pett'icoat s [under|kjol
pett'ifogger s lagvrängare -**y** s advokat|knep, -yr, lagvrängning
pett'ish a knarrig, retlig, F grinig
pettitoes [pe'titouz] *spl* grisfötter
pett'y a liten, ringa; futtig; lägre; ~ *officer* underofficer
pet'ulan||ce [tju] s retlighet -**t** a knarrig
pew [pju:] s kyrkbänk
pewit [pi:'wit] s tofsvipa
pewter [pju:'] s britanniametall; tenn
phal'an||ge [dʒ] **-x** s falang, fylking
phan'tasm [z] s fantasi-, dröm|bild, fantom; vålnad -**ago'ria** s bländverk
phan'tom s spöke, vålnad; fantom
Pharis||a'ic[al] [færis] a fariseisk -**ee** [f.æ'] s farisé
phar'macy s farmaci; apotek|aryrke|

phase [feiz] s fas, skede
Ph. D. [pi:'eitʃdi:'] = *Doctor of Philosophy* fil. doktor
pheasant [feznt] s fasan -**ry** s fasangård
phenom'en||al a fenomenal -**on** (pl. -a) s fenomen
phew [f:, fju:] *interj* asch! usch!
phial [fai'əl] s medicin-, glas|flaska
philan'der *itr* flörta -**er** s kurtisör
phil||an'thropist s filantrop, människovän -**at'elist** s frimärkssamlare
phil'istine s a 1 *P.*~ filisté[isk] 2 kälkborg|are, -erlig
philol'ogy [dʒ] s språkvetenskap
philosoph||er [ɔ'sə] s filosof; ~ *s' stone* de vises sten -**ic[al]** [sɔ'] a filosofisk -**ize** *itr* filosofera -**y** s filosofi
philt||er -**re** [fi'ltə] s kärleksdryck
phiz [fiz] s F ansikte, uppsyn
phlegm [flem] s 1 slem 2 flegma, tröghet -**atic** [flegmæ'] a trög
Phoenician [fini'ʃ] a s fenic|isk, -ier
phoenix [fi:'] s fågel Fenix
phon||e s *tr itr* F telefon[era] -**et'ic** a fonetisk, ljudenlig -**et'ics** *spl* fonetik
phosphate [fɔ'sfit, -fe(i)t] s fosfat
phosphor||esce [e's] *itr* lysa i mörkret -**ic** [ɔ'r] a fosfor- -**us** [fɔ's] s fosfor
photo [fou'to(u)] F o. -**graph** [æf, ɑ:f] s *tr itr* fotograf[i], -era -**grapher** [ɔ'g] s fotograf -**graph'ic** a fotografisk -**graphy** [ɔ'g] s fotografering
phrase [freiz] I s fras, uttryck[ssätt]; stil II *tr* uttrycka; beteckna -**ology** [iɔ'lədʒi] s uttryckssätt
phrenet'ic a frenetisk, ursinnig
phthisis [(f)θai'sis, tai-] s lungsot
physic [fi'z] I s 1 läkekonst 2 F medicin II *tr* behandla; bota -**al** 1 fysisk 2 fysikalisk 3 kroppslig, kropps -**ian** [i'ʃn] s läkare -**ist** s fysiker -**s** *spl* fysik
physi||ognomy [ɔ'n] s fysionomi, ansiktsuttryck -**ol'ogist** [dʒ] s fysiolog -**que** [zi:'k] s kroppsbeskaffenhet
pian||ino [ni:'] s pianino -**o** [æ'n] I s piano; *cottage (upright)* ~ pianino; *grand* ~ flygel II [a:'] *adv* piano, sakta
pick I *tr* 1 hacka [upp] 2 peta 3 skala, rensa; gnaga av 4 plocka; ~ *out* urskilja; leta (ta) ut; ~ *up* plocka (ta) upp, hämta; hitta, snappa upp, lära sig; [radio-] ta in; få 5 välja [ut]; ~ *a quarrel* söka (börja) gräl; ~ *o.'s steps* gå försiktigt 6 plocka i sig; F äta 7 bestjäla 8 dyrka upp 9 plocka (riva) sönder II *itr* 1 plocka, välja 2 ~ *and steal* snatta 3 ~ *at* hacka på 4 ~ *up* kryra till sig; ge sig i slang III s 1 hacka 2 val; det bästa; *have o.'s* ~ F få välja -**erel** s unggädda
pick'et I s 1 stake, påle 2 ✗ postering 3 blockad; ~*s* strejkvakter II *tr* 1 inhägna 2 tjudra 3 ✗ postera 4 blockera; bevaka ~-**boat** s vedettbåt
pick'ing s, ~*s* smulor; utskottsvaror

pickle — 162 — **pitch**

pickle I *s* 1 [salt]lake, lag 2 ~*s* pickels 3 F klämma II *tr* lägga in i lag
pick'|||lock *s* inbrottstjuv; dyrk - -me--up *s* cocktail -**pocket** *s* ficktjuv
pic'nic *s* picknick, utflykt
pictorial [ɔ:'r] *a s* illustrerad [tidning]
pic'ture [tʃə] I *s* 1 tavla; bild; ~*s* bio; ~ *postcard* vykort 2 avbild 3 tablå 4 skildring II *tr* avbilda, måla; skildra; föreställa sig ~-**gallery** *s* tavelgalleri -**sque** [eˊsk] *a* pittoresk
pid'gin [dʒ] *s*, ~ *English* rotvälska
1 **pie** [pai] *s* pastej, paj
2 **pie** *s* skata -**bald** [ɔ:] = *pied*
piece [i:] I *s* 1 stycke, bit, del; exemplar; *a* ~ *of advice* ett råd; *a* (*the, per*) ~ per styck; *by the* ~ styckevis; *of a* ~ av samma slag; *in* ~*s*, *to* ~*s* sönder 2 pjäs 3 mynt 4 tavla II *tr* 1 laga, lappa [ihop] 2 sätta (binda) ihop -**meal** *adv* i stycken, styckevis -**work** *s* ackordsarbete
piecrust [pai'] *s* bakverk [till pastej]
pied [paid] *a* fläckig, skäckig; brokig
pier [iˊə] *s* pir, vågbrytare, brygga
pierce [iˊə] *tr* genom|borra, -bryta, -ila
pier-glass [piˊə] *s* trymå, väggspegel
piˊety *s* fromhet, pietet; vördnad
pig *s* 1 gris, svin 2 [metall]tacka
pigeon [piˊdʒin] I *s* duva; S gröngöling II *tr* lura [av] **P~-English** se *pidgin* ~-**hole** I *s* 1 öppning till duvslag; gömsle 2 lucka; fack II *tr* sortera; ordna ~-**house** -**ry** *s* duvslag **pigˊ|||gery** *s* 1 svin|hus, -stia 2 svineri -**gish** *a* gris[akt]ig; glupsk -**headed** *a* tjurskallig; dum - -**iron** *s* tackjärn
pigˊment *s* pigment, färgämne
pigˊ|||skin *s* svinläder -**sty** [stai] *s* svinstia -**tail** *s* 1 grissvans 2 flät-, rull|tobak 3 stångpiska; fläta -**wash** *s* skulor -**weed** *s* svinmolla
1 **pike** *s* 1 tull|bom, -port 2 tull
2 **pike** *s* 1 spets, pigg; pik 2 gädda
pilchard [piˊltʃəd] *s* småsill, sardin
1 **pile** I *s* 1 hög; stapel; massa; bål 2 byggnad[skomplex] 3 ✕ gevärskoppel II *tr* 1 stapla (trava) upp, hopa; ✕ koppla 2 lasta III *itr* hopas
2 **pile** *s* hårbeklädnad; lugg, flor
3 **pile** I *s* påle II *tr* påla
pilˊfer *tr itr* snatta -**age** -**ing** *s* snatteri
pilˊgrim I *s* pilgrim II *itr* vallfärda -**age** *s* pilgrimsfärd
pill *s* 1 piller 2 S boll, kula; ~*s* biljard
pillˊage *s tr* plundr|ing, -a
pillˊar *s* [stödje]pelare; stolpe, post ~-**box** *s* brevlåda [i stolpe]
pillˊion *s* 1 lätt damsadel 2 dyna
pillˊory *s tr* [ställa vid] skampåle[n]
pillˊow [ou] *s* kudde, örngott ~-**case** ~-**slip** *s* örngottsvar
piˊlot I *s* lots; pilot II *tr* lotsa; vägleda -**age** *s* lots|ning, -pengar, -styrelse ~-**boat** *s* lotsbåt

pimenˊto [pi] *s* kryddpeppar
pimˊpernel *s*, *scarlet* ~ rödarv
pimpl|||e *s* finne, blemma -**ed** -**y** *a* finnig
pin I *s* 1 [knapp]nål; *not a* ~ F inte ett dugg 2 bult, sprint, tapp; pinne, plugg; skruv; S ~*s* ben 3 kägla 4 kutting II *tr* 1 [hop]fästa, fastnagla 2 hålla fast 3 sticka 4 instänga -**afore** [-əfɔ:] *s* förkläde
pinˊcers *spl* 1 [knip]tång 2 klo
pinch I *tr* 1 nypa, knipa [ihop], klämma 2 [av]pressa 3 pina; bita, sveda 4 hålla knappt; *be* ~*ed* ha det knappt (trångt) II *itr* 1 klämma 2 ha det knappt; snåla III *s* 1 nyp, klämning, knipning 2 nypa 3 knipa; trångmål; *at a* ~ om det kniper
1 **pine** *itr* 1 tyna [bort] 2 tråna
2 **pine** *s* barrträd; fura, tall, pinje ~-**apple** *s* ananas ~-**cone** *s* tallkotte
pinˊfold [ou] *s tr* [instänga i] fålla
1 **pinˊion** I *s* ving|spets, -penna; vinge II *tr* vingklippa; [bak]binda
2 **pinion** *s* drev, litet kugghjul
pink I *s* 1 nejlika 2 *the* ~ 'höjden' 3 skärt 4 röd rock; rävjägare II *a* skär
pinnˊacle *s* 1 tinne, takspira, småtorn 2 bergstopp; höjd -**d** *a* med tinnar
pint [paint] *s* 0,57 l; halv|stop, -liter
piˊny *a* furu-, furuklädd
pioneer [paiəniˊə] I *s* pionjär; banbrytare II *itr tr* bana väg [för]
piouˢ [paiˊəs] *a* from, gudfruktig
1 **pip** *s* kärna
2 **pip** *s* prick; märke II *tr* slå; träffa
pipe I *s* 1 pipa; flöjt 2 [fågel]sång; pip 3 rör 4 ~*s* luftrör II *itr tr* 1 blåsa på pipa (flöjt) 2 vissla, vina; pipa; sjunga 3 F lipa 4 förse med (leda i) rör -**r** *s* [säckpips]blåsare ~-**stem** ~-**stick** *s* pipskaft
piquant [piˊk] *a* pikant, skarp, pigg
pique [pi:k] I *s* missämja; förtrytelse II *tr* 1 såra, reta 2 egga, väcka; ~ *o. s.* [*up*]*on* yvas över
piˊra|||cy *s* 1 sjöröveri 2 olaglig efterapning; tjuvtryck -**te** [it] I *s* 1 pirat; [sjö]rövare 2 tjuvtryckare II *tr* 1 röva 2 tjuvtrycka -**tic**[**al**] [æˊt] *a* 1 sjörövar- 2 -*tical* tjuvaktig, tjuv-
pisciculture [piˊsi] *s* fiskodling
pish [piʃ, pʃ] *interj* pytt! asch!
pisˊtol-shot *s* pistol|skott, -håll
pisˊton *s* kolv ~-**rod** *s* kolvstång
pit I *s* 1 grop, grav, hål[a]; gruvschakt 2 [kopp]ärr 3 parterr II *tr* 1 lägga i grop 2 hetsa 3 ~*ted* ärrig
1 **pitch** I *tr* 1 fästa, anbringa; slå (ställa) upp 2 stensätta 3 ~*ed battle* ordnad batalj 4 saluföra 5 stämma, anslå 6 kasta, slunga; ~ *hay* lassa hö 7 S berätta, 'dra' II *itr* 1 slå läger 2 stampa, gunga 3 falla, tumla; ~ *in*. F hugga iˊn (iˊ); ~ *into* F flyga påˊ; ~ [*up*]*on* slå ned på

pitch — 163 — **pleasing**

III s 1 kast; ✥ stampning; ~-*and--toss* krona och klave 2 gatsten 3 salutorg mangd 4 [stånd]plats 5 kricketplan 6 höjd[pu::'·+]: tonhöjd 7 slutning, brant
2 **pitch** I s beck; kåda II *tr* becka; förmörka -**er** s handkanna, tillbringare -**fork** s högaffel -**y** *a* beck|ig, -svart
piteous [pi'tiəs] *a* sorglig, ynklig
pitfall [pi'tfɔ:l] s fallgrop, fälla
pith s märg; kärna; kraft -**less** *a* slapp, matt -**y** *a* 1 märgfull 2 kärnfull
pit'i‖able *a* ömklig -**ful** *a* 1 medlidsam 2 ömklig; ynklig -**less** *a* obarmhärtig
pit'‖man s gruvarbetare; planksågare -**prop** s gruvstötta --**saw** s kransåg
pitt'ance s knapp lön; obetydlighet
pit'y I s 1 medlidande; *for* ~'s *sake* för Guds skull 2 'skada'; *what a* ~! så synd! II *tr* ömka, beklaga
piv'ot I s pivå, svängtapp; medelpunkt II *itr* svänga [sig]: hänga, bero
pix‖ie -**y** [pi'ksi] s älva
pla'cable *a* försonlig
plac'ard s anslag, plakat, affisch
placate [pleikei't] *tr* blidka, försona
place I s 1 [öppen] plats 2 ställe; *in the first* ~ i första rummet; *in* ~s på sina ställen; *out of* ~ 'ur vägen', opassande; *take* ~ äga rum; *take o.'s* ~ ta plats 3 ort; *of this* ~ härifrån 4 hus; herrgård 5 lokal 6 ställning, rang II *tr* placera, sätta, ställa -**man** s ämbetsman, byråkrat
plac'id *a* mild, stilla -**ity** [i'd] s mildhet
pla'giarize [dʒ] *tr itr* plagiera
plagu‖e [eig] I s 1 [lands]plåga; F plågoris 2 [böld]pest 3 ~ *on!* må hin ta! II *tr* F pina, besvära -**esome** *a* F besvärlig, förarglig -**e-spot** s pestböld -**y** *a* plågsam; F förarglig, ryslig
plaice [pleis] s rödspotta
plaid [æd] s pläd, schal, filt
plain I *a* 1 plan, slät, flat, jämn 2 klar, tydlig; ~ *speaking* rent språk 3 ren, idel 4 enkel; vanlig, simpel; alldaglig; ful 5 rättfram, uppriktig; ~ *dealing* rättframhet II s slätt
plaint s klagomål; besvär -**iff** s kärande -**ive** *a* klagande, jämmerlig
plait [æ] s *tr* 1 veck[a]; rynka 2 fläta
plan I s plan[ritning]; utkast I*i tr* planlägga; planera
1 **plane** s platan [= ~-*tree*]
2 **plane** s aeroplan[vinge]
3 **plane** I s 1 plan 2 hyvel II *a* plan, jämn III *tr* 1 jämna 2 hyvla [av]
plan'et s planet -**ary** *a* planet|-, -arisk
plank I s 1 plank[a] 2 programpunkt II *tr* 1 plankbelägga 2 punga ut med
plant [ɑ:] I s 1 planta, växt 2 skörd 3 *in* ~ uppkommen; *miss* ~ ej komma upp 4 ställning 5 anläggning, maskineri 6 S [stöld]kupp; tjuvgods;· detektiv II *tr* 1 sätta, plantera, så

2 ställa, placera 3 grunda 4 in|föra, -plantera; ~ *o. s.* slå sig ned
plan'tain [in] s 1 groblad 2 pisang
plant‖ation s plant|ering, -age; grundande; koloni[sering] -**er** s [ɑ:'] s odlare; nybyggare; plantageägare
plash s *tr itr* pöl; plask[a]; stänka [på]
plaster [ɑ:'] I s 1 plåster 2 murbruk, puts; gips, stuck II *tr* 1 lägga plåster på 2 rappa, putsa; gipsa; smeta över, lappa ihop -**er** s gipsarbetare
plas'tic *a* plastisk, mjuk -**ine** [si:n] s modellermassa
plate I s 1 platta, [namn]plåt 2 koppar-, stål|stick, plansch 3 bordsilver 4 tallrik 5 pris[pokal] II *tr* 1 plåtbeslå; bepansra 2 plätera
plateau [plæ'tou] s höglätt, platå
pla'te‖ful s tallrik full --**glass** s spegelglas -**r** s 1 pläterare 2 plåtslagare
plat'form s 1 plattform; perrong; estrad 2 platå 3 [parti]program
plat'inum s platina
plat'itud‖e s platthet, smaklöshet -**inous** [tju:'] *a* platt, banal
platoo'n s 1 pluton 2 gevärssalva
plau'‖dit s bifalls|yttring, -rop -**sible** [z] *a* rimlig, sannolik; trovärdig
play I *itr* 1 spela, leka; vara i gång; ~ *it* [*low*] *on* S lura; ~ *up* F hugga i' 2 driva, skoja 3 strejka, fira II *tr* 1 sätta i gång; låta spela 2 leka; spela [mot]; ~ *the game* F spela ärligt spel; ~ *off* utge, utprångla; ~*ed out* ut|mattad, -sliten III s 1 rörelse, gång; *make* ~ ligga i'; *at (in)* ~ i gång; *bring into* ~ sätta i gång 2 fritt spel[rum] (lopp) 3 lek, spel; ~ [*up*]*on words* ordlek; *in* ~ på skämt 4 sysslolöshet 5 skådespel, pjäs, föreställning; *at the* ~ på teatern ~-**bill** s teateraffisch -**day** s lovdag -**fellow** s lekkamrat -**game** s barnlek -**goer** s teaterbesökare -**ground** s lekplats -**mate** = -*fellow* -**wright** [rait] ~-**writer** s skådespelsförfattare
plea s 1 process, mål 2 åberopande, svaromål 3 inlägg; försvar, ursäkt -**d** I *tr* 1 plädera, tala; föra talan; bedja 2 genmäla; ~ *guilty* erkänna [sig skyldig] II *tr* 1 försvara 2 åberopa; förebära -**der** s 1 sakförare 2 försvarare -**ding** I s 1 försvar, yrkande 2 inlaga II *a* bönfallande
pleasant [ple'z] *a* behaglig, trevlig; glad; lycklig -**ry** s skämt[samhet]
pleas‖e [i:z] I *itr* behaga, vilja; [imper.] var snäll och; *yes*, ~ ja, var så god; ja, tack; *coffee*, ~ får jag be om kaffe; ~ *God* om Gud vill; *you will* ~ *to* ni torde vara god och; *if you* ~ om jag får be II *tr* behaga, tilltala, roa, göra till viljes; ~ *o. s.* finna nöje; ~ *yourself!* som ni vill! -**ed** *a* road; glad; nöjd -**ing** *a* behaglig, angenäm

pleasur||able [ple'ʒə] a angenäm -e
s 1 välbehag. nöje; njutning 2 gott-
finnande, vilja; at (during) ~ efter
behag -e-trip s lustresa
pleb||eian [i:'ən] a s plebej[isk]; simpel
-iscite [ple'bisit] s folkomröstning -s
[plebz] s underklass, massa
pledge [dʒ] I s 1 [under]pant; säker-
het 2 skål 3 löfte II tr 1 sätta i
pant; ~ o. s. förplikta sig; gå i bor-
gen 2 förbinda 3 dricka [ngn] till
4 [ut]lova -e [i:'] s pantinnehavare
ple'n||ary a full[talig]; ~ meeting ple-
num -ipoten'tiary [ple] a s oinskränkt;
ambassadör -itude [ple'] s fullhet
plen't||iful a rik[lig]; välförsedd; 'gott
om' -y I s 1 riklighet, fullt upp; över-
flöd; horn of ~ ymnighetshorn 2 ri-
kedom II a F riklig III adv F alldeles
plethoric [ɔ'r] a blodfull; svällande
pli'a||ble -nt a böjlig, smidig; eftergiven
pliers [plai'əz] spl flack-, böj|tång
1 plight [ait] I s pant; löfte II tr sätta
i pant; be ~ed vara bunden
2 plight s tillstånd, belägenhet
plod s itr lunk[a]; knog[a]; släp[a]
plop I interj s plums II itr plumsa
plot I s 1 jordlott, tomt, täppa 2
handling, intrig; plan II itr smida
ränker III tr 1 kartlägga 2 planera;
anstifta -ter s konspiratör, anstiftare
plough [au] I s 1 plog 2 plöjt fält 3 S
kuggning II tr itr 1 plöja; fåra 2 S
kugga -share s plogbill
plover [plʌ'və] s brockfågel, pipare
pluck I tr 1 plocka; ~ up o.'s heart
hämta mod 2 rycka, nappa 3 F kugga
II itr rycka III s 1 ryck[ning] 2
F kuggning 3 [slakt.] hjärtslag 4 F
friskt mod -y a F käck, modig
plug I s 1 propp, tapp 2 brandpost 3
tobaksbuss II tr 1 plugga igen 2 S
skjuta [ner] III itr S knoga på'
plum s 1 plommon 2 russin 3 godbit
plumage [u:'] s fjäderbeklädnad
plumb [plʌm] I s bly|lod, -kula, sänke
II a adv 1 lodrät[t] 2 ren[t], fullkom-
lig[t] III tr loda; pejla -ago [bei'] s
blyerts, grafit -eous [biəs] a bly|ak-
tig, -färgad -er s rörarbetare; vat-
tenledningsentreprenör -ing s rör-
arbete ~-line s lodlina
plume [u:] I s fjäder, plym II tr 1
pryda med fjädrar; ~ o. s. yvas,
stoltsera 2 plocka
plumm'et s [sänk]lod; [bildl.] tyngd
plumm'y a plommon-, russin-; finfin
1 plump I a fyllig, knubbig II itr
svälla III tr [ut]fylla; göda
2 plump I itr dimpa ned, plumsa i II s
plums[ande] III a tvär; burdus; grov
IV adv bums, plums; tvärt
plumy [u:'] a fjäder-|lik, -prydd
plun'der I tr [ut]plundra; stjäla II s
plundring, byte -ous a rovlysten

plunge [dʒ] I itr 1 störta [sig], dyka
ned, rusa; kasta sig in 2 slå bakut;
♣ stampa 3 S spela, spekulera II
tr stöta, köra (doppa) ned; störta;
~d försänkt III s 1 sänkande,
språng, dykning 2 sparkande bakut
-r s 1 dykare 2 kolv 3 S spelare
plural [u:'] a s plural[is], flertal[s-]
-ity[æ'l] s mängd; flertal, röstöverwikt
plush s plysch; ~es plyschbyxor
plutoc'racy [plu:] s penningvälde
pluvi||al [u:'] -ous a regn-; regn|lig, -rik
1 ply [plai] s 1 veck, fåll 2 riktning
2 ply I tr 1 bruka; bedriva; öva 2 be-
arbeta; truga 3 fara över II itr 1 ar-
beta 2 kryssa; gå (i trafik); halla till
p. m. [pi:'e'm] (post meridiem) e. m.
pneum||at'ic [nju] I a luft-; ~ dispatch
rörpost; ~ engine luftpump II s
luftring -o'nia s lunginflammation
P. O.=postal order; post office
1 poach [pout∫] tr förlora [ägg]
2 poach tr itr 1 sticka 2 trampa ned
3 tjuv|jaga, -fiska [på] 4 S tillskansa
sig 5 bli gyttjig -er s tjuv|skytt,
-fiskare -ing s tjuv|skytte, -fiske
pock'et I s 1 säck 2 ficka; be £ 1 in ~
ha vunnit 1 pund II tr 1 stoppa i
fickan 2 svälja, dölja ~-book s 1
plånbok 2 annotationsbok ~-flap s
ficklock ~-piece s lyckoslant
pock'-mark s koppärr -ed a koppärrig
pod I s 1 skida, balja, kapsel 2 stim
II tr sprita; skala -ded a 1 baljbä-
rande 2 S välbärgad, 'tät'
podg||ie [pɔdʒ] s F tjockis -y a knubbig
poem [po(u)'im] s poem, dikt
po'et s skald -as'ter s versmakare
-ic[al] [e'] a poetisk -ize tr itr skriva
vers [om] -ry s poesi; diktning
poignan||cy [pɔi'n] s 1 skärpa 2 bitter-
het -t a skarp; bitter, stickande
point I s 1 punkt; prick; ~ of view
synpunkt 2 skiljetecken 3 del, mo-
ment; ~ of conscience samvetssak;
in ~ of i fråga om; on (at) the ~ of
nära att 4 sida, utmärkande drag;
kärnpunkt; [huvud]sak; make a ~
of lägga an på att; in ~ hithörande,
typisk; be to the ~ höra till saken 5
syfte, mål; mening; give up o.'s ~ ge
med sig 6 poäng; give ~s to ge han-
dikap 7 spets, udd[e]; come to ~s
drabba ihop; not to put too fine a ~
on it för att tala rent ut 8 etsnål,
gravstickel 9 ~s [spår]växel 10
kompasstreck 11 [jakt.] stånd II tr
1 [inter]punktera 2 spetsa; skärpa;
poängtera 3 peka (sikta) med; rikta
4 ~ out peka ut; påpeka 5 [jakt.]
stå för 6 fogstryka III itr 1 peka;
vetta; syfta, tendera 2 [jakt.] göra
stånd, stå ~-blank a adv snörrät[t]
rak[t] på sak, rättfram; ren ~-duty
s tjänstgöring -ed a 1 spetsig; skarp,

vass 2 tydlig, påfallande -er *s* 1 pekpinne 2 visare 3 rapphönshund 4 [Am.] F vink ~-lace *s* spets -less *a* trubbig; svag; poänglös; slät -sman *s* 1 växlare 2 trafikkonstapel
poise [z] I *s* 1 jämvikt, balans 2 hållning 3 ovisshet II *tr itr* 1 balansera; avväga; uppbära 2 överväga 3 sväva
poi'son [z] I *s* gift II *tr* förgifta -er *s* giftblandare -ous *a* giftig
pok||e I *tr itr* 1 stöta, knuffa [till], peta [på]; stånga; sticka [näsan]; snoka 2 ~ *up* F stänga in 3 röra om 4 sticka fram; ~ *fun at* göra narr av 5 larva; knåpa II *s* 1 stöt, knuff 2 brätte ~-bonnet *s* damhatt; 'kråka' -er *s* 1 eldgaffel 2 glödritningsstift -y *a* trång; sliten, sjaskig
po'lar *a* polar, pol-; ~ *bear* isbjörn; ~ *lights* söder-, norr|sken
Pole [poul] *s* polack
1 pole *s* pol
2 pole I *s* 1 påle, stolpe, stör; [tistel]stång; *up the* ~ S i klämma 2 ♆ mast; bärling, kaltopp II *tr* staka fram ~-axe *s* strids-, slaktar|yxa -cat *s* iller ~-jump *s* stavhopp
polem'ic I *a* stridslysten II *s* polemik
po'le-star *s* polstjärna; ledstjärna
police [i:'s] I *s* polis; ~ *officer* poliskonstapel II *tr* behärska, bevaka
1 pol'icy *s* 1 politik 2 klokhet, slughet 2 policy *s* försäkringsbrev
Polish [pou'li∫] *a* polsk
pol'ish I *s* pol|ering, -ityr; glans; belevenhet II *tr* 1 polera, bona, putsa 2 hyfsa [till], förfina; F fiffa upp 3 ~ *off* F klara [av] III *itr* bli blank
poli'te *a* artig, hövlig, bildad, fin
pol'itic *a* klok; beräknande -al [li't] *a* politisk, stats-; ~ *economy* nationalekonomi -ian [i'∫n] *s* statsman; politiker -s *spl* politik, statskonst
pol'ity *s* styrelseform; stat[sbildning]
polk [ou] *itr* dansa polka -s *s* polka
1 poll [ou] I *s* 1 hjässa; nacke 2 hornlöst [boskaps]djur 3 [hatt]kulle 4 röstning; vallokal; röst|räkning, -etal; valresultat II *tr* 1 [av]toppa; avskära hornen på 2 räkna; erhålla [röster]; avge [röst] III *itr* rösta
2 poll [ɔ] *s* F [pape]goja
po'll||able *a* röstberättigad; giltig -ard [po'ləd] I *s* 1 hornlöst [boskaps]djur 2 toppat träd 3 kli II *a* 1 toppad 2 flintskallig III *tr* [av]toppa
pollen [po'lin] *s* pollen, frömjöl
po'll-tax *s* mantalspengar
pollu'te *tr* [för]orena, smutsa; vanhelga, kränka
poltroo'n *s* kruka -ery *s* feghet
poly||- [po'li] mång-, fler- -g'amy *s* månggifte -glot *a s* mångspråkig; polyglott[bibel] -gon *s* månghörning -ph'onous *a* flerstämmig -pus *s* polyp

pomade [pəmɑ:'d] *s tr* pomad|a, -era
pom'egranate [grænit] *s* granatäpple
Pomera'nian [ɔ] *a s* pom|mersk, -rare
po'miculture *s* fruktodling
pommel [ʌ'] I *s* 1 [värj]knapp 2 sadelknapp II *tr* slå, mörbulta
pom'pous *a* praktfull; pösig, skrytsam
pond I *s* damm; tjärn II *tr* dämma upp
pon'der I *tr* betänka II *itr* grubbla, fundera -able *a* vägbar -ing *a* fundersam -ous *a* tung; mödosam
poniard [po'njəd] *s* dolk
pon'tiff *s* påve; överstepräst
pontonee'r *s* ♆ brobyggare
po'ny *s* 1 ponny 2 S 25 pund; moja
poodle *s* pudel [äv. ~-*dog*]
pooh [pu:] *interj* asch! pytt! ~-poo'h I *interj* asch! II *tr* avvisa med förakt
1 pool *s* 1 pöl, damm 2 djupt flodställe
2 pool I *s* 1 pulla, pott 2 insatsskjutning 3 sammanslutning II *tr* sammanslå; dela
poop *s* akter; akter-, hytt|däck
poor [pu'ə] *a* 1 fattig [*in på*] 2 klen, skral, dålig 3 ynklig; stackars; ~ *thing!* stackars liten 4 'salig' ~-box *s* fattigbössa ~-law *s* fattigvårdslag[stiftning] -ly *a* F skral, krasslig
pop I *interj* paff! pang! vips! II *s* 1 knall, smäll 2 S pistol 3 F 'skum', 'smällkork' 4 prick, märke 5 S *in* ~ 'på stampen' III *itr* 1 smälla, knalla; F skjuta 2 kila, rusa; ~ *in* titta in; ~ *off* S kola av; ~ *out* titta fram 3 F fria IV *tr* 1 smälla av 2 skjuta; stoppa, sticka; ~ *out* blåsa ut; ~ *down* skriva upp 3 F kläcka ur sig
pope *s* 1 påve 2 pop -ry *s* papism
pop'-gun *s* luftbössa; knallpistol
pop'injay *s* papegoja; narr
po'pish *a* påvisk, papistisk
pop'lar *s* poppel; *trembling* ~ asp
poppy [pɔ'pi] *s* vallmo; *P* ~ *Day* 11 nov.
populace [pɔ'pjuləs] *s* hop, pöbel
pop'ular [ju] *a* 1 folk-, allmän 2 populär; folklig -ity [æ'r] *s* popularitet -ize *tr* göra känd (omtyckt)
pop'ul||ate [ju] *tr* befolka -ation *s* befolkning; folkmängd -ous *a* folkrik
porcelain [pɔ:'slin] *s a* porslin; bräcklig
porch *s* portal; [Am.] veranda
porcupine [pɔ:'kjupain] *s* piggsvin
1 pore [pɔ:] *s* por, liten öppning
2 pore *itr* stirra; titta; ~ *over* studera
pork *s* svinkött; fläsk ~-chop *s* fläskkotlett -er *s* gödsvin -et -ling *s* spädgris -y *a* F fläskig, fet
porous [pɔ:'rəs] *a* porös, full av porer
porphyry [pɔ:'firi] *s* porfyr
porpoise [pɔ:'pəs] *s* [zool.] tumlare
porr'||idge *s* gröt -inger [dʒ] *s* spillkum
1 port [pɔ:t] *s* portvin [äv. ~-*wine*]
2 port *s* hamn[stad, -plats]
3 port ♆ *s tr itr* [vända åt] babord
4 port *s* hållning -able *a* lös, flyttbar

portage — 166 — **powder**

-age s transport[kostnad] -ative a flyttbar, hand-, fick-
porten'||d tr förebåda -t ['-'] s 1 förebud, järtecken 2 vidunder -tous [-'-'] a 1 olycksbådande 2 vidunderlig 1 por'ter s portvakt, vaktmästare 2 porter s 1 bärare 2 porter -age s bärarlön
por't||**fire** s stubintråd -fo'lio s portfölj
por't||-**hole** s ✧ styckeport; hyttglugg; skottglugg -**ico** s portik, pelargång
portion [pɔː'] I s 1 [an]del, stycke 2 [arvs]lott; öde 3 portion 4 hemgift II tr [för]dela -**less** a lottlös
por'tly a 1 ståtlig, förnäm 2 fetlagd
portman'teau [tou] s kappsäck
por'trait [it] s 1 porträtt; bild 2 skildring -**ist** s porträtt|målare, -ör
portray' tr porträttera, avbilda -**al** s porträtt[ering] -**er** s porträttör
portress [pɔː'tris] s portvakterska
Portuguese [jugi:'z] s a portugis[isk]
pose [z] I s pose II tr 1 fram|ställa, -lägga 2 placera 3 bry; snärja III itr posera -**r** s brydsam fråga, kuggfråga
posit [pɔ'z] tr förutsätta -**ion** [pəziˈʃn] s 1 ställning; ståndpunkt; läge, plats; be in a ~ to vara i tillfälle att 2 samhällsställning -**ive** I a positiv; uttrycklig, bestämd; [tvär]säker; verklig, faktisk; jakande; faststäld II s 1 positiv 2 verklighet
posse [pɔ'si] s grevskapsuppbåd; polis
possess [ze's] I tr 1 besitta; äga, ha 2 behärska; ~ o. s. of bemäktiga sig -**ed** a besatt; behärskad; ~ of i besittning av -**ion** [ze'ʃn] s 1 besittning; ägo; take ~ of bemäktiga sig 2 egendom; ~s ägodelar 3 besatthet -**ive** a 1 besittnings- 2 possessiv; ~ case genitiv -**or** s innehavare; ägare
posset [pɔ'sit] s ölost
possib'||**il'ity** s möjlighet -**le** ['-'] a möjlig; eventuell; do o.'s ~ göra sitt yttersta -**ly** [-'-'] adv möjligen; kanske
1 **post** [ou] I s [dörr]post, stolpe; stötta; mål[stolpe] II tr 1 anslå, sätta upp 2 tillkännage
2 **post** I s 1 ⚔ post 2 [strategisk] ställning 3 militärstation 4 ⚔ tapto 5 handelsstation 6 befattning, plats II tr postera, placera
3 **post** I s post; post|vagn, -verk, -kontor II itr ila III tr 1 posta 2 bokföra, avsluta 3 informera
post- [ou] pref efter-, följande
po'st||**age** s [post]porto; ~ stamp frimärke -**al** a postal, post- -**card** s brevkort -**chaise** s resvagn
postdate [pou'stdei't] tr efterdatera
po'ster a affischör; anslag, affisch
post||**e'rior** a senare; bakre, bak- -**erity** [eˈr] s efter[kommande, -värld
po'stern s sidodörr, enskild ingång
po'st-free' a portofri, franko

po'st-grad'uate [juit] s [ung.] licentiat
po'st-ha'ste s adv [med] ilande fart
pos'thumous [juməs] a efterlämnad
postill'ion s postiljon, spannryttare
po'st||**ing** s a skjutsning; skjuts- -**man** s brevbärare -**mark** s poststämpel -**master** s postmästare; P~ General generalpostdirektör
po'st-||**merid'ian** a eftermiddags- -**mor'tem** s likbesiktning
po'st-||**office** s post|kontor, -verk; ~ box postfack -**paid** a betald, frankerad
postpo'ne tr uppskjuta; tillbakasätta
pos'tul||**ate** I [julit] s förutsättning II tr 1 begära 2 antaga; förutsätta
pos'ture [tʃə] I s 1 ställning, hållning; läge II itr posera ~-**maker** s akrobat
pot I s 1 kruka, burk; gryta; go to ~ F gå åt pipan 2 kanna; stop; pokal; ~ hat F plommonstop 3 F massa; vadsumma; S favorit; F pamp 4 lergods II tr 1 insalta, konservera 2 plantera i kruka 3 F skjuta; vinna; lura -**able** [ou'] a drickbar -**ash** s pottaska; soda -**ation** [ou] s drickande; dryck[enskap]
potato [pəteiˈtou] s potatis
pot'-||**belly** s isterbuk -**boy** s kypare
po'ten||**cy** s makt, kraft -**t** a mäktig, stark -**tial** [e'nʃl] a potentiell; möjlig
pother [pɔ'ðə] I s 1 rök, dammoln 2 bråk, stoj; oro II itr bråka III tr oroa
pot'||**-herb** s köksväxt -**house** s ölstuga, värdshus -**hunter** s pokaljägare
po'tion s läskedryck; giftdryck
pot'||**-luck** s husmanskost -**sherd** s krukskärva -**shot** s skott på måfå 1 **pott'er** I itr 1 plottra, fuska 2 pladdra 3 lunka II tr, ~ away förspilla 2 **potter** s krukmakare -**y** s 1 krukmakeri 2 lerkärl[stillverkning]
potty [pɔ'ti] a S liten, obetydlig
pouch I s 1 pung 2 ⚔ patronkök II tr 1 stoppa på sig 2 svälja 3 S ge dricks
pouf[**fe**] [puf] s hårvalk; puff
poulterer [ou] s fågelhandlare
poultice [pouˈltis] s grötomslag
poultry [ou'] s fjäderfä, höns ~-**farm** s hönseri ~-**yard** s hönsgård
pounce I s 1 klo 2 nedslag, angrepp II itr tr slå ned [på]; rusa, störta [sig]
1 **pound** s 1 skålpund, 454 gram 2 pund [äv. ~ sterling], ung. 18 kr
2 **pound** I s inhägnad II tr instänga
3 **pound** I tr 1 stöta, pulvrisera 2 dunka på' II itr 1 dunka, banka 2 lunka; ✧ stampa III s slag, blånad
pou'ndage s provision; tantiem
pou'nder s mortelstöt; mortel
pour [pɔː] I tr 1 hälla, slå; ~ out slå ut (i); servera 2 utsända; avlossa; utösa II itr s ström[ma]; hällregn[a]
pout itr tr puta ut [läpparna]; tjura
pov'erty s fattigdom; brist ~-**stricken** a utarmad
powder {au'} I s 1 stoft, damm 2 pu-

der 3 pulver 4 krut; ~ *and shot ammunition* II *tr* 1 [be]strö, pudra 2 smula sönder; ~*ed sugar* strösocker ~*-flask s* kruthorn ~*-puff s* pudervippa -y *a* 1 pulverlik 2 dammig
power [au'ə] *s* 1 förmåga 2 makt; myndighet; välde; våld; *the ~s that be* överheten 3 befogenhet 4 styrka, kraft 5 F massa -**ful** *a* mäktig; stark, kraftig -**less** *a* makt-, kraft|lös
pow-wow [pau'wau'] I *s* medicinman; [relig.] fest; rådplägning II *tr* kurera
pox [pɔks] *s* hudutslag; syfilis
prac'tic||able *a* 1 möjlig, utförbar 2 framkomlig -**al** *a* 1 praktisk 2 utövande 3 faktisk -**ally** *adv* praktiskt taget
prac'ti||ce [is] *s* 1 praktik; övning; *put in[to]* ~ sätta i verket; *out of* ~ ovan 2 tillämpning, utövning 3 praxis; bruk, vana -**se** [is] I *tr* 1 tillämpa, använda 2 utöva 3 öva [sig i] II *itr* 1 praktisera 2 öva sig 3 ~ *on* narra, lura -**tioner** [i'ʃnə] *s* prakt. läkare (jurist); *general* ~ läkare
prairie [prɛ'əri] *s* prärie, gräsöken
praise [z] I *tr* prisa; lov[ord]a II *s* pris, beröm; lov -**worthy** *a* berömvärd
pram *s* 1 barnvagn 2 mjölkkärra
prance [ɑː] *itr* kråma sig; dansa
1 **prank** I *tr* styra ut II *itr* pråla
2 **prank** *s* upptåg -**ish** *a* skälmaktig
prate *itr* 'orera' -**r** *s* pratmakare
prattle I *itr* pladdra II *s* prat, joller
prawn [prɔːn] *s* [zool.] räka
pray *tr itr* bedja [till]; be om; ~ *'var god'* -**er** [prɛə] *s* bön; ~*s* andakt
pre- [priː] *pref* före-, förut-, för-
preach I *itr tr* predika; -förkunna; ~ *down* predikan mot II *s* F [moral]predikan -**er** *s* predik|are, -ant
precarious [ɛ'ə] *a* osäker, farlig
precauti||on [prikɔː'ʃn] *s* försiktighet[småtт] -**onary** *a* varnings-; försiktighets- -**ous** *a* försiktig
prece'de *tr* 1 föregå, gå framför (före) 2 inleda -**nce** *s* företräde, försteg; *order of* ~ rangordning -**nt** [preˊ] *s* prejudikat; motstycke
pre||cen'tor *s* kantor -**cept** [priː'] *s* föreskrift -**ceptor** [eˊp] *s* fostrare, lärare
pre'cinct *s* område; ~*s* omgivningar
precious [preˊʃ] I *a* 1 dyr-, kost|bar; värdefull; ~ *stone* ädelsten 2 pretiös 3 F snygg II *adv* F fasligt
precipice [preˊsipis] *s* brant, bråddjup
precip'it||ate I [tit] *a* 1 huvudstupa 2 brådstörtad 3 överilad II [tit] *s* fällning III *tr* 1 nedstörta 2 påskynda 3 fälla ut IV *itr* rusa [i väg] -**ation** *s* 1 nedstörtande 2 bråđska 3 överilning 4 [ut]fällning 5 nederbörd -**ous** *a* 1 tvärbrant 2 brådstörtad
preci's||e I *a* precis, noggrann; petig; fullständig II *tr* precisera -**ion** [iˊʒn] *s* noggrannhet

preclu||de [uː'] *tr* 1 spärra 2 utesluta, hindra -**sion** [ʒn] *s* förhindrande
preco'ci||ous [ʃəs] *a* brådmogen -**ty** [kɔˊs] *s* brådmogenhet
precur'sor *s* före|löpare, -gångare
preda'||cious [ʃəs] -**tory** [preˊdə] *a* rovgirig; rovdjurs-; rov-, plundrings-
pre'||decessor *s* före|trädare, -gångare -**des'tinate** [in] *tr* förutbestämma
predic'ament *s* läge; kinkig (obehaglig) belägenhet
predict' *tr* förutsäga -**ion** *s* förutsägelse
pre||dilec'tion [priː] *s* förkärlek -**dispo'se** [z] *tr* göra benägen (mottaglig)
predom'in||ance *s* över|makt, -vikt -**ant** *a* övervägande, rådande -**ate** *itr* råda; vara förhärskande
pre-em'inent *a* framstående, överlägsen; ~*ly* i högsta grad
preface [preˊfis] *s* förord, företal
prefer [prifəː'] *tr* 1 föredraga; hellre vilja 2 befordra 3 fram|lägga, -bära -**able** [preˊ] *a* att föredraga, bättre -**ably** [preˊ] *adv* företrädesvis; helst -**ence** [preˊ] *s* 1 företräde; *in* ~ *to* framför [att] 2 ngt som man föredrar 3 förmånsrätt -**ential** [prefəre'nʃl] *a* företrädes- -**ment** *s* befordran
pre'fix *s* 1 förstavelse 2 titel
pregnant [eˊgn] *a* 1 havande 2 innehållsdiger 3 betydelsefull
pre'histor'ic[al] [ɔˊ] *a* förhistorisk
prej'udic||e [is] I *s* 1 förfång, men 2 fördom II *tr* 1 skada 2 göra partisk -**ed** *a* partisk -**ial** [iˊʃl] *a* menlig
pre'lacy *s* prelat|välde, -stånd
prelim'inary *a* förberedande [åtgärd]
prel'ude [juː] *s* förspel; preludium
pre||matu're *a* förtidig; brådmogen; förhastad; ~*ly* i otid (förtid) -**med'itated** *a* överlagd, avsiktlig
prem'ier I *a* först; främst II *s* stats-, premiär|minister
prem'ise [is] *s* 1 premiss, försats 2 ~*s* inledning 3 ~*s* fastighet, gård; plats
pre'mium *s* 1 pris 2 premie 3 tillägg
pre||monit'ion [priː] *s* föregående varning -**occupation** *s* 1 fördom 2 främsta intresse (sysselsättning) 3 tankfullhet -**ordai'n** *tr* förutbestämma
prepar||ation [pre] *s* 1 förberedelse; utrustning 2 tillagning; utarbetande 3 preparat -**atory** [pripaˊ] *a* förberedande -**e** [pripɛˊə] I *tr* 1 förbereda; ~*d*, redo 2 läsa över 3 tillaga; framställa; utarbeta II *itr* bereda sig, reda sig
pre'pay' *tr* förutbetala, frankera
prepense [pripeˊns] *a* uppsåtlig
pre||pon'derant *a* övervägande; [för]härskande -**possessing** [priːpəzeˊs] *a* intagande, sympatisk -**pos'terous** *a* bakvänd, orimlig, befängd -**rog'ative** *s* företrädesrätt -**sage** [eˊs] *s* tr före|bud, -båda -**scri'be** *tr itr* 1 före-

skriva, ålägga 2 ordinera **-scription** s föreskrift, recept, ordination
presence [e´z] s 1 närvaro; in[to] the ~ of inför 2 varelse; gestalt 3 hållning, yttre ~**-chamber** s audiensrum
1 present [e´z] I a närvarande; nuvarande; föreliggande II s 1 at ~ för närvarande 2 presens
2 present I [-´-] s present, gåva II [--´] tr 1 presentera 2 fram|föra, -ställa; [fram-, upp]visa 3 förete, erbjuda 4 framlägga; inlämna 5 ⚔ lägga an med; ~ arms skyldra gevär 6 föreslå 7 skänka, överlämna 8 ~ o.s. visa sig **-ation** s 1 framställning, skildring 2 upp|visning, -förande
presen´timent s förkänsla, aning
presently [e´z] adv strax, inom kort
preserv||ation [prez] s 1 bevarande, konservering 2 bibehållande, vård **-ative** [zə:´və]as skydd|ande, -smedel **-e** [zə:´v] I tr 1 skydda, bevara; bibehålla 2 konservera, sylta II s 1 sylt, kompott 2 jaktpark
presi´de [z] itr presidera; leda **-ncy** [pre´zi] s ordförandeskap; presidentskap **-nt** [pre´zi] s 1 president, ordförande 2 direktör
1 press I s 1 trängsel 2 brådska, jäkt 3 pressning 4 [tryck]press; tryck|eri, -ning; korrektur 5 skåp II tr 1 pressa, trycka; klämma 2 tränga på, ansätta; be ~ed for ha ont om 3 nedtrycka 4 tvinga 5 påskynda 6 påyrka; inskärpa 7 framhålla III itr 1 trycka; ~ for fordra 2 tränga[s] 2 **press** tr pressa; tvångsuttaga
press´||-cutting s tidningsurklipp **-ing** a trängande; enträgen, angelägen **-ure** [e´ʃə] s 1 tryck[ning], pressning 2 betryck; nöd 3 brådska, jäkt
presu´m||able [z] a trolig **-e** tr itr 1 ta sig frihet|en, -er 2 antaga; förmoda 3 ~ [up]on missbruka **-ption** [ʌ´] s 1 övermod 2 antagande; sannolikhet **-ptive** [ʌ´m] a sannolik; närmast **-ptuous** [ʌ´mtju] a förmäten, övermodig
presuppo´se [pri:sə] tr förutsätta
preten´||ce s 1 anspråk[sfullhet], prål; hyckleri 2 förevändning **-d** I tr 1 låtsa, förege, hyckla 2 försöka II itr, ~ to fria till: göra anspråk på **-der** s 1 pretendent 2 charlatan **-sion** [ʃn] s anspråk[sfullhet] **-tious** [ʃəs] a anspråksfull
pre´text I s förevändning II [--´] tr förege
pretty [pri´ti] I a näpen, nätt, vacker II adv rätt, ganska; ~ much nästan
prevai´l itr 1 vinna seger 2 ~ [up]on övertala, förmå 3 råda, vara rådande
prev´alent a vanlig, gängse
prevaricate [æ´r] itr söka slingra sig
preven´t tr [för]hindra, förekomma **-ion** s [för]hindrande **-ive** a s förebyggande [medel]

pre´vious a 1 föregående; ~ to före 2 F förhastad **-ly** adv förut
pre||vision [i´ʒn] s förutseende **--war** [-´-´] a förkrigs-
prey [prei] I s rov, byte II itr plundra; ~ [up]on leva (tära) på
price I s pris, kostnad II tr sätta pris på; värdera ~**-current** s priskurant **-less** a oväderlig; F kostlig
prick I s 1 stick, styng 2 pikstav; kick against the ~s spjärna mot udden II tr 1 sticka [hål i] 2 stinga 3 pricka av·· (för), punktera; [ut]pricka 4 spetsa III itr sticka[s], stinga **-er** s sticknål, syl **-le** I s tagg, torn II tr itr sticka[s] **-ly** a 1 taggig 2 stickande; ~ heat nässelfeber 3 kinkig
pride I s 1 stolthet; övermod 2 glans, prakt II rfl, ~ o. s. on yvas över
priest [i:] s präst **-ess** s prästinna **-hood** s präst|ämbete, -erskap
prig I s 1 pedant 2 S tjuv II tr S snatta **-gish** a självgod, petig
prim I a pryd, prudentlig II tr itr snörpa på [munnen]
pri´m||acy s över|lägsenhet, -höghet **-ary** a 1 primär, först, grund-; folkskole-; ~ rock urberg; ~ school folkskola 2 huvudsaklig **-ate** [it] s primas
prim||e I a 1 först, ursprunglig; ~ cost inköpspris 2 högst, främst; ~ minister statsminister 3 prima II s 1 vår, blomstring; [det] bästa 2 [fäkt.] prim III tr 1 grund[mål]a 2 fylla **-er** s abc-bok; elementarbok **-e´val** a ursprunglig, ur[tids]- **-ing** s 1 tändsats; stubin 2 grundning **-itive** [i´m] a 1 ursprunglig, ur-, äldst; gammaldags 2 stam-, rot- **-ogeniture** [dʒe´nitʃə] s förstfödsel|el, -orätt **-or´dial** a ursprunglig **-rose** [i´m] s [gull]viva
prince s prins, furste; P~ Consort prinsgemål **-like -ly** a furstlig **-ss** [e´s] s prinsessa, furstinna
prin´cip||al I a huvudsaklig, förnämst, huvud- II s 1 chef; rektor 2 huvudman 3 upphovsman 4 kapital **-al´ity** s furstendöme **-le** s 1 princip; grund[sats] 2 grundämne
print I s 1 märke, in-, av|tryck, spår 2 stämpel 3 tryckt tyg; gravyr 4 tryck; stil; out of ~ utgången 5 tryckning, upplaga; tryckalster II tr 1 in-, på-, av|trycka 2 [låta] trycka **-er** s [bok]tryckare
prin´ting s 1 tryck[ning] 2 boktryckarkonst ~**-ink** s trycksvärta ~**-office** s boktryckeri
pri´or I a tidigare, äldre; ~ to före II s prior **-ess** s priorinna **-y** s kloster
prism [z] s prisma
pris´on [z] s fängelse; fångenskap **-er** s fånge; make (take) ~ tillfångataga
pri´va||cy s avskildhet **-te** [it] I a 1 privat, enskild; ~ [soldier] menig 2

hemlig 3 undangömd II *s, in* ~ privat; i hemlighet -tee'r *s* kapare; fribytare -tion [ei'] *s* umbärande
priv'||ilege [idʒ] I *s* privilegium II *tr* 1 privilegiera 2 fritaga -y *a* 1 ~ *to* invigd i 2 hemlig; *P*~ *Council* riksråd
1 **prize** *s tr* uppbringa[t skepp]; fynd
2 **prize** I *s* pris, premium; vinst II *tr* värdera ~-**fighter** *s* prisboxare -**man** *s* pristagare ~-**ring** *s* ring; prisboxning
1 **pro** I *prep* för; -**vän** [~-*German*] II *s*, ~*s and cons* skäl för och emot
2 **pro** *s* F = *professional*
probl|abil'ity *s* sannolikhet -**able** [ɔ'] *a* sannolik -**ation** *s* prövning, prov; villkorlig dom -**e** [ou] *s tr* sond[era]; undersöka -**ity** ['-'-] *s* redlighet
proce'dure *s* tillvägagångssätt; åtgärd
procee'd I *itr* 1 fortsätta 2 förfara, handla 3 lagligen inskrida 4 övergå 5 härröra II [ou'] *s*, ~*s* avkastning, behållning -**ing** *s* 1 förfarande 2 ~*s* [för]handlingar 3 [laglig] åtgärd
pro'cess *s* 1 [fort]gång, förlopp 2 process; förfaringssätt -**ion** [e'ʃn] *s itr* [gå i] procession; tåg[a]
procla||i'm *tr* 1 utropa, kungöra, förklara 2 på-, för|bjuda -**mation** *s* utropande, upprop, kungörelse
procras'tinate *itr* förhala tiden, söla
pro'create [krieit] *tr* avla, alstra
proc'tor *s* 1 uppsyningsman 2 sakförare
procur'||ation [prɔkju] *s* 1 anskaffande 2 ombudsmannaskap; prokura -**e** [ju'ə] *tr* [an]skaffa, [för]skaffa sig
prod I *tr* sticka; egga II *s* stöt; brodd
prod'igal *a s* slös[aktig, -are; *the* ~ [*son*] den förlorade sonen -**ity** [æ'l] *s* slöseri ~**prodigi"ous** [i'dʒəs] *a* vidunderlig, underbar; ofantlig -**y** [prɔ'] *s* under[verk], vidunder
produ'ce I *tr* 1 fram|ställa, -bringa, avkasta; åstadkomma 2 [fram]visa; ta fram II [-'] *s* alster, avkastning, resultat -**r** *s* 1 producent 2 regissör
prod'uct *s* produkt; alster -**ion** [ʌ'k] *s* 1 produkt[ion]; verk 2 framvisande -**ive** [ʌ'k] *a* produktiv; fruktbar
profa'n||e I *a* profan; världslig; ohelig, oren, hädisk II *tr* vanhelga -**ity** [æ'n] *s* gudlöshet; hädelse[r]
profess' *tr* 1 förklara 2 göra anspråk på 3 bekänna sig till 4 utöva [som yrke] 5 undervisa i -**ed** *a* 1 förklarad 2 yrkes-; ~*ly* [id] enligt uppgift
profession [-] *s* 1 för|klaring, -säkring 2 [tros]bekännelse 3 yrke, fack -**al** 1 *a* yrkes-; fackmässig; professionell II *s* [lärd] fackman; yrkes|sportsman, -musiker [&c]
profess'or *s* professor -**ship** *s* professur
proffer [prɔ'fə] *tr* framräcka, erbjuda
proficien||cy [i'ʃnsi] *s* färdighet -**t** *a* skicklig, sakkunnig
prof'it I *s* 1 vinst, förtjänst; ~*s* intäkter 2 nytta II *tr* gagna III *itr* dra nytta, begagna sig -**able** *a* nyttig, fördelaktig; lönande -**ee'r** *s* [kristids]jobbare -**ee'ring** *s* jobberi
prof'ligate [it] *a* lastbar; slösaktig
pro||fou'nd *a* djup[sinnig] -**fun'dity** *s* djup[sinne]
profu's||e *a* 1 frikostig, slösaktig 2 riklig -**ion** [ʒn] *s* 1 slöseri 2 överflöd
progeny [ɔ'dʒ] *s* avkomma; alster
prognos'tic [gn] *s* förebud; förutsägelse -**ate** *tr* 1 förutsäga 2 bebåda
progress I [ou'] *s* 1 resa 2 gång, [för]lopp; *in* ~ under arbete 3 framsteg, utveckling II [e'] *itr* gå framåt; fortgå; göra framsteg -**ion** [e'ʃn] *s* 1 fortgång; följd 2 framsteg -**ive** [e'] I *a* 1 framåtgående; fortskridande 2 framstegsvänlig II *s* framstegsman
prohib'it *tr* 1 förbjuda 2 [för]hindra '-**ion** [i'ʃn] *s* [rusdrycks]förbud -**ionist** [i'ʃ] *s* förbudsman -**ive, -ory** *a* förbuds-
project' I *tr* 1 plan|lägga, -era, uppgöra 2 kasta [fram] 3 framhäva 4 projiciera II *itr* skjuta fram III [ɔ'] *s* förslag, plan -**ion** *s* 1 framslungande 2 utsprång 3 planläggande
proletarian [oulite'ə] *s a* proletär[-]
pro||lif'ic *a* frukt|bar, -sam; rik -**lix** [ou'] *a* vidlyftig, långrandig -**long'** *tr* förlänga, utdraga; ~*ed* lång[varig]
promenade [prɔminɑ:'d] *s tr itr* promen|ad, -era [på, med]
promi'nen||ce *s* framskjuten ställning; bemärkthet -**t** *a* 1 fram-, ut|skjutande 2 framstående, bemärkt
promiscu'||ity *s* blandning, virrvarr -**ous** [i's] *a* 1 [hop]blandad, oordnad; ~*ly* om vartannat 2 F tillfällig
pro||mi'se [is] I *s* löfte; *of great* ~ lovande II *tr itr* lova -**montory** *s* udde
promo'tl||e *tr* 1 befordra 2 främja, gynna -**er** *s* 1 främjare 2 stiftare -**ion** *s* 1 befordran 2 främjande
prompt I *a* rask, ivrig, färdig; snabb, omedelbar II *tr* 1 driva, mana 2 sufflera 3 framkalla ~-**box** *s* sufflörlucka -**er** *s* 1 tillskyndare 2 sufflör -**itude** *s* skyndsamhet, iver
prom'ulgate *tr* kungöra, utfärda
prone *a* 1 framstupa; raklång 2 sluttande 3 benägen
prong *s* gaffel[udd]; spets, utsprång
pronoun [prou'naun] *s* pronomen
pronou'nce I *tr* uttala; avkunna; förklara, yttra II *itr* uttala sig -**d** *a* [äv.] tydlig; avgjord -**ment** *s* förklaring
pronunciation [nʌnsiei'ʃn] *s* uttal
proof I *s* 1 bevis 2 prov, prövning 3 styrka, grad 4 korrektur II *a* motståndskraftig, fast -**less** *a* obevisad
prop *s tr* stötta [upp], stöd[ja]
pro||pagate *tr itr* fortplanta [sig]; utbreda, sprida[s] -**pen'sity** *s* benägenhet
prop'er *a* 1 egen [~ *name*] 2 säregen,

property — 170 — pucker

egendomlig 3 egentlig; ~*ly* [*speaking*] egentligen, i egentlig mening 4 F ordentlig 5 lämplig, passande; tillbörlig, riktig, rätt 6 anständig, korrekt -ty s 1 ägande[rätt] 2 egendom; ägodelar; [teater]rekvisita 3 egenskap
proph'e‖cy s profetia; förutsägelse -sy [sai] tr itr profetera -t s profet, spåman -tic[al] [e't] a profetisk
prophyla'tic a s förebyggande [medel]
propiti‖ate [i'ʃi] tr blidka, försona -ous [ʃəs] a nådig, blid; gynnsam
proportion [ɔː'ʃn] I s 1 [an]del 2 förhållande; in ~ as i samma mån som 3 överensstämmelse; out of ~ oproportionerlig 4 storlek, mått II tr avpassa -ate [it] a proportionerlig
propo's‖al. [z] s förslag; frieri -e I tr 1 fram‖lägga, -ställa; föreslå 2 ämna II itr fria -ition [prɔpəzi'ʃn] s 1 påstående; förslag 2 sats 3 S affär, sak
propou'nd tr framlägga, föreslå
propri'et‖or -ress s ägar|e, -inna -y s 1 lämplighet 2 anständighet
propulsion [pʌ'lʃn] s framdrivning
prosa‖ic [zei'ik] a prosaisk -ist [prouzəist] s prosaförfattare
proscr‖i'be tr landsförvisa; förbjuda -ip'tion s landsförvisning; förbud
prose [z] s 1 prosa 2 andefattigt språk
pros'ecut‖e tr 1 fullfölja, bedriva 2 åtala, åklaga -ion s 1 fullföljande &c 2 åtal 3 Kärande -or s kärande, åklagare
pros'elyte [ait] s proselyt, nyomvänd
prospect I [-'-] s 1 utsikt; vy; landskap 2 [gruv.] försöks‖plats, -arbete; malmprov II [-·'] itr 1 leta, söka [guld] 2 ~ *well* se lovande ut III [-·'] tr undersöka -ive [-·'-] a framtida, blivande -or s guldsökare
pros'per itr tr ha (skänka) framgång, blomstra, lyckas -ity [e'r] s lycka, framgång; välstånd -ous a 1 blomstrande, lyckosam 2 gynnsam
pros'titute [juː] s tr prostituera[d]; förnedra; missbruka
prostrat‖e I [-'-] a utsträckt; slagen till marken; utmattad II [-·'] tr 1 kullstörta, slå ned; ~ o. s. kasta sig till marken 2 utmatta -ion s 1 nedfallande 2 förnedring; utmattning
prosy [prou'zi] a prosaisk, andefattig
protag'onist s huvudperson; förkämpe
protect' tr [be]skydda, bevara -ion s 1 beskydd, hägn 2 pass, lejd 3 tullskydd -ionist s tullskyddsivrare -ive a skyddande, skydds- -or s beskyddare -orate [rit] s protektorat; beskydd -ress s beskyddarinna
protest I [ou'] s protest, gensaga II [-·'] itr tr 1 protestera 2 försäkra; bedyra -ation s bedyrande; protest
pro'totype [taip] s urbild
protract' tr dra ut [på], förlänga -ion s förlängning

protru‖de [uː'] tr itr sk|juta ut (fram) -sive [s] a 1 utskjutande 2 påträngande
protu'berance s utbuktning; utväxt
proud a 1 stolt [*of* över] 2 ståtlig
prove [uː] tr itr bevisa [sig vara], styrka
prov'‖enance s ursprung[sort] [äv. -e'nience] -ender s foder; föda
prov'erb s ordspråk -ial [vəː'] a ordspråks-[mässig]
provi'd‖e I tr 1 ombesörja, anskaffa 2 förse II itr 1 sörja, dra försorg; ~ *for* försörja 2 föreskriva; ~*ed* (~*ing*) [*that*] om blott -ence [prɔ'vi] s 1 om-, för|tänksamhet 2 P~ Försynen -ent [ɔ'vi] a om-, för|tänksam
prov'inc‖e s 1 provins, landskap 2 område, fält; fack -ial [i'nʃl] I a landskaps-, lantlig II s landsortsbo
provis‖ion [i'ʒn] I s 1 försörjning; anstalt[er] 2 förberedelse 3 förråd; ~s livsmedel, proviant 4 stadgande II tr proviantera -o [ai'z] s förbehåll
pro‖vocation s 1 retning 2 utmaning; anledning -vo'ke tr egga, förarga; uppväcka; vålla -vo'king a förarglig
prow [prau] s för[stäv], framstam
prowl [au] itr tr stryka omkring [i]
prox‖im'ity s närhet, grannskap; frändskap -imo [ɔ'k] a nästkommande -y [ɔ'] s 1 ombud 2 fullmakt
prud‖e [uː] s pryd kvinna -ence s klokhet -ent a klok, försiktig -ery s prydhet -ish a pryd, sipp
1 prune [uː] s sviskon; ~s *and prism* tillgjort sätt
2 prune tr [be]skära; klippa; rensa
prurience [uː'] s klåda; lystenhet
Prussian [ʌ'ʃn] a s preuss|isk, -are; ~ *blue* berlinerblått
pry itr titta, kika; snoka -ing a nyfiken
psal‖m [saːm] s psalm -modist s psalmsångare -ter [sɔː'l] s Psaltare
pseudo‖- [sjuː'dou] falsk -nym [ənim] s pseudonym, antaget namn
pshaw [(p)ɔː] *interj* äsch, pytt
psych‖e [sai'kiː] s 1 psyke, själ 2 trymå -ic[al] a psykisk -ol'ogist [dʒ] s psykolog -ol'ogy s psykologi
ptarmigan [taː'migən] s [snö]ripa
P. T. O. (=*please turn over!*) vänd!
pub [pʌb] F=*public-house*
pub'lic I a offentlig, allmän; ~ *school* högre läroverk; [Am.] folkskola II s allmänhet; *in* ~ offentligt -an s värdshusvärd -ation s 1 offentliggörande; ~ *of the banns* lysning 2 utgivande; publikation ~-house s krog, värdshus -ist s 1 publicist 2 folkrättsexpert -ity [li's] s offentlighet
pub'lish tr 1 offentlig-, kun|göra 2 utgiva, förlägga; ~*ing house* bokförlag -er s förläggare
puce [pjuː's] a 'loppbrun', purpurbrun
puck s tomte, nisse
puck'er tr itr s rynka [sig], veck[a]

pudding [u'] s pudding; *black* ~ blodpudding; *plum-* ~ plumpudding
puddle I s 1 pöl; göl 2 dy; F röra II *tr* 1 söla ned; grumla 2 älta
pu'er|||ile *a* barnslig *-il'ity* s barnslighet
puff I s 1 pust, vindstöt 2 puff 3 bakverk 4 pudervippa II *itr tr* 1 blåsa, pusta; flåsa; *~ed* andfådd 2 svälla 3 blossa [på] 4 pudra 5 puffa (göra reklam) för *-ery* s reklam *-y* a 1 byig 2 andtäppt 3 pösande; uppblåst
pug s 1 mops; *~-nose* trubbnäsa 2 mickel 3 [äv. *tr*] älta[d lera]
pu'gilis|||m [dʒ] s boxning *-t* s boxare
pugnacious [pʌgnei'ʃəs] *a* stridslysten
puisne [pju:'ni] *a* yngre; lägre
pull [pul] I *tr* 1 draga [i], rycka [i]; slita; ~ *faces* F göra grimaser; ~ *a p.'s leg* S skoja med ngn; ~ *down* riva ned; störta; sänka; nedlägga; ~ *in* hålla in, hejda; ~ *o. s. together* rycka upp sig; ~ *up* stanna; gripa; läxa upp 2 ro; ~ *o.'s weight* ro med all kraft, ligga i' II *itr* 1 = *I* 1; ~ *in* stanna; ~ *out* [ut]gå; ~ *round* repa sig; ~ *through* gå igenom; lyckas; ~ *together* samarbeta; ~ *up* hejda sig; rycka fram 2 ro 3 knoga [på'] III s 1 drag[ning], ryck, [år]tag 2 rodd[tur] 3 klunk 4 övertag 5 nappatag 6 handtag 7 F·knog
pullet [pu'lit] s unghöna
pulley [pu'li] s block, talja; remskiva
pul'monary *a* lung-
pulp I s märg; 'kött'; [pappers-, trä]massa II *tr* krossa
pulpit [u'l] s talar-, predik|stol
pul'p|||ous *-y a* köttig, lös, mjuk
pulsa'te *itr* pulsera, slå, klappa, vibrera
1 **pulse** I s puls[slag] II *itr* pulsera, slå
2 **pulse** s baljfrukter
pumice [pʌ'mis] s pimpsten [~ *-stone*]
1 **pump** s dans-, lack|sko
2 **pump** s *tr* pump[a]; [ut]ösa
pumpkin [pʌ'm(p)kin] s [bot.] pumpa
pump-room s brunnssalong
pun I s ordlek, vits II *itr* vitsa
1 **Punch** *npr* 'Kasper'; ~ *and Judy* kasperteater
2 **punch** I s 1 stans, stamp, håljärn 2 slag 3 S kläm II *tr* 1 slå hål i 2 sticka till 3 slå
punctil'ious *a* noggrann, granntyckt
punc'tu|||al *a* punktlig *-al'ity* s punktlighet *-ate* *tr* 1 interpunktera, kommatera 2 understryka *-ation* s interpunktion *-re* [tʃə] I s stick[ning], styng; punktering II *tr* sticka hål i (på) III *itr* F få punktering
pun'gen|||cy [dʒ] s 1 stickande smak (lukt) 2 skärpa *-t a* 1 stickande, skarp; bitter 2 pikant
pun'ish *tr* 1 straffa 2 F gå illa åt; hugga in på *-able* *a* straffvärd *-ment* s 1 straff 2 F 'stryk'

punster [pʌ'nstə] s vits|are, -makare
1 **punt** I s ekstock II *tr itr* staka; ro
2 **punt** I s [dropp]spark II *tr* sparka
puny [pju:'ni] *a* liten, späd, klen
pup I s valp; pojkvalp II *tr itr* valpa
pu'pil s 1 myndling 2 elev 3 pupill
pupp'et s [led]docka, marionett *~-show* s dockteater
puppy s valp; flabb, glop
pur'blind *a* skumögd, närsynt; slö
purchase [pə:'tʃəs] I s 1 köp 2 årlig avkastning 3 [fot]fäste 4 ⚓ vindspel II *tr* 1 köpa 2 ⚓ hyva, hissa
pure [pju'ə] *a* 1 ren, oblandad, äkta 2 pur, idel *-ly adv* blott och bart
purg|||ation s ren|ing, -ande; laxering *-ative* [pə:'] *a* s laxer|ande, -medel *-atory* [pə:'] s skärseld *-e* [pə:dʒ] *itr. tr* 1 rena; rensa; laxera 2 rentvå; sona
puri|||fy [pju'] *tr* rena; luttra *-st* s purist *P-tan* s *a* puritan[sk] *-ty* s renhet
1 **purl** [ə:] s *itr* porla[nde], sorl[a]
2 **purl** F *itr* s [göra en] kullerbytta
pur'lieu [pə:'lju:] s utkant; *~s* omgivningar *-loi'n* *tr* stjäla, snatta
purple [ə:] I s purpur[färg, -dräkt) II *a tr* purpurfärga[d]
purport [pə:pɔ:'t] I *tr* avse, uppge sig II [·'·'] s innebörd, mening
purpose [pə:'pəs] I s syfte, ändamål, mening; avsikt, föresats; uppsåt; *on* ~ *avsiktligt* [= ~ *ly*]; *to the* ~ hithörande; ändamålsenlig, till saken; *to no* ~ till ingen nytta II *tr* ämna, planera; *~d* avsiktlig *-ful a* avsiktlig; målmedveten
purr [pə:] s *itr* [om katt] spinna[nde)
purse [ə:] I s 1 börs, portmonnä; kassa 2 gåva; pris II *tr*, ~ *up* dra ihop, rynka *-r* s ⚓ överhovmästare
pursu'||ance s fullföljande; *in* ~ *of* i enlighet med *-e* *tr itr* förfölja; eftersträva; [full]följa; fortsätta; utöva *-it* [sju:'t] s förföljande, jakt; efterspaning; strävan[de]; sysselsättning
pu'rulence s var|bildning, -ighet
purvey [pə:vei'] *tr itr* proviantera, anskaffa [livsmedel] *-or* s leverantör
pus [pʌs] s [läk.] var
push [u] I *tr* 1 skjuta [på], stöta (till), knuffa [till]; driva [på, fram]; ~ *o. s.* tränga sig fram 2 ansätta, driva [på]; forcera 3 fullfölja 4 *be ~ed for* ha ont om II *itr* tränga, skjuta [på], knuffas III s 1 stöt, knuff 2 tag, försök; framstöt 3 trängsel 4 energi, fart 5 [elektr.] tryckknapp 6 S skara *~-bike* s trampcykel
pusillan'imous [pju:s] *a* modlös
puss [pus] s kisse; jösse *-y* s kattunge
pus'tule s blemma, finne
1 **put** [put] (*put put*) I *tr* 1 lägga, sätta, ställa, stoppa, sticka; försätta ~ *a p. through a th.* låta ngn genomgå (utföra) ngt 2 sätta; *~ the shot*

put — 172 — **query**

(*weight*) stöta kula 3 uppskatta 4 framställa, uttrycka 5 framkasta, rikta 6 ansätta, driva, tvinga; *hard* ~ *to it* i knipa 7 översätta 8 ~ *about* ⚓ låta gå över stag; utsprida; oroa; ~ *away* göra av med; lägga undan; köra bort; S lägga in; bura in; pantsätta; ~ *by* lägga undan (av); avvärja; undvika; ~ *down* kväsa, snäsa av; nedslå, kuva; anteckna; nedskriva; uppskatta, ta [*as, for* för]; tillskriva [*to*]; ~ *forth* framställa, utveckla; uppbjuda; utgiva; ~ *in* inlämna; framkasta, in|flicka, -skjuta, -taga; ~ *off* lägga bort (av); ⚓ skjuta ut; avtaga; avvisa; slå bort; avhålla; uppskjuta; lura [på]; förvirra; S kursa bort; ~ *on* sätta (ta) på [sig]; låtsa; vrida fram; släppa på; öka; sätta in; ~ *out* räcka fram (ut); jaga bort, köra ut, slå ut; vricka; släcka; utplåna; förvirra; förarga; förvilla, störa; uppbjuda; låna ut, placera; ~ *through* F utföra; släppa fram; ~ *to* sätta för; ~ *up* slå upp; lägga ner (in, ihop); stoppa (slå) in; höja; fram|föra, -ställa; utbjuda; ställa in; hysa, ge logi; planlägga; ~ *up to* F inviga i, egga II *itr* 1 styra, segla 2 ~ *upon* topprida, lura 3 ~ *about* ⚓ [stag]vända; ~ *in* ⚓ löpa in; ~ *in for* F söka; anmäla sig till; ~ *off* (*out*) ⚓ löpa ut; ~ *to* ⚓ lägga till; ~ *up* taga in [*at an inn*]; ~ *up with* tåla, finna sig i
2 **put** [pʌt] *tr itr* slå [boll] sakta
pu′tr‖efy *itr* ruttna -id*a*rutten; F otäck
putt = 2 *put*
puttee [pʌ′ti] *s* benlinda
putt′y I *s* 1 tennaska 2 kitt II *tr* kitta
puzzle I *tr itr* förbrylla, bry [sin hjärna]; ~ *out* fundera ut II *s* 1 bryderi 2 huvudbry, gåta; läggspel
pyjamas [pədʒɑ:′məz] *spl* pyjamas
pyre [pai′ə] *s* bål [isht för likbränning]
Pyrenean [pirəni:′ən] *a* pyreneisk
pyro‖- [pairou] eld- -**technic** [pairote′k] *a* pyroteknisk; ~ *display* fyrverkeri -**tech′nics** *spl* fyrverkerikonst
python [pai′θən] *s* pytonorm

Q

Q, q [kju:] *s* q; *Q-boat, Q-ship* U-båtsförstörare; *qu.* = *query*
1 **quack** [kwæk] *itr* snattra, pladdra
2 **quack** I *s* kvacksalvare; humbugsmakare II *itr* 1 kvacksalva 2 skrodera -**ery** *s* kvacksalveri; humbug
quad [kwɔd] = -*rangle* 2' -**ragenarian** [dʒine′ə] *s* *a* fyrtioåri[n]g -**rangle** [ŋg] *s* 1 fyrhörning 2 [borg]gård -**rilat′eral** *a* *s* fyrsidig [figur], fyrkant -**rille** [k(w)ədri′l] *s* *itr* [dansa] kadrilj -**roo′n** *s* kvarteron -**ruped** [kwɔ′druped] *s* *a* fyrfot|ing, -ad -**ruple** [ru] *a* *tr itr* fyrdubb|el, -la[s]
quaff [ɑ:] *tr itr* dricka i djupa drag
quag *s* gungfly, moras [= -*mire*]
1 **quail** [kweil] *s* [zool.] vaktel
2 **quail** *itr* bäva, förlora modet; svika
quaint *a* sällsam, gammalmodig, egen
quake I *itr* bäva, skälva, darra; skaka II *s* skälvning -*r* *s* kväkare
quali‖fication [kwɔ] *s* 1 inskränkning 2 förutsättning; lämplighet -**fy** [-′-′-] *tr* 1 beteckna 2 [gram.] bestämma 3 kvalificera [sig] 4 begränsa; mildra 5 utspäda -**ty** [-′-′-] *s* 1 [hög] kvalitet, beskaffenhet, art; sort 2 egenskap; talang 3 skicklighet
qualm [kwɔ:m] *s* 1 illamående, kväljningar 2 oro; ~*s* samvetskval
quandary [kwɔ′] *s* bryderi, knipa
quantity [kwɔ′] *s* kvantitet, mängd
quarantine [kwɔ′rənti:n] *s* karantän
quarrel [kwɔ′] I *s* tvist, kiv; gräl II *itr* 1 gräla, tvista 2 vara missnöjd -**ler** *s* grälmakare -**some** *a* grälsjuk
1 **quarry** [kwɔ′ri] *s* villebråd, byte
2 **quarry** I *s* stenbrott; [bildl.] gruva II *tr itr* bryta; forska
quart *s* 1 [kwɔ:t] stop (¹/₄ *gallon*) 2 [kɑ:t] [fäkt.] kvart
quarter [kwɔ:′] I *s* 1 fjärdedel; 'fjärding'; 12,7 kg; kvarter, ¹/₄ *yard;* ¹/₄ famn 2 kvartal; termin; ~ *of an hour* kvart; *at a* ~ *to ten* en kvart i tio 3 väderstreck; håll; trakt; stadsdel 4 kvarter, logi, bostad; *take up o.'s* ~*s* ta in, slå sig ned 5 ✕ post 6 pardon 7 ⚓ låring 8 fält, ruta II *tr* 1 fyrdela 2 inkvartera; placera 3 genomsöka ~-**deck** *s* akter-, halv|däck -**ly** *a* *adv* *s* fjärdedels-, kvartals|vis, -skrift -**master** *s* ⚓ understyrman; kvartermästare -**n** *s* limpa ~-**sessions** *spl* grevskapsting
quart‖et′[**te**] [kwɔ:] *s* kvartett -**o** [-′-] *s* kvartformat
quash [kwɔʃ] *tr* annullera; nedslå
quater′nary [kwə] I *a* fyra-; kvartär[-] II *s* fyrtal
qua′ver I *itr* darra, skälva; tremulera II *s* 1 skälvning; tremulering 2 ¹/₈ not
quay [ki:] *s* kaj -**age** *s* kaj|avgift, -er
quea′sy [z] *a* 1 ytmjelig 2 kräsmagad; ömtålig; illamående
queen *s* drottning; [kort.] dam
queer [kwiə] *a* underlig, konstig, egen
quell [kwel] *tr* kuva, kväva; dämpa
quench *tr* 1 släcka 2 dämpa; kväva, stilla; S stuka -**er** *s* F styrketår
querulous [e′] *a* klagande, pjunkig
que′‖ry *s* *itr* *tr* fråga; nu frågas; be-

quest — 173 — **radio**

tvivla[s] -st [e] I *s* 1 undersökning 2 sökande; *in* ~ *of* för att söka II *itr tr* söka [efter]
question [kwe'st ʃən] I *s* 1 fråga; förhör; *call in* ~ ifrågasätta; *out of the* ~ otänkbar 2 ämne, sak II *itr tr* 1 [ut]fråga 2 ifrågasätta **-able** *a* tvivelaktig **~-mark** *s* frågetecken **-naire** [kestiənɛ'ə] *s* frågeformulär
queue [kju:] *s* 1 kö 2 nackfläta
quibbl∥e *s itr* [bruka] spetsfundighet[er], ord|rytteri, -lek; krångla, slingra sig **-er** *s* ordryttare
quick I *a* 1 levande 2 livlig, kvick, snar; snabb; rörlig; styv; *be* ~ *!* skynda dig! 3 skarp, fin II *adv* fort; kvickt III *s, the* ~ [friska] köttet, det ömma; *to the* ~ ända in i själen; kännbart **-en** I *tr* liva; sporra, skärpa; påskynda II *itr* få liv; bli hastigare **~-fence** *s* häck **~-firing** *a* snabbskjutande **~-grass** *s* kvickrot **~-match** *s* stubintråd **-ness** *s* snabbhet; skärpa **-sand** *s* flygsand **-set** *s* [hagtorns]häck **~-sighted** *a* skarpsynt **~-tempered** *a* hetsig **~-witted** *a* kvicktänkt
1 quid *s* [*pl* ~] S (=*sovereign*) pund
2 quid *s* tugg-, tobaks|buss
quidd'ity *s* 1 väsen 2 spetsfundighet
quiet [kwai'ət] I *a* 1 stilla, tyst 2 lugn; stillsam 3 fridfull, ostörd 4 hemlig; *on the* ~ F i smyg II *s* lugn, frid, ro, tystnad; *in* ~ i fred III *tr* lugna, stilla **-ness -ude** *s* lugn, ro, stillhet **-us** [kwaii:'təs] *s* död, nådestöt
quill I *s* 1 gås-, ving|penna; flöte; tandpetare 2 spole 3 [herde]pipa 4 tagg, pigg II *tr itr* vecka; spola

quilt I *s* täcke II *tr* 1 vaddera, stoppa; sticka 2 plocka ihop 3 S klå
quince [kwins] *s* [bot.] kvitten
quinine [kwini:'n, -'-] *s* kina, kinin
quinqu∥agenarian [dʒinɛ'ə] *s a* femtioåri[n]g **-enn'ial** *a* femårig, femårs**-quinquina** [kiŋki:'nə] *s* kinabark
quinsy [kwi'nzi] *s* strupkatarr
quin't∥al *s* centner, 100 kg **-ess'ence** *s* kvintessens, kärna **-uple** [ju] *a tr itr* femdubb|el, -la[s]
quip I *s* 1 spydighet; kvickhet 2 spetsfundighet II *tr itr* vara spydig [mot]
quire [kwai'ə] *s* 1 bok, 24 ark 2 =*choir*
quirk [kwə:k] *s* 1 sarkasm, kvickhet 2 egenhet 3 snirkel, släng
quit I *a* fri, kvitt, klar II *tr* 1 avstå från 2 lämna III *itr* flytta; ge sig av **quitch** [kwit ʃ] *s* kvickrot [= ~-*grass*]
quite *adv* alldeles, fullkomligt; riktigt, helt; ~ *a* en riktig; ~ *a woman* stora damen; ~ *the thing* just det rätta
1 quiv'er *s* koger
2 quiver *itr s* skälv|a, -nirg; fladdra
quixot'ic *a* överspänd, romanesk
quiz I *s* 1 spefågel 2 gyckel, skämt II *tr* 1 gyckla med 2 betrakta spefullt (nyfiket) **-zical** *a* lustig; skojfrisk
quod S I *s* fängelse; finka II *tr* bura in
quoin [kɔin] *s* 1 hörn[sten] 2 kil
quoit [kɔit] *s* diskus; kast|skiva, -ring
quon'dam *a* förutvarande, förre, f. d.
quot∥a [kwou'] *s* andel, bidrag **-able** *a* värd (lämplig) att citera **-ation** *s* 1 citat; ~ *marks* citationstecken 2 notering **-e** *tr* citera, anföia; notera **-id'ian** *a* [all]daglig **-ient** [ʃnt] *s* kvot

R

R, r [ɑ:] *s* r; *the three Rs*=*Reading*, (*W*)*riting*, (*A*)*rithmetic* **R.** =*Regina* (=*Queen*); *Rex* (=*King*); *Royal*; **R. A.** =*Royal Academy*
rabb'et I *s* fals, spont II *tr* falsa
rabb'it *s* kanin; *Welsh* ~ rostat bröd med ost
rabble *s* folkhop, pack, slödder
rab'i∥d *a* rasande; galen [hund] **-es** [rei'b(i)i:z] *s* vattuskräck
1 race *s* ras, stam, ätt; släkt[e]
2 race I *s* 1 [kapp]löpning, lopp, kapp|körning, -segling; *flat* ~ slätlöpning; *run a* ~ springa i kapp 2 [levnads]lopp 3 strömdrag II *itr tr* kappas [med]; [låta] tävla, löpa, rusa, rida (segla) snabbt **~-card** *s* kapplöpningsprogram **~-course** *s* bana **~-meeting** *s* kapplöpning **-r** *s* kapplöpningshäst; tävlare, tävlingsmaskin; kappseglare; 'racer'
rachitis [rækai'] *s* engelska sjukan
racial [rei'ʃ(ə)l] *a* ras-, folkstams-

ra'ciness *s* doft, friskhet, kraft; eld
1 rack I *s* 1 moln[massa] 2 *go to* ~ *and ruin* gå under II *itr* driva
2 rack *s* 1 [foder]häck 2 ställ[ning], räcke, klädhängare 3 kuggstång
3 rack I *s* pin-, sträck|bänk II *tr* 1 lägga på sträckbänk; pina; bry, bråka 2 skaka 3 utpressa; utsuga
1 rack'et I *s* 1 larm, stoj 2 glatt liv; fest[ande] 3 S knep 4 eldprov II *itr* 1 festa om 2 larma
2 rac'∥ket -quet [kit] *s* racket; snösko
racoon [rəku:'n] *s* sjubb, tvättbjörn
ra'cy *a* 1 stark, äkta; karakteristisk 2 livlig, kraftig; eldig 3 kärnfull; saftig
ra'di∥ance *s* strålglans **-ant** I *a* [ut]strålande II *s* strålcentrum **-ate** *tr itr* radiera, [ut]stråla; utsända; sprida **-ation** *s* [ut]strål|ande, -ning **-ator** *s* 1 värmeelement 2 kylare
rad'ical I *a* 1 rot-, grund-, ursprunglig 2 radikal, grundlig II *s* rot[ord]
ra'dio I *s* radio[telegra|m, -fering] II

tr *itr* 1 radi[ograf]era 2 röntgen|behandla, -fotografera **-scopy** [ɔ'ʃ] s röntgenundersökning
rad'ish s rädisa; *black* ~ rättika
ra'di||**us** (pl. *-i* [ai]) s radie
1 **raffle** I s raffel; lotteri II *tr* bortlotta III *itr* spela raffel
2 **raffle** s skräp, kram, bråte
raft [ɑ:] I s timmerflotte II *tr* flotta **-er** s 1 flottkarl 2 taksparre
1 **rag** S I *tr* 1 skälla ut 2 reta; bråka (skoja) med II *itr* väsnas III s skoj
2 **rag** s trasa **-amuffin** [əm] s trashank
rage [dʒ] I s 1 raseri, vrede; *fly into a* ~ bli rasande 2 passion, åtrå; yra 3 *the* ~ sista skriket (modet) II *itr* rasa
rag'||**ged** [id] *a* 1 trasig 2 skrovlig, ojämn; ruggig **-man** s lumpsamlare
ragout [ræɡu:'] s ragu
rag'||**-tag** s slödder **-time** s negermusik
raid I s 1 räd, plundringståg, infall 2 razzia II *tr itr* göra en räd [mot]
1 **rail** *itr* vara ovettig, okväda, smäda
2 **rail** I s 1 [led]stång, räcke, staket 2 list 3 ⚓ reling 4 skena, räls; *by* ~ på järnväg; *off the* ~s ur gängorna II *tr* 1 inhägna; skenlägga 2 skicka på järnväg **-ing** s räcke, staket
rai'llery s gyckel, drift, raljeri
rai'l||**road** [Am.], **-way** s järnväg
raiment [rei'mənt] s dräkt, skrud
rain I s regn II *itr* regna III *tr* ösa **-bow** s regnbåge **-fall** s 1 regnskur 2 nederbörd ~**-gauge** s regnmätare ~**-worm** s daggmask **-y** *a* regnig, regn-
raise [z] *tr* 1 [upp]resa; lyfta (hissa) upp; [upp]höja; stegra; öka 2 uppväcka; frammana; uppegga, liva 3 upp|föra, -bygga; uppföda; dra upp, odla 4 vålla 5 uppstämma 6 fram|-ställa, -lägga, väcka 7 upptaga; samla [ihop], anskaffa 8 [upp]häva
raisin [reizn] s russin
raja[h] [rɑː'dʒə] s raja, [indisk] furste
1 **rake** s *tr itr* 1 räfsa, kratta; raka, skrapa; [be]stryka 2 [genom]söka
2 **rake** s vivör, rucklare
3 **rake** ⚓ I s lutning II *itr tr* luta bakåt
ra'kish *a* 1 utsvävande 2 byggd för snabbsegling 3 nonchalant, obesvärad
1 **rall'y** I *tr* samla; återuppliva II *itr* 1 samlas 2 hämta sig; få nytt liv III s 1 samling 2 återhämtning, uppgång; ny ansats; dust
2 **rally** I *tr* raljera med II´s gyckel
ram I s 1 bagge 2 murbräcka; ramm- [försett fartyg]; hejare 3 pistong II *tr* slå (stöta, driva, stampa) ned (in); fullstoppa; ramma
rambl||**e** I *itr* ströva omkring, irra; fantisera II s strövtur; utflykt **-er** s 1 vandrare 2 klängros **-ing** *a* 1 oredig 2 klängande 3 oregelbunden
ramification [ræm] s för-, ut|grening
ramm'er s 'jungfru'; hejare; laddstake

ramp I *itr* = *-age* II s ramp **-a'ge** F I *itr* rasa, rusa omkring II s vild[sint]-het **-ant** *a* 1 stegrande sig 2 vild, hejdlös; överhandtagande 3 frodig
ram'part s vall; bålverk
ram'shackle *a* rankig, fallfärdig
ran imp. av *run*
ranch [rænʃ] s [Am.] boskapsfarm
ran'c||**id** *a* härsken **-orous** [æŋ'k] *a* hätsk **-our** [ŋk] s hätskhet, agg
ran'dom *a* s, [*at*] ~ på måfå, slumpvis; blind; lös
range [reindʒ] I s 1 rad; [bergs]kedja 2 läge, riktning 3 jakt-, betes|mark 4 skjutbana 5 [utbrednings]område; utsträckning, omfång; krets; spelrum 6 [skott]håll 7 [kok]spis II *tr* 1 [upp]ställa; [in]ordna 2 genomströva; segla längs III *itr* 1 sträcka sig, ligga, gå 2 ha sin plats 3 vara utbredd, förekomma 4 variera 5 ströva omkring; segla, fara 6 gå, nå
1 **rank** I s 1 rad 2 ⚔ led; ~s, ~ *and file* meniga; gemene man 3 ordning 4 klass, stånd; rang; *take* ~ *of* ha rang framför II *tr itr* 1 uppställa i led, ordna[s] 2 ha rang; räknas, anses
2 **rank** *a* 1 yppig, frodig 2 stinkande; frän; sur; vidrig
rankle *itr* gnaga (värka) i hjärtat
ran'sack *tr* 1 genomsöka; rannsaka 2 röva, plundra
ran'som I s löse|n, -summa II *tr* 1 friköpa, utlösa; återlösa 2 frigiva mot lösen 3 kräva lösen av (för)
rant I *itr* 1 orera, deklamera 2 skråla II s ordsvall; skrän **-ing** *a* svulstig
1 **rap** I s 1 rapp, smäll 2 knackning II *tr itr* 1 slå, smälla 2 knacka 3 stöta
2 **rap** s 'styver'; dugg, dyft, jota
rapa'ci||**ous** [ʃəs] *a* rovgirig; roffande; rov- **-ty** [æ's] s rovlystnad
1 **rape** I *tr* röva; våldtaga II s bortrövande; kvinnorov; våldtäkt
2 **rape** s rova, raps ~**-cake** s rapskaka
rap||**'id** I *a* 1 hastig, snabb; strid 2 brant II s fors **-id'ity** s hastighet
rapier [rei'piə] s hugg-, stick|värja
rap'ine s rov, röveri, plundring
rapt *a* 1 bort|förd, -ryckt 2 hänryckt 3 försjunken **-orial** [ɔː'] *a* rov- **-ure** [ʃə] s 1 bortförande 2 hänryckning **-urous** [ʃə] *a* hän|ryckt, -ryckande
rar||**'e** [rɛə] *a* 1 gles, tunn 2 rar, sällsynt [god] **-efy** [rifai] *tr itr* 1 förtunna[s] 2 rena, förfina **-ely** *adv* säll|an, -synt **-ity** s tunnhet, gleshet; sällsynthet; utsökthet
rascal [rɑː'] s lymmel, skojare; skälm
rash *a* överilad, obetänksam; förhastad
rasher [ræ'ʃə] s fläsk-, skink|skiva
rash'ness s överilning, förhastande
rasp [ɑː] I s rasp, fil II *tr itr* raspa; riva; reta
raspberry [rɑː'zbri] s hallon[buske]

rasper [ra:'spə] s rasp; rivjärn
rat s 1 råtta; ~s! S strunt! smell a ~
ana oråd 2 överlöpare; strejkbrytare
ra'table a taxerbar, skattskyldig
rataplan' s tr itr trumma[nde]
ratch'[et] s spärrhake; spärrhjul
1 **rate** tr gräla på, läxa upp
2 **rate** I s 1 grad, mått[stock]; beräkning; [växel]kurs 2 värde, pris, belopp; at any ~ i varje fall 3 hastighet, fart, [urs] gång 4 kommunalskatt 5 taxa, sats 6 klass [first- ~]
II tr 1 uppskatta 2 akta, anse 3 taxera; beräkna III itr räknas -**able**
=ratable ~-**payer** s skattebetalare
rather [ra:'ðə] adv 1 snarare, rättare sagt 2 rätt, tämligen, något; nästan 3 hellre; I would (had) ~ jag skulle hellre (helst) vilja 4 F ja (jo) visst
ratif||ica'tion [ræt]s ratificering -**y**[-'--]
tr stadfästa
1 **ra'ting** s uppsträckning, bannor
2 **rating** s klassificering, klass, grad
ratio [rei'ʃiou] s förhållande, proportion -**n** [ræʃn] I s ranson, portion; ~s livsmedel II tr 1 sätta på ransonering 2 ransonera
rational [ræ'ʃ] a förnuftig, förståndig -**ity** [æ'l] s förnuft[senl]ighet
rattan [rætæ'n] s rotting, spanskt rör
ratt'en tr sabotera -**ing** s sabotage
rattle I s 1 skallra, skramla 2 skrammel, rassel; larm 3 rossling 4 prat[makare] II itr tr 1 skramla, slamra [med] 2 sladdra; rabbla·[upp] 3 sätta fart [på] ~-**box** s skallra ~-**brained** ~-**headed** a yr, tanklös -**r** s S praktexemplar -**snake** s skallerorm -**trap** s skråp[sak]; ~s kuriosa
ratt'ling a adv F överdådig[t], rasande
rat-trap [ræ'træp] s råttfälla
raucous [rɔ:'kəs] a hes, sträv
rav'age s tr ödelägg|a, -else
rave itr 1 yra; vurma, svärma 2 rasa
rav'el I tr itr 1 riva[s] upp; reda ut 2 intrassla[s] II s trassel, oreda
1 **raven** [reivn] s korp
2 **rav'en** I itr söka efter rov, röva II tr sluka -**ous** a 1 rovlysten 2 glupsk
ravine [rəvi:'n] s ravin, hålväg
ra'ving a yrande; ~ mad spritt galen
rav'ish tr 1 våldtaga 2 hänföra -**ment** s hänryckning
raw [rɔ:] a 1 rå; ~ spirit oblandad sprit 2 oerfaren 3 hudlös, öm 4 gråkall, ruskig ~-**boned** a skinntorr
1 **ray** [rei] s [zool.] rocka
2 **ray** I s stråle; ljus II tr itr [ut]stråla -**on** s konstsilke
raz||e tr rasera, slopa, förstöra; utplåna -**or** s rakkniv; safety ~ rakhyvel
re [ri:] prep rörande, beträffande
re- pref åter-, ny-; om igen, tillbaka
reach I tr 1 sträcka ut (fram) 2 räcka 3 [upp]nå, upphinna; komma till II itr 1 sträcka sig 2 nå III s 1 räck|ande, -håll, -vidd; [skott]håll; omfång, utsträckning; makt 2 sträcka -**able** a åtkomlig ~-**me-down** s, ~s konfektionskläder
react [ri(:)æ'kt] itr 1 reagera; återverka 2 göra mot|stånd, -anfall -**ion** [ʃn] s återverkan; motstånd; bak-, om|slag -**ionary** a s reaktionär
read [i:] (read read [red]) I tr 1 [upp]-läsa; ~ off avläsa; ~ out läsa upp; ~ over läsa igenom; ~ up sätta sig in i 2 tolka; tyda II itr 1 läsa; studera 2 kunna läsas; stå att läsa 3 lyda, låta III [red] a, well ~ beläst IV s lässtund -**able** a läsbar, lättläst -**er** s 1 läsare 2 föreläsare, docent 3 läsebok
read||ily [re'd] adv 1 [bered]villigt, gärna 2 raskt; lätt -**ness** s 1 [bered-]villighet 2 raskhet; lätthet; fyndighet; ~ of resource rådighet; ~ of thought kvicktänkthet 3 beredskap
rea'ding s 1 [upp]läsning 2 beläsenhet 3 lektyr 4 [parl.] behandling 5 avläsning 6 tolkning 7 [attr.] läs[e]-
ready [re'di] I a 1 färdig, redo; till hands; ♣ klar; ~ money reda pengar 2 snar, benägen; kvick[tänkt]; ~ wit fyndighet 3 lätt, bekväm; ~ way [bildl.] genväg II adv raskt, kvickt
real [ri'əl] a 1 verklig, riktig, äkta; ~ estate fastighet -**ity** [æ'l] s verklighet[sprägel] -**ize** tr 1 förverkliga 2 göra realistisk 3 inse, fatta 4 realisera; för|värva, -tjäna 5 inbringa, betinga -**ly** adv verkligen, faktiskt
realm [relm] s [konunga]rike
ream [ri:m] s ris [papper = 480 ark]
reap tr skära, meja; skörda; inhösta -**er** s 1 skördeman 2 skördemaskin
reappear [ri:'əpi'ə] itr åter visa sig
1 **rear** [riə] tr 1 resa, upplyfta, höja 2 uppbygga 3 upp|föda, -fostra; odla
2 **rear** s bakre del; eftertrupp; bring up the ~ bilda eftertrupp; in the ~ i kön, efterst; at the ~ of bakom ~-**admiral** [-'ræ'd] s konteramiral ~-**guard** s eftertrupp -**most** a bakerst, efterst -**ward** [əd] a adv bak|erst, -åt
reason [ri:zn] I s 1 skäl, orsak, hänsyn; by ~ of på grund av 2 för|nuft, -stånd, reson, rimlighet; in all ~ med rätta; in ~ förnuftigt, rimligt; marriage of ~ resonemangsparti; it stands to ~ det är klart II itr tr 1 resonera 2 överlägga 3 förmå, bringa; ~ out tänka ut -**able** a 1 resonlig, för|nuftig, -ståndig 2 skälig, hygglig -**ably** adv rimligt[vis]; tämligen -**ing** s resonemang, tankegång
reassure [ri:əʃu'ə] tr lugna
reba'te s 1 rabatt, avdrag 2 spont, fals
rebel I [rebl] s a uppror|sman, -isk II [e'l] itr göra uppror -**lion** [e'l] s uppror -**lious** [e'l] a upprorisk

re||bou'nd *itr* återstudsa; falla tillbaka; ~*ing shot* rikoschett **-buff'** I *s* avslag; bakslag, hinder II *tr* avvisa **-build** [ri:'bi'] *tr* åter bygga upp; bygga om **-bu'ke** *tr s* tillrättavis|a, -ning; banna; näpst **-but'** *tr* driva tillbaka; gendriva; bemöta **-cal'citrant** *a* motspänstig, bångstyrig, tredsk **-call** [kɔ:'l] *tr* 1 åter-, hem|-kalla 2 erinra om (sig) 3 åter uppväcka 4 återtaga; uppsäga **-cant'** *tr itr* åter|kallelse, -taga **-cantation** [ri:] *s* åter|kallelse, -tagande **-capitulate** [ri:] *tr* sammanfatta **-cast** [-'-'] *tr* om|gjuta, -stöpa, om|bilda, -arbeta **-ce'de** *itr* gå (dra sig) tillbaka; vika [tillbaka]; försvinna; ~ *from* frångå **-ceipt** [si:'t] *s* 1 kvitto 2 uppbörd**-[sbelopp]**, intäkter 3 mottagande
receive [si:'v] *tr* 1 mottaga, ta emot, få, uppbära; [*payment*] ~*d* [betalt] kvitteras 2 rymma 3 upptaga 4 erkänna **-r** *s* 1 uppbördsman 2 konkursförvaltare 3 tjuvgömmare 4 mottagare; mikrofon 5 behållare
re'cen̄t *a* ny, färsk, nyligen skedd (gjord), sen **-ly** *adv* nyligen
recep't||acle *s* förvaringsrum, behållare **-ion** *s* 1 mottag|ande, -ning 2 upptagande **-ive** *a* mottaglig
recess' *s* 1 uppehåll, avbrott, ferier 2 vrå, gömsle 3 inskärning; urtagning; fördjupning **-ion** [e'ʃn] *s* 1 tillbakaträdande, återgång 2 insänkning
recip||le [re'sipi] *s* recept **-ient** [si'p] *s* mottagare
recip'roc||al *a* ömsesidig; växel-; motsvarande; reciprok **-ate** I *itr* stå i växelverkan; ~ *with* motsvara II *tr* utbyta; gengälda, besvara **-ity** [prɔ'] *s* ömsesidighet; växelverkan
reci't||al *s* 1 redogörelse 2 uppläsning 3 konsert **-e** *tr itr* uppläsa, föredraga
reck'less *a* hänsynslös, oförvägen, vild
reck'on *tr itr* 1 räkna [ut]; ~ *up* uppräkna; summera 2 beräkna, uppskatta; medräkna 3 räkna[s], anse 4 [Am.] tänka **-ing** *s* 1 [be-, upp]-räkning 2 räkenskap
re||clai'm I *tr* 1 omvända, rädda, förbättra, reformera; tämja; uppodla 2 återfordra II *s, beyond (past)* ~ ohjälplig[t] **-clamation** [rek] *s* 1 protest 2 förbättring; räddning 3 uppodling 4 återfordrande **-cli'ne** *tr itr* 1 luta [sig]; vila 2 förlita sig **-cluse** [u:'s] I *a* avskild, enslig II *s* eremit
recogn||ition [rek] *s* erkännande; igenkännande **-i'zable** *a* igenkännlig **-ize** [re'k] *tr* erkänna; känna igen
re||coi'l I *itr* 1 draga sig tillbaka; studsa, fara tillbaka 2 falla tillbaka II *s* återstudsning; rekyl, F stöt **-collect'** [rek] *tr* minnas **-collection** [re] *s* minne
recommend' [rek] *tr* [an]befalla **-able** *a* tillrådlig, prisvärd **-ation** *s* rekommendation; tillrådan
rec'ompense I *tr* vedergälla, löna; gottgöra II *s* vedergällning, lön
rec oncil||e *tr* 1 för|lika, -sona; ~ *o. s. to* finna sig i 2 bilägga **-iation** [sili] *s* för|likning, -soning; enande
recon'dite *a* för|dold, -borgad; dunkel
reconn||aissance [rikɔ'nisns] *s* rekognoscering; spaning[strupp] **-oitre** [rekənɔi'tə] *tr itr* ⚔ rekognoscera
re'||consid'er *tr* taga under förnyad omprövning **-'construct'** *tr* rekonstruera, återuppbygga
record I [re'kɔ:d] *s* 1 uppteckning, [skriftligt] vittnesbörd; *matter of* ~ historiskt faktum; *on* ~ [historiskt] känd, belagd 2 protokoll 3 urkund: berättelse; ~*s* arkiv 4 rykte; föregåenden; vitsord 5 rekord 6 grammofonskiva II [rikɔ:'d] *tr* protokollföra, inregistrera; anteckna; bevara **-er** [ɔ:'] *s* 1 domare 2 registrator, upptecknare 3 registreringsapparat
re||count I [-'-'] berätta; uppräkna 2 [ri:'-'] räkna om **-course** [ɔ:'s] *s* tillflykt; *have* ~ *to* anlita, tillgripa
recover [ʌ'] *tr* itr 1 åter|vinna, -få, -finna; ~ *o. s.* hämta (sansa) sig 2 rädda, återställa 3 ta igen; hämta sig [efter]; tillfriskna 4 [ri:'kʌ'] återtäcka **-y** *s* 1 åter|vinnande, -fående; tillfrisk|nande; räddning; *beyond* (*past*) ~ hopplöst förlorad 2 stigning
recreant [re'kriənt] I *a* feg; trolös II *s* pultron; avfälling
recreat||e *tr itr* 1 [re'krieit] vederkvicka, förströ 2 [ri:'-'] skapa på nytt **-ion** [rek] *s* vederkvickelse; nöje **-ive** *a* vederkvickande, roande
recrimination *s* motbeskyllning
recrudesce [kru:de's] *itr* bryta ut igen
recruit [u:'t] I *s* rekryt II *tr* 1 rekrytera 2 förnya, stärka III *itr* 1 värva rekryter 2 återvinna hälsan **-al** *s* återhämtning **-ment** *s* 1 rekrytering, värvning 2 förstärkning 3=**-al**
rec't||ify *tr* rätta, beriktiga; rena **-itude** *s* rättskaffenhet **-o** *s* höger-, fram|sida
rec'tor *s* 1 kyrkoherde 2 rektor ~**-ship** *s* 1 kyrkoherdebeställning 2 rektorat **-y** *s* 1 pastorat 2 prästgård
recu'perate *tr itr* återställa[s]; hämta sig
recur [rikə:'] *itr* 1 åter|komma, -gå 2 upprepas 3 ta sin tillflykt **-rence** [kʌ'r] *s* 1 åter|kommande, -gång 2 upprepande 3 tillflykt
red *a* röd; ~ *book* officiell bok
redac'tion *s* redigering; omarbetning
redd'||en *tr itr* färga (bli) röd; rodna **-ish** *a* rödaktig
redee'm *tr* 1 åter|köpa, -vinna; inlösa; ta igen; ~ *o.'s word* infria sitt löfte 2 friköpa; befria 3 återlösa 4 gottgöra; försona **-er** *s* befriare; återlösare

redemp'tion s in-, åter|lösning; friköpande; befrielse; försoning
red'||-hot a glöd|het, -ande -letter s, ~ day helgdag; lycko-, bemärkelse|dag
red'olent a [väl]luktande
redouble [ʌ'] tr itr fördubbla[s], öka[s]
redou'nd itr 1 lända 2 åter-, till|falla
1 redress' I tr 1 avhjälpa; återställa 2 gottgöra II s 1 avhjälpande 2 gottgörelse, upprättelse
2 re'dress' tr itr kläda om [sig]
red'||skin s rödskinn, indian --tape s formalism, byråkrati
redu'c||e tr 1 bringa; försätta; förvandla; driva; tvinga 2 betvinga, kuva 3 reducera; minska, inskränka 4 degradera -tion [ʌ'k] s 1 försättande, bringande; förvandling 2 betvingande 3 reducering, inskränkning; [förminskad] avbildning; nedsättning
re||dun'dant a överflödig; ymnig -du'plicate tr fördubbla, upprepa
reed s 1 vass|rör, -strå 2 pil 3 herdepipa 4 [mus.] tunga, blad 5 vävsked
reef I s 1 ⚓ rev 2 klipp-, sand|rev II tr reva -er s 1 revknut 2 S sjökadett
reek I s dunst, stank; ånga II itr 1 ryka, ånga 2 stinka
reel I s 1 härvel, haspel; nystvinda; [tråd]rulle 2 ragling 3 [skotsk] dans II tr rulla upp; haspla ur sig III itr 1 snurra 2 vackla, gunga; ragla
re'-elect' tr återvälja -ion s omval
refect'ory s refektorium, matsal
refer [rifə:'] I tr hän|föra, -skjuta, -visa, överlämna II itr 1 vädja, hänvisa, åberopa sig; ~ to åberopa, vända sig till, rådfråga 2 ~ to syfta på, avse; anspela på; omnämna, mena -ee'[refə]s[skilje]domare -ence [re'fə] s 1 hänvisning, åberopande; anspelning; hänvändelse; book of ~ uppslagsbok 2 avseende 3 referens
refi'ne tr itr 1 rena[s], klara[s]; raffinera[s] 2 för|fina[s], -ädla[s]; förbättra[s]; ~d [äv.] utsökt -ment s renande; förfining; finess, utsökthet; spetsfundighet -ry s raffinaderi
reflect' I tr 1 återkasta 2 av-, återspegla 3 ~ [up]on förskaffa, ådraga II itr 1 tänka [tillbaka], betänka; ~ on begrunda 2 ~ [up]on kasta skugga på, tadla -ion s 1 reflexion, åter|kastning, spegling; reflex 2 klander 3 eftertanke, betraktelse -ive a 1 reflekter|ande, -ad 2 tankfull
re'flex s reflex[rörelse] -ion = reflection 1
re'flux s återflöde; ebb; omslag
refor'm I tr itr reformera, [för]bättra [sig]; avhjälpa II s reform III [-'-'] tr itr ånyo bilda[s] -a'tion s 1 [refɔ] förbättring 2 [ri:'] nybildning -ative -atory a reform[atorisk]
refract'||ion s brytning -ory a motspänstig, bångstyrig

1 refrai'n s refräng, omkväde
2 refrain itr avhålla sig; låta bli
refresh' tr uppfriska. [upp]liva; ~ o. s. förfriska sig -ment s 1 vederkvickelse 2 ~s förfriskningar
refrig'era||te [dʒ] tr [av]kyla; frysa -tor s kyl|apparat, -rum, -skåp
ref'uge [dʒ] s tillflykt[sort] -e's flykting
refund [ri:fʌ'nd] tr återbetala, ersätta
refu's||al [z] s vägran, avslag -e I tr 1 vägra, neka 2 avvisa, försmå II [re'fju:s] s avfall; sopor; utskott; drägg
refu'te tr vederlägga, gendriva
regai'n tr 1 återvinna 2 åter uppnå
re'gal a kunglig -e [ei'l] I tr undfägna; fröjda II itr rfl förpläga sig, kalasa -ia [ei'liə] s kungliga insignier
regar'd I tr 1 betrakta; anse 2 ta hänsyn till 3 angå, beträffa II s 1 blick 2 avseende 3 hänsyn, uppmärksamhet 4 aktning 5 ~s hälsningar -ful a uppmärksam, hänsynsfull -ing prep beträffande -less a utan hänsyn
re'gency [dʒ] s regentskap; förmyndareregering, tillförordnad regering
regeneration [dʒ] s pånyttfödelse
re'gent [dʒ] s regent, riksföreståndare
reg'icide [dʒ] s kunga|mördare, -mord
regim||e [reʒi:'m] s styrelse, system; ordning, tillstånd -en [re'dʒ] s diet -ent [re'dʒ] s regemente -en'tal I a regements-; uniforms- II s, ~s uniform
region [i:dʒn] s trakt; område; rymd
reg'ist||er [dʒ] I s 1 register; förteckning 2 spjäll; regulator II tr 1 [in]-registrera, anteckna, införa; in-, mantals|skriva 2 lägga på minnet 3 poslettera 4 rekommendera -ry s 1 registrering 2 byrå, kontor
regor'ge [dʒ] I tr utspy II itr återsvalla
regress I [ri:'] s återgång II [--'] itr återgå, gå tillbaka -ion [e'ʃn] s återgång -ive [e's] a återgående
regret' I tr 1 beklaga, ångra 2 sakna II s 1 ledsnad, sorg; beklagande, ånger 2 saknad -ful a bedrövad; sorglig -table a beklaglig
reg'ula||r [jul] I a 1 regel|bunden, -rätt; fast, stadig; stam-; ~ army stående här 2 formlig, korrekt 3 F riktig, äkta II s fast anställd [soldat] -rity [æ'] s regelbundenhet -rize tr reglera -te tr reglera, ordna, styra -tion s a 1 reglering 2 regel; stadga[d]
rehabilitation [ri:] s upprättelse
rehears||al [hə:'sl] s 1 uppläsning; uppremsning 2 repetition; dress ~ generalrepetition -e tr itr 1 upp|läsa, -repa, -räkna 2 repetera, inöva
reign [rein] I s regering, välde II itr regera, härska; råda
re'imbur'se tr ersätta, gottgöra; täcka
rein [rein] I s tygel; töm; draw ~ hålla in (tillbaka); give ~ ge fria tyglar II tr tygla; ~ in (up) hålla inne

reindeer [rei'ndiə] s [zool.] ren
re'||infor'ce tr förstärka -**infor'cement** s
förstärkning -**it'erate** tr upprepa [ånyo]
reject' tr 1 förkasta, försmå 2 avslå
3 kräkas upp -**ion** s av|slag, -visande
rejoi'c||e tr itr glädja [sig]; jubla -**ing**
s fröjd; ~s glädjefest, jubel
rejoi'n tr 1 åter sluta sig till (uppsöka)
2 svara -**der** s svar, genmäle
re||ju'venate tr itr föryngra[s] -**lap'se**
itr s återfall[a]; [få] recidiv
rela't||e tr itr 1 berätta, skildra 2 sätta
(stå) i samband; hänföra [sig]; -**ing**
to angående, om -**ed** a besläktad -**ion**
s 1 berättelse 2 förhållande 3 släkting -**ionship** s samband; släktskap
rel'ative I a relativ; inbördes; be ~ to
motsvara, beträffa II s släkting
relax' I tr 1 lossa på, släppa efter; ~
the bowels laxera 2 mildra, dämpa,
utjämna 3 minska II itr 1 slapp|as,
-na, slakna 2 mildras -**ation** [ri:] s
vederkvickelse; avspänning; lindring
relay' I s 1 [häst]ombyte; skift, omgång; ~ race stafettlöpning 2 relä
II tr itr 1 avlösa[s] 2 återutsända
relea'se [s] I s 1 lösgivande; frigivning; befrielse 2 överlåtelse 3 kvitto
4 utlösningsarm II tr [lös]släppa; befria; frikalla; avstå från; överlåta
rel'egate tr 1 förvisa 2 hän|föra, -visa
relent' itr vekna; ge efter -**less** a obeveklig, obarmhärtig
rel'evan||ce -**cy** s tillämplighet; samband
-**t** a dit-, hit|hörande, tillämplig
relia||bil'ity [laiə] s tillförlitlighet -**ble**
[lai'] a pålitlig -**nce** [ai'] s tillit
rel'ic s relik; ~s kvarlevor
relie||f [i:'f] s 1 lättnad, lindring; understöd, hjälp; undsättning; befrielse; avlösning 2 relief -**ve** [i:'v] tr
1 befria; undsätta; hjälpa; lätta; avlösa 2 variera; bryta av; framhäva
religi||on [i'dʒ] s religion -**ous** a 1 religiös 2 kloster- 3 samvetsgrann
reli||n'quish tr lämna; över|låta, -ge;
släppa -**quary** [re'l] s relikskrin
rel'ish I s smak; behag, krydda; anstrykning II tr 1 ge smak åt 2 njuta
av, tycka om III itr smaka
reluc'tan||ce s motvilja -**t** a motvillig
rely [rilai'] itr lita, förtrösta
remai'n I itr 1 återstå; finnas kvar
2 förbli 3 stanna [kvar] II s, ~s
kvarlevor; efterlämnade verk; [forn]-
lämningar -**der** s återstod, rest
remar'k I s 1 beaktande 2 anmärkning, yttrande II tr 1 märka 2 anmärka, yttra III itr, ~ on yttra sig
om -**able** a märklig, anmärkningsvärd
rem'edy I s 1 botemedel; hjälp[medel];
kur; beyond ~ obotlig[t] 2 upprättelse, ersättning II tr bota; avhjälpa
remem'b||er tr minnas; ~ me to them
hälsa dem från mig -**rance** s minne

remi'nd tr påminna -**er** s påminnelse
re||minis'cence [re] s minne -**mi'se** [z]
tr överlåta -**miss'** a slapp, efterlåten
-**mission** [i'ʃn] s 1 förlåtelse; efterskänkande 2 minskning; lindring
remit' I tr 1 tillgiva; efterskänka 2
mildra, minska 3 hän|skjuta, -visa
4 översända II itr avta, mildras -**tals**
1 = remission 2 hänskjutande -**tance**
s remissa, översändande
rem'nant s rest, kvarleva; stuv
remon'stra||nce s föreställning, protest
-**te** itr tr protestera; invända
remor'se s samvetskval, ånger -**ful** a
ångerfull -**less** a samvets-, hjärt|lös
remo'te a avlägsen -**ness** s avlägsenhet
re'mou'ld [ou] tr om|gjuta, -arbeta
remou'nt [ri:] I tr 1 åter bestiga 2
hjälpa att sitta upp 3. förse med
ny[a] häst[ar] II itr 1 åter stiga
(sitta) upp 2 gå tillbaka III s remont
remov||able [u:'v] a 1 avsättlig 2
flyttbar -**al** s 1 avlägsnande 2 avsättning 3 flyttning -**e** I tr 1 flytta;
avlägsna, undanröja 2 av|sätta,
-skeda 3 ~d följd II itr [av]flytta
III s 1 flyttning 2 grad; släktled
remu'nerat||e tr vedergälla, [be]löna
-**ion** s lön, ersättning -**ive** a lönande
re||nai'ssance s renässans -**nas'cence** s
pånyttfödelse; renässans
rend (rent rent) I tr slita, riva [sönder];
splittra II itr remna, gå sönder
ren'der tr 1 återgälda; hembära 2 återge; framställa 3 [över]lämna, uppgiva 4 avlägga, avge, anföra 5 erlägga; [be]visa 6 göra -**ing** s tolkning
ren'egade s överlöpare, avfälling
renew [nju:'] tr 1 förnya, återuppliva
2 renovera, ersätta 3 upprepa 4 omsätta -**[â]l** s förny|ande, -else
rennet [re'nit] s 1 [kalv]löpe 2 renett
renou'nce tr 1 avsäga sig, avstå från,
uppge 2 förneka 3 vara renons i
ren'ovate tr förnya; återställa
renown [au'] s ryktbarhet -**ed** a berömd
1 **rent** I imp. o. pp. av rend II s
spricka, reva; remna, klyfta
2 **rent** I s 1 arrende 2 hyra II tr
[ut]arrendera, hyra [ut] -**al** s arrende
re||nunciation s avsägelse; [själv]förnekelse -**'o'pen** tr itr åter öppna[s]
1 **repair** [ripɛ'ə] itr bege sig; vända sig
2 **repair** I tr 1 reparera, laga; läka
2 gottgöra, ersätta II s 1 reparation,
lagning 2 gottgörelse 3 [gott] stånd,
skick; out of ~ i dåligt skick
repartee [repa:ti:'] s [kvickt] svar
re||past [a:'] s måltid -**pay'** tr 1 återbetala 2 vedergälla, löna -**pea'l** tr s
upphäva[nde], avskaffa[nde]
repea't I tr itr 1 upprepa[s]; ~ing repeter- 2 uppläsa II s 1 upprepning
2 repris[tecken] -**edly** adv upprepade
gånger -**er** s repeter|ur, -gevär

repel' *tr* driva (stöta) tillbaka; avvärja; förkasta -**lent** *a* motbjudande
repent' *tr itr* ångra [sig] -**ance** *s* ånger
rep'ertory *s* repertoar; skattkammare
re‖petition [rep] *s* 1 upprepning 2 uppläsning 3 [konst.] replik -**pi'ne** *itr* knota, klaga -**pla'ce** *tr* 1 sätta tillbaka 2 ersätta -**plen'ish** *tr* åter fylla, påfylla -**ple'te** *a* fylld; mätt
rep'l‖ica *s* [konst.] replik; kopia -**y** [riplai'] I *tr itr* svara [*to* på] II *s* svar
repor't I *tr itr* rapportera, [in]berätta, anmäla [sig] II *s* 1 rykte; *by* ~ ryktesvis 2 rapport, redogörelse, anmälan 3 betyg 4 referat 5 knall, smäll -**er** *s* rapportör; referent
repo's‖e [z] *tr itr s* vila [sig]; ro, lugn -**itory** [ɔ'z] *s* förvaringsplats; museum; butik, nederlag; sista vilorum
reprehen'‖d [rep] *tr* klandra -**sible** *a* klandervärd -**sion** [ʃn] *s* klander
represent [reprize'nt] *tr* 1 föreställa 2 framställa 3 fram-, före‖hålla 4 uppge 5 uppföra; spela 6 representera -**ation** *s* 1 framställ‖ande, -ning 2 föreställning 3 representation -**ative** *a s* represent‖ativ, -erande, -ant
re‖press' *tr* undertrycka -**prieve** [i:'v] *tr s* [ge] frist
rep'rimand [ɑ:] *s tr* tillrättavis‖ning, -a
re'print' I *tr* omtrycka II *s* nytryck
repri'sal [z] *s* repressalier
reproach [ou'] I *s* 1 förebråelse 2 skamfläck II *tr* förebrå; klandra
rep'robate I *a s* förtappad [syndare]; usling II *tr* förkasta; fördöma
reprodu'c‖e [ri:] *tr* 1 återge 2 fortplanta -**tion** [ʌ'kʃn] *s* 1 fortplantning 2 återgivande; reproduktion
repro‖o'f *s* förebråelse -**ve** [u:'] *tr* förebrå
rep'tile I *s* kräldjur II *a* krälande
repub'lic *s* republik
repu'diate *tr* för‖kasta, -neka, -skjuta
repug'nan‖ce *s* mot‖sägelse, -vilja -**t** *a* oförenlig; mot‖spänstig, -bjudande
repul's‖e I *tr* 1 driva (slå) tillbaka 2 avvisa II *s* avslag; bakslag -**ion** [ʃn] *s* motvilja -**ive** *a* frånstötande
rep'ut‖able [ju] *a* aktningsvärd, hederlig -**ation** *s* anseende, rykte -**e** [ripju:'t] I *tr* anse; ~*d* förment; *be well* ~*d of* ha gott rykte II *s* anseende; rykte
request' I *s* 1 anhållan, begäran, anmodan 2 efterfrågan II *tr* anhålla om, begära; anmoda, be
require [wai'ə] *tr* 1 begära, fordra, önska 2 kräva, behöva -**ment** *s* behov; krav; ~*s* fordringar
requisit‖e [re'kwizit] I *a* erforderlig, nödvändig II *s* förnödenhet; ~*s* rekvisita -**ion** [zi'ʃn] I *s* 1 anhållan 2 utskrivning; *put in* ~ ta i anspråk II *tr* rekvirera; begära; in-, till‖kalla
requi'tal *s* vedergällning, lön -**e** *tr* 1 vedergälla, löna 2 gengälda

rescue [re'skju:] I *tr* rädda, bärga, befria II *s* räddning, befrielse; hjälp
research [risə:'tʃ] *s* 1 sökande 2 forskning, undersökning
resem'bl‖ance [z] *s* likhet -**e** *tr* likna
resent' [z] *tr* harmas över, uppta illa -**ful** *a* harmsen -**ment** *s* harm
reserv‖ation [rez] *s* reserv‖erande, -ation; förbehåll, undantag -**e** [rizə:'v] I *tr* reservera, spara, förbehålla [sig] II *s* 1 reserv 2 reservation; förbehåll [samhet]; tillknäppthet
resi'd‖e [z] *itr* 1 vistas, bo 2 ligga; finnas -**ence** [re'zidns] *s* 1 vistelse 2 boning, bostad; hus -**ent** [re'zi] *a s* bo‖fast, -satt, [inne]boende -**en'tial** [ʃl] *a* bostads- -**ue** [re'zidju:] *s* rest; överskott; behållning -**uum** [zi'djuəm] *s* rest; bottensats; dregg
resign [zai'n] *tr* 1 avsäga sig, avstå [från]; nedlägga 2 överlämna; ~ *o. s. to* foga sig i; ~*ed* undergiven II *itr* 1 avgå 2 resignera -**ation** [rezign] *s* 1 avsägelse, nedläggande; avsked, avgång 2 resignation, undergivenhet
resil'ient [z] *a* elastisk, spänstig
resin [re'z] *s* kåda, harts -**ous** *a* kådig
resist [zi'st] *tr itr* motstå, göra motstånd [mot], motsätta sig -**ance** *s* motstånd [skraft] -**less** *a* 1 oemotståndlig 2 undergiven
resol‖ute [re'z] *a* beslutsam, bestämd -**u'tion** *s* 1 [upp]lösning 2 föresats; beslut 3 beslutsamhet -**ve** [rizɔ'lv] I *tr itr* 1 [upp]lösa[s], sönderdela[s], förvandla[s] 2 förklara, avgöra 3 besluta [sig] 4 förmå II *s* beslut
resonance [re'z] *s* gen‖klang, -ljud
resor't [z] I *itr* ta sin tillflykt; ~ *to* tillgripa, anlita; besöka II *s* 1 tillflykt; utväg 2 besök, tillströmning 3 tillhåll; tillflyktsort; *seaside* ~ badort
resou'nd [z] I *itr* genljuda, eka II *tr* återkasta [ljud]
resource [sɔ:'s] *s* resurs, tillgång, utväg; rådighet -**ful** *a* rådig, fyndig
respect' I *s* 1 avseende; *in* ~ *of* med avseende på 2 hänsyn; aktning; ~*s* vördnad[sbetygelser], hälsning[ar] II *tr* respektera, [hög]akta -**abil'ity** *s* aktningsvärdhet, anseende -**able** *a* 1 aktningsvärd; ansenlig 2 aktad; solid -**ful** *a* vörd‖nadsfull, -sam -**ing** *prep* beträffande -**ive** *a* vederbörande
respir‖ation [res] *s* and[hämt]ning -**atory** [re's] *a* andnings- -**e** [rispai'ə] I *itr* 1 andas 2 hämta andan, andas u't II *tr* in-, ut‖andas
res'pite I *s* uppskov, anstånd, frist II *tr* bevilja uppskov [med], uppskjuta
resplen'dent *a* glänsande, lysande
respond' *itr* 1 svara 2 ~ *to* besvara; visa sig känslig för -**ent** *a s* svarande[-]
respon's‖e *s* 1 svar 2 gen‖svar, -klang -**ibil'ity** *s* 1 ansvar 2 vederhäftighet

-**ible** a 1 ansvar|lig, -sfull 2 vederhäftig, solid -**ive** a 1 svarande, svars- 2 mottaglig; förstående
1 rest I *itr* förbli II s rest; reservfond
2 rest I s 1 vila, lugn, ro, frid; *take* [a] ~ vila sig; *set at* ~ lugna, stilla; avgöra, bilägga 2 sömn 3 viloplats, hem 4 paus 5 stöd II *itr* 1 vila [sig]; ~ *with* bero på 2 stödja sig; lita III *tr* 1 [låta] vila 2 luta, stödja
restaurant [re'stərɔ̃] s restaurang
rest'ful a lugn, rogivande, vilsam
restitution [res] s återställande; upprättelse; ersättning; återinsättande
res'tive a istadig; motspänstig
rest'less a rastlös, orolig, otålig
restor‖ation [res] s 1 återställande; återupp|livande, -rättande 2 tillfrisknande 3 restaur|ering, -ation 4 återlämnande -**e** [risto:'] *tr* 1 återställa, återupprätta 2 restaurera 3 återinsätta 4 återlämna
restrai'n *tr* hindra; återhålla; tygla; behärska; inskränka; inspärra -**t** s 1 återhållande, hinder, tvång, band; inspärrning: behärskning 2 stelhet
restrict' *tr* inskränka, begränsa -**ion** s inskränkning -**ive** a inskränkande
result' [z] I *itr* 1 resultera, sluta 2 vara resultatet II s resultat, följd, utgång
resu'm‖e [z] *tr* 1 återta, ta tillbaka 2 sammanfatta -**ption** [ʌ'm] s åter[upp]tagande; indragning
resurrec'tion [rez]s[åter]uppståndelse
resus'citate [ri] *tr* återupp|väcka, -liva
re'tail I s minuthandel; ~ *price* detaljpris II *adv* i minut III [--'] *tr* 1 utminutera 2 berätta i detalj -**er** [--'-] s 1 detaljhandlare 2 utmånglare
retai'n *tr* 1 kvarhålla 2 tinga, beställa 3 [bi]behålla, bevara 4 komma ihåg -**er** s vasall, klient; anhängare
retal'iate *tr itr* vedergälla; hämnas; återgälda; ge lika gott igen
retar'd *tr* för|sena, -dröja; uppehålla
retch [i:, e] s *itr* försök[a] att kräkas
re'‖tell' *tr* berätta på nytt -**ten'tion** s [bi]behållande
ret'icen‖ce s tystlåtenhet -**t** a tystlåten
reticul‖ation [tikju] s nätverk -**e** [re'] s syväska, arbetspåse
retinue [re'tinju:] s följe, svit
reti'r‖e [1] *itr* 1 dra sig (sjunka) tillbaka; flytta 2 [låta] retirera 3 avgå, ta avsked; avskeda II s reträtt[signal] -**ed** a tillbakadragen; pensionerad -**ement** s återtåg; avgång, avsked; avskildhet; undangömd vrå
re‖tor't' I *tr* gengälda, slunga tillbaka II *itr* svara [skarpt] III s 1 genmäle, svar [på tal] 2 retort -**touch** [ri:-'] *tr* s retuscher|a, -ing, förbättr|a, -ing -**tra'ce** *tr* uppsöka, följa (gå) tillbaka -**tract'** *tr itr* 1 dra [sig] tillbaka 2 ta tillbaka -**trea't** I s 1 återtåg 2 tapto 3 avgång; avskildhet 4 tillflyktsort, fristad, vrå II *itr* retirera, vika tillbaka
re‖trench' *tr itr* 1 avskära, avlägsna: inskränka [sig] 2 förskansa -**tribu'tion** [re] s vedergällning
retrieve [i:'v] I *tr* 1 [:jakt.] apportera 2 åter|vinna, -få, -finna 3 rädda 4 gottgöra, ersätta II s räddning
re'tro *pref* tillbaka, bakåt, bakom. åter- -**act'** *itr* återverka -**grade** [re't] I a tillbakagående; omvänd; reaktionär; avtagande II *itr* gå tillbaka -**gression** [e'ʃn] s tillbakagång -**spect** -**spec'tion** s tillbakablick
retur'n I *itr* åter|vända, -komma, -gå II *tr* 1 ställa (lägga, skicka) tillbaka, åter|ställa, -lämna 2 anmäla, förklara 3 insätta, välja 4 avge, inlämna 5 besvara, ge igen, löna, gengälda 6 framföra 7 genmäla, svara 8 avkasta, inbringa III s 1 åter|komst. -vändande, -resa, -väg; retur[-]; *many happy* ~s [*of the day*] hjärtliga lyckönskningar; *by* ~ [*of post*] med omgående 2 åter|sändande, -lämnande 3 rapport, uppgift 4 recidiv 5 val 6 gengäld[ande], [be]svar[ande], vedergällning 7 avkastning, vinst
re'u'nion s återförening; sammankomst
Rev. = *Reverend*, *Revelations*, *Review*
re‖vea'l *tr* uppenbara, avslöja, visa -**veille** [ve'li] s revelj -**vel** [revl] I *itr* frossa, festa, rumla, njuta II s fest[ande], dryckeslag -**velation** [rev] s avslöjande; *R*~s Uppenbarelseboken -**veller** [re'v] s rumlare -**velry** [re'v] s fest|ande, -glädje
reven'ge [dʒ] I *tr* *rfl* hämnas II s 1 hämnd[lystnad] 2 revansch -**ful** a hämn|dlysten, -ande
rev'enue s inkomst, intäkt; uppbörd
rever'berate *tr itr* återkasta[s], eka
reve're *tr* vörda -**nce** [re'vǝ] I s vördnad II *tr* vörda -**nd** [re'vǝ] a vördnadsvärd, högvördig; *the R*~ pastor
rev'erie s drömmeri
rever'‖sal s 1 upphävande 2 omkastning -**se** I a motsatt, omvänd II s 1 motsats 2 från-, bak|sida 3 omkastning; motgång III *tr* 1 vända (kasta) om 2 omändra 3 upphäva -**sion** [ʃn] s 1 återgång, hemfall 2 livförsäkring -**t** *itr* åter|gå, -komma
review [vju:'] I s revy, mönstring; granskning; åter-, över|blick, recension II *tr* ånyo granska; revidera; överblicka; se tillbaka på; mönstra; recensera -**er** s granskare, recensent
revi'le *tr itr* smäda, skymfa, håna
revi's‖e [z] *tr* granska, revidera -**ion** [i'ʒn] s revidering
revi'v‖al s 1 återupplivande, renässans 2 väckelse -**alism** s väckelse -**alist** s väckelsepredikant -**e** I *tr* återupp|liva, -rätta II *itr* leva upp igen

revo'ke *tr* återkalla, upphäva
revo'lt I *itr* 1 göra uppror; ~ *to* övergå till 2 avfalla 3 bli upprörd II *tr* uppröra; bjuda emot III *s* 1 uppror 2 avfall 3 upprördhet -er *s* upprorsman -ing *a* 1 upprorisk 2 upprörande
revolu'tion *s* 1 omlopp; rotation 2 revolution -ary *a s* revolutionär -ize *tr* revolutionera, omstörta
revol've I *itr* rotera, svänga; kretsa II *tr* 1 svänga runt 2 överväga, välva
reward [wɔː'] *s tr* belön|ing, -a; hittelön
rhet'oric *s* vältalighet -al [ɔ'r] *a* retorisk -ian [i'ʃn] *s* vältalare
rheuma'tic [ru] *a s* reumati|sk, -ker
rhinoceros [rainɔ'sərəs] *s* noshörning
rhubarb [ruː'bɑːb] *s* rabarber
rhy'me *s itr* rim[ma] -r *s* rimsmidare
rhythm [riðm] *s* rytm, takt
rib *s* 1 revben 2 ådra; nerv; åder 3 spröt 4 ⚓ spant 5 utsprång 6 rand
ribald [ribld] *a* oanständig, plump -ry *s* rått tal (skämt)
rib'||and -bon *s* band; remsa; S töm
rice *s* ris; risgryn
rich *a* 1 rik [*in* på] 2 bördig; yppig; kraftig 3 fyllig, djup 4 riklig 5 F dråplig -es [iz] *spl* rikedom[ar] -ness *s* rik|lighet, -edom
rick'et||s *s* engelska sjukan -y *a* 1 rakitisk 2 svag; rankig
rid (~ ~) *tr* befria; *get* ~ *of* bli av med, bli kvitt -dance *s* befrielse
1 riddle I *s* såll, rissel II *tr* 1 sålla 2 genomborra; ansätta
2 riddle I *s* gåta II *tr* gissa
ride (*rode ridd'en*) I *itr* 1 rida; sväva, gunga; ~ *at anchor* ligga för ankar 2 åka 3 [om häst] bära 4 skjuta ut (fram) II *tr* 1 [låta] rida [på]; ~ *down* rida omkull (fatt) 2 rida genom (över) 3 ansätta III *s* 1 ritt; rid-, åk|tur; färd 2 ridväg -r *s* ryttar|e, -inna; cyklist
ridge [dʒ] *s* rygg, ås, kant; list II *tr* 1 plöja upp 2 krusa III *itr* rynkas
rid'icul||e I *s* löjlighet, åtlöje; *turn into* ~ o. II *tr* förlöjliga -ous [di'k] *a* löjlig
1 ri'ding *s* förvaltningsområde
2 riding *s* ridning ~-*coat s* ridrock R~-Hood *s* [sagans] Rödluva
rife *a* 1 gängse; i omlopp 2 uppfylld
riff'-raff *s* slödder, pack, patrask
1 rifle [ai] *tr* råna, plundra; bortröva
2 rifle *s* 1 räffla 2 gevär 3 ~*s* fältjägare -man *s* skytt ~-range *s* 1 skotthåll 2 skjutbana
rift *s* rämna, spricka, reva
1 rig I *s* skoj, knep II *tr* lura
2 rig I *tr* 1 rigga, tackla 2 styra ut, utrusta, rigga upp 3 göra klar; anordna II *s* rigg; F klädsel -ger *s* ⚓ riggare -ging *s* rigg[ning]
right [rait] I *s* 1 rätt; *by* ~*s* med rätta; *be in the* ~ ha rätt 2 rättighet 3 höger [sida] II *a* 1 rätt, riktig; rättmätig; *not* ~ *in o.'s head* inte riktig (klok); *all* ~! F ~ *you are!* ~ *oh!* bra! klart! kör! välan! *I'm all* ~ jag har det bra; *be* ~ ha rätt; *get* ~ få (bli) i ordning; *set* (*put*) ~ ställa (hjälpa) till rätta; förlika 2 rät 3 höger III *adv* 1 rätt, rakt; riktigt 2 alldeles, precis 3 ända 4 till höger IV *itr* ⚓ komma på rätt köl V *tr* 1 räta upp 2 förbättra 3 gottgöra, upprätta 4 rätta ~-about *s adv* helt om ~-angled *a* rätvinklig ~-down *a* äkta, riktig -eous [ʃəs] *a* rätt|färdig; -mätig -ful *a* rätt|mätig, -vis, laglig ~'-hand*ed a* högerhänt, höger- -less *a* rättslös -ly *adv* rätt, riktigt; med rätta -ward [əd] *a adv* åt höger
rig'id [dʒ] *a* styv, stel; sträng -ity [i'd] *s* stelhet; stränghet
rig'marole I *s* ramsa II *a* svamlig
rig'||orous *a* sträng; noggrann -our *s* 1 stränghet, hårdhet 2 nöd
rill I *s* rännil, liten bäck II *itr* rinna
rim I *s* 1 hjulring 2 kant II *tr* kanta
1 rime [raim] = *rhyme*
2 rime *s tr* [betäcka med] rimfrost
rind [raind] *s* skal, svål, kant; hud
1 ring (*rang rung*) I *itr* 1 ringa, klinga 2 skalla, [gen]ljuda II *tr* ringa [med, i, på] III *s* ringning, klingande, klang
2 ring I *s* 1 ring; krets[lopp] 2 bana, arena; *the* ~ boxnings|konsten, -publiken; yrkesvadhållarna[s plats] II *tr* inringa, omge III *itr* springa i ring -ed *a* ringprydd; ringformig -ing *a* ljudlig, rungande -leader *s* ledare, anstiftare -let *s* 1 [liten] ring 2 [hår]lock ~-man *s* yrkesvadhållare ~-master *s* cirkusdirektör ~-snake *s* snok -worm *s* revorm
rink *s* skridskobana
rinse I *tr* skölja ur II *s* sköljning
riot [rai'ət] I *s* 1 upplopp, tumult, ovåsen; *run* ~ leva vilt, grassera 2 utsvävning, orgie[r] II *itr* 1 ställa till upplopp 2 frossa, fira orgier -er *s* upprorsmakare -ous *a* 1 upprorisk, våldsam 2 utsvävande
rip I *tr* skära, sprätta, fläka, riva, klyva II *itr* 1 klyvas 2 skjuta full fart: löpa i väg III *s* reva, rispa
riparian [raipɛ'ər] *a s* strand|-, -ägare
ripe *a* mogen -n *tr itr* mogna, bringa till mognad -ness *s* mognad
ripp'||er *s* S överdängare -ing *a adv* utmärkt, charmant; prima, väldigt
ripple I *itr tr* krusa [sig]; porla, skvalpa II *s* krusning; vågskvalp
rise [z] (*rose ris'en*) I *itr* 1 stiga (gå) upp, resa sig; ~ *in arms* göra uppror 2 höja sig, stiga; ~ *to the occasion* visa sig situationen vuxen 3 framträda, bli synlig 4 tilltaga, ökas 5 upp|stå, -komma; rinna upp 6 bryta

upp; avslutas 7 jäsa [upp] II s 1 stigning; höjd, backe 2 tilltagande, höjning, stegring; hausse 3 uppståndelse 4 upp|komst, -hov; upprinnelse; *give* ~ *to* framkalla 5 napp -r s, *early* ~ morgontidig person
ris'ible [z] a 1 skrattlysten 2 skrattri'sing [z] I a uppväxande; upp[åt]gående II s 1 uppståndelse 2 uppstigning; resning 3 höjd 4 tilltagande 5 uppgång 6 avslutande 7 uppstötning
risk I s risk, fara; *at all* ~*s* kosta vad det vill II *tr* riskera, våga -ful *a* riskabel -y *a* riskabel; vågad
rit||e s rit, kyrkobruk -ual [ri'] I a rituell II s ritual[bok]
ri'val I s medtävlare II *tr itr* tävla [med], konkurrera -ry s tävlan
riv'er s flod, älv, å; ström ~-basin s flodområde -side s [flod]strand
riv'et I s nit[nagel] II *tr* 1 [fast]nita 2 fastnagla, fästa
rivulet [ri'vjulit] s [liten] å, bäck
roach [rout∫] s mört
road [ou] s 1 väg; *the rule of the* ~ trafikreglerna; *gentleman of the* ~ landsvägsriddare 2 körbana 3 ~*s* redd ~-hog s F motordrulle -side s vägkant -stead [sted] s redd -ster s 1 landsvägshäst; bil, cykel 2 vägfarande -way s körbana
roam [ou] *itr tr* ströva omkring [i]
roan [roun] I a rödgrå II s skimmel
roar [rɔ:] I s 1 rytande, vrål, tjut; ~ *of applause* bifallsstorm; ~ *of laughter* gapskratt 2 dån, larm II *itr* 1 ryta, vråla, [gall]skrika 2 dåna, larma; genljuda 3 ~*ing* storslagen
roast [ou] I *tr itr* 1 steka[s], rosta 2 F driva med II s stek[ning]; *rule the* ~ vara herre på täppan III *a* stekt, rostad -er s stekugn; kaffebrännare -ing-jack s stekvändare
rob *tr* röva, råna; ~ *of* beröva -ber s rövare -bery s röveri, rån; stold
robe I s 1 [gala]klänning 2 gala-, ämbets|dräkt II *tr* kläda
rob'in s rödhakesångare; *R* ~ *Goodfellow* tomte
robust' *a* kraftig, stark; grov; stärkande; krävande, styv; enkel, sund
1 rock s 1 klippa, skär; *the R* ~ Gibraltar 2 berg[häll] 3 karamell
2 rock *tr itr* vagga, gunga -er s med[e]
rockery [ro'kəri] s stenparti
rocket [ro'kit] s raket
rock'ing-chair s gungstol
rock'||-oil s bergolja -work = -*ery* -y *a* 1 klippig, klipp-, sten- 2 bergfast
rod s käpp; spö; ris; [ämbets]stav
rode imp. av *ride*
ro'dent I s knagare II a gnagande
rodomonta'de [rod] s *itr* skryt[a]
1 roe [rou] s rådjur [äv. ~-*deer*]
2 roe s rom; *soft* ~ mjölke

rogu||e [roug] s skojare, bov; skälm -ery s bovstreck, skälm|stycke, -aktighet -ish *a* skurkaktig; skälmaktig
roi'stering *a* stojande; rumlande
roll [ou] I s 1 rulle 2 rulla, lista, iorteckning; *call the* ~ anställa upprop 3 packe 4 [frukost]bröd 5 vals, kavle 6 vält 7 rulad 8 rullande [gång] 9 [trum]virvel 10 skräll; dunder II *tr* 1 rulla, välva; trilla; ~ *over* kasta omkull; ~ *up* rulla ihop; kavla upp 2 [ut]kavla, [ut]valsa; välta; ~*ed beef* rulad III *itr* 1 rulla; tumla; vältra sig; ~ *up* rulla ihop sig; F dyka upp 2 gå i vågor 3 ströva omkring 4 mullra ~-*call* s upprop -er s 1 rulle; ~ *rink* rullskridskobana 2 vals, kavle; vält 3 svallvåg 4 gasbinda -er-skate s rullskridsko
roll'ick s ysterhet; upptåg -ing *a* yster
ro'll||ing-mills valsverk -ing-pin s brödkavle -*top* s, ~ *desk* jalusiskrivbord
ro'ly-po'ly I s syltpudding II a trind
Ro'man I *a* romersk II s 1 romare 2 romersk katolik r-ce [æ'ns] s 1 romantisk berättelse 2 romantik 3 *R*~ romanska språk 4 romans -ic [æ'n] *a* romansk -ist s katolik
roman'tic I *a* romantisk II s = -*ist* -ism s romantisk -ist s romantiker
Rom'any s 1 zigenare 2 zigenarspråk
Rome *npr* Rom; *do in* ~ *as* ~ *does* ta seden dit man kommer
romp I *itr* 1 tumla om, stoja 2 S 'flyga' fram II s 1 ostyring 2 vild lek -er[s] s overall[s] -ing -ish -y *a* yr, yster, lekfull
roof s 1 tak II *tr* täcka
1 rook [ruk] s [i schack] torn
2 rook s 1 råka 2 bedragare II *tr* F 'plocka', lura -ery s 1 [råk]koloni 2 hop ruckel -ie s S rekryt
room s 1 rum; plats; *make* ~ bereda rum (väg) 2 tillfälle -y *a* rymlig
roost I s höns|pinne, -hus; *at* ~ uppflugen, sovande II *itr* sitta (sätta sig) och sova; gå till vila, övernatta
root I s 1 rot; *be at the* ~ *of* vara roten till 2 ~*s* rotfrukter 3 planta II *itr* 1 slå rot 2 rota III *tr* 1 rotfästa 2 ~ *out* utrota 3 rota i (fram) -ed *a* fastrotad; fastnaglad -y *a* full av rötter
rop||e I s 1 rep, lina, tåg, tross; *know the* ~*s* S känna till knepen; *on the high* ~*s* F på styva linan 2 sträng II *tr* 1 binda ihop 2 inhägna med rep 3 S hålla in [häst] 4 draga i III *itr* bli seg ('lång') -e-dancer s lindans|are, -erska -er s repslagare -y *a* seg
ro'sary [z] s rosenträdgård; radband
1 rose [z] imp. av *rise*
2 rose [z] s 1 ros; ⚓ kompassros; ~ *diamond* rosensten 2 rosett[fönster] 3 stril, sil 4 rosenrött -ate [iit] *a* rosenfärgad ~-*coloured a* rosenröd

rosemary — 183 — **rule**

rosemary [rou′zm(ə)ri] s rosmarin
ros′in [z] I s harts II tr hartsa
ro′sy [z] a rödblommig, rosenröd
rot I itr 1 ruttna, murkna 2 S skoja II tr 1 röta 2 S fördärva 3 S skoja med III s röta, ruttenhet; S smörja
ro′ta||**ry** a itr roterande **-te** [ei′t] tr [låta] rotera **-tion** s 1 rotation, svängning 2 avlösning, växling; tur; *by (in)* ~ växel-, tur|vis 3 växelbruk **-tive** a 1 roterande 2 växlings-
rote s, *by* ~ av gammal vana, utantill
rott′||**en** a 1 rutten, murken 2 S [ur]usel **-er** s S odåga, kråk
rotund′ a rund; ljudlig; högtravande
rouge [ru:ʒ] s tr itr rött puder; smink[a] [sig] med rött
rough [rʌf] I a 1 skrovlig, ojämn, grov; oländig; kuperad 2 lurvig 3 svår, hård, stormig 4 hård[hänt], våldsam; kraftig; *have a* ~ *time* F slita ont 5 barsk, sträv, rå[barkad], oborstad; ~ *rider* beridare; vild ryttare 6 från 7 enkel, simpel; oslipad; ~ *and ready* primitiv; lättvindig; tilltagsen; ~ *and tumble* a) oordnad, vild; b) nappatag; ~ *book* kladd; ~ *copy* koncept; ~ *sketch* löst utkast 8 ungefärlig II adv rått, vilt III s 1 *in the* ~ i oarbetat tillstånd, i oordning 2 buse IV tr 1 skarpsko, brodda 2 ~ *it* slita ont, slå sig fram 3 tillyxa 4 ~ *up* riva upp 5 illa behandla 6 rida in ~-**cast** tr grov|rappa, -putsa **-en** I tr 1 göra grov (sträv) 2 reta II itr bli vild **-ly** adv 1 grovt, rått 2 enkelt, ofullständigt; ~ [*speaking*] ungefär
roul||**ade** [α:′] s löpning **-eau** [lou′] s rulle
round I a 1 rund; ~ *voyage (trip)* rundresa 2 jämn, hel 3 rundlig 4 duktig, kraftig; rask; fyllig II s 1 klot, rund, ring; ~s [steg]pinnar 2 kretslopp, serie; rond; rundtur 3 rundsång 4 omgång, varv, tur; skott, salva 5 ringdans III adv runt, i omkrets, om[kring]; tillbaka; fram; *all* ~ över lag, på alla håll IV *prep* runt [omkring] V tr 1 avrunda 2 gå runt omkring; ⚓ dubblera; svänga om 3 ~ *up* hopsamla; kringgränna VI itr vända sig [runt] om **-about** I a 1 indirekt; ~ *way* omväg 2 fyllig II s 1 omväg; omsvep 2 karusell 3 rundresa III adv *prep* [runt] omkring **-el** s 1 rund skiva; medaljong 2 ringdans **-er** s 1 ~s långboll 2 lopp **-head** s rundhuvud, puritan **-ly** adv öppet; grundligt
rouse [z] I tr 1 väcka; rycka upp, [upp]egga 2 stöta (jaga) upp 3 upp|röra, -reta II itr vakna
1 rout I s 1 vild flykt 2 folkmassa; upplopp II tr jaga på flykten
2 rout tr itr rota, böka [i]; driva, köra
rout||**e** [u:] s 1 rutt, väg 2 ✕ marschorder **-ine** [i:′n] s slentrian, jämn gång
rove I utr ströva (irra) omkring II tr genomströva III s strövtur **-r** s 1 vandrare; nomad 2 fribytare
1 row [ou] s 1 rad, räcka, långa 2 gata 3 [teat.] bänk
2 row [ou] I tr itr ro [mot]; ros [med] II s rodd[tur], båtfärd
3 row [au] F I s 1 bråk, oväsen; slagsmål, gräl 2 ovett II tr skälla ut **-dy** I s buse, slagskämpe II a bråkig
row||**er** [ou′] s roddare **-ing** s rodd
rowlock [rʌ′lək] s år|klyka, -tull
roy′al a kunglig, kungs-; ~ *speech* trontal **-ty** s 1 kunglighet, kungamakt, majestät 2 kungl. privilegium 3 avgift
R. S. V. P. = *please reply* o. s. a. **Rt Hon.** = *Right Honourable*
rub I tr 1 gnida, gno, skava, frottera, gnugga, skrapa; ~ *down* putsa; rykta; ~ *up* putsa av (upp); friska upp; skrapa ihop 2 stryka II itr 1 skava[s], gnidas 2 streta, knoga III s 1 gnidning; ~-*down* avrivning 2 hinder, svårighet 3 förtret[lighet]
1 rubb′er s robbert, omgång, spel, tur 2 **rubber** s 1 mass|ör, -ös 2 [*India*] ~ gummi; ~s F galoscher
rubb′ish s avfall, skräp; smörja, goja
rub||**icund** [ru:′] a röd|aktig, -lätt **-ric** s överskrift **-ricate** tr 1 rubricera 2 skriva (märka) med rött **-y** I s rubin: röd finne; rött vin II a rubinröd
1 ruck [rʌk] s hop, massa, mängd
2 ruck s tr itr veck[a] [sig]
rucksack [ru′ksæk] s ryggsäck
rudder [rʌ′də] s roder, styre
rudd′y a rödblommig; röd[aktig]
rude [u:] a 1 obildad, olärd; ohyfsad, ohövlig, rå 2 våldsam, häftig; bister 3 oförädlad; primitiv; konstlös, simpel, grov 4 vild, oländig 5 kraftig; sträv
rudiment [ru:′] s 1 rudiment, ansats 2 ~s grund|er, -drag **-ary** [e′n] a 1 rudimentär, outvecklad 2 elementär
rue [ru:] tr ångra; sörja över **-ful** a sorglig, ynklig; nedslagen
ruff s 1 [bröst]krås 2 brushane
ruffian [rʌ′fiən] s bandit, skurk, buse
ruffle I tr 1 rufsa till, burra upp 2 uppröra, störa, förarga 3 rynka, vecka II itr 1 upproras 2 skrodera, vräka sig III s 1 krås, krus[manschett] 2 krusning 3 oro; förtret[lighet]
rug s filt; matta **-ged** [id] a 1 ojämn, skrovlig; oländig 2 fårad 3 barsk, kantig, otymplig 4 strävsam; bister
rugger [rʌ′gə] s S rugby[fotboll]
ruin [ru:′in] I s ruin; [för]fall, undergång; för|störelse, -därv II tr 1 förstöra, ödelägga; ~*ed* i ruiner 2 störta, fördärva; ruinera; förföra **-ous** a 1 förfallen 2 fördärvlig; ruinerande
rule [u:] I s 1 regel; norm; bruk; ~ *of three* regeladetri; *the four* ~s de fyra

räknesätten; ~ of thumb praktisk regel, 'ögonmått'; as a ~ i regel; out of ~ mot alla regler 2 föreskrift; stadga; reglemente; utslag 3 styrelse, välde, makt 4 tum-, mått|stock; linjal II tr 1 styra, härska över, behärska; be ~ed låta leda sig; F ta reson 2 förordna, avgöra; ~ out utesluta 3 linjera III itr 1 härska, regera 2 gälla, råda -r s 1 härskare 2 linjal 1 rum [rʌm] s rom [sprit]
2 rum a S konstig, besynnerlig
rumble I itr mullra, dåna II s 1 mullrande, dån 2 baksäte
rumin||ant [ruː'] s a idissl|are, -ande -ate itr idissla; grubbla
rumm'age I tr 1 genom|söka; -leta; vända upp och ned på 2 undersöka 3 ~ out leta fram (upp) II itr leta, F snoka III s 1 genomsnokande 2 F krafs, plock; ~ sale välgörenhetsbasar
rummer [rʌ'mə] s remmare
rumour [ruː'] I s rykte II tr utsprida
rump s 1 bakdel, gump 2 kvarleva
rum'ple tr skrynkla (rufsa) till
rumpsteak [rʌ'mpsteik] s oxstek
run (ran run) I itr 1 springa, löpa; ila, fly; flykta, förrinna; ~ for it F ge sig i väg 2 segla 3 skynda, rusa, störta sig; ~ in the family ligga i släkten; ~ into debt ådra sig skulder; ~ into rusa (köra) på; belöpa sig till, kosta 4 vara i gång; gå; ~ into övergå i 5 rinna, flyta, flöda; ~ dry sina ut, tömmas; ~ high stiga högt, svalla upp; ~ low sjunka, hålla på att ta slut, bli knapp 6 lyda, låta 7 fortgå; gälla; hålla sig 8 smälta 9 röra sig, handla [on om] 10 bli 11 ~ across stöta på; ~ away [äv.] fly, rymma; skena; ~ down resa ut; sjunka [ihop]; avtaga; gå ned; försämras; ~ in rusa in; F titta in; ~ off [äv.] rymma; ~ on gå på'; fortgå, förgå; ~ out [äv.] utlöpa; ta slut; läcka; bli utarmad; skjuta (löpa) ut; ~ over komma (gå) över; titta (gå) igenom; köra (rida) över; ~ through gå igenom; förslösa; ~ to [äv.] uppgå till; F ha råd till; räcka till för; alstra; övergå till (i); ~ up fara in; ränna (växa) upp; stiga; uppgå; krympa II tr 1 springa, löpa; följa; löpa omkring på (i); ~ it fine (close) noga avpassa tiden 2 bryta. [blockad] 3 jaga, förfölja 4 låta löpa (springa); uppställa 5 släppa på bete 6 smuggla [in] 7 segla 8 transportera 9 ränna, driva, köra, sticka 10 föra, leda; [upp]draga 11 låta gå, insätta 12 sätta (hålla) i gång; driva, sköta 13 åtala 14 förena; förvandla 15 smälta, skira, stöpa 16 släppa ut 17 tråckla, kasta 18 ~ down springa (köra) omkull; borra i sank; tröttjaga; upphinna; [p. p.] utmattad, 'slut', förbi; leta ut (fram); kullstörta; prata omkull; tala illa om, häckla; ~ in F få in (vald); F sätta in; sticka in; ~ off tappa ur; köra bort; skriva ihop; haspla ur sig; [sport.] avgöra; ~ out avsluta; förslösa; utsuga; driva ut; ~ o. s. out matta ut sig; ~ over köra (rida) över; genomgå, titta (gå) igenom; ~ through genomborra; ögna igenom; stryka över; ~ up öka, driva upp; vräka upp; hopsummera; följa; tråckla ihop III s 1 löpning, språng: on the ~ på språng 2 löpförmåga 3 [an]sats 4 lopp; jakt; ritt 5 poäng 6 färd, tur 7 ström[ning], flöde, ras 8 fart, gång; riktning 9 fall 10 förlopp; period; serie; in the long ~ i längden 11 efterfrågan, rusning 12 framgång, popularitet 13 klass, typ 14 kull; drift 15 spår 16 inhägnad, betesmark 17 tillträde 18 ränna IV a utlupen, slut; smält, skirad; insmugglad -about I s 1 bil 2 vagabond II a kringvandrande -away I s flykting, rymmare II a för|rymd, -lupen
rune [ruːn] s runa ~-stone s runsten
1 rung [rʌŋ] imp. o. pp. av 1 ring
2 rung s [steg]pinne
runn'||el s bäck, rännil; ränna -er s 1 löpare 2 bud[bärare] 3 kapplöpningshäst 4 snällseglare 5 stång 6 reva 7 med[e] -ing -ing a [fort]löpande, i följd; ~ gear axlar och hjul; ~ knot löpknut; ~ leap hopp med ansats
rupture [rʌ'ptʃə] I s 1 brytning 2 bråck 3 remna, klyfta 4 bristning II itr brista III tr bryta, spränga
rural [uː'] a lantlig; lant-; ~ dean kontraktsprost
rus||e [ruːz] s list, knep -é [ei] a listig
1 rush I itr 1 rusa, störta [sig] 2 brusa fram, forsa, strömma II tr 1 störta. slå 2 forcera, driva på (igenom); ~ed F jäktad 3 storma; kasta sig över 4 S skinna, lura III s 1 rusning; an|- lopp, -fall; storm; tillopp 2 ström
2 rush s säv; not a ~ inte ett dugg ~-candle -light s dank
russ'et I a rödbrun II s vadmal; äpple
Russian [rʌ'ʃ] I a rysk II s ryss; ryska
rust I s rost II itr bli rostig; fördärvas
rus'tic I a lantlig, lant-; okonstlad; ohyfsad II s lantbo, bonde -ity [tiˈs] s lantlighet, lantliv; tölpighet; enfald
rustle [rʌsl] I itr tr prassla [med], frasa, smattra II s prassel, fras[ande]
1 rus'ty a 1 rostig 2 rostfärgad; 'blank' 3 uråldrig 4 vresig 5 skrovlig
2 rusty a 1 härsken 2 förargad
1 rut I s brunst II itr vara brunstig
2 rut s hjulspår; slentrian; gamla spår
ruthless [ruː'þ] a obarmhärtig
rutt'||ed -y a spårig, sönderkörd
rye [rai] s råg ~-crisp s knäckebröd

S

S, s [es] s s 's F=*has, is, us* S.=*Saint; south*[*ern*] s.=*shilling*[s] $=*dollar*[s]
sabb'ath s sabbat ~-**day** s vilodag
sable [ei] s a 1 sobel[-] 2 svart, mörk
sabot [sæ'bo(u)] s träsko
sabre [sei'bə] I s sabel II *tr* nedsabla
sacerdo'tal [sæsə] a prästerlig, präst-
1 **sack** s *tr* [ut]plundr|a, -ing
2 **sack** s sekt [spanskt vitt vin]
3 **sack** I s 1 säck; *get the* ~ F få sparken 2 sidensläp 3 överrock II *tr* 1 lägga i säck[ar] 2 F avskeda -**ing** s säckväv ~-**race** s säcklöpning
sac'r|**ament** s sakrament -**ed** [sei'krid] a helgad; helig; fredad; andlig
sac'rific|**le** I s offer; uppoffring II *itr tr* [upp]offra -**ial** [fi'ʃ(ə)l] a offer- **sac'r**|**ilege** [idʒ] s helgerån, vanhelgande -**ile'gious** [dʒəs] a vanhelgande, skändlig -**isty** s sakristia -**osanct** a okränkbar, helig
sad a 1 sorgsen, bedrövad 2 sorglig, bedrövlig, usel; mörk; ~*ly* svårt 3 degig -**den** *tr itr* bedröva, fördystra[s]
saddle I s 1 sadel 2 bergsrygg II *tr* 1 sadla 2 betunga, be-, av|lasta -**back**-**ed** a svankryggig ~-**bow** [ou] s sadelbom ~-**cloth** s sadeltäcke -**r** s sadelmakare -**ry** s sadelmakeri, sadel- och seldon ~-**tree** s sadelbom
safe I a 1 välbehållen, oskadd, i säkerhet 2 säker, trygg, ofarlig; *keep* ~ förvara 3 pålitlig II s 1 kassaskåp 2 matskåp ~-**'con'duct** s lejd[ebrev], **pass guard** I s 1 pass 2 skyddsvakt 3 säkerhet II *tr* säkra, trygga -**ly** *adv* tryggt; lyckligt och väl
sa'fety s säkerhet ~-**match** s säkerhetsständsticka ~-**pin** s säkerhetsnål
saff'ron s a saffran; saffransgul[t]
sag I *itr* sjunka [ihop]; svikta; ⚓ driva II s 1 sjunkande, sättning; insjunkning 2 prisfall; ⚓ avdrift
sagaci|**ous** [sagei'ʃəs] a skarpsinnig, klok -**ty** [gæ's] s skarpsinne
1 **sage** [seidʒ] s [bot.] salvia
2 **sage** a s vis, klok, förståndig
said [sed] imp. o. pp. av *say*
sail I s 1 segel; ~ *ho!* skepp ohoj! *get under* ~ gå till segels 2 seglats II *itr tr* 1 segla, fara 2 av|segla. -**gå** -**er** s segelfartyg ~-**maker** s segelsömmare -**or** s sjöman; *be a bad* ~ lätt bli sjösjuk -**oring** s sjömansliv
saint [ei, ə, i] I a Sankt[a] II s helgon III *tr* kanonisera -**ly** a helgonlik
sake s, *for* . . ~ (*the* ~ *of*) för . . skull
sa'lable a säljbar; ~ *price* salupris
sal'ad s sallad ~-**dressing** s salladsås
sal'ary I s lön II *tr* avlöna
sale s 1 försäljning, avsättning; *on (for)* ~ till salu 2 auktion; [*clearance*] ~ [slut]realisation -**sman** -**swoman** s butiksbiträde, försäljare
sa'lient a utskjutande; framträdande
sali'ne I s 1 saltlösning 2 salt|damm, -verk II [sei'] a salt-, salthaltig
1 **sallow** [sæ'lo(u)] s [bot.] sälg
2 **sallow** a gulblek -**ness** s gulblek färg
sall'y I s 1 utfall 2 utflykt 3 utbrott 4 infall, kvickhet II *itr* göra utfall
salmon [æ'm] s lax ~-**trout** s laxöring
saloo'n s sal[ong]; lokal; [Am.] krog
salt [ɔ(:)] I s 1 salt; *eat a p.'s* ~ äta ngns bröd; *with a grain of* ~ med kritik 2 ~s F luktsalt 3 F sjöbjörn 4 skärpa, kvickhet II a 1 salt[ad] 2 bitter; magstark III *tr* 1 salta [på], insalta; ~*ed* F härdad, van 2 [bildl.] krydda ~-**cellar** s saltkar ~-**horse** s S salt [ox]kött -**ish** a saltaktig ~-**marsh** s saltäng -**ness** s sälta ~-**pan** s saltgrop -**petre** [pi:tə] s salpeter -**y** a salthaltig; kryddad
salubrious [lu:'bri] a hälsosam, sund
sal'ut|**ary** [ju] a hälsosam, nyttig -**ation** s hälsning -**e** [səlu:'t] I s hälsning; ⚔ honnör; salut II *tr itr* hälsa; göra honnör [för]; salutera
sal'v|**age** I s bärgning, räddning; bärgat gods; bärgarlön II *tr* bärga -**ation** s räddning, frälsning -**a'tionist** s frälsningssoldat
1 **salve** [sælv] *tr* bärga, rädda
2 **salve** [sɑ:v] s *tr* [lägga] salva [på]
sal'v|**er** s bricka -**o** s 1 ⚔ salva 2 förbehåll -**or** s bärg|are. -ningsfartyg
Samaritan [æ'r] s a samarit[isk]
same a samme: *the* ~ *thing* detsamma; *all the* ~ i alla fall; likgiltigt; *just the* ~ på samma sätt; ändå; *much the* ~ ungefär detsamma -**ness** s 1 identitet 2 enformighet
sample [ɑ:] s *prov*[bit] II *tr* pröva
sanc'tify *tr* helga, hålla helig -**mo'nious** a gudsnådelig -**on** [ʃn] I s 1 [straffpå]följd 2 sanktion; bekräftelse; tillstånd II *tr* stadfästa, gilla; ge stöd åt -**ty** s helighet, helgd
sanc't|**uary** [ju] s 1 helgedom 2 fristad, skydd -**um** s helgedom, heligt rum
sand I s 1 sand 2 ~s sandbank; dyner II *tr* sanda; begrava under sand
san'dal s 1 sandal 2 sandel[trä]
sand'|**bag** I s sandsäck II *tr* barrikadera (slå) med sandsäck[ar] ~-**glass** s timglas ~**man** s Jon Blund ~-**piper** s strandvipa ~-**shoes** *spl* strandskor
sandwich [sæ'nwitʃ] s dubbelsmörgås ~-**board** s dubbelskylt ~-**man** s skylt-, reklam|bärare
san'dy a 1 sandig, sand- 2 sandfärgad

sane *a* klok, sund, vid sunt förnuft
sang imp. av *sing*
sanguin||ary [sæ'ŋgwin]*a* blod|ig, -törstig -e [in] *a* 1 blodfull: rödblommig 2 sangvinisk, hoppfull 3 blodig
san'i||fy *tr* sanera, göra sund -tarian [tɛ'ə] I *s* sundhetsivrare II o. -tary *a* hälsovårds-, sundhets- -tation *s* hälsovård -ty *s* sundhet
sank imp. av *sink*
Santa Claus [klɔ:'z] *npr* jultomten
1 sap I *s* sav, växtsaft; livskraft II *tr* tappa saven ur; försvaga
2 sap I *s* 1 ✕ sapp[örarbete], löpgrav 2 undergrävande 3 S knog 4 S plugghäst II *itr* 1 gräva löpgravar 2 S knoga III *tr* underminera
sap'id *a* smaklig, välsmakande
sa'pien||ce *s* visdom -t *a s* vis [man]
sap'||less *a* saftlös, torr -ling *s* telning
sapp'er *s* ✕ sappör, ingenjörssoldat
sapphire [sæ'faiə] *s a* safir; safirblå
sap'||py *a* saftig --wood *s* vitved
sarcastic [æ's] *a* spydig
sarcophagus [sɑ:kɔ'fəgəs] *s* sarkofag
sardine [sɑ:di:'n] *s* sardin
sardon'ic *a* sardonisk, bitter, hånfull
sartorial [ɔ:'r] *a* skräddar-, kläd-
1 sash [sæʃ] *s* skärp, gehäng
2 sash *s* fönsterram; skjutfönster
satchel [sæt ʃl] *s* skolväska
sate *tr* mätta, tillfredsställa
sateen [sæti:'n] *s* atlas, halvsiden
sat'ellite *s* följeslagare; drabant
sati||ate I [sei'ʃieit] *tr* [över]mätta II [it] *a* mätt[ad] -ation *s* mättnad -ety [sətai'əti] *s* övermättnad, leda
sat'in I *s* satäng, atlas II *tr* satinera
sat'ir||e [aiə] *s* satir -ic[al] [i'r] *a* satirisk -ist [ər] *s* satiriker -ize [ər] *tr* förlöjliga
satis||fac'tion *s* 1 tillfredsställ|ande, -else 2 upp-, gott|görelse 3 upprättelse -fac'tory *a* till|fredsställande, -räcklig -fied [faid] *a* nöjd, belåten; mätt -fy *tr* 1 tillfredsställa; gottgöra, motsvara; mätta 2 sona 3 övertyga
saturate [sæ'tʃ] *tr* 1 genomdränka; ~d fylld, inpyrd 2 ladda, mätta
Saturday [sæ'tədi, dei] *s* lördag
saturn||a'lian *a* vild; uppsluppen -ine [sæ't] *a* trög, dyster
sauce I *s* 1 sås, 'krydda' 2 F nosighet II *tr* 1 'krydda' 2 F vara nosig mot ~-boat *s* såsskål ~-box *s* näspärla -pan *s* kastrull; stekpanna -r *s* tefat
saucy [ɔ:'] *a* F 1 näsvis, näbbig 2 flott
saunter [ɔ:'] I *itr* flanera II *s* promenad; flanerande -er *s* flanör
sausage [sɔ's] *s* korv; ~ pie korvkaka
sav'age I *a* vild; grym; F ond II *s* vilde; barbar -ry *a* vildhet; grymhet
save I *tr* 1 rädda; bevara 2 frälsa 3 spara [ihop] 4 bespara [sig] 5 passa, begagna II *prep* utom
sa'ving I *a* räddande; försonande II *s* sparande; besparing III *prep* utom; ~ *your reverence* med er tillåtelse -s-bank *s* sparbank -s-box *s* sparbössa
saviour [sei'vjə] *s* frälsare
sa'vour I *s* [bi]smak, doft, anstrykning II *itr* smaka, lukta; ha en anstrykning -less *a* fadd -y *a* 1 aptitlig; doftande; behaglig 2 skarp, salt
savv'y S I *tr* veta II *s* vett
1 saw [sɔ:] imp. av *see*
2 saw *s* 'ord', ordspråk, regel
3 saw I *s* såg II (pp. ~*n*) *tr* såga
sawder [ɔ:'] *s* snicker, fagra ord
saw'||dust *s* sågspån --horse *s* sågbock --mill *s* sågverk -yer [jə] *s* sågare
Sax'on *s a* [angel]sax|are, -isk, engelsk
say [sei] I *tr* (*said said* [sed]) 1 säga, yttra, påstå; *I* ~ hör nu, hör på'! *not to* ~ för att icke säga; *that is to* ~ det vill säga; *you don't* ~ *so!* det menar ni väl inte! *it* ~*s in the Bible* det står i Bibeln 2 läsa; höra upp [läxa] II *s*, *have o.'s* ~ säga ifrån -ing *s* 1 yttrande; *that goes without* ~ det faller av sig självt 2 ord|stäv, -språk
scab *s* 1 skorpa 2 skabb; S strejkbrytare
scabb'ard [əd] *s* [svärd]skida, balja
sca'bi||es [ii:z] *s* skabb -ous *a* skabbig
sca'brous *a* 1 sträv, skrovlig 2 slipprig
scaff'old I *s* 1 byggnadsställning [äv. ~*ing*] 2 schavott II *tr* stötta; stödja
scald [ɔ:] I *tr* 1 skålla 2 koka [ur] II *s* skållsår ~-head *s* [läk.] skorv -ing *a s* skåll|het, -ning
1 scale I *s* vågskål; ~-*vig* II *tr* väga
2 scale I *s* skala; måttstock; system II *tr* 1 klättra upp för (i, på), bestiga; ✕ storma 2 avbilda i skala
3 scal||e I *s* 1 fjäll, skal, flaga, skiva 2 pannsten 3 tandsten II *tr* fjälla; [av]skala III *itr* 1 fjälla av [sig], lossna 2 bilda fjäll -ed *a* fjällig
scallion [skæ'ljən] *s* schalottenlök
scallop [ɔ'l] *s* 1 kammussla; musselskal 2 ~*s* uddning
scall'ywag [wæg] *s* odåga, skojare
scalp I *s* 1 huvudsvål, skalp 2 hjässa; bergstopp II *tr* skalpera; kritisera
sca'ly *a* 1 fjällig, flagrig 2 S snål; usel
scamp I *s* lymmel, skälm II *tr* slarva med -er *s* 1 *itr* skena i väg II *s* rusning; galopp; ilfärd -ish *a* skojaraktig
scan *tr* 1 skandera 2 granska
scan'dal *s* 1 skandal 2 förargelse, anstöt 3 skvaller 4 smädelse -ize *tr* 1 förarga 2 draga skam över -ous *a* 1 skandalös, upprörande 2 ärerörig
Scandina'vian *a s* skandinav[isk]
scant *a* knapp, ringa -iness *s* brist
scant'ling *s* 1 dimensioner 2 bjälke 3 ställning, bock 4 smula, del
scan'ty *a* 1 knapp, klen, trång 2 karg
sca'pe||goat *s* syndabock -grace *s* vildhjärna; vildbasare
scar I *s* ärr, skråma II *itr* ärra sig

scarce||e [skɛəs] *a* **1** knapp, otillräcklig; *food is ~ det är ont om mat; make o. s. ~ F försvinna* **2** sällsynt, rar **-ely** *adv* knappt; knappast **-ity** *s* brist
scare [ɛə] **I** *tr* skrämma **II** *s* skräck, panik **-crow** *s* fågelskrämma
1 scarf *s tr* skarv[a], laska; lask[ning]
2 scarf *s* bindel, 'scarf'; halsduk
scarify [ɛ'ə] *tr* koppa; pina; harva
scar'let *s a* scharlakan[sröd, -srött]; *~ runner (bean)* rosenböna; *the ~ woman* den babyloniska skökan, Rom
scarp *s* eskarp; [inner]brant **-ed** *a* brant
scarred [ska:d] *a* ärrig
scathe [eið] *tr* förgöra **-less** *a* oskadd
scatt'er *tr itr* **1** sprida, [ut]strö **2** beströ **3** skingra[s] **~-brained** *a* virrig
scav'enger [indʒ] *s* gatsopare
scene [si:n] *s* **1** scen; skåde|spel, -plats **2** *~s* kulisser **~-painter** *s* teatermålare **-ry** *s* **1** dekorationer **2** natur[scenerier], landskap **~-shifter** *s* scenarbetare
scenic [si:'] *a* **1** scenisk, teater-; dramatisk **2** målerisk
scent [sent] **I** *tr* **1** lukta, vädra **2** uppfylla med lukt (doft) **II** *s* **1** lukt, doft **2** väderkorn **3** spår **4** snitsel **5** parfym **-ed** *a* parfymerad; doftande
scep'tic [sk] *s* skeptiker, tvivlare **-al** *a* skeptisk **-ism** *s* tvivel[sjuka]
scep'tre [s] *s* spira. **-d** *a* spirbärande
schedule [ʃe'dju:l] **I** *s* **1** lista, register; inventarium; bihang **2** [tid]tabell **3** lagförslag **II** *tr* registrera
schem||e [ski:m] **I** *s* **1** schema; system, översikt; diagram **2** plan, [lag]förslag **II** *itr tr* planera; intrigera **-er** *s* planläggare; intrigmakare **-ing** *a* beräknande, intrigant
schi||sm [sizm] *s* söndring **-st** [ʃist] *s* skiffer **-stose** [ʃ] *a* skifferartad
scholar [skɔ'lə] *s* **1** lärjunge **2** läskarl, studerande **3** vetenskapsman, lärd **4** stipendiat **-ly** *a* lärd; vetenskaplig **-ship** *s* **1** lärdom **2** stipendium
scholas'tic [sko] **I** *a* **1** skolastisk **2** skol-, skolmässig; pedantisk; pedagogisk **II** *s* skolastiker
1 school [sku:l] *s itr* [samla sig i] stim
2 school **I** *s* **1** skola; skol|tid, -lektioner; *high ~* [flick]läroverk; *~ board* skolråd; *go to ~* gå till (i) skolan **2** [univ.] ämnesgrupp; föreläsningssal; *~s examen* **II** *tr* **1** sätta i skola **2** skola, undervisa, öva **3** läxa upp **-fellow** *s* skolkamrat **-ing** *s* **1** skol[bild]ning; skolgång **2** uppfostran **-master** *s* lärare **-mistress** *s* lärarinna
schooner [sku:'nə] *s* skonare, skonert
sciatic [saiæ't] *a* höft- **-a** *s* ischias
scien||ce [sai'əns] *s* [natur]vetenskap **-tif'ic** *a* [natur]vetenskaplig; skolad, rationell **-tist** *s* vetenskapsman
cintillate [si'n] *itr* gnistra, tindra

scion [sai'ən] *s* **1** ympkvist **2** ättling
sciss||ion [siʃn] *s* sönderskärande; splittring **-ors** [si'zəz] *spl* sax
sclero'sis [skliə] *s* skleros, förhårdning
scoff I *s* hån, gäckeri, gyckel; åtlöje **II** *itr,* ~ *at* driva gäck med, håna **-er** *s* bespottare **-ing** *a s* hån[full]
scold [ou] **I** *s* ragata, argbigga **II** *tr itr.* banna, gräla [på] **-ing** *a s* ovett[ig]
scollop [skɔ'ləp] = *scallop*
1 sconce *s* F skalle, knopp
2 sconce *s* lampett; ljus|hållare, -pipa
3 sconce *s* skans, fort, fäste
scone *s* bulle
scoop I *s* **1** skopa, öskar; skovel **2** kolpyts **3** urholkning **4** skoptag **5** S vinst, 'kap' **II** *tr* **1** ösa, skyffla **2** urholka **3** S inhösta
scoot *itr* S kila i väg **-er** *s* sparkcykel
scope *s* **1** [räck]vidd, omfattning; ram; horisont; krets; *of wide ~* vittomfattande **2** spelrum; frihet
scorbu'tic *a s* skörbjuggs-[patient]
scorch *tr itr* **1** förbränna[s]; sveda[s], förtorka[s] **2** F flyga (rusa) fram **-er** *s* S **1** glödhet dag **2** bitande kritik
score [skɔ:] **I** *s* **1** skåra, märke, repa, streck **2** [post i] räkning, konto; *run up a ~* F ta på krita **3** poäng[summa] **4** punkt, avseende; anledning **5** startlinje **6** tjog; *~s tjogtals* **7** S tur **8** S seger; skarpt svar **9** partitur **II** *tr* **1** göra skåror (märken) i, strecka för **2** stryka [över] **3** skriva upp **4** räkna, markera **5** vinna **6** *~ off* slå, 'bräcka' **~7** orkestrera **III** *itr* **1** föra [poäng]räkning **2** vinna [poäng]
scoria [skɔ:'riə] *s* **1** slagg **2** lava
scoring [ɔ:'] *s* markering, 'protokoll'
scorn I *s* **1** förakt; hån **2** föremål för förakt **II** *tr* förakta, försmå; håna
Scot *s* skotte **-ch** *a s* skotsk[a]; *the ~* skottarna; *~ broth* tisdagssoppa; *~ fir* fura **-chman** *s* skotte **-chwoman** *s* skotska **-s** **-tish** *a* = *Scotch*
Scott *npr; Great ~!* F [o] du milde!
scou'ndrel *s* skurk **-ly** *a* skurkaktig
1 scour *tr* **1** skura, feja **2** rensa **II** *s* **1** skurning **2** renspolning
2 scour **I** *itr* fara, löpa; ströva [omkring] **II** *tr* genom|ströva, -söka
scourge [skə:dʒ] **I** *s* gissel, plågoris **II** *tr* gissla. hemsöka
1 scout *s* [Oxf.] [student]uppassare
2 scout *tr* av-, tillbaka|visa
scout I *s* **1** spanare, spejare **2** scout **3** spanings|flygplan, -fartyg **4** spaning **II** *itr* spana **III** *tr* rekognoscera **-ing** *s* **1** spaning **2** scoutövningar **~-master** *s* spanings-, scout|ledare
scowl [au] **I** *itr* rynka ögonbrynen; se bistert **II** *s* bister uppsyn (blick)
scrabble *itr* klottra; skrapa; kravla
scrag I *s* skranglig varelse; S hals **II** *tr* S hänga; strypa **-gy** *a* skranglig, mager

scrambl'|e I *itr* 1 kravla, klättra 2 kiva[s] 3 hafsa II *tr* 1 kasta 2 ~*d eggs* äggröra 3 rafsa III *s* kravlande; nappande; rusning, kiv; hafs -ing *a* hafsig; tafatt; otymplig
scrap I *s* 1 bit, stycke, smula; lapp; urklipp; skräp; skrot 2 S gräl, slagsmål II *tr* kassera; skrota ned III *itr* S gräla ~-**book** *s* urklippsalbum
scrap||e I *tr itr* 1 skrapa [av], skava; ~ *up* skrapa ihop 2 skrapa med 3 gnida [på]; snåla 4 ~ *through* F trassla sig igenom II *s* 1 skrapning [med foten] 2 knipa, klämma **-er** *s* 1 skrapa, raderkniv; fot-, väg|skrapa 2 F birfilare **-ing** *s*, ~*s* [av]skrap
scrapp'y *a* 1 hoprafsad 2 F grälsjuk
Scratch *npr* F *Old* ~ II*in* [håle]
scratch I *tr itr* 1 klösa[s], riva[s]; repa 2 skrapa, krafsa [i], klia 3 ~ *up* rafsa ihop 4 stryka [sig]; utesluta 5 klottra 6 ~ *along* (*on*) F dra sig fram II *s* 1 rispa, skråma; repa 2 skrapande 3 startlinje 4 tävlande utan handikap 5 dust III *a* hoprafsad ~-**cat** *s* argbigga ~-**race** *s* tävling utan handikap **-y** *a* 1 vårdslös; hoprafsad 2 sprättande [penna]
scrawl [ɔ:] *s itr tr* klott|er, -ra [ihop]
scream I *itr tr* 1 skrika 2 tjuta, pipa II *s* 1 skri[k] 2 S löjlig episod **-er** *s* 1 S baddare 2 S skrattnummer **-ing** *a* 1 skojig 2 S prima **-y** *a* skrik|ande, -ig
screech *itr s* skrik[a], skri[a] ~-**owl** [au] *s* tornuggla
screed *s* ramsa, harang, tirad; kludd
screen I *s* 1 skärm: skydd 2 [vit] duk 3 anslagstavla 4 korskrank; skiljevägg 5 såll, rissel II *tr* 1 skydda; dölja 2 visa [film] 3 sortera, harpa
screw [skru:] I *s* 1 skruv 2 propeller[ångare] 3 [åt]skruvning 4 strut 5 S lön 6 S girigbuk 7 S [häst]krake II *tr* 1 skruva; ~ [*up*] skruva fast (till, åt); ~ *up* driva upp: spänna; rynka 2 [av]pressa; klämma [åt'] 3 förvrida III *itr* 1 skruva [sig] 2 S snåla ~-**driver** *s* skruvmejsel ~-**gear** *s* drev, kugghjul ~-**jack** *s* domkraft; skruv ~-**wrench** *s* skruvnyckel
scribb'l|e I *tr itr* klottra [ihop] II *s* klotter **-er** *s* bläcksuddare
scribe *s* skrivare; skriftlärd; F skribent
scrimm'age *s* gruff; sammanstötning
scrimp *tr itr* knussla [med] **-y** *a* knapp
script *s* 1 skrift 2 skrivstil **-ural** [ɔrəl] *a* biblisk **-ure** [tʃə] *s* 1 S ~ den Heliga Skrift 2 bibel|ställe, -språk
scrof'ul||a [ju] *s* skrofler **-ous** *a* skrofulös
scroll [ou] *s* 1 rulle 2 snirkel, [slinga med] motto 3 arabesk; släng **-ed** *a med slingor* ~-**work** *s* arabeskes
scrounge [dʒ] S *itr tr* tigga [om]; snatta
1 scrub I *tr itr* skura; tvätta; gno II *s* 1 skurning 2 skurgumma; 'slavinna'

2 scrub *s* 1 buskskog, [ris]snår 2 förkrympt buske; utsliten kvast; kräk
scrubb'ing-board *s* tvättbräde
scrubb'y *a* 1 eländig 2 buskig; skäggig
scruff *s* nack|e, -bast [~ *of the neck*]
scrumm'age = *scrimmage*
scrunch [skrʌn(t)ʃ] *s tr itr* = *crunch*
scrup||le [u:] I *s* skrupler, samvetsbetänkligheter, tvivel II *itr* tveka: hysa betänkligheter **-ulous** [jul] *a* samvets-, noggrann, nogräknad
scrut||inize [u:'] *tr* undersöka, mönstra **-iny** *s* undersökning, granskning
scud I *itr tr* ila, rusa [fram över]; ⚓ länsa undan II *s* 1 ilande, flykt 2 vindil; skur; stormskyar
scuff *itr* knega, hasa, släpa med benen
scuffle I *itr* 1 slåss, knuffas, tumla om 2 streta II *s* slagsmål, tumult
scull I *s* [vrick]åra II *tr itr* ro **-er** *s* 1 roddbåt 2 roddare
scull'ery *s* diskrum; ~ *maid* kökspiga
sculp||tor *s* bildhuggare **-tress** *s* skulptris **-tural** [tʃə] *a* skulptur- **-ture** [tʃə] I *s* skulptur; bildhuggarkonst II *tr itr* skulptera
scum *s tr* skum[ma]; slagg; avskum
scupp'er I *s* spygatt II *tr* S fälla, sänka
scurf [skə:f] *s* skorv, mjäll **-y** *a* skorvig
scurril'||ity *s* plumphet **-ous** [ʌ'] *a* plump, grovkornig
scurr'y *itr* springa, trippa
scurvy [ə:'] I *a* nedrig II *s* skörbjugg
scut *s* [kort] svans
scut'cheon [ʃn] *s* sköld; [namn]plåt
1 scuttle *itr* skutta, kila [i väg]; smita
2 scuttle *s* ventil; läm, lucka II *tr* borra i sank
scythe [saið] I *s* lie II *tr* meja ned
S. E.=*South-East* **S/E**=*Stock Exchange*
sea *s* 1 hav, sjö; farvatten; *the high* ~*s* öppna havet; *follow the* ~ bli sjöman; *at* ~ till sjöss, på havet; F bortkommen 2 våg, [stört]sjö 3 sjö[gång]; *heavy* ~ svår sjö ~-**bear** *s* 1 isbjörn 2 F sjöbjörn **-board** *s* kust ~-**calf** *s* säl ~-**dog** *s* 1 säl 2 hundhaj 3 F sjöbuss **-faring** *a s* sjöfar|ande, -t, sjö- ~-**gauge** *s* djupgående ~-**gull** *s* fiskmås ~-**horse** *s* 1 valross 2 sjöhäst
1 seal I *s* säl[skinn] II *itr* jaga säl
2 seal I *s* 1 sigill[stamp]; *Keeper of the Great S*~ storsigillbevarare 2 insegel, bekräftelse 3 prägel 4 vatte.-lås II *tr* 1 sätta sigill på, försegla 2 prägla 3 besegla, bekräfta 4 tillsluta, fästa ihop ~-**box** *s* sigillkapsel
sea'ler *s* sälfångare; sälfångstfartyg
sea'ling *s* försegling ~-**wax** *s* lack
seam I *s* 1 söm, fog; ⚓ nåt 2 skikt 3 ärr II *tr* foga (sy) ihop; täcka
sea'man *s* sjöman **-like -ly** *a* sjömans- [mässig] **-ship** *s* sjömanskap
sea'-|mark *s* sjömärke **-mew** [mju:] *s* havsmås **-mile** *s* sjömil (6,080 *feet*)

seamless — 189 — seek

sea'm‖less *a* osömmad -**stress** [se'm] *s* sömmerska -**y** *a, the* ~ *side* söm-, avig|sidan; 'skuggsidan'
sea'‖-plane *s* hydroplan -**port** *s* hamnstad - -**power** *s* sjömakt
sear [iə] I *a* vissen II *tr* 1 sveda, bränna 2 förhärda
search [ə:] I *tr* genomsöka, undersöka, visitera; sondera II *itr* söka, spana, forska; ~ *for* efter|forska, -spana; ~ *into* utforska III *s* sökande, forskande, efter|forskning, -spaning; undersökning, visitering; *be in* ~ *of* söka efter -**ing** I *a* 1 forskande, spejande 2 grundlig II *s* sökande; undersökning ~-**light** *s* strålkastare
sea'‖-room *s* öppen sjö - -**rover** *s* sjörövare -**scape** *s* marinmålning -**shore** *s* havsstrand -**sick** *a* sjösjuk -**side** *s* kust; ~ *place* kuststad, badort
season [si:zn] I *s* 1 årstid 2 säsong, [rätt] tid; *off* ~ död säsong; *in* [*due, good*] ~ i god (sinom) tid; *out of* ~ i otid, olägligt] II *tr* 1 bereda, härda, vänja; lagra; ~*ed* inrökt; torr 2 krydda 3 mildra III *itr* mogna; ligga till sig; bli van; torka -**able** *a* 1 årstidens 2 i rätt tid, lämplig -**ing** *s* [äv.] krydda
seat I *s* 1 säte; bakdel; [sitt]plats, stolsits 2 herresäte 3 [skåde]plats, härd II *tr* 1 sätta, låta sitta; placera; ~ *o. s.* slå sig ned; *pray be* ~*ed* var god och tag plats 2 förse med sittplats (sits) -**ed** *a* 1 sittande 2 belägen -**er** *s* [i sms.] *two-* ~ tvåsitsig bil
sea'‖-urchin *s* sjöborre - -**wall** *s* strandvall -**ward** [əd] *a adv* till havs -**weed** *s* sjögräs, tång --**wolf** *s* 1 havkatt 2 viking -**worthy** *a* sjö|duglig, -värdig
se‖ce'de *itr* utträda, separera sig -**cession** [e'ʃn] *s* utträde, avsöndring
seclu‖de [u:'] *tr* utesluta, avstänga; ~*d* avskild, enslig -**sion** [ʒn] *s* uteslutning; avskildhet; avskild plats
second [seknd] I *a* 1 andre; nästa, följande; *every* ~ varannan; ~ *best* näst bäst; ~ *division* lägre tjänsteklass; mildare fängelsebehandling; ~ *sight* inre syn, siarförmåga; *on* ~ *thoughts* vid närmare betänkande 2 underlägsen [*to*] 3 sekunda; underordnad II *s* 1 andre man, tvåa 2 närmaste man 3 sekundant 4 sekund, F ögonblick 5 ~*s* sekunda varor III *tr* 1 sekundera, biträda 2 instämma med (i) -**ary** *a* sekundär, senare, underordnad; ~ *education* högre skolväsen; ~ *school* läroverk -**e** [sikə'nd] *s* [fäkt.] sekund --**hand** I *s* sekundvisare II [-'--'] *a* andrahands; begagnad, antikvarisk -**ly** *adv* för det andra ~-**rate** *a* andraklass
se'cr‖ecy *s* tystlåtenhet; diskretion; hemlighet[sfullhet] -**et** I *a* 1 hemlig, undangömd; ~*ly* i hemlighet 2 tystlåten II *s* hemlighet
sec'retary *s* 1 sekreterare 2 *S* ~ *of State* departementschef; minister: *Home S* ~ inrikesminister; *Foreign S* ~ utrikesminister 3 sekretär
secre't‖e *tr* 1 dölja 2 avsöndra -**ion** *s* 1 undangömmande 2 avsöndring -**ive** *a* 1 hemlighetsfull, tystlåten 2 o. -**ory** *a* avsöndrande
sect *s* sekt -**arian** [ɛ'ər] *a s* sekterist[isk] -**ion** I *s* 1 [av-, genom]skärning, [tvär]snitt 2 del, [under]avdelning 3 ✕ grupp II *tr* dela [upp]
sec'ular [ju] I *a* 1 världslig, profan 2 beståndande 3 hundraårig II *s* lekman -**ism** -**ity** [æ'r] *s* världslighet -**ize** *tr* sekularisera, indraga
secur‖e [sikju'ə] I *a* trygg, säker; i säkerhet II *tr* 1 befästa; göra säker; stänga; fästa; knyta (göra) fast 2 [be]trygga, skydda 3 försäkra sig om, skaffa [sig]; vinna; bemäktiga sig 4 inspärra 5 tillförsäkra -**ity** *s* 1 säkerhet, trygghet 2 tillförsikt 3 skydd, garanti, borgen; *find* ~ lämna säkerhet 4 värdepapper, obligation
sed‖a'te *a* lugn, sansad -**ative** [se'dətiv] *a s* smärtstillande [medel] -**entary** [se'd] *a* [stilla]sittande
sedge [dʒ] *s* starr[gräs]
sed'iment *s* fällning, bottensats
seditii‖on [i'ʃ] *s* uppror[iskhet], uppvigling -**ous** *a* upprorisk
sedu'c‖e *tr* förleda, locka; förföra -**er** *s* förförare -**ing** *a* förförisk -**tion** [dʌ'k] *s* förför|ande, -else, lockelse
sedu'l‖ity *s* trägenhet -**ous** [se'] *a* trägen
see I *s* stift; *Holy S* ~ påvestol 2 see (*saw seen*) *tr itr* 1 se; bevittna; uppleva; ~ *good* finna för gott; ~ *a p. off* följa [av] ngn; ~ *things* ha syner; *I do not* ~ *my way to* jag ser mig inte i stånd att; ~ *the world* se sig om i världen; ~ *about* se till; fundera på; ~ *again* återse; ~ *into* undersöka; ~ *out* överleva; följa [ut]; ~ *over* gå igenom; ~ *through* genomskåda; hjälpa [ngn] igenom; uthärda; ~ *to* se till (efter) 2 inse, förstå; *Oh, I* ~ jaså 3 se till, sörja för 4 ta emot 5 besöka, hälsa på', träffa; *go to* (F *and*) ~ gå och hälsa på, söka upp 6 ~*ing that* alldenstund
seed I *s* frö; säd; mjölke; *go (run) to* ~ gå i frö; bli gammal och skral; försämras II *itr* gå i frö, fröa sig III *tr* 1 plocka frön ur 2 beså, beströ ~-**cake** *s* kumminkaka -**er** *s* såningsmaskin ~-**plot** *s* fröodling; plantskola -**sman** *s* fröhandlare -**y** *a* 1 full av frön 2 aromatisk 3 F ruskig 4 F krasslig
seek (*sought sought*) *tr itr* 1 söka [efter] 2 efter|sträva, -trakta; begära; ~ *out* söka upp 3 uppsöka

seem itr 1 tyckas, förefalla, synas [vara]; it would ~ det kunde tyckas 2 tycka sig [vara] -ing a skenbar, låtsad -ly a passande, anständig
see‖n pp av see -r [si(:)ə] s siare
seesaw [siːˈsɔː] I s [gungning på] gungbräda II a adv svängande; go ~ vackla III itr gunga; svänga
seethe [siːð] itr sjuda, koka
seg'regate tr itr avskilja[s], avsöndra[s]
seine [sein] s tr [fiska med] not (vad)
seismic [ai'z] a jordbävnings-
seiz‖e [siːz] tr 1 gripa, fatta, rycka till sig 2 bemäktiga sig, uppbringa; lägga beslag på 3 fatta, begripa 4 sejsa, fastsurra -in s besittning[stagande] -ure [ʒə] s 1 gripande; uppbringande; beslagtagande 2 anfall
seldom [se'ldəm] adv sällan
select' I a utvald II tr [ut]välja, utse -ion s utväljande; [ur]val
self s a 1 jag; person 2 enfärgad [blomma] 3 F ngn själv ~'-absor'bed a försjunken i sig själv ~'-asser'tion s självhävdelse ~'-cen'tred a egocentrisk ~-conceit [-ˈ-iːt] s egenkärlek ~'-con'fident a självsäker ~'-con'scious a 1 självmedveten 2 generad ~'-contro'l s självbehärskning ~'-defen'ce s självförsvar ~'-destruc'tion s självmord ~'-devo'tion s självuppoffring ~'-estee'm s självaktning ~'-ev'ident a självklar ~'-government [-ˈgʌ'v] s självstyrelse ~'-impor'tant a dryg, viktig ~'-indul'gent a självsvåldig; njutningslysten -ish a självisk ~'-love [-ˈ-ˈ] s egenkärlek ~-made [-ˈ-ˈ] a, a ~ man en som arbetat sig upp ~'-possess'ed a [själv]behärskad ~'-regar'd s egoism ~'-reli'ance s självförtroende ~'-restrai'nt s behärskning -same a just [den]samme ~'-suppor'ting a självförsörjande ~'-will'ed a egensinnig
sell (sold sold) I tr 1 sälja; ~ up tvångsförsälja 2 S lura II itr säljas; ~ well ha god åtgång III s S skoj -er s 1 [för]säljare 2 best ~ succébok
selv'‖age -edge s stad, kant, list
selves pl. av self
sem'blance s utseende; bild; skymt
sem'icir'cular a halvcirkelformig
sem'ina‖l a frö-, sädes- -ry s [präst]seminarium; [bildl.] plantskola
sempiter'nal a evinnerlig, evig, ändlös
sempstress [se'm(p)stris] s sömmerska
senat‖e [se'nit] s senat -or s senator
send (sent sent) tr 1 skicka, sända [for efter]; ~ along eftersända; ~ down [univ.] förvisa; ~ off avsända; följa 2 förläna, giva 3 göra 4 skicka i väg; driva; jaga; ~ flying slunga [i väg]; köra bort (ut); skingra
se'nile a ålderdomssvag, gubb-
senior [siːˈnjə] a s äldre; ~ [man] äldre student; ~ partner chef; the ~ service marinen -ity [ɔˈr] s högre tjänsteålder, åldersrätt, anciennitet
sensation s 1 sensation; förnimmelse, känsla 2 uppseende, uppståndelse -al a 1 sinnes- 2 sensationel
sens‖e I s 1 sinne; ~s förnuft, besinning; sans; in o.'s ~s vid sina sinnen[s fulla bruk] 2 uppfattning, känsla, sinne 3 förstånd, omdöme; common (good) ~ sunt förnuft 4 betydelse, mening; make ~ ge mening 5 tänkesätt, stämning II tr märka, uppfatta -eless a 1 oförnuftig, meningslös 2 sanslös -ibil'ity s känslighet -ible a 1 förnimbar; kännbar märkbar 2 medveten 3 förståndig, klok -itive a känslig, mottaglig -ual [sju, ʃu] a sinnlig -ualism -ual'ity s sinnlighet -uous [sju] a sinnlig
sen'ten‖ce I s 1 utslag, dom 2 mening, sats 3 tänkespråk II tr döma -tious [eˈnʃəs] a lakonisk, kärnfull
sen'tient [ʃ(i)] a kännande, känslig
sen'timent s 1 känsla 2 stämning, uppfattning, mening 3 känslosamhet 4 skåltal -al [meˈn] a känslo|full, -sam -alist [meˈn] s känslomänniska -al'ity s känslosamhet
sen'tinel s [vakt]post, skyltvakt
sen'try = föreg. ~-box s vaktkur
sep'ar‖able a skiljbar -ate I [it] a [av-, en-, sär]skild II tr i [av]skilja, sönderdela 2 separera; sortera III itr [åt]skiljas -ately [it] adv var för sig -ation s [av]skiljande, skilsmässa; hemskillnad -ative a [åt]skiljande
sepoy [siːˈpɔi] s indisk infödd soldat
septenn'ial a sjuårig; vart sjunde år
sepul'‖chral [kr] a grav-, begravnings-; gravlik -chre [seˈpəltʃə] s grav, grift -ture [seˈpəltʃə] s begravning
se'‖quel s följd, fortsättning -quence s [ordnings]följd, rad; svit
sequest'‖er I tr 1 avskilja, isolera 2 beslagtaga; konfiskera II itr göra sig urarva -rate = -er I 2 -ration s kvarstad, beslagtagande
Serb[ian] [əː] s a serb|[ier], -isk
serena'de [ser] tr s [ge] serenad
sere'n‖e a klar och lugn, fridfull -ity [eˈn] s klarhet, stillhet, frid
serf s livegen -age -dom s träldom
serge [səːdʒ] s sars, cheviot
sergeant [sɑːdʒnt] s 1 sergeant; ~ major fanjunkare 2 överkonstapel 3 [äv. serjeant] S~-at-Arms härold
se'ri‖al a i serie, serie-, periodisk; ~ [story] följetong -es [iːz] s serie, följd
se'rious a allvar|lig, -sam; betydande; to be ~, ~ly speaking allvarsamt talat -ness s allvar[lighet]
ser'mon I s [straff]predikan II tr läxa upp -ize tr itr predika, läxa upp
serous [siːˈərəs] a serös, vattenblandad

ser'pent s orm ~-**charmer** s ormtjusare -**ine** a ormlik, slingrande; listig
ser'vant s tjänare; jungfru, betjänt, dräng; *civil (public)* ~ statstjänsteman ~-**girl** ~-**maid** s hembiträde
serve I *tr itr* 1 tjäna, passa upp [på]; expediera 2 tjänstgöra; fungera; bistå 3 motsvara, fylla; passa, gagna, tillfredsställa; lämpa (yppa) sig; ~[s] *you right!* det var rätt åt dig! 4 behandla 5 fullgöra, sköta; avtjäna 6 servera, sätta fram, ta in, duka upp; ~ *out* ut|spisa, -dela; ~ *round (up)* servera 7 delge 8 sörva 9 ~ *up* tjäna sig upp II s sörv
ser'vice [is] s 1 tjänst[göring]; [*fighting*] ~s vapenslag; krigstjänst; *Civil S~* statsförvaltning; *preventive* ~ kust-, tull|bevakning; *public* ~ statstjänst; *secret* ~ hemlig polis; *do* ~ tjänstgöra; *have seen* ~ ha varit med [i krig]; *fit for* ~ tjänstduglig 2 nytta 3 gudstjänst, akt, [del av] mässa; *full* ~ mässa med musik 4 servering 5 servis 6 delgivning 7 sörv 8 hälsning 9 kundtjänst -**able** *a* 1 tjänlig, nyttig; hållbar 2 tjänstvillig ~-**book** s kyrkohandbok
ser'v∥ile *a* 1 slav- 2 slavisk, krypande -**il'ity** s kryperi -**itude** s slaveri
session [se[n] s sammanträde; möte; session[stid]; ting; lästid
set (*set set*) I *tr* 1 sätta, ställa; fästa; ~ *much by* sätta stort värde på; ~ *going* sätta i gång; ~ *o. s. to* besluta sig att; gripa sig an med att; ~ *at ease* lugna; ~ *before o. s.* föresätta sig; ~ *a dog on to* tussa en hund på 2 plantera, så, sätta 3 besätta 4 insätta; infatta 5 sätta till [*sail*] 6 sätta ut; ställa fram 7 gillra [upp] 8 bestämma, fastställa; förelägga; ålägga; ~ *an example* föregå med [gott] exempel 9 duka 10 sätta på spel, våga 11 sätta (ställa) i ordning, sätta till rätta; dra i led 12 bryna; strigla 13 ⚓ pejla 14 ~ *aside* lägga undan, avsätta; upphäva; åsidosätta, förbigå; ~ *back* hejda; vrida tillbaka; ~ *down* avlämna; skriva upp (ned); tillskriva [*to*]; anse, ta [för]; ~ *forth* förkunna; framställa, skildra; ~ *off* framhäva, förhöja, pryda; sätta i gång; avsätta; ~ *on* egga, hetsa, F sätta upp; ~ *out* utplantera, sätta fram; utstaka; fram|visa, -lägga; skildra; pryda; ~ *up* slå (spika) upp; uppföra; upp-, in|rätta; lägga sig till med; etablera; uppställa; utstöta, uppge; kurera; framkalla; *be* ~ *up* vara välförsedd II *itr* 1 bli fastare, stelna, tjockna; sätta frukt 2 gå ned 3 strömma 4 [jakt.] stå, göra stånd 5 [dans] figurera 6 ~ *about* ta itu med, börja; ~ *at* anfalla; ~ *forth* bege sig i väg; ~ *in* inträda, börja; ~ *off* bege sig av; ~ *on* överfalla; ~ *out* bege sig av; börja; utgå; ~ *to* F hugga i, klämma till; skrida till [-verket-]; ~ *up* etablera sig; ~ *up for* ge sig ut för III *a* stel[nad], styv, orörlig; stirrande; bestämd; fast; väl övertänkt; envis; regelrätt [batalj]; stadig; ~ *phrase* stående uttryck (talesätt); *be* ~ [*up*]*on* vara beslute för IV s 1 uppsättning, sats, serie, omgång, sätt, garnityr, servis; ~ *of teeth* tandrad 2 kotteri, lag, klick, liga, samling; *the smart* ~ F gräddan; *the whole* ~ F hela surven 3 set 4 [dans] tur 5 [poet.] nedgång 6 sätt|kvist, -planta 7 [ström]riktning 8 [pass]form, hållning 9 [jakt.] stånd, anfall 10 finputs, rappning ~-**back** s bakslag, omkastning ~-**down** s tillstukning ~-**off** s 1 motfordran; vederlag 2 motvikt; kontrast; prydnad 3 avfärd ~-**out** s 1 början 2 uppsättning, utrustning 3 utställning ~-**tee'** s soffa, kåsös; [lång] bänk -**ter** s 1 setter, hönshund 2 tonsättare
setting I *a* nedgående II s 1 sätt|ande, -ning 2 infattning; ram, omgivning 3 iscensättning 4 ström[sätt]ning 5 nedgång ~-**box** s insektlåda
1 **settle** s högryggad bänk
2 **sett∥e** I *tr* 1 sätta fast (tillrätta); fästa; sätta bo åt, etablera; installera; ~ *o. s.* slå sig ned, sätta sig tillrätta; bosätta sig; sätta bo, gifta sig; lugna sig; bestämma sig 2 ordna, uppgöra, avgöra, göra slut på, F klara; lugna; bilägga; göra upp; ~ *up* avsluta [räkning], göra upp 3 fastställa, bestämma 4 F expediera, tysta 5 låta bosätta sig; kolonisera 6 låta sjunka, klara II *itr* 1 sätta sig [tillrätta], slå sig ned; lägra (lägga) sig 2 ~ *down* slå sig till ro, stadga sig; etablera sig; ~ *down in life* gifta sig; ~ *down to* börja vänja sig vid 3 stadga sig 4 bestämma sig 5 göra upp 6 bosätta sig 7 sätta sig, sjunka 8 avsätta sig; klarna ~-**ed** *a* 1 avgjord, bestämd, uppgjord; betald 2 fast, stadig, ihållande; torr; lugn och vacker 3 fast bosatt ~-**ment** s 1 fastställande, avgörande, lösning 2 uppgörelse, betalning 3 avtal; bilägggande 4 anslag; livränta 5 sättning, sjunkande 6 hemortsrätt 7 bebyggelse, koloni[sering]; 'hemgård' ~-**er** s 1 nybyggare 2 S dråpslag 3 aptitsup
set-∥**to** [se'ttu:'] s F slagsmål, gruff -**up** I s hållning II *a, well* ~ spänstig
sev'en *räkn* s sju[a] -**fold** *a adv* sjufal|dig, -t -**teen** [-'-'] *räkn* sjutton -**th** *a s* sjunde[del] -**ty** *räkn* sjuttio
sev'∥er I *tr* 1 skilja; avhugga 2 söndra, splittra II *itr* brista; gå isär

sev'eral I a enskild, [sär]skild; respektive, olika II *pron* flera, åtskilliga -ly *adv* var för sig
sev'erance s avskiljande; söndring
seve'r||e a 1 sträng; hård, häftig, skarp 2 svår, kännbar -ity [e'r] s stränghet
sew [sou] *tr itr* (pp. äv. ~*n*) 1 sy; ~ *on* sy i; ~ *up* sy ihop (in) 2 nåtla; häfta
sew||age [sju'] s kloakvatten -er s kloak, avlopp -erage s kloaksystem
sewing [sou'] s sömnad
sex s kön; *the fair* ~ det täcka könet
sexagenarian [dʒinɛ'əʃ]a s sextioåri[n]g
sex'ton s kyrkvakt|are, -mästare
sexual [se'ksju(ə)l] a sexuell, könsshabb'y a 1 tarvlig 2 sjaskig; förfallen 3 snål ~'-gentee'l a struntfin
shackle I s 1 boja, black; ~s fjättrar 2 bygel II *tr* fjättra
shad||e I s 1 skugga; dunkel; *under the* ~ *of* i skydd av 2 nyans, skiftning 3 skymt, 'aning' 4 skärm; glaskupa II *tr itr* 1 [be]skugga, skymma [för], dämpa 2 [låta] övergå -ow [ʃæ'dou] I s 1 skugga 2 skuggbild; fantom, vålnad 3 skymt II *tr* 1 [be]skugga 2 ~ *forth* skissera, antyda -owy [æ'] a skugg|ig, -lik -y a 1 skugg|ig, -rik 2 tvetydig; ljusskygg
shaft [ɑ:] s 1 skaft; pil 2 ljusstråle; åskvigg; spole 3 tornspira; skorsten 4 axel[ledning]; skakel 5 schakt; lufttrumma ~-horse s gaffelhäst
shag s 1 ragg 2 schagg[tyg] 3 tobak -gy a raggig, långhårig; buskig
shagreen [ʃægri:'n] s [s]chagräng
shake (*shook shaken*) I *tr* 1 [upp]skaka; ~ *up* skaka upp (om'), rycka (ruska) upp 2 rubba, försvaga, störa II *itr* 1 skaka, skälva, darra; ~ *down* bli kompakt; komma till ro 2 drilla III s 1 skakning, skälvning; *the* ~s frossa 2 uppskakning, stöt; *in two* ~s F i ett huj 3 drill 4 spricka -down s improviserad bädd
sha'ky a 1 skakande, darrande 2 ostadig, skral, olustig; opålitlig, svag
shale [ʃeil] s [min.] lerskiffer
shall [ʃ(æ)l] *hjälpv* skall; kommer att
shallop [ʃæ'ləp] s [lätt, öppen] slup
shallot [ʃəlo't] s schalottenlök
shall'ow [ou]. I a grund; flat: ytlig, tom II s grund III *itr* bli grund
shalt [ʃælt] [åld. du] skall [*thou* ~]
1 sham I *tr itr* förege, låtsa[s], simulera, förställa sig II s 1 förställning, 'spel', sken, skoj 2 humbugsmakare, hycklare III a falsk, låtsad, fingerad
2 sham s F (=*champagne*) 'champis'
shambles s [F riktig] slaktarbod
shame I s skam, blygsel; vanära; [*fie*] *for* ~ ! fy skäms! *for very* ~ för skams skull II *tr* göra skamsen; draga vanära över -faced a blyg, försagd -ful a skamlig -less a skamlös, oblyg

shammy [ʃæ'mi] s sämskskinn
shampoo' *tr* s schamponer|a, -ing
sham'rock s vitklöver
shank s 1 skänkel; skenben 2 skaft
shan't [ʃɑ:nt]=*shall not*
shan'ty s hydda, skjul; krog; ruckel
shape I s 1 form, fason; växt 2 skepnad, gestalt 3 modell, mönster; stomme; stock; stoppning II *tr* 1 forma, gestalta, avpassa 2 inrätta, lämpa III *itr* gestalta (arta) sig -less a oformlig -ly a välskapad
share [ʃɛə] I s 1 [an]del; *go* ~s dela lika 2 aktie; lott 3 plogbill II *tr* 1 dela [med sig] 2 utdela III *itr* delta; ha [an]del -holder s aktieägare
shark s haj; F svindlare, utpressare
sharp I a 1 skarp, vass, spetsig 2 klar 3 tvär, plötslig, brant 4 stickande, bitande; gäll; våldsam; svår 5 rask; ~ *is the word* raska på 6 skarpsinnig, intelligent; kvick, fyndig 7 [knip]slug; ~ *practice* (*trick*) [tjuv]-knep 8 höjd en halv ton II s [mus.] kors III *adv* 1 på slaget, precis; fort 2 skarpt; *look* ~ passa på, raska på IV *itr* spela falskt; lura folk -en I *tr* 1 vässa, skärpa 2 höja en halv ton II *itr* bli skarp|are]; ~ *up* rycka upp sig -ener s formerare -er s falskspelare, skojare -ness s skärpa ~-set a hungrig ~-sighted a skarp-, klar|synt ~-witted a skarpsinnig, kvick
shatt'er I *tr* splittra, spränga sönder; förstöra, uppriva; skingra II *itr* splittras
shave I *tr itr* 1 raka [sig] 2 hyvla (skrapa) av 3 snudda vid (förbi) II s 1 rakning 2 *by a close* ~ nätt och jämnt; *have a close* ~ vara nära däran 3 svindlarknep, skoj -n a rakad -r s 1 F pojk[vasker] 2 bedragare
sha'ving||-brush s rakborste -s *spl* hyvelspån -tackle s rakdon
shawl [ʃɔ:l] s schal; ~ *strap*[s] bärrem
she I *pron* hon II a hon-, -hona
shea|f I s (pl. -*ves*) 1 kärve 2 bunt, knippa II *tr* binda [i kärvar]
shear [ʃiə] (~*ed shorn*) *tr* 1 klippa [av] 3 skinna, klå, beröva [*of*] -er s fårklippare; klippmaskin -s *spl* sax
sheath [ʃi:þ] s 1 slida, skida, fodral 2 [strand]skoning -e [ð] *tr* 1 sticka i slidan 2 bekläda, överdraga -ing [ð] s förhydning, [bräd]beklädning
1 sheave s blockskiva; nyckelhålsklaff
2 sheave *tr* binda, kärva -s se *sheaf*
she'd [ʃid]=*she had* (*would*)
1 shed s skjul, lider
2 shed (*shed shed*) *tr* 1 [ut]gjuta 2 fälla, tappa, släppa 3 sprida
sheen s glans, sken, klarhet
sheep s (*pl* ~) 1 får 2 fårskinn ~-fold s fårfålla -ish a fåraktig, förlägen
1 sheer [iə] I a 1 ren, idel 2 tvärbrant 3 skir II *adv* lodrätt, tvärt; rakt

2 sheer I *itr* ⚓ gira [av], vika av; ~ *off* ge sig i väg II *s* ⚓ gir
sheet I *s* 1 lakan 2 skiva, platta, plåt 3 yta, flak; lager; täcke; ~ *lightning* kornblixt; ~ *of fire* eldhav 4 ark 5 ⚓ skot II *tr* 1 [in]svepa 2 ⚓ ~ [*home*] skota 3 bilda flak av; ~*ed rain* skyfall ~-**anchor** *s* ⚓ pliktankare; räddningsplanka -**ing** *s* lakansväv
shek'el *s* sikel; ~*s* S pengar, slantar
shel|f (pl. -*ves*) *s* 1 hylla 2 avsats, kant 3 rev, blindskär
shell I *s* 1 skal, ärtbalja; mussla, snäcka 2 yttre sken 3 ✗ granat 4 stomme II *tr* 1 skala, rensa, sprita 2 bombardera 3 S ~ *out* punga ut med III *itr* flagna, fjälla av ~-**fish** *s* mussel-, skal|djur ~-**proof** *a* bombfast -**work** *s* snäck-, mussel|arbete
shel'ter I *s* skydd, tillflykt, tak över huvudet; kiosk, skjul II *tr* skydda; hysa, inkvartera III *itr* söka skydd
shelve I *tr* 1 förse med hyllor 2 lägga på hyllan; avlägsna II *itr* slutta, luta -**s** se *shelf*
shepherd [ʃe'pəd] I *s* [fåra]herde; ~'*s pie* köttpudding; ~'*s plaid* rutigt ylletyg II *tr* valla -**ess** *s* herdinna
sheriff [ʃe'-] *s* kungl. befallningshavande
she's [ʃiz]=*she is* (*has*) *show* [ou]=*show*
shibb'oleth *s* [parti]lösen, slagord
shield [i:] I *s* 1 sköld; värn, skydd 2 skyddsplåt, skärm II *tr* skydda
shift I *tr* skifta, byta om; ändra; omstuva, [om]flytta; ~ *off* vältra över II *itr* 1 skifta, ändra sig; kasta om, växla 2 [söka] finna utvägar, reda sig 3 bruka knep 4 förskjuta sig III *s* 1 ombyte, förändring, skifte 2 skift 3 utväg, medel; *make* [*a*] ~ söka reda sig, med möda lyckas 4 fint, knep; undanflykt 5 skiftnyckel -**less** *a* råd-, hjälp|lös -**y** *a* 1 listig, finurlig 2 ostadig, ombytlig
shill'ing's-worth *s* för 1 shilling (90 öre)
shill'y-shally I *s* villrådighet II *itr* tveka
shily [ʃai'li] *adv* blygt, skyggt
shimm'er I *itr* skimra II *s* skimmer
shin I *s* skenben; ~ *of beef* oxlägg II *tr itr* 1 klättra [upp på (i)] 2 sparka
shin'dy *s* bråk, gruff, oväsen, krakel
shine I *itr* (*shone shone* [ʃɔn]) skina, lysa; briljera II *tr* F putsa, blanka III *s* 1 glans, sken 2 F solsken 3 S bråk, gruff -**r** *s*, ~*s* S pengar
1 shingle [ŋg] I *s* 1 spån 2 shingling II *tr* 1 späntäcka 2 shingla
2 shingle *s* klappersten
shingles [ʃiŋglz] *spl* bältros
shin'-guard *s* benskydd
shi'ny *a* klar, skinande; blank[sliten]
ship I *s* skepp, fartyg; båt; ~'*s protest* sjöförklaring II *tr* 1 inskeppa, ta ombord, inmönstra; ~ *water* ta in vatten; ~ *off* (*out*) utskeppa, avsända 2 iordningställa 3 lägga ut III *itr* gå ombord; ta hyra ~-**broker** *s* skeppsklarerare ~-**chandler** [ɑ:] *s* skeppsfurnerare ~-**fever** *s* tyfus -**load** *s* skeppslast -**mate** *s* skeppskamrat -**ment** *s* skeppning ~-**owner** *s* skeppsredare -**per** *s* befraktare -**ping** *s* 1 tonnage 2 sjöfart; ~ *agent* skeppsklarerare -**shape** *a adv* sjömansmässig[t], välordnad; snyggt -**way** *s* stapelbädd -**wreck** I *s* skeppsbrott II *tr* förstöra; *be* ~*ed* förolyckas III *itr* förlisa ~-**wright** [rait] *s* skeppsbyggare -**yard** *s* skeppsvarv
shire *s* grevskap, län, landskap
shirk [ə:] *tr itr* undandraga sig, F smita [från], skolka -**er** *s* skolkare
shirt [ə:] *s* 1 skjorta; *keep your* ~ *on!* S lugna dig! 2 [dam]bius ~-**front** *s* skjort|bröst, -veck -**y** *a* S förargad
1 shiv'er I *s* bit, skärva, flisa II *tr itr* splittra[s], slå (gå) i kras
2 shiver I *itr* darra, skälva; rysa II *s* skälvning, rysning [äv. ~*ing*] -**y** *a* rysande, skälvande; isande
1 shoal [ou] *s* [fisk]stim; massa
2 shoal *a s* grund; sandrevel
1 shock *s tr* [lägga upp i] skyl[ar]
2 shock *s* kalufs; ~*head* lurvigt huvud
3 shock I *s* 1 stöt, sammanstötning; ✗ chock; anfall 2 slag, knäck 3 [nerv]chock II *tr* uppröra, chockera, stöta -**er** *s* F sensation[sroman] -**ing** *a adv* upprörande, skandalös[t]
shod imp. o. pp. av *shoe II*
shodd'y I *s* 1 lump-, konst|ull 2 smörja, skoj II *a* oäkta, humbugs-
shoe [ʃu:] I *s* [låg]sko; skoning, beslag, hjulskena; *another pair of* ~*s* en helt annan sak II *tr* (*shod shod*) sko; beslå -**black** *s* skoborstare ~-**lace** *s* skosnöre ~-**lift** *s* skohorn
shone [ʃɔn] imp. o. pp. av *shine* I
shoo [ʃu:] *interj tr* schas[a bort]!
shook [ʃuk] imp. o. pp. av *shake*
shoot (*shot shot*) I *itr* 1 skjuta 2 jaga 3 skjuta (flyga, skida) fram (ut, upp); ~*ing star* stjärn|skott, -fall: ~ *up* [äv.] gå upp (i höjden) 4 sticka (värka) till 5 S fotografera II *tr* 1 [av]skjuta 2 [av]jaga 3 avstjälpa 4 kasta 5 driva utför; ~ *Niagara* söka ta ned månen III *s* 1 skott 2 fors 3 flott-, stört|ränna; rutschbana 4 jakt|sällskap, -tur, -mark 5 skjutning
shoo'ting *s* 1 skjutning 2 jakt; jakt|sällskap, -rätt, -mark ~-**box** *s* jaktstuga ~-**gallery** ~-**range** *s* skjutbana
shop I *s* 1 butik 2 verkstad 3 F fack, yrke 4 F fackprat II *itr* gå och handla [*go* ~*ping*] ~-**boy** *s* springpojke ~-**keeper** *s* handlande; krämare ~-**lifter** *s* butikstjuv -**py** *a* 1 affärs- 2 fack-
-**walker** *s* kontrollör
1 shore [ʃɔ:] *s tr* stötta [upp]

2 **shore** s strand; *in* ~ intill land; *on*
~ *i land* -**ward** [əd] *a adv* mot land
shorn [ʃɔ:n] pp. av *shear*
short I *a* 1 kort; låg, liten; ~ *for* förkortning för; ~ *sight* när-, kort|synthet; *make* ~ *work of* göra processen kort med; *be* ~ fatta sig kort; *cut* ~ [tvärt] avbryta; *to cut it* ~ kort sagt 2 knapp, otillräcklig; ~ *of* utan; utom; *little* ~ *of* så gott som; *nothing* ~ *of* ingenting mindre än; ~ *of breath* andtäppt; ~ *of sight* närsynt; *be* ~ *of* ha ont om; [det] fattas; *come (fall)* ~ *of* ej motsvara, svika; *come (fall)* ~ tryta, komma till korta; *run* ~ lida brist [*of* på], börja ta slut 3 tvär, snäsig 4 mör; lös 5 S stark II *adv* kort; tvärt, plötsligt III s 1 F ~s kort-, idrotts|byxor 2 *for* ~ för korthetens skull; *in* ~ kort sagt; *the long and the* ~ *of it* det hela -**age** s brist -**bread** -**cake** s mörbakelse -**coming** s brist ~-**dated** *a* kort[fristig] -**en** *tr itr* förkorta[s], minska[s] -**hand** s a stenografi[sk] ~-**handed** *a* med otillräcklig arbetskraft -**lived** [i] *a* kort|livad, -varig -**ly** *adv* [inom] kort -**ness** s korthet; knapphet; ~ *of breath* andtäppa ~-**sighted** *a* närsynt; kortsynt ~-**tempered** *a* obehärskad ~-**winded** [wi] *a* andtäppt ~- -**witted** *a* korttänkt
1 **shot** [ʃɔt] imp. o. pp. av *shoot*
2 **shot** s andel [i betalning]
3 **shot** I s 1 skott; F försök, gissning; ~ *with ball* skarpt skott; *blank* ~ löst skott 2 kula; [bly]hagel; *fire with* ~ skjuta skarpt 3 skytt II *tr* ladda skarpt -**proof** *a* skottfast
should [ʃud, ʃəd] skulle, borde, bör
shoulder [ou'] I s axel; skuldra; [får]-bog; utsprång; *give the cold* ~ *to* bemöta kyligt II *tr* 1 knuffa 2 lägga på axeln; axla; åtaga sig ~-**belt** s axel-gehäng ~-**strap** s axelklaff
shout I *itr tr* ropa, skrika, hojta, tjuta II s rop, skrik; *my* ~ S min tur
shove [ʌ] I *tr* 1 skjuta, knuffa 2 F stoppa II *itr*, ~ *along* knuffa sig fram III s knuff, stöt
shovel [ʌ] I s skovel, skyffel; ~ [*hat*] prästhatt II *itr tr* skyffla, skotta
show [ou] I *tr* visa, röja; förete; ut-, upp|visa; utställa; ~ *a leg* stiga ur bädden; ~ *off* briljera med, uppvisa; ~ [*o. s.*] *off* briljera; ~ *up* avslöja II *itr* visa sig III s 1 före-, upp|visning, revy, utställning; parad; ~ *girl* balettflicka; *be on* ~ förevisas, skylta 2 skådespel, syn 3 utseende, sken; ståt, prål, effekt; skymt, tecken; *fairy* ~ feeri; *make a* ~ *of* vilja lysa med; göra min av; låtsas; *make a* ~ *of o. s.* göra sig löjlig; *make a fine* ~ göra sig utmärkt; *for*

~ för syns skull 4 S företag, 'tillställning' 5 S chans ~-**card** s reklam|kort. -skylt ~-**case** s monter, skyltlåda
shower [ʃau'ə] I s [regn]skur; ström II *itr* strömma ned; 'hagla' III *tr* över|-hopa, -ösa ~-**bath** s *ook* -*y a* regnig
show‖**iness** [ʃou'] s ståt -**man** s förevisare - -**room**[s] s utställningslokal - -**window** s skyltfönster -*y a* grann
shrank [ʃræŋk] imp. av *shrink*
shrap'nel s granatkartesch [~ *shell*]
shred I s remsa, trasa, bit; skymt II *tr* skära (klippa, riva) sönder
shrew [ʃru:] s 1 näbbmus 2 argbigga -*d a* klipsk, slug, skarp -**ish** *a* argsint
shriek [ʃri:k] s *itr* skrik[a]; tjut[a]
shrill *a* gäll, skarp; envis
shrimp s räka; puttifnask
shrine s helgon|skrin, -grav; helgedom
shrink (*shrank shrunk*) I *itr tr* 1 krympa, skrumpna, krypa ihop; ~ *up* krympa ihop 2 rygga tillbaka, dra sig II s krympning -**age** s krymp|ning, -mån
shrive (*shrove shriv'en*) *tr* bikta, skrifta
shriv'el *itr tr* skrynkla [ihop sig] -**led** *a* skrynklig, skrumpen
shroud I s 1 svepning; hölje, slöja 2 ♣ ~s vant II *tr* svepa; hölja, dölja
Shrove, ~ *Sunday* fastlagssöndag; ~ *Tuesday* fettisdag -**tide** s fastlagen
shrub s buske -**bery** s busksnår
shrug I *tr* rycka på II s axelryckning
shrunk se *shrink* -**en** *a* hopfallen
shuck I s skal II *tr* skala
shudd'er I *itr* rysa, skälva II s rysning
shuffle I *itr tr* 1 [gå och] släpa, hasa 2 stryka med foten 3 blanda [kort] 4 slingra sig, krumbukta; smussla, krångla [sig fram] 5 ~ *off* kasta av; skjuta ifrån sig; ~ *on* kasta på sig; ~ *up* rafsa ihop II s 1 släpande [rörelse] 2 strykning med foten 3 blandning; virrvarr 4 krångel, smussel, knep
shun *tr* sky, söka undvika, fly
shunt I *tr itr* 1 växla, kasta om 2 F skjuta åt sidan II s växling; shunt
shut (*shut shut*) I *tr* stänga; tillsluta; ~ *in* innesluta, omge; ~ *off* stänga av, utestänga; ~ *up* stänga till; slå (fälla) igen; sluta med; inspärra; F nedtysta II *itr* stänga[s]; ~ *down* slå igen; ~ *up* stänga[s], F hålla mun -**ter** s [fönster]lucka, rulljalusi
shuttle s skyttel -**cock** s fjäderboll
1 **shy** *a* skygg, rädd; blyg; misstänksam; *be* (F *fight*) ~ *of* vilja slippa
2 **shy** F I *tr* slänga II s kast; gliring
sib'ilant I *a* väsande II s väsljud
sibyl [si'bil] s sibylla
Sicil'ian I *a* siciliansk II s sicilianare
1 **sick** *tr* bussa; ~ *him!* buss på'n!
2 **sick** *a* 1 sjuk [*of i*], illamående; ~ *fund* sjukkassa; *feel* ~ ha kväljningar; ~ *at heart* hjärtängslig; ~ *of* utledsen på 2 F förargad -**en** I

sickening — 195 — **sink**

itr 1 bli sjuk (led) 2 känna äckel (vämjelse) II *tr* göra illamående; fylla med äckel **-ening** *a* vidrig, äcklig
sickle [sikl] *s* skära
sick'||**-leave** *s* sjukledighet **- -list** *s* sjukjournal **-ly** *a* 1 sjuklig; osund; blek 2 äcklig **-ness** *s* 1 sjukdom 2 kväljningar **- -relief** *s* sjukhjälp
side I *s* 1 sida; kant; håll; ståndpunkt, sak; lag; *classical (modern)* ~ latin-(real)linje; *split (shake)* o.'s ~*s with laughter* kikna av skratt; *take* ~*s with* ta parti för 2 sluttning 3 S 'mallighet' II *tr*, ~ *with a p.* ställa sig på ngns sida **-board** *s* byffe, skänk- [bord] ~**-car** *s* [motorcykel med] sidvagn ~**-dish** *s* mellanrätt **-light** *s* sido|belysning, -lanterna **-long** *a adv* sido-; från (på) sidan, [på] sned
si'de||**-saddle** *s* damsadel **- -slip** I *s* slirning II *itr* slira **- -splitting** *a* skrattretande **- -stroke** *s* 1 slag mot (från) sidan 2 sidsim[tag] **- -walk** *s* gångbana, trottoar **-ward**[s] [ədz] **-ways** *a adv* åt (från) sidan, på sned
si'd||**ing** *s* sidospår **-le** *itr* maka sig
siege [si:dʒ] *s* belägring
sieve [siv] I *s* såll, sikt II *tr* sålla
sift I *tr* sålla, sikta; frånskilja; granska, utforska II *itr* sippra, falla
sigh [sai] *s itr* suck[a]; tråna; susa
sight (sait] I *s* 1 syn[förmåga]; åsyn, anblick; *second* / ~ fjärrskådande; *catch (get)* ~ *of* få syn på; *at* ~ på fläcken; *a vista*; [spela] från bladet; *by* ~ till utseendet 2 syn|håll, -krets, sikte 3 skådespel; sevärdhet 4 sikte; syftning, observation 5 F massa II *tr* ⚓ sikta; observera **-less** *a* 1 blind 2 osynlig **-ly** *a* behaglig för ögat, sikt **-seeing** I *a* skådelysten II *s*, *go* [*a*-] ~ [gå och] titta på sevärdheter **-seer** *s* skådelysten, turist
sign [sain] I *s* 1 tecken; märke; symbol; vink 2 skylt II *tr* 1 underteckna; signera; ~ *away* förskriva 2 teckna III *itr* 1 skriva sitt namn; ~ *off* ⚓ avmönstra 2 ge tecken
signal [si'g] I *s* signal, tecken II *a* märklig III *tr itr* signalera ~**-box** *s* signalhytt **-ize** *tr* utmärka, ge glans åt
signa||**tory** [si'g] *a s* signatär[makt] **-ture** [tʃə] *s* namnteckning
signi||**ficance** [signi'] *s* betydelse **-ficant** *a* betydelsefull **-fication** *s* betydelse **-ficative** *a* beteknande **-fy** [-'--] *tr* beteckna, betyda; tillkännage
signpost [sai'npoust] *s* vägvisare
si'len||**ce** I *s* tyst|nad, -het; glömska; *S*~! tyst! II *tr* [ned]tysta **-cer** *s* ljuddämpare **-t** *a* tyst[låten], stilla; stum
Silesian [saili:'ziən] *a s* schles|isk, -ier
silic||**ious** [i'ʃ] *a* kisel- **-on** [-'-kon] *s* kisel
silk *s* silke, siden; ~*s* siden|tyger, -varor; ~ *hat* hög hatt **-en** *a* silkes|-

len, -fin ~**-worm** *s* silkesmask **-y** *a* 1 silkes|len, -glänsande 2 mild; len
sill *s* 1 fönsterbräde 2 syll; tröskel
silly *a s* dum[bom], enfaldig, fånig
silt I *s* [flod]slam, mudder II *tr itr* 1 ~ *up* igenslamma[s] 2 sippra [fram]
sil'van *a* skogs-, i skogen; lantlig
sil'ver I *s* silver; bordssilver; ~ *foil* bladsilver; ~ *paper* silkes-, stanniol|papper II *tr itr* försilvra[s] **-y** *a* silver|glänsande, -klar
sim'ian I *a* apliknande II *s* apa
sim'il||**ar** *a* lik[nande], dylik **-arity** [æ'] *s* likhet **-arly** *adv* likaledes **-e** [li] *s* liknelse **-itude** [mi'l] *s* lik|het, -nelse
simmer *itr s* småkoka, sjud|a, -ning
sim'per I *itr* le tillgjort II *s* fånigt smil
simple I *a* 1 enkel 2 naturlig, rättfram 3 enfaldig, godtrogen 4 tydlig 5 ren[a] II *s* läkeört ~**-hearted** *a* okonstlad ~**-minded** *a* 1 trohjärtad 2 enfaldig **-ton** *s* våp, tok
simpl||**ic'ity** *s* enkelhet; naturlighet **-ification** *s* förenkling **-ify** [-'--] *tr* förenkla **-y** [-'-] *adv* [helt] enkelt
simul||**a'crum** [simju] *s* avbild; sken-[bild]; bedrägeri **-ate** [si'] *tr* 1 efterhärma 2 hyckla **-ation** *s* förställning
simulta'neous [simə] *a* samtidig
sin I *s* synd, försyndelse II *itr* synda
sinapism [si'nəpizm] *s* senapsplåster
since I *adv* sedan dess; *ever* ~ allt sedan II *prep* [allt] sedan; för .. sedan III *konj* sedan; eftersom, då
since'r||**e** *a* uppriktig, ärlig; sann **-ity** [se'r] *s* uppriktighet, ärlighet
sinecure [sai'nikjuə] *s* latmansgöra
sinew [si'nju:] *s* 1 sena 2 ~*s* muskler, kraft; nerv, resurser **-y** *a* senig; kraftfull, stark
sinful [si'nf(u)l] *a* syndfull, syndig
sing (*sang sung*) *itr tr* sjunga
singe [sindʒ] *tr itr* sveda[s], bränna
sing'||**er** [si'ŋə] *s* sångare **-ing** *s* sång
single [ŋg] I *a* 1 enda; enstaka 2 enkel, odelad; ~ *bed* enmanssäng; ~ *bill* solaväxel 3 ensam; ogift II *s* singel[match] III *tr*, ~ *out* utvälja ~**-breasted** *a* enkelradig ~**-handed** *a adv* 1 enhänt 2 ensam ~**-hearted** *a* uppriktig **-ness** *s* 1 ensamhet 2 ~ *of heart* redbarhet **-ton** *s* singelkort
sing'ly [ŋg] *adv* 1 en och en 2 ensam
sing'song *s a* 1 entonigt tal el. ljud 2 banal 3 amatörkonsert, 'allsång'
singular [si'ŋgjulə] I *a* 1 singular 2 ovanlig, egendomlig 3 framstående II *s* singularis **-ity** [æ'r] *s* egen[domlig]het
sin'ister *a* 1 [her.] vänster 2 ödesdiger 3 illvillig, lömsk
sink (*sank sunk*) I *itr* 1 sjunka, sänka sig [ned]; falla 2 avtaga, minskas 3 slutta; ~ *in* störta in II *tr* 1 sänka 2 gräva [ned], borra 3 minska; amortera 4 binda; förlora 5 hemlighålla;

sinker — 196 — **Slav**

åsidosätta 6 gravera 7 ♣ förlora ur
sikte III s slaskrör, vask; 'dypöl'
-er s 1 gravör 2 sänke; lod
sin'||less a utan synd -ner s syndare
sinuous [si'nju] a buktig, slingrande
sip I tr itr läppja, smutta [på] II s klunk
siphon [sai´t(ə)n] s 1 hävert 2 sifon
sir [sə:, sə] s 1 min herre 2 S ~ [baronet-, knight|titel] -e [sai'ə] s 1 fader
2 S~ Ers Majestät
siren [sai'ərin] s 1 siren 2 mjstlur
sirloin [sə:'loin] s ländstycke, oxstek
sis'ter s syster ~-in-law s svägerska
sit (sat sat) itr 1 sitta; ligga, vara belägen; ~ tight F sätta sig tillrätta,
stå på' sig; ~ on överlägga om; ~
[up]on a p. F hålla efter ngn 2 ~
down sätta sig; ~ down to hugga i'
med; ~ out sitta ute (över); ~ up
sitta uppe (rak); sätta sig upp 3 ligga,
ruva 4 sammanträda 5 trycka, tynga
6 passa, kläda
site s 1 plats, tomt 2 läge
sitt'||er s 1 sittande 2 ligghöna 3 sittande fågel; lätt byte (sak) -ing s 1
sittning; sammanträde; at a (one) ~
i ett sträck 2 sittplats -ing-room s 1
vardagsrum 2 sittplatser
sit'uat||ed [ju] a belägen; ställd; be ~
ligga -ion s 1 läge, belägenhet 2 plats
six I räkn sex II s 1 sex[tal]; 2 sexa
-pence s sexpence-mynt -penny a
värd sex pence -'tee´n räkn sexton
-th a s sjätte[del] -ty räkn sextio
si'z||able a ganska stor -ar s [univ.]
stipendiat -e I s storlek, mått;
'nummer'; full ~ kroppsstorlek; of a
~ lika stora II tr 1 ordna efter storlek 2 ~ up F bedöma, taxera
sizzle I itr fräsa II s fräsande
1 skate [skeit] s [zool.] rocka
2 skat||e s itr [åka] skridsko -er s
skridskoåkare -ing s skridskoåkning
skedadd'le itr F skena i väg; ge sig av
skein [skein] s härva, docka
skel'eton s 1 skelett, benbyggnad;
stomme; ~ key dyrk 2 utkast, plan
sketch I s skiss, konturteckning, utkast; 'sketch'. II tr skissera ~-map
s konturkarta -y a skisserad; lös[lig]
skew [ju:] a sned -bald [ɔ:] a skäckig
ski [ski:, ʃi:] s tr itr skida, åka skidor
skid I s 1 broms, hämsko 2 slirning
II itr slira ~-chain s snökedja
skiff s julle; farkost
skil'||ful a skicklig -l s skicklighet -led
a [yrkes]skicklig
skim tr itr 1 skumma [av] 2 stryka
(glida) fram [över] -mer s skumslev
skimp tr itr vara snål [mot, med]
skin I s 1 hud, skinn; with the ~ of
o.'s teeth med knapp nöd 2 skal 3
skinnlägel 4 hinna II tr 1 flå,
skrapa [av' huden på] 2 skala 3 S
skinna 4 F dra av [sig] III itr, ~

over läkas -flint s gnidare -ful s F
~ of massvis med ~-game s svindel,
skoj -ny a skinntorr, utmärglad
skip I itr tr 1 skutta, hoppa [över] 2 F
~ [it] ge sig i väg II s skutt, hopp
skipp'er s skeppare; [F, sport.] kapten
skipping-rope [ski'pinroup] s hopprep
skirl [skə:l] s säckpipIåt
skirmish [skə:'] itr s skärmytsl|a, -ing
skirt [ə:] I s 1 kjol; S kjoltyg 2 skört
3 ~s bryn, [ut]kant II tr kanta
ski-runner [ski:', ʃi:'] s skidlöpare
skit s skämtskrift; satir, burlesk
-tish a yster, yr, vild av sig
skittle s kägla; ~s kägelspel, S strunt !
~-alley s kägelbana ~-pin s kägla
skulk itr hålla sig undan. F smita
skull s skalle ~-cap s kalott
skunk s skunk; [bildl.] S kräk
sky s himmel; [pl.] himmelsstreck
Skye [skai] s skotsk terrier
sky'||er [ai(] s hög lyra -ey [i] a himmels|hög, -blå -lark I s 1 sanglärka
2 F lek, stoj II itr F skoja, stoja
-light s takfönster - -line s horisont
- -scraper s skyskrapa -ward[s] [əd]
adv mot himlen - -writing s rökskrift
slab s [sten]platta, häll; skiva; kaka
slabber [slæ'bə] = slobber
slack I a 1 slak, lös, slapp 2 olustig,
loj, trög; ~ [water] dödvatten 3
släckt [kalk] II s, ~s byxor, overalls III tr 1 slappa, lossa på, ♣ fira
2 släcka IV itr 1 slakna 2 slappna
[av'], vara (bli) slapp (lat); ~ off (up)
sakta farten -en I tr 1 = slack III 1
2 minska, sakta II itr 1 bli slak 2
slappna 3 avtaga -er s F slöfock
slag I s slagg II tr F slagga [sig]
slain [slein] pp. av slay
slake [sleik] tr släcka
slam I tr slå, smälla [igen] II s 1 smäll,
skräll 2 [kort.] slam
slander [ɑ:'] I s förtal, skvaller II tr baktala -er s belackare -ous a smädlig
slang s slang -y a slangartad, slangslant [ɑ:] I itr tr slutta, luta II s lutning, sluttning; on the ~ pa sned
slap I tr smälla, slå [till] II s smäll,
slag III adv F bums, rakt; burdus
-dash adv a F burdus, tvärt; vårdslös[t] -ping ~-up a S flott, pampig
slash I tr 1 rista (fläka, slitsa) upp 2
klatscha till' (på´) II tr slå omkring
sig, klatscha III s hugg, slag, jack
slat I s spjäla; [tvär]slå II tr itr slå
slate I s 1 skiffer[platta] 2 griffeltavla
II tr 1 täcka med skiffer 2 nedgöra;
läxa upp ~-pencil s griffel
slatt'ern s slampa -ly a slampig
sla'ty a skiffrig, skifferfärgad, skifferslaughter [ɔ:'t] I s slakt[ande]; massaker II tr slakta; nedhugga -er s
slaktare ~-house s slakt|eri, -hus
Slav [ɑ:, æ] I s slav [folk] II a slavisk

slave — 197 — sluttish

slave I s slav, träl II *itr* slava
1 **slav´er** *itr tr* s dreg|la, -el; smicker
2 **sla´v|ler** s slav|handlare, -skepp -ery s slaveri -e-trade s slavhandel -ey [i] s F hemslavinna -ish a slavisk
slay (*slew slain*) *tr* dräpa -er s dråpare
slea´zy a tunn; trådsliten, sjaskig
sled I s kälke II *tr itr* åka (köra på) kälke -ge [dʒ] s *itr* [åkå] släde (kälke)
sled´ge[-**hammer**] [dʒ] s [smed]slägga
sleek a 1 slät; skinande 2 hal, sliskig
sleep (*slept slept*) I *itr tr* 1 sova 2 ligga, hysa [över natten] II s sömn; *drop off to* ~ somna [till´]; *go* (*get*) *to* ~ somna; *put to* ~ söva; lägga -er s 1 sovare 2 sliper, syll 3 sovvagn -ing a s sovande; sov-, sömn[-]; ~-*car-|riage*] sovvagn; ~-*draught* sömnmedel ~-**walker** s sömngångare -y a sömn[akt]lig -**yhead** s döddansare
sleet s snö|slask, -glopp -y a slaskig
sleeve s ärm; *in o.'s* ~ i mjugg; *up o.'s* ~ i beredskap ~-**link** s manschettknapp
sleigh [slei] = *sledge* -**ing** s slädåkning
slen´der a 1 smärt, smal, smäcker; spinkig 2 klen, skral, knapp
slept [slept] imp. o. pp. av *sleep*
sleuth[-**hound**] [slu:´þ] s spårhund
slew [slu:] imp. av *slay*
slice I s 1 skiva; ~ *of bread and butter* smörgås 2 [an]del, smula 3 bröd-, fisk|spåde II *tr* skära upp; klyva
slick F I a ren II *adv* ledigt; rätt, rakt
slide (*slid slid*) I *itr* glida; slå kana; falla; *let things* ~ låta det gå II *tr* låta glida, skjuta [fram] III s 1 glidning 2 [is]bana, kälkbacke; rutschbana 3 skred, ras 4 skjutglas; löpare ~-**rule** s räknesticka
sli´ding a glidande, skjutbar; skjut-
slight [slait] I a 1 smärt, spenslig; svag 2 lätt, lindrig, ringa II *tr* ringakta, försumma III s ringaktning -**ly** *adv* 1 lätt, något 2 ringaktande
slily [slai´li] *adv* listigt, slugt
slim a 1 smal, spenslig; svag 2 S slug
slim|le s 1 slam, gyttja 2 slem -y a 1 gyttjig 2 slemmig 3 F sliskig; hal
sling I (*slung slung*) *tr* 1 slunga, slänga, kasta 2 hänga upp 3 lägga i bindel II s 1 slunga 2 kast 3 slinga; ♣ länga 4 bindel; band 5 gevärsrem
slink (*slunk slunk*) *itr* smyga [sig]
slip I *itr* 1 glida; smyga sig; ila; gå i baklås; släppa; ~ *into* S kasta sig över; kasta på sig 2 halka [omkull], snava; göra fel II *tr* 1 låta glida, smyga, sticka; draga; kasta; ~ *over* halka över 2 släppa [lös, av], ♣ fira loss; koppla ifrån 3 und|komma, -gå, -falla; glida ur III s 1 glidning; halkning; fel, misstag, felsteg; ~ *of the pen* skrivfel; *get the* ~ F kuggas; *give a p. the* ~ smyga sig ifrån ngn 2 [kudd]var 3 undertröja; förkläde 4 stickling; *a* [*mere*] ~ *of a girl* en flickstumpa 5 ~s koppelrem 6 bit, remsa 7 ♣ slip, stapelbädd ~-**knot** s löpknut -**per** s 1 toffel 2 hämsko -**pery** a hal, glatt -**py** a F rask, kvick -**shod** a slarvig, ovårdad -**slop** I s skvalp, 'soppa'; strunt[prat] II a grått-mild; usel, strunt- -**way** s ♣ slip
slit I (*slit slit*) *tr* skära (sprätta) upp, klyva II *itr* klyvas, spricka upp III s reva, remna; springa, sprund
sliv´er I *tr* klyva II s flisa, spån
slobb´er I *itr tr* dregla [ned] II s 1 dregel 2 pjoller, fjoskighet
sloe [slou] s slån[buske], slånbär
slo´gan s härskri; partiparoll, lösen
sloid [sloid] s slöjd
sloop s ♣ slup; ~ *of war* kanonslup
slop I s 1 slask 2 ~s disk-, slask|vatten 3 ~s flytande föda II *itr tr* spilla[s] ut, skvimpa över, spilla ner ~-**basin** s spilkum; sköljkopp
slope I s slutt|ande, -ning, lutning II *itr* 1 slutta, luta 2 S gå sin väg; ~ *about* stryka omkring III *tr* luta [på], avsnedda, dosera
slopp´y a 1 vattnig, slaskig 2 löslig
slops *spl* [säng]kläder
slot s spår; fals, ränna; öppning, slits
sloth [ou] s 1 tröghet 2 sengångare
slot-machine s automat[skåp]
slouch I s 1 hopsjunken hållning (gång) 2 slokande 3 S klåpare II *itr* 1 gå (stå, sitta) hopsjunken, stulta; loma 2 sloka ~-**hat** s slokhatt
1 **slough** [slau] s träsk, moras; dy
2 **slough** [slʌf] s ormskinn; sårskorpa
sloven [slʌvn] s 1 slusk, smutsgris 2 slarv -**ly** a ovårdad, slarvig -**ry** s slarv
slow [ou] I a *adv* 1 långsam[t], sakta, trög 2 *be* ~ gå efter, sakta sig 3 [lång]tråkig; död II *itr tr*, ~ *down* (*up*) sakta [farten] ~-**match** s lunta ~-**witted** a trögtänkt ~-**worm** s ormslå
sloyd [sloid] s slöjd
slubber [slʌ´bə] = *slobber*
sludge [slʌdʒ] s dy, gyttja; snösörja
slug s 1 snigel 2 rännkula -**gard** [əd] s latmask, dröṇare -**gish** a lat, trög
sluice [slu:s] I s 1 sluss; dammlucka 2 ström II *tr* 1 ~ *off* leda bort 2 översvämma 3 F skölja III *itr* strömma
slum s fattigkvarter, slum[kvarter]
slum´ber I *itr* slumra, vila; sova II s slummer -**ous** a sömn|ig, -givande
slumm´|ler s slumbesökare -**y** a slummig I s prisfall; kris II *itr* sjunka
slump I s prisfall; kris II *itr* sjunka
slung slunk imp. o. pp. av *sling*, *slink*
slur [ə:] I *tr itr* 1 [ut]tala (skriva) suddigt, sluddra 2 spela legato 3 halka (glida) [över] III s 1 sludder, suddig stil 2 legato[båge] 3 [skam]fläck
slush s 1 dy; snösörja 2 F strunt, jolm
slut s slampa, tös -**tish** a slampig

sly *a* 1 [knip]slug, listig; *on the* ~ i smyg 2 klipsk **-boots** *s* F lurifax
1 **smack** I *s* [bi]smak, anstrykning II *itr*, ~ *of* smaka [av]
2 **smack** I *s* 1 smack[ning] 2 smäll, slag 3 **smällkyss** II *tr itr* 1 smacka [med] 2 slå, klatscha [med] III *adv* F S rakt, pladask **-er** *s* F S 1 smällkyss; smäll 2 baddare; ngt finfint
small [ɔ:] I *a* 1 liten; ~ *change* (*coin*) småpengar; ~ *talk* små-, kall|prat 2 flat, förlägen 3 tunn, fin, svag 4 småaktig II *s* 1 smal del 2 *S*~*s* F del av *B*. *A*.-examen **-pox** *s* koppor
smart I *a* 1 skarp, häftig, hård 2 rask, flink, frisk; *look* ~! raska på! 3 duktig; klämmig 4 pigg, vaken, fyndig, kvick 5 smart, slipad 6 elegant, stilig; spänstig 7 modern, fin 8 F ansenlig II *itr* 1 känna sveda; svida; lida 2 ~ *for* plikta (sota) för III *s* smärta, sveda **-en** *tr itr* fiffa upp [sig] ~**-money** *s* 1 ersättning för sveda och värk 2 gratifikation
smash I *tr* 1 krossa 2 F slå till 3 smasha 4 ruinera II *itr* 1 gå i kras (sönder) 2 'köra', rusa 3 gå omkull; göra konkurs III *s* 1 krossande; *go to* ~ gå i kras; bli ruinerad 2 sammanstötning, krock; konkurs; Fskräll 3 F grogg IV *adv* F rakt, rätt; kaputt **-er** *s* S dråpslag, dräpande svar
smatt´ering *s* hum, aning
smear [smiə] I *s* [fett]fläck II *tr itr* 1 fläcka; smörja; smeta [ned] 2 sudda [till] **-y** *a* smörjig, smetig
smell I (*smelt smelt*) *tr* 1 känna [lukten av]; vädra 2 lukta på II *itr* lukta, dofta; ~ *of* lukta III *s* lukt; luktsinne **-er** *s* P S 1 näsa 2 slag **-ing-bottle** *s* luktflaska **-y** *a* F illaluktande
1 **smelt** [smelt] *s* nors
2 **smelt** *tr* smälta **-ery** *s* [smält]hytta
smile *itr tr s* le[ende] [*at* åt; *on* mot]
smirch [ə:] *s tr* fläck[a], besudla
smirk [ə:] *itr* le självbelåtet, smila
smite (*smote smitten*) *tr itr* 1 slå; *smitten with* betagen i, slagen av 2 förgöra, dräpa 3 träffa, möta
smith *s* smed **-ery** *s* smide **-y** *s* smedja
smock *s* lek-, arbets|blus [äv. ~-*frock*]
smo´kable *a s* rökbar; ~*s* rökverk
smoke I *s* 1 rök; *like* ~ S med kläm 2 S rökverk II *itr* 1 ryka 2 röka III *tr* röka ~**-ball** **-**-*bomb* ~**-black** *s* kimrök ~**-bomb** *s* rökbomb ~**-dried** *a* rökt **-less** *a* rökfri **-r** *s* rökare; F rökkupé ~**-screen** *s* rökslöja, dimbildning ~**-stack** *s* skorsten
smo´king *s* rökning ~**-compartment** *s* rökkupé ~**-jacket** *s* rökrock
smo´ky *a* 1 rykande 2 rökig; nedrökt
smooth [ð] I *a* 1 slät, jämn, glatt; lätt, flytande 2 lugn, stilla 3 len, fin; mild; blid 4 inställsam II *adv* jämnt **-[e]** *tr itr* 1 göra jämn (slät), jämna 2 släta till' (ut) 3 ~ *down* lugna [sig]; bilägga ~**-faced** *a* fryntlig; inställsam **-ing-iron** *s* strykjärn
smote [smout] imp. av *smite*
smother [Λ´ðə] *tr* 1 kväva 2 överhölja 3 nedtysta, dämpa **-y** *a* kvävande
smoulder [ou´] *itr s* ryka, pyra; glöd[a]
smudge [dʒ] I *s* [smuts]fläck II *tr* sudda ned; fläcka
smug I *a* självbelåten II *s* S tråkmåns
smugg´le *tr itr* smuggla **-r** *s* smugglare
smut I *s* 1 sot|flaga, -fläck 2 [sädes]-rost 3 oanständigt tal (språk) II *tr* sota ned, smutsa **-ty** *a* sotig
snack *s* 1 mellanmål 2 *go* ~*s* dela lika
snaff´le *s* träns ~**-bit** *s* tränsbetsel
snag *s* knöl, stump; trasig tand; stam
snail *s* snigel; ~*'s pace* snigelfart
snake *s* orm ~**-charmer** *s* ormtjusare
snap I *itr* 1 nafsa, snappa; bitas; nappa 2 fräsa, fara ut 3 gå av (itu), knäckas 4 knäppa [till], smälla II *tr* 1 snappa bort, bita av 2 bryta av (itu) 3 knäppa av; smälla (knäppa) med (igen) III *s* 1 nafsande 2 knäpp[ande] 3 knäppe 4 kläm, fart **5** = **-*shot*** IV *a adv* plötslig[t] **-per** *s* arg hund; 'bitvarg' **-pish** *a* snäsig, arg[sint] **-py** *a* 1 arg 2 klämmig, pigg **-shot** *s* skott på måfå; ögonblicksbild
snare [ɛə] I *s* snara II *tr* snara, snärja
snarl *itr tr s* morra[nde], brumma[nde]
snatch 1 *tr* rycka till sig; hugga; stjäla II *itr* 1 hugga för sig 2 ~ *at* gripa efter III *s* 1 hugg, grepp, napp 2 ryck; stump; glimt
sneak I *itr* 1 smyga [sig]; ~*ing* hemlig 2 S skvallra II *tr* S knycka III *s* lurifax; S skvallerbytta
sneer I *itr* 1 hånle, kallgrina 2 ~ *at* håna, pika II *s* hån[leende]; drift, gliring **-ing** *a* hånfull
sneeze I *itr* nysa II *s* nysning
snick´er *s itr* gnägga[nde]; fnissa[nde]
snide S *a s* oäkta, falsk [juvel, mynt]
sniff I *itr* snörvla; vädra, snusa; fnysa II *tr* inandas; ~ *up* dra upp i näsan; lukta [på] III *s* 1 snusning, inandning; fnysning 2 'nypa' [luft] **-y** *a* 1 föraktfull 2 illaluktande
snigg´er *itr s* fniss[ande], flin[a]
snip I *tr itr* klippa [av´] II *s* klipp; bit
snipe *s itr* [jaga] beckasin; ⚔ skjuta
snipp´et *s* avklippt bit, remsa, urklipp
sniv´el I *itr* 1 snörvla, P snora 2 gnälla II *s* 1 snor 2 gnäll, jämmer
snob *s* 'snobb', societetsfjant **-bish** *a* snobbaktig, dumhögfärdig
snook [snu(:)k] *s* F 'lång näsa'
snooze I *itr* ta sig en lur; sova II *s* lur
snore [ɔ:] I *tr* snarka II *s* snarkning
snort *itr s* fnysa, frusta[nde] **-er** *s* S våldsam storm; kraftprov; baddare
snout *s* nos, tryne; pip, tut; utsprång

snow [ou] I s snö; ~s snö|drivor, -fall
II itr snöa; ~ed in (up) insnöad
-ball s 1 snöboll 2 pudding ~-boot s
pampusch ~-capped a snötäckt
~-drift s snödriva ~-line s snögräns
~-slip s snöskred -y a snöjig, -vit
snub I tr snäsa [av']; II s [av]snäsning
III a, ~ nose trubbnäsa
1 snuff I s snopp II tr itr snoppa
2 snuff tr itr s snus[a]; jfr sniff; up to
~ 'full av sjutton' ~-box s snusdosa
snuffle I itr snörvla, tala i näsan; gnälla
[fram] II s snörvling, näston, gnäll
snug a 1 ombonad; trevlig, bra; be ~
ha det skönt 2 gömd -gery s krypin,
lya; gästrum -gle I itr krypa [to tätt
intill] II tr trycka intill sig
so adv 1 så; ~ ~ F någorlunda; is
that ~? jaså? ~ far ~ good så långt
är det bra; ~ far as såvitt; if ~ i så
fall; the more ~ as så mycket mer
som 2 så, [och] därför; så och så 3
and ~ on och [det gjorde] vi
också 4 det; I hope ~ jag hoppas det
soak [ou] I tr itr 1 blöt[n]a, lägga
(ligga) i blöt; ~ o. s. in fördjupa sig
i 2 [genom]dränka 3 suga[s] 4 F supa II s blötning; rotblöta, hällregn;
F fylla -er s 1 hällregn 2 F fylltratt
so'-and-so s den och den; S~ N. N.
soap [ou] I s 1 såpa; soft ~ smicker 2
tvål II tr såpa (tvåla) [in] ~-boiler
s såp-, tvål|fabrikant ~-dish s tvålkopp ~-suds spl såp-, tvål|lödder
-y a 1 såp[akt]ig 2 inställsam
soar [so:] itr sväva högt, svinga (höja)
sig; stiga; ~ing högtsträvande
sob I itr snyfta; flämta II s snyftning
so'b||er I a 1 nykter; måttlig; in o.'s
~ senses vid full besinning 2 lugn,
sansad 3 diskret [färg] II tr göra
nykter; dämpa III itr, ~ down bli
sansad -er-minded a sansad, lugn
-ri'ety s nykterhet; måttfullhet; lugn
soccer [so'kə] s F fotboll[sspel]
socia||bil'ity [soufə] s sällskaplighet
-ble [sou'] I a sällskaplig, trevlig II
s F 1 bjudning, samkväm 2 soffa -l
[sou'] I a 1 samhällelig, samhälls- 2
sällskaplig; sällskaps- II s F samkväm
soci'||ety [sə] s 1 samhälle[t] 2 societet[en], sällskapslivet 3 sällskap, förening -ologist [sousio'lədʒ] s sociolog
1 sock s 1 [kort]strumpa 2 [filt]sula
2 sock S I tr slänga; träffa II s slag
socker [so'kə]=soccer
sock'et s 1 hålighet; hål; [led-, ögon-]
håla 2 ljus|pipa, -manschett 3 hylsa
sod s gräs|matta, -mark, -torv[a]
so'da s soda[vatten] ~-fountain s sifon
sodd'en a genomblött; degig; 'kladdig'
soft a 1 mjuk; fin, len; lös; ~ things
komplimanger 2 lätt, lindrig 3 mild,
stilla 4 F alkoholfri 5 F vek[lig];
enfaldig, fånig ~-boiled a löskokt

-en [sɔ(:)fn] I tr 1 uppmjuka 2 mildra II itr mjukna; bli mildare ~-headed a enfaldig ~-hearted a ömsint ~-spoken a [snäll och] vänlig
1 soil s jord[mån], mull, mylla; mark
2 soil I tr smutsa [ned]; fläcka II s
smuts[fläck] ~-pipe s avloppsrör
sojourn [so'dʒə:n] itr s vist|as, -else
solace [so'ləs] s tr itr tröst[a]; lindra
solar [sou'lə] a sol- [ray, system, year]
sold [ou] imp. o. pp. av sell
sol'der I s lod, lödmetall II tr itr löda
soldier [sou'ldʒə] I s soldat; krigare; S
rökt sill II itr tjäna som soldat; S
skolka -like -ly a militärisk, krigar-
-ship s krigsduglighet -y s krigsfolk
1 sole I s 1 sula 2 sjötunga II tr sula
2 sole a enda, ensam; ~ly uteslutande
sol'ecism s språkfel; brott mot god ton
solemn [sɔ'ləm] a högtidlig -ity [le'mn]
s högtidlighet -ize [mn] tr fira
solic'it tr anropa, bedja [om]; söka;
påkalla -ation s bön, anhållan -or s
advokat, juridiskt ombud -ous a 1
angelägen 2 bekymrad -ude s omsorg; oro; bekymmer
sol'id a 1 solid, fast, massiv; rymd- 2
bastant 3 vederhäftig, säker 4 enhällig -ify [li'd] tr itr göra (bli)
fast; samla[s], ena[s] -ity [li'd] s 1
fasthet 2 vederhäftighet 3 volym
soli||o||quize [əkwaiz] itr prata för sig
själv -quy [kwi] s monolog
sol'it||ary a 1 ensam; enstaka 2 enslig,
avskild 3 enda -ude s ensamhet,
enslighet; enslig plats
solstice [sɔ'lstis] s solstånd
sol'||uble a lös|lig, -bar -u'tion s [upp]-
lösning -vable a lös-, tyd|bar -ve tr lösa,
tyda -vency s vederhäftighet -vent
a s vederhäftig; lös|ande, -ningsmedel
sombre [sɔ'mbə] a mörk, dyster
some [ʌ] I pron 1 någon, en [viss];
[pl.] några, somliga; ~ day [or other]
endera dagen 2 något, litet 3 F en
riktig, något till II adv ungefär, en
-body [bədi] pron någon -how adv
på något sätt, i alla fall -one=-body
somersault [sʌm]s kullerbytta, volt
some||thing [ʌ'] pron någ|ot, -onting;
~ of the kind något sådant (ditåt); that is ~ det är ju alltid något
-time adv a fordom; förr -times
adv ibland -what adv något, tämligen -where adv, ~ [or other] någonstädes; ~ else någon annanstans
somn||am'bulist [ju] s sömngångare
-if'erous a sömngivande -olent ['-'--]
a 1 sömn[akt]ig, dåsig 2 sövande
son [ʌ] s son; ~-in-law måg, svärson
song s sång, visa; the S~ of S~s
Höga visan; for a ~ för en spottstyver -ster s sångare
sonn'et s sonett -ee'r s sonettdiktare
sonny [sʌ'ni] s [min] lille gosse

sonor‖ity [ɔ'r] s klangfullhet -ous [ɔ:'r] a klangfull, sonor
soon adv snart; ~ after kort därefter (efter att); as ~ lika gärna; at the ~est snarast [möjligt] -er adv 1 förr; no ~ .. than knappt .. förrän; no ~ said than done sagt och gjort 2 hellre
soot [sut] I s sot II tr sota ned
sooth [su:þ] s, in ~ i sanning
soothe [ð] tr lugna, lindra, lirka med
soo'thsayer s siare, spåman
sooty [su'ti] a sotig, sotsvart, sot-
sop I s 1 brödbit; tröst, mutor 2 ngt uppblött 3 F mes II tr doppa, blöta; ~ping [wet] genomvåt
soph'ist s sofist -ic[al] [fi's] a spetsfundig -icate [fi's] tr itr framställa (resonera) sofistiskt; förvränga; ~d [för]konstlad -ry s ordklyveri
soporif'ic a s sömngivande [medel]
sor'cer‖er s trollkarl -ess s trollkvinna -y s trolldom, häxeri; förtrollning
sor'did a smutsig; tarvlig; girig
sore [sɔ:] I a 1 öm, sårig; mörbultad; a ~ throat ont i halsen 2 känslig, ömtålig 3 bedrövad 4 svår II s 1 ont (ömt) ställe; [var]sår 2 groll [äv. -ness] -ly adv 1 svårt 2 högeligen
1 sorr'el a s fux[röd], rödbrun [häst]
2 sorrel s [bot.] syra; harsyra
sorr'ow [ou] I s sorg, bedrövelse II itr sörja -ful a 1 sorgsen 2 sorglig
sorr'y a ledsen, bedrövad; ynklig; [I am so] ~! F förlåt! I am ~ for det gör mig ont om; I am ~ to say tyvärr
sort I s sort, slag; sätt; ~ of F så att säga, tämligen; a good ~ F en hygglig karl; that ~ of thing sådant där; that's your ~ det är rätta sättet; not my ~ inte i min smak (min typ); what ~ of hurudan; out of ~s inte riktigt kry, ur humör II tr sortera, ordna; gallra III itr stämma överens
sot s fyllbult -tish a för[supen, -fäad
sough [saf] s itr sus[a], sucka[nde]
sought [sɔ:t] imp. o. pp. av seek
soul [ou] s själ; poor ~ stackare
1 sound s 1 sund 2 simbläsa
2 sound I a 1 sund, frisk; ~ sleep djup sömn 2 oskadad, fullgod 3 välgrundad 4 säker; duktig 5 grundlig II adv sunt, grundligt; djupt
3 sound I tr 1 ♆ pejla, loda 2 undersöka, sondera II itr loda III s sond
4 sound I s 1 ljud 2 klang, ton; from ~s to things från ord till handling II itr ljuda, klinga, låta III tr 1 låta ljuda (höra), blåsa, ringa; uppstämma; uttala 2 ⚔ blåsa till, slå [alarm] 3 förkunna ~-boarding s trossbotten -[ing-]board s 1 ljudskärm 2 resonansbotten -less a ljudlös ~-proof a ljudtät ~-wave s ljudvåg
soup [su:p] s soppa; clear ~ buljong
sour I a sur II tr itr göra (bli) sur; syra

source [ɔ:] s källa; upphov, ursprung
sou'r‖ish a syrlig -ness s surhet; syra
souse I s 1 saltlake 2 blötning, blöta II tr blöta; doppa; ösa III adv plums
south I s söder II a södra, sydlig, syd-; söder-; the S ~ Seas Söderhavet III adv söderut, sydvart ~'-ea'st s a sydost[lig]; ~er sydostvind; ~erly, ~ern sydostlig
souther‖ly [sʌ'ð] a sydlig -n a södra, sydlig -ner s person från södern
sou'thward [əd] I a sydlig II adv [äv. ~s] söderut, sydvart
sou'th-west' s a sydväst[lig] -er s sydvästvind -erly -ern a sydväst|lig, -ra
sou'wester [--'-] s [sjömans] sydväst
sov'ereign [rin] I a 1 högst 2 suverän, oinskränkt; regerande; oberoende 3 ofelbar II s 1 härskar|e, -inna 2 sovereign, pund -ty s överhöghet
1 sow [au] s 1 sugga 2 [järn]tacka, 'galt'
2 sow [ou] (pp. sown) tr itr [ut]så; beså -er s såningsman -ing s sådd
soy [sɔi] s soja
spa [ɑ:] s brunnsort; hälsokälla
spac‖e I s 1 rum; [världs]rymden 2 utrymme, sträcka; plats 3 tid[rymd] 4 mellanrum II tr itr 1 ordna med (göra) mellanrum 2 ~ out spärra -e-writer s 'radskrivare' -ing s mellanrum -ious [ʃəs] a rymlig, vidsträckt
spade s 1 spader[kort] 2 spade
span I tr 1 mäta, räcka om; spänna över 2 slå bro över; överbygga 3 ♆ surra II s 1 spännvidd; spann (9 tum) 2 kort tid (sträcka), lopp, gång 3 bro|spann, -valv
spangle [spæŋgl] s paljett; glitter
Span‖iard [jəd] s spanjor -ish a spansk
spank I tr daska (smälla) till (på) II itr, ~ along trava (sätta) i väg III s småll -er s 1 snabb häst 2 F bjässe -ing I s dask II a rask; S väldig, flott
spann'er s skruvnyckel
1 spar [spɑ:] s [min.] spat
2 spar s ♆ bom, spira, rundhult
3 spar I itr boxas; hugga; munhuggas II s boxning; käbbel; tuppfäktning
spar‖e [ɛə] I a 1 mager; knapp, klen 2 ledig, extra, reserv-; ~ room gästrum II tr 1 av-, und|vara; enough and to ~ nog och övernog 2 [be]-spara, [för]skona [för] 3 spara på -ely adv knappt, magert -e-rib s revbensspjäll -ing a 1 sparsam 2 knapp
spark I s 1 gnista 2 sprätt II itr gnistra -[ing]-plug s tändstift -le itr gnistra, spraka; spritta; mussera
sparring-‖match [ɑ:] s boxningsmatch -partner s träningsmotståndare
sparr'ow [ou] s sparv
spars‖e [ɑ:] a gles, tunnsådd -ity s brist
spasm [zm] s kramp[ryckning], 'ryck'
1 spat [spæt] imp. o. pp. av spit
2 spat s, ~s [korta herr]damasker

spa'tial [ʃl] a rum-, rymd-
spatt'er I tr itr 1 [ned]stänka 2 nedsvärta II s stänk; skur
spatula [spæ'tjulə] s spatel, spade
spawn [ɔ:] I tr itr 1 leka, lägga [rom] 2 frambringa II s 1 rom 2 avföda
speak (spoke spoken) itr tr tala; säga; ~ well for vittna gott om; ~ up (out) tala (sjunga) ut; ~ a p. fair tala väl vid ngn ~-easy s [Am.] S lönnkrog -er s 1 talare 2 S~ talman -ies spl S teaterpjäser -ing a talande; ~ of på tal om; strictly ~ strängt taget; on ~ terms så bekant att man talas vid -ing-trumpet s 1 ropare 2 lur
spear [iə] I s spjut, ljuster; ~ side svärdssida II tr genomborra; ljustra
special [spe'ʃəl] I a 1 speciell, särskild 2 extra[-]; ~ pleading F advokatyr II s extra|tåg, -upplaga -ity [iæ'l] s egendomlighet; specialitet -ization [aiz] s specialisering -ize tr itr specialisera [sig] -ty s specialitet
spe'cie [ʃi:] s klingande mynt -s [z] s (pl. ~) art; sort, slag
specif'ic a adv 1 art-; specifik, utmärkande 2 uttrycklig, bestämd -fy [spe's] tr specificera, i detalj ange; upp|räkna, -ge, -ta -men [spe's] s 1 prov[bit], exemp|el, -lar 2 F original; kurre -ous [spi:'ʃəs] a skenfager
speck I s fläck, prick, stänk, korn II tr fläcka -le s fläck -led a spräcklig
specs [speks] spl F=spectacles
spec't|acle s 1 skådespel; syn, anblick 2 ~s glasögon -ac'ular a anlagd på effekt, lysande -a'tor -a'tress s åskådare
spec'tr|al a 1 spöklik, spök- 2 spektral- -e [tə] s spöke, gengångare
spec'ulat|e [ju] itr spekulera; tänka -or s 1 tänkare 2 spekulant
sped [sped] imp. o. pp. av speed
speech s 1 tal[förmåga]; yttrande 2 språk ~-day s avslutning[sdag] -ify itr F hålla tal, orera -less a 1 mållös, stum 2 outsäglig
speed I s 1 fart, hast[ighet]; skyndsamhet 2 [åld.] lycka II itr tr 1 (sped sped) skynda, ila, jaga 2 (~ed ~ed) reglera hastighet; ~ up öka farten 3 God ~ you lycka till! -om'-eter s hastighetsmätare -way s motorcykelbana -y a hastig, snabb
1 spell s 1 skift, omgång, tur, ⚓ törn 2 period; tag; paus; by ~s skiftesvis
2 spell (spelt spelt el. reg.) tr itr 1 stava; ~ out (over) tyda 2 'säga' [c a t ~s cat] 3 innebära, medföra
3 spell s 1 trollformel 2 förtrollning ~-bound a förtrollad
spen|d (-t -t) tr itr 1 ge ut [pengar], göra av med, offra; öda; anv. da 2 tillbringa, fördriva -thrift s slösare
spent a utmattad, uttömd, förbi, slut
spew [spju:] tr itr [ut]spy

spher||e [sfiə] I s 1 sfär; glob, klot 2 område, fält, krets; 'ässe' II tr omsluta -ical [sfe'r] a sfärisk, klotformig
spice I s 1 krydd|a, -or 2 anstrykning II tr krydda -ry s kryddor
spick' and span' a splitter ny, fin
spi'cy a krydd|lik, -ad; pikant
spi'der s spindel ~-web s spindelväv
spigot [spi'gət] s svicka, sprundtapp
spik||e I s 1 pigg; brodd 2 [stor] spik, nagel 3 ax; [blom]kolv II tr 1 brodda; ~d helmet pickelhuva 2 förnagla; spika [fast]; genomborra -enard [ɑ:d] s nardus -y a 1 full av piggar 2 snarstucken 3 axlik
1 spill (spilt spilt el. reg.) I tr 1 spilla [ut]; utgjuta 2 F förlora 3 F kasta [av] 4 ⚓ dämpa II s F fall
2 spill s trästicka, 'fidibus'
spin (spun o. span, spun) I tr 1 spinna; ~ a yarn F dra en historia; ~ out dra ut på 2 snurra med, sätta i gång; 3 S kugga II itr 1 spinna 2 snurra III s 1 snurrande 2 F[kort] tur
spin||ach -age [spi'nidʒ] s spenat
spi'nal a ryggrads-; ~ cord ryggmärg
spin'dle s 1 spindel, axeltapp 2 spol|e, -ten; the ~ side spinnsidan
spin'drift s vågskum, sjöstänk
spine s 1 ryggrad; ax 2 tagg, torn -d a taggig -less a ryggradslös; utan taggar
spinn'er s 1 spinnare 2 spinnmaskin
spinney [spi'ni] s skogssnår, småskog
spinn'ing a s spinnande; spinn-; spånad ~-jenny s spinnmaskin ~-mill s spinneri ~-wheel s spinnrock
spin||ose [spai'nous] -ous a taggig
spin'ster s ogift kvinna; gammal fröken
spi'ny a 1 taggig 2 benig, kinkig
spi'ral a s spiral[formig], spiral-
1 spire I s tornspira II itr höja sig 2 spire s spiral, vindling
spirit (i'r) I s 1 ande, själ, själ 2 spöke 3 anda, stämning, läggning; lynne, humör; high ~ mod, stolthet; in [high] ~s vid gott humör; glad; out of ~s ur humör, nedstämd 4 liv, kraft, mod, fart, energi 5 andemening 6 sprit; ~s sprit[drycker] II tr [upp]liva; ~ed liv|lig, -full, modig, kvick -less a själlös, modlös, slö -ual a andlig -ualist s spiritist -uous a sprithaltig
spirt [spə:t] I tr itr spruta ut II s stråle
1 spiry [spai'əri] a spiralformig
2 spiry a spir|formig, -prydd
1 spit I s [stek]spett II tr spetsa
2 spit (spat spat) I itr spotta; fräsa; F stänka; sprätta II tr spotta [ut]; ut|spy, -slunga III s 1 spott[ning]; regnstänk 2 spad|tag, -blad
spite I s ondska, agg, groll; [in] ~ of [l] trots [av]; in ~ of me mot min vilja II tr förtreta -ful a ondskefull, hätsk, skadeglad
spit'||fire s brushuvud -tle s spott -too'n s spott|låda, -kopp

spitz[-dog] [spits] *s* spets[hund]
splash I *tr itr* stänka [ned]; plaska, plumsa, skvalta II *s* 1 plask, skvalp; *make a* ~ väcka uppseende 2 stänk 3 puder III *interj* pladask ~-**board** -er *s* stänkskärm -y *a* 1 slaskig 2 S fin
splatt'er *itr* 1 plaska 2 sluddra; snattra
spleen *s* 1 mjälte 2 mjältsjuka; dåligt lynne -**ful** -**ish** -y *a* retlig, knarrig
splend'|lid *a* glänsande, praktfull, härlig; förnäm; F finfin -**our** *s* glans
splenet'ic *a* mjältsjuk, mjält-; retlig
splice *tr s* splits[a ihop]; skarv[a]
splint *s tr* spjäl[k]a -**er** *tr itr s* splittra[s], skärva, flisa [sig]
split (~ ~) I *tr* 1 splittra, klyva, spränga; hugga; ~ *hairs* bruka hårklyverier; ~ *o.'s sides with laughter* kikna av skratt 2 dela [upp], halvera II *itr* 1 splittras, klyvas, sprickka, gå sönder; ~ *up* klyva (dela) sig 2 söndras, bli oense III *s* 1 splittr|ande, -ing, klyvning; spricka 2 trästicka 3 S halvt glas; halvflaska
splotch *s* fläck, stänk -y *a* fläckig
splurge [ə:dʒ] *s* F S stora later, prål
splutter [splʌ'tə] = *sputter*
spoil I *s* rov, byte 2 partibelöning II (-*t* -*t* el. reg.) *tr* 1 för|därva, -störa 2 skämma bort III *itr* 1 bli förstörd, skämmas 2 ~*ing for* angelägen om
1 **spoke** *s* 1 eker 2 stegpinne 3 ⚓ [ratt]handtag 4 spak
2 **spoke** -n *imp.* o. *pp.* av *speak*
spokesman *s* talesman; förespråkare
spoliation [spoul] *s* plundring; tillgrepp; förstörande
spong|le [spʌndʒ] I *s* 1 [tvätt]svamp; *throw up the* ~ F ge tappt; *pass the* ~ *over* stryka ut; glömma 2 = -*er* II *itr* parasitera III *tr* [av]torka (tvätta) med svamp; ~ *up* suga upp -**e-cake** *s* sockerkaka -**er** *s* snyltgäst, parasit -y *a* svampaktig, porös
spon'sor I *s* 1 borge[n]sman 2 fadder II *tr* stå (svara) för; verka för
sponta'neous *a* spontan, frivillig
spoof S I *tr* narra II *s* skoj, spratt
spook *s* spöke -**ish** -y *a* spöklik, spök-
spool [spu:l] I *s* spole II *tr* spola
spoon I *s* 1 sked 2 F våp; förälskad tok II *tr* 1 ösa 2 S slå för III *itr* 1 fiska med skeddrag 2 S flörta; svärma ~-**bait** *s* skeddrag -**ful** *s* skedblad ~-**meat** *s* flytande föda -y S *a s* 1 våp[ig], tok[ig] 2 förälskad; svärmisk
spor|lad'ic *a* enstaka -**e** [ɔ:] *s* spor
sport I *s* 1 sport; idrott; lek; *athletic* ~*s* [allmän] idrott 2 S sportsman; bra karl; *a good* ~ en trevlig kamrat, en käck tös 3 skämt, skoj; lekboll; *for* ~ för ro skull; *make* ~ *of* skämta med; *what* ~! så roligt! 4 byte, fångst II *itr* leka, roa sig III *tr* F ståta med -**ing** *a* 1 sportande, sport- 2 sportsmässig, renhårig; käck; ~ *chance* F chans -**ive** *a* skämtsam -**sman** *s* 1 sportsman, jägare, fiskare 2 käck (renhårig) karl -**smanlike** = -*ing* 2 -**smanship** *s* sportmannaanda; ridderlighet
spot I *s* 1 fläck; prick; blemma 2 plats, ställe, punkt 3 F val 4 ~ *cash* betalning vid leverans II *tr* 1 fläcka 2 känna igen -**light** *s* strålkastar|e, -ljus -**ted** -**ty** *a* fläckig, prickig
spout I *itr* 1 spruta [ut] 2 F orera II *tr* 1 spruta ut 2 F nysta ur sig 3 S pantsätta III *s* 1 pip; avloppsrör; stupränna 2 stråle -**er** *s* pratmakare
sprain *tr s* sträcka, vrick|a, -ning
sprat *s* 1 skarpsill 2 liten stackare
sprawl [ɔ:] *itr tr* ligga och kravla (sparka); sträcka ut [sig]; speta ut
1 **spray** [sprei] *s* kvist
2 **spray** I *s* 1 stänk, skum 2 besprutningsvätska II *tr* bespruta III *itr* bilda skum -**er** *s* rafräschissör -**ey** *a* skummig ~-**nozzle** *s* stril
spread [spred] (~ ~) I *tr* 1 breda [ut], sprida [ut]; ~ *o. s.* S ta munnen full; ~ *the cloth* lägga på duken; ~ *the table* duka; ~ *about* utsprida 2 sträcka (spänna) ut II *itr* utbreda sig, sprida sig III *s* 1 utbredning, spridning 2 utsträckning, vidd 3 F kalas
spree F *s* 1 dryckeslag, festande; *be on the* ~ festa om 2 skoj, upptåg
sprig *s* 1 kvist, skott 2 telning 3 stift
sprightly {ai't] *a* livlig, munter, pigg
spring (*sprang sprung*) I *itr* 1 hoppa; rusa, störta sig, fara; ~ *open* flyga upp; ~ *to o.'s feet* rusa upp 2 fjädra sig 3 rinna upp, springa fram; spira (skjuta) upp 4 upp|komma, -stå 5 [om trä] slå sig II *tr* 1 sätta i gång, låta springa, spränga; kasta fram (upp) 2 jaga upp 3 spränga III *s* 1 språng, hopp 2 fjädring, svikt, spänstighet; sats 3 [spänn]fjäder; resår; ~ *button* tryckknapp 4 drivfjäder 5 käll|a, -språng 6 vår ~-**board** *s* språngbräde, svikt ~-**catch** *s* fjäderhake ~-**cleaning** *s* vårstädning -**e** [indʒ] *s* snara -**tide** *s* 1 spring|tid, -flod 2 o. -**time** *s* vår -y *a* fjädrande, spänstig
sprinkl|le I *tr itr* 1 [ut]strö, [be]stänka; beströ; strila; dugga II *s* stänk -**er** *s* stänkborste, stril -**ing** *s* inslag; fåtal
sprin'ter-race *s* sprinterlopp
sprite [sprait] *s* ande, tomte, fe, älva
spritsail [spri'ts(ei)l] *s* ⚓ sprisegel
sprout I *itr* gro, spira upp, skjuta skott II *tr* få [skott] III *s* skott, grodd
1 **spruce** [u:] *a tr* [göra] fin, flott
2 **spruce** *s* gran ~-**cone** *s* grankotte
sprung *pp.* av *spring*
spry *a* rask, pigg; *look* ~ raska på
spum|le [ju:] I *s* *itr* skum[ma], fradga -**ous** -y *a* skummande
spun (av *spin*) *a*, ~ *yarn* sjömansgarn

spur [ə:] I s sporre; utsprång; *on the ~ of the moment* oförberett II *tr* sporra, egga III *itr* spränga fram[åt]
spu'rious *a* falsk, förfalskad, oäkta
spurn [ə:] *tr* sparka; avvisa, försmå
1 **spurt** [ə:] I *itr* spurta II *s* spurt
2 **spurt** *itr tr* spruta (rusa) ut, sprätta
sputt'er I *itr* 1 [små]spotta; sprätta 2 fräsa 3 sluddra II *s* sludd|rande, -er
spy I *tr* observera; granska; ~ *out* utspionera; snoka upp II *itr* spionera, speja, snoka III *s* spion, spejare ~-**glass** *s* kikare ~-**hole** *s* titthål
squab [skwɔb] I *s* 1 duvunge 2 kluns 3 dyna; ottoman II *a* klunsig [äv. *-by*] III *adv* pladask
squabble [ɔ] *s itr* käbb|el, -la, kiv[as]
squad [ɔ] *s* ⚔ avdelning, trupp -**ron** *s* 1 skvadron 2 eskader 3 trupp
squalid [ɔ'] *a* smutsig, snuskig, eländig
squall [ɔ:] I *itr* skrika, gasta II *s* 1 skrik, skrän 2 [regn]by -**y** *a* byig
squalor [ɔ'] *s* smuts[ighet], snusk
squa'm|lose [ous] -**ous** *a* fjäll|ig, -lik
squander [ɔ'] *tr* slösa, öda -**er** *s* slösare
square [skwɛə] I *s* 1 kvadrat, fyrkant; *on the ~* vinkelrätt; ärligt[t] 2 ruta, platta 3 torg, plats 4 vinkel|hake, -linjal II *a* 1 kvadratisk, fyrkantig, kvadrat-; ~ *sail* råsegel 2 rätvinklig 3 undersätsig, kraftig 4 jämn, uppgjord, kvitt 5 renhårig, ärlig 6 bestämd, klar 7 bastant, stadig III *tr* 1 göra kvadratisk; kanthugga; kvadrera; ~ *o.'s shoulders* sträcka på axlarna, rycka upp sig 2 reglera, utjämna, uppgöra; tillfredsställa; ~ *accounts* göra upp 3 avpassa, rätta 4 S·betala IV *itr* 1 bilda rät vinkel 2 intaga gardställning 3 passa ihop 4 ~ *up* göra upp V o. -**ly** *adv* 1 i rät vinkel; rakt, rätt 2 rättframt; ärligt; ordentligt -**ness** *s* 1 kvadratisk form 2 ärlighet ~--**shouldered** *a* bredaxlad
squash [ɔ] I *tr* 1 krama (pressa, mosa, slå) sönder, krossa 2 F stuka II *itr* 1 mosas 2 F trängas III *s* 1 mos[ande]; ~ *hat* F mjuk filthatt 2 F [folk]trängsel; massa folk 3 duns
squat [ɔ] I *itr* huka (slå) sig ned II *s* hukande ställning III *a* 1 nedhukad 2 undersätsig -**ter** *s* nybyggare
squaw [skwɔ:] *s* [indian]kvinna
squeak I *itr* 1 pipa, skrika; gnissla 2 S sladdra II *s* 1 pip, skrik; gnisslande 2 S knipa -**y** *a* pipig, gäll
squeal *itr* skrika; klaga, gnälla
squea'mish *a* 1 som lätt får kväljningar 2 kräsen, kinkig 3 lättstött
squeeze I *tr itr* 1 krama [ur], klämma, trycka, pressa [fram]; ~ [*o.'s way*] tränga sig fram 2 [av]pressa II *s* 1 kramning, tryckning 2 trängsel, hopklämning 3 utpressning
squelch F I *itr* klafsa II *tr* krossa; kväva

squib *s* 1 [fyrv.] svärmare 2 nidskrift
squint I *s* 1 vindögdhet 2 F titt II *itr tr* vara vindögd, skela [med]; F titta ~-**eyed** *a* 1 skelögd 2 illvillig
squire [skwai'ə] *s* väpnare; godsägare
squirm [ə:] *itr* F vrida sig; pinas
squirrel [skwi'r(ə)l] *s* ekorre
squirt [ə:] I *tr itr* spruta II *s* 1 stråle 2 spruta 3 F glop
S. S. = *steamship* **S. S. E.** = *south-south--east* St 1 [s(ə)n(t)] = *Saint* 2 = *street*
stab I *tr* genomborra, sticka [ned]; såra II *itr* stöta, sticka III *s* 1 styng, stöt 2 smärta
1 **sta'ble** *a* stadig, säker; orubblig
2 **stable** I *s* stall II *tr* sätta in [i stall]
sta'bling *s* stall|byggnad, -utrymme
stack I *s* 1 stack 2 trave, stapel; F hög, massa 3 skorsten[sgrupp] II *tr* 1 stacka, stapla upp 2 ⚓ koppla
sta'dium *s* stadion, idrottsplats
staff [ɑ:] *s* 1 stav; stöd; *pastoral ~* biskopsstav 2 stång; skaft 3 stab; ~ *college* krigshögskola; ~ *officer* generalstabsofficer 4 personal, kår
stag *s* 1 [kron]hjort 2 F ensam herre
stage [dʒ] I *s* 1 plattform 2 scen; estrad; repertoar; ~ *management* regi; *go on the ~* gå in vid teatern 3 dramatik 4 skådeplats 5 stadium, skede 6 skjuts|station, -håll 7 = ~-**coach** II *tr* iscensätta; uppföra ~-**coach** *s* diligens ~-**craft** *s* regikonst ~-**direction** *s* scenanvisning ~-**fever** *s* teatervurm ~-**fright** *s* rampfeber ~-**manager** *s* regissör -**r** *s* gammal praktiker ~-**struck** *a* teaterbiten
stagg'er I *itr* vackla, ragla, stappla II *tr* slå med häpnad III *s* 1 vacklande 2 *the ~s* yrsel -**er** *s* brydsam fråga
stag'n|ant [gn] *a* stillastående; förskämd; trög -**ate** *itr* stå stilla, stagnera -**ation** *s* stillastående
sta'gy [dʒ] *a* teatralisk, uppstyltad
staid [steid] *a* stadig, lugn, stadgad
stain I *tr* 1 fläcka [ned]; befläcka 2 färga, måla; betsa II *s* 1 fläck 2 färgämne -**less** *a* fläckfri; rostfri
stair [ɛə] *s* 1 trappsteg 2 [*flight of*] ~*s* trappa -**case** *s* trapp|a, -uppgång ~-**head** *s* trappavsats ~-**rod** *s* mattkäpp -**way** *s* trappa
stake I *s* 1 stake, stör, påle 2 stolpe; bål[et] 3 insats; andel; *at ~* på spel 4 ~*s* pris; lopp II *tr* 1 fästa, stödja 2 ~ *off* (*out*) staka ut 3 våga, riskera
stale *a* gammal, unken, avslagen, fadd, förlegad, utsliten -**mate** [-'-'] *s* [schack] pattställning; baklås
1 **stalk** [ɔ:k] *s* stjälk; [hög] skorsten
2 **stalk** I *itr* 1 skrida fram, kliva 2 smyga sig II *tr* smyga sig på (efter) III *s* 1 stolt gång 2 smygjakt -**er** *s* krypskytt -**ing** *s* smygjakt
stall [ɔ:] I *s* 1 spilta, bås 2 korstol 3

stallion — 204 — **staunch**

kiosk, stånd, disk 4 parkettplats; *orchestra* ~*s* nedre parkett II *tr* sätta i stall, stallgöda III *itr* fastna; stoppa -**ion** [stæ'ljən] *s* hingst
stalwart [ɔ:'l] *a* kraftig; käck; trofast
sta'm‖en *s* [bot.] ståndare -**ina** [æ'm] *s* styrka, kraft, uthållighet
stamm'er *itr tr s* [fram]stam|ma, -ning
stamp I *itr* stampa II *tr* 1 stampa på (med) 2 trampa på, nedtrampa; ~ *out* trampa ut, utrota 3 stämpla 4 prägla 5 [in]prägla 6 frankera III *s* 1 stampning 2 stamp, stans 3 stämpel 4 frimärke 5 prägel 6 sort
stampe'de *s* vild flykt, skräck, panik
stance [stæns] *s* [golf] slagställning
stanch [ɑ:] I *tr* hämma, stilla II *a* =*staunch* -**ion** [[ʃn] *s* stötta, stolpe
stand (*stood stood*) I *itr* 1 stå; ~ *to win* se ut att vinna 2 träda, stiga, ställa sig 3 ligga [*on a river*] 4 stå kvar (fast), hålla stånd; stå sig 5 ⚓ hålla, styra 6 ~ *about* stå bredvid, stå och hänga; ~ *aside* gå undan; ~ *away* hålla sig undan; utebli; ~ *by* stå bredvid (redo); bistå; ⚓ stå klar; ~ *for* kämpa (ta parti) för; betyda; ställa upp sig som kandidat till; ⚓ styra mot; ~ *in* F kosta; ⚓ stå (styra) in; ~ *off* flytta sig; framträda; ⚓ stå (sticka) ut; ~ *on* hålla på; ~ *out* stiga fram; hålla ut; framträda; göra sig bemärkt; ~ *to* stå [fast] vid; ~ *up* stå [rak]; ställa sig upp; höja sig; ~ *up against* uppträda mot; ~ *up for* försvara; ~ *up to* trotsa II *tr* 1 ställa upp 2 hålla stånd mot; tåla, utstå; bestå ⚓ undergå 4 bekosta 5 ha råd till 6 hålla [mått el. kurs] 7 ~ *o.'s ground* stå på sig III *s* 1 [stilla]stående, halt; *make a* ~ sätta sig till motvärn; *bring to a* ~ hejda; *come to a* ~ [av]stanna 2 ställning, ståndpunkt 3 parkeringsplats 4 ställ 5 [salu]stånd, disk 6 estrad
stan'dard [dəd] I *s* 1 standar, fana 2 normalmått 3 norm, måttstock; *gold* ~ guldmyntfot; *up to the* ~ fullgod 4 lödighet, kvalitet 5 klass 6 stötta II *a* 1 normal[-], mönster-, fullgod; *S~ English* engelskt riksspråk 2 mönstergill, klassisk -**ize** *tr* standardisera
stan'd‖ing I *a* stående; ~ *room* ståplatser II *s* 1 ställning; ansende 2 varaktighet, ålder -**off'ish** *a* högdragen] -**point** *s* ståndpunkt -**still** *s* stillastående, stockning; *come to a* ~ stanna [av] -**up** *a* uppstående
stank [stæŋk] imp. av *stink*
stann'ary *s* tenngruva, -gruvområde
stanza [stæ'nzə] *s* stans; strof
staple [ei] I *s* 1 stapel|plats, -vara 2 huvudbeståndsdel 3 råvara 4 fiber, tråd II *a* stapel-, förnämst
star [ɑ:] *s* 1 stjärna; *the S~s and Stripes*

stjärnbaneret; *shooting* ~ stjärnfall 2 ordensstjärna 3 bläs
starboard [stɑ:'bəd] *s a* styrbord[s-]
starch [ɑ:] I *s* stärkelse; stelhet II *a* stel, styv III *tr* stärka -**y** *a* stärkelsehaltig; stärkt; stel
star‖e [ɛə] I *itr tr* stirra [på]; ~ *down* förvirra II *s* stirrande, stel blick -**ing** I *a* stirrande: bjärt II *se stark II*
stark [ɑ:] I *a* 1 styv, stel 2 ren II *adv*, ~ [*staring*] *mad* spritt galen
starling [stɑ:'liŋ] *s* stare
star‖red [stɑ:d] -**ry** --**spangled** [ŋg] *a* stjärn[be]strödd
start [ɑ:] I *itr* 1 rycka (spritta) till; studsa; kasta sig; fara, rusa 2 ge sig av, bryta upp; avgå, avresa; starta 3 börja; ~ *in* F sätta i gång; ~ *out* F börja 4 uppkomma II *tr* 1 [på-] börja; sätta i gång 2 hjälpa i gång 3 framkalla, komma [upp] med 4 jaga upp 5 lossa [på], förrycka III *s* 1 ryck, sprittning, studsning; *give a* ~ rycka till; *by fits and* ~*s* ryckvis 2 avfärd, uppbrott 3 början; start 4 startplats 5 försprång -**er** *s* 1 start[led]are 2 startande 3 start[-anordning] -**ing-post** *s* startpåle -**le** *tr* uppskaka, skrämma [upp], göra bestört, överraska; väcka; ~*d* häpen
starv‖ation [stɑ:] *s* svält -**e** *itr tr* [låta] svälta, [ut]hungra
state I *s* 1 [till]stånd; skick; ~ *of mind* sinnesstämning; ~ *of things* förhållanden; *in quite a* ~ F alldeles ifrån sig 2 rang, värdighet 3 ståt, prakt, gala; *bed of* ~ paradsäng; ~ *call* F uppvaktning; *in* ~ i full gala; *på lit de parade* 4 stat; ~ *trial* politisk rättegång 5 ~*s* ständer II *tr* 1 uppge, förklara, berätta; ~*d* bestämd 2 fram|lägga, -ställa -**craft** *s* statskonst -**ly** *a* ståtlig -**ment** *s* 1 uppgift, påstående, utsago 2 framställning, översikt, utlåtande ~-**room** *s* förstaklasshytt -**sman** *s* statsman -**smanship** *s* statskonst
station [ei[n] I *s* 1 plats, post 2 station; hållplats 3 garnisonsplats 4 flottstation 5 [samhälls]ställning, stånd 6 förekomstort II *tr* 1 ⚓ postera, utsätta; förlägga 2 ~ *o. s.* placera sig -**ary** *a* stillastående, fast -**er** *s* pappershandlare -**ery** *s* skriv|-materialier, -papper -**master** *s* stins
statistician [stætisti'ʃn] *s* statistiker
stat'u‖ary [ju] I *a* bildhuggar- II *s* 1 skulpturer, statyer 2 bildhuggar|e, -konst -**e** [ju:] *s* staty, bildstod
statu‖e [æ't ɔ] *s* växt, kroppsstorlek
sta'tus *s* ställning; *civil* ~ civilstand
stat'ut‖e [ju:] *s* 1 lag, författning 2 reglemente, stadga -**ory** *a* lagstadgad
staunch [ɔ:, ɑ:] *a* säker, pålitlig, ståndaktig; *se äv. stanch*

stave I s 1 stav i laggkärl 2 stegpinne 3 strof II tr 1 ~ in slå in (hål på) 2 ~ off förhala; avvärja
stay I itr 1 stanna [kvar]; ~ for vänta på; ~ away utebli; ~ on stanna kvar 2 vistas, bo 3 förbli, hålla sig; hålla ut 4 ⚓ stagvända II tr 1 hejda; hindra 2 uppskjuta, inställa 3 F stanna kvar till (över) 4 stödja; ⚓ staga. III s 1 vistelse, uppehåll 2 återhållande 3 inställande 4 uthållighet 5 stöd, stötta 6 ⚓ stag, lejdare 7 ~s korsett -er s F uthållig person (häst); 'långdistansare'
stead [sted] s 1 ställe 2 stand (be) in good ~ vara till nytta, komma väl till pass -fast [fast] a stadig, fast -ing s bondgård -y I a 1 stadig, säker, fast; sakta; jämn 2 stadgad II tr itr göra (bli) stadig (stadgad)
steak [ei] s stekt kött (fisk); biff
steal (stole stolen) I tr 1 stjäla 2 stjäla (lista) sig till; ~ a march on överflygla, lura II itr smyga [sig] -er s tjuv -th [stelþ] s smyg[ande] -thy [e'] a förstulen; smygande
steam I s itr ånga; imma II tr ång-, im|koka ~-boiler s ångpanna -er s 1 ångare 2 ångkokare ~-gauge [ei] s manometer ~-launch s ångslup ~- -navvy s grävmaskin ~-roller s ångvält -y a 1 ångande, ång- 2 disig
steed s springare, gångare
steel I s 1 stål; klinga 2 bryn-, eld|stål 3 stålfjäder II tr 1 härda, stålsätta 2 ståla ~'-engra'ving s stålstock ~-plate s stål|plåt, -platta, -stick ~-plated a bepansrad ~-points spl stålbroddar -ware s stålvaror -y a 1 stål-, stålblank 2 hårdhjärtad
1 steep I tr 1 doppa, blöta, indränka 2 ~ed fördjupad, nedsjunken; spränglärd II s doppning; bad
2 steep I a 1 brant 2 F orimlig II s brant -en itr tr bli (göra) brant
steeple s kyrktorn, tornspira -chase s hinder|ritt, -löpning ~-crowned a högkullig -d a tornprydd -jack s plåtslagare, tornreparatör
1 steer [stiə] s stut, ungtjur
2 steer tr itr styra; ~ clear of undvika -age s ⚓ 1 styrning 2 mellandäck -ing-gear s styrinrättning -ing-wheel s ratt -sman s rorsman
stellar [ste'lə] a stjärn-
1 stem s 1 stam, stjälk 2 skaft; fot 3 stapel 4 förstäv
2 stem tr stämma, dämma upp, hejda
stench [sten(t)∫] s stank
sten'cil s tr schablon[era]; stencil[lera]
sten'ograph [æf, α:f] s stenogram -er [ɔ'ɡrəfə] s stenograf -ic [æ'f] a stenografisk -y [ɔ'ɡ] s stenografi
stentorian [ɔ:'] a stentors-, dundrande
step I s 1 stcg; keep ~ with hålla jämna steg med; by ~s gradvis; in (out of) ~ i (ur) takt 2 gång 3 [fot]spår 4 åtgärd; ~s mått och steg 5 trappsteg; [flight of] ~s trappa; get o.'s ~ bli befordrad 6 vagns-, fot|steg 7 stegpinne 8 ~s trappstege II itr stiga, träda; trampa; ~ in stiga in (på); träda emellan; ~ out ta ut stegen III tr 1 dansa 2 stega
step'||brother s styvbror -child s styvbarn -daughter s styvdotter
step-ladder [ste'plædə] s trappstege
step'mother s styvmor
stepney [ste'pni] s reservhjul
steppe [step] s stäpp, grässlätt
stepp'ing-stone s klivsten; språngbräde
step'||sister s styvsyster -son s styvson
steril||e [e'r] a 1 steril, ofrukt|bar, -sam 2 steriliserad -ize [il] tr sterilisera
sterling [ə:'] a fullödig; äkta, gedigen
1 stern [ə:] a sträng, barsk, hård
2 stern s ⚓ akter[spegel]; by the ~ akterut -most a akterst ~-post s akterstäv -ward[s] [əɑz] adv akteröver
ste'vedore [idɔ:] s ⚓ stuv[eriarbet]are
1 stew [stju:] I tr 1 stuva II itr 1 stuvas; försmäkta 2 S stormplugga III s 1 stuvning 2 in a ~ utom sig
2 stew [stju:] s fiskdamm
steward [stjuəd] s 1 förvaltare 2 skattmästare, intendent 3 ⚓ proviantmästare; uppassare 4 funktionär; marskalk; Lord S~ riksmarskalk -ess s ⚓ städerska
1 stick s 1 kvist, sticka; [takt]pinne 2 käpp; stör; stav; stång 3 tråkmåns
2 stick (stuck stuck) I tr 1 sticka; spetsa; stoppa; ~ up sätta upp; S förbrylla; hejda 2 klistra [upp]; fästa; ~ no bills! affischering förbjuden! ~ on lägga till; ~ it on F hugga för sig 3 S uthärda II itr 1 vara instucken 2 klibba (sitta) fast, fastna; sitta [kvar]; stanna; ~ together klibba (hålla) ihop; ~ at trifles fästa sig vid småsaker 3 hålla fast [to vid]; ~ to it! släpp inte taget! 4 ~ out sticka ut; härda ut; ~ up for F försvara; ~ up to bekämpa -ing-plaster s häftplåster ~-in-the- -mud a s F trög[måns] -leback s spigg ~-up s uppstående -y a klibbig
stiff a 1 styv, stel; stram, oböjlig 2 seg 3 F svår 4 stark; dyr 5 oblyg -en I tr göra styv (stel); stärka II itr 1 styvna, stelna, härdna 2 friska i' 3 stärkas -ener -ening s styvning[smedel] ~-necked a hårdnackad
stifle [ai] tr itr kväva[s]; undertrycka
stig'ma s brännmärke; skamfläck -tize tr 1 brännmärka 2 stigmatisera
stile [stail] s [kliv]stätta
stilett'o [sti] s 1 stilett 2 pryl
1 still tr s destiller|a, -ingsapparat
2 still I a stilla, tyst; ~ life stilleben

II tr stilla, lugna **III** adv 1 ännu 2 likväl, dock ~-born a dödfödd
stilt s stylta -ed a uppstyltad
stim'ul||ant [ju] a s stimulerande [medel] -ate tr stimulera, egga -ative a stimulerande -us s stimulans; sporre
sting (stung stung) I tr itr sticka[s]; bränna[s]; svida II s gadd; brännhår; stick, styng; skärpa -[ing]-nettle s brännässla -y [i'ndʒi] a snål
stink (stank el. stunk, stunk) I itr stinka, lukta [illa] II s stank
stint I tr 1 spara på, knussla med 2 missunna II s inskränkning -ing a njugg, knusslig -less a ospard
sti'pend s fast lön -iary [e'] a avlönad
stipple tr itr s punkter|a, -ing
stip'ulat||e [ju] itr tr, ~ [for] föreskriva, avtala -ion s bestämmelse, villkor
stir [ə:] I tr 1 röra; flytta; uppröra, väcka; ~ up röra om (upp); [upp]-väcka, uppegga, anstifta 2 röra om [i], skaka om II itr röra [på] sig; anything ~ring? ngt nytt? III s 1 omröring 2 rörelse; oro, väsen; uppseende -ring a 1 rörlig, livlig, rastlös 2 väckande, livaktig, spännande
stirrup [sti'rəp] s stigbygel[srem]
stitch I s 1 stygn 2 maska 3 stickning 4 smärta, håll II tr itr 1 sticka, brodera 2 sy ihop; häfta; nåtla
stoat [ou] s lekatt; vessla
stock I s 1 stam 2 stock; kloss, block 3 ~s stapel[bädd] 4 härstamning, ätt; ras 5 lager, förråd; out of ~ slutsåld; take ~ inventera; take ~ of mönstra, värdera 6 bestånd, materiel; uppsättning; boskap 7 lövkoja 8 statsiån; värdepapper, aktier; ~s börspapper; ~ department fondavdelning; ~ exchange fondbörs; take ~ in intressera sig för II a på lager; stående III tr 1 förse med lager (kreatur); utrusta 2 föra på lager, lagra 3 sätta i stocken 4 så igen
stockade [stɔkei'd] s palissad, pålverk
stock'-||book s inventariebok **-breeding** s boskapsskötsel **-broker** s fondmäklare **-farm** s avelsgård **-goods** spl lagerartiklar **-holder** s aktieägare
stock'ing s [lång]strumpa ~-frame ~- -loom s strumpstickningsmaskin
stock'-||in-tra'de s lager, utrustning **-jobber** s börsspekulant **-market** s fondmarknad **-raising** s boskapsskötsel **-taking** s inventering; överblick -y a undersätsig **-yard** s kreatursplats
stodg||e [dʒ] S I s skrovmål, bastant mat II tr itr proppa i sig -y a tung, bastant, hårdsmält
sto'ic I s, S~ stoiker II a stoisk, lugn
stoke tr itr 1 elda, sköta elden [i] 2 S kasta i sig [mat] -hold ~-hole s ⚓ eld-, pann|rum -r s eldare
stole imp. av steal -n pp. av steal

stol'id a trög, stö, dum; envis
stomach [stʌ'mɔk] I s 1 magsäck, mage 2 [mat]lust II tr kunna äta; smälta; tåla ~-ache s magvärk
stone I s 1 sten; gallsten 2 hagelkorn 3 kärna 4 14 lb. (skålpund) II tr 1 stena 2 rensa ~-breaker s 1 stenkross 2 stenarbetare ~-cutter s stenhuggare ~-mason s sten|murare, -huggare ~-pine s pinje ~-pit s stenbrott
sto'ny a stenlig, -hård; känslolös; ~ broke S barskrapad, pank
stood [stud] imp. o. pp. av stand
stool s 1 stol, pall 2 avföring 3 stubbe
stoop I itr 1 luta (böja) sig 2 gå (sitta) krokig 3 förnedra sig II tr sänka, böja ned III s lutning, böjning; kutrygg -ing a framåtböjd
stop I tr 1 stoppa (täppa) till; plombera; hämma 2 hejda, stoppa, stanna, avbryta; [av]stänga; ~ thief! ta fast tjuven! 3 hindra 4 upphöra med, sluta, låta bli; indraga II itr 1 stanna, stoppa; ~ dead (short) tvärstanna 2 upphöra 3 F vistas, bo III s 1 halt, uppehåll, avbrott; be at a ~ stå stilla; come to a ~ avstanna; put a ~ to göra slut på 2 klaff, stämma, register 3 skiljetecken; full ~ punkt 4 [mek.] spärr **-gap** s ersättning **-page** [idʒ] s 1 tilltäppande; spärrning, avbrott; uppehåll; ~ of payment betalningsinställelse 2 avdrag **-per** s propp **-ping-place** s hållplats ~-watch s tidtagarur
storage [ɔ:'] s magasin|ering, -s|utrymme, -s|hyra
store [ɔ:] I s 1 förråd, lager; proviant; in ~ på lager, i beredskap; set ~ by sätta värde på 2 magasin 3 ~s varuhus 4 butik II tr 1 förse 2 samla, lagra; magasinera; rymma ~-cattle s slaktboskap **-house** s magasin, skattkammare ~-room s handkammare
storey [stɔ:'ri] s våning -ed a våningsstorm I s 1 oväder, storm 2 [stört]skur 3 stormning II itr storma; rasa III tr storma ~-beaten a stormpiskad ~-tossed a stormdriven ~-window s stormlucka -y a stormig; oväders-
1 story [stɔ:'ri] s = storey
2 story s 1 historia, berättelse, saga; short ~ novell 2 handling 3 tell a ~ narras ~-teller s novellist; berättare
stout I a 1 kraftig, bastant, solid 2 käck, ståndaktig, duktig II s porter
stove s kamin, [kakel]ugn; spis
stow [ou] tr stuva, packa **-age** s stuvning, -arlön **-away** s fripassagerare
straddle itr tr 1 spärra ut benen, sitta grensle [över] 2 tveka
straggl||e itr tr 1 sacka efter 2 förirra sig; grena ut sig (skjuta upp) oregelbundet **-er** s efterlänrare **-ing** a efterslänrande; oregelbunden, rörig

straight [eit] I *a* 1 rak, rät; upprätt 2 i ordning; *get* (*make*) ~ ordna [upp]; *put* ~ göra i ordning 3 uppriktig, klar 4 renhårig, F rejäl 5 S direkt, pålitlig II *s* 1 rak linje (sträcka), upploppslinje; *out of the* ~ krokig 2 [kort.] svit III *adv* 1 rakt, rätt; ~ *on* rakt fram 2 direkt 3 rent ut; ~ *off* F genast -en I *tr* räta; ~ *out* jämna; reda ut II *itr* bli rak -for'-ward *a* 1 rättfram, ärlig 2 enkel 1 **strain** *s* 1 härkomst, familj; ras 2 anlag, drag; stil, ton; ~*s* sång, poesi 2 **strain** I *tr itr* 1 spänna [sig]; sträcka 2 [över]anstränga [sig]; trötta 3 tumma på, pressa; ~ *a point* gå för långt 4 trycka 5 sila[s] II *s* 1 sträckning, spänning 2 anstränging, påfrestning; utmattning -ed *a* tvungen; krystad -er *s* sil, filter
strait I *a*, ~ *jacket* tvångströja II *s* 1 [ofta ~*s*] sund 2 ~*s* trångmål, knipa -ened *a* [be]tryckt, i trångmål ~--laced *a* sträng, trångbröstad
1 **strand** *s* 1 strand 2 drag; element
2 **strand** *s itr tr* strand|[a], -sätta
strange [eindʒ] *a* främmande, obekant; ovanlig, sällsam, egendomlig, märkvärdig -r *s* främling, obekant
stran'g||le [ŋg] *tr* strypa; kväva, undertrycka -ulate *tr* strypa [till], snöra åt
strap I *s* 1 rem, slejf, axelklaff 2 strigel 3 hälla; stropp 4 [järn]band II *tr* 1 fästa (binda) med rem; spänna 2 prygla 3 strigla ~-oil *s* F 'påkolja' -per *s* stalldräng; F bjässe -ping *a* F kraftig, stöddig
strat'agem [idʒəm] *s* list, fint, knep
strat'egist [dʒ] *s* strateg
strat'||ified *a* varv|ad, -ig, lagrad -um [ei'] *s* skikt, varv, lager
straw [ɔ:] *s* 1 [halm]strå; *be the last* ~ råga måttet; *draw* ~*s* dra lott 2 halm; *man of* ~ halmdocka; F bulvan; nolla -**berry** *s* jordgubbe, smultron
stray I *itr* ströva, [för]irra [sig], gå (fara) vilse II *s*, ~*s* atmosfäriska störningar III *a* 1 kringströvande, vilsekommen 2 tillfällig, enstaka
streak I *s* 1 strimma, rand, ådring; [min.] streck 2 drag, anstrykning II *tr* randa; ådra -ed -y *a* strimmig
stream I *s* 1 ström, å, bäck, flod 2 stråle, flöde II *itr* 1 strömma [ut] 2 rinna 3 fladdra, [s]vaja, flyga -er *s* 1 vimpel 2 ljusstråle -let *s* å, bäck
street *s* gata; *High S*~ Storgata ~-**car** *s* spårvagn ~-**walker** *s* gatslinka
strength *s* 1 styrka, kraft[er]; *feat of* ~ kraftprov; *on the* ~ *of* med stöd av 2 fasthet -**en** *tr itr* [för]stärka[s]
stren'uous [ju] *a* ivrig, nitisk; rastlös
stress *s* 1 tryck; spänning, påfrestning 2 vikt, eftertryck 3 betoning, accent II *tr* framhålla; betona

stretch I *tr* 1 sträcka [på], spänna, tänja [ut]; breda ut 2 överdriva; ~ *a point* gå för långt 3 S hänga II *itr* 1 sträckas; sträcka sig 2 ⊕ pressa 3 F skarva III *s* 1 sträckning, spänning 2 [rak] sträcka; omfång; rad 3 sträck 4 *on the* ~ på sträckbänk 5 över|drift, -skridande; stegring 6 riktning 7 ⊕ slag 8 F skryt, skrävel -er *s* 1 bindbjälke; spännram; stötta; spröte 2 bår 3 fotspjärn 4 F lögn -**er-bearer** *s* sjukbärare -y *a* F elastisk
strew [stru:] (pp. äv. ~*n*) *tr* [be]strö
strick'||en *a* slagen; hemsökt; ~ *in years* ålderstigen -**le** *s* stryktå
strict *a* sträng, noga; egentligt; ~*ly speaking* strängt taget -**ness** *s* stränghet, noggrannhet; *in* ~ i egentlig mening -**ure** [tʃə] *s* förträngning; ~*s* kritik
stride I (*strode stridden*) *itr* gå med långa steg, kliva II *s* 1 långt steg, jätte-, storm|steg 2 skrev
stri'd||ent *a* skärande -**or** *s* gnissel
strife *s* strid, tvist, split; rivalitet
strike I (*struck struck*) *tr* 1 slå [till, på] 2 prägla 3 stöta emot (på); träffa [på], nå 4 stryka 5 anslå; uppstämma 6 stöta [in]; genomborra, slåga 7 inställa; ~ *work* strejka 8 avlägsna, riva 9 gripa, imponera på, frappera 10 falla [ngn] in; förefalla, verka 11 [av]sluta, göra upp 12 injaga 13 ~ *an attitude* inta en pose; ~ *camp* (*tents*) bryta upp; ~ *dumb* förstumma 14 ~ *off* hugga av; stryka; dra av; improvisera; ~ *out* slå [fram]; stryka [ut]; hitta på; skissera [upp], bryta [bana]; ~ *up* stämma (spela) upp; slå på; stifta; [av]sluta II *itr* 1 slå [till], stöta, hugga 2 träffa, ta; ~ *home* träffa rätt 3 slå ned 4 ⊕ stryka flagg (segel); kapitulera 5 ⊕ stöta [på grund]; törna emot 6 tända, ta eld 7 slå rot 8 ta vägen, gå, styra 9 tränga, bryta; ila 10 strejka 11 ~ *at* slå efter; angripa; hota; ~ *in* störta in; infalla; inblanda sig; ~ *into* störta in i; slå in på; ~ *off* ta (vika) av; ~ *on* träffa, nå; verka på; ~ *out* sätta i väg; sträcka ut; ~ *up* spela (stämma) upp; fladdra (slå) upp II *s* 1 slag 2 strejk -r *s* 1 slagman 2 hammarsmed 3 strejkare 4 kläpp
string I *s* 1 sträng; snöre, tråd, snodd, band; *second* ~ reserv[utväg]; *the first* ~*s* de bästa 2 ledband, koppel 3 rad; följd; ramsa 4 ~*s* stråkinstrument II (*strung strung*) *tr* 1 stränga [upp] 2 spänna; stålsätta, stärka 3 trä [upp]; draga 4 skala av, plocka 5 [be]hänga ~-**band** *s* stråkorkester -**ed** *a* sträng-, stråk-
strin'gen||cy [dʒ] *s* skärpa, stränghet; styrka; stramhet -*t a* sträng, skarp

string'y *a* 1 trådig; senig 2 klibbig, seg
strip I *tr* 1 draga (skala, kläda, taga) av; barka; flå [av]; plundra; tömma 2 rigga av 3 ~ *up* kavla upp **II** *itr* 1 klä av sig 2 flås av; lossna **III** *s* remsa; lapp; bit, stycke
stripe *s* 1 strimma, rand 2 band, remsa; galon -**d** *a* randig [äv. *stri'py*]
strip'ling *s* yngling, [pojk]spoling
stripp'|ied *a* naken -**ings** *spl* bitar, skal
striv|ie (*strove striv'en*) *itr* sträva, bemöda sig; strida; tävla -**ing** *s* strävan; strid; [t]jävlan
strode [stroud] *imp.* av *stride*
1 **stroke I** *s* 1 slag, hugg, stöt; ~ *of lightning* blixt 2 simtag; stråkdrag; årtag; rodd 3 akterroddare 4 drag, streck 5 schackdrag; affär, bragd; ~ *of luck* stor tur; *not a* ~ *of work* inte ett skapande grand 6 idé, infall; ~ *of genius* snilleblixt **II** *tr* ro akteraran
2 **stroke I** *tr* stryka; smeka; släta [ut], glätta **II** *s* strykning, smekning
stro'ke|i-oar *s* 1 takt-, akter|åra 2 o. -**sman** *s* akterroddare, strok[e]
stroll [ou] **I** *itr* vandra, flanera; ströva [omkring] **II** *s* vandring, promenad
strong I *a* 1 stark; kraft|ig, -full; häftig 2 fast; befäst 3 frisk och stark 4 solid 5 [man]stark 6 skicklig 7 ivrig, nitisk; inbiten 8 skarp, främ 9 F dryg, grov 10 ~ *room* kassavalv; ~ *wall* brandmur **II** *adv* starkt; *go it* ~ F ligga i, knoga; överdriva; *going* ~ F kraftig ~-**box** *s* kassaskrin ~-**headed** *a* halsstarrig -**hold** *s* bålverk ~-**minded** *a* 1 viljestark 2 emanciperad ~-**set** *a* kraftigt byggd ~-**willed** *a* viljestark, orubblig
strop I *s* strigel; ⚓ stropp **II** *tr* strigla
strove [strouv] *imp.* av *strive*
struck (av *strike*) *a* slagen; betagen
struc'tur|ial [t∫ə] *a* byggnads-; organisk -**e** *s* byggnad; sammansättning
struggl|e I *itr* 1 kämpa, strida, brottas 2 streta, sprattla; vrida sig; knoga; -*ing* betryckt **II** *s* kamp; kval; möda
strum I *itr tr* hamra, slå, klinka, knäppa [på] **II** *s* klink, knäppande
strung [strʌŋ] *imp.* o. *pp.* av *string*
1 **strut I** *s* stötta, sträva **II** *tr* stötta
2 **strut** *itr* stoltsera, kråma sig
stub I *s* 1 stump; stubbe 2 kort grov spik **II** *tr* 1 ~ *up* röja 2 ~ *o.'s toe* stuka tån -**bed** *a* stubbig; trubbig
stubb|ie *s* stubb -**y** *a* stubbig; borstlik
stubb'orn [ən] *a* envis, hårdnackad, halsstarrig, omedgörlig; orubblig
stubb'y *a* stubbig; undersätsig
stucc'o *s tr* [bekläda med] stuck
stuck (av *stick*) *a* 1 fast; i knipa 2 fullsatt ~'-*up'* *a* F inbilsk
1 **stud** *s* stuteri; hästuppsättning
2 **stud I** *s* 1 spik, stift 2 [krag]knapp 3 nagel; sprint **II** *tr* 1 beslå 2 beströ

stu'dent *s* stud|erande, -ent; forskare
stu'di|o *s* studio, ateljé -**ous** *a* flitig, trägen; ivrig, mån; noggrann
stud'y I *s* 1 studium; forskning 2 ämne, fack 3 studie; etyd 4 studie-, arbets|rum 5 strävan, uppgift 6 *brown* ~ funderingar **II** *tr itr* 1 studera, läsa; [in]lära; undersöka, behandla; ~ *up* F plugga 2 ta hänsyn till; F göra till lags 3 bemöda sig om
stuff I *s* 1 stoff, material, ämne; *doctor's* ~ mixtur; *good* ~ gott gry 2 produkt, alster 3 [ylle]tyg 4 smörja, skräp 5 F mat, dryck **II** *tr* 1 stoppa; fullproppa, fylla 2 stoppa till (upp) 3 S ljuga full -**ing** *s* stoppning; fyllning -**y** *a* 1 kvav, instängd; täppt; beslöjad 2 F trumpen, tjurig
stul'tify *tr* 1 förlöjliga 2 misskreditera
stum'bl|ie I *itr* 1 snava, stappla 2 stamma 3 fela 4 ta anstöt **II** *s* snavande; fel[steg] -**ing-block** *s* stötesten
1 **stump I** *s* stomp **II** *tr* stompera
2 **stump I** *s* 1 stump; stubbe, kubb 2 [kricket] grindpinne 3 ~*s* ben, 'påkar' 4 ~*s* stubb 5 ~ *speech* valtal **II** *tr* 1 hugga av 2 röja 3 F förbrylla **III** *itr* 1 traska 2 hålla valtal 3 S punga ut -**y** *a* kort [och tjock]
stun *tr* bedöva; överväldiga; ~*ned* häpen; ~*ning* bedövande; överväldigande; F överdådig, underbar
stung stunk *imp.* o. *pp.* av *sting*, *stink*
1 **stunt** *s* S glansnummer, succé; reklamtrick; [sport]evenemang
2 **stunt** *tr* hämma, förkrympa; hejda
stu'pe|ifier [aiə] *s* bedövningsmedel -**fy** *tr* [be]döva; förslöa; göra häpen -**ndous** [e'n] *a* häpnadsväckande, oerhörd
stu'p|iid *a* 1 dum; slö, trög 2 tråkig -**id'ity** *s* 2 dumhet; slöhet -**or** *s* dvala, okänslighet; slöhet; häpnad
stur'dy *a* 1 storväxt, kraftig, stark 2 käck, rakryggad, orubblig 3 härdig
sturgeon [stə:'dʒən] *s* [zool.] stör
stutt'er *itr tr s* [fram]stam|ma, -ning
1 **sty** [stai] *s* [svin]stia, svinhus
2 **sty** *s* [läk.] vagel
styl|ie [ai] **I** *s* 1 stil; typ, sort, modell; mod; *good* ~ god ton; *in* ~ flott 2 gravstickel; [rader]nal 3 stift 4 sond 5 titel 6 firma[namn] **II** *tr* titulera, kalla -**et** *s* 1 stilett 2 sond -**ish** *a* stilig, flott -**o**[**graph**] *s* reservoarpenna
suave [sweiv, α:] *a* ljuv[lig]; älskvärd
sub [sʌb, səb] *prefix* under-, i andra hand -**altern** [sʌ'bəl] *a s* underordnad: subaltern[officer] -**division** [i'ʒn] *s* underin-, underav|delning -**du'e** *tr* 1 [under]kuva, betvinga; tygla 2 dämpa, mildra; ~*d* behärskad -**head** [-'-'] *s* under|avdelning, -rubrik
subject I [sʌ'b] *a* 1 under|lydande, -dånig; lyd- 2 ~ *to* utsatt för, underkastad; beroende av; *be* ~ *to* bero

subjection — 209 — **sugary**

av (på); förutsätta II [sʌ'b] s 1 undersåte 2 subjekt 3 ämne, stoff; fråga, föremål; *on the ~ of* angående, om 4 motiv, ämne 5 [mus.] tema 6 anledning 7 försöksobjekt III [-'-'] *tr* 1 underkuva, betvinga, underkasta [*to*] 2 utsätta, prisge -ion [e'kʃn] *s* under|kuvande, -kastelse, -dånighet ~-matter *s* ämne, stoff
sub||joi'n *tr* bifoga -jugate [sʌ'b] *tr* kuva -junc'tive *a s* konjunktiv[isk]
sub'lim||ate I *tr* sublimera; förädla II [it] *s* sublimat -e [ai'm] *a* sublim, upphöjd -ity [li'm] *s* upphöjdhet
sub||lu'nary *a* under månen, jordisk -'marine *a s* undervattens-, u-båt
submer||ge [ə:'dʒ] I *tr* nedsänka; översvämma II *itr* dyka ned -sion [ʃn] *s* nedsänkning; översvämning
submiss||ion [i'ʃn] *s* 1 underkastelse, lydnad; självuppgivelse 2 hänskjutande -ive *a* undergiven, resignerad
submit' I *tr* 1 ~ *o. s.* underkasta sig 2 hänskjuta; föreslå, fram||lägga, -hålla II *itr* ge vika, böja sig [*to* för]
subor'dinat||e I [it] *a* underordnad II *tr* under|ordna, -kasta -ion *s* under|ordnande, -kastelse, lydnad
sub||or'n *tr* muta, tubba, köpa -poena [pi:'nə] *s* stämning [äv. *writ of* ~]
sub||scri'be I *tr* 1 under|skriva, -teckna 2 teckna [sig för], satsa II *itr* 1 skriva under [*to*] 2 prenumerera 3 teckna bidrag, bidraga; teckna sig; ~ *for* teckna [belopp] -scriber *s* undertecknare; prenumerant -scrip'tion *s* 1 under|tecknande, -skrift 2 teckning; insamling; bidrag 3 prenumeration; [års]avgift -sec'tion *s* underavdelning
sub'sequent *a* följande, senare; ~ *to* efter -ly *adv* senare
subser'vient *a* 1 gagnelig 2 krypande
subsi'de *itr* 1 sjunka [undan]; avsätta sig 2 avtaga, gå över -nce *s* sjunkande; fällning; avtagande, dämpande
subsid'||iary I *a* understöds-; hjälp-; bi- II *s* 1 medhjälpare; hjälp[trupp] 2 filial -ize [sʌ'b] *tr* [under]stödja; betala -y [sʌ'b] *s* understöd; anslag
subsist' I *itr* 1 bestå, existera 2 livnära sig, leva II *tr* livnära -ence *s* 1 tillvaro 2 underhåll; levebröd, utkomst
sub'||soil *s* alv[jord] -stance [əns] *s* 1 ämne, stoff; huvudsak 2 innehåll 3 verklighet 4 märg, kraft 5 förmögenhet
substan'ti||al [ʃl] *a* 1 verklig, kroppslig 2 stark, solid: bastant; betydande; vederhäftig, saklig; välbärgad; väsentlig -ate [ʃi] *tr* förkroppsliga, gestalta [äv. -*alize*] 2 befästa; bekräfta
sub'stitute I *s* 1 vikarie, ersättare 2 surrogat II *tr* sätta i stället; ersätta
sub'||terfuge [ju:dʒ] *s* undanflykt --terra'nean *a* underjordisk -tilize *tr* 1 för|fina, -ädla 2 skärpa 3 tillspetsa

subtle [sʌtl] *a* 1 subtil, skarp[sinnig]; spetsfundig 2 hårfin, obestämbar 3 raffinerad -ty *s* 1 skarpsinne, skärpa; spetsfundighet 2 finess 3 tunnhet
subtract' *tr* av-, från|draga; subtrahera
sub'||urb [əb] *s* för|stad, -ort -ur'ban *a s* förstads-[bo] -ven'tion *s* understöd, statsbidrag -version [ə:'ʃn] *s* omstörtning, fall -ver't *tr* störta, undergräva -ways *s* underjordisk gång, tunnel[bana]
succeed [səksi:'d] I *itr* 1 följa; ~ *to* efterfölja; tillträda; ärva 2 lyckas: ha framgång II *tr* efter|träda, -följa
success' *s* lycka, framgång, succé -ful *a* framgångsrik, lyck|lig, -ad -ion [e'ʃn] *s* 1 [ordnings]följd, rad 2 efterträdande; tron-, arvs|följd 3 arvsrätt 4 avkomma 5 succession -ive *a* följande på varandra -ively *adv* i följd -or *s* efterträdare; tronföljare
succinct' *a* kortfattad, koncis, knapp
succour [sʌ'kə] *tr s* undsätt|a, -ning, hjälp[a], bistå[nd]
succulent [sʌ'kju] *a* saftig
succumb [kʌ'm] *itr* duka under; digna
succursal [səkə:'sl] *s* filial
such *pron* 1 sådan; så [~ *a late hour*]; *and* ~ [*like*] F o. d.; ~ *and* ~ den och den; ~ *a thing* något sådant; ~ *things* sådant; *no* ~ *thing!* visst inte! 2 ~ *as* sådan (den, de) som; ~ *as to* sådan (så ..) att -like *a* dylik
suck I *tr itr* 1 suga [på]; dia, dägga; *in* suga, -supa 2 ut|pumpa, -suga II *s* 1 sugning 2 klunk 3 S fiasko 4 ~*s* snask ~-bottle *s* diflaska -er *s* 1 sug|apparat, -rör 2 spädgris 3 rotskott -le *tr* dia, amma -ling *s* dibarn; spädkalv
suc'tion *s* sugning ~-pipe *s* sugrör
su'datory *s a* 1 bastu 2 svettdrivande [medel] [=*sudorif'ic*]
sudd'en I *a* plötslig II *s*, [*all*] *of a* ~ [helt] plötsligt -ly *adv* plötsligt
suds *spl* såp-, tvål|lödder
sue [sju:] I *tr* stämma, lagsöka II *itr* 1 processa 2 bedja, anhålla
suède [sweid] *s* mockaskinn
suet [s(j)u'it] *s* [njur]talg
suff'er I *tr* 1 lida, utstå, tåla 2 [till]låta II *itr* 1 lida [avbräck], ta skada 2 ~ *for* få umgälla -ing *s* lidande; nöd
suffi'ce *itr* vara nog, räcka [till], förslå
sufficien||cy [i'ʃnsi] *s* 1 tillräcklighet 2 bärgning -t *a* tillräcklig, nog
suff'ocat||e *tr* kväva -ion *s* kvävning
suff'rag||e *s* 1 röst[rätt] 2 gillande -ett'e [ədʒ] *s* rösträttskvinna
suffu's||e [z] *tr* övergjuta, fukta -ion [ʒn] *s* övergjutning; rodnad; slöja
sugar [ʃu'gə] I *s* socker II *tr* sockra ~-basin *s* sockerskål ~-beet *s* sockerbeta ~-cane *s* sockerrör ~-loaf *s* sockertopp ~-refi'nery *s* sockerbruk ~-stick *s* slickepinne ~-works *spl* sockerbruk -y *a* socker|haltig, -söt

suggest — 210 — **support**

suggest [sədʒe'st] *tr* framkalla, väcka, påminna om; förestava; antyda; föreslå, framkasta; suggerera **-ible** *a* 1 [upp]tänkbar 2 mottaglig **-ion** [ʃn] *s* 1 ingivelse; idé, tanke, föreställning 2 antydan 3 förslag, råd 4 suggestion 5 aning, spår **-ive** *a* [tanke]väckande; idérik; talande
suici'd|al [sju:i] *a* självmords- **-e** [-'--] *s* självmord, -mördare
suit [sju:t] I *s* 1 rättegång, process, mål, åtal; *bring a ~ against* stämma; *go to ~* börja process 2 bön 3 frieri 4 [kort-] färg 5 dräkt; kostym; *dress ~* frack; *~ of armour* rustning 6 rad II *tr itr* 1 passa; kläda; lämpa sig för; tillfredsställa, passa till (in i); *~ yourself!* bestäm själv! 2 an-, av|passa, lämpa; **~ed** lämplig, ägnad **-abil'ity** *s* lämplighet **-able** *a* lämplig, passande **~-case** *s* kostym-, res|väska
suite [swi:t] *s* 1 följe; svit 2 rad, serie
suitor [sju:'] *s* part; friare; sökande
sulk I *s*, **~s** trumpenhet, vresighet II *itr* vara sur **-y** *a* sur, vresig, trumpen
sull'age *s* slask[vatten], avskräde
sull'en *a* butter, trumpen, dyster **-ness** *s* **-s** *spl* vresighet; dysterhet
sull'y *tr* fläcka (smutsa) [ned]
sul phur *s* svavel **-ic** [ju'ər] *a* svavel- **sul'tr|iness** *s* kvavhet, kvalm **-y** *a* kvav, tryckande; het
sum I *s* 1 summa, belopp; pris; *~ total* [slut]summa; *in ~* i kort sagt; *the ~ and substance* huvudsumman 2 räkneexempel, tal; **~s** räkning; *do a ~* räkna ett tal II *tr itr* summera, addera; räkna; *~ up* sammanfatta
summ'ar|ize *tr* sammanfatta **-y** I *a* kort[fattad]; enkel II *s* sammandrag
summ'er *s* sommar; *~ lightning* kornblixt[ar] **~-house** *s* lusthus
summersault [sʌ'məsɔlt] = *somersault*
summ'it *s* topp, spets, ås, höjd[punkt]
summ'on *tr* 1 [samman]kalla, in-, till|kalla; [in]stämma 2 uppmana 3 frammana 4 *~ up* uppbjuda [mod] **-s** *s* 1 kallelse; stämning; ⚔ inkallande 2 befallning, [upp]maning, bud
sump'tuous [juəs] *a* kostbar, luxuös
sun I *s* sol[ljus] II *tr itr* sola [sig]; soltorka **-beam** *s* solstråle **-blind** *s* jalusi **~-bonnet** *s* solhatt **-burn** *s* solbränna **-burnt** *a* solbränd
sundae [sʌ'ndi] *s* [frukt]glass
Sun'day [di] *s* söndag; *~out* frisöndag; *~ best* F söndagsstass
sun'der *tr* avskilja, splittra, klyva
sun'|-dial *s* solur **-down** *s* solnedgång
sun'dr|ies *spl* varjehanda **-y** *a* flera, diverse; *all and ~* alla och envar
sun'flower [flauə] *s* solros
sung [sʌŋ] pp. av *sing*
sunk pp. av *sink* **-en** *a* [ned-, in]sjunken; infallen; avtärd

sun'|light *s* solljus **-lit** *a* solbelyst **-ny** *a* solig; sol- **-rise** *s* soluppgång **-set** *s* solnedgång **-shade** *s* 1 parasoll 2 markis **-shine** *s* solsken **- -spot** *s* solfläck **-stroke** *s* solstyng **-struck** *a* träffad av solstyng **-wise** *adv* medsols
sup *itr tr* 1 supera 2 läppja [på]
su'per *prefix* över- **-able** *a* överkomlig **-abun'dant** *a* överflödig **-ann'uated** [ju] *a* överårig; pensionerad; oduglig **super'b** [s(j)u] *a* storartad, ypperlig **super||car'go** [sju:] *s* ⚔ fraktstyrman **-cil'ious** *a* högdragen, dryg **-erog'atory** *a* överflödig; överlopps-
superfici'|al [i'ʃl] *a* ytlig- **-es** [ii:z] *s* yta
superflu'|ity [lu'] *s* 1 över|flöd, -mått 2 lyxartikel **-ous** [pɔ:] *a* överflödig
superintend' *tr* övervaka, kontrollera; leda **-ence** *s* överinseende **-ent** *s* uppsyningsman; chef; inspekt|ör, -or
supe'rior [sju] I *a* 1 övre, över-, högre 2 överlägsen, bättre, större; förträfflig; *~ numbers* övermakt; *~ to* herre över II *s* 1 över|ordnad, -man, förman 2 prior **-ity** [ɔ'r] *s* överlägsenhet
superlative [sjupə:'l] I *a* ypperlig; överdriven II *s* superlativ; beröm
su'per||man *s* övermänniska **-nat'ural** *a* övernaturlig **-nu'merary** *a* *s* övertalig [person], extra[ordinarie] **-se'de** *tr* 1 undan-, ut|tränga; ersätta 2 avskaffa 3 åsidosätta 4 avskeda; förbigå **-sen'sible** *a* översinnlig **-session** [seʃn] *s* 1 undanträngande, insättande 2 upphävande 3 avsättning
superstiti|ion [sju:pəsti'ʃn] *s* vidskepelse, [van]tro **-ous** *a* vidskeplig
su'per||structure *s* överbyggnad **-tax** *s* tilläggsskatt **-ve'ne** *itr* stöta till; inträffa, inträda; följa **-vi'se** [z] *tr* övervaka **-vision** [vi'ʒn] *s* uppsikt **-vi'sor** *s* uppsyningsman; ledare; kontrollör
supine [sjupai'n] *a* 1 liggande [på rygg], utsträckt 2 loj, slapp
supp'er *s* kvällsmat; supé; nattvard
supplant [ɑ:] *tr* undantränga, utrota
supp'le *a* böjlig, mjuk, smidig; foglig
supp'lement I *s* tillägg; bilaga II *tr* i-, ut|fylla **-ary** [e'n] *a* tilläggs-
suppli'|ant *a s* bedjande; supplikant **-cate** *tr itr* bedja, bönfalla [om] **-cation** *s* [för]bön; åkallan
suppli'er *s* 1 leverantör 2 matare
1 supp'ly *adv* mjukt, böjligt, spänstigt
2 supply [ai'] I *tr* 1 [an]skaffa, tillhandahålla, lämna; leverera; betjäna; förse, utrusta 2 [ut]fylla 3 vikariera för II *s* 1 tillförsel, tillgång; förråd; mängd; proviant 2 fyllande; anskaffning; leverans 3 [pl.] anslag
suppor't I *tr* 1 [under]stödja, stötta [under], bära [upp] 2 uppe-, upprätt-, vidmakt|hålla 3 underhålla, försörja 4 tåla, fördraga 5 biträda II *s* 1 stöd; underlag. 2 hjälp, under-

stöd 3 underhåll 4 ~s reserv -able
a 1 uthärdlig 2 hållbar -er s 1 för-
svarare; anhängare 2 stöd, stag
suppo's||e [z] tr 1 anta[ga]; förmoda,
tro; *I am ~d to be there* jag skall vara
där 2 [imper.] om -ed *a* förment, in-
billad -edly [id] *adv* förmodligen;
förment -ing *konj* förutsatt att, om
-ition [sʌpəzi'ʃn] *s* antagande; för-
modan -itory [ɔ'z] *s* stolpiller
suppress' *tr* 1 undertrycka, kuva 2 in-
draga, förbjuda 3 hemlighålla 4 häm-
ma -ion [e'ʃn] *s* undertryckande
supp'urate [jur] *itr* vara sig; bulna
supr||em'acy [sju] *s* 1 överhöghet 2
rangplats, överlägsenhet -e'me *a* 1
högst; över- 2 överlägsen; oerhörd;
suverän 3 ytterst, avgörande
sur||charge [sə:tʃa:'dʒ] I *tr* över|[be]-
lasta, -ladda; över-, om|stämpla II *s*
överbelastning -cingle [-'iŋgl] *s* sadel-
gjord -coat [-'-] *s* jacka; [vapen]rock
sure [ʃuə, ʃɔə] I *a* säker, viss; *I'm ~*
verkligen; *well, I'm ~!* kors! min-
sann! *be ~ to come* säkert komma; *for
~* F säkert; *make ~* förvissa sig; *to
make ~ för säkerhets skull; to be ~*
naturligtvis II *adv* 1 [Am.] [ja] visst
2 *~ enough* alldeles säkert; mycket
riktigt -ly *adv* säker|ligen, -t; nog;
väl -ty *s* säkerhet, borgen
surf [sə:f] *s* bränning[ar], vågsvall
surface [sə:'fis] I *s* yta; ytter-, ut|-
sida; *on the ~* ytligt sett II *a* yt-;
ytlig, yttre ~-man *s* banvakt
surf-board [sə:'fbɔ:d] *s* surfingbräda
surfeit [sə:'fit] I *s* 1 frosseri, omåttlig-
het; övermättnad 2 leda II *tr* över|-
lasta, -mätta III *itr* föräta sig
surge [sə:dʒ] I *itr* 1 svalla; vaja; brusa
2 slira II *s* [svall]våg, bränningar
surg||eon [sə:'dʒən] *s* kirurg; fält-,
skepps|läkare; *~ dentist* tandläkare
-ery *s* 1 kirurgi 2 mottagning[srum]
sur'gy [dʒ] *a* svallande
surly [sə:'li] *a* butter, tvär; dyster
sur||mi'se [z] *s tr itr* förmoda[n], an-
taga[nde], an|a, -ing -mou'nt *tr* 1
höja sig (sitta) över, kröna, täcka 2
övervinna -name [sə:'] *s tr* [ge] till-
namn; *~d med tillnamnet* -pass
[a:'] *tr* över|träffa, -gå; *~ing* ovanlig
-plice [sə:'plis] *s* mässkjorta -plus
[sə:'pləs] *s a* överskott[s-]
surpri'se [z] *s* överraskning; förvå-
ning; överrumpling II *tr* överraska
etc.; locka, förmå ~-party *s* knytkalas
surren'der I *tr* överlämna, avstå [från];
uppge; offra; *~ o. s.* kapitulera;
[hän]ge sig II *itr* ge sig III *s* över-,
ut|lämnande; kapitulation
surreptitious [ti'ʃ] *a* 1 hemlig, förstu-
len 2 falsk, oäkta
surrou'nd *tr* om|ge, -ringa; belägra
-ings *spl* omgivning[ar]

surtax [sə:'] *s* tilläggs|skatt, -tull
survei'llance *s* bevakning, kontroll
survey I [ei'] *tr* 1 överblicka 2 grans-
ka, besiktiga 3 mäta, kartlägga II
[sə:'] *s* 1 över|blick, -sikt 2 gransk-
ning, besiktning 3 mätning, kart-
läggning; karta -or [ei'] *s* 1 kontrol-
lör, inspektör 2 lantmätare
survi'v||al *s* 1 över-, fort|levande 2
kvarleva[nde]; rest -e *tr itr* överleva;
leva kvar -or *s* över-, efter|levande
suscep't||ible -ive *a* mottaglig, känslig,
retlig [*of* för]; *~ of* [äv.] i stånd till
suspect' *tr a* misstänk|a, -t; misstro; ana
suspend' *tr* 1 [upp]hänga; *be ~ed*
hänga [ned] 2 suspendera, avsätta;
upphäva; inställa, avbryta, upp-
skjuta 3 *~ed* hängande; oavgjord
-ers *spl* 1 hängslen 2 strumphållare
suspen's||e *s* 1 ovisshet, spänning 2
uppskov -ion [ʃn] *s* 1 upphängning;
svävande; *~ bridge* hängbro 2 av-
sättning; upphävande; inställande,
uppskov; *~ of judgment* tvekan
suspici||on [i'ʃn] *s* miss|tanke, -tro;
aning; tillstymmelse; *under ~ of* miss-
tänkt för -ous *a* misstänk|sam, -t
sustai'n *tr* 1 [upp]bära, [under]stödja
2 upprätt-, under|hålla 3 fördraga 4
utstå, lida 5 godtaga 6 bekräfta -ed
a ihållande, konsekvent -er *s* stöd
sus'tenance *s* levebröd; näring; stöd
sutler [sʌ'tlə] *s* ✕ marketentare
su'ture [tʃə] *s tr* söm, fog; hopsy[ning]
su'zerain *s* feodalherre -ty *s* överhöghet
S. W. = *south-west*
swab [ɔ] I *tr* skura, skrubba; ⚓ svab-
ba II *s* skurtrasa; ⚓ svabb -ber *s*
⚓ 1 svabelgast 2 S drummel
swaddl|e [ɔ] *tr* linda [äv. *~ing-clothes*]
swag *s* 1 S tjuvgods 2 pack|e, -ning
swagg'er I *itr* 1 kråma sig, pösa;
~ing viktig 2 skryta II *tr* skrämma
III *s* 1 struttande [gång], viktighet
2 skryt 3 vid kappa IV *a* F snobbig
-er *s* översittare; skrävlare
swain *s* bondpojke; herde; ungersven
1 swallow [swɔ'lou] I *tr* 1 svälja
[ned], sluka; upptaga 2 [bildl.] smäl-
ta; undertrycka 3 lägga beslag på
4 ta tillbaka II *s* 1 svalg, strupe 2
sväljning; drag; klunk 3 glupskhet
2 swallow *s* svala; ~'*s nest* svalbo
~-tail *s* 1 F frack 2 tunga [i flagga]
swam [swæm] *imp. av swim*
swamp [ɔ] I *s* träsk, kärr, moras II
tr 1 översvämma, dränka, sänka 2
överlasta 3 undertrycka, utträngа
4 ruinera III *itr* vattenfyllas, sjunka
~-fever *s* sumpfeber -ish -y *a* sank
swan [ɔ] *s* svan
swank S I *s* skryt, bluff II *itr* stoltsera,
bluffa III *a* vräkig
swap [ɔ] *tr itr s* F [göra en] bytesaffär;
schackra; byta; byte -ping *a* F väldig

sward [ɔ:] s gräs|matta, -vall, -torv
swarm [ɔ:] s itr svärm[a]; myll|er, -ra
swarthy [swɔ:'þi] a svartmuskig
swash [ɔ] itr stänka, skvalpa ~-buckler s skrävlare, sabelskramlare
swastika [swæ'stikə] s hakkors
swath [ɔ(:)þ] s [hö]sträng; lieslag -e [eið] tr linda [om, in], insvepa
sway I itr 1 svänga, [s]vaja, vagga 2 härska II tr 1 svänga, gunga; böja, rubba 2 föra [spiran]; svinga; hantera 3 behärska, styra; bestämma 4 ~ up ⚓ hissa III s 1 svängning, gungning 2 makt, välde; spira
swear [ɛə] I (swore sworn) tr 1 svärja, gå ed på, beediga, bedyra; ~ off avsvärja [sig]; F förneka 2 låta gå ed II itr 1 svär[j]a; ~ to bedyra 2 ~ at F svära mot 3 F muttra; fräsa III s Fed -ing s svär[j]ande; edgång; false ~ mened -word s F svordom
sweat [e] I s 1 svett; in (by) the ~ of o.'s brow i sitt anletes svett 2 svett|-ning, -bad 3 F slit; oro II itr svettas; slita [hund] III tr 1 [ut]svettas; utdunsta 2 låta svettas; pressa, utsuga, underbetala 3 skrapa [svetten av] 4 S pungslå -er s 1 [arbets]-slav 2 utsugare 3 ylletröja 4 svettdrivande medel -ing-system s utsugningssystem -y a svettig; knogig
Swed|e s 1 svensk 2 s~ kålrot -en npr Sverige -ish a svensk
sweep I (swept swept) itr 1 sopa 2 svepa, fara, susa, jaga; glida; kretsa; ~ down slå ned 3 skrida fram 4 sträcka sig; svänga 5 dragga II tr 1 sopa [bort] 2 sota 3 ~ away (off) rycka med sig; undanröja 4 rensopa; rensa 5 svepa (glida) fram över; överblicka 6 ✕ bestryka 7 härja 8 stryka bort 9 häva in 10 dragga upp 11 fösa, föra, röra; göra, ge III s 1 sopning; clean ~ rent hus 2 svep, drag, tag, kast 3 krök[ning], sväng 4 framsvepande; kretsande, flykt; flöde; frasande; makt, kraft 5 [krökt] bana, linje 6 in-, upp|fart 7 sträcka 8 räck-, syn|håll; omfång; [skott]vidd; bestrykning 9 överblick 10 tabelras, slam 11 rad [hus] 12 F = -stake 13 o. -er s 1 sopare 2 sotare -ing s 1 häftig; väldig 2 lång-[sträckt]; böjd, elegant 3 allmän; genomgripande ~-net s släpnät -stake[s] s insats|löpning, -spel; vinst
sweet I a 1 söt 2 färsk, frisk 3 ren 4 fin, fräsch 5 behaglig; ljuv, mild; vacker 6 kär, dyr; älskvärd 7 smidig 8 ~ herbs kryddväxter; ~ pea luktärt; ~ violet luktviol II s 1 karamell 2 ~s söt. [efter]rätt -bread s kalvbräss -en tr itr 1 göra (bli) söt; förljuva 2 fylla med doft 3 rena 4 mildra -ener s sotningsmedel ~-gale

s pors -heart s fäst|man, -mö -ies spl karameller, godis -meat s karamell -ness s 1 sötma, söt smak 2 doft 3 välljud 4 friskhet 5 charm; mildhet ~'-scen'ted a välluktande
swell I itr tr (~ed swollen) 1 [komma att] svälla [upp, ut]; pösa; stiga; svalla, häva sig; [ut]vidga, blåsa upp; fylla 2 svullna [upp] 3 stegra[s], öka 4 sjuda II s 1 [upp-, ut]svällning; utbuktning; utväxt, knöl; höjning; höjd 2 svall[våg], dyning 3 crescendo 4 F snobb; pamp 5 F överdängare III a F flott; förnäm -ing I s 1 svällning; svullnad, svulst; bukt[ighet] 2 [känslo]utbrott II a 1 svällande 2 brusande 3 uppblåst 4 bombastisk -ish a F flott
swel'ter I itr för|smäkta, -gås II s tryckande värme -ing a tryckande
swept imp. o. pp. av sweep
swerve tr itr vika, böja [av]; rubba
swift I a 1 snabb, hastig; rörlig 2 snar II s mur-, torn|svala
swig s tr itr F supa, klunk[a]
swill I tr itr 1 skölja, spola 2 stjälpa i sig 3 berusa [sig] II s 1 spolning 2 skulor 3 lank, usel sprit
swim I (swam swum) itr 1 simma; flyta; glida, sväva 2 översvämmas, fyllas 3 svindla, gå runt II tr 1 simma [över, på] 2 låta simma III s 1 simning, simtur; bad 2 be in the ~ vara med [i farten] 3 F yrsel -mer s 1 simmare 2 simfågel 3 vattenspindel
swimm'ing s a 1 sim|ning, -mande 2 flytande 3 yr[sel] 4 tårfylld 5 smidig ~-bath s sim|bad, -hall -ly adv lekande lätt. ~-place s badställe ~-pond ~-pool s simbassäng
swimm'y a färdig att få svindel, yr
swin'dle I tr bedraga; lura [till sig] II itr svindla III s svindel, skoj -r s svindlare, bedragare -ry s svindleri
swine (pl. ~) s svin ~-sty s svinstia
swing I (swung swung) itr 1 svänga; svaja; vagga, vippa; gunga; ~ to slå igen; ~ wide slå[s] upp 2 hänga[s] II tr 1 svänga [med]; gunga; svinga 2 hänga [upp] 3 [Am.] leda III s 1 sväng[ning]; gungning; at full ~ på vid gavel 2 fart, kläm; schvung 3 fritt lopp, spel-, sving|rum 4 gunga ~-boat s karusellgunga ~-glass s vridbar spegel -ing a F svepande, livfull
swin'gle [ŋg] s tr skäkta; slagträ
swi'nish a svinaktig, snuskig, rå
swipe I itr tr slå till II s härt slag
swirl [ɔ:] I itr tr virvla runt II s virvel
swish I tr 1 piska 2 släpa II itr s sus[a], prassla, vina[nde]
Swiss a s schweiz|isk, -are, -iska
switch I s 1 spö, käpp 2 växel 3 strömbrytare 4 ~-board 5 lös|-fläta, -hår II tr itr 1 piska [upp], slå

[till] 2 klippa 3 svänga med; rycka
[till sig] 4 växla; koppla [om], leda;
~ off koppla av, bryta; slå ifrån -back
s sicksackbana; berg- och dalbana ~-
-board s växel[bord] -man s växlare
swiv'el I s 1 svivel; [sväng]tapp 2
♎ svängkanon II tr itr svänga
swob [swɔb] se swab
swo'llen (av swell) a upp|svälld, -blåst
swoon I itr 1 svimma 2 dö bort II s
svimning[sanfall]
swoop I itr slå ned II tr F rycka till
sig III s [ned]slag, [an]grepp
swop [swɔp] se swap
sword [sɔːd] s svärd; värja; sabel; at
the point of the ~ med svärd i hand;
court ~ paradvärja; cross ~s växla
hugg; put to the ~ låta springa över
klingan ~-belt s värjgehäng ~-cutler s vapensmed ~-flag s svärdslilja
~-guard s värjplåt ~-handle ~-hilt
s svärdfäste -sman s 1 fäkt[mäst]are
2 krigare ~-swallower s svärdslukare
swor||e [ɔː] imp. av swear -n (pp. av
swear) a [ed]svuren; edfäst; ~ brother vapen-, foster|broder; be ~ gå ed
swot s itr tr S plugg[a, -häst], knog[a]
swum, swung av swim, swing

syc||amore [si'k] s 1 sykomor 2 tysk
lönn -ophant s smickrare; snyltgäst
syllab'||ic [sil] a stavelse-[bildande] -le
[si'l] s stavelse -us [si'l] s översikt
sylph s sylf, luftande; eterisk varelse
syl'van a s skogig; skogs-[gud]
sym'bol s sinnebild, tecken -ic[al]
[ɔ'l] a symbolisk -ize tr beteckna
sympath||et'ic a 1 sympat[et]isk; hemlig, mystisk 2 deltagande, känslig
-ize [-'--] itr hysa medkänsla, känna,
deltaga -izer s själsfrände -y [-'--] s
sympati, medkänsla, deltagande
sym'||phony s symfoni -po'sium [z] s
dryckeslag -ptom s symtom; tecken
synagogue [si'nəgɔg] s synagoga
syn'chron||ism s samtidighet -ous a samtidig -ize itr tr vara (göra) samtidiga
syncop||ate [si'ŋ] tr synkopera -e [-i] s
synkop; svimning, hjärtslag
synon'ymous [sin] a liktydig, synonym
syrin||ga [siri'ŋgə] s 1 syren 2 schersmin -ge [si'rindʒ] s spruta -nx
[si'r] s pan|flöjt, -pipa
syrup [si'rəp] s 1 sirap; syrup 2 saft
sys'tem s 1 system; the ~ organismen;
postal ~ postväsen 2 plan, princip;
ordning -less a osystematisk

T

T, t [tiː] s t: to a T på pricken, fint
tab s snibb, flik, lapp; stropp, udd
tabb'y I s vattrad taft II a tr vattra[d]
tab'ernacle s tabernakel; tält; hydda;
helgedom; bönehus
table [ei] I s 1 bord; skiva, platta;
taffel; at (to) ~ till bords; lay on the
~ bordlägga 2 [minnes]tavla 3 tabell; register 4 [hög]platå 5 tavel-,
taffel|sten 6 turn the ~s upon a p.
betala ngn med samma mynt II tr 1
bordlägga 2 laska ~ glass s 1
[dricks]glas 2 fönsterglas -land s
högplatå ~-spoon s matsked -t
[tæ'b] s 1 skiva, platta 2 [minnes]
tavla 3 tablett [äv. tab'loid]; kaka;
bit ~-talk s bordsamtal ~-top s
bordskiva ~-turning s borddans
taboo [təbuː'] s tr a [belägga med] tabu; för|bud, -bjuda; avstänga; helig
tab'ouret [ɔrit] s 1 taburett 2 sybåge
tab'ul||ar [ju] a 1 platt, flat 2 tabell
-ate tr uppgöra tabell över, planslipa
tac'it a tyst; stilla -urn a tystlåten
tack I s 1 nubb, [häft]stift, spik 2 ~s
träckling 3 ♎ hals[horn]; lov; slag;
kurs II tr 1 fästa, sätta upp 2
träckla III itr stagvända; ändra kurs
tack||le I s 1 ♎ tack|el, -ling, talja 2
redskap, grejor II tr 1 angripa,
hugga tag i; tackla; hugga in på 2
sela [på'] III itr, ~ to F ta itu med
-ing s 1 ♎ tackling 2 grejor

tacky [tæ'ki] a klibbig
tact s takt -ician [i'ʃn] s taktiker
-ics spl taktik -ile a känsel-
tadpole [tæ'dpoul] s grod|unge, -yngel
taff'eta, taff'ety s taft
taff'rail s ♎ hackbräde [äv. taff'erel]
tag I s 1 stift, pigg; snörnål 2 stropp
3 adresslapp 4 flik, remsa; tamp 5
refräng; slutreplik 6 ta fatt, 'sistan'
II tr 1 fästa, [till]foga 2 förfölja
tail s 1 svans, stjärt, bak: skört; släp;
följe, kö; ~ of the eye yttre ögonvrå;
turn ~ F smita 2 baksida; head[s]
or ~[s] krona eller klave 3 bottensats 4 ~s = ~-coat II tr 1 hugga av,
stubba; noppa 2 fästa III itr följa
(sacka) efter; ~ off F försvinna ~-
-coat s frack; jackett ~-light s
bak|lykta, -ljus
tai'lor s skräddare -ing s skrädderi
[firma] ~-made s [promenad]dräkt
tai'l-piece s [slut]vinjett
taint I s 1 fläck; röta; anstrykning 2
smitta II tr 1 [be]fläcka; angripa,
skämma 2 [be]smitta, fördärva III
itr bli skämd -less a fläckfri
tak||e I (took taken) tr 1 ta[ga], gripa 2
inta[ga], äta, dricka; använda 3
bära, forsla; lämna, föra, följa, köra;
ta med sig 4 [in]hämta 5 ta emot
6 ådraga sig 7 [på]låtaga sig, övertaga
8 behöva[s], ta 9 hyra 10 hålla [sig
med] 11 fatta, hysa, känna; förstå;

take-off — 214 — **taste**

finna; ta upp 12 anta[ga] 13 tjäna; vinna 14 fånga, fängsla 15 överraska 16 anse 17 ✥ uppbringa 18 *be* ~ *n ill* bli sjuk; ~*n with* betagen i; drabbad av 19 ~ *to o.s.* tillskriva sig; [*as*] *I* ~ *it* [som] jag tror; ~ *the oath* gå ed; ~ *no refusal* ej vilja veta av ngt avslag; ~ *that!* där har du! 20 ~ *about* föra (visa) omkring; ~ *along* ta med [sig]; ~ *down* [äv.] nedskriva, anteckna; föra till bordet; F stuka; ~ *in* ta (föra) in; om-, upp|fatta; förstå; minska; ✥ reva; ta emot; hålla [tidning]; F lura; ~ *off* ta (föra) bort; ta av sig; dra av (in); avbilda, kopiera; karikera; bortrycka; ~ *on* antaga; ta in; [p]åtaga sig; ~ *out* ta ut (fram, upp); ta med [sig] ut; ~ *it out of* låta det gå ut över; ~ *over* föra över (omkring i); övertaga; tillträda; ~ *up* ta upp (fram); upptaga; intaga; antaga; åta sig; gripa; avbryta; tillrättavisa; uppskatta; följa; slå sig på; ~ *upon o. s.* åtaga sig II *itr* 1 ta vägen, ta av, ta sin tillflykt 2 ~ *to* börja [ägna sig åt], hemfalla åt; sluta (ty) sig till; trivas med 3 ta, verka; göra lycka 4 fastna 5 nappa 6 ~ *after* likna; ~ *away* duka av; ~ [*off*] *from* minska; ~ *off* bege sig i väg; ta sats; lyfta, starta; ~ *on* F ta [illa] vid sig; ~ *up with* umgås med III *s* fångst; inkomst -e-off *s* 1 karikatyr 2 upphopp, sats; startplats **-ing** I ~*s spl* inkomst[er] II *a* betagande
tal'c *s* talk [äv. *-um*] **-ky -ous** *a* talk- **tale** *s* 1 berättelse, saga; *nursery* ~ amsaga 2 prat, skvaller; *tell* ~*s* skvallra **-bearer** *s* skvallerbytta
tal'ent *s* talang, begåvning, fallenhet; [bildl.] pund **-ed** *a* begåvad
talk [tɔ:k] I *itr* 1 tala, prata, kåsera; ~ *big* (*tall*) F skrävla; ~*ing of* på tal om 2 ~ *at* pika; ~ *away* prata på; ~ *back* bjäbba emot; ~ *to* [äv.] F läxa upp II *tr* tala; ~ *down* prata omkull; ~ *into* övertala till; ~ *over* diskutera, talas vid om; övertala [äv. ~ *round*]; ~ *up* prisa III *s* [sam]tal, prat; kåseri; överläggning; ~ *of the town* samtalsämne [i staden] **-ative** *a* pratsam **-ee-talkee** *s* jargong **-ie** *s* F talfilm
tall [ɔ:] *a* 1 stor, lång, hög 2 F skrytsam **-boy** *s* 1 byrå 2 skorsten
tal'low [ou] I *s* talg II *tr* talga; göda
tall'y I *s* 1 karvstock 2 [av]räkning; ~-*trade* kreditförsäljning 3 mottstycke II *tr* 1 markera 2 [av]räkna 3 an-, av|passa III *itr* stämma
tal'on *s* 1 klo 2 talong 3 källist
ta'lus *s* 1 sluttning, dosering 2 fotled
tam'bour [uə] *s* 1 tamburin 2 sybåge 3 vindfång ~-**work** *s* tambursöm

tame I *a* 1 tam; spak 2 matt; modlös 3 F odlad · II *tr* tämja; kuva
tamp *tr* 1 tillstoppa 2 packa [till]
tam'per *itr* 1 ~ *with* fingra på, manipulera med, fuska i; muta 2 intrigera **-er** *s* klåpare; intrigmakare
tam'pon *s* 1 tampong 2 hårvalk
tan I *tr* 1 [lo]garva 2 bryna, brunbränna 3 F prygla II *s* 1 bark[brun färg]; solbränna 2 S cirkus; ridbana 1 **tang** I *tr itr* [låta] ljuda, klirra II *s* 1 ljud, skrammel 2 bi-, efter|smak 2 **tang** *s* [havs]tång
tan'gible [dʒ] *a* gripbar; påtaglig
tang'le [ŋg] I *tr itr* 1 trassla[s] till (ihop) 2 snärja[s] [in] II *s* 1 trassel, oreda; härva 2 [havs]tång
tank *s* 1 tank, behållare 2 ✕ tank **-age** *s* 1 tanks volym 2 tankning
tan'kard *s* krus, sejdel, kanna
tan'ker *s* tankfartyg
tann'||age *s* garvning **-er** *s* 1 garvare 2 S sixpence **-ery** *s* garv|eri, -ning **-ic** *a* garv- **-ing** *s* garvning; F smörj
tan'talize *tr* pina, hålla på sträckbänk
tan'tamount *a* likvärdig; liktydig
tan'trum *s* dåligt lynne, ilska, raseri
1 **tap** I *s* 1 tapp, plugg 2 kran 3 tappning; *on* ~ på fat II *tr* 1 tappa 2 utnyttja; trafikera; avlocka 3 dryfta
2 **tap** I *tr itr* slå, klappa; knacka [med] II *s* slag, knackning
tape I *s* band, snöre; måttband II *tr* binda om ~-**line** *s* måttband
ta'per I *s* 1 smalt [vax]ljus; vaxstapel 2 spets; avsmalnande II *tr* smalna; avtaga III *tr* göra smal (spetsig)
tap'estry *s* tapisseri, tapet, gobeläng
ta'peworm *s* bandmask; binnikemask
tap'||-house **-room** *s* utskänkningsställe, krog **-ster** *s* kypare; krogvärd
tar I *s* 1 tjära 2 F sjöman II *tr* tjära
tar'd||igrade *s* sengångare **-y** *a* långsam
1 **tare** [ɛə] *s* [foder]vicker; ogräs
2 **tare** *s* [hand.] tara
tar'get [git] *s* skottavla
tariff [æ'] *s* taxa; [tull]tariff; tullar
tarn [tɑ:n] *s* skogs-, fjäll|sjö, tjärn
tar'nish I *tr itr* 1 göra (bli) matt 2 fläcka[s] II *s* glanslöshet; fläck
tarpau'lin *s* 1 presenning 2 matros[hatt]
1 **tarry** [ɑ:'] *a* tjärig; tjäraktig
2 **tarry** [æ'] *itr* dröja, stanna kvar; vänta
1 **tart** *s* 1 frukt|tårta, -paj 2 S slampa
2 **tart** *a* skarp, sur, besk; vresig
tar'tan *s* 1 rutigt ylletyg 2 högländare
tartar [tɑ:'] *s* 1 vinsten 2 tandsten
task [ɑ:] I *s* uppgift, värv, arbete; läxa; *take to* ~ läxa upp II *tr* anstränga, pressa
tass'el *s* tofs, frans, vippa; bokmärke
tast||e [ei] I *s* 1 smak[sinne]; försmak 2 sinne, håg; *in good* ~ smak-, takt|full 3 smakbit, klunk; droppe II *tr itr* 1 smaka [av'], smutta på 2

erfara; få smak på -er s [vin]smakare -y a F 1 välsmakande 2 smakfull
tat itr slå frivoliteter; ~ting frivoliteter
tata, ta-ta [ta:'ta:'] interj F ajö; hej
tatt'er s, ~s trasor -dema'lion s trashank -ed a trasig
tattle itr s prat[a], snack, skvall|ra, -er 1 tattoo' I s tapto II itr slå, hamra 2 tattoo tr s tatuer|a, -ing
taught [tɔ:t] imp. o. pp. av teach
taunt I tr håna, smäda II s spe[ord]
taut a 1 styv, spänd 2 snygg, pyntad -en tr itr spänna[s]; styvhala
tautology [tɔ:tɔ'lədʒi] s upprepning
tav'ern s värdshus ~-keeper s krogvärd
1 taw [tɔ:] tr vitgarva
2 taw s 1 [sten]kula 2 'spela kula'
tawdry [ɔ:'] a utstyrd, brokig, grann
tawny [ɔ:'] a läderfärgad, brun; solbränd
tax I s 1 [krono]skatt 2 press, påfrestning II tr 1 beskatta, [upp]taxera; värdera 2 betunga, anstränga 3 beskylla 4 tillrättavisa -able a 1 skattskyldig 2 beskattningsbar -ation s [upp]taxering -er s taxeringsman
tax'i ~-cab s [hyr]bil -man s chaufför -meter [mi:tə] s taxameter[bil]
t. b. f. = to be forwarded f. v. b.
tea s 1 te[buske] 2 eftermiddagste; high (meat) ~ tesupé 3 infusion, spad ~-caddy s tedosa
teach (taught taught) tr itr undervisa [i], lära -able a läraktig -er s lärar|e, -inna -ing s undervisning; lära
tea'-||cup s tekopp -fight s F tebjudning -garden s uteservering
teak [ti:k] s tek|träd, -trä
team I s 1 spann, par 2 lag 3 flock II tr spänna ihop -ster s kusk -work s sam|arbeta, -spel
tea'||-pot s tekanna -poy s tebord
1 tear [iə] s tår; droppe; ~s gråt
2 tear [tɛə] I (tore torn) tr riva, slita [sönder], sarga, uppriva II itr 1 riva, slita 2 gå sönder 3 rusa, flänga III s 1 hål, reva 2 sönderslitande: ~ and wear slitning, påfrestning 3 fart, fläng
tearful [i'ə] a tårfylld 2 gråtmild
tea'-||rose s te[a]ros -saucer s tefat
tease [z] I tr itr 1 reta, retas [med], förarga 2 karda; rugga II o. -r s F retsticka -l s 1 kardborre 2 karda
tea'||-service ~-set s teservis [äv. ~-things] --spoon s tesked --strainer s tesil
teat [ti:t] s bröstvårta; spene
technic||al [te'k] a teknisk -al'it|y s teknisk sida (detalj); teknik -ian [i'ʃn] -ist s tekniker; expert -s s teknik; teknologi [äv. technology]
techy = tetchy
te'di||ous a lång|sam, -trådig; tråkig; tröttsam -um s tråkighet, leda
tee s 1 mål(pinne) 2 [golf] utslag
teem itr myllra, vimla
teens [ti:nz] spl tonår

teeny [ti:'ni] a F [= tiny] liten
teeth pl. av tooth -e [ð] itr få tänder -ing [ð] s tandsprickning
teeto'tal a nykterhets-; F total -ism s [hel]nykterhet -[l]er s nykterist
teeto'tum s [tärnings]snurra
tel'egraph [ɔ:f, æf] s tr itr telegraf[era] -er s telegramavsändare; [äv.] telegrafist -e'se [z] s telegram|språk, -stil -y [le'g] s telegraf|i, -ering
tel'ephon||e s tr itr telefon[era]; desk ~ bordapparat -y [e'f] s telefon|i, -ering
tel'escop||e I s kikare, teleskop II tr skjuta in (ihop), pressa in -ic [ɔ'p] a 1 teleskopisk 2 hopskjutbar
tell (told told) I tr 1 tala o'm, berätta; säga; ~ fortunes spå; ~ a lie ljuga 2 säga ti'll, be, befalla, låta 3 [ur]skilja, kä:nna igen; veta 4 [hop]räkna; ~ off avräkna; avdela; utse II itr 1 tala, berätta; vittna 2 skvallra 3 göra verkan, ta [skruv] -er s 1 berättare 2 röstraknare 3 kassör -ing a verksam, kraftig -tale II s 1 skvallerbytta 2 visare, mätare: kontrollur II a skvallrande
tellu'rian I a jord- II s jordinvanare
temerarious [temərɛə'] a dumdristig
tem'per I s 1 [gott, dåligt] lynne, humör, temperament 2 lugn; besinning; out of ~ på dåligt humör 3 retlighet; häftighet 4 härdning II tr 1 blanda, arbeta 2 härda 3 mildra -ament s läggning, lynne -ance s måttlighet, nykterhet -ate [it] a 1 tempererad 2 måttfull, nykter 3 mild
tem'pest s storm -uous [e'stju] a stormig
Tem'plar s 1 tempelriddare 2 [Good] ~ godtemplare
1 tem'ple s 1 tempel 2 T~ jurist|-, skola, -samfund
2 temple s tinning
tem'plet s schablon, mönster
tem'por||al a 1 världslig 2 temporal -ary a tillfällig; extra -ize itr 1 vända kappan efter vinden 2 förhala tiden
tempt tr 1 fresta; locka 2 pröva; trotsa -ation s frestelse -ress s fresterska
ten I räkn tio; the upper ~ överklassen, gräddan II s tia; tiotal
ten'||able a hållbar -a'cious [ʃəs] a fast[hållande]; klibbig; seg; orubblig; ihärdig -ac'ity s seghet; orubblighet
ten'an||cy s 1 arrende[tid] 2 besittning -t I s 1 arrendator; hyresgäst 2 innehavare II tr arrendera; hyra; bebo
tench [tenʃ] s sutare
1 tend tr vårda, sköta, se till; vakta
2 tend itr 1 syfta, sträva, tendera 2 bidraga, tjäna -ency s benägenhet, tendens; utveckling
1 ten'der s 1 skötare 2 tender
2 tender I tr erbjuda; inlämna; uttrycka II s anbud; betalningsmedel
3 tender a 1 mjuk, mör; fin, späd;

tenderfoot — 216 — **them**

diskret; vek, spröd, ömtålig 2 ömsint]; kär[leksfull] **-foot** s S gröngöling **-ness** s ömhet; vekhet
tendon [te'ndən] s sena
tendril [te'ndril] s klänge, ranka
ten'ement s arrende-, frälse|gård; våning; bostad ~**-house** s hyreskasern
ten'et s grundsats, lära, lärosats
ten'||**fold** a adv tiofaldig[t] **-ner** s F tia
tenn'is s tennis ~**-court** s tennisplan
ten'on I s tapp II tr hop-, in|tappa
ten'or s 1 innehåll, lydelse; mening 2 riktning, bana 3 tenor 4 altfiol
1 **tense** [tens] s tempus, tidsform
2 **tens**||**e** a spänd, stram **-eness** s spänning, sträckning **-ible -ile** a tänjbar **-ion** [ʃn] s 1 [an]spänning 2 tryck **-ity** = **-eness**
tent I s tält[duk] II tr täcka III itr tälta
ten'||**tacle** s trevare, spröt **-ative** a s försök[s-], experiment[ell]; trevande
tent'-bed s tältsäng; sparlakanssäng
ten'terhook s spännhake; on ~s på sträckbänk
tenth I räkn tionde II s tion[de]del
tenu'||**ity** s tunnhet **-ous** [te'] a tunn
ten'ure [juə] s 1 besittning[srätt] 2 arrende 3 ämbetstid; varaktighet
tep'||**efy** tr itr göra (bli) ljum **-id** a ljum
tercen'||**t**||**enary -enn'ial** a s trehundraårs-[dag]
ter'giversate itr göra undanflykter
term I s 1 term 2 ~s ord[alag], uttryck[ssätt] 3 ~s villkor; pris; överenskommelse; bring to ~s få·att ta reson; make ~s träffa en uppgörelse 4 ~s för|hållande, -bindelse, [bildl.] fot 5 termin; kvartalsdag; tid; for ~ of life för livstiden II tr kalla
ter'magant s a arg|bigga, -sint
ter'min||**al** I a 1 slut-, sist, gräns- 2 **termins-** II s slut, spets; gräns; slutstation **-ate** tr itr 1 [av]sluta 2 göra slut på 3 begränsa **-ation** s 1 slut 2 ändelse **-us** s slutstation; gränssten
termite [tə:'mait] s termit, vit myra
ter'n||**al -ary** a trefaldig, tretal
terr'ace [is] s tr terrass[era]; husrad
terres'trial I a 1 jordisk, jord- 2 land- II s 1 jordinvånare 2 landdjur
terrible [te'r] a för|färlig, -skräcklig
terrier [te'riə] s terrier, råtthund
terri||**fic** {ri'f] a fruktansvärd **-fy** [te'r] tr förskräcka, skrämma
territor'||**ial** a jord-; lokal; ~ army lantvärn **-y** [e'r] s område; territorium
terr'or s 1 skräck, fasa 2 skräckvälde **-ize** tr itr, ~ [over] terrorisera ~**-stricken** ~**-struck** a skräckslagen
terr'y s sammet; ~ velvet halvsammet
ter'se a klar; koncis, skarp, kärnfull
terti||**an** [tə:'ʃ] a s annandags- II s annandagsfrossa **-ary** a tertiär[-]
tess'elate tr inlägga; ~d mosaik-
test I s 1 prov, undersökning, mätning; written ~ [skol]skrivning 2 reagens II tr prova, pröva, undersöka
testa't||**or -rix** s testamentsgivare
tes'ter s provare, proberare
tes'ti||**fy** I itr vittna [to om] II tr in-, be|tyga **-mo'nial** s 1 bevis, be-, in|tyg 2 hedersgåva **-mony** [-'-məni] s vittnes|börd, -mål; bevis
test'-||**paper** s 1 reagenspapper 2 prov-[skrivning] **-tube** s provrör
tes'ty tet'chy a retlig
teth'er [ð] I s tjuder; spelrum II tr tjudra; binda
tet'ra||**d** s fyrtal **-syllab'ic** a fyrstavig
Teuton [tju:tn] s german; tysk **-ic** [ɔ'n] a germansk; tysk
text s text; bibelspråk ~**-book** s text-, läro|bok ~**-hand** s [stor] skrivstil **-ile** a s textil[-], vävnad[s-]: vävd **-ual** a 1 text- 2 texttrogen **-ualist** s bibelsprångd; texttrogen **-ure** [ʃə] s väv[nad]; beskaffenhet
than [ðæn, ðən] konj än; no sooner .. ~ knappt .. förrän
thank I tr 1 tacka; ~ you [very much] tack [så mycket]; ~ God (goodness) gudskelov 2 skylla II s, ~s tack-[sägelse]; [many] ~s tack [så mycket]; ~s to tack vare **-ful** s tacksam **-less** a otacksam **-sgiving** s tacksägelse **-worthy** a erkännansvärd
that [ðæt, ðət] I s (pl. those) dem pron 1 denn|e, -a, detta; den (det) [där] 2 about ~ därom; in ~ däruti 3 ~ is [to say] det vill säga, d. v. s.; ~'s a dear (a good boy) F så är du snäll; ~ is all [there is to it] det är alltihop [det]; ~'s it så är det [ja]; ~ being so så är förhållandet; and all ~ [sort of thing] och sådant där, o. s. v.; not so silly as ~ inte så' dum; at ~ till på köpet; for all ~ i alla fall; like ~ så där II (pl. those) determ pron 1 den; det; ~ of London Londons 2 något visst III (pl. ~) rel pron som; fool ~ you are! din dumbom! IV adv 1 så [~ much] 2 då [now ~] V konj 1 att; för att 2 som [it was then [~] I learnt] 3 eftersom
thatch I s tak|halm, -täckning; halmtak II tr [halm]täcka
thaw [bɔ:] I itr tr töa, smälta, tina upp II s tö[väder]; upptinande
the [ðə, ði, ði:] I best art **-en**, **-n**, **-et**, **-t**: :en, det II determ pron den, det III adv ju, desto, så mycket
theatr||**e** [pi'ətə] s 1 teater; skådeplats: picture ~ biograf 2 hörsal **-ical** [æ't] I a teater-; teatralisk II s, ~s sällskapsspektakel
thee [ði:] pron (till thou) [åld.] dig
theft [þeft] s stöld
their [ðɛə] pron [fören.] **-s** [z] pron [självst.] deras; sin, sitt
them [ðem, ə] pron (till they) dem; sig

theme — 217 — **thrift**

theme [þi:m] *s* tema, ämne, stoff
themsel'ves *pron* [de, dem] själva; sig [själva]
then [ðen] I *adv* då; sedan, så; *before* ~ dessförinnan; *but* ~ men så (i stället); *by* ~ då, till dess; *till* ~ till dess; ~ *and there* strax; *what* ~? än sen då? II *a* dåvarande
then'ce [ð] *adv* 1 därifrån 2 följaktligen -'**for'th** -**for'ward** *adv* från den tiden
theolog||**ian** [þiəlou'dʒ] *s* teolog -**ical** [ɔ'dʒ] *a* teologisk -**y** [ɔ'l] *s* teologi
theor||**et'ic**[**al**] [þiə] *a* teoretisk -**ist** [þi'ə] *s* teoretiker -**y** [þi'ə] *s* teori
theosoph||**ist** [ɔ's] *s* teosof -**y** *s* teosofi
therapeutics [þerəpju:'] *s* läkekonst
there [ðeə] *adv* 1 där; däri, därvidlag; *all* ~ F vaken, klok; *from* ~ därifrån; *in* ~ därinne; ~ *you are* där (här) har ni; var så god! 2 dit; fram[me]; *in* ~ dit in 3 det; ~*'s a dear* se *that I*; ~ *is no knowing* man kan inte (aldrig) veta 4 så där! se så! nå! -**abou't**[**s**] *adv* [där]omkring -**by** därigenom; ungefär -**fore** *adv* därför -**upon'** *adv* därpå
therm [þə:m] *s* värmeenhet -**al** *a* värme-; varm -**ic** *a* värme- -**om'eter** *s* termometer -**os** *s* termosflaska
thesaurus [þisɔː'] *s* uppslagsbok
these [ði:z] *pron* dessa, de här
thes||**is** [þi:'sis] (pl. -*es* [i:z])*s* tes, sats; avhandling; uppsats
thews [þju:z] *spl* senor, muskler; kraft
they [ðei] *pron* de; man -**'d** = *they had* (*would*) -**'re** = *they are* -**'ve** = *they have*
thick I *a* 1 tjock; grov; tät; yvig 2 grumlig 3 hes; grötig 4 F förtrolig 5 dum 6 S fräck II *s*, *in the* ~ *of* mitt [uppe] i; *through* ~ *and thin* i alla väder, blint -**en** I *tr* 1 göra tjock[are]; öka 2 avreda II *itr* 1 tjockna, tätna 2 trängas -**et** *s* snår -**set** I *a* 1 tät 2 undersätsig II *s* snår
thie||**f** [þi:f] (pl. -*ves*) *s* tjuv -**ve** *itr tr* stjäla -**very** *s* stöld -**vish** *a* tjuvaktig
thigh [þai] *s* lår ~-**bone** *s* lårben
thill *s* skakel -**er** ~-**horse** *s* gaffelhäst
thim'ble *s* fingerborg; syring; ✠ kaus
thin I *a* tunn; mager; gles; svag; knapp; S otrevlig II *tr itr* göra (bli) tunn, förtunna[s]; gallra; magra; glesna
thine [ðain] *pron* [åld.] din, ditt, dina
thing *s* 1 sak, ting[est], pjäs; ~*s* saker och ting 2 varelse, människa, stackare 3 ~*s* tillhörigheter, kläder 4 ~*s* förhållanden[a]; saken, det 5 ~*s* husgeråd; servis; redskap 6 *the whole* ~ alltsammans; ~*s past* det förflutna 7 *the* ~ F fint, korrekt; kry, pigg; det viktigaste; det rätta; *and* ~*s* och sådant [där]; *for one* ~ för det första; *the first* ~ [adv.] allra först
think (*thought*, *thought*) I *tr* 1 tänka [sig]; betänka 2 anse, tro, tycka; *I*

[*should*] ~ *not* det tror jag inte II *itr* 1 tänka [efter], fundera; ~ *little of* ha en låg tanke om; ~ *nothing of* nonchalera 2 ~ *of* komma på (ihåg)
thin'ness *s* tunnhet; gleshet; magerhet
third [ə:] *räkn s* tredje[del]; [mus.] ters -**ly** *adv* för det tredje
thirst [ə:] *s itr* törst[a] -**y** *a* törstig
thir't||**ee'n** [þ] *räkn* tretton -**eenth** *räkn s* trettonde[del] -**ieth** [þə:'] *räkn s* trettionde[del] -**y** ['-] *räkn* trettio
this [ðis] I (pl. *these*) *pron* denn|e, -a, detta; den (det) här; ~ *is to testify* härmed intygas; *like* ~ så här; ~ *morning* i morse; ~ *year* i år; *by* ~ härigenom II *adv*, ~ *much* så mycket
thistl||**e** [þisl] *s* tistel -**e-down** *s* tistelfjun -**y** *a* full av tistel; taggig
tho, tho' [ðou] se *though*
thole [þoul] *s* ✠ årtull [äv. ~-**pin**]
thong *s tr* pisk|a, -snärt; läderrem
thorn *s* torn, tagg; *on* ~*s* som på nålar ~-**bush** *s* törnbuske; hagtorn -**y** *a* törnig; taggig; törnbeströdd
thorough [þʌ'rə] *a* grundlig, fullständig; riktig -**bred** *a s* fullblod[s-]; fulländad; spänstig [typ] -**fare** *s* [kör]väg; huvudgata, farled ~-**going** *a* radikal, grundlig ~-**paced** *a* durkdriven
those [ðouz] *pron* de [där], dessa
thou [ðau] *pron* [åld.] du
though [ðou] I *konj* 1 ehuru, fast[än] 2 även om [*even* ~] 3 *as* ~ som om 4 medan II *adv* F i alla fall
thought [þɔ:t] I imp. o. pp. av *think* II *s* 1 tanke 2 åsikt; idé; aning 3 fundering[ar]; eftertanke; *on second* ~*s* vid närmare eftertanke -**ful** *a* 1 tankfull 2 tankediger 3 uppmärksam; hänsynsfull
thousand [þau'zənd] *räkn s* tusen[tal] -**th** *räkn s* tusende[del]
thrall [ɔ:] *s* 1 träl 2 träldom
thrash *tr itr* 1 tröska; ~ *out* genomtröska 2 klå [upp] -**er** *s* 1 tröskare 2 tröskmaskin -**ing** *s* tröskning; smörj -**ing-floor** *s* loggolv, loge
thread [e] I *s* 1 tråd; sträng; *in* ~*s* trådsliten 2 gänga 3 tunn malmåder 4 strimma II *tr itr* 1 träda på (i, upp), leda (draga) [fram] 2 gänga 3 slingra sig fram [genom] -**bare** *a* 1 trådsliten 2 ömklig; banal -**y** *a* tråd|ig, -lik; hårfin
threat [e] *s* hot -**en** *tr itr* hota [med]
three *räkn s* tre[a] -**fold** [ou] *a adv* tredubbel[t] -**pence** [þri'pəns] *s* tre pence -**penny** [þri'] *a* trepence[mynt] ~-**ply** [plai] I *a* tredubbel II *s* kryssfaner, plywood
thresh etc. = *thrash* etc.
thresh'old [(h)ould] *s* tröskel
threw [þru:] imp. av *throw*
thrice [þrais] *adv* [litt.] tre gånger
thrift *s* sparsamhet; [god] hushållning

-less *a* slösaktig **-y** *a* **1** sparsam **2** framgångsrik; välmående
thrill I *tr* genom|bäva, -ila II *itr* rysa, skälva III *s* rysning, skälvning; *cold* ~*s* kalla kårar **-er** *s* sensationsstycke **-ing** *a* nervkittlande
thri'v||**e** (*throve thriv'en*) *itr* **1** trivas, [växa och] frodas **2** ha framgång; florera **-ing** *a* frodig; [upp]blomstrande; framgångsrik
thro, thro' [þru:]=*through*
throat [ou] *s* **1** hals; strupe; svalg; *a sore* ~ ont i halsen; *lie in o.'s* ~ ljuga fräckt **2** öppning, passage ~**-band** *s* halsrem **-y** *a* hals-, guttural
throb I *itr* **1** slå, klappa, bulta **2** vibrera; pulsera; skälva II *s* slag
throe [ou] *s* [födslo]smärtor; ångest
throne I *s* tron II *tr*=*enthrone*
throng I *s* **1** trängsel, myller **2** [folk]massa, mängd II *itr tr* trängas [omkring, på, i], **-ed** *a* fullpackad
thrott'le I *s* **1** hals, strupe **2** klaff, ventil; gasspjäll II *tr* kväva, strypa
through [þru:] I *prep* genom; på grund av; medelst; *all* ~ genom hela; *be* ~ ha slutat (klarat) II *adv* igenom; till slut; direkt; ~ *and* ~ fullständigt; genom-; *be* ~ vara färdig III *a* genomgående **-ou't** I *a* alltigenom II *prep* överallt i, genom (över, under) hela ~**-ticket** *s* direkt biljett
throve [þrouv] imp. av *thrive*
throw [ou] I (*threw thrown*) *tr* **1** kasta [av, ned, omkull]; slå [bro] **2** lägga; [för]sätta; driva, skjuta; förvandla **3** spruta **4** ömsa; fälla **5** dreja **6** tvinna **7** *be* ~*n out in* misstaga sig i; ~*n upon* hänvisad till **8** ~ *back* kasta (sätta) tillbaka; hindra; ~ *down* kullkasta; riva ned; ~ *in* [äv.] lägga till, inflicka; ~ *off* [äv.] bli kvitt, avskudda; slå av; kasta ned; släppa lös; ~ *out* [äv.] avskeda; utsända; bygga ut; framkasta; förkasta; framhäva; förvirra, distansera; ~ *over* kasta över bord, överge; ~ *to* smälla igen; ~ *up* [äv.] upp-, över|ge; nedlägga II *itr* **1** kasta [ut] **2** ~ *about* [stag]vända; ~ *back* to F gå tillbaka till; ~ *off* börja [jakten] III *s* **1** kast[ande] **2** slag, rörelse
thrum *tr itr* **1** klinka på **2** trumma
1 thrush [þrʌʃ] *s* trast
2 thrush *s* [läk.-] torsk
thrust (~ ~) I *tr* **1** stöta, knuffa; tränga, skjuta; sticka, stöta, stoppa **2** tvinga II *itr* **1** tränga [sig] **2** göra utfall III *s* stöt, knuff; an-, ut|fall
thud [þʌd] *s itr* duns[a ned]; dovt slag
thug [þʌg] *s* mördare, bandit
thumb [þʌm] I *s* tumme; *Tom T* ~ Tummeliten; *under a p.'s* ~ i ngns våld II *tr* **1** tumma, fingra, trycka [på] **2** klinka på, misshandla ~-

-mark *s* **1** [finger]märke **2** tumavtryck ~**-nail** I *s* tumnagel II *a* miniatyr- ~**-print** *s* tumavtryck ~**-stall** [ɔ:] *s* **1** [tum]tuta **2** syring
thump I *tr itr* slå, dunka, hamra [på] II *s* slag, stöt **-er** *s* F hejare; grov lögn **-ing** *a* F grov, bastant
thun'der I *s* **1** åska; åskknall **2** F tusan II *itr* åska; dundra, braka III *tr* utslunga; skrika ut **-bolt** [ou] *s* åskvigg, blixt ~**-clap** *s* åskskäll ~**-ous** *a* åsklik, dånande; hotfull ~**-peal** *s* åskskräll ~**-storm** *s* åskväder ~**-stroke** *s* åskslag ~**-struck** *a* som slagen av åskan **-y** *a* åsklik; mörk
Thursday [þəːˈzdi] *s* torsdag
thus [ðʌs] *adv* **1** så[lunda] **2** således **3** ~ *far* hittills
thwack [þwæk] se *whack*
thwart [þwɔːt] I *s* ✣ toft II *tr* korsa, gäcka, hindra
thy [ðai] *pron* [åld.] din **-self** *pron* du (dig) [själv]
thyme [taim] *s* timjan
tic *s* ryckningar; ansiktskramp
1 tick I *tr* knäppa, ticka II *tr* **1** ~ *away* markera, mäta **2** ~ [*off*] avpricka, kollationera; F känna igen III *s* **1** tickande **2** prick, bock
2 tick *s* [zool.] fästing
3 tick *s* bolstervar[styg]
4 tick *s itr* F [ge (sälja på)] kredit
tick'et I *s* **1** biljett; sedel; lapp; skylt; plakat; kort **2** [Am.] kandidatlista; partiprogram **3** ⚔ S avsked **4** *the* ~ F det riktiga II *tr* förse med etikett; stämpla ~**-night** *s* recett ~**-office** *s* biljettkontor ~**-window** *s* biljettlucka
tickl||**e** I *tr* **1** kittla **2** roa; behaga, smickra; reta II *itr* klia III *s* kittling **-er** *s* **1** F kinkigt problem **2** kortsystem **-ish** *a* **1** kittlig **2** kinkig
ti'd||**al** *a* tidvattens-; ~ *wave* [jätte]våg **-e** I *s* **1** tidvatten; flod; *high* ~ flod; *low* ~ ebb; *the* ~ *is in* (*out*) det är flod (ebb); *turn of the* ~ flodskifte **2** ström[ning], riktning; växling **3** tid **4** skift II *itr tr* driva på tidvattnet; ~ *over* komma (hjälpa) över
ti'dings *spl* tidender, nyheter
ti'dy I *a* **1** snygg, proper, prydlig **2** F ansenlig, nätt **3** F ganska kry II *s* överdrag III *tr* städa, snygga upp
tie [tai] I *tr* **1** binda [fast], fästa, knyta **2** underbinda **3** nå samma poäng [som] **4** hämma; inskränka **5** ~ *down* binda; ~ *up* binda upp (fast, ihop); knyta; [för]binda II *s* **1** band; knut; slejf; ögla **2** rosett; slips **3** lika poängtal; oavgjord match **4** [mus.] bind|ning, -båge **5** sliper
tier [tiˈə] *s* **1** [bänk]rad **2** varv, lager
tierce [tiˈəs] *s* **1** ters **2** [vin]fat
ti'e-up *s* stagnation; järnvägsstrejk
tiff *s* **1** klunk **2** misshumör; gruff

tig [tig] *s* [lek] tagfatt
ti'ger *s* 1 tiger; *Bengal* ~ kungstiger
2 S skrän -**ish** *a* tigerlik; blodtörstig
tight [tait] I *a* 1 tät 2 åtsittande,
[för] trång, snäv; sträng 3 spänd,
styv 4 fast 5 F svår 6 snål 7 knapp
8 F påstruken II *adv* tätt,.fast, hårt
III *s*, ~s trikå[byxor] -**en** *tr itr* 1
göra tät[are] 2 draga[s] åt 3 skärpa
ti'gr‖ess *s* tigrinna -**ish** = *tigerish*
tile I *s* 1 tegel[panna, -platta]; *Dutch*
~ kakel; *a* ~ *loose* S en skruv lös
2 F cylinder, storm II *tr* tegeltäcka
~-**kiln** *s* tegelbränneri -**r** *s* tegeltäckare -**ry** ~-**works** *s* tegelbruk
ti'ling *s* 1 tegeltäckning 2 taktegel
1 till *prep konj* till[s]; *not* ~ ej förrän
2 till *s* kassa[låda]
3 till *tr* plöja, odla -**age** *s* odling
tiller *s* ⚓ ror|pinne, -kult
1 **tilt** *tr s* 1 [täcka med] tält|duk, -tak;
presenning 2 sol|segel, -tält
2 **tilt** I *itr tr* 1 luta, vippa 2 tornera;
kämpa [med] 3 hålla II *s* 1 lutning;
vippande 2 tornering; dust; *run a* ~
bryta [en] lans 3 stångjärnshammare
-**er** *s* 1 tornerkämpe 2 hammarsmed
tilth *s* [upp]odling; plöjning
tim'ber *s* 1 timmer, virke, trä; timmer|stock, -skog 2 ⚓ spant; F skuta
3 S hinder -**ed** *a* 1 timmer- 2 skogbeväxt ~-**head** *s* ⚓ pollare -**ing** *s*
förtimring ~-**toe** *s* S [person med]
träben ~-**yard** *s* brädgård
time I *s* 1 tid[punkt]; klockslag; *what*
~ *is it?* vad är klockan? [*at*] *what*
~? hur dags? 2 gång; *some* ~ [*or
other*] någon gång 3 takt, tempo;
out of ~ i otakt 4 ~! stopp! ~[*s*]
and again tid efter annan; ~ *out of
mind* sedan urminnes tid[er]; [*at*]
any ~ när som helst; *do* [*o.'s*] ~ avtjäna sitt straff; *have a good* ~ [*of it*]
ha roligt, ha det härligt; *have a* ~ *of
it* F ha (få) det hett; *lose* ~ [om ur]
dra sig efter; *take o.'s* ~ ta tid på
sig; *know the* ~ *of day* veta vad klockan är slagen; *against* ~ i flygande
fart; *at one* ~ förr; *at the* ~ då; *at*
~*s* emellanåt; *by* ~ på tid; *by that*
~ till dess, då; *by the* ~ när; *by this*
~ vid det här laget, nu; *for the* ~
being för närvarande; *in* [*the course
of*] ~ med tiden; [*just*] *in* ~ lagom;
in no ~ i ett nu; *on* ~ punktligt; *out
of* ~ för sent II *tr* 1 bestämma tiden
för; göra i rätt tid; *ill* ~*d* olämplig
2 datera 3 ta tid för 4 ställa, reglera
5 slå takten till; anpassa, rätta ~-**bill** *s* tidtabell ~-**honoured** *a* hävdvunnen ~-**keeper** *s* tid|mätare,
-tagare -**ly** -**ous** *a* läglig, lämplig
-**piece** *s* klocka, pendyl ~-**server** *s*
~-**table** *s* tidtabell; schema
tim'‖id *a* rädd; skygg, blyg -**idity**

[i'd] *s* rädsla; blyghet -**orous** *a*
rädd[hågad], ängslig
timothy [ti'məpi] *s* timotej [~-*grass*]
tin I *s* 1 tenn 2 bleck[burk, -kärl] 3 S
pengar II *tr* 1 förtenna 2 konservera
tin'cture [ʃə] *s* 1 tinktur 2 färg[skiftning], nyans; [bi]smak
tin'der *s* fnöske ~-**box** *s* elddon
tine *s* spets, tand, klo, pinne
tin'-foil *s* stanniol, bladtenn
tinge [dʒ] I *tr* färga; blanda; ge smak
II *s* skiftning; bismak; anstrykning
tingle [tiŋgl] I *itr* 1 ringa, susa 2
sticka, svida, krypa, klia II *s* 1 susning 2 stickande känsla
tin'ker I *s* 1 kittelflickare; *a* ~*'s damn*
F ett dugg 2 klåp|are, -ande; fuskverk II *tr itr* laga, lappa [ihop], fuska
tinkle *itr* klinga, klirra, klinka, ringa
tin'‖man *s* 1 tenngjutare 2 bleckslagare [äv. -*ner*] -**mine** *s* tenngruva --**plate** *s* bleck[plåt] --**pot** *s* 1
tenn|panna, -kanna 2 bleckkruka
tin'sel I *s* 1 glitter, paljetter 2 brokad
3 grannlåt II *a* prålig, grann; falsk
tin'smith *s* 1 bleckslagare 2 förtennare
tint *s* färg[ton], skiftning II *tr*
färga; schattera
tin'ware *s* tenn-, bleck|varor
ti'ny *a* liten, spenslig, kort; oansenlig
1 **tip** I *s* 1 spets, topp, ända, udd 2
tåhätta; skolla; skoning; doppsko
2 pensel II *tr* beslå, sko
2 **tip** I *tr itr* 1 vippa, stjälpa [omkull,
av, ur], tippa, tömma 2 klappa, slå
3 S slänga [ti'll]; ge, räcka 4 ge tips
om; tippa 5 F ge dricks[pengar]
II *s* 1 dricks[pengar], dusör 2 F
vink, tips; *miss o.'s* ~ misslyckas
3 slag, rapp 4 avstjälpningsplats
tippet [ti'pit] *s* pälskrage
tipple I *itr tr* småsupa II *s* F sprit
tipster [ti'pstə] *s* yrkestippare
tip's‖y *a* berusad; ostadig [äv. -*ified*]
tip'‖toe I *s* tåspets; höjdpunkt II
adv på tå -**top** F I *s* höjd[punkt] II
a prima -'-**up**' *a* uppfällbar
tira'de *s* harang; ordflöde; utfall
1 **tire** *s* 1 hjul|ring, -skena 2 [bil-,
cykel]ring, [bil]däck
2 **tire** I *tr* trötta [ut] II *itr* tröttna
-**d** *a* trött; led -**dness** *s* trötthet -**less**
a outtröttlig -**some** *a* tröttsam; tråkig
tiro [tai'ərou] *s* nybörjare, novis
tissue [ti'sju:, ʃu:] *s* 1 tyg; vävnad
2 o. ~-**paper** *s* silkespapper
1 **tit** *s* 1 [zool.] mes [äv. -*mouse*] 2 P
slyna, slinka
2 **tit** *s*, ~ *for tat* lika gott igen
Ti'tan *s* titan; *t* ~ jätte **t-ic** [æ'n] *a*
titanisk; jättelik
tit'bit' *s* läcker-, god|bit
tith‖e [taið] -**ing** *s* tionde
tit'illat‖e *tr* kittla, reta -**ion** *s* retning
tit'[t]ivate *tr itr* F fiffa upp [sig]

title — 220 — **top-boot**

title [ai] I *s* 1 titel 2 [rätts]anspråk; [åtkomst]handling [= ~-*deed*] II *tr* betitla; kalla
titt´er *itr s* fnissa[nde], fnitt|ra, -er
tittle *s* 1 punkt, prick 2 grand, dugg
titt´up *itr s* hopp[a], galopp[era], dansa
tit´ular *a* titulär-, titel-; ~*ly* till titeln
to [tu:, tə, tu] I *prep* 1 till 2 åt 3 i [*go* ~ *school* (*church*); *a visit* ~ *E.*] 4 på [*go* ~ *a concert*]; ~ *a hair* på ett hår när 5 för 6 mot 7 med [*equal* ~] 8 vid [*used* ~] 9 hos 10 efter; enligt 11 om [*testify* ~] 12 ~ *death* ihjäl; *a quarter* ~ *ten* en kvart i tio; *here's* ~ *you!* skål! II *infinitivmärke* 1 att 2 för att; ~ *say the least of it* minst sagt 3 *he wants us* ~ *try* han vill att vi ska försöka; *wait for a. p.* ~ *come* vänta på att ngn skall komma; *times* ~ *come* kommande tider; ~ *hear him* när man hör honom 4 *so as* ~ för (så) att III *adv* 1 ~ *and fro* av och an 2 igen, till T. O.(=*turn over*) vänd!
toad [ou] *s* padda ~-**eater** *s* inställsam parasit -**stool** *s* flugsvamp -**y** I *s* = ~-*eater* II *tr itr* krypa [för]
toast [ou] I *s* 1 rostat bröd 2 skål 3 hedersgäst; firad skönhet II *tr* 1 rosta 2 värma 3 utbringa en skål för -er *s* 1 rostare 2 [bröd]rost 3 o. ~-**master** *s* ceremonimästare
tobacc´o *s* tobak -**nist** *s* tobakshandlare ~-**pouch** *s* tobakspung
toboggan [təbɔ´gn] *s itr* [åka] kälke
toc´sin *s* stormklocka; varning[ssignal]
to-day' I *adv* i dag; nu II *s* dagen
todd´le I *itr* tulta, lunka II *s* pys; tulta
to-do [tədu:´, tu-] *s* F väsen, bråk
toe [ou] I *s* tå II *tr* 1 sätta (sy) tå i 2 S sparka III *itr*, ~ *in* gå inåt med tårna ~-**cap** *s* tåhätta
toff [tɔf] *s* S sprätt, snobb
toff´|ee -**y** [tɔ´fi] *s* knäck, kola
tog I *s* F -*s* kläder II *tr* klä (rigga) upp
together [təge´ðə] *adv* 1 tillsammans; ihop 2 samtidigt 3 å rad
toggery [tɔ´g] *s* F kläder; skrud
1 **toil** *s*, ~[*s*] nät, snara
2 **toil** I *itr* 1 arbeta, slita [ont]; ~ *and moil* träla 2 släpa sig II *s* knog, slit
toi´let *s* 1 toalett 2 toalettbord
toi´l|||ful -**some** *a* arbetsam
to´ken *s* 1 tecken, kännemärke; bevis 2 [minnes]gåva 3 nödmynt.
told [tould] imp. o. pp. av *tell*
tol´er|||able *a* 1 uthärdlig 2 dräglig, hygglig -**ably** *adv* tämligen -**ance** *s* 1 fördragsamhet 2 motståndskraft -**ant** *a* fördragsam; tålig -**ate** *tr* fördraga, tåla -**ation** *s* fördrag[samhet]; religionsfrihet
1 **toll** [ou] I *tr itr* 1 ringa [i], klämta 2 låta höra; slå II *s* [själa]ringning
2 **toll** *s* avgift, vägpengar; [kvarn]tull

Tom *npr s* 1 ~ *Fool* dummerjöns 2 kyrkklocka 3 *Old* ~ S brännvin 4 *t*~ han[n]e, hankatt [äv. *t*~-*cat*]
tomato [təmɑ:´tou, Am. mei´] *s* tomat
tomb [tu:m] *s* grav, gravvalv, -värd
tom´boy *s* yrhätta, vildbasare
tome *s* bok, volym, verk
tom´|||fool *s* narr -**foo´lery** *s* skoj
Tommy *npr*, ~ [*Atkins*] F soldat
tomm´y *s* 1 ✕ bröd[ranson] 2 matsäck 3 naturalön ~-**rot** *s* nonsens
to-morrow [təmɔ´rou] I *adv* i morgon II *s* morgondagen
tomtit [tɔ´mti´t] *s* mes; gärdsmyg
ton [ʌ] *s* 1 ton [1016 kg] 2 registerton
tonality [æ´l] *s* klangfärg; färgton
tone I *s* 1 ton[fall]; röst 2 färgton, nyans 3 anda, atmosfär 4 stämning 5 god kondition, 'form' II *tr* 1 ge ton åt; stämma; ~ *down* dämpa 2 tona 3 stärka, stålsätta III *itr* 1 tonas 2 harmoniera, gå i färg -*d* ~-tonig, -ljudande -**less** *a* klanglös; kraftlös
tongs [ɔ] *spl* tång; *a pair of* ~ en tång
tongue [tʌŋ] *s* 1 tunga; mål; *give* ~ ge hals; *ready* (*fluent, smooth*) ~ talande tunga; *hold o.'s* ~ hålla mun 2 landtunga 3 klapp 4 spont 5 tungomål; språk; tal ~-**tie** *s* tunghäfta ~-**tied** *a* stum; fåordig
ton´ic I *a* 1 ton-, klang-; ~ *chord* grundackord 2 stärkande II *s* 1 grundton 2 stärkande medel
to-ni´ght *adv* i kväll (natt); ~'*s* kvällens
tonite [tou´nait] *s* sprängämne
tonnage [ʌ] *s* tonnage[avgift]
ton´sil *s* [anat.] mandel, tonsill
tonsorial [ɔ:´r] *a* barberar-
too *adv* 1 alltför 2 också; till på köpet
took [tuk] imp. av *take*
tool I *s* redskap, verktyg II *tr* 1 bearbeta, [ut]forma 2 förgylla [pärm]
toot *tr itr s* tut|a, -ning
tooth I (pl. *teeth*) *s* 1 tand; *false* ~ löstand; ~ *and nail* med näbbar och klor; *in the teeth of* rakt emot; *by the skin of o.'s teeth* nätt och jämnt; *lie in o.'s teeth* ljuga fräckt; *set o.'s teeth* bita ihop tänderna 2 udd, tagg, klo 3 smak, aptit II *tr* tanda; ~*ed* kuggache [eik] *s* tandvärk -**ful** *s* tår [pa tand] -**ing** *s* tandning -**pick** *s* tandpetare -**some** *a* läcker ~-**wheel** *s* kugghjul
tootle [tu:tl] *itr* tuta; drilla
1 **top** *s* snurra; *like a* ~ som en stock
2 **top** I *s* 1 topp, spets; krön; höjd-[punkt]; *at the* ~ överst; främst; *at the* ~ *of o.'s voice* högljutt; *on* ~ ovanpå 2 [bord]skiva 3 [gryt]lock 4 kapsyl; propp 5 ~*s* blast; skott 6 ⚓ märs, mastkorg II *a* 1 överst. högst 2 främst, bäst, prima III *tr* 1 toppa, kapa 2 täcka, kröna 3 höja sig över; överträffa 4 nå toppen av; uppnå 5 stå främst bland (på) ~-**boot** *s* krag-

stövel ~-**coat** s överrock -**gall**'ant s bramsegel ~-**hats** ʀcylinder ~-**heavy** a ostadig -**hole** a S prima
ιop'ic s [samtals]ämne, tema -**al** a 1 'okal, orts- 2 aktuell
top'||**knot** s bandrosett; **tofs** -**man** s ⚓ märsgast -**mast** s märsstång -**most** a överst, högst -**per** s F 1 överdängare 2 prima vara 3 hög hatt -**ping** a finfin
topp'le I *itr* ramla II *tr* stjälpa, störta
top'||**sail** s märssegel --**sawyer** s högsta höns[et]
ιop'sy-tur'vy I *adv* a huller om buller, upp och ned II s villervalla
torch s bloss; fackla ~[-**fish**]**ing** s fiske vid bloss; ljusterfiske
tore [tɔ:] *imp.* av *tear*
torment I [tɔ:'] s tortyr; pina II [e'nt] *tr* plåga -**or** [e'n] s plågoande
torn [tɔ:n] *pp.* av *tear*
torna'do s tornado, virvelstorm
torpe'do s *tr* torped[era]; mina
tor'p||**id** I a stel, domnad; slö, känslolös II s rodd|båt, -tävling -**id'ity** s dvala, stelhet; slöhet; apati
torre||**fac'tion** s rostning -**fy** [tɔ'] *tr* torka, rosta
torr'ent s ström; fors; flöde -**ial** [e'n ʃl] a 1 strid, forsande 2 ymnig
torr'id a förtorkad, torr; bränd; het
torsion [tɔ:ʃn] s vridning; torsion
tortoise [tɔ:'təs] s [lant]sköldpadda
tor'tuous a snodd; slingrande; oärlig
tor'tur||**e** [tʃə] I s tortyr; kval, smärtor II *tr* tortera; pina 2 förvanska -**er** s plågoande -**ous** a kvalfull
Tory [tɔ:'ri] s a tory[-]; konservativ
tosh s S skräp, smörja
toss I *tr* 1 kasta [upp], slänga; ~ *hay* vända hö 2 singla 3 skaka 4 ~ *off* [äv.] kasta i sig; klara av II *itr* 1 gunga, kastas 2 kasta sig 3 singla slant III s 1 kast; knyck 2 singling; lottning ~-**up** s 1 singling 2 slump
1 **tot** s P 1 litet pyrre 2 styrketår
2 **tot** F I s additionstal *II* = *total II*
to'tal I a fullständig; [sum] — totalsumma II *tr* 1 lägga ihop 2 belöpa sig [till] -**ize** *tr* sammanräkna; förena -**izator** -**izer** s totalisator [S *tote*]
tott'er *itr* vackla; stappla; ragla
touch [ʌ] I *tr* 1 [vid]röra, berora; stöta till; ~ *the bell* ringa; ~ *glasses* klinga; ~ *o.'s hat* to hälsa på 2 gränsa till 3 nå 4 slå an, knäppa (spela) på 5 skissera [äv. ~ *off*] 6 uppbära, lyfta 7 mäta sig med 8 ta (bita) på 9 såra, skada 10 angå 11 ~ *up* retuschera; friska upp II *itr* 1 stöta ihop 2 ~ *at* anlöpa; ~ *on* vidröra; gränsa till III s 1 vid-, be|röring; ~ *operator* automattelefon 2 känsel 3 känning; räckhåll; kontakt 4 anslag 5 [pensel]drag; färgläggning; grepp; maner; *give the finishing*

~ *to* lägga sista handen vid 6 anstrykning 7 probering; prov; *put to the* ~ pröva 8 kvalitet; halt 9 uppfattning 10 slag, stöt; pik; släng 11 a ~ en aning 12 *near* ~ knapp räddning 13 död boll ~-**and-go** a 1 riskabel, vågad 2 lättvindig -**ed** a 1 färgad 2 ankommen, skämd 3 smittad 4 rubbad; vriden ~-**last** s tagfatt ~-**line** s dödlinje ~-**needle** s probernål -**stone** s proberstcn; kriterium -**wood** s fnöske -y a retlig
tough [tʌf] a 1 seg 2 envis 3 svår, styv 4 otrolig 5 [Am.] bovaktig -**en** *tr* *itr* göra (bli) seg -**ness** s seghet
toup||**ee'** [tu] -**et** [tu:'pei] s tupé
tour [tuə] I s 1 [rund]resa; tur, tripp; turné 2 [vakt]tjänstgöring II *itr* *tr* resa omkring [i] -**ing-car** s turistbil -**ist** s turist; ~'s *ticket* rundresebiljett
tourn||**ament** [tu'ə, tɔ:'] s torner|ing, -spel; turnering -**ey** s *itr* torner|spel, -a
tou'sle [z] *tr* slita (rycka) i; rufsa till
tout I *itr* stå på utkik; ~ *for* värva II *tr* spionera på III s kundfiskare; spion
1 **tow** [tou] s blånor, drev
2 **tow** I *tr* *itr* bogscra[s]; släpa II s 1 bogsering; släp[tåg] 2 pråmrad -**age** s bogsering[savgift]
towards [təwɔ:'dz] [Am.*toward*] *prep* 1 mot, at.. till 2 [gente]mot 3 för, till
towel [au'] I s handduk II *tr* 1 torka 2 S prygla ~-**horse** s handdukssäll
tower [au'] I s torn; borg; fästning II *itr* torna upp sig, höja sig -**ing** s upptornande, jättehög; högtflygande: våldsam -y a 1 = -*ing* 2 tornprydd
tow[**ing**] [ou'] s bogsering ~-**line** s bogserlina ~-**path** s dragväg
town [au] s 1 stad; *man about* ~ flanör, vivör 2 [Am.] stadsområde; distrikt [äv. -**ship**] 3 ~ *council* stadsfullmäktige; ~ *hall* stads-, råd|hus; ~ *talk* stadsskvaller ~-**dweller** s stadsbo -**sfolk**[**s**] -**speople** s stadsbor
toy I s leksak; krimskrams, kram, stålvaror; struntsak II *itr* leka; flörta
1 **trace** s drag|lina, -rem; sele
2 **trace** I *tr* 1 [upp]draga; [upp]rita; skissera; markera; utstaka; [ned]skriva 2 kalkera 3 spåra [upp], följa; efterforska; upptäcka; påvisa; leda tillbaka II s 1 spår; märke; a ~ en aning 2 skiss; plan 3 linje -**able** a skönjbar -**ry** s spröjs-, flät|verk
trachea [trəki'ə] s luftrör; traké
track I s 1 spår; *get off the* ~ spåra ur; komma av sig; *keep* ~ *of* följa [med] 2 bana; stig; väg; kurs; farled II *tr* 1 spåra, följa; ~ *down* förfölja; infånga 2 bogsera; hala -**way** s spår
1 **tract** s sträcka, område, vidder
2 **tract** s [strö]skrift, broschyr
trac'table a medgörlig, lätthanterlig
trac't||**ion** s dragning[skraft]; drag-

kraft; ~ *engine* lokomobil -**ive** *a* drag--**or** *s* 1 ✕ tank 2 traktor
trade I *s* 1 yrke, hantverk, fack; hantering 2 handel; bransch; omsättning; *go into* ~ bli affärsman; ~ *cycle* paketcykel; ~ *mark* varumärke; ~ *price* partipris; *Board of T* ~ handelsdepartement 3 handelsväg, trad[e] **II** *itr* 1 handla, driva handel 2 schackra; jobba; ~ *on* ockra på 3 gå, segla -**r** *s* 1 köpman £ handelsfartyg -**s**|**man** *s* handelsman -**s**|**people** *spl* handelsidkare; leverantörer -[**s**]-**union** *s* fackförening ~-**unionist** *s* fackföreningsmedlem ~-**wind** *s* passadvind
tra'ding *s a* handel[**s**-]; drift-
tradition [trədi'ʃn] *s* tradition; överföring, fortplantning
tradu'ce *tr* förtala -**r** *s* baktalare
traff'ic I *itr* 1 handla 2 schackra, slå mynt [**av**] **II** *s* 1 trafik; samfärdsel 2 handel 3 geschäft -**able** *a* framkomlig ~-**manager** *s* trafikchef
trag||**edian** [dʒi:'] *s* tragedi|författare, -skådespelare, tragiker -**edy** [træ'dʒ] *s* tragedi -**ic** [æ'dʒ] *a* tragisk, sorglig
trail I *s* 1 svans, kö, rad; strimma, band, ringel 2 spår 3 stig 4 släpnät **II** *tr* 1 släpa 2 dra[ga] ut 3 uppspåra 4 ~ *arms!* i handen gevär! **III** *itr* släpa [sig fram]; driva; krypa -**er** *s* släpvagn ~-**net** *s* släpnät
train I *tr itr* 1 [upp]öva; utbilda [sig]; lära; träna; exercera; dressera 2 spaljera **II** *s* 1 släp 2 [fågel]stjärt 3 rad; följe, svit; släptåg 4 gång 5 tåg; *fast* ~ snälltåg; *special* ~ extratåg; *up* ~ tåg till London; *corridor* ~ genomgångståg 6 ✕ träng -**ed** *a* [äv.] van; utexaminerad -**er** *s* tränare; dressör -**ing** *s* [äv.] exercis; dressyr -**ing**-**college** (-**school**) *s* seminarium -**ing**-**ship** *s* skolskepp
trait [trei(t)] *s* [penn-, pensel]drag
trai't||**or** *s* förrädare -**orous** *a* förrädisk; trolös -**ress** *s* förräderska
trajec'tory [trədʒ] *s* bana, lopp
tram *s* spårvagn; spårväg
tramm'el I *s* 1 [släp]nät; not 2 grytkrok 3 ~**s** hinder, band **II** *tr* hindra
tramp I *itr* 1 trampa; stampa 2 F traska, ströva; luffa omkring [äv. ~ *it*] **II** *tr* genomströva **III** *s* 1 tramp[ande] 2 F [fot]vandring; kringluffande 3 vandrare; luffare 4 trampångare -**le** *tr itr* [ned-, sönder]trampa; ~ *on* förtrampa; ringakta
tram'||**road** *s* spår-way *s* spårväg
trance [a:] *s* extas; medvetslöshet
tran'quil *a* lugn, stilla -**lity** [i'li] *s* lugn -**lize** *tr* lugna
trans- [træns, trɑ:ns] *prefix* över-
transact' *tr* uppgöra, genomdriva -**ion** [ʃn] *s* 1 verkställande, slutförande 2 affär[soperation] 3 ~**s** handlingar, skrifter 4 överenskommelse -**or** *s* ledare; underhandlare
transcend' *tr* över|stiga, -gå, -träffa -**ent** *a* överlägsen -**en'tal** *a* 1 övernaturlig 2 abstrakt; dunkel
transcri'be *tr* 1 skriva av 2 omskriva **tran'script** *s* avskrift, kopia -**ion** [ʃn] *s* avskrivning; kopia; omskrivning
tran||**sec'tion** *s* tvärsnitt -**sept** [æ'n] *s* tvär|skepp, -hus
transfer I [fə:'] *tr* 1 förflytta; överföra; transportera; överlåta 2 kalkera **II** [trɑ:'] *s* 1 för-, över|flyttning; överlåtelse 2 kopia; kalkering[sbild] 3 övergång[sbiljett] -**able** *a* över|flyttbar, -låtlig -**ence** [ɑ:'] *s* förflyttning; överföring; överlåtelse
trans||**fig'ure** [gə] *tr* omgestalta, förhärliga -**fix'** *tr* genomborra; ~**ed** stel
transfor'm *tr* för|vandla, -ändra -**ation** *s* förvandling; ombildning -**er** *s* 1 omskapare 2 transformator
transfu's||**e** [z] *tr* 1 ösa över; överföra 2 in-, över|gjuta; fylla -**ion** [ʒn] *s* [om]tappning; [blod]överföring
transgress I *tr* överträda **II** *itr* synda, fela -**ion** [ʃn] *s* överträdelse; synd -**or** *s* lagbrytare; syndare
tran'sient *a* övergående; tillfällig
tran'sit I *s* 1 genom-, över|resa, färd 2 transport; transito 3 övergång **II** *tr* fara igenom (över) -**ion** [i'ʒn] *s* övergång -**ory** *a* övergående
transla't||**e** *tr* 1 över|sätta, -föra; tolka; förklara 2 förändra; omvandla -**ion** *s* översättning; överföring; förändring; överlåtelse -**or** *s* översättare
trans||**lucent** [lu:'] *a* genomskinlig -**marine** [i:'n] *a* på andra sidan havet
trans'migr||**ate** *itr* [ut]vandra -**ation** *s* 1 [ut]vandring 2 själavandring
transmiss'||**ible** *a* överförbar; ärftlig -**ion** [i'ʃn] *s* 1 översändande; överföring; nedärvning; överlåtelse; överlämnande 2 utsändning; radiering
transmit' *tr* 1 över|sända, -föra, -låta, -lämna 2 genomsläppa; leda; [radio-] [ut]sända -**ter** *s* över-, av|sändare
transmog'rify *tr* förvandla, omstuva
transmu't||**able** *a* förvandlingsbar -**ation** *s* om-, för|vandling -**e** *tr* om-, för|vandla
tran'som *s* tvärbjälke; tvär|slå, -post
transparen||**ce** [peə] *s* 1 genomskinlighet 2 transparang; ljusbild -**t** *a* 1 genomskinlig 2 ärlig
transpir||**ation** *s* utdunstning -**e** [aiə] *tr itr* 1 av-, ut|dunsta; avsöndra[s] 2 sippra (komma) ut 3 P inträffa
transplant [ɑ:'nt] *tr* omplantera; för-, över|flytta -**ation** *s* omplantering &c
transport I [ɔ:'] *tr* 1 transportera, förflytta 2 ~**ed** hänförd, utom sig **II** [-'-] *s* 1 transport, förflyttning; kommunikation 2 hänförelse; utbrott

transportation — 223 — **trifle**

-**ation** *s* 1 förflyttning; deportering 2 [Am.] kommunikationer
transpo'sǁe [z] *tr* 1 omflytta, kasta om 2 transponera -**ition** *s* om-, över|-flyttning; omkastning
tran[**s**]**ship'** *tr* omlasta
tran'sverse *a* tvärgående, diagonal 1 **trap** *tr* smycka, pryda, styra ut 2 **trap** I *s* 1 fälla, snara; rävsax 2 lucka, klaff 3 F vagn, gigg 4 S **'by-ling'** II *tr* snara, fånga; ertappa ∼-**door** *s* falldörr, fall-, tak|lucka
tra'pes F I *s* slampa, slarva II *itr* traska
trape'ze *s* trapets
trap'ǁhole *s* varggrop -**per** *s* pälsjägare
trapp'ings *spl* schabrak; grannlåt, ståt
trapp'y *a* F lömsk, farofylld
traps *spl* F pick och pack, grejor
trash *s* avfall, skräp -**y** *a* värdelös, usel
trav'el I *itr* resa, färdas; gå II *tr* fara i (över); tillryggalägga III *s* 1 [∼*s*] resor 2 ∼*s* reseskildring[ar] -**led** *a* 1 berest 2 trafikerad -**ler** *s* 1 resande; passagerare; ∼'*s tale* lögn, fantasi[er] 2 rörlig plattform -**ling** I *s* att resa, resor II *a* res-, [kring]resande
trav'erse I *s* 1 tvär|stycke, -trä 2 överfart; farled; väg II *tr* 1 gå (färdas) över (genom), tillryggalägga; korsa 2 bestrida 3 motverka
trav'esty *tr s* travest|era, -i, parodi, -era
trawl [ɔː] I *itr tr* tråla II *s* trål, släp-nät -**er** *s* trål|are, -fiskare
tray *s* 1 bricka; skål 2 fack
treacherǁous [tre'tʃ] *a* förrädisk; falsk; lömsk -**y** *s* förräderi; svek
trea'clǁe *s* sirap -**y** *a* sirapslik; sliskig
tread [e] I (*trod trodden*) *itr tr* [be]-träda, trampa, stiga, gå II *s* 1 steg; tramp[ning]; gång 2 trappsteg; pinne 3 tramp-, glid|yta -**le** *s itr tr* trampa
trea'son [z] *s* [hög]förräderi -**able** -**ous** *a* [hög]förrädisk
treasure [e'ʒə] I *s* skatt[er], dyrbarheter II *tr* 1 samla 2 bevara 3 skatta ∼-**house** *s* skattkammare -**r** *s* skattmästare ∼-**trove** *s* [penning]fynd
treasury [e'ʒəri] *s* 1 skattkammare; guldgruva 2 *T* ∼ finansdepartement ∼-**bench** *s* regeringsbänk ∼-**bill** *s* skattkammarväxel
treat I *tr* 1 behandla 2 anse 3 traktera, bjuda II *itr* 1 under-, för|handla 2 ∼ *of* av-, be|handla 3 bjuda, bestå III *s* 1 traktering, undfägnad; *stand* ∼ bjuda 2 F nöje -**ise** [is] *s* avhandling -**ment** *s* behandling -**y** *s* avtal, fördrag, underhandling
treb'lǁe I *a* 1 tredubbel 2 diskant-; gäll-II *s* diskant, sopran; gäll röst III *tr itr* tredubbla[s] -**y** *adv* tredubbelt
tree *s* 1 träd; *Christmas* ∼ julgran; *jamily* ∼ stamträd; *up a* ∼ F i klämma 2 skoblock ∼-**frog** *s* lövgroda [äv. ∼-*toad*] -**nail** *s* träplugg

tref'oil *s* klöver; väppling; klöverblad
trek I *tr itr* 1 draga 2 åka; flytta II *s* 1 sträcka 2 [ut]vandring; resa
trell'is *s* galler[verk]; spaljé
trem'blǁe I *itr* darra, skälva; dallra; bäva, ängslas II *s* skälvning; frosskakning; F delirium -**ing-poplar** *s* asp
tremen'dous *a* fruktansvärd; F kolossal
trem'ǁor *s* skälvning, rysning; spänning -**ulant** -**ulous** [ju] I *a* skälvande II *s* tremulant -**ulous** *a* darrande; ängslig
trench I *tr itr* 1 gräva [upp] 2 dika 3 genomskära II *s* 1 dike; ränna; fåra 2 löpgrav -**ant** *a* skarp ∼-**coat** *s* soldatkappa; regnrock -**er** *s* skärbräde, platta -**er-cap** *s* F studentmössa -**er-man** *s* matvrak; snyltgäst
trend I *itr* 1 sträcka (böja) sig; svänga 2 tendera, gå 3 i riktning, tendens
trepan [tripæ'n] *s tr* trepan[era]
trepidation [tre] *s* förvirring, oro; ångest; skälvning
tres'pass [pəs] I *itr* inkräkta; synda, bryta II *s* överträdelse; intrång; våld; åverkan; synd, skuld -**er** *s* inkräktare; lagbrytare; syndare
tress [hår]fläta; lock -**ed** *a* flätad
trestle [tresl] *s* [trä]bock; underrede
tri- [ai] *prefix* tre- -**ad** *s* tre|tal, -fald; trio; treklang
tri'al *s* 1 rannsakning, rättegång; process; *bring to* ∼ ställa inför rätta 2 prov; försök 3 prövning; plåga
triangǁle [trai'æŋgl] *s* triangel -**ular** [æ'ŋgju] *a* 1 triangulär 2 trefaldig
tri'bǁal *a* stam- -**e** *s* 1 stam; släkt; familj 2 skara
tribulation [ju] *s* anfäktelse, vedermöda
tribu'nǁal *s* 1 tribun; tron 2 domstol, rätt -**e** [tri'] *s* 1 folkledare 2 tribun, talarstol; tron; läktare
trib'utǁary [bju] I *a* 1 skattskyldig; beroende, lyd- 2 bidragande; bi- II *s* biflod -**e** *s* 1 tribut, gärd, skatt 2 hyllning; *pay a* ∼ *to nature* skatta åt förgängelsen 3 andel
1 **trice** *tr* hala upp [och göra fast]
2 **trice** *s*, *in a* ∼ i en handvändning
trick I *s* 1 knep, list, spratt 2 konst-[grepp], trick[s], knep; *do the* ∼ F klara skivan; göra susen 3 egenhet, ovana 4 trick, stick 5 ♃ rortörn II *tr* 1 lura, narra 2 styra ut III *itr* 1 använda list 2 gyckla, driva -**er** *s* skojare -**ery** *s* knep, skoj
trick'le *itr tr* drypa, droppa, sippra
trick'ǁster *s* skojare -**sy** *a* 1 nyck-, lek|-full, yster 2 =-*y*
trick'-track *s* brädspel, tricktrack
trick'y *a* bedräglig; knepig; F kvistig
tri'ǁcolo[**u**]**r** I *a* trefärgad II *s* trikolor -**cycle** [sik] *s itr* [åka] trehjuling -**dent** *s* treudd[igt ljuster] -**enn'ial** *a* treårs-
tri'er *s* provare; expert
triflǁe [ai] I *s* 1 småsak, bagatell 2

[vin]tårta II *itr* 1 gyckla, skämta, flörta 2 fingra 3 vara sysslolös III *tr*, ~ *away* plottra bort, förslösa -er *s* gycklare, gäck; odåga -ing *a* 1 lättsinnig 2 värdelös; lumpen
trig I *a* nätt; stilig II *tr* 1 rigga upp 2 bromsa III *s* hämsko, kil, broms
trigg'er *s* avtryckare, trycke
tril'b|y *s* F 1 filthatt 2 *-ies* ben, fötter
trill *tr itr* drill[a]; ~*ed r* rullande r
trim I *a* snygg, prydlig, vårdad; flott II *tr itr* 1 pryda; garnera 2 putsa, se om, sköta; klippa, jämna 3 F klå (sträcka) upp 4 ♆ trimma; stuva |om]; lämpa; kantsätta 5 anpassa |sig] III *s* 1 skick, [till]stånd, 'form' 2 ♆ trimning, kantsättning; stuvning; segelställning; *out of* ~ illa stuvad; ur jämvikt 3 dräkt; utseende 4 F klippning, putsning -*mer s* 1 dekoratör; modist 2 skärmaskin 3 ♆ kollämpare; stuvare 4 väderflöjel -*ming s* 1 dekoration; garnering 2 ~*s* rester, skal 3 stryk jfr *trim II 3*
tringle [triŋgl] *s* gardin|stång, -käpp
trin'ity *s* trefald; *T* ~ tre|enighet, -faldighet; *T* ~ *Term* termin efter påsk
trin'ket *s* grannlåt; prydnadssak
trip I *itr* 1 trippa 2 snava, snubbla 3 begå ett fel II *tr* 1 vippa omkull; sätta krokben för 2 ertappa 3 ♆ lätta 4 släppa av, slå ifrån III *s* 1 tur, tripp, utflykt 2 [billighets]resa 3 trippande 4 snavande 5 fel[steg], misstag 6 krokben; grepp, tag
tripartition [traipɑːtiˊʃn] *s* tredelning
tripe *s* 1 P ~*s* inälvor; mage; våm; slarvsylta 2 S skräp
trip'le *a tr itr* tredubb|el, -la[s]; tre- -t *s* trio; treradig strof; triol; trilling
tripod [trai', tri'] *s* trefot, tripod
tripoli [triˊpəli, oli] *s* trippel
tri'pos *s* [kvalif.] kandidatexamen
tripp'er *s* F söndagsfirare
trite *a* [ut]nött, banal, trivial
tri'umph I *s* seger[glädje]; hänförelse II *itr* triumfera; segra -*al* [ʌˊm] *a* triumf- -*ant* [ʌˊm] *a* triumferande
triv'et *s* trefot; *right as a* ~ F utmärkt
triv'ial *a* ringa; ytlig; banal; vardaglig
tri'-wee'kly *a adv* 1 tre gånger i veckan 2 var tredje vecka; treveckors-
troche [trou(t)ʃ, trouk(i)] *s* tablett
trochilus [troˊk] *s* gärdsmyg; kolibri
trod -*den* imp. o. pp. av *tread*
troll [ou] I *tr itr* 1 tralla, sjunga 2 slanta II *s* 1 rundsång, kanon 2 [gädd]-drag [äv. *-ing-spoon-*]; slantning
troll'[e]y *s* 1 dressin; tralla 2 kärra 3 [spårv.] kontakttrissa; ~ *bus* tråd-buss 4 o. ~*-car s* [Am.] spårvagn
troll'op *s* slyna, slampa; gatslinka
trombone [troˊmboun] *s* [drag]basun
troop [uː] I *s* trupp; skara, mängd; tropp II *itr* 1 samla sig 2 gå (komma) i skaror; ~ *off* F försvinna 3 marschera III *tr*, ~ *the colour*[*s*] göra parad för fanan -*er s* 1 kavallerist 2 kavallerihäst 3 truppskepp
tro'phy *s* trofé, segertecken
trop'ic I *s* tropik II o. -*al a* tropisk
trot I *itr* 1 trava; gå (rida) i trav 2 F lunka II *tr* 1 låta trava 2 ~ *out* låta paradera III *s* 1 trav 2 F tult|a, -ing
troth [ou] *s* tro[het]; [*in*] ~ i sanning!
trott'||er *s* 1 travare 2 ~*s* [får-, svin]-fötter -*ing s* trav[tävling]
trouble [ʌ] I *tr* oroa, bekymra; bry; plåga; besvära II *itr* besvära (oroa) sig III *s* 1 oro, bekymmer; svårighet; nöd; bråk, obehag; motgång; *in* ~ *about* ängslig för; *get into* ~ råka illa ut; S hamna i finkan; *what's the* ~? vad står på? 2 besvär, möda; *put to* ~ besvära; *take the* ~ *to* göra sig besvär att 3 åkomma 4 ~*s* oroligheter -*d a* 1 upprörd; grumlig 2 orolig; bedrövad -*some a* besvärlig
trough [ɔ(ː)f] *s* tråg; ho; kar; [våg]dal
trounce *tr* slå, klå [upp]; nagelfara
troupe [truːp] *s* [skådespelar]trupp
trou'ser||ing [z] *s* byxtyg -*s spl* byxor
trousseau [truːˊsou] *s* [brud]utstyrsel
trout *s* forell -*ing s* forellfiske
trowel [auˊ] *s* [mur]slev, spade
truan||cy [uˊ] *s* skolkning, lättja -*t* I *s* skolkare; dagdrivare; *play* ~ skolka II *a* skolkande; lat; kringflackande
truce [uː] *s* stillestånd; frist, paus
1 truck I *tr itr* [ut]byta; schackra; sälja II *s* 1 byte[shandel]; affärer 2 varjehanda; jox; skräp 3 naturalön
2 truck *s* 1 hjul 2 [rull-, skjut]vagn; kärra; [Am.] lastbil 3 godsvagn 4 flaggknapp II *tr* forsla
truck'le *I itr* svansa II *s* rullsäng
truc'ulent *a* rå, barbarisk, vild; grym
trud'ge [dʒ] *itr s* traska[nde]; vandring
trud'gen [dʒən] *s*, ~ [*stroke*] kastsim
true [truː] I *a* 1 sann; verklig; *come* ~ slå in, besannas; *hold* (*be*) ~ hålla streck, gälla; *make* ~ besanna; [*it is*] ~ visserligen 2 riktig, exakt; rätt- [mätig] 3 trogen 4 rät II *tr* av-, in|passa, justera ~*-blue a* 1 äktbla 2 [tvätt]äkta, trogen ~*-born a* äkta; sann ~*-bred a* rasren; äkta
truffle [ʌ, uː] *s* tryffel -*d a* tryfferad
tru||ism [uː'] *s* självklar sanning -*ly adv* 1 sant, verkligt; i sanning 2 riktigt; med rätt[a] 3 troget
trump I *s* 1 trumf; *turn up* ~*s* F lyckas 2 F hedersprick II *tr* ta med trumf; ~ *up* hitta på III *itr* trumfa
trum'pery I *s* 1 grannlåt; skräp 2 nonsens II *a* bedräglig, ihålig, värdelös
trum'pet *s* 1 trumpet; signalhorn 2 hörlur II *tr itr* [ut]trumpeta; ut-basuna ~*-call s* trumpetstöt; signal
trun'cate *tr* stubba; stympa; avskära

truncheon

trun'cheon [ʃn] s kommandostav; batong
trun'dle I s 1 hjul, trissa; vals, rulle 2 skjutvagn 3 rullsäng II tr itr rulla
trunk s 1 stam; huvudgren 2 bål 3 pelarskaft 4 koffert 5 [luft]trumma 6 snabel 7 ~s knäbyxor ~call s interurbansamtal ~-line s stambana; huvudlinje
truss I tr 1 förstärka, stötta 2 fästa upp; dra åt, rätta till II s 1 spänn-, häng|verk; takstol; kragsten 2 bunt 3 blomklase 4 bräckband
trust I s 1 för|troende, -tröstan, [till]lit; [god] tro; in high ~ högt betrodd 2 förvissning 3 kredit 4 ansvar; förvar; vård; beskydd 5 anförtrott gods 6 förtroendeuppdrag 7 stiftelse; trust II tr 1 lita på 2 hoppas, tro 3 [an]förtro, betro 4 ge kredit åt III itr lita, förtrösta, tro; ty sig -ee' s för|troendeman, -valtare, -myndare; vårdare; ~s styrelse -worthy a på-, tillför|litlig
truth [u:] s 1 sanning, sannfärdighet, verklighet; home ~s beska sanningar 2 riktighet, noggrannhet 3 redbarhet 4 verklighetstrohet -ful a sann[färdig] -less a falsk, oriktig
try [ai] tr itr 1 försöka [med]; pröva; prova; ~ o.'s hand at försöka sig på; tried beprövad 2 undersöka 3 plåga, trötta; kosta (ta) på 4 [jur.] behandla; [för]höra; döma 5 ~ on prova; ~ out utforska; ~ over ga igenom, pröva -ing a ansträngande, enerverande
tryst [ai, i] s möte[splats]
tub I s 1·bytta, balja, så; tunna 2 bad|kar] 3 S predikstol II tr itr F bada -bish -by a rund, trind
tube s 1 tub; rör; slang 2 kanal, gång; tunnel; F underjordisk järnväg
tu'ber s 1 knöl, svulst 2 potatis 3 tryffel -cle s 1 knöl 2 tuberkel -cular [ə:'kju] a 1 knölig 2 tuberkulös
tu'bing s rör|ledning]; slang; rörlängd
tubular [tju:'bjulə] a rörformig, rörtuck I tr 1 fästa (vika, kavla, lägga) upp 2 stoppa in (om); ~ away gömma undan 3 S hänga II itr, ~ in S lägga in III s 1 veck, uppslag 2 ✥ låring 3 S snask -er s 1 krås 2 S mat ~-in ~-out s kalas ~-shop s kondis
Tuesday [tju:'zdi, dei] s tisdag
tuft s 1 [blom]kvast; tofs; test 2 tuva; rugge; dunge -ed a 1 tofsprydd 2 buskig; tuvig ~-hunter s snyltgäst
tug I tr itr 1 draga, släpa; rycka [i]; bogsera 2 knoga, slita II s 1 ryck, tag, drag 2 kraftprov; besvär; ~ of war dragkamp 3 bogserare 4 dragrem
tuition [tjui'ʃn] s undervisning
tulip [tju:'lip] s tulpan
tulle [t(j)u:l, tul] s tyll
tum'ble I itr 1 tumla [över ända],

— 225 —

turn

ramla; snava; falla [ihop] 2 rulla (kasta) sig; F störta 3 göra volter 4 stöta,råka 5 ~ to S begripa; gilla II tr 1 vräka (kasta, skuffa) omkull (ned, ut) 2 kasta omkring; rota i; skrynkla (rufsa) till 3 fälla III s 1 fall; kullerbytta 2 oordning, röra -down a fallfärdig -r s 1 akrobat 2 glas
tum'br|el -il s [tipp]kärra
tu'mid a 1 svullen 2 svulstig -ity [i'd] s 1 svullnad 2 svulst[ighet]
tumm'y s [barnspr.] mage
tu'mour s svulst, böld, tumör
tu'mult s upp|lopp, -ror, bråk; förvirring -uary -uous [ʌ'ltju] a oordnad; upprorisk; stormig, orolig
tu'mul|us [jul] (pl. -i [ai]) s gravhög
tun s tunna ~-bellied a tjockmagad
tune I s 1 melodi; låt 2 stämning; samklang, harmoni; in ~ stämd; rent; tillfreds; keep in ~ hålla tonen 3 humör 4 to the ~ of till ett belopp av II tr 1 stämma 2 anpassa; bearbeta; ~ up justera, trimma 3 uppstämma III itr 1 stämma; harmoniera; ~ in [radio] ställa in 2 ljuda, tona -able -ful a melodisk, klangfull -less a 1 omelodisk, sträv 2 stum, tyst -r s [piano]stämmare
tu'nic s 1 tunik[a] 2 uniformsrock 3 hinna -le s tunika
tu'ning-fork s stämgaffel
tunn'el s 1 tunnel 2 [stoll]gång
tunny [tʌ'ni] s tonfisk [~-fish]
tuny [tju:'ni] a F melodisk, smekande
tur'bid a grumlig, tjock, oklar; virrig
turbot [tə:'bət] s piggvar
tur'bulent [ju] a orolig, upprörd; bråkig
tureen [t(j)uri:'n] s soppskål, terrin
turf I s 1 torv[a] 2 kapplöpningsbana; häst-, trav|sport, -tävlingar II tr torvtäcka -ite s hästsportsentusiast
turg|escent [dʒe'snt] a [upp]svällande -id [-'-] a 1 svullen 2 svulstig
Turk s 1 turk 2 muhammedan 3 barbar t-ey s kalkon -ish a turkisk
tur'moil s oro; virrvarr; tumult, larm
turn I tr 1 vända [på], vrida [om, på]; skruva [på]; snurra [på], svänga [runt]; veva; sno 2 svarva; dreja; [ut]forma 3 kröka, böja; välva 4 rikta, styra 5 vända (vika) om; dubblera 6 ✕ kringgå 7 för|vandla, -ändra; göra 8 översätta 9 förvrida 10 av|vända, -leda 11 avvisa [~ away] 12 omsätta 13 hälla; tappa 14 göra sur 15 fylla [år] 16 ~ about vrida och vända på; ~ adrift låta driva vind för våg; ~ aside avvärja; ~ away [äv.] slå bort; avskeda; avvända; ~ down vända [upp och] ned; skruva (vika) ned; F tillbakavisa; ~ off [äv.] vrida (stänga) av; köra bort; avleda; vända (slå) bort; till-, av|verka; utföra; ~

on vrida (släppa) på; ~ *out* [äv.] köra (kasta) ut; utrymma; producera; utbilda; släppa ut; vränga, vrida av; ekipera; ♪ purra; ~ *over* vända [upp och ned på]; kasta (slå) omkull; överväga; överlåta; ~ *up* [äv.] slå upp; gräva upp; S ge upp **II** *itr* 1 svänga, vrida sig 2 röra sig, handla 3 ta (vika) av 4 vända sig; bege sig; ~ *to* anlita; slå sig på 5 vända [om]; vika 6 förvandlas, övergå 7 bli 8 surna 9 ge utslag 10 vara i målbrottet 11 *his stomach* ~*s* han får kväljningar 12 ~ *in* vara vänd (böjd) inåt; gå in; törna in, gå till kojs; ~ *into* vika (slå) in på; ~ *off* vika av; ~ *on* svänga kring; bero på; ~ *out* vara vänd utåt; gå (rycka) ut; törna ut, stiga upp; strejka; utfalla; avlöpa; arta sig till, bli; visa sig vara; ~ *over* vända sig [om], rulla över; stjälpa [omkull]; [*please*] ~ *over!* vänd! ~ *to* börja; övergå till; ~ *up* [äv.] dyka upp, visa (yppa) sig **III** *s* 1 vändning; vridning; sväng[ning]; varv, slag 2 krök, krok; omväg; vändpunkt 3 tur 4 skift 5 tjänst 6 jobb. 7 dust, strid 8 attack; utbrott; F chock 9 läggning; anlag, håg 10 ♪ rundtörn 11 utslag, förändring 12 *at every* ~ ständigt [och jämt]; *by (in)* ~*s* turvis, ömsom; *to a* ~ lagom; ~ *of the tide* vändpunkt; *take* ~*s* tura om; *take a* ~ *at* ta del i -about *s* karusell ~-**bridge** *s* svängbro ~-**coat** *s* överlöpare, väderflöjel ~-**down** *a* dubbelvikt -**er** *s* svarvare; drejare -**ing** *s* 1 vändning; rotation, varv 2 gathörn; vägskäl -**ing-lathe** *s* svarv[stol] -**ing-wheel** *s* 1 vändkors 2 svänghjul

turnip [ə:'] *s* rova; kålrot
tur'n‖**key** *s* fångvaktare ~-**out** *s* 1 utryckning, uppställning 2 strejk 3 anslutning 4 tömmande 5 utrustning 6 ekipage 7 tillverkning ~-**over** *s* 1 kullstjälpning; omsvängning 2 omsättning -**pike** *s* väg-, tull|bom - -**screw** *s* skruv|nyckel, -mejsel -**stile** *s* vändkors - -**table** *s* vändskiva - -**up** **I** *s* 1 uppslag 2 slagsmål **II** *a* uppvikt
turpentine [tə:'pəntain] *s* terpentin
turquoise [tə:'k(w)ɔiz] *s* turkos
turret [ʌ'] *s* [pansar]torn; takryttare
1 **tur'tle** *s* turturduva [vanl. ~-*dove*]
2 **turtle** *s* 1 havssköldpadda 2 sköldpaddsoppa 3 *turn* ~ S kapsejsa
tusk I *s* [hugg-, rov]tand, bet[e] **II** *tr itr* [genom]borra, rycka upp -**er** *s* elefant; vildsvin
tuss'le I *s* strid, slagsmål **II** *itr* slåss
tussock [tʌ'sək] *s* tuva; rugge
tut *interj* fy! tvi! asch! tyst!
tu'tel‖**age** *s* förmynderskap -**ary** *a* skydds-; förmyndar-

tu'tor I *s* 1 privatlärare; informator 2 [Am.] docent 3 förmyndare **II** *tr* 1 undervisa, öva, dressera 2 kuva, tygla -**age** *s* 1 undervisning, uppsikt 2 förmynderskap -**ess** *s* guvernant
twaddle [ɔ] *itr s* snack[a], 'dilla'
1 **twang I** *itr* dallra, sjunga, surra; knäppa **II** *tr* 1 knäppa [på]; spela 2 uttala med näston **III** *s* 1 surr, klirr. knäpp; ljud 2 näston 3 brytning
2 **twang** *s* [bi]smak, lukt; anstrykning
twan'gle [ŋg] *itr tr s* knäpp[a], klirr[a]
tweak I *tr* nypa, klämma; vrida; rycka i **II** *s* 1 nyp; vridning; ryck 2 knep
twee'dle *itr* spela, gnida; ljuda, gnälla
tweet I *s* [fågel]kvitter **II** *itr* kvittra
twee'zers *spl* tång, pincett
twelfth *a s* tolfte[del] **T**~-**day** *s* trettondagen **T**~-**night** *s* trettondagsafton
twelve *räkn* tolv -**month** *s, a* ~ ett år
twen't‖**ieth** *a s* tjugonde[del] -**y** tjugo
twice *adv* två gånger; dubbelt
twidd'le *tr itr* sno [runt]; fingra på
1 **twig** *tr* F 1 förstå, se 2 granska
2 **twig** *s* 1 kvist, spö; *hop the* ~ F kola [av] 2 slagruta -**gy** *a* kvist|lik, -ig
twi'light *s* skymning; gryning
twill I *s* tvils, kypert **II** *tr* kypra
twin I *a* tvilling- **II** *s* tvilling
twine I *s* 1 tråd; snöre; garn 2 ringling; vindling **II** *tr* 1 [hop]|tvinna, -sno, -fläta 2 vira, linda **III** *itr* slingra sig
twin'ge [dʒ] **I** *tr* sticka, svida **II** *s* nyp; smärta; styng
twink *s, in a* ~ se *twinkle* -**le I** *itr* tindra, blinka, blänka **II** *s* blink[ning], blänk, glimt; *in a* ~ (*twink*-[*ling*]) i en handvändning, med ens
twin'-screw *s* dubbelpropeller
twirl [ə:] **I** *tr itr* snurra, svänga, virvla, sno **II** *s* 1 svängning, vridning, virvel; piruett 2 släng, krumelur
twist I *s* 1 tvinning; [samman]flätning; vridning; *give a* ~ vrida [på], sno 2 tråd; snöre; snodd; fläta 3 flät-, rull|tobak 4 strut 5 kringla 6 vrickning 7 rynkning 8 grimas 9 knut, fnurra; trassel 10 krök, bukt, sväng; ~*s and turns* krokvägar 11 egenhet 12 skruv [på boll] 13 S aptit 14 S blandning **II** *tr itr* 1 sno, vrida [sig]; tvinna, spinna; hopfläta [sig] 3 snedvrida; vricka 4 förvrida 5 för|vränga, -vanska 6 skruva [boll] 7 ~ [*down*] S sätta i sig
twit *tr* pika, förebrå, gå illa åt
twitch I *tr itr* 1 rycka [till], draga, nypa [i]; plåga 2 knäppa [på] **II** *s* ryck[ning], nyp; spasm; smärta, sting
twitt'er I *tr itr* kvittra **II** *s* 1 kvitter; smatter 2 spänning, oro -**y** *a* nervös
two [tu:] **I** *räkn* två; båda; *a day or* ~ ett par dagar; *in* ~ itu; *in* ~ *iwos* F i en handvändning **II** *s* tvåa; *by (in)*

~s parvis -fold *a adv* dubbel[t] -pence [tʌ'p] *s* två pence -penny [tʌ'p] *a* 1 tvåpence- 2 billig, simpel ~-ply [plai] *a* dubbel, tvåtrådig
tympan [ti'm] *s* 1 hinna, membran 2 o. -um *s* 1 trumma; tamburin 2 trum|håla, -hinna 3 dörr-, gavel|fält
type I *s* 1 typ, ur-, före|bild 2 symbol 3 stil; tryck; typ[er] II *tr* 1 symbolisera 2 maskinskriva; kopiera ~--setter *s* 1 sättare 2 sättmaskin -write *tr itr* skriva på maskin -writer *s* 1 skrivmaskin 2 maskinskrivare
typhoid [tai'f] *s a* tyfus[artad]
typhoon [taifu:'n] *s* tyfon, tajfun
ty'ph‖ous *a* tyfusartad -us *s* tyfus
typi‖cal [ti'p] *a* typisk [*of* för]; symbolisk -fy *tr* exemplifiera; symbolisera -st [tai'] *s* maskinskriv|are, -erska
typog'raph‖er [tai] *s* typograf; boktryckare -y *s* boktryckarkonst
tyrann'ical [t(a)i] *a* tyrannisk, grym
tyrann‖ize [ti'r] *itr* vara [en] tyrann: ~ *over* tyrannisera, förtrycka -izer *s* förtryckare, tyrann -ous *a* tyrannisk -y *s* tyranni, grymhet
tyrant [tai'ə] *s* tyrann; förtryckare
tyre [tai'ə] se *I tire* ty'ro se *tiro*
Tyrolese [tirəli:'z] *a s* tyrol|sk, -are
Tzigane [tsigɑ:'n] *s* zigenare

U

U, u [ju:] *s* u U-boat *s* u-båt
'ud [əd¹ = *would*
udder [ʌ'də] *s* juver
ug'l‖ify *tr* förfula -iness *s* fulhet -y *a* ful; otäck, vidrig; otrevlig
ul'cer *s* [röt]sår, böld; skamfläck -ate I *itr* vara sig, bulna II *tr* framkalla sår på (i) -ation *s* sårbildning -ed -ous *a* sårig; varig
ult. = *ultimo a* sistlidna [månad]
ulte'rior *a* 1 bortre 2 senare; ytterligare 3 [för]dold
ul'tim‖a *a* ytterst, sist -ate [it] *a* 1 slutlig 2 ursprunglig, grund- -a'tum *s* ultimatum, sista anbud -o se *ult.*
ul'tra *a s* ytterlighets-[man] ~-mon'-tane *a s* högpåvlig
ululate [ju:'lju] *itr* tjuta, yla; gnälla
um'bel *s* [blom]flock -lifer [e'l] *s* parasollväxt
um'ber *s a* umbra|färg, -brun
um'br‖a *s* kärnskugga -age *s* misstro, anstöt -a'geous [dʒəs] *a* 1 skuggig 2 misstänksam -ell'a *s* paraply
umpire [ʌ'mpaiə] *s* [skilje]domare
um'pteen [mt] *a* S många, en massa
un- [ʌn] *prefix* [vanl.] o- [jfr grundordet] -a'ble *a* oförmögen, oduglig; ~ *to* ur stånd att -acqua‖'nted *a* obekant; ovan -affect'ed *a* 1 okonstlad 2 oberörd -altered [ɔ:'l] *a* oförändrad
unanim'‖ity [ju:] *s* enhällighet -ous [æ'n] *a* en[häll]ig
un‖answerable [ʌnɑ:'nsə] *a* oansvarig -appeasable [pi:'z] *a* oförsonlig; omättlig -apt' *a* 1 olämplig 2 obenägen -ar'med *a* obeväpnad -asha'-med *a* oblyg; frimodig -attach'ed *a* lös, skild, fri -attrac'tive *a* föga tilldragande -avai'ling *a* gagnlös -avoi'dable *a* oundviklig -aware [əwɛə'] *a* omedveten, okunnig -awares [əwɛə'əz] *adv* oväntat; ovetande[s] -bar' *tr* öppna -bearable [bɛə'] *a* odräglig
unbend' I *tr* 1 spänna ned (av), släppa, lossa på 2 lätta, mildra, dämpa II *itr* 1 slappas 2 bli tillgänglig, tina upp -ing *a* oböjlig
un‖bi'assed *a* opartisk -bidd'en *a* 1 obedd, objuden 2 frivillig -bi'nd *tr* lösa [upp]; lossa, befria -blush'ing *a* oblyg, skamlös -bo'lt *tr* regla upp -bosom [bu'z] *tr itr* anförtro [sig], yppa -bou'nded *a* obegränsad; ohejdad -bra'ce *tr* lossa, släppa -bred' *a* ouppfostrad -oövad -bri'dle *tr* betsla av; släppa lös -buck'le I *tr* spänna (knäppa) upp II *itr* tina upp -bur'-den *tr* avlasta, lätta -butt'on *tr* knäppa upp -called [ɔ:'] *a*, ~ *for* opåkallad, onödig -cann'y *a* mystisk, kuslig, hemsk; farlig -cea'sing *a* oavbruten -cer'tain *a* osäker; nyckfull -chai'n *tr* släppa -chall'enged *a* obestridd; utan hinder -charitable [æ'r] *a* kärlekslös, hård -civ'il *a* ohövlig -clasp [ɑ:'] *tr* spänna (knäppa) upp; öppna; släppa
uncle [ʌŋkl] *s* 1 far-, mor|bror, onkel; *U*~ *Sam* U. S. A. 2 S pantlånare
unclea'n *a* oren -ly [e'] *a* orenlig
un‖clen'ch -clo'se [z] *tr itr* öppna[s] -clo'the [ð] *tr* avkläda, blotta -clou'd-ed *a* molnfri; ljus -clutch' *tr* öppna, släppa -cock' *tr* spänna ned hanen på -coi'l *tr itr* rulla upp (ut) [sig] -comfortable [kʌ'] *a* 1 obekväm; obehaglig, otrevlig 2 olustig; orolig -committ'ed *a* 1 obegången 2 obunden -comm'on *a* ovanlig -com'promising *a* [princip]fast, orubblig
unconcer'n *s* likgiltighet -ed *a* 1 likgiltig, oberörd 2 ej delaktig
un‖conditional [i'ʃ] *a* obetingad; absolut -conge'nial *a* mot|satt, -bjudande unconscient'ious [ʃieⁿʃ] *a* samvetslös -onable [kɔ'nʃə] *a* 1 samvetslös 2 orimlig -ous [kɔ'nʃəs] *a* 1 omedveten; okunnig 2 medvetslös
un‖constrai'ned *a* otvungen; obunden -contro'llable *a* 1 okontrollerbar 2 obetvinglig -convin'ced *a* ej övertygad -cor'd *tr* snöra upp, öppna

uncork — 228 — **unfold**

-**cor'k** tr korka (dra) upp -**cou'nted** a oräkn|ad, -elig -**couple** [kʌ'pl] tr av-, från|koppla; lössläppa -**courteous** [ɔː'] a oartig -**couth** [kuːþ] a 1 ödslig, vild 2 klumpig, oslipad 3 sällsam -**cover** [kʌ'və] tr itr 1 av|-täcka, -kläda; ta av 2 blotta [sitt huvud] -**cred'itable** a vanhedrande **uncrown** [au'] tr fråntaga kronan **unct∥ion** [ʌ'ŋkʃn] s smörjelse; sal-velse[fullhet]; salva; liniment -**uous** [tju] a olj[akt]ig, flottig; salvelsefull **un∥cur'l** tr itr släta[s] ut, rakna -**cus'tomary** a ovanlig -**cut'** a oskuren; ohuggen; oavkortad -**dam'aged** a oskad[a]d -**dam'ped** a oförfärad -**dau'nted** a oförskräckt -**deceive** [siː'v] tr taga ur en villfarelse; ∼d illusionslös -**defi'led** a obefläckad, ren -**defi'nable** a obestämbar -**demon'strative** a behärskad -**deni'able** a obestridlig **un'der** prep 1 under 2 nedanför; i skydd av 3 ∼ age omyndig, minder-årig; ∼ [o.'s] breath lågmält; ∼ the date of daterad; ∼ God näst Guds hjälp; ∼ pain of death vid dödsstraff 4 enligt -**char'ge** tr under|debitera, -notera -**cut I** [-'--] s filé **II** [---'] tr 1 urholka 2 underbjuda -**dog** s S svag stackare; usling -**done** a för litet kokt (stekt) -**dress I** [-'--] s underkläder **II** [---'] itr klä sig för enkelt (lätt) -**es'timate** tr underskatta -**feed** tr undernära -**foot** [fu't] adv under fötterna; nedanför -**go'** tr undergå; utstå -**grad'uate** [it] s student -**ground** a s underjordisk [järnväg] -**growth** s under|skog, -vegetation -**hand'** adv a 1 [kastad] med handflatan uppåt 2 hemlig[t], i smyg -**han'ded** a 1 hemlig 2 fåtalig, folkfattig -**let'** tr arrendera (hyra) ut i andra hand (till underpris) -**li'e** tr uppbära; ligga till grund för -**li'ne** tr understryka -**ling** s under|ordnad, -huggare -**mann'ed** a otillräcklig bemannad -**mi'ne** tr under|minera, -gräva -**most** a adv underst, nederst -**nea'th** adv prep [in]under; nedanför -**part** s 1 under|del, -sida 2 biroll -**play'** itr maska -**plot** s [bi]intrig -**proof** a under normalstyrka -**ra'te** tr undervärdera -**score** [ɔː'] tr understryka -**sell'** tr sälja billigare [än] -**si'gn** tr underteckna -**si'zed** a undersätsig; liten **understand'** tr 1 fatta, förstå [sig på]; ∼ how to förstå att 2 ha sig bekant, ha erfarit, veta 3 ta för givet, förutsätta; underförstå 4 mena -**able** a begriplig -**ing** s 1 förstånd; omdöme 2 överenskommelse; samförstånd; villkor 3 S ∼s fötter, ben; skodon **un'der∥sta'te** tr itr ta till för lite (lågt) -**stood** [u'd] a [äv.] överenskommen; självklar -**strapper** s underhuggare

-**study** s reserv -**ta'ke** tr 1 företa [sig], börja [göra] 2 åtaga sig; lova, försäkra -**taker** s 1 företagare 2 [begravnings]entreprenör -**ta'king** s 1 företag; arbete 2 [-'-] begravningsbyrå 3 borgen; löfte; förbindelse --**ti'med** a underexponerad -**tone** s lagton (röst) -**tow** [ou] s underström -**wear** s underkläder, |gång|linne -**wood** s småskog -**wri'te** tr itr skriva under (ti'll); teckna [sjö]försäkring[ar] **un∥deser'ved** a oförtjänt; oförskylld -**desi'gned** a oavsiktlig -**desi'rable** a s ej önskvärd [person] **undies** [ʌ'ndiz] spl S underkläder **un∥dig'** tr gräva upp, öppna -**dig'nified** a ovärdig, simpel **undine** [ʌ'ndiːn, --'] s sjöjungfru **un∥direc'ted** a utan adress -**dispu'ted** a obestridd -**distur'bed** a ostörd **un∥do** [duː'] tr 1 öppna; lösa (knyta, knäppa) upp 2 göra ogjort; upphäva 3 för|göra, -störa -**doing** s 1 upplösande 2 fördärv, olycka -**done** [dʌ'n] a 1 öppen 2 ogjord 3 förlorad -**dou'bted** a otvivelaktig -**dress' I** tr itr klä av [sig]; ∼ed av-, o|klädd **II** s negligé; morgonrock; vardagsdräkt -**du'e** [adv -duly] a 1 ej förfallen 2 otillbörlig; orättmätig; oskälig **un'dulat**|e [ju] itr ga i vagor, bölja -**ed** a våg|form|ig -**ion** s våg|rörelse, -svall **un∥du'tiful** a pliktförgäten; olydig -**dy'ing** a oddödlig; oförgänglig -**earned** [əː'] a oförtjänt -**earth** [əː'þ] tr 1 gräva upp (fram); avslöja 2 [jakt.] driva ut -**earthly** [əː'þ] a 1 över-, ojordisk 2 mystisk 3 F ofimlig **unea's∥iness** [zi] s oro; olust -**y** a 1 orolig, ängslig; olustig 2 besvärlig, otrevlig **unea'table** a oät|bar, -lig **unemploy'∥ed** a 1 obegagnad 2 arbetslös -**ment** s arbetslöshet **un∥endu'rable** a outhärdlig -**enjoy'able** a onjutbar -**e qual** a olika; omaka; ojämn -**e'qualled** a oöverträffad -**erring** [əː'r] a ofelbar, osviklig -**essen'tial** a oväsentlig -**e'ven** a ojämn -**even'tful** a händelselös -**exampled** [ɑː'] a enastående -**excep'tionable** a oklanderlig; fullgod -**expec'ted** a oväntad -**fai'ling** a osviklig, ofelbar -**fair** [ɛ'ə] a orättvis; ofin; ohederlig; illojal -**fami'liar** a obekant, ovan -**fasten** [ɑː'] tr lossa; lösa (låsa) upp -**fa'vourable** a ogynnsam -**fee'ling** a okänslig; hjärtlös -**fett'er** tr befria; ∼ed fri **unfit'** a olämplig; oduglig; ovärdig -**ness** s olämplighet -**ted** a olämplig -**ting** a opassande, ovärdig **un∥fix'** tr lossa; rubba; ∼ed lös, ostadig -**fled'ged** a ej flygfärdig; ocrfaren, 'grön' -**flin'ching** a ståndaktig -**fo'ld I** tr 1 veckla ut (upp); öppna 2 utveckla, framlägga **II** itr öppna

unforeseen — 229 — **unqualified**

sig; framträda -foresee'n *a* oförutsedd -forgiv'ing *a* oförsonlig -for'tunate *a* olycklig; ~*ly* olyckligt[vis]; tyvärr -fou'nded *a* ogrundad, grundlös -friendly [e'n] *a* 1 ovän|lig 2 ogynnsam -frock' *tr* 1 avsätta 2 avslöja -fur'l *tr itr* utveckla[s] -gai'nly *a adv* klumpig[t] -gea'r *tr* koppla från, stoppa -ge'nial *a* 1 omild; osympatisk 2 onaturlig -gen'tle *a* 1 omild; våldsam 2 ovärdig; ofin -gif'ted *a* obegåvad -gir'd *tr* spänna av [gördeln] -gla'zed *a* 1 utan glas 2 oglaserad -glue [u:'] *tr* [upp]lösa, frigöra -god'ly *a* ogudaktig; F avskyvärd ungra'c||eful *a* oskön, otymplig -ious [ʃəs] *a* 1 onådig; högdragen; ohövlig 2 otrevlig 3 =-*cful*
un||grad'uated *a* 1 utan examen 2 ograderad -gra'teful *a* 1 otacksam 2 motbjudande -grou'nded *a* 1 ogrundad 2 okunnig -grud'ging *a* villig, osjälvisk, ospard
unguent [ʌ'ŋgwənt] *s* salva; smörja
un'gulate [gjulit] *a s* hov|formig,-djur
unhan'dy *a* klumpig, besvärlig
unhapp'||ily *adv* olyckligt[vis]; tyvärr -iness *s* olycka -y *a* olycklig
un||har'med *a* oskadd -har'ness *tr itr* sela av, spänna från -healthy [e'] *a* sjuklig; ohälsosam -heard-of [ə '] *a* oerhörd
unhee'd||ed *a* obeaktad -ful -ing *a* sorglös, obekymrad
un||hin'ge [dʒ] *tr* haka (lyfta) av; rubba, uppriva -hit'ch *tr* 1 haka (häkta) av 2 spänna från -ho'ly *a* syndig -hook' *tr* häkta (lyfta) av; knäppa upp -hor'se *tr* kasta ur sadeln; förvirra -husk' *tr* skala, rensa
u'ni||- *prefix* en- -corn *s* enhörning -fied *a* enhetlig, enhets-
u'niform I *a* likformig: enhetlig; lika-[lydande] II *s tr* uniform[era] -ity [fɔ:'] *s* lik-, en|formighet
u'ni||fy *tr* [för]ena -lat'eral *a* ensidig
unimag'in||able [ʌn] *a* otänkbar -ative *a* fantasilös
un||impea'chable *a* oskyldig; oangriplig; ojävig -impor'tant *a* oviktig -inhab'itable *a* obeboelig -intell'igible *a* obegriplig -inten'tional *a* oavsiktlig -in'teresting *a* ointressant, tråkig
u'nion *s* 1 förening, förbund; *the U*~ Nordamerikanska unionen 2 enighet 3 unions|märke, -flagga -ist *s* 1 unionsvän 2 fackföreningsmedlem
unique [juːniːk] *a* unik, enastående
u'nison *s* 1 harmoni, ackord; *in* ~ unisont 2 endräkt -al [i's] -ous [i's] *a* unison; enhällig
u'nit *s* 1 enhet 2 ental -ary *a* enhetlig; enkel -e [ai't] *tr itr* förena [sig], samla[s]; samverka; *the U*~*d States* Förenta staterna -y *s* en[ig]het; överensstämmelse

univer's||al [juː] *a* 1 allmän; världs- 2 hel 3 mång|kunnig, -sidig -ality [æ'l] *s* 1 allmängiltighet 2 mångsidighet; vidsynthet -e [-'--] *s* värld[s-allt] -ity *s* universitet, högskola
un||just' *a* orätt|färdig, -vis -kem'pt *a* okammad; ovårdad -ki'nd[ly] *a* ovänlig -la'ce *tr* snöra upp -la'de *tr* lasta av -la'dylike *a* okvinnlig -lash' *tr* ⚓ lossa -latch' *tr* 1 öppna 2 snöra upp -lawful [lɔ:'] *a* 1 olaglig; otillåten 2 oäkta -lea'sh *tr* släppa lös -less' *konj* såvida ej -lett'ered *a* olärd; obeläst -li'censed *a* olaglig, otillåten -lick'ed *a* oslickad; klumpig; osnuten
unli'ke *a adv prep* olik[t], olika [mot], i olikhet med -lihood -liness *s* osannolikhet -ly *a* osannolik, otrolig
un||lim'ber *tr* ⚔ brösta av -lim'ited *a* obegränsad -link' *tr itr* lösa[s], lossa[s] -load [o'u] *tr* 1 lasta av, lossa 2 lätta; befria 3 ta ut laddningen ur, plundra -lock' *tr* låsa upp -lod'ge *tr* driva bort -look'ed-for *a* oväntad -loo'se[n] *tr* lösa, lossa; släppa [lös]
unluck'||ily *adv* olyckligt[vis] -y *a* olycklig; olycks-
un||ma'ke *tr* 1 göra ogjord, upphäva 2 tillintetgöra 3 avsätta -man' *tr* 1 för|råa, -fäa 2 kastrera 3 för|svaga, -vekliga 4 avfolka; ~*ned* obemannad -man'ageable *a* ohanterlig; omöjlig; omanövrerbar -mann'erly *a* obelevad -marr'ied *a* ogift -mask [ɑ:'] *tr itr* demaskera [sig], avslöja [sig] -mat'ched *a* 1 makalös 2 omaka -men'tionable *a s* onämnbar -mer'ciful *a* obarmhärtig -mit'igated *a* 1 oförmildrad 2 ren, äkta -mix'ed *a* oblandad -moo'r *tr itr* kasta loss -mou'nted *a* oberiden -muff'le *tr itr* demaskera [sig], blotta [sitt ansikte] -muzz'le *tr* ta av munkorgen -ner've *tr* försvaga; förlama -no'ted *a* okänd -no'ticeable *a* omärklig -obtrusive [uːs] *a* tillbakadragen, försynt -occ'upied *a* ledig -pack' *tr itr* packa upp (ur) -pal'atable *a* oaptitlig: obehaglig -paralleled [æ'r] *a* enastående -people [iː'] *tr* avfolka -pick' *tr* sprätta upp -plait [æ'] *tr* släta (breda) ut -pleasant [e'z] *a* otrevlig -plea'sing *a* obehaglig; pinsam -pled'ged *a* oförpliktad -pol'ished *a* opolerad; obildad
unprac'ti||cal *a* opraktisk -sed *a* oövad, oerfaren; oprövad
un||prec'edented *a* exempellös, ny -prej'udiced *a* fördomsfri, opartisk -prepared [pɛ'ə] *a* oförberedd -presu'ming *a* blygsam
unpreten'||ding -tious *a* anspråkslös
un||prin'cipled *a* karaktärslös; samvetslös -prof'itable *a* föga givande; lönlös -provo'ked *a* ej ut-, fram|manad; omotiverad -qualified [kwɔ'] *a*

1 oduglig 2 orcserverad, full[ständig] **-quen'chable** *a* o[ut]släcklig; omättlig; ok**u**vlig **-ques'tionable** *a* otvivelaktig; oklanderlig **-rav'el** *tr* reda ut **-ra'zored** *a* orakad **-ready** [e'] *a* oberedd; ovillig **-rea'sonable** *a* oförnuftig; oresonlig, orimlig **-rec'ognizable** *a* oigenkännlig **-recor'ded** *a* oupptecknad, onämnd **-redee'med** *a* **1** oinlöst; oinfriad **2** förtappad; ohjälplig; usel **-ree'l** *tr* nysta av; rulla upp *tr* rigga av **-rela'ted** *a* obesläktad **-relax'ed** *a* sträng, hård **-relen'ting** *a* oböjlig, grym **-reli'able** *a* opålitlig **-relieved** [i:'v] *a* **1** hjälplös **2** entonig, oavbruten **-remitt'ing** *a* oavlåtlig, outtröttlig **-repi'ning** *a* tålig **-reser'ved** *a* oförbehållsam; öppenhjärtig **unrest'** *s* oro **-ful** *a* orolig **-ing** *a* rastlös **un‖restrai'ned** *a* otyglad; ohämmad **-restric'ted** *a* oinskränkt **-ridd'le** *tr* lösa **-rig'** *tr* rigga av **-rip'** *tr* skära (sprätta) upp **-ri'pe** *a* omogen **-ri'valled** *a* makalös **-ro'be** *tr itr* kläda av [sig] **-ro'll** *tr itr* rulla (veckla) upp [sig] **-roo't** *tr* rycka upp; utrota **-ruff'led** *a* slät, jämn; stilla; ostörd, lugn **-ruly** [u:'] *a* motspänstig, vild **-sa'fe** *a* osäker; riskabel **-satisfac'tory** *a* otillfredsställande **-screw** [ru:'] *tr itr* skruva[s] av (lös, upp) **-scrupulous** [u:'p] *a* samvetslös, hänsynslös **-sea'l** *tr* öppna **-sea'm** *tr* sprätta upp **unsea'son‖able** *a* olämplig; ogynnsam **-ed** *a* okryddad; ovan; omogen; fuktig **un‖sea't** *tr* kasta ned (ur sadeln); avsätta **-see'mly** *a* **1** opassande, anstötlig **2** ful **-sett'le** *tr* bringa ur jämvikt; rubba; förrycka; förvirra; upplösa; ~**d** ostadig; obeslutsam; oavgjord; grumlig **-sew** [sou'] *tr* sprätta upp **-sex'** *tr* avköna **-sha'k**[**e**]**able** *a* orubblig **-shea'the** *tr* draga [ur skidan] **-shell'** *tr* skala, sprita **-ship'** *tr* **1** lossa; landsätta **2** ta **.**in [åror] **3** kasta av **-shrink'able** *a* krympfri **-si'ghtly** *a* ful, vanskaplig **unskil'‖ful** *a* oduglig, okunnig **-led** *a* outbildad; ~ *labourer* grovarbetare **un‖sla'ked** *a* osläckt **-sling'** *tr* lossa, spänna av **-sophis'ticated** *a* äkta; naturlig, okonstlad **-sou'nd** *a* **1** osund; sjuk[lig] **2** svag, skör; murken, rutten; fördärvad **3** falsk, ohållbar **4** orolig **-sparing** [ε'ə] *a* **1** frikostig, riklig **2** skoningslös **-spea'kable** *a* outsäglig, obeskrivlig **-sta'ble** *a* ostadig; vankelmodig **-stai'd -steady** [e'] *a* ostadig; obeslutsam **-stin'ted** *a* frikostig, riklig **-stit'ch** *tr* sprätta upp **-stock'ed -stored** [ɔ:'] *a* illa försedd, blottad **-strap'** *tr* spänna upp, öppna **-stress'ed** *a* obetonad **-string'** *tr* **1** spänna av (ned) strängarna på **2** plocka av; ~ [*o.'s purse*] lossa på

pungen **3** försvaga; uppriva **-strung** *a* [äv.] nervös, deprimerad **-substan'-tial** *a* **1** okroppslig; overklig **2** lös, tunn, bräcklig **3** grundlös **-success'ful** *a* misslyckad, olycklig, framgångslös **-suitable** [sju:'] *a* olämplig, oduglig **-surpassable** [a:'s] *a* oöverträfflig **-suspec'ting** *a* omisstänksam **-swa'the** [ð] *tr* linda av; lösa **-swear** [ε'ə] *tr* svära sig fri från, förneka **-tai'nted** *a* obesmittad; ren **-tal'ented** *a* obegåvad **-tang'le** *tr* reda ut (upp); ~ *o. s.* göra sig fri **-ten'able** *a* ohållbar **-think'able** *a* otänkbar, ofattbar **-thread** [e'] *tr* **1** dra tråden ur; repa upp **2** leta sig ut ur **-thrif'ty** *a* **1** slösaktig **2** oekonomisk **3** tynande, svag **-ti'dy** *a* osnygg, ovårdad, slarvig **-ti'e** *tr* lösa [upp]; lossa; öppna **until'** *prep konj* [ända] till, tills; *not* ~ först under (vid, i); inte förrän **un‖ti'mely** *a* förtidig; ovanlig; oläglig, ogynnsam **-ti'ring** *a* outtröttlig **unto** [ʌ'ntu(:)] *prep* [in]till; jfr *to* **un‖to'ld** *a* oräkn|ad, -elig; omätlig **-tomb** [tu:'m] *tr* gräva upp (fram) **-toward** [tou'əd] *a* motspänstig; motig, olycklig, ödesdiger **-track'ed** *a* obanad **-tramm'elled** *a* fri, obunden **-tri'ed** *a* **1** oprövad **2** [jur.] ohörd; odömd **3** oerfaren **-trodd'en** *a* otrampad **-truss'** *tr* spänna av, knäppa upp; klä av **-truthful** [u:'þ] *a* osannfärdig, falsk **-tuck'** *tr* **1** släppa ned **2** veckla (räta) ut **-twi'ne -twist'** I *tr* **1** sno (repa) upp; veckla (reda) ut; lösa upp **2** vrida lös (av) II *itr* snos (gå) upp; brista **-u'sed** *a* **1** oanvänd **2** ovan **-u'sual** *a* ovanlig **-utt'erable** *a* outsäglig; obeskrivlig **-varying** [νε'ə] *a* oföränderlig **-vei'l** *tr* avslöja; avtäcka **-voi'ced** *a* tonlös **-wary** [ε'ə] *a* oförsiktig, tanklös **-watchful** [wɔ'] *a* ovaksam; ovarsam **-wea've** *tr* riva (sprätta) upp **-'well'** *a* illamående, sjuk **-wieldy** [wi:'] *a* klu**m**pig, ohanterlig **-will'ing** *a* o-, mot‖villig **-wi'nd** I *tr* nysta av, veckla upp (ut); reda ut; befria II *itr* rullas upp **-witt'ing** *a* omedveten; ovetande; oavsiktlig **-wo'nted** *a* ovan[lig] **-workable** [wə:'] *a* outförbar; svårskött; motspänstig **-worthy** [wə:'ði] *a* **1** ovärdig; oförtjänt **2** usel **-wrap'** *tr* veckla upp; öppna; befria **-wrea'the** [ri:'ð] *tr* veckla (vira) upp, reda ut **-yielding** [ji:'] *a* oböjlig, fast, motspänstig; oemottaglig **-yo'ke** *tr* spänna ifrån; befria **up I** *adv* **1** upp[åt]; fram[åt]; — *and down* upp och ner, fram och tillbaka; ~ *to town* in till stan **2** uppe; — *and doing* uppe och i arbete **3** över, slut; förbi **4** ~ *against* mot; F inför; *well* ~ *in* F styv i; ~ *in arms* i vapen,

upbraid — 231 — **uxorious**

rustad; ~ *to* upp (fram) till; i jämnhöjd med; vuxen; duglig (i stånd) till; förtrogen med; ute (med) på [ofogj; *be ~ to* [äv.] genomskåda; passa in på; ha för sig; *it is ~ to you* det är din sak; *be ~ to time* passa tiden; *~ with* i jämnhöjd med **5** *be ~* vara full av liv; ligga före; vara överlägsen; vara uppretad; sjuda; jäsa; *what's ~?* vad står på? **II** *prep* uppför, upp längs; inåt; framåt] **III** *a* upp|åt|gående
upbrai'd *tr* förebrå; klandra, läxa upp **-ing** *s* förebråelse; klander
up'bringing *s* [upp]fostran
uphea'v||**al** *s* **1** [jord]höjning **2** omvälvning **-e** *tr itr* höja[s], resa [sig]
up||**hill I** [-´-´] *adv* uppåt, uppför **II** [-´-´] *s* stigning, backe **III** [-´-´] *a* **1** brant; uppförs- **2** knogig **-ho´ld** *tr* hålla uppe, stödja; vidmakt-, under|hålla
upho´lster *tr* stoppa, madrassera, kläda; dekorera **-er** *s* tapetserare; dekoratör **-y** *s* **1** tapetserar|yrke, -arbete; möbelstoppning **2** möbel-, draperi|tyg[er]; rumsinredning **3** sken
up'||**keep** *s* underhåll **-land** *s* a hög|land, -länt
upon [əpɔ'n] *prep* på; se äv. *on*
upp'||**er I** *a* övre; över-; *the ~ hand* överhand **II** *s*, **~s** ovanläder; *on o.'s ~s* barskrapad **-ermost** *a adv* överst; främst **-ish** *a* stolt, inbilsk
up'right I *a* **1** upprätt, lodrät, rak **2** uppriktig, rätt|rådig, -skaffens **II** *s* **1** stolpe, pelare **2** pianino
up'roar [rɔ:] *s* larm, tumult, stoj, förvirring **-ious** [rɔ:'r] *a* larmande, vild
uproo't *tr* rycka upp; utrota
upset' I *tr itr* **1** slå omkull; stjälpa; kantra; kullkasta, [om]störta; upphäva **2** bringa ur fattningen; reta, såra, uppröra; oroa, rubba **II** *s* **1** stjälpning; kullkörning; kantring **2** störning; bråk, gräl **-ting** *a* förarglig
up'||**shot** *s* resultat; slut[sats] **-side** *s* översida; *~ down* upp och ned-[vänd] **-stair's** *adv* uppför trappan; upp[e] [i övre våningen] **-start** *s a* uppkomling[s-]; nymodig
up'-to-date *a* [ultra]modern; tidsenlig
up'-||**town** *adv a* upp[e] (in[ne]) i staden **-train** *s* tåg till staden (London)
up'ward [wəd] **I** *a* uppåt|riktad, -vänd, -gående **II** **-s** **-ly** *adv* uppåt **-s** *adv* **1** uppåt **2** *and ~* och mer; *~ of* mer än
urban [ə:´] *a* stads- **-e** [ei´] *a* artig, belevad -ity [æ'] *s* artighet, världsvana
urchin [ə:´] *s* [rackar]unge; skälm
urge [ə:dʒ] **I** *tr* **1** driva (mana) på, påskynda; pressa, sporra **2** påyrka, kräva, tillråda; framhålla **3** enträget bedja; truga **4** anföra, påpeka **5** öka, uppdriva **II** *itr* **1** tränga, sträva, skynda **2** yrka, ivra **III** *s* eggelse; drift; kallelse **-ncy** *s* **1** [nöd]tvång, vikt, behov, tryck, överhängande fara, trångmål **2** envishet, iver; enträgen **-nt** *a* **1** trängande, brådskande, viktig, angelägen; överhängande, farlig **2** ivrig, enträgen
u'rin||**al** [ɪn] *s* uringlas; pissoar **-e** *s* urin
urn [ə:n] *s* **1** [grav]urna **2** tekök
urus [juˈərəs] *s* uroxe
us [ʌs; (ə)s] *pron* oss; F vi [*it's ~*]
U. S. [A.] [juˈesei´] = *the United States*
u s||**able** [z] *a* användbar **-age** *s* **1** bruk, sed, vana; **~s** regler; *long ~* tradition **2** behandling **3** användning **-ance** *s* uso, växelfrist
use I [ju:s] *s* **1** användning, bruk; förmåga; *out of ~* ur bruk, obrukling **2** användbarhet, nytta; tjänst, upp-gift; *no ~* inte lönt; *what's the ~?* vad tjänar det till? **3** sed, praxis **4** ritual **5** övning **6** nyttjanderätt **II** [ju:z] *tr* **1** använda, begagna, bruka **2** *~ up* förbruka, uttömma; F utmatta **3** behandla **III** *itr*, *~d* brukade, plägade **-d** *a* van [*to vid*] **-ful** *a* **1** nyttig; användbar, lämplig, bra; *make o. s. ~* hjälpa till **2** S duktig, slängd **-fully** *adv* med fördel **-less** *a* **1** onyttig, oduglig; onödig **2** lönlös; *~ly* förgäves **3** S 'nere', slut
ush'er I *s* **1** dörrvakt[are]; vaktmästare **2** [hov]marskalk; ceremonimästare **II** *tr* **1** införa, anmäla **2** eskortera **3** *~ in* inleda
usual [ju:´ʒu] *a* vanlig; *~ly* vanlig|en, -t
usur||**er** [juː´ʒərə] *s* ockrare **-ious** [uˈər] *a* ocker-, ockrar-
usurp [juːzə:´p] *tr itr* **1** tillskansa sig; *~* [*on*] inkräkta på **2** låna, hämta **-ation** *s* tillvällande; inkräktande, intrång **-er** *s* usurpator, inkräktare
usury [juː´ʒəri] *s* ocker[ränta]
uten'sil [ju] *s* husgeråd[ssak]; [köks-]kärl; redskap, verktyg
u'ter||**us** (pl. *-i* [ai]) *s* livmoder
util||**itarian** [juːtiliˈtɛə] *a s* utilist[isk] **-ity** [tiˈl] *s* nyttighet; nytta
u'tilize *tr* utnyttja, tillgodogöra sig
ut'most *a s* ytterst; störst, högst; *at the ~* på sin höjd, i bästa fall
uto´pia [ju] *s* utopi, fantasi **-n I** *a* fantastisk **II** *s* drömmare
utt'er I *a* ytterlig, fullständig, absolut **II** *tr* **1** uppge, låta höra, utstöta **2** yttra, uttala **3** utsläppa, utprångla **-ance** *s* **1** utstötande; [ut]tal; ljud; uttryck **2** yttrande; ord **-ly** *adv* ytter|st, -ligt, i högsta grad, fullständigt **-most** *a* ytterst; sist
uvula [juːˈvjulə] *s* tungspene
uxorious [ɔ:´r] *a* under|dånig, -given

V

V, v [vi:] *s* v **v** = *versus* **Va** = *Virginia*
va'can‖cy *s* 1 tomrum; lucka; tomhet 2 ledighet; ledig plats 3 fritid; sysslolöshet; slöhet -t *a* 1 tom; ledig 2 innehållslös; själlös; frånvarande, slö
vaca't‖e I *tr* 1 tömma; utrymma, lämna 2 uppge, nedlägga 3 upphäva II *itr* flytta **-ion** *s* 1 ferier 2 utrymmande
vaccin‖ate [væ'ks] *tr* vaccinera **-e** [i(:)n] *a s* 1 ko-; ~ *pox* kokoppor 2 vaccin[-]; ~ [*lymph*] vaccin
vac'illat‖e *itr* vackla; svänga; sväva; fladdra **-ion** *s* vacklan, vankelmod
vacu'‖ity *s* 1 tom|het, -rum 2 uttryckslöshet; ande-, tanke|fattigdom **-ous** [æ'] *a* 1 tom; uttryckslös 2 sysslolös **-um** [æ'] *s* [luft]tomt rum; ~ *cleaner* dammsugare
va'de-me'cum *s* [fick]handbok
vag'abond I *a* kringflackande II *s* vagabond; lösdrivare; skojare III *itr* F ströva omkring **-age** **-ism** *s* kringflackande [liv]; lösdriveri
vagary [gɛ'əri, vei'g] *s* nyck, infall
va'grant I *a* kringflackande; nyckfull II *s* vandrare; lösdrivare
vague [veig] *a* obestämd, svävande
vain *a* 1 tom, innehålls-, värde|lös, dåraktig; gagnlös; *in* ~ förgäves 2 fåfäng, inbilsk **-glorious** [ɔ:'] *a* skrytsam, inbilsk **-glory** [ɔ:'] *s* högfärd, inbilskhet **-ly** *adv* förgäves **-ness** *s* fåfänglighet; fruktlöshet; fåfänga
vair [vɛ'ə] *s* gråverk
val'ance *s* säng|gardinkappa
vale *s* dal; ~ *of tears* jämmerdal
valedic'tion [væli] *s* avsked[sord]
val'entine *s* valentin|flicka, -fästman, -brev [på Valentindagen, 14 febr.]
val'et *s* kammartjänare, betjänt
valetudinarian [væ'litjudinɛ'əriən] *a s* sjukli[n]g; klemig [person]
val'iant *a* tapper, modig, manhaftig
val'id *a* giltig; stark; gällande; vägande **-ate** *tr* stadfästa; bekräfta **-ity** [i'd] *s* giltighet; [laga] kraft
valise [vali:'z] *s* 1 resväska 2 ✕ ränsel
vall'ey [li] *s* dal; ~ *of tears* jämmerdal
val'‖orous *a* tapper **-our** *s* tapperhet
val'u‖able [ju] I *a* 1 värdefull; inbringande; värderad 2 uppskattbar II *s*, **-s** värdesaker **-ation** *s* 1 värdering 2 värde **-e** I *s* 1 värde; valör; *ratable* ~ taxeringsvärde 2 valuta II *tr* 1 värdera, [upp]skatta, [hög]akta 2 ~ *o. s. on* berömma sig av
valv‖e [æ] *s* 1 ventil, klaff 2 ~ *set* rörmottagare 3 halva [av snäckskal el. skidfrukt] **-ular** [ju] *a* ventil-, klaff-
vamo'se *tr itr* [Am.] F smita [från]

1 **vamp** I *s* 1 ovanläder 2 lapp[verk] II *tr* 1 försko 2 lappa [ihop], laga
2 **vamp** I *s* vamp[yr] II *tr* locka, förföra **-ire** *s* vampyr, blodsugare; vamp
1 **van** *s* transport-, bagage|vagn: lastbil; *guard's* ~ konduktörfinka
2 **van** *s* avantgarde, förtrupp
vandyke [ai'k] *s* udd|spets, -krage
vane *s* vindflöjel; vimpel; [kvarn]vinge; propellerblad; fan [på fjäder]
vanilla [vəni'lə] *s* vanilj
van'ish *itr* försvinna; dö bort
van'ity *s* 1 fåfänglighet, tomhet; flärd; tomt sken 2 fåfänga, egenkärlek
van'quish *tr* övervinna, besegra, kuva
vantage [vɑ:'] *s* fördel **~-ground** *s* fördelaktig ställning
vap'id *a* duven, fadd, platt
va'por‖ize I *tr* förvandla till ånga II *itr* avdunsta **-ous** *a* dunstig; oklar
va'pour I *s* 1 ånga; dunst; [d]imma; [sol]rök 2 inbillning 3 ~*s* spleen II *itr* 1 ånga, avdunsta 2 skryta **-er** *s* skrävlare **-ish** *a* 1 = -y 2 mjältsjuk **-y** *a* ångande; dimmig; oklar; luftig
vari‖able [vɛ'ə] *a* 1 föränderlig, ombytlig, ostadig 2 ställbar **-ance** *s* 1 oenighet, tvist; *at* ~ oense; oförenlig; *i* strid; *set at* ~ splittra; upphetsa 2 mot|sägelse, -sättning **-ant** I *a* 1 skiljaktig; olika 2 föränderlig II *s* variant; läsart **-ation** *s* 1 förändring, [om]växling; avvikelse 2 avart
varic‖ell'a [væ] *s* vattenkoppor **-ose** [væ'] *a* åderbrocks-
vari‖ed [vɛ'ə] *a* växlande, skiftande; brokig **-egate** *tr* variera, nyansera; **~d** brokig, skiftande **-egation** *s* brokighet, färgrikedom; omväxling **-ety** [rai'əti] *s* mångfald, rikedom 2 om|växling, -byte 3 avart 4 sort[ering] 5 varieté[-]
various [vɛ'ə] *a* 1 olika, mångfaldig, växlande 2 åtskilliga
vari|x [vɛ'ə] (pl. *-ces* [i:z]) *s* åderbrock
var'mint *s* 1 P odåga, slyngel 2 S räv
var'nish I *s* fernissa; lack; glasyr; glans; polityr; sken II *tr* fernissa; överdraga **-ing-day** *s* vernissage
varsity [vɑ:'siti] *s* F universitet
vary [vɛ'ə] I *tr* ändra, byta om, anpassa II *itr* 1 växla, variera 2 vara olik, avvika
vas'cul‖ar *a* kärl- **-um** (pl. *-a*) *s* portör
vase [vɑ:z] *s* 1 vas; kärl 2 blomkalk
vass'al *s* vasall **-age** *s* vasallskap; slaveri
vast [ɑ:] *a* vidsträckt, väldig, ofantlig **-ness** *s* vidd, omfång; sträcka, rymd
vat *s* 1 fat, kar 2 kyp, färgbad
vaticinate [vəti's] *tr itr* profetera, sia

vaudeville — 233 — vert

vaudeville [vou'] s 1 varieté 2 kuplett
1 vault I s 1 valv; källare; grav[valv]
2 grotta II tr välva [sig över]
2 vault I itr 1 hoppa, svinga sig [upp]
2 göra luftsprång II tr hoppa över
III s språng, hopp -er s akrobat
vaunt itr tr yvas [över], berömma
[sig], prisa
V. C. = Vice-Chancellor(-Consul); Victoria Cross 've F=have [I've etc.]
veal s kalvkött; roast ~ kalvstek
vedette [vide't] s kavalleripost
veer I itr 1 svänga om; ändra kurs;
kovända 2 [av]vika; ~ round kasta
om II tr 1 ändra 2 fira (släcka) på
veg'eta||ble [dʒ] I a vegetabilisk;
växt-; ~ mould matjord II s köksväxt; ~s grönsaker; ~ garden köksträdgård -l I a vegetativ; växt- II
s växt -rian [tɛ'ə] s a vegetar|ian,
-isk -te itr växa, vegetera; dåsa -tion
s växt|liv, -lighet -tive a 1 vegetativ;
växt-[kraftig] 2 bördig 3 vegeterande
ve'hemen||ce s häftighet, iver, lidelse
-t a häftig, våldsam, stark, ivrig
ve'hic||le s 1 fortskaffningsmedel; fordon; vagn 2 [uttrycks]medel; språkrör -ular [hi'kju] a åk-, vagns-, körveil [veil] I s 1 slöja, dok; flor 2
täckelse 3 täckmantel II tr beslöja,
hölja, insvepa; [över]skyla, dölja
vein [ei] I s 1 ven, [blod]ådor; ~ of
thought tankegång 2 nerv, ådra 3
lynne, läggning; in the ~ upplagd
4 drag, inslag; stil II tr ådra -ous -y
a ådrig; knotig
vell'um s veläng[pergament]
velocity [vilo'siti] s hastighet
velours [vilu'ə] s schagg, plysch
vell'um [vi:'ləm] (pl. -a) s gomsegel
vel'vet I s 1 sammet 2 S [stor]kovan;
vinst II a sammets-[len] -een s bomullssammet -y a sammetslen
ve'nal a 1 besticklig, fal, mutbar 2 till
salu. säljbar; köpt -ity [æ'l] s besticklighet, korruption
vend tr sälja; salubjuda -ee' s köpare
-er s [gatu]försäljare -ible I a säljbar II s, ~s varor -or s säljare
venee'r I tr fanera; inlägga, piffa upp
II s faner; fernissa, skal
ven'er||able a vördnadsvärd; V~ högvördig -ate tr ära, vörda -ation s
vördande; vördnad
vene'real a 1 sexuell, köns- 2 venerisk
Vene'tian [ʃn] a s venetian|sk, -are;
~ [blind] persienn; ~ mast flaggstång
ven'ge||ance [dʒəns] s 1 hämnd 2
with a ~ i högsta grad -ful a hämn|d-lysten, -ande
venial [vi:'njəl] a förlåtlig, ursäktlig
ven'ison [(i)zn] s rådjurs-, hjort|kött
ven'om s gift -ed -ous a giftig
vent I s 1 [luft]hål, springa, öppning;
sprund; avlopp 2 utlopp, fritt lopp,

luft II tr ge fritt lopp åt; utösa; sjunga
ut med; utsprida -age s lufthål -iduct
s luftrör -ilate tr lufta ut, vädra -ilator
s ventil, fläkt ~-peg s tapp, plugg
ven'tr||al a buk- -icle s hålighet;
hjärtkammare -i'oquist s buktalare
ven'ture [tʃə] I s 1 våg|stycke, -spel;
risk; försök; at a ~ på måfå 2 spekulation[svaror] II tr 1 våga; tillåta
sig 2 våga (inlåta) sig på 3 riskera,
satsa, offra III itr ta en risk -r s
våghals -some a djärv, äventyrlig
vera'ci||ous [ʃəs] a sann[färdig] -ty
[æ's] s sannfärdighet, trovärdighet
ver'b||al a 1 verbal, verb- 2 ord-; formell
3 muntlig 4 ordagrann -alize itr orda,
prata på -a'tim adv a ordagran|n(-t)
-iage s svada -o'se [s] a mångordig,
pratsjuk -osity [ɔ's] s mångordighet
ver'dan||cy s grönska -t a grön[skande]
ver'dict s utslag; dom, mening
ver'd||igris s spanskgröna; ärg -ure
[dʒə] s grönska
1 verge [ə:dʒ] itr luta; närma sig; gränsa
2 verge s 1 rand, kant, brädd; bryn;
gräns; on the ~ of nära 2 stav 3
spindel [i ur] -r s S 1 kyrkvakt[mästjare 2 stavbärare
veri'||ical a sann[färdig]; verklighetstrogen -fication s 1 bekräftelse; bevis 2 verifiering, kontroll; vidimering -fy [ve'r] tr 1 bekräfta, bestyrka, bevisa 2 be-, in|tyga 3 verifiera,
kontrollera; förvissa sig om
veri||ly [e'] adv sannerligen -simili'tude
s sannolikhet -table a verklig, äkta,
riktig -ty s sanning; faktum
ver'juice [u:s] s sur äppel-, druv|saft
ver'meil [mil] s 1 förgyllt silver; förgylld brons 2 fernissa
ver'mi||- mask- -cell'i s vermiceller
-cular [mi'kju] a maskformig; mask-;
slingrande -fuge [ju:dʒ] s maskmedel
vermil'ion s a cinnober; högröd [färg]
ver'min s skadedjur; ohyra; pack,
pöbel -ous a full (alstrad) av ohyra;
skadlig, vidrig
vernac'ular [ju] a inhemsk; egen;
folklig II s modersmål; dialekt
ver'nal a vårlig; vår-
ver'satil||le a rörlig, snabb; mångsidig;
ombytlig; vridbar -ity [i'l] s rörlighet
verse [ə:] s 1 vers; poesi 2 strof -d a
bevandrad, hemma[stadd], kunnig
-man -monger s rimsmidare
ver'sicoloured a skimrande; brokig
versi||fication [və:si] s 1 vers|byggnad,
-mått, metrik 2 versifiering -fy
[və:'] tr itr versifiera, göra vers [av]
version [və:ʃn] s 1 översättning; the
Authorized V~ 1611 års bibel 2 version, framställning, tydning
ver'so [ou] s baksida; vänster sida
versus [və:'səs] prep mot, kontra
vert F I s omvänd; avfälling II itr övergå

ver'tebr||a *s* ryggkota; *-ae* [äv.] ryggrad *-ate* [it] *a s* ryggrads[djur]
ver't||ex *s* spets, topp; hjässa; zenit *-ical a* lodrät; ~ *line* lodlinje
vertig'||inous [dʒ] *a* 1 roterande; virvlande 2 yr; yrsel-; svindlande -o [və:'] *s* svindel, yrsel
verve [əː] *s* schvung, liv, fart, kläm
very [ve'ri] I *adv* 1 mycket; ~ *lately* helt nyligen; *the* ~ *same* precis samma; *not* ~ icke särdeles, inte så [värst] 2 allra· II *a* 1 sann[skyldig], riktig 2 själv[a]; blotta; till och med; redan, just; ända; ren [*the* ~ *truth*]
vesic||le [ve's] *s* blåsa *-ular* [si'kju] *a* blåsformig; blås-
vess'el *s* 1 kär[l]l; redskap 2 fartyg
vest I *s* 1 undertröja 2 väst 3 isättning II *tr* bekläda; överlåta; ~*ed* [hävd]vunnen; *be* ~*ed in* insättas i [ämbete] III *itr,* ~ *in* tillfalla
ves'ta *s* tändsticka; *fusee* ~ stormtändsticka -l *a s* vestal[isk]; kysk
ves'tibule [juː] *s* förstuga, farstu, förrum
ves'tige [idʒ] *s* spår; tillstymmelse
ves'tment *s* 1 mässkrud 2 altarduk
ves'try *s* 1 sakristia; kyrksal 2 kyrko|-råd, -stämma ~-*keeper s* klockare
vet F I *s = veterinary* II *tr* undersöka
vetch *s* vicker -ling *s* [bot.] vial
veterinar'||ian [vetrinɛ'ə] *s* veterinär -y [ve't] *a s* veterinär[-]
vex *tr* 1 förarga, reta; pina 2 debattera 3 uppröra -*ation s* för|argelse, -tret; oro, sorg -a'tious [[ʃəs] *a* förarglig, harmlig, besvärlig, kitslig
vial [vai'əl] *s* liten flaska; skål
vi'ands *s* livsmedel, mat[varor]
viat'icum [vai] *s* 1 res|pengar, -kost 2 nattvard åt [en] döende
vi'bra||nt *a* vibrerande; ljudande -*te itr* 1 vibrera, dallra, skälva 2 svänga, pendla 3 ljuda -*tion s* svängning, dallring; skälvning
vic'ar *s* kyrkoherde; *V*~ *of Christ* påve -*age s* 1 pastorat 2 prästgård -*ious* [ɛ'ə] *a* ställföreträdande
1 vice *s* 1 last; fel, brist, lyte 2 *V*~ narr
2 vice I *s* skruvstäd II *tr* skruva fast
vice||- vice[-] -*roy s* vicekonung
vicin'ity *s* närhet, grannskap
vicious [vi'ʃəs] *a* 1 lastbar, fördärvad 2 bristfällig, oriktig; dålig; förfelad 3 elak, ond; ful; okynnig 4 oren, skämd
viciss'itude *s* växling, förändring
vic'tim *s* [slakt]offer, offer|djur, -lamm -*ize tr* 1 offra 2 bedraga, lura; plåga -*izer s* plågoende; bedragare
vio't||or *s* segrare -*orious* [ɔː'r] *a* segrande, segerrik -*ory s* seger
victual [vitl] I *s,* ~*s* livsmedel, föda, proviant II *tr itr* 1 förse med livsmedel, proviantera 2 äta; beta -*ler s* 1 livsmedelsleverantör 2 krogvärd, restauratör 3 ⚓ proviantfartyg

vie [vai] *itr* tävla, strida
Vienne'se [z] *a s* wiensk; wienare
view [vjuː] I *s* 1 [å]syn; syn|håll, -vidd, -krets; sikte; *point of* ~ synpunkt; *lost to* ~ försvunnen ur sikte; *rise into* ~ bli synlig 2 över|sikt, -blick; *take a* ~ *of* skärskåda, betrakta 3 utsikt; vy 4 syn[punkt], uppfattning 5 syfte, mål; plan; hänsyn 6 syn, besiktning 7 utseende 8 *with this in* ~ med tanke härpå; *in full* ~ inför allas ögon; fullt synlig; *in* ~ *of* inom synhåll för, [mitt] framför; med hänsyn till, på grund av; i syfte att; *on* ~ till beskådande; *on a nearer* ~ vid närmare betraktande; *out of* ~ utom synhåll; *with a* ~ *to* med tanke på, i avsikt att II *tr* bese, betrakta; granska, undersöka ~-*finder s* [fotogr.] sökare ~-*point s* 1 syn-, stånd|punkt 2 utsiktspunkt -y *a* F fantastisk, 'flugig'
vig'il [dʒ] *s* 1 vaka; nattvak 2 ~*s* nattlig gudstjänst; helgdagsafton -*ance s* 1 vaksamhet 2 sömnlöshet -*ant a* vaksam, försiktig
vig'||orous *a* kraft|lig, -full, energisk -*our s* kraft, styrka; vigör
vil||e *a* usel, värdelös; nedrig, vidrig -*ify* [vi'l] *tr* nedsätta, baktala
vill'age *s* by -*r s* by|invånare, -bo
villain [vi'lən] *s* 1 skurk, bov; F rackare 2 träl -*ous a* bovaktig, nedrig; F urusel -*y s* skurk|aktighet, -streck
vim *s* F kraft, energi, kläm, fart
vin'dic||able *a* försvarlig -*ate tr* försvara; hävda, skydda -*ation s* försvar -*atory a* 1 försvars- 2 hämnande; straffande -*tive* [di'k] *a* hämndlysten
vine *s* 1 vin|ranka, -stock 2 reva; slingerväxt ~-*dresser s* vinodlare
vin'egar [ə] *s* ättika; vinäger II *a* ättiksur ~-*plant s* ättikmoder
vi'ne||-*grower s* vinodlare -*ry s* vindrivhus -*yard* [vi'njəd] *s* vin|gård, -berg
vi'nous *a* vinaktig, vin-; vinälskande
vin't||age *s* 1 vinskörd 2 [god] årgång 3 vin -*ager s* vinskördare -*ner s* vinhandlare -*nery s* vinhandel
vi'ny *a* vinranks|lik, -klädd; vin-
viol [vai'əl] *s* viola; *bass* ~ violoncell
1 viola [vai'ələ] *s* 1 altfiol 2 viola
2 viola *s* viol; pensé
violable [vai'ələbl] *a* sår-, kränk|bar
vi'olat||e *tr* kränka; begå våld mot, vanhelga; överträda; göra intrång hos; störa, våldtaga -*ion s* kränkning [&c]; *in* ~ *of* i strid mot -*or s* våldsverkare; överträdare; kvinnoskändare
vi'olen||ce *s* våld[samhet]; häftighet; tvång; *do* ~ *to* förgripa sig på -*t a* våldsam, häftig; stark; bjärt
vi'olet *s a* 1 [lukt]viol 2 violett
violin [vaiəli'n] *s* fiol, violin[ist] ~-*bow s* fiolstråke ~-*case s* fiollåda

violoncell'o s violoncell, cello
vi'per s huggorm -**ish** a ormlik; giftig
virago [virei'gou] s argbigga, ragata
virgin [və:'dʒ] **I** s jungfru, [ung]mö; *the V~* jungfru Maria; *~'s bower* klematis **II** a jungfrulig, jungfru-; ren, kysk; o[be]rörd; ny; *~ forest* urskog -**hood** s jungfrulighet
Virgin'ia [ə:dʒ] *npr*, *~ creeper* vildvin
viril||e [i'r] a manlig; manbar -**ity** [i'l] s manlighet; man|barhet, -dom
virtu||al [və:'] a verklig, reell -**e** s 1 dygd; förträfflighet, värde 2 kraft; verkan -**oso** [ou'sou] (pl. -*osi* [si:]) s 1 virtuos 2 konstälskare -**ous** a 1 dygdig; ärbar 2 kraftig, verksam
virulen||ce [i'r] s giftighet -**t** a giftig; elakartad; hätsk
vi'rus s gift[ämne], virus; bitterhet
vis||a [vi:'zə]=-*é* -**age** [vi'z] s ansikte
vis-a-vis [vi:'zəvi:'] *adv* mitt emot
visceral [vi'sərəl] a inälvs-
visc||id [vi'sid] a klibbig; seg [äv. -*ous* [sk]] -**osity** [ko's] s klibbighet
viscount [vai'kaunt] s vikomt
visé [vi:'zei] **I** s visum **II** *tr* visera
visib||il'ity [z] s synlighet; sikt -**le** [-´-] a 1 synlig, märkbar 2 tydlig, uppenbar 3 anträffbar
vision [viʒn] s syn; synsinne; synhåll; *range of ~* synvidd -**al** a overklig -**ary I** a drömmande, fantastisk, inbillad; *~ image* drömbild **II** s andeskådare; fantast, svärmare
vis'it [z] **I** *tr* 1 besöka; gästa; umgås med 2 visitera, inspektera 3 hemsöka; straffa **II** *itr* avlägga besök; umgås **III** s 1 besök; vistelse; *pay a ~* göra besök [*to hos*] 2 visitation, undersökning -**ant** s 1 besökare; gäst 2 flytt-, stryk|fågel -**ation** s 1 visit|ation, -ering 2 hemsökelse, straff 3 besök -**ing-card** s visitkort -**or** s 1 besökare;· gäst; främling; turist; ~s främmande 2 visitator
vi'sor [z] s visir; skärm [äv. *vizor*]
vis'ta s 1 utsikt; fri sikt 2 allé; glänta
visual [vi'ʒjuəl] a syn-, visuell -**ize** *tr* [tydligt] föreställa sig, se framför sig, frammana, levandegöra
vi'tal a 1 livs-; livs|befrämjande, -viktig; *~ statistics* befolkningsstatistik 2 väsentlig; vital 3 livsfarlig; ödesdiger 4 liv[giv]ande; livfull -**ity** [æ'l] s liv[skraft] -**ize** *tr* ge liv åt; liva
vitiate [vi'ʃi] *tr* 1 skämma, fördärva; skada 2 göra ogiltig
viticulture [v(a)i'ti] s vinodling
vit'reous a glas|aktig, -artad; glas-
vitu'perate *tr* klandra, smäda, skymfa
Vi'tus *npr*, *St. ~'s Dance* dansssjuka
vivac||ious [v(a)ivei'ʃəs] a livlig; rörlig -**ity** [æ's] s livlighet; rörlighet
viva voce [vai'vəvou'si] *adv* muntligt
viv'id a livlig; levande, lius, glad

viv'i||fy *tr* liva -**parous** [v(a)ivi'pərəs] a som föder levande ungar
vix'en s 1 rävhona 2 argbigga -**ish** -**ly** a argsint, vresig
viz[.] [läses *namely*] *adv* nämligen
vizi[e]r [vizi'ə] s visir
V. O. = a) *Victorian Order*; b) *very old*
vo'cab||le s ord, glosa -**ulary** [kæ'bju] s ord|lista, -förråd, -schema
vo'cal a 1 röst-, stäm-; sång-; vokal: *~ c[h]ords* stämband 2 röstbegåvad; talande; ljudande 3 muntlig, ljudlig -**ic** [æ'l] a vokal|isk, -rik -**ist** s sångare -**ize** *tr itr* artikulera; [ut]tala: sjunga -**ly** *adv* i (med) ord
vocation s 1 kall[else]; håg 2 yrke
voc'ative a s tilltals-; vokativ
vocif'er||ate *tr itr* skrika, dundra -**ation** s skrik, larm -**ous** a högljudd
vogue [voug] s mod[esak]; popularitet; *in ~* på modet
voice I s 1 röst, stämma; [tal]organ: ljud; *break of ~* målbrott; *out of ~* odisponerad 2 uttryck; åsikt; stämning; vilja; språkrör 3 talan 4 form [*active ~*] **II** *tr* 1 uttala; ge uttryck åt 2 stämma -**d** a 1 tonande 2 -röstad -**less** a 1 stum; tyst 2 tonlös
void I a 1 tom; *~ of* blottad på, utan 2 ledig 3 ogiltig 4 gagnlös **II** s tomrum; rymd; lucka; tomhet **III** *tr* 1 göra ogiltig 2 [ut]tömma, avföra -**ance** s 1 ledighet 2 upphävande
vol'atil||e a flyktig; rörlig; *~ salt* luktsalt -**ize** [læ'ti] *tr itr* [låta]förflyktigas
volcan'||ic a vulkanisk -**o** [ei'] s vulkan
1 **vole** s sork
2 **vole** s storslam
volition [i'ʃn] s vilje|yttring, -kraft
voll'ey I s ✕ salva; skur, ström **II** *itr tr* avlossa[s] i salva; avfyra (salvor]; smattra ~-**gun** s maskingevär
vol'-plane s *itr* [gå ned i] glidflykt
volt s volt -**age** s spänning -**a'ic** a galvanisk; Voltas
volub||il'ity [volju] s svada, ordflöde -**le** [-´-] a 1 talför, munvig; flödande; ordrik 2 [bot.] slingrande
vol'um||e [ju] s 1 bok, band; *speak ~s* vara ett talande bevis 2 omfång; mängd -**inous** [(j)u:'] a diger, väldig
vol'unt||ary I a frivillig· avsiktlig: vilje- **II** s 1 preludium 2 frikyrkovän 3 frivilligt bidrag -**ee'r I** s a volontär[-] **II** *tr itr* 1 frivilligt erbjuda [sig]; åta sig 2 ingå som frivillig
volup'tu||ary [tju] a s vällusti[n]g -**ous** a 1 vällustig, sinnlig 2 yppig; härlig
volu't||e s snirkel -**ion** s vindling
vom'it I *tr itr* kräkas; [ut]spy[s], vråka[s] upp **II** s kräkning[sanfall]; kräkmedel -**ion** [i'ʃn] s kräkning -**ory I** a kräk[nings]- **II** s avlopp[srör]
vora'ci||ous [ʃəs] a glupsk; rovgirig; omättlig -**ty** [æ's] s glupskhet

vor't||ex s virvel, malström; häxkittel -ical -ig'inous [dʒ] a virvlande
vo'tary s Guds tjänare; dyrkare; anhängare; förkämpe; vän [av]
vot||e I s 1 röst, vot|um, -ering; *majority of* ~s röstövervikt; *a seat and* ~ säte och stämma; *put to the* ~ låta gå till votering 2 röstsedel 3 rösträtt 4 beslut; anslag; ~ *of censure* misstroendevotum II *tr itr* 1 rösta [för], votera, besluta; välja 2 uttala, förklara 3 föreslå -er *s* röstande; väljare -ive *a* löftes-; lovad; skänkt; minnesvouch I *tr* 1 bekräfta; intyga; garantera 2 åberopa II *itr* [an]svara, borga -er *s* 1 vittne; sagesman, borgen 2 intyg; kvitto; garanti -sa'fe *tr* bevärdiga med; värdigas

vow [vau] I *s* 1 löfte; trohets-, ämbets|ed; *take a* ~ avlägga ett löfte 2 önskan; bön II *tr* lova, svärja; bedyra; ~*ed* helgad; svuren; hängiven
vowel [au'] *s* vokal, självljud
voy'age I *s* [sjö]resa; färd II *itr* resa, färdas -r *s* [sjö]resande
vul'canize *tr* vulkanisera
vul'gar I *a* 1 vanlig, allmän; folklig; folk-, menig; enkel; *the* ~ *herd* massan 2 simpel, rå, tarvlig; ohyfsad II *s, the* ~ folket -ian [ɛ'ər] *s* vulgär typ (uppkomling) -ism *s* vulgärt uttryck -ity [æ'r] *s* simpelhet -ize *tr* 1 förråa 2 popularisera
vul'nerable *a* sårbar, ömtålig, svag
vul'pine *a* rävlik; räv-; rävaktig, slug
vulture [vʌ'ltʃə] *s* gam; rovdjur.

W

W, w [dʌ'blju(:)] *s* w **w.** = *west*[*ern*]
wad [ɔ] I *s* 1 tuss, sudd 2 vadd,stoppning 3 ✗ förladdning 4 [Am.] sedelbunt; S pengar II *tr* vaddera, stoppa
waddle [ɔ] I *tr* [gå och] vagga; rulta II *s* vaggande [gång] -r *s* anka
wade *itr tr* vada [över]; traska, pulsa, knoga -r *s* 1 vadare 2 ~*s* sjöstövlar
wa'f||er *s* 1 [go]rå, rån 2 oblat; hostia; munlack -fle [ɔ] *s* våffla
waft [ɑ:] I *tr* blåsa, driva, föra II *s* 1 viftande; vingslag 2 [vind]fläkt; doft
wag I *tr itr* 1 vagga [på]; vifta [med]; svänga [på] 2 F knalla sig i väg 3 S skolka II *s* 1 vaggning; viftning 2 spefågel; *play* [*the*] ~ S skolka
wa'ge [dʒ] I *s*, ~*s* [arbets]lön, avlöning; ⌬ hyra; *daily* ~*s* dagspenning; *living* ~ existensminimum II *tr* föra, börja [krig] ~-earner *s* löntagare -r *s* vad[summa]; insats; *lay a* ~ hålla (slå) vad II *tr itr* slå vad [om]; våga -ring *s* vad[hållning]
wagg'||ery *s* skälm|aktighet, -stycke, upptåg -ish *a* skälmaktig -le F= *wag* -ly *a* F ostadig, vinglig
wag[g]'on I *s* [last]vagn; skrinda; godsvagn II *tr itr* köra [foror] -er *s* åkare, kusk -ett'e *s* charabang
wagtail [wæ'gteil] *s* ärla
waif *s* 1 hittegods; strand|gods, -vrak 2 hemlös, utstött; vagabond
wail I *itr tr* 1 klaga [över], jämra sig 2 begråta II *s* [ve]klagan, jämmer
wain *s* [last]vagn, skrinda; *Charles's W*~ Karlavagnen -scot *s tr* boaser|ing, -a; panel[a]
waist *s* 1 midja, liv 2 smalaste del, mitt 3 klänningsliv, blus -band *s* skärp; byx-, kjol|linning -coat [äv. we'skət] *s* väst; tröja
wait I *itr* 1 vänta [*for* på]; dröja, stanna [kvar]; *he* ~*ed for her to come* han väntade på att hon skulle komma 2 passa upp 3 ~ *in* F sitta inne och vänta; ~ *on* passa upp på, betjäna; uppvakta; fö'lja med (på) II *tr* 1 avvakta, [in]vänta 2 F vänta med III *s* 1 väntan; paus 2 bakhåll 3 ~*s* julmusikanter -er *s* 1 kypare, vaktmästare 2 bricka -ing *s* 1 väntan[de] 2 uppvaktning, tjänst[göring]; *in* ~ tjänstgörande, uppvaktande -ing-maid *s* kammarjungfru -ress *s* uppasserska
waive *tr* 1 avstå från; undvika 2 sätta sig över, slå bort -r *s* avstående 1 wake *s* kölvatten; spår, släptåg 2 wak||e (*woke* wɔke[n] el. reg.) I *itr* vakna; ~ [*up*] *to* få upp ögonen för II *tr* [upp]väcka III *s* vaka -eful *a* 1 vaken; sömnlös 2 vaksam -en I *tr* väcka II *itr* vakna [upp] -ing *s a* nattvak; vak|ande, -en, -sam
wale *s* 1 rand, märke 2 stad, salband
walk [wɔːk] I *itr* 1 gå (till fots) [F— *it*]; vandra; stiga, träda 2 gå (rida) i skritt 3 gå igen, spöka; ~ *into* F gå löst på; läxa upp; ta för sig; ~ *on* fortsätta; ~ *over* [*the course*] lätt vinna ett lopp II *tr* 1 gå, flanera [på, i]; ~ *the chalk* avlägga nykterhetsprov 2 ta med sig [ut]; leda, stödja 3 låta gå i skritt 4 ~ *off* gå av sig; dra i väg med III *s* 1 gång; promenad, vandring; *go for a* ~ ta [sig] en promenad 2 hållning 3 skritt 4 gång[bana], allé, stig 5 fack, område 6 [samhälls]ställning; ~ *of life* [äv.] yrke 7 leverne 8 rond, [rund]tur -able *a* framkomlig -er *s* vandrare, fotgängare, flanör -ing *s a* gående; gång[-]; ~ *lady* statist -ing--papers *s* S avsked [äv. ~-*ticket*] -ing--stick *s* käpp ~-out *s* strejk
wall [ɔ] I *s* 1 mur 2 vägg; *party* ~ mellanvägg; brandmur; *go to the* ~ ligga under, [ge] vika; göra konkurs; *have* (*take*) *the* ~ gå närmast väggen;

wallet — 237 — **wash-hand**

ha (få) försteget II *tr* igen-, kring|-mura; omge; ~ *in* inmura; kringbygga; ~ *up* mura igen; instänga
wallet [ɔ'] *s* påse; packe; väska; ransel; verktygs-, cykel|väska; plånbok
wall-eyed [ɔ:'] *a* glosögd; skelande
wall||-fern [ɔ:'] *s* stensöta - **-flower** *s* 1 lackviol 2 F panelhöna
wallop [ɔ'l] F *tr* klå [upp] -ing *s* smörj
wallow [wɔ'lou] I *itr* vältra sig II *s* dy[pöl]
wall-||paper [wɔ:'] *s* tapet **-pepper** *s* [bot.] fetknopp **-tree** *s* spaljéträd
walnut [wɔ:'lnət] *s* valnöt
walrus [wɔ(:)'lrəs] *s* valross
waltz [wɔ:ls] *s itr* [dansa] vals
wan [ɔ] *a* 1 blek, glåmig 2 dyster
wand [ɔ] *s* [troll]stav; taktpinne; spö
wander [ɔ'] *itr* 1 vandra; sväva, glida, gå 2 gå vilse, avvika 3 fantisera, yra **-er** *s* vandrare; vagabond
wane I *itr* avtaga, minskas, försvagas, dö [bort] II *s* avtagande; nedan
wangle [ŋg] *tr itr* F fuska, smussla [med]; smäcka ihop; lista sig till
wanness [wɔ'] *s* blekhet, glåmighet
want [ɔ] I *s* 1 brist, frånvaro; behov; *be in* ~ *of* sakna; behöva 2 nöd, armod II *tr* 1 sakna; behöva; *it* ~*s* det fattas; *not* ~*ed* överflödig; *if* ~*ed* om så erfordras 2 vilja [ha], önska; begära; *I* ~ *you to come* jag vill att du skall komma 3 vilja träffa; fråga efter; söka; ~*ed by the police* efterlyst av polisen; *W*~*ed* Önskas köpa (hyra &c), Lediga platser III *itr* 1 saknas 2 ~ *for* sakna -ing *a* saknande; erforderlig; *be* ~ saknas; *be* ~ *in* brista i; *found* ~ befunnen för lätt
wanton [wɔ'] I *a s* 1 lekfull, yster, yr, vild, självsvåldig 2 lättsinnig, liderlig [kvinna] 3 godtycklig, onödig, okynnig 4 frodig II *itr* leka, rasa
war [wɔ:] I *s* krig; kamp; *the* [*Great*] *W*~ världskriget; ~ *cry* stridsrop; *W*~ *Office* krigsdepartement; *seat* (*theatre*) *of* ~ krigsskådeplats; *be at* ~ ligga i krig (fejd); *make* ~ börja krig II *itr* föra krig ~**-axe** *s* stridsyxa
warble [ɔ:] I *itr tr* drilla, slå, kvittra II *s* drill, kvitter, sång **-r** *s* sångfågel
ward [ɔ:] I *s* 1 rote, kvarter 2 avdelning, sal, rum 3 förmynderskap 4 myndling; skyddsling 5 vakt II *tr*, ~ *off* parera; av|värja, -vända
warden [ɔ:'] *s* 1 styresman, föreståndare, fogde; [fång]vaktare 2 kyrkvärd
warder, [ɔ:'] *s* väktare; [fång]vaktare
wardrobe [wɔ:'] *s* 1 klädskåp 2 garderob, kläder
ward-room [wɔ:'] *s* ✠ officersmäss **-ward[s]** [wəd(z)] *suffix* -åt, mot
wardship [wɔ:'] *s* förmynderskap; beskydd; omyndighet
ware [wɛə] *s* 1 ~[s] varor; kram 2

keramik, ler|gods, -kärl; *silver* ~ silver[saker] **-house** *s* 1 [varu]upplag, magasin; packhus; *bonded* ~ tullnederlag 2 varuhus
warfar||e [wɔ:'] *s* 1 krig[stillstånd]; strid 2 krigföring **-ing** *a* krigisk
wari||ly [wɛ'ə] *adv* varsamt **-ness** *s* varsamhet
warlike [ɔ:'] *a* krig|isk, -ar-; tapper
warm [ɔ:] I *a* 1 varm; hjärtlig 2 ivrig, pigg 3 het, häftig; *he is* ~ 'det bränns' 4 F välbärgad, 'tät' 5 [om spår] färsk, ny II *tr* 1 [upp]värma 2 S klå upp III *itr* bli varm[are]; värma sig; ~ *to o.'s work* komma riktigt i gång; ~ *up to*[*wards*] bli hjärtligare mot IV *s* F uppvärmning; värme; *give a* ~ värma **-ing-pan** *s* sängvärmare **-th** *s* värme; hjärtlighet; iver, glöd; hetta, häftighet
warn [ɔ:] *tr* 1 varna; varsko; påminna; ~ *not to* varna för att 2 [upp]-mana, råda; ~ *away* köra bort; ~ *off* utestänga 3 ✕ [in]kalla -ing *s* 1 varning; varnagel 2 uppsägning; anmälan; *give* ~ säga upp [sig]
warp [ɔ:] I *tr* 1 böja, kröka; förvrida 2 förvanska; feltolka; förvilla; förleda; påverka 3 varpa II *itr* bågna, slå sig; ~*ed* vind, skev, partisk III *s* 1 varp, ränning 2 bågnande; vrånghet
war-paint [wɔ:'] *s* krigsmålning; F gala
warrant [wɔ'] I *s* 1 garanti, säkerhet, borgen 2 fullmakt, befogenhet, tillstånd 3 förordning, beslut; [häktnings]order; utmätningsutslag 4 lagerbevis 5 [hand.] anvisning II *tr* 1 garantera, [an]svara (stå) för; F försäkra 2 bemyndiga; försvara 3 berättiga 4 intyga, bevisa **-able** *a* försvarlig **-ee'** *s* rättmätig innehavare **-or** *s* borgen **-y** *s* 1 garanti 2 anledning
warren [ɔ'] *s* kaningård, kyffe, hål
warrior [wɔ'riə] *s* krigare, kämpe
wart [wɔ:t] *s* vårta; utväxt
war-whoop [wɔ:'hu:p] ⚔ krigstjut
wary [ɛ'ə] *a* försiktig, på sin vakt
was [wɔz, wəz] [*av be*] var; blev
wash [ɔ] I *tr itr* 1 tvätta [sig], skölja[s], spola; diska; [ren]två; ~ *the dishes* diska; ~ *white* vitmena; rentvå 2 översvämma; slå upp över (mot) 3 urholka 4 vaska; slamma 5 lavera, tuscha; bestryka 6 gå att tvätta, F duga 7 ~ *down* skölja ned; spola [över]; ~ *off* gå bort i tvätten; ~ *up* diska [av]; kasta (vräka) upp II *s* 1 tvätt[ning]; byk; sköljning 2 svall[våg] 3 skulor 4 'blask', strunt 5 moras, myr 6 grund vik; lagun 7 lager **-able** *a* tvättäkta **-board** *s* tvättbräde ~**-cloth** *s* disktrasa ~**-drawing** *s* lavering **-er** *s* 1 tvätterska 2 vaskare ~**-hand** *a*, ~ *basin* handfat; ~ *stand* tvättställ

washing [ɔ'] s 1 tvätt[ning]; spolning; diskning 2 ~s skölj-, disk|vatten 3 slam ~-basin s handfat ~-bill s tvättnota ~-stand s tvättställ ~-up s diskning; rengöring
wash||-**leather** [ɔ'] s tvätt-, sämsk|skinn --out s 1 urholkning 2 S bom; fiasko --**room** s toalett[rum] -**stand** s tvättställ --**tub** s bykkar --**water** s tvätt-, disk|vatten -y a vattnig, tunn
wasn't [wɔznt] F = *was not*
wasp [ɔ] s geting; ~'s *nest* getingbo
wassail [wɔsl] s 1 dryckesgille 2 mumma
wast [wɔst] [åld. av *be*] var [*thou* ~]
wa'stage s 1 slösande 2 minskning
wa'ste I *a* 1 öde, ödslig; ouppodlad; *lay* ~ ödelägga 2 avfalls-; felaktig, överbliven, utskotts-; ~ *paper* makulatur II *tr* 1 ödelägga 2 utmärgla, för|tära, -störa 3 [för]slösa, ödsla (kasta) bort, [för]spilla; ~ *breath* (*words*) spilla ord [i onödan] 4 för|summa, -sitta 5 låta förfalla III *itr* 1 förtäras, tyna (dö) bort, mattas; magra 2 för|slösas, -faras, sina, krympa ihop 3 nedbringa sin vikt 4 slösa IV *s* 1 slös|ande, -eri; *go* (*run*) *to* ~ rinna bort; gå till spillo; förfalla 2 van|hävd, -vård; husröta 3 avfall, utskott 4 avlopp[srör] 5 öken, ödemark 6 minskning, nötning ~-**basket** *s* avfalls-, pappers|korg ~-**bin** *s* soplår **-ful** *a* slösaktig ~-**paper** *s* makulatur; ~ *basket* papperskorg ~-**pipe** *s* avloppsrör **-r** [äv. wa'strel] *s* 1 slösare; S odåga 2 utskott
watch [ɔ] I *s* 1 vakt; bevakning; ~ *below* frivakt; *middle* ~ hundvakt 2 [fick]ur; klocka 3 vaka II *itr* 1 vaka 2 hålla (stå på) vakt 3 hålla utkik, lura, spana 4 ⚓ [om boj] vaka, flyta III *tr* 1 bevaka; vakta, valla 2 ge akt på, iakttaga, betrakta, se [på] 3 avvakta ~-**case** *s* boett ~-**chain** *s* klockkedja **-er** *s* 1 bevakare; iakttagare 2 vakt -**ful** *a* vaksam, påpasslig ~-**guard** *s* klockkedja -**maker** *s* urmakare -**man** *s* [natt]vakt ~-**spring** *s* urfjäder ~-**stand** *s* klockställ -**word** *s* 'lösen, slagord
water [ɔ:'] I *s* 1 vatten; *sheet of* ~ vatten|samling, -spegel; *of the first* ~ av renaste vatten; *holy* ~ vigvatten; *get into deep* ~ [s] ta sig vatten över huvudet; *make* (*take*) ~ läcka; *by* ~ sjöledes; *take the* ~ dricka brunn 2 F vattenfärg; ~s akvareller II *tr* 1 vattna 2 blöta; utspäda 3 vattra III *itr* 1 vattnas, dricka 2 vattna sig 3 tåras; rinna ta in vatten ~-**bucket** *s* vattenhink ~-**cock** *s* vattenkran ~-**colour** *s* 1 ~s vattenfärg 2 akvarell -**course** *s* vattendrag; kanal; strömfåra ~-**gruel** *s* vattvälling ~-**hen** *s* sumphöna ~-

-**hose** *s* vattenslang ~-**ice** *s* glass -**ing**-**place** *s* brunns-, bad|ort
water||**ish** [wɔ:'] = -*y* --**jacket** *s* vattenmantel, kylare --**level** *s* 1 vatten|stånd, -höjd 2 vattenpass --**lily** *s* näckros -**logged** [lɔgd] *a* översvämmad; genomdränkt, sur --**main** *s* huvudrör --**man** *s* färj-, båt|karl; roddare -**mark** *s* 1 vatten|märke, -linje 2 vattenstämpel --**meter** *s* vattenmätare --**pipe** *s* vatten[lednings]rör --**pox** *s* vatt[en]koppor -**proof** I *a* vattentät II *s* regnrock -**shed** *s* 1 vattendelare 2 flodområde --**shoot** *s* stupränna -**side** *s* strand[brädd] --**soldier** *s* vattenaloe -**spout** *s* 1 stuprörsmynning, avlopp[sränna] 2 skydrag; störtregn --**sprite** *s* vattenande, näck --**table** *s* vattenlist --**tap** *s* vattenkran --**tub** *s* vattentunna -**works** *spl* vatten[lednings]verk -**y** *a* vattnig, våt; utspädd, tunn
watt [wɔt] *s* [elektr.] watt
1 **wattle** [ɔ] I *s* ris, ribbor, gärdsel II *tr* hop|fläta, -binda, inhägna
2 **wattle** *s* slör; skägg[töm]; muntråd
waul [wɔ:l] *itr* jama; skrika, gasta
wave I *s* 1 våg, bölja 2 våg|ighet, -linje; vattring 3 viftning, gest 4 ondulering II *itr* 1 bölja; vaja, vagga 2 vinka 3 viftas, svängas III *tr* 1 vinka [med], svänga; ~ *aside* (*off*) vinka (visa) bort 2 göra vågig; ondulera; ~*d* vågig, vattrad
wa'ver *itr* 1 fladdra, flämta, skälva; svänga 2 vackla, svikta; tveka 3 växla -**ing** *s a* vacklan[de], tvek|an, -sam -**y** *a* vacklande, fladdrande
wa'vy *a* våg[form]ig; böljande; ostadig
1 **wax** [æ] *itr* tilltaga, växa, [åld.] bli
2 **wax** *s* S vredesutbrott, ilska
3 **wax** I *s* vax; lack; skomakarbeck II *tr* vaxa; bona; polera; becka ~-**candle** *s* vaxljus ~-**cloth** *s* vaxduk -**en** = -*y* ~-**taper** *s* vaxstapel -**work** *s* vaxfigur[er]; ~s vaxkabinett -**y** *a* vax-; mjuk; [vax]blek
way [wei] *s* 1 väg; håll, riktning; utväg *Å* [med *verb*] *be in a p.'s* ~ vara (stå) i vägen för ngn; *in a fair* ~ på god väg; *beg o.'s* ~ tigga sig fram; *clear the* ~ bana väg; *cut o.'s* ~ slå sig igenom (fram); *find o.'s* ~ hitta [vägen]; *get out of the* ~ gå ur vägen; *give* ~ [ge] vika; hänga sig; svika; brista; sätta fart; *go out of o.'s* ~ göra en omväg; göra sig omak; *have* (*get*) *o.'s* ~ få sin vilja fram; *know o.'s* ~ *about* klara sig; *lead the* ~ gå före, ta ledningen; *lose o.'s* (*the*) ~ gå vilse; *make* ~ lämna rum, gå undan (framåt); *make o.'s* ~ gå (komma, slå sig) fram; *pay o.'s* ~ betala [för] sig; *push o.'s* ~ knuffa sig fram; *put* (*set*) *a p. on his* ~ följa ngn ett

stycke; *put out of the* ~ undanröja; *see o.'s* ~ se var man går, se en lösning (utväg); *work o.'s* ~ arbeta sig fram; ♅ **arbeta ombord** β [med adv. o. prep.] ~ *about* omväg; *all the* ~ *to* ända till; *by the* ~ vid vägen; i förbigående; *by* ~ *of* via; såsom, till; *out of the* ~ ur vägen, utom räckhåll; borta; avsides; malplacerad, oriktig; ovanlig; ~ *out* utväg; *over the* ~ mitt emot **2** stycke [väg]; avstånd; [*by*] *a long* ~ vida, utan jämförelse, [ej] på långa vägar **3** gång, stig; spår; *the Milky W*~ Vintergatan **4** sätt, vis; avseende; [*in*] *that* ~ på det sättet; så; *the* ~ *he works* så som han arbetar; *in a* ~ på sätt och vis; *any* ~ [åv.] i varje fall; *in the* ~ *of* i fråga om; *the other* ~ tvärtom **5** uppträdande, hållning; vana; egenhet; *bad* ~*s* odygd **6** bransch, fack, specialitet **7** tillstånd; villkor; *in a bad* ~ illa däran; *in a* ~ F ängslig, förargad; *in a small* ~ i liten skala, i små omständigheter **8** ♅ fart, gång; *under* ~ i fart, i gång **9** ~*s and means* resurser; mått och steg; budget, anslag **10** ~*s* ♅ slip -**lay**' *tr* lägga sig i försåt för -**lay**'**er** *s* stråtrövare ~-**post** *s* vägvisare -**side** *s* vägkant; *by the* ~ vid vägen -**ward** [əd] *a* egensinnig; nyckfull ~-**worn** *a* restrött
W. C. [dʌ'blju(:)si:'] = *West*[*ern*] *Central; water-closet*
we [wi:, wi] (obj. *us*) *pron* vi; man
weak *a* svag; klen, vek, skör; tunn; matt -**en** *tr itr* försvaga[s], förvekliga[s]; vekna -**ling** *s* svag stackare -*ly a* klen, spenslig ~-**minded** *a* enfaldig, [viljc]svag ~-**sighted** *a* svagsynt
1 weal *s* rand, strimma
2 weal *s* väl[färd]; *the public* ~ det allmänna bästa -**th** [welþ] *s* rikedom; förmögenhet: överflöd -**thy** [e] *a* rik
wean *tr* vänja av -**ling** *s* avvant barn
weapon [e'] *s* vapen; tillhygge
1 wear [wɛə] (*wore wore*) *tr itr* = *veer*
2 wear I (*wore worn*) *tr* 1 bära, vara klädd i, ha, begagna **2** nöta [ut], slita [på]; tära; trötta [ut], anstränga **3** förnöta; framsläpa; ~ *down* nöta av; smula sönder; uttrötta; ~ *into* inprägla; ~ *out* utslita; uttömma II *itr* **1** bäras, brukas; ~*ing apparel* gångkläder **2** nötas; avtaga, utplånas **3** [fram]skrida **4** hålla [att slita på]; bibehålla sig; ~ *down* nötas bort; minskas; ~ *into* övergå till; ~ *out* slitas ut; minskas, ta slut; ~ [*up*]*on* tära på III *s* 1 bruk; *in general* ~ på modet; *have in* ~ begagna **2** dräkt, beklädnad **3** slitning; påfrestning [äv. ~ *and tear*] **4** hållbarhet; *of good* ~ [slit]-stark -**able** *a* användbar, anständig

wear‖**ied** [wi'ərid] *a* trött; blaserad -**ily** *adv* trött -**iness** *s* **1** trötthet; leda **2** plåga -**isome** *a* tröttsam, tråkig -**y** I *a* **1** trött; led, utledsen [*of* på] **2** modlös **3** mödosam; tråkig II *tr* trötta [ut]; plåga III *itr* tröttna
weasel [wi:zl] *s* vessla
weather [we'ðə] I *s* **1** väder[lek]; *ovä-der; ~ permitting* om vädret tillåter; *dry* ~ uppehållsväder; torka; *open* ~ blidväder; *rough* ~ hårt väder, storm; *wet* ~ rusk; *under the* ~ S krasslig; i olag **2** ♅ lovart, vindsida; *make good* ~ vaka väl i sjö II *tr itr* **1** lufta, torka; ~, *be* ~*ed* [för]vittra; upplösas; blekas **2** ~ *out* rida ut, komma igenom **3** ta loven av **4** tåla väder och vind ~-**beaten** *a* vindpiskad, väderbiten ~-**board**[**ing**] *s* brädfodring -**cock** *s* vindflöjel, kyrktupp ~-**forecast** *s* väderleks|utsikter, -rapport ~-**ga**[**u**]**ge** *s* lovart, vindsida [åv. -*side*] ~-**glass** *s* barometer ~-**moulding** *s* vattenlist -**proof** *a* oberörd av väder och vind; lufttät ~-**service** *s* väderlekstjänst ~-**strip** *s* tätningslist
weav‖**e** (*wove woven*) I *tr itr* **1** väva[s] **2** [samman]fläta, binda II *s* vävning -**er** *s* väv|are, -erska
web *s* **1** [spindel]väv; intrig[spel] **2** simhud; fan **3** nyckelax II *tr* inväva, överdraga -**bed** *a* med simhud [åv. -*by*] ~-**bing** *s* väv ~-**foot** *s* simfot
we'd [wi(:)d] = *we had* el. *would*
wed *tr itr* **1** gifta sig [med] **2** gifta [bort]; viga **3** förena -**ded** *a* gift; äktenskaplig; lagvigd; ~ *life* äktenskap
wedd‖**ing** *s* bröllop, vigsel ~-**party** *s* bröllop[sfolk] ~-**trip** *s* bröllopsresa
wedge [wedʒ] I *s* kil; vigg; *the thin end of the* ~ början II *tr* **1** kila [fast]; klämma in **2** klyva, spränga
wed'lock *s* äktenskap, äkta stånd
Wednesday [we'nzdi, dei] *s* onsdag
wee *a* mycket liten; *a* ~ *bit* en smula
weed I *s* **1** ogräs; *ill* ~*s grow apace* ont krut förgäs inte så lätt **2** sjögräs; växt; tobak; F cigarr **3** S krake II *tr* rensa [bort]; gallra ut
weeds *spl* änke-, sorg|dräkt
wee'dy *a* **1** full av ogräs **2** F gänglig
week *s* vecka; *to-day* ~ i dag åtta dar [sen] -**day** *s* söcken-, var|dag ~-**end** *s* veckoslut -**ly** I *a* vecko-, veckans II *adv* [i] varje vecka III *s* veckotidning
weep (*wept wept*) *itr tr* **1** gråta **2** droppa; läcka **3** gråta (sörja) över -**er** *s* **1** gråt|ande, -erska **2** ~*s* sorg|band, -flor, -dok -**ing** *a* **1** gråtande; rinnande **2** våt, regnig **3** [bot.] hängweevil [wi:'v(i)l] *s* [zool.] vivel
weft *s* **1** inslag, väft **2** väv
1 weigh [wei] *s*, *under* ~ i fart, i gång
2 weigh I *tr* **1** väga; av-, upp-, över|-väga; ~ *down* väga (tynga) ner;

uppväga; ~ *out* väga upp (till) 2 ♣ draga upp II *itr* 1 väga; tynga; vaia av vikt, betyda; ~ *against* mot-, upp|väga; ~ *in with* F lägga till 2 ♣ lätta ankar ~-**bridge** *s* brygg-, vagn|våg -*er s* vägare; vågmästare
weight [weit] I *s* 1 vikt, tyngd; *be full* ~ hålla vikt 2 tryck, belastning 3 lod; motvikt 4 [sport.] kula; *put the* ~ stöta kula 5 brevpress 6 tyngd, börda 7 betydelse; inflytande, pondus; *have* ~ väga tungt; *throw in o.'s* ~ lägga sitt ord i vågskålen II *tr* 1 belasta, tynga ned 2 väga -y *a* tung; vägande, viktig; tryckande
weir [wiə] *s* [kvarn]damm; mjärde
weird [iə] I *s* öde II *a* 1 ödes- 2 hemsk, trolsk, spöklik 3 F egendomlig
wel'come [əm] I *a* välkommen; *ana* ~ [och] håll till godo, mycket gärna; [*you are*] ~ [to-*it*]*!* ingen orsak! väl bekomme! mycket gärna! II *s* välkomsthälsning, [hjärtligt] mottagande III (~*d* ~*d*) *tr* välkomna
weld I *tr itr* svetsa[s] [ihop] II *s* svets[ning] -*er s* svets|are, -maskin
wel'fare [ɛə] *s* väl[färd], välgång; *child* ~ barnavård; ~ *work* socialt arbete
we'll [wi:l] = *we will*
1 **well** I *s* 1 brunn; källa; ~*s* hälsobrunn 2 trapp|hus, -rum; parkett [i domsal]; schakt; trång [bak]gård; hål[ighet], öppning, [mellan]rum, fack; bläckhus II *itr* välla [fram]
2 **well** (*better best*) *adv* 1 väl, bra, gott; *do* ~ reda sig (ha det) bra, ha hälsan; repa sig; duga [bra]; *do* ~ *to* göra rätt i att; *live and do* ~ leva och ha hälsan; *think* ~ *of* ha höga tankar om 2 träffande, riktigt 3 med rätta, med [fullt] skäl; [i nek. sats] gärna 4 långt [fram], betydligt; ~ *on* långt lidet; S pirum; ~ *up* långt framme (uppe) 5 *as* ~ lika bra (väl, gärna); också II *a* 1 frisk, kry, bra; *make* ~ bota 2 väl, bra, gott [och väl]; lämpligt; klokt; *it is all very* ~ det är gott och väl (lätt) 3 belåten; *be* ~ ha det bra; ~ *off*, ~ *to do* välbärgad III *s* väl; *leave* (*let*) ~ *alone* inte fordra för mycket IV *interj* nå! ja [visst]! jo! jaa! ~ *I never!* ~, *I declare!* kors i alla tider! *very* ~*!* ja [då]! jo! nå då så! ~-**advi'sed** *a* välbetänkt ~*'-*-**beha'ved** *a* väl|uppfostrad, -artad ~'-**being** *s* välbefinnande; lycka
well'-boat *s* fisksump [båt]
well'-||bor'n *a* välboren, adlig -**bred** *a* 1 väluppfostrad 2 rasren, ädel -'**deser'ved** *a* välförtjänt -'**dispo'sed** *a* välvillig[t stämd] -**doing** *a* 1 redlig[het], dygd 2 väl|befinnande, -färd -'**done** [ʌ'] *a* 1 välgjord 2 genom|stekt, -kokt -'**dress'ed** *a* välklädd; väl|skött, -lagad -'**estab'lished** *a* 1 solid, säker

2 välgrundad -'**fa'voured** *a* vacker, välväxt -'**fou'nd** *a* välförsedd -'**fur'nished** *a* väl|försedd, -möblerad -'**grou'nded** *a* 1 välgrundad 2 hemmastadd; grundlig
well'-||head *s* [ur]källa -**hole** *s* trapphus **well'-||infor'med** *a* välunderrättad -'**knit'** *a* kraftig -'**kno'wn** *a* [väl]känd -'**ni'gh** *adv* nära nog -'**off'** *a* välbärgad -'**read'** *a* beläst -'**repu'ted** *a* aktad, ansedd
well'-room *s* brunnssalong
well'-spo'ken *a* 1 vältalig 2 träffande
well'-||spring *s* källsprång; [ur]källa -**staircase** *s* spiraltrappa
well'-||stock'ed -'**stor'ed** *s* välförsedd -'**ti'med** *a* läglig -**to-do** [-'tədu:'] *a* välbärgad -'**wish'er** *s* gynnare, vän
welsh I *tr* bedraga, lura II *itr* F smita
Welsh *a* walesisk, från (i) Wales; välsk: ~ *rabbit* rostat bröd med ost
welt *s* 1 söm; rand 2 strimma, ärr -**ed** *a* randsydd
1 **wel'ter** I *itr* 1 rulla, vräkas; sjuda, brusa 2 bada II *s* rullande, svall; massa; virrvarr
2 **welter** *s* 1 [hästsport.] tungviktare 2 F hejare ~-**weight** *s* welterwikt
wen *s* hud-, fett|svulst; struma
wench *s* 1 jänta, tös 2 piga
wend *tr*, ~ *o.'s way* styra sina steg
went imp. (P äv. pp.) av *go*
wept imp. o. pp. av *weep*
were [wə:, wɛə] (av *be*) var, voro; vore: blev[o], bleve; *as it* ~ så att säga
we're [wiə] = *we are* **weren't** = *were not*
werewolf [wi'əwulf] *s* varulv
wert [åld.] var, vore; blev[e] [*thou* ~]
west I *s* 1 väst[er]; *to the* ~ västerut; [*to the*] ~ *of* väster om 2 västan-[vind] II *a* västlig, västra, väst[er]-; *the W~ End* Westend [i London] III *adv* väster[ut]; ~ *by north* väst till nord -**erly** -**ern** *a* västlig, västra, väst- -**erner** *s* väst[er]länning
west'-||ling *s* västlig kurs -**ward** [əd] I *adv s* väster[ut] [äv. ~*s*] II *a* västlig
wet I *a* 1 våt, blöt; ~ *through* genomvåt, färsk; *W~ paint!* Nymålat! 2 färsk 3 antiförbudsvänlig; berusad II *tr* 1 väta, blöta [ned], fukta 2 skölja ned III *s* 1 väta; fukt; regn- [väder] 2 F styrketår
wether [we'ðə] *s* bagge, hammel
wet'||ness *s* väta - **nurse** *s* amma
whack F I *tr* 1 slå, dunka på; klå upp 2 dela II *s* 1 slag, smäll; sittopp 2 [an]del; *go* ~*s* dela jämnt -*er s* F baddare; grov lögn -**ing** *a* F kolossal
whale I *s* val; *bull* ~ valhane; *cow* ~ valhona II *itr* idka valfångst ~-**boat** *s* val[fångar]båt ~-**bone** *s* [val]fiskben -**man** *s* valfångare ~-**oil** *s* valfisktran -*r s* valfångare[fartyg]
whang F I *tr* slå, mörbulta II *itr s* smäll[a], dunk[a]

whar|f [ɔ:] I (pl. ~s el. *-ves*) s last|kaj, -brygga, skeppsbro II *tr* förtöja, lossa **-age** s kaj|avgift, -plats **-inger** [dʒ] s hamnmästare; kajägare
what [wɔt] I *frdg pron* vad [som], vilken, hurudan; vad för [en]; [utrop-] sådan; *and* ~ *not* och Gud vet vad allt; ~ *but?* vad annat än? ~ *if* tänk om; ~ *about (of)?* hur är det med? ~ *of it?* nå, än sen? ~ *matter?* vad betyder (gör) det? II *rel pron* det (något) som; den [fören.] som; vad [som]; *that's* ~ *it is* så är det; *but* ~ F som inte, utan att; *for* ~ *I know* inte annat än (så vitt) jag vet III *adv*, ~ *with* .. [and] ~ *with* [på grund] av .. eller [av] **-ev'er** I *rel pron* vad [som] än, allt vad; vilken (hurudan) än II *obest pron* [efter no|thing] &c] som helst, alls III F vad i all världen **-not** s 1 hylla 2 varjehanda **-soev'er** = *-ever* I, II
wheat s vete **-ear** s veteax
whee'dle I *tr* locka, narra II *itr* smickra; lisma
wheel I s 1 hjul; *break on the* ~ rådbråka; *put o.'s shoulder to the* ~ lägga manken till; *high on the* ~ F uppe i smöret; *go on* ~*s* gå som smort 2 drejskiva; trissa 3 ratt 4 F cykel 5 rotation, kretslopp; volt; *turn* ~*s* hjula II *tr itr* 1 [låta] svänga [runt], snurra [på], kretsa 2 rulla, skjuta 3 dreja 4 åka, köra; F cykla 5 kasta (slå) om **-barrow** s skottkärra ~**-chair** s rullstol ~**-drag** s hämsko ~**-guard** s hjulskydd; stänkskärm ~**-horse** s stånghäst ~**-house** s ⚓ styrhytt ~**-wright** s hjul-, vagn|makare
wheez|le I *itr* flåsa, kikna, väsa II s flåsande **-y** *a* väsande, andfådd, hes
1 **whelk** s valthornssnäcka
2 **whelk** s utslag, blemma; rand
whelm *tr* uppsluka; förinta; krossa
whelp I s valp; unge II *itr tr* valpa, föda
when I *adv* när? ~ *ever?* när i all världen? *say* ~*!* säg till (stopp)! II *konj* då, när; ~ *a boy* som pojke; ~ *there* när jag [&c] kom dit **-ce** *adv* var|ifrån, -av; vadan? varför **-ev'er -soev'er** *konj* när .. än, så ofta [som]
where [wɛə] I *frdg adv* var[t]? ~ *ever?* var[t] i all världen? II *rel adv* där; var|i, -på; dit; vart **-abouts** I *adv* var någonstans II s vistelseort, tillhåll **-as** [æ'z] *konj* 1 då däremot, medan 2 alldenstund **-upon'** *aav* varpå **where|iv'er** *aav* var[t] helst, var[t] än [litt. *-soev'er*] **-withal** [ɔ:'l] s F medel, möjlighet, råd
wherry [we'ri] s färja; [rodd]båt
whet I *tr* 1 vässa 2 skärpa; egga, reta II s 1 sporre, eggelse 2 [aptit]sup
whether [we'ðə] *konj* 1 huruvida, om 2 ~ .. *or* vare sig (antingen).. eller

whet'||stone -ter s brynsten; eggelse
whew [hwu:, hiu:'] *interj* usch! brr!
whey s vassla **-ey -ish** *a* vasslig
which I *frdg pron* vilken[dera] II *rel pron* vilken, som; *of* ~ vilkens, vars, var|av, -om; *abcut* ~ varom **-ev'er** *pron* vilken[dera] än [åld. *-soev'er*]
whiff I s 1 pust, fläkt; lukt 2 drag, bloss 3 sus 4 cigarrcigarrett II *itr* 1 pusta; fläkta; vina; fnysa 2 dra|ga], blossa III *tr* 1 blåsa 2 blossa på 3 dra in (upp), vädra på **le** I *itr tr* 1 fläkta; vina; så om 2 vackla, snurra 3 rubba, blåsa bort II s fläkt, pust
Whig s whig, [gammal]liberal
whill|e I s 1 stund; tid; *the* ~ under tiden; *between* ~*s* emellanåt; *once in a* ~ då och då; *quite a* ~ F ganska länge 2 *be worth* ~ löna sig II *konj* medan, under det att, så länge [som]; ~ *at work* under arbetet III *tr*, ~ *away* fördriva [tiden] **-st** = *while II*
whim s 1 infall, nyck 2 gång-, vind|spel
whim'per *itr* s gnäll[a], knarr[a]
whim's||ical [z] *a* nyckfull, bisarr, egen-[domlig], komisk **-y** = *whim[sical]*
whin [win] s gultörne
whine I *itr* gnälla, jämra sig; pipa; vina II s gnäll, knarr, pip; vinande
whinn'y *itr* s gnägg|a, -ning
whip I *tr* 1 piska; slå, klå; plåga, gissla, egga 2 vispa 3 linda, vira 4 S överträffa, slå 5 hissa, hala 6 sticka, stoppa, höra, kasta, slå, hugga, rycka, vrida, gripa; ~ *about* vira in (om); ~ *away* köra (snappa) bort; ~ *in* piska (driva) in; samla; slänga in; ~ *on* [äv.] kasta på sig; ~ *up* piska [upp, på]; rafsa till sig; smäcka ihop; S stjälpa i sig II *itr* 1 piska [på]; slå; svida, bita 2 kasta ut rev 3 rusa, jaga, kila, smita, flänga, fara; ~ *in* rusa in; slå ned, avbryta; piska ihop (in); agitera; ~ *out with* haspla ur sig III s 1 piska; gissel; piskrapp 2 spö 3 kusk 4 [jakt.] pikör 5 inpiskare; agitation; kallelse 6 vispgrädde 7 ⚓ göling **-cord** ~**-lash** s pisksnärt ~**'per-snapp'er** s viktigpetter; pojkspoling [äv. *-ster*]
whipp|et s 1 hund 2 ⚔ tank **whipp'ing** s 1 [in]pisk[ning] 2 kastsöm ~**-boy** s strykpojke ~**-post** s spöpåle ~**-top** s pisksnurra
whip'||-stick -stock s piskskaft
whir[r] [ə:] *itr* s surr[a], sus[a], smattra
whirl [ə:] I *tr itr* 1 virvla; svänga [runt]; snurra; rulla; åka 2 slunga, kasta II s virv|el, -lande; svängning; jäkt, oro; yrsel; ~*s of snow* yrsnö **-igig** s 1 karusell; snurra 2 kretslopp; växling **-pool** s virvel; malström **-wind** s virvel[vind]; jäkt
whisk I s 1 dammvippa 2 tofs, tapp, knippe, kvast 3 visp 4 svep, drag,

tag; fläkt 5 viftning II *tr* 1 damma, sopa, borsta 2 flytta, köra, rycka, fösa 3 svänga [med] 4 vispa III *itr* fara, flyga, svepa, kila, sno -er *s* 1 ~*s* polisonger 2 morrhår
whis´k[e]y *s* visky; [korn]brännvin; ~-*and-soda* viskygrogg
whis´per I *itr tr* 1 viska 2 susa II *s* viskning; mummel; rykte; knyst; sus
whist *s* [kortsp.] vist
whistle [wisl] I *itr* 1 vissla; vina; susa; blåsa; ~ *for* F bli lurad på; *go* ~ F dra åt skogen 2 viska, tissla II *tr* vissla [på, till] III *s* 1 vissling; sus; gäll ton 2 visselpipa; ångvissla; *pay for o.'s* ~ få dyrt betala nöjet; *worth the* ~ värd besväret 3 F strupe
whit *s* smul[a], grand
white I *a* 1 vit; blek; klar 2 oskyldig; ren; S hygglig 3 ~ *goods* vitvaror; ~ *horses* '[vita] gäss'; ~ *lead* blyvitt; ~ *lie (fib)* nödlögn; *W*~ *Paper* rapport; aktstycke; *the* ~ *scourge* lungsoten II *s* 1 vitt; vit färg 2 vit 3 vit[ög]a 4 ~*s* vita kläder -bait *s* vitfisk; småsill ~-cap *s* våg|kam, -skum ~-face *s* bläs ~-feathered *a* feg -fish *s* 1 vitfisk 2 vitval ~-hot *a* vitglöd|ande, -gad ~-livered *a* feg -n I *tr* göra vit, vit|färga, -limma: bleka II *itr* bli vit, blekna -ness *s* vithet -smith *s* bleckslagare; finsmed -thorn *s* hagtorn -wash *tr* 1 vit|limma, -mena 2 rentvå, överskyla; bättra på
whither [wiðə] *adv* vart[hän]; dit
whi´t‖ing *s* 1 limfärg; putspulver 2 vitling -low [wi´tlou] *s* fingerböld
Whit Monday [-´-´-] *s* annandag pingst
Whit´ Sun´day *s* pingstdag[en] Whitsuntide *s* pingst
whitt´le *tr itr* tälja, skala [av]; skära
whiz[z] *itr s* vissla[nde], vin[a], sus[a]
who [hu:] (gen. *whose* [z]; obj. *whom*) I *fråg pron* vem (vilka) [som]; ~ *ever?* vem i all världen? ~ *goes there?* vem där? *Who's Who?* Vem är vem (det)? II *rel pron* som, vilken; *all of* ~*m* vilka alla; *as* ~ *should say* liksom för att säga
whoa [wou] *interj* ptro! håll!
who´d [hu:d] F=*who had (would)*
whoev´er *pron* vem [som] än, vilka än, var och en som; vem i all världen
whole [houl] I *a* 1 hel [och hållen]; *the* ~ *thing* alltsammans; *go the* ~ *length* ta steget fullt ut 2 välbehållen; helbrägda II *s* helt; helhet; *the* ~ *of* hela, alla ~-hearted *a* uppriktig; helgjuten ~-length *a s* [i] helfigur -ness *s* helhet -sale I *s adv*, [by] ~ en gros; i klump, i massa, massvis; över en bank II *a* gross[handels]-, parti-, mass-; okritisk; ~ *dealer (merchant)* grosshandlare; ~ *slaughter* massmord -some *a* hälsosam, sund; nyttig

wholly [hou'li] *adv* helt, alldeles
whom [hu:m] -[so]ev´er se *who, whoever*
whoop [hu:p]=*I hoop*
whop S F I *tr* klå [upp] II *s* 1 stryk 2 duns -per *s* F baddare; grov lögn -ping *a* F väldig, grov
whore [hɔ:] *s* hora, sköka -dom *s* hor
whorl [ɔ:, ə:] *s* krans; vindling; virvel
whortleberry [wə:'t] *s* blåbär; *red* ~ lingon
who‖'s [hu:z] F=*who is (has)* -se [z] gen. av *who* -soev´er=-ever
why [wai] I *adv* varför; ~ *ever?* varför i all världen? ~ *is it that?* hur kommer det sig att? *that is* ~ det är därför [som] II *interj* å[h]! kors! nå! nåå? ju; [t]jaa; ~ *yes!* ja visst!
wick *s* 1 veke 2 tampong
wick´ed [id] *a* 1 syndig, gudlös, ond, dålig 2 F elak, nedrig, fräck, okynnig; arg 3 otäck -ness *s* ondska [&c]
wick´er I *s* flät-, korg|verk; vide[korg] II *a* av vide, vide-, korg-
wick´et *s* 1 [sido-, halv]dörr; portlucka; grind 2 [kricket] grind; plan 3 krocketbåge ~-keeper *s* grindvakt
wide I *a* 1 vid; vid|sträckt, -öppen; bred; stor; rymlig 2 felriktad; sned; ~ *of* långt från II *adv* vitt, vida, långt; fel; *far and* ~ vitt och brett, vida omkring; ~ *awake* klarvaken; F slipad -ly *adv* vida; vitt [omkring]; allmänt; väsentligt -n *tr itr* [ut]- vidga[s], göra. (bli) vidare; bredda; tilltaga -ness *s* vidd, omfång ~- -spread *a* vitt utbredd; allmän
widgeon [wi'dʒən] *s* bläsand
wid´ow [ou] *s* änka; ~ *lady* änkefru -ed *a* bliven änka (änkling); ensam -er *s* änkling -hood *s* änkestånd
width *s* vidd, bredd; utsträckning
wield [i:] *tr* hantera, sköta; styra
wif‖e *s* hustru, fru; *a* ~ *and family* hustru och barn; *old wives' tales* käringsnack -ie -y *s* [lilla] gumman
wig I *s* 1 peruk, löshår 2 F domare; pamp 3 F ovett II *tr* F läxa upp ~-block *s* perukstock
wiggle *itr* F vrida [på] sig, svänga, sno
wight [ait] *s* varelse, stackare, sate
wig´wam *s* indianhydda
wild [ai] I *a* 1 vild; öde; skygg; rasande; häftig; ~ *boy* vildbasare; ~ *men* vildhjärnor; *go* ~ växa vilt; bli vild; *run* ~ förvildas; förlora besinningen 2 bråkig; självrådig; upprorisk; otyglad; förryckt; utom sig; överspänd; befängd; galen; oregelbunden; ~ *shot* slängskott II *adv* på måfå, slumpvis, fel, galet; *talk* ~- [*ly*] prata i mössan III *s*, ~*s* vildmark -cat I *s* vildkatt II *a* F svindel-; olaglig -erness [wi´l] *s* 1 vildmark, öken 2 virrvarr -fire *s* löpeld ~-goose *s* [vild]gås; ~ *chase* fåfäng

wilding — 243 — **wire**

möda -ing s vild|apel, -äpple -ness s vildhet; förvildning; dårskap; iver
wile I s knep, list, försåt II tr locka
wil'fula avsiktlig; överlagd; egensinnig
wi'liness s illistighet, bakslughet
will I *hjälpverb* 1 [1. pers.] skall, ämnar, tänker 2 [isht nek.] vill; *shut that door, ~ you?* var snäll och stäng dörren! *come what ~* vad som än må komma 3 [2. o. 3. pers.] skall, kommer att 4 brukar, kan; *boys ~ be boys* pojkar äro pojkar 5 torde II tr 1 vilja; *God ~ing* om Gud vill 2 förmå, få 3 testamentera III s 1 vilja; *at ~* efter behag, fritt; *good ~* väl|vilja, -mening; *have (get) o.'s ~* få sin vilja fram; *with a ~* med liv och lust 2 testamente -ing a 1 [bered]villig; *be ~ to* [gärna] vilja; *~ly* gärna; [god]villigt 2 frivillig
will'-o'-the-wisp' s irrbloss, lyktgubbe
will'ow [ou] s 1 vide, pil; *wear the ~* bära sorg 2 slagträ *~-herb* s [bot.] mjölke -y a smidig, slank
will'y-nill'y adv med eller mot sin vilja
wilt itr vissna, sloka; slappna, tyna av
wi'ly a illistig, [bak]slug, lömsk
wim'ple I s 1 dok; slöja 2 ringling, bukt II itr ringla (krusa) sig, porla
win (*won won*) I tr 1 vinna; *~ the day (field)* vinna slaget 2 utvinna 3 [upp]nå 4 [lyckas] övertala II itr 1 vinna, segra; *~ upon a p.* vinna [insteg hos] ngn 2 nå, hinna, komma II s F 1 seger 2 vinst
wince I itr rycka (spritta) till, fara tillbaka; *without wincing* utan att blinka II s sprittning, skälvning
winch s 1 vev[släng] 2 vindspel; rulle
1 **wind** [i] I s 1 vind, blåst; *catch the ~* få vind i seglen; *raise the ~* skaffa pengar 2 luft[ström] 3 andning, anda; lungor; *break ~* rapa; P släppa sig; *catch o.'s ~* dra andan; *short of ~* andfådd 4 väderkorn; *get ~ of* korn (reda) på 5 väderspänning; *get the ~ up* S bli ängslig (skraj) 6 munväder, prat 7 blåsinstrument 8 *before the ~* fördevind; *by (close to) the ~* bidevind; *down [the] ~* med vinden; *in the ~* i vinden (lovart); i görningen; *in the ~'s eye, in the teeth of the ~* rakt mot vinden; *near the ~* upp i vinden; nära gränsen; *have (take) the ~ of* ta loven av; *to the ~* mot (för) vinden; *cast (throw) to the ~s* kasta (slå) bort, släppa; *to the ~s* för alla vindar; [gå] till spillo II tr 1 vädra, få korn på 2 lufta 3 [mus.] blåsa 4 göra andfådd 5 låta pusta ut
2 **wind** [ai] I tr itr (*wound wound*) 1 vinda; vrida, veva; sno, vira, linda, slingra [sig]; nysta[s] 2 hala, hissa, dra upp 3 *~ up* dra[ga] upp; [av]sluta; avveckla[s]; spänna, stegra

4 ⚓ vända [sig]; styra II s krök, vridning *-er* s 1 upp|vindare. *-dragare* 2 härvel; spole; nystvinda 3 vindspel; vev 4 *~s* [sväng]steg
win'd|lfall s 1 vindfälle 2 fynd, arv *--flower* s [vit]sippa *--ga[u]ge* s vindmätare *-iness* s blåsighet
wi'nding s 1 slingring; vindning; vridning; varv; bukt; sväng; *~s* omsvep 2 vindhet *~-sheet* s svepning *~-tackle* s ⚓ gina *~-up* s avslutning, slut
win'd-instrument s blåsinstrument
win'dlass I s vindspel II tr vinda upp
windmill [wi'n(d)mil] s väderkvarn
win'dow [ou] s 1 fönster 2 öppning; [biljett]lucka *~-bar* s fönsterpost *~-blind* s rullgardin; jalusi *~-case* s fönsterram *~-dressing* s 1 fönsterskyltning 2 falskt sken *~-ledge* = *~-sill ~-pane* s fönsterruta *~-sash* s fönsterbåge *~-sill* s fönsterbräde
wind'||**pipe** s luft|rör, -strupe *-row* [rou] s hö-, torv|sträng; skyl *-screen* s vindruta *--sucker* s krubbitare
wind-up [wai'ndʌ'p] s avslutning, slut
wind'||**ward** [əd] I adv [i] lovart; mot vinden II a s lovart[s-], vindsida; *get to ~ of* ta loven av -y a 1 blåsig, stormig 2 vindsnabb 3 väder|spänd, -alstrande 4 prålig, tom 5 S skraj
wine I s 1 vin; *take ~ = I*I 2 vinfest II itr F dricka vin III tr F bjuda på vin *~-case* s vinlåda *~-cask* s vinfat *~-party* s vinfest *~-skin* s [vin]lägel *~-store* s vin|lager, -handel *~-taster* s vinprovare *~-trade* s vinhandel *~-vat* s vin|kar, -press
wing I s 1 vinge; *be on the ~* flyga; *take ~* flyga [upp]; *get ~s* bli flygfärdig 2 flygel; sida 3 *~s* kulisser 4 [flygv.] eskader II tr 1 bevinga; påskynda 2 flyga genom 3 svinga, slunga 4 vingskjuta; lemlästa *~-spread* [ed] s vingbredd
wink I itr tr 1 blinka [med]; *~ at* se genom fingrarna med 2 blänka, tindra II s 1 blink[ning]; vink 2 blund; *forty ~s* [tupp]lur *-ers* spl skygglappar
winkle [wiŋkl] s strandsnäcka
winn'ow [ou] tr vanna, rensa; skilja
win'some a vacker, sön, behaglig
win'ter I s vinter II itr övervintra III tr vinter|fodra, -föda *-ly* a vinterlik, -kall, vinter- *äv. -y, wintry*
wi'ny a vin|aktig, -färgad; uppymd
wipe I tr itr 1 torka [av, bort]; gnida; *~ a p.'s eye* S klå upp (bräcka) ngn; *~ the floor with* S göra kål på; *~ off* [äv.] likvidera; *~ out* stryka ut; utplåna 2 rensa, befria 3 S klå upp II s 1 [av]torkning; *give a ~* torka av 2 S slag, hugg 3 S näsduk [äv. *-r*]
wire I s 1 tråd, st[ål]tråd, -lina; ledning[stråd]; sträng; *barbed ~* taggtråd; *pull the ~s* dra i (sköta) trå-

wire-cloth — 244 — **wonder-worker**

darna 2 tele|graf, -gram 3 snara II *tr* 1 linda om (fästa, inhägna) med ståltråd 2 telegrafera 3 snara, snärja III *itr*, ~ *in* S hugga i' ~-cloth *s* metalltrådsduk ~-**drawing** *s* tråddragning; uttänjande; hårklyveri ~-**drawn** *a* utdragen; spetstundig ~-**gauze** *s* trådnät ~-**haired** *a* lurvig **-less** I *a s* trådlös [telegrafering]; radio; trådlöst [telegram]; *a set of* ~ en radio[apparat] II *itr tr* telegrafera [trådlöst] ~-**netting** *s* metalltrådsnät ~-**puller** *s* intrigmakare ~-**tack** *s* tråd|stift, -spik ~-**work** *s* 1 tråd|arbete, -nät 2 ~*s* tråddrageri

wi'ry *a* 1 ståltråds-, tråd- 2 trådlik; stripig 3 seg, senig; mager 4 tunn

wis'dom [z] *s* vis|dom, -het; klokhet 1 **wise** [z] *s* [åld. el. litt.] vis, sätt

2 **wise** *a* 1 vis, klok; försiktig; ~ *saw* visdomsord 2 förnumstig **-acre** [eikə] *s* snusförnuftig person, narr **-ly** *adv* vist; visligen, klokt [nog]

wish I *tr itr* önska, vilja [ha]; ~ *for* önska [sig], längta efter; ~ *joy* lyckönska; *it is to be* ~*ed* det är önskvärt II *s* önsk|an, -emål; längtan, 'håg'; *good* ~*es* välgångsönskningar; *to* [*o.'s*] ~ efter behag **-bone** *s* gaffelben **wish'-wash** *s* blask; 'goja'

wisp *s* 1 [hö]tapp, sudd, bunt 2 viska, kvast 3 remsa, stycke **-y** *a* tovig

wist'ful *a* trån|ande, -sjuk, smäktande; tankfull

wit I *s* 1 vett, förstånd; fattningsgåva; ~*s* [äv.] sinnen; *at o.'s* ~*s ena* alldeles rådlös; *in o.'s* ~*s* vid (med) sunt förnuft; *live by o.'s* ~*s* leva för dagen; *lose o.'s* ~*s* tappa huvudet; *out of o.'s* ~*s* från vettet 2 espri, kvickhet 3 kvickhuvud; vitter person II *tr, to* ~ nämligen

witch I *s* trollkvinna, häxa; förtrollerska II *tr* för|häxa, -trolla; ~*ing* häx-, spök-, trolsk **-craft** *s* troll|dom, -tyg; trollmakt ~-**doctor** *s* medicinman, trollkarl **-ery** = *craft*

with [ð] *prep* 1 med; *be* ~ hålla med [ngn]; ~ *that* därmed; dessutom 2 hos; *be well* ~ stå väl hos 3 bland 4 av [*stiff* ~ *cold*] 5 mot [*honest* ~] 6 på [*angry* ~] 7 för [*charge* ~] 8 från; *part* ~ avstå från, skiljas vid 9 till 10 *hot* (*warm*) ~ S [varm] toddy **-al** [ɔ:'l] *adv* tillika

withdraw [drɔ:'] *tr itr* 1 draga [sig] tillbaka (undan); avlägsna [sig]; ta bort; indraga; ~*n* isolerad; ~ *from* [äv.] beröva; uppsäga 2 upphäva; återkalla; ta tillbaka; nedlägga **-al** *s* 1 tillbakadragande; avläggsnande; uttag[ande]; indragande 2 återkallande; nedläggande 3 utträde, avgång

withe [wiþ, wið] *s* vidja, hank

with'er [ð] I *tr* 1 för|torka, -bränna;

göra vissen 2 tära, utmärgla; härja 3 för|inta, -stena II *itr* vissna, tyna bort; förtvina; dö [bort], försvagas **-ed** *a* förtorkad, vissen; förkrympt **withers** [wi'ðəz] *spl* manke

withho'ld *tr* 1 återhålla; hindra, avhålla 2 neka, [för]vägra

with||**in** [wiði'n] I *adv* inuti, [där]inne, innanför; in; ~ *and without* utan och innan; *from* ~ inifrån II *prep* 1 inom, [inne] i, innanför; ~ *doors* inomhus; ~ *o.'s income* efter sina tillgångar; ~ *a trifle* (*little*) så när, närapå 2 ~ .. *of* [på] mindre än (icke fullt) .. från **-ou't** I *adv* utan|för, -på; ut[e]; *from* ~ utifrån II *prep* 1 utan; *do* (*go*) ~ [få] reda sig utan; *it goes* ~ *saying* det är självklart; *cold* ~ S grogg 2 [litt.] utanför, utom **-stand'** *tr* 1 motstå 2 mota| beta

withy [wi'ði] *s* 1 vide 2 vidja

wit'less *a* dåraktig, dum; rubbad

wit'ness I *s* 1 vittnesbörd; *in* ~ *whereof* till yttermera visso 2 vittne; bevis II *tr itr* 1 vittna; ~ [*to*] be-, in|tyga 2 bevittna, övervara 3 uppleva ~-**box** *s* vittnesbänk

witt'||**icism** **-iness** *s* kvickhet, vits **-ingly** *adv* med [full] avsikt **-y** *a* kvick, vitsig

wives [waivz] *pl.* av *wife*

wizard [wi'zəd] *s* troll|karl, -konstnär

wiz'en[**ed**] *a* skrynklig, tärd, tunn

wo [wou] *interj* stopp! p[t]ro!

woad [ou] *s* vejde **-ed** *a* vejdefärgad

wobbl||**e** [ɔ] I *itr* vackla, darra, kränga, vingla; vagga II *s* slingring, gungning, gir, vacklan **-y** *a* ostadig, vinglig

woe [wou] *s* ve, olycka, sorg; lidande; ~ *betide you!* ve dig! **-begone** [-'bigɔ'n] *a* olycklig, eländig **-ful** *a* 1 bedrövad, olycklig 2 dyster; bedrövlig

woke [wouk] *imp.* o. *pp.* av *wake*

wol|**f** [u] (*pl.* -*ves*) *s* varg, ulv; *cry* ~ ge falskt alarm II *tr* sluka **-ish** *a* varglik, varg-; glupsk

wolv||**ere'ne** [wu] *s* järv **-es** *pl.* av *wolf*

woman [wu'mən] (*pl.* women [wi'min]) *s* kvinna, dam; käring; [pl. äv.] kvinnfolk; ~'*s man* fruntimmerskarl; ~'*s reason* kvinnologik; ~'*s rights* kvinnosak[en]; ~ *friend* väninna **-hood** *s* 1 kvinnlighet 2 kvinnfolk **-ish** *a* kvinnlig **-kind** *s* kvinnokönet; kvinnfolk; damer **-like -ly** *a* kvinnlig

womb [u:m] *s* livmoder; moderliv, sköte

won [wʌn] *imp.* o. *pp.* av *win*

wonder [ʌ'] I *s* 1 under[verk]; fenomen; *promise* ~ lova guld och gröna skogar; *for a* ~ märkvärdigt nog; *no* ~ det är inte underligt 2 [för]undran II *itr tr* undra, förundra sig; *I* ~ *at you* ni gör mig förvånad **-ful** *a* underbar **-ment** *s* 1 [för]undran 2 under ~-**stricken** ~-**struck** *a* häpen ~-**worker** *s* undergörare

wondrous [wʌ'] a adv underbar[t]
wont [ou] I a s van[a]; be ~ to bruka II (~ ~) itr bruka; ~ed van[lig]
won't [wount] F = will not
woo [wu:] tr itr fria [till]; söka vinna
wood [u] s 1 skog; out of the ~ utom fara 2 trä; ved; virke, timmer; touch ~ peppar! peppar! 3 [vin]fat 4 träblåsinstrument ~-anemone s vitsippa -bind [ai] -bine s kaprifolium -cock s morkulla -craft s skogsvana ~-cut s träsnitt ~-cutter s 1 vedhuggare 2 träsnidare -ed a skogig -en a 1 av trä, trä-; ~ spoon S jumbo 2 trä[akt]lig; dum; torr ~-grouse s tjäder -man s 1 skogs[tjänste]man 2 vedhuggare -pecker s hackspett ~-pigeon s ringduva ~-pile s vedstapel ~-pulp s trä-, pappers|massa -ruff s madra -y a 1 skogig, skogs- 2 trä[akt]lig, vedartad
wooer [wu:'ə] s friare
woof s 1 väft, inslag 2 väv[nad]
wool [wul] s 1 ull; much cry and little ~ mycket väsen för ingenting 2 ylle, ullgarn; pure ~ helylle 3 råbomull 4 [ulligt] hår ~-gathering s a förströdd[het], tankspridd[het]; go (be) ~ fantisera ~-grower s ullproducent -len I a ull-, ylle- II s ylle[tyg] -ly I a 1 ullig, dunig 2 oklar, suddig II s ylleplagg -ly-head s ulligt huvud; neger ~-oil s lanolin -sack s ullsäck; lordkanslerns plats
wop [wɔp] F se whop
word [wə:d] I s 1 ord, glosa; book of the ~s libretto; eat o.'s ~s ta tillbaka sina ord; have a ~ in the matter ha ett ord med i laget; put in a ~ få ett ord med; lägga ett gott ord; suit the action to the ~ låta handling följa på ord; take up a p.'s ~s märka ord 2 ~s ordväxling, gräl; come to ~s komma i dispyt 3 hedersord, löfte; be as good as o.'s ~ stå vid sitt ord; go back on o.'s ~ åtra sig; [upon] my ~! F minsann! 4 bud, besked; bring ~ meddela, hälsa; send ~ låta hälsa; ge befallning; order 6 lösen[sord]; sharp's the ~! raska på! 7 by ~ of mouth muntligt; in so many ~s tydligt och klart; plain ~s ord och inga visor II tr uttrycka, formulera ~-catcher s ordklyvare -ing s [orda]lydelse ~-perfect a okugglig ~-splitting s ordklyveri -y a ordrik
wore [wɔ:] imp. av wear; pp. av 1 wear
work [wə:k] I s 1 arbete, syssla; göra; verk; uppgift; gärning; verkan; I have my ~ cut out for me F jag har fullt knog; make good ~ of it arbeta undan; make short ~ of göra processen kort med; set to ~ arbeta, sätta i gång; be hard at ~ arbeta strängt; in full ~ i full drift (gång); out of ~ arbetslös 2 ~s bruk, fabrik, verk[stad] 3 ~s befästningsverk II itr 1 arbeta; verka 2 brodera &c 3 fungera, gå; göra verkan; lyckas 4 vara i drift (gång) 5 rotera; löpa 6 räkna 7 jäsa 8 ♃ arbeta, stampa, rulla 9 ~ free (loose) lossna; ~ right rätta till sig 10 arbeta sig, tränga, glida; ~ off lossna; ~ out tränga ut; lossna; utfalla, avlöpa; ~ out at belöpa sig till III tr 1 [be-, för]arbeta, beréda, behandla; [ut]forma, modellera; knåda 2 brodera, virka, sticka, sy 3 exploatera, bruka, odla, bryta 4 sköta, manövrera; leda; besörja 5 låta arbeta; utsuga; jäkta 6 flytta [på], rucka, böja [på] 7 köra, borra, driva 8 åstadkomma, vålla, göra; förverkliga 9 räkna ut 10 slita 11 F 'avverka' 12 ~ in [äv.] blanda (stoppa) in; ~ o. s. into a temper reta upp sig; ~ off bli av med; [bildl.] avfyra; S 'expediera'; ~ out utarbeta; utveckla; räkna ut; tjäna av; [ut]tömma; förverkliga; fullborda; ~ up [äv.] ut|forma, -veckla; [be]arbeta; röra ihop; upp|egga, -jaga; stegra; egga, driva; pluga in; ~ed up nervös -able a brukbar; utförbar; praktisk -aday a mödosam; alldaglig ~-bag s sypåse ~-box s verktygslåda; syskrin -day s arbets-, var|dag -er s 1 arbetare 2 upphov[sman] 3 arbetsbi -house s arbetsinrättning, fattighus
working [ə:'] I s 1 arbet|ande, -e; verk[samhet]; funktion; gång; tillämpning; verkan; verk 2 bearbetande; skötsel; manövrering 3 [ut]räkning 4 jäsning 5 spasm; minspel 6 ♃ rullning, slingring II a 1 arbet|ande, -ar-, arbets-; drift- 2 användbar; praktisk; gångbar 3 krampaktig ~-man ~-woman s arbet|are, -erska
work||less a arbetslös -man s arbetsman -manlike a skicklig; fulländad -manship s yrkesskicklighet; utförande, arbete; konstmässighet -people s arbet|are, -sfolk -shop s verkstad
world [wə:ld] s 1 värld; jord; all over the ~ över (i) hela världen; see the ~ se sig om i världen 2 [jorde]liv, bana; the way of the ~ världen[s gång]; ~ without end i evighet 3 massa, oändlighet 4 all the difference in the ~ en himmelsvid skillnad; beat the ~ slå alla rekord 5 to the ~ S enormt -ling s världens barn -ly a värl|slig; köttslig ~-weary a levnadstrött ~-wide a världsomspännande
worm [ə:] I s 1 mask, larv; kräk; ~ of conscience samvetsagg 2 gänga 3 kyl|rör II tr itr 1 ~ [o. s.] slingra sig, krypa 2 ~ out locka, lista ut; utvränga

3 rensa från mask 4 gänga ~-eaten a mask-, maljäten -wood s malört -y a full av mask; maskäten; masklik
worn [ɔ:] (pp. av 2 wear) a sliten, nött; tärd, medtagen, trött
worr|y [∧'] I tr 1 riva, slita sönder, ansätta; jaga 2 oroa, plåga, pina; reta; trötta [ut]; gnata på; -ied ängslig; -ying pinsam; ~ o. s. [äv.] vara orolig 3 ~ out dra ut; klara ut II itr 1 bita, slita 2 oroa sig; grubbla 3 ~ along dra sig fram III s 1 angrepp 2 oro, bekymmer, sorg, plåga, besvär; gnat
worse [ə:] a adv s värre, sämre, uslare; ~ off sämre däran; ~ luck! gudi klagat! to make matters ~ till råga på olyckan; the ~ for illa medfaren (medtagen) av; be the ~ for fara illa av, lida på; the ~ for drink berusad; ~ for wear [mycket] sliten; have the ~ (worst) of it dra det kortaste strået -n tr itr försämra[s] -r P = worse
worship [wə:'] I s 1 dyrkan, tillbedjan, andakt, gudstjänst; liberty of ~ fri religionsutövning 2 your W~ Ers nåd II tr itr dyrka, tillbedja; hålla gudstjänst -ful a 1 andäktig; vördnadsfull 2 [äre]vördig -per s tillbedjare, dyrkare; ~s kyrkfolk
worst [ə:] I a adv s värst, sämst, uslast; svårast; be ~ off ha det sämst; at [the] ~ som värst (sämst); i värsta fall; come to the ~ gå så illa som möjligt II tr besegra
worsted [u'] I s kamgarn[styg] II a kamgarns-; ylle-
wort [wə:t] s vört
worth [wə:þ] I a värd; for all he is ~ S av alla krafter II s 1 värde; förtjänst 2 valuta; a shilling's ~ of för en sh. [bröd &c] -iness [ð] s värdighet, värde -less a värdelös; dålig; simpel -y [ð] I a 1 värdig; aktningsvärd; F hygglig, god 2 ~ of värd[ig] II s storman; hjälte; F hedersman
would [wud, wəd] (imp. av will I) 1 skulle 2 ville 3 [isht nek.] skulle vilja (önska); I ~ to Heaven, ~ God Gud give 4 brukade, kunde 5 torde ~-be a inbillad; tilltänkt; låtsad
1 wound [au] imp. o. pp. av 2 wind
2 wound [u:] I s sår; kränkning; skada II tr såra; kränka; skada
wove -n imp. o. pp. av weave
wow [au] s vov-vov, skall
wrack [ræk] s 1 sjögräs 2 förödelse
wraith [reiþ] s vålnad, dubbelgångare
wrangle [ræŋgl] itr s gräl[a], kiv[as] -r s 1 grälmakare 2 [Cambr.] [senior] ~ primus
wrap [ræp] I tr itr [~ up] 1 svepa [in, om]; linda (vira. slå) in; hölja; ~ [o. s.] up svepa om (klä) sig 2 dölja; ~ped för|sjunken, -djupad; fäst[ad]; be ~ped up in gå upp i II s, ~s vt-

terplagg -per s 1 hölje; konvolut; överkast 2 överplagg, morgonrock 3 korsband -ping s omslag, kläder
wrath [rɔ:þ] s vrede, raseri -ful a vred
wreak [ri:k] tr 1 ut|lösa, -gjuta 2 utkräva 3 tillfoga
wreath [ri:þ] s 1 krans, girland 2 vindling, snirkel, ring -e [ð] tr itr 1 vira, fläta, binda [ihop] 2 [be]kransa 3 [för]vrida 4 ringla sig
wreck [rek] I s 1 skeppsbrott 2 vrak- [spillror]; spillra, rest[er] 3 förstöring, undergång; ruin II tr 1 göra till vrak; ~ed skeppsbruten; ~ed goods vrakgods 2 ödelägga -age s 1 [strand]vrak 2 skeppsbrott; ruin[er]; tillintetgörelse -er s vrakplundrare; förstörare
wren [ren] s gärdsmyg; kungsfågel
wrench [ren(t)ʃ] I s 1 ryck, vridning 2 vrickning, stukning, sträckning 3 skruvnyckel II tr 1 rycka, vrida, bryta 2 vricka, stuka 3 förvanska
wrest [rest] I tr 1 vrida, rycka, slita 2 för|vanska, -vränga II s vridning, knyck -le [sl] I itr tr kämpa, brottas [med] II s brottning[smatch]; kamp [äv. -ling] -ler [sl] s brottare; atlet
wretch [retʃ] s stackare, usling -ed [id] a 1 olycklig, eländig; stackars 2 lumpen, usel, dålig, gemen
[w]rick tr strächa, stuka, vricka
wriggle [rigl] I itr slingra sig II tr vrida, skruva [på]; ~ o. s. nästla sig [in] III s slingring, vridning; krök
wring [riŋ] I tr (wrung wrung) 1 vrida [ur]; ~ing wet genomvåt 2 krama; pressa; trycka 3 plåga 4 linda, vira 5 förvränga; ~ from (out of) avpressa II s vridning, kramning; handtryckning -er s vridmaskin
wrinkl||e [riŋk] I s 1 rynka, skrynkla, veck 2 F vink, råd; knep II tr itr rynka[s], skrynkla[s], fåra[s], vecka [sig] -ed -y a rynkig, skrynklig, veckig
wrist [rist] s hand|led, -lov -band s handlinning -let s 1 armband 2 handboja ~-watch s armbandsur
writ [rit] s 1 ✻ skrift 2 skrivelse, handling; förordning; kallelse, stämning; serve a ~ on delge stämning
write [rait] (wrote written) tr itr 1 skriva; ~ a good hand ha en bra [hand]stil 2 beskriva 3 [in]rista, pränta 4 ~ down nedskriva, anteckna; nedsvärta; ~ off skriva ihop; [hand.] avskriva; written all over fullskriven; ~ up beskriva; prisa; fullständiga ~ s skrivare; författare
writhe [raið] tr itr 1 vrida, slingra [sig] 2 förvrida[s]; våndas
writing [rai'] s 1 skrift; skriv|ande, -ning, -eri; författande; in ~ skriftlig[t]; put (take) down in ~ nedskriva 2 [hand]stil 3 dokument 4 inskrift 5 text, ord 6 anteckning ~-case s

skrivportfölj ~**-desk** s skriv|pulpet, -bord ~**-pad** s skrivunderlägg
written (pp. av *write*) *a* [äv.] skriftlig
wrong [rɔŋ] I *a* 1 orätt, oriktig, falsk, fel; i olag; ~ *in o.'s head* vriden; *the* ~ *way* bakvänt; tokigt; mothårs; *what's* ~ *with?* vad är det för fel med? varför inte? 2 orätt|vis, -färdig, ond 3 *be* ~ ha orätt, ta fel; fela II *adv* orätt, fel, galet; *go* ~ misslyckas III s orätt[visa]; ont; missförhållande; olaglighet; *be in the* ~ ha orätt; *put in the* ~ framställa i orätt dager IV *tr* förorätta, kränka; misstänkliggöra ~**-doer** s skyldig; brottsling ~**-doing** s oförrätt, förseelse **-ful** *a* orätt|vis, -färdig, -mätig; kränkande

~'**-head'ed** *a* förstockad, halsstarrig **-ly** *adv* fel]; orätt[vist], med orätt **-ness** s oriktighet; orätt[visa] ~**-wise** *adv* bak|vänt, -fram
wrote [rout] imp. av *write*
wroth [rouþ] *a* vred, förgrymmad
wrought [rɔ:t] (imp. o. pp. av *work*) *a* 1 [be-, för]arbetad; [ut]huggen; smidd; dekorerad, broderad; färdig; ~ *iron* smidesjärn 2 ~ *up* upphetsad
wrung [rʌŋ] imp. o. pp. av *wring*
wry [rai] *a* 1 sned, krokig, [för]vriden; ~ *face* grimas 2 skev; partisk
W. S. W. = *west-south-west* wt = *weight*
wych-|**elm** [wi'tʃ] s alm **-hazel** s 1 trollhassel 2 avenbok
wye [wai] s y; Y-formig hake, klyka

X

X, x [eks] s 1 x 2 X = *Christ* 3 *X's* S = *expenses* **x-** *pref* utan
xiphias [zi'fiæs] s svärdfisk

Xmas [kri'sməs] = *Christmas*
X-rays [e'ks] s röntgen-, X-|strålar
xylograph [zai'ləgrɑ:f] s träsnitt

Y

Y, y [wai] s y y. = *year*[s]
yacht [jɔt] s [lust]jakt ~**-club** s segelsällskap **-ing** s jaktsegling **-sman** s [lust]jakt-, kapp|seglare
yah [jɑ:] *adv* [Am.] ja, jo
yank [jæŋk] *tr itr* s ryck[a], knyck[a]
Yankee [jæ'ŋki] s *a* yankee, amerikan[sk] **-ism** s yankee|karaktär, -stil
yap [jæp] *itr* s gläfs[a], skälla, skall 1 **yard** [jɑ:d] s gård[splan]; inhägnad; bangård 2 **yard** s 1 yard, 0,9 4 m 2 ⊕ rå; *topsail* ~ märsrå ~**-arm** s rånock ~**-stick** s måttstock
yarn s 1 garn; ⊕ kabelgarn 2 F skepparhistoria [*spin a* ~]
yarrow [jæ'rou] s rölleka
yaw [jɔ:] ⊕ I *itr* gira II s gir
yawl [jɔ:l] s julle; fiskebåt; slup
yawn [jɔ:n] I *itr* 1 gapa, öppna sig, stå öppen 2 gäspa II s 1 gäspning 2 avgrund, gap
ye [ji:] *pron* 1 [åld.] I, Eder 2 F = *you*
yea [jei] *adv* s ja; jaröst
year [jiə] s år; årgång; *last* ~ i fjol; *New Y* ~*'s Day* nyårsdag[en]; *this* ~ i år; *this day* ~ i dag om ett år; *for* ~*s* i (på) åratal; *in* [*the* ~] *1938* år 1938; [*up*] *in* ~*s* till åren, ålderstigen; [*taking*] *one* ~ *with another* i medeltal [per år] räknat **-ling** s *a* årsgam|mal[t djur] **-ly** *a adv* årlig[en]
yearn [jə:n] *itr* längta, trängta, tråna; ~ *to* ömma för **-ing** I s åtrå, längtan, trånad; ömhet II *a* längtansfull; öm, medlidsam

yeast [ji:] s jäst; surdeg **-y** *a* 1 jästlik 2 jäsande 3 ytlig, tom
yell [jel] *itr* s [gall]skrik[a], skrän[a]
yell'ow [ou] *a* 1 gul; ~ *Jack* gul flagga; S gula febern; ~ *press* sensationspress 2 F dålig, felaktig ~**-hammer** s gulsparv **-ish** -*y* *a* gulaktig
yelp [jelp] *itr* s gläfs[a], tjut[a], skrik
yeo|**man** [jou'mən] (pl. *-men*) s 1 [odal]bonde 2 frivillig kavallerist; *Y* ~ *of the Guard* livgardist **-ry** s 1 dannemän, bondeständ 2 *Y* ~ frivilligt kavalleri
yer [jə:] P = *you, your*
yes [jes] *adv* ja; jo; ~? va falls? *oh* ~!
ja visst! ja då! **-sir** [je'sə] P = *yes, sir*
yes'terday I *adv* i går II s gårdagen
yet [jet] *adv konj* 1 än[nu]; *as* ~ ännu [så länge] 2 nu; *nor* ~ [och] ej heller 3 [först i sats] ändå, likväl, men
yew [ju:] s idegran [= ~**-tree**]
yiddish [ji'd] *a* s jiddisch, judetysk[a]
yield [ji:ld] I *tr* 1 inbringa, avkasta, ge, frambringa 2 lämna ifrån sig, uppgiva, avstå [från] 3 skänka, bevilja; erkänna; ~ *the point* ge med sig II *itr* 1 ge avkastning 2 ge efter (vika), böja sig; ge [med] sig, vika, kapitulera; ~ *to* [äv.] bifalla; hemfalla åt, falla för III s avkastning, vinst; halt **-ing** I s 1 avkastning 2 eftergift, undfallenhet II *a* 1 eftergiven 2 mjuk, elastisk
Y. M. C. A. = *Young Men's Christian Association* K. F. U. M.
yo'del *tr itr* s joddla[nde]

yoicks [jɔiks] *interj s* jaktrop
yoke [jouk] **I** *s* 1 ok; boja; träldom 2 par, spann 3 bärok 4 hängsle **II** *tr* 1 oka [ihop]; lägga ok på; spänna 2 förena, para ~**-elm** *s* avenbok ~**-fellow** *s* 1 kumpan 2 mak|e, -a -l *s* tölp, bond!urk ~**-toed** *a* partåig
yolk [jouk] *s* 1 äggula, gula 2 ullsvett
yon'[der] I *pron* den där; andra **II** *adv* där borta, dit bort
yore [jɔ:] *adv, of* ~ fordom, förr
you [ju(:)] *pron* du, ni, I; dig, er; man, en, sig; ~ *fool!* din dumbom! **-'d** = *you had* (*would*) **-'ll** = *you will*
young [jʌŋ] **I** *a* 1 ung; späd, liten; ny, färsk; ~ *hand* nybörjare; ~ *woman* P fästmö; ~ *moon* nymåne; *a* ~ *one* en unge; ~ *'un* gosse [lilla]; *when* ~ som ung 2 ungdomlig **II** *spl* ungar **-ster** *s* pys, [pojk]spoling
younker [jʌŋ] 1 = *youngster* 2 junker
your [jɔ:, jo] *pron* din, er; sin, ens
you're [juə, jɔə] = *you are*

yours [jɔ:z] *pron* 1 din, er; *a friend of* ~ en vän till dig; *that ring of* ~ den där ringen du har; *you and* ~ du och de dina; du och ditt 2 [hand.] Edert brev (ärade) 3 [i brev] *Y*~ [*ever*]. *Ever* ~ Din [tillgivne]; *Y*~ *affectionately* Din [varmt] tillgivne; *Y*~ *sincerely* Din (Eder) tillgivne; *Y*~ *very truly* Vänskapsfullt; *Y*~ *truly* Med utmärkt högaktning; *Y*~ *faithfully* Högaktningsfullt; *Y*~ *respectfully* Vördsamt
yoursel|f' [jɔ:, jo] (pl. *-ves*) *pron* själv: dig (er, en) [själv]; du, ni; dig, er, sig; *by* ~ själv, ensam; *for* ~ själv
youth [ju:þ] *s* 1 ungdom[en] 2 yngling **-ful** *a* ung[domlig]; ungdoms-
you've [ju(:)v] = *you have*
yowl [jaul] *itr s* tjut[a], skrik[a]
Yule [ju:l] *s* jul[en] ~**-log** *s* julkubb[e] **-tide** *s* jul[en]
Y. W. C. A. = *Young Women's Christian Association* K. F. U. K.

Z

Z, z [zed, [Am.] zi:] *s* z
zeal *s* iver, nit, hänförelse **-ot** [ze'lət] *s* svärmare, fanatiker **-otry** [ze'l] *s* fanatism **-ous** [ze'ləs] *a* nitisk, ivrig, brinnande
zebra [zi:'brə] *s* sebra
zed [zed] *s* z **zee** [zi:] *s* [Am.] z
zenith [ze'niþ, zi:'] *s* zenit; höjdpunkt
zephyr [ze'fə] *s* 1 västanvind, bris 2 sefir|schal, -garn 3 [tunn] skjorta
ze'ro *s* 1 noll[a] 2 noll-, frys|punkt
zest *s* [bildl.] krydda; smak; njutning; aptit; välbehag; iver; ~ *of life* livsglädje **-ful** *a* njutningsrik
zibeline [zi'bəl(ə)in] *s* sobel[päls]
zig'zag *a s adv* sicksack|formig, -linje; [i] sicksack

zinc [ziŋk] *s tr* [för]zink[a] [= -*ify*] **-ic** **-y** *a* zinkhaltig; zink- **-ous** *a* zink-
zingar|o [zi'ŋgə] (pl. *-i*) *s* zigenare
zither[n] [zi'þ] *s* cittra
zo'diac [iæk] *s* zodiak,djurkrets; rund
zon|e *s* 1 zon, bälte; område 2 strimma 3 *the Z* ~ Orions bälte **-ed** *a* 1 strimmig, bältformig 2 omgärdad
Zoo [zu:] F = *Zoological Garden*[*s*]
zoography [zou>'] *s* djurbeskrivning
zoolog|ical [zo(u)ələ'dʒ] *a* zoologisk **-ist** [ɔ'l] *s* zoolog **-y** [ɔ'l] *s* zoologi
zoom [zu:m] *itr tr* S [flyg.] gå upp i skarp stigning, höja
zo'|on [ɔn] (pl. *-a*) *s* organism, individ
zouave [zu(:)ɑ:'v, zwɑ:v] *s* ⚔ zuav
zymosis [zaimou'sis] *s* jäsning